【上卷】

赋权富民

张英洪自选集（2012~2016）

GIVE RIGHTS TO
ENRICH THE PEASANTS
A Collection of Zhang Yinghong's Works (2012-2016) Vol.1

张英洪　著

社会科学文献出版社
SOCIAL SCIENCES ACADEMIC PRESS (CHINA)

自序
围绕赋权加强制度供给

2017 年中央一号文件提出以推进农业供给侧结构性改革为主线做好“三农”工作。农业供给侧结构性改革的内容非常丰富，涉及“三农”领域的方方面面。“三农”是全面建成小康社会的短板，农民权利是短板中的短板，加强农民基本权利的供给，既是推进农业供给侧结构性改革的重要内容，也是解决“三农”问题的根本要求，更是推进国家治理体系和治理能力现代化、实现中华民族伟大复兴中国梦的内在需要。新时期深化农村改革，增进农民福祉，必须紧紧围绕农民的产权、人权、治权这三个关键性权利加强制度供给。

一是要围绕农民的产权深化改革。就是要改革农村集体所有制，探索农村集体所有制的有效实现形式，推进农村集体产权制度改革，赋予和保护农民的财产权利。

孟子说：“有恒产者有恒心，无恒产者无恒心。”财产权制度是一个国家最重要的基础性制度之一，是社会主义市场经济的基石。秘鲁经济学家德·索托在《资本的秘密》一书中揭示，发展中国家贫穷的重要原因是没能把资产转化成为资本，缺乏财产权的表达机制。同样道理，我国“三农”问题产生的重要原因之一，也就是没有将农村巨额的集体资产转化为农民的财产权利。

我国农民拥有的集体资产包括集体土地等资源性资产、参与市场交易的经营性资产、用于社区公共服务的非经营性资产三大类。根据第二次全国土地调查，以 2009 年 12 月 31 日为标准时点汇总调查数据，我国农村集体土地总面积为66.9亿亩，其中农用地55.3亿亩、建设用地3.1亿亩。农业部数据显示，全国农村集体经济组织账面资产（不包括资源性资产）总额为2.86万亿元，村均493.6万元。另据国务院发展研究中心农村经济研究部课题组研究，2012年我国农村净资产达127万亿元，其中所有权属于集体的为87.35万亿元，占68.78%。这么巨额的集体资产如果依法转化为农民的财产权利，将不仅使我国农民、农村的面貌发生巨大的变化，而且必将使我们国家的面貌发生巨大的变化。20世纪50年代在计划经济背景下建立起来的农村集体所有制，需要在社会主义市场经济条件下进行相应改革，以建立适应时代发展需要的归属清晰、权能完整、流转顺畅、保护严格的中国特色社会主义农村集体产权制度。

围绕农民的产权深化改革，有两个基本的路径。一个是要推进农村集体产权制度改革，赋予农民更加充分的财产权利。之所以要赋予农民更加充分的财产权利，是因为长期以来农民对集体资产缺乏占有、使用、收益和处分的完整权能，这严重限制了农民的财产和财产性收入，也阻碍了社会主义市场经济的健康发展。

另一个是要落实全面依法治国方略，保护农民正当合法的财产权利。之所以要保护农民正当合法的财产权利，是因为在市场化和城镇化进程中，一些地方非法强征强拆，严重侵害了农民在承包地、宅基地以及房屋等方面的财产权利。这种地方公权力的滥用，对农民的产权构成了现实的威胁，是法治中国建设的重大障碍。

要把加强对农民产权的保护作为实现中华民族伟大复兴的战略性举措，切实从中华优秀传统文化以及当代世界优秀文化中汲取产权保护的智慧和成功经验，将农民产权的保护提高到一个崭新的水平。

二是要围绕农民的人权深化改革。就是要破除城乡二元体制，统筹城乡发展，推进城乡发展一体化，维护和发展农民应当享有的各项平等权利。

平等是现代政治的核心价值之一，也是我国社会主义核心价值观的重要内容。城乡居民之间的权利不平等，城乡要素不能平等交换，构成了“三农”问题的重要体制根源。新时期解决“三农”问题的一条基本路径，就是着眼于保障农民与市民享有平等的基本权利，加快破除城乡二元结构，改革城乡二元体制，加快实现城乡基本公共服务均等化，推进城乡一体化，实现权利平等、规则平等、机会平等。

围绕农民的人权深化改革，有三个基本的政策取向。其一是加快实现城乡基本公共服务均等化。城乡基本公共服务均等化，实质上就是要让广大农民与城市市民一样平等享有医疗卫生、养老保障、教育文化等基本公共服务，实现城乡居民在基本公共服务上的权利平等。

其二是实现城镇基本公共服务常住人口全覆盖。让进入城镇就业生活的亿万农民工在城镇平等享有基本公共服务，实现农民工市民化，是以人为核心的新型城镇化的根本要求，也是确保进城就业生活的农民工与城镇居民平等享有基本公共服务的重大政策制度安排。居住证制度以及特大城市的积分落户制度，为包括农民工在内的外来人口市民化提供了政策通道。

其三是加快推进户籍制度改革。2014 年 7 月，《国务院关于进一步推进户籍制度改革的意见》发布后，到 2016 年 9 月，全国 31 个省份都出台了户籍制度改革政策。新的户籍制度改革政策明确取消农业户口与非农业户口性质区分，统一登记为“居民户口”。随着城乡统一的居民户口制度的建立，我国自 1958 年开始建立的城乡二元户籍制度将成为历史。这是破除城乡二元户籍制度的重要政策制度成果，是我国城乡发展一体化的重要里程碑。要加快推进户籍制度改革以及居住证制度的实施，使城乡居民在户籍身份上的平等权利完全实现。

三是要围绕农民的治权深化改革。就是要建立健全现代国家和乡村社会的治理规则，推进治理现代化，尊重和实现农民当家做主的各项民主权利，即维护和实现农民依法参与国家和社会公共事务的治理权。

亚里士多德认为人是天生的政治动物，天然要参与公共生活。治权就是参与公共事务治理的权利。农民的治权就是农民参与公共事务管理的权利。现代国家的一个基本特点就是民众更广泛地参与公共生活的治理。人民当家做主是中国特色社会主义民主的本质与核心。习近平总书记指出，我们要坚持国家一切权力属于人民，既保证人民依法实行民主选举，也保证人民依法实行民主决策、民主管理、民主监督。坚持人民当家做主，就是要保障和实现人民对国家事务、社会事务、经济和文化事业的管理和治理。

围绕农民的治权深化改革，有两个基本层面的路径：一个是参与国家层面各项公共事务的治理，另一个是参与社区层面各项公共事务的治理。通过这两个基本层面的参与式治理，保障和实现农民当家做主，依法行使治理权。

农民在参与国家层面各项公共事务治理的方式上，就是通过选举各级人大代表，分别在全国和地方各级人民代表大会上依法行使民主治理权；被推举为各级政协委员的农民，分别在全国政协和地方各级政协会议中行使参政议政的权利。2013 年 1 月，35 个选举单位共选举产生 2987 名第十二届全国人大代表，这是 2010 年选举法修改后我国首次实行城乡按相同人口比例选举全国人大代表，改变了长期以来城乡按不同比例选举全国人大代表的不平等局面。

农民在参与社区层面各项公共事务治理的方式上，主要是通过村民自治的方式参与村庄公共事务的治理。自 1981 年广西合寨村开创村民自治的新治理实践 30 多年来，基层民主自治已被确立为我国的基本政治制度，广大农民通过村民自治这个制度化的渠道，依法行使民主选举、民主决策、民主管理、民主监督的权利，在村庄公共事务治理中发挥了积极作用。但不必讳言，我国农民在参与国家层面以及社区层面各项公共事务的治理上，还存在许多矛盾和问题，还有很大的改革余地和发展空间。保障农民依法组织起来，充分参与公共生活，依法行使公共事务的治理权，需要不断深化政治体制改革，大力推动政治建设和政治发展，以不断拓展和实现农民广泛参与国家公共事务、参与社区公共事务的治理权，真正实现农民当家做主。

习近平总书记明确提出要通过改革给人民群众带来更多的获得感。推进农业供给侧结构性改革，就是要给广大农民群众带来更多的获得感，就是要赋予农民更加充分而有保障的产权、人权、治权，就是要紧紧围绕农民的产权、人权、治权这三个关键性权利，全面深化改革，加强制度建设和供给。这三个关键性权利归结起来，就是要维护和发展农民的基本权利。

本书是我 2012～2016 年撰写和发表的主要文章的自选集，这些文章的核心主题是赋予和保障农民权利，增进农民福祉，推进国家治理现代化。习总书记说过，中国要富，农民必须富。我认为，农民要富，必须对农民赋权。这正是我致力于农民问题研究的宗旨所在，也是本书的灵魂所在。长期以来，农民的贫困根本在于权利的贫困。要使农民生活得更加富裕、更有尊严，就必须加强以权利为基础的制度建设和制度供给。其实，加强以保障公民权利、维护社会公正为核心的现代国家制度建设，不仅是解决农民问题的必然选择，而且是实现民族复兴的根本所在。

我在研究过程中得到了许多专家学者和朋友的大力支持，有关研究成果也得到了媒体朋友的关注与推介，还有许多朋友特别是一些年轻的后学者积极参与我的相关研究，从而形成了不少合作研究成果。徐勇、项继权、于建嵘、赵树凯、朱启臻、李昌平等著名学者曾对我的一些作品发表过评论，张弘（楚原）、朱桂英、施维、冯威、李成刚、龚菁琦、顾晴、陈甘乐等媒体人士曾发表采访我的文章或相关报道文章，张云华、伍振军、冯效岩、李德想、杨芹芹、刘妮娜、赵金望、齐振家、孙炳耀等学者和朋友与我一同参与有关调研并合署发表过有关调研文章，我的同事邢成举、张永升、魏杰、曹洁、石慧、刘雯与我共同撰写过有关工作性文章。在整理编辑本书时，我在相关文章中都一一做了说明。我非常感谢他们允许我在本书中使用他们的文章或与他们合作的文章。

2017 年 2 月 19 日

目　录

·上　卷·

▶ 2012 年

▶ 2013 年

▶ 2014年

·下 卷·

▶ 2015年

▶ 2016 年

2012 年

走向新型城市化的思考和建议*

张英洪

城市化是农村土地转变为城市用地、农民转变为市民的过程。城市化的本质是农民的市民化。中国城市化的特殊性背景在于两个基本的体制前提，即农村集体所有制和城乡二元体制。我们基于人口城市化和土地城市化这两个基本维度，对农村集体所有制与城乡二元体制所构成的双重封闭排斥体制提出进行协同改革的分析框架和基本思路，这个分析框架和基本思路可以概括为“两个二”。一是紧扣中国城市化的两个基本体制前提，即农村集体所有制和城乡二元体制。二是着眼于新型城市化的两个基本任务和目标，即（1）改革农村集体所有制，维护和实现农民的集体财产权，保障农民带着集体产权进入城市化；（2）改革城乡二元体制，维护和实现农民的身份平等权，保障进城农民享有公民权利、实现市民化。通过走新型城市化道路，维护和发展农民财产权，实现农民市民化，从而加快解决“三农”问题，构建平等互利的新型城乡关系，促进城乡融合与共赢，实现共同富裕。

一　把加强制度供给作为新型城市化的基础工程

制度是一个社会的博弈规则，是政府提供的基本公共产品。制度在社

* 原载北京市农村经济研究中心《调查研究报告》，2012 年 1 月 12 日，第 2 号（总第 22 号）。

会中的主要作用是通过建立一个人们互动的稳定结构来减少不确定性。在快速城市化进程中，我国面临的一个突出问题是制度供给的严重滞后，制度的短缺是造成城市化中诸多社会问题的重要根源。制度供给的严重滞后主要体现在三个方面。

一是制度供给滞后于实践发展。随着市场化、工业化、城市化、城乡一体化的快速发展，原来在计划经济体制和城乡二元体制下设计和制定的一系列制度，没有得到及时全面的清理和相应的修改。实践在不断发展，而制度却供不应求，由此造成了新的实践与旧有制度的现实冲突与社会矛盾，产生了我国社会转型时期比较突出的制度告缺症。正如物质产品供不应求产生市场危机一样，制度供不应求会引起社会的危机。例如，在城市化进程中，大量的农村人口进入城市是经济社会发展的必然趋势，但相应的农村集体所有制和城乡二元体制没有及时配套改革，导致离开农村的农民不能自主地退出农村，进入城市的农民工又不能公平地融入城市。再比如，市场化改革以来，城乡人口可以在全国各地流动，但相应的社会保障制度等不能在全国各地接转。长期以来存在的农民工问题，留守老人、留守妇女、留守儿童等社会问题，正是城市化制度供给不足的后遗症。制度供给不足的不断积累，产生了制度供给惰性。

二是顶层制度设计滞后于地方改革创新。制度供给的主体可分为多个层次，从中央到地方再到基层，各级政府都承担着相应的制度供给责任。在制度供给不足的情况下，城市化的实践突破往往来源于地方的改革创新。地方改革创新的经验和实践，既有可能上升到国家层面转变为制度成果，也有可能被长期漠视而停留在地方个案的实践之中。如果地方个案的创新实践不能有效转化为制度成果，其后果有二：要么使地方个案的创新实践陷入锁定状态，要么就是地方各自为战，造成地方政策制度的碎片化。例如，广州市天河区早在20世纪80年代就进行了农村社区股份制改革，但20多年后的今天，广州市尚未出台全市统一的农村社区股份制改革的正式制度。在国家层面，更是缺乏全国性的农村集体经济产权制度改革的顶层设计和法律框架。

三是下位制度建设滞后于上位制度建设。在顶层制度设计滞后于地方改革创新的同时，下位制度建设又滞后于上位制度建设。在现代国家，宪法是一个国家的最高上位法，其他各种法律都源于宪法，落实宪法，将宪法规定具体化、细则化。在实施宪法的制度建设上，相关制度建设滞后主要有三个方面。其一是实施宪法的下位法没有制定，使宪法规定的条款无法正常实施。例如，宪法第10条规定："国家为了公共利益的需要，可以依照法律规定对土地实行征收或者征用并给予补偿。"但国家至今未制定具体法律对公共利益进行界定，致使不管是公共利益还是非公共利益，各级政府都启用征地权征收或征用农村土地。其二是实施宪法的下位法制定严重滞后。例如，早在1954年我国宪法第93条就规定："中华人民共和国劳动者在年老、疾病或者丧失劳动能力的时候，有获得物质帮助的权利。国家举办社会保险、社会救济和群众卫生事业，并且逐步扩大这些设施，以保证劳动者享受这种权利。"但直到2010年10月28日十一届全国人大常委会第十七次会议才通过第一部《中华人民共和国社会保险法》。其三是实施宪法的下位法与宪法相抵触。例如，我国宪法规定实行全民所有制和集体所有制两种公有制，城市土地属于国家所有，农村土地属于集体所有。两种公有制都平等受到宪法的保护。但现行《土地管理法》第43条规定："任何单位和个人进行建设，需要使用土地的，必须依法申请使用国有土地。"这就使集体土地不能直接进入市场，只能经政府征收变性为国有土地后才能进入市场，造成了集体土地与国有土地的"同地、不同权、不同价"。此外，有些宪法条款滞后于改革发展进程却没有得到及时修改。下位制度建设滞后于上位制度建设还体现为地方以及基层的法律法规、政策与国家法律不衔接、不一致。这主要有三种情况：一是违背上位法却适应改革发展实际的地方制度；二是违背上位法却保护地方或少数人既得利益的地方政策；三是对上位法未制定相应的地方法律法规予以贯彻实施，将上位法"悬空"化。下位制度建设滞后于上位制度建设，造成形形色色的"土政策"现象，破坏了国家的制度统一。

我们有如下三个方面的建议。

一是将制度建设和制度供给作为重中之重，改变城市化进程中制度供给短缺的局面。制度供给作为维系社会秩序和规范社会行为最重要的公共品，是各级政府的基本职责，要改变轻制度建设的观念和做法。

二是各级人大要立足本职，更有效地承担起制度建设和供给的主要职责。作为立法机关的人大，要重点专注于法制建设，改变长期以来泛行政化的倾向，应围绕城市化进程中涉及的相关问题进行立法调研，加强旧法旧规修订和城市化的专题立法工作，保障制度供给适应实践发展的需要。

三是加强顶层设计，制定全国及地方城市化发展规划。制定城市化发展规划而非城市发展规划，是我国城市化快速发展的现实需要。城市化将农村与城市联结起来，城市化要突破单纯的城市规划或农村规划的局限，从全局的高度统筹兼顾、协调部署。

二　把依法改革创新作为新型城市化的基本方式

改革创新是我国经济社会发展的根本动力，依法治国是党领导人民治理国家的基本方略。长期以来，我国的改革创新走的是一条“违法式”改革路径。我国各地推行的城市化改革创新，在诸多方面走的也是一条“违法式”改革创新路子。随着依法治国方略的提出和实施，“违法式”改革与建设法治国家的内在矛盾冲突日益突出，“违法式”改革的社会后遗症愈来愈严重，应当及时转变改革方式，走立法式改革之路。

“违法式”改革就是在先不修改现行法律制度的情况下，以解放思想和大胆创新为名，冲破旧的思想观念和法律制度的束缚，开创发展新路，在改革实践取得实际成果并成为共识时，再启动修法程序，修改或废除旧法律，将“违法式”的改革创新经验上升为新的法律制度。立法式改革就是先提出改革动议，并就改革议题进行广泛的讨论以取得共识，然后通过法定程序对改革议题进行立法，在改革法案依照法定程序通过后，再依法进行改革。“违法式”改革是改革实践在前，立法保障在后；立法式改革是改革立法在前，改革实践在后。简单地说，“违法式”改革是“先改革，再变法”；立法式改革是“先变法，再改革”。

我国改革属于典型的“违法式”改革。“违法式”改革分为自上而下的“违法式”改革和自下而上的“违法式”改革。自上而下的“违法式”改革，就是在未修改现行法律的情况下，由上级政府或部门允许下级或某一区域进行改革试点，特许改革试点区可以冲破现有政策法律的框架，进行改革探索创新。如农村集体建设用地流转试点、城乡土地增减挂钩试点等就是自上而下的“违法式”改革模式。自下而上的“违法式”改革，就是由基层群众或地方自发进行的违背现行法律制度框架的实践活动。自下而上的“违法式”改革有三种前景。一是得到积极肯定。将“违法式”改革成果合法化，其典型案例有小岗村的包产到户等。二是被坚决否定。将“违法式”改革视为违法行为，严格依法处理，这方面的例子相当多。三是进退两难，既不能将“违法式”改革合法化，又不能严格执法予以处理。城市化中涌现的“小产权”现象就是一个典型例子。“违法式”改革还造成了中国式的选择性执法，既将有的违法实践树立为改革典型，又对有的违法实践进行严厉打击，还对有的违法实践听之任之。

我国选择“违法式”改革，有其历史必然性。改革之初，面对强大的计划经济体制和意识形态束缚，在不可能通过修改既有法律制度的前提下，基层群众为谋求生存和发展只能冒着各种风险进行“违法式”改革的突破，即后来被认可的“伟大创造”，以实现生存权和发展权。

市场化改革发展到今天，各种利益驱动和发展诉求交织在一起，各种名目的地方改革创新手段层出不穷，这其中既有不合法但合情合理且适应时代发展需要的改革创新实践，也有不合法却能满足地方局部利益而可能损害农民利益和公共利益的所谓改革创新。在城市化进程中，各种“违法式”改革和创新现象不胜枚举。例如，在农村集体建设用地入市上，现行土地管理法禁止农村建设用地入市，但处于工业化、城市化前沿地区的广东省，早在 20 世纪 80 年代就出现了农村集体建设用地自发进入市场的现象。农村集体建设用地入市适应了工业化和城市化发展的需要，但与现行法律相抵触。2005 年 5 月，广东省政府通过《广东省集体建设用地使用权流转管理办法》，允许农村集体建设用地入市。对这个政策的评价有两个层面：相对于广东省内的各地开展农村集体建设用地流转来说，《广东省集体建设用地使用权流转管理办法》为其提供了合法的政策依据；但相对于《土地管理法》来说，《广东省集体建设用地使用权流转管理办法》属于与上位法相抵触的“违法政策”。但《土地管理法》自身也存在严重的问题和不适应性。至于近年来各地在城市化进程中掀起的撤村并居、强迫农民上楼等“违法式”改革，不仅损害了法律的尊严，而且极大地损害了农民群众的切身利益。

“违法式”改革的重要原因在于既有制度的不公正、不合理，又有制度建设和制度供给的严重滞后。正本清源是良治的基本要求，理论上的不清醒必然导致实践上的混乱。我国城市化进程中所呈现的一些混乱现象和无序化，对转变改革方式提出了现实的紧迫要求。

在现代法治国家，改革模式均系立法式改革。经过30多年的改革，我国已经到了一个必须转变改革方式的新时期。我们不仅要转变经济发展方式，而且要从战略高度转变改革创新方式，将改革创新纳入法制的框架之中，走依法改革创新之路，实现从“违法式”改革向立法式改革的重大转变。

立法式改革须先立良法，再依法改革。法律以正义为依归。新制定的法律必须体现社会公平正义，符合宪法，如果宪法存在缺陷或不足，应当通过正当程序修宪。在良宪和良法的基础上，将改革纳入宪法和法律的框架之中。只有走上立法式改革的轨道，才能从根本上摆脱“违法式”改革造成的种种困境。

我们有如下三点建议。

一是树立法治城市化的新理念，将法治城市化提上战略高度予以统筹规划和有序推进。不管是政府主导的城市化，还是农民自主的城市化，离开法治的规范，都会产生社会弊端。

二是制定促进城市化发展的法律法规和相关改革法案。我国正处于快速城市化发展的关键时期，没有相关法律制度的规范，各自为政的城市化竞争必然导致无序的城市化。对于城中村改造、集体土地上房屋征收补偿、户籍制度改革、城乡基本公共服务均等化等城市化进程中的重大问题，都应当通过正当程序制定公正的法律改革制度，保障城市化中的各项改革活动在法治的轨道上健康有序运行。

三是以符合法定程序和要求的方式推行改革试点。我国幅员广阔，情况千差万别，采取试点先行的探索路径是我国改革的重要特色和基本经验。但改革试点政策大都出自政府或政府部门，而经过立法机关审议颁布相应法规的改革试点并不多。这种重行政、轻立法的改革试点模式，虽有利于提高行政效率，但不利于提高整个社会的规则意识和法治观念。

三　把深化土地制度改革作为新型城市化的关键环节

从空间上说，城市化扩张就是农村土地不断转变为城市土地的过程。我国土地制度具有三重约束。一是农村土地的集体所有制约束。农村土地所有权归集体所有，农民只有土地的使用权。这是与实行土地私有制的国家和地区完全不同的制度因素。二是城乡二元土地制度的约束。农村土地实行集体所有制，城市土地实行国家所有制。三是国家严格土地制度管理的约束。国家对农村土地实行严格的所有制管制和用途管制，并实行最严格的耕地保护制度和最严格的节约集约用地制度。

在市场化改革以前，我国土地制度还能够使城乡之间相安无事。但随着市场化改革的推进和工业化、城市化的快速发展，现行土地制度的弊端也就日益显现出来。我国城市化进程中的土地问题主要表现在以下几个方面。

一是农民不能获得公平合理的征地补偿。现行征地制度的问题是，凡是城市扩张需要农村集体土地的，不管是公益性用地还是非公益性用地，一律启动政府强制征地权。更突出的问题还在于，政府征收农民土地进行非农使用后，以农业用途为依据对农民进行补偿而不是按市场价补偿。一方面，政府一手从农民手中低价征收土地，另一手高价转让土地，从而获取巨额的土地差价；另一方面，政府低价从农民手中征收土地，既获得了土地的使用权，又获得了土地的永久所有权，而政府转让出去的土地只具有有限期的土地使用权。这就是征地制度的秘密。在城市化进程中，农民遇到了城乡土地价格“剪刀差”，这是继工农产品价格“剪刀差”之后又一损害农民利益的“剪刀差”。据有关学者研究，在过去30多年的城市化进程中，农民被剥夺的土地级差收入高达30万亿元。

二是农民不能合法地以土地参与城市化。沿海经济发达地区和城乡接合部地区，是农村集体土地被城市化的前沿地带。这些地区将或早或晚成为城市市区，因而农民一般不必离开原住地就可以就地实现城市化。但现行的土地制度严格限制农村集体建设用地进入市场，农民不能合法地以土地参与城市化，不能在自己的土地上建设自己的城市，只能由政府将农村集体土地征收为国有土地后由政府来建设城市，农民只能被动地等待政府安置。农民在这种被动城市化中，既不能以自己的土地参与城市化以实现土地发展权从而获取土地收益，又不能发挥就地建设城市家园的主体性作用。一些地方在城中村改造中采取留地安置即留给村集体和农民一定比例的产业用地政策，无疑是一个重大的政策突破。一些城乡接合部地区的村庄如北京的郑各庄村等，积极主动地以土地参与城市化进程，在集体土地上主动实现了就地城市化，保障了村集体和农民以土地参与城市化的自主性，但这样的主动城市化样本，正面临合法性的拷问。

三是农民缺乏退出农村土地的市场机制。与城乡接合部地区的农村可以实现就地城市化不同，远离城市的绝大部分农村地区，更多是走异地迁移的城市化道路，即农村人口离开原住地进入城市，实现异地城市化。农民在异地城市化中面临的双重体制困境是，一方面，离开农村却不能以市场渠道退出农村产权或带着农村产权进入城市化；另一方面，进入城市后却不能以公民身份享受市民待遇。农民退出农村土地的范围，涉及承包耕地、宅基地、林地、建设用地等，此外，迁入城市的农民还涉及农村住房的退出。以承包地为例，《农村土地承包法》规定，承包方全家迁入小城镇落户的，保留土地承包权；全家迁入设区的市，转为非农业户口的，要将承包地交回。就是说，在如何退出承包地上，国家没有为农民设立以市场机制为主的自愿有偿退出的制度安排。此外有关宅基地、林地、建设用地等的市场退出机制均未有效建立，农民住房只能在本村集体内交易，不能跨村交易，更禁止向城镇居民出售。近年来，各地在推进城市化中出台的“以承包地换社保”“以宅基地换城镇住房”，以及各种撤村并居、农民集中上楼等政策，都是政府以行政手段替代市场机制推动农民退出农村土地的表现。

四是农民缺乏抵抗强制征地拆迁的权利。在现行土地制度下，政府既是土地的管理者，又是土地的经营者。中央政府更注重土地的管理，如设定了一个18亿亩耕地的红线等；地方政府则更注重土地的经营，因为作为土地一级市场的垄断者，地方政府可以从低价征收土地再高价出让土地的经营中获取巨额的土地出让金。2010年，全国土地出让成交总价高达2.7

万亿元，占财政收入比重达 32.53%。地方政府已经形成了对土地财政的高度依赖。近年来，地方政府在推动城市化进程中，外受国家严格保护耕地的严格制约，内受土地财政的巨大激励，在城市建设用地指标短缺的情况下，各地兴起了圈占农民宅基地的运动，强制征地、强制拆迁、强制农民上楼等一时成为风潮，而农民从根本上缺乏抵制地方强制城市化的基本权利和制度渠道。一些地方产生的农民自焚抗议强制征地拆迁现象，是畸形城市化结出的苦果，是严重的“城市化之病”（不是城市之病）。

我们有以下几点建议。

一是将现行宪法和法律规定的城市土地实行国有制修改为城市土地实行国有制和集体所有制，允许城市土地制度的多元化。1982 年宪法对城市土地实行国有制的规定只是一种静态的规定，但城市的边界是动态变化不断向外扩展的。我国现行宪法于 1982 年颁布实施时，全国城市建成区面积只有 7862.1 平方公里，到 2010 年全国城市建成区面积已经扩大到 40058 平方公里，是 1982 年的 5 倍多。在城市边界不断外扩中，新成为城区的农村土地，既可理解为城市土地，实行国有制，也可理解为农村土地，继续保留集体所有制。长期以来的主流做法就是将农村土地征收为国有土地，使城市不断蚕食农村集体土地。但有的城中村或者整建制转居村仍然保留了集体土地所有制，这使城市中的土地实际上存在国有制和集体所有制两种制度，因而需要通过修改宪法和法律予以确认，同时保障农村集体土地平等参与城市化而不被过度国有化。

二是明确将国有土地实行多级所有制。我国宪法和法律规定城市市区的土地属于国家所有，其所有权由国务院代表国家行使。这是一种整体性的规定。国务院从总体上代表国家行使国有土地所有权，而事实上各城市的土地由各级政府所控制。建议按照政府层级，将城市中的国有土地按现有行政层次细化为中央政府所有、省市（自治区）政府所有、地级市政府所有、区县政府所有和乡镇政府所有，从而分别实施国有土地所有权的确权、登记和颁证工作。

三是改革征地制度，允许和规范集体建设用地与国有土地同权进入市场。正在修订之中的《土地管理法》，应当明确将征地权严格控制在公共利益的范围之内，列举公共利益的具体范围，对被征地村集体和农民按市场价给予公正补偿；凡非公共利益需要农村土地的，应通过土地市场机制解决。在缩小征地范围的同时，允许集体建设用地入市，大力发展农村土地股份制，加快建立健全与市场经济和城市化发展相适应的土地要素市场体系。

四是修改《农村土地承包法》有关规定，建立农户承包地市场化的退出机制。要与《物权法》规定和党的十七届三中全会提出的农村土地承包关系长久不变的精神相衔接，充分保障农民的土地用益物权，在农民进入各级城市落户时，不得强制农民退出承包地，也不得阻止农民退出承包地，应赋予农民自愿退出农村承包地的权利，关键是建立与社会主义市场经济体制相适应的农民通过市场退出承包地的体制机制。

农民宅基地同样也应建立市场化的退出机制。对于侵犯农民土地财产权和住房权益的行为，要坚决予以制止和严格依法惩处。

四　把推进农村产权改革作为新型城市化的重大任务

我国农村实行生产资料的集体所有制。所有制是人们对生产资料的占有形式，具有社会属性的概念。产权是所有制的核心和主要内容，产权由所有权、占有权、使用权、收益权、处分权等权能构成，产权是中性的，产权通过交易，能够使产权主体的利益得以实现。

农村集体所有制改革的实质是农村集体产权制度的改革。改革开放以来，我国实行家庭联产承包责任制，对集体所有制进行了第一轮具有实质意义的重大改革，即将土地的承包经营权（使用权）赋予农民。而市场化、工业化和城市化的快速发展，又对农村集体所有制的新一轮改革提出了现实的要求，新一轮农村产权改革的核心是要赋予农民对集体资产的处分权，进而确立集体资产其他派生权利，保障农民带着集体资产参与城市化。

从广义上说，农村集体资产包括农村集体所有制的全部资产，即包括承包地、林地、宅基地、集体建设用地等资源性资产以及集体企业经营性资产和集体公益性资产。农村土地是最重要的集体资产，上述部分我们将土地制度单列出来讨论，是因为农村土地除了具有集体所有制的独特属性外，还具有城乡二元土地制度和国家土地管制的重要特性，所以我们着重从制度改革层面对之做了探讨，本节在涉及农村土地问题时则侧重于产权改革的层面。

在城市化进程中，我国农村产权制度的不适应性主要体现在以下几个方面。

一是集体资产所有权的虚置性。市场经济要求产权清晰。我国从政治上和法律上明确规定了农村集体资产归劳动群众集体所有，农村集体经济组织是集体资产的所有者，这是一种共同共有的所有制结构。从整体概念上，集体所有权主体是清晰的，但从作为集体经济组织成员的农民个体来说，其并不清楚自己拥有集体资产的具体份额，如不对农村集体经济组织进行产权制度改革，集体所有制就成为一种“大家共有、人人无份”的所有制。广东、浙江、江苏、北京等地推行的农村集体经济组织产权制度改革，将共同共有的集体产权改革为按份共有，将“悬浮”的传统集体所有权落实到集体经济组织每一位成员身上，明晰了产权，确保了人人有份，发展了新型集体经济，具有重要的制度创新和实践探索价值。

二是农民拥有集体资产产权的残缺性。完整的产权具有占有、使用、收益和处分四大主要权能以及派生的抵押、担保、转让、继承等权能。现行法律政策对农村集体产权权能进行了严格的限制。农民对承包土地等集体资产主要拥有使用权和部分收益权，以及在农业用途范围内可以依法采取转包、出租、互换、转让等方式的流转权。农民缺乏自主处分权以及抵押、担保、转让等权能。集体资产产权的残缺性，极大地制约了农民参与城市化的进程。广州、上海、北京等地推行的农村社区股份合作制改革，有的允许个人股可以继承，但不能转让，或允许在内部转让；有的允许转让、继承，但不得退股。广州天河区规定个人股享有完整意义的个人财产所有权，这是一个重大的突破。

三是农村集体经济组织的封闭性。农村集体经济组织的封闭性有其历史必然性和一定的合理性，但随着城市化进程的快速发展，人口的大规模流动对农村集体经济组织的封闭性产生了巨大的冲击。农村集体经济组织的封闭性主要有两个方面。一方面是对人员的封闭。集体经济组织成员的身份只限于原住村民，在城市化进程中，人口的流动事实上打破了集体经济组织和村庄的封闭性，但适应城市化发展需要的开放性体制并未及时全面建立起来。另一方面是对产权的封闭。农村集体产权的封闭性相当突出，与城市化快速发展极不协调。例如，农村宅基地使用权只能在本集体内转让，农民住房不能向城镇居民出售，农民进入城市落户被要求退出承包地，或者进入城市的农民不能自愿有偿退出集体产权等。

四是农村集体产权改革的滞后性。与整个城市化发展进程相比，我国农村集体产权改革还相当滞后。首先，农村集体产权改革的范围不大。虽然广东、浙江、北京等城市化发达地区率先推行了集体经济产权制度改革，但这些地区中已经完成农村集体经济产权制度改革的乡村所占比例还较低。近年来，北京明显加快了农村集体经济产权制度改革的步伐，但全面完成乡村两级集体经济产权制度改革的任务仍很繁重。中西部地区的农村集体产权改革更是任重道远。作为全国统筹城乡发展试验区的成都市，从2008年起率先在全市范围内对农村产权制度进行改革，具有重要的示范意义。但全国性的农村产权制度改革并没有被提上日程。其次，农村集体产权改革的领域较窄。农村集体产权涵盖的领域十分广泛，包括一切集体所有的承包地、林地、宅基地、建设用地、未利用地以及集体经营性资产和公共性集体资产。有的集体经济产权制度改革只限于经营性集体资产的改革，有的只限于经营性集体资产和承包地的产权改革，很少有全面的农村产权制度改革的案例和实践。这说明统筹推进农村产权制度改革的顶层设计还很缺乏。最后，农村集体产权改革的力度不彻底。例如，在推行农村集体产权改革的地方，一般设置比例较高的集体股，个人股大都未被赋予完整的股权权能。

此外，加强集体产权的民主管理和有效监督，防止集体经济组织内部人员和外部势力对集体资产的侵夺，维护集体经济组织和村民的合法权益，仍面临许多现实的挑战。

我们有三个方面的建议。一是明确把全面推行农村产权制度改革作为新阶段农村改革发展和城市化的重大任务纳入各级政府公共政策议程。所谓全面推行农村产权制度改革，既包括地理范围上的全国农村都要推行集体产权制度改革，又包括产权改革的领域要涵盖农村全部集体资产。这需要加强农村产权制度改革的顶层设计。二是重点确立和赋予农民对其所拥有的集体产权的处分权，只有获得产权处分权的农民，才既可以带着集体资产进入城市，也可以转让集体资产进入城市，还可以运用集体资产参与城市化进程。在此基础上，要赋予农民完整的集体产权权能。三是加快建立与完善农村产权交易市场体系。要适应城市化发展的需要，加快建立覆盖全国的农村产权交易市场网络，农民进入城市后是否退出农村产权以及如何退出农村产权，应当完全交给农民自主选择。政府的责任是建立健全能够满足农民自由交易农村产权的市场制度平台。应当制止由政府操纵和控制的强制农民退出农村产权的行政化行为。

五　把实现农民市民化作为新型城市化的战略目标

城市化不是城市发展，城市化的本质是人口的城市化，也就是农民的市民化。农民市民化就是进入城市就业定居生活的农民获得市民身份，享受市民待遇，真正融入城市社会，成为城市的新市民。农民市民化并不是要将全部农民都实现市民化，而是要使城郊农村地区就地城市化的农民和其他广大农村地区异地进城的农民工及其子女后代（所谓新生代农民工）实现市民化。对于未迁入城市就业生活而在农村从事农业的职业农民，应当使其享受均等的基本公共服务。

现有城市化存在几个重大误区。

一是将城市化等同于城市建设。城市化就是要将进入城市的农民化为市民，而城市建设是指城市基础设施的改善、城市建成区的扩大、城市经济的增长、城市社会管理的完备等方面。应该说我国的城市建设取得了举世瞩目的重大成就，但城市化的成就要远为逊色。

二是要农民土地不要农民，要劳动力不要劳动者。城市的扩张需要大量的土地供给，于是，近郊农村的大量土地被低价征收转变为城市用地，但被征收的土地上的农民没有相应地实现市民化，造成了数以千万计的失地农民。同时，城市的经济发展需要大量的廉价劳动力供给，于是，全国农村的大量青壮年农民进入城市务工就业，但进城务工就业的劳动力没有相应地实现市民化，形成了数以亿计的农民工。中国的失地农民问题和农民工问题，都是畸形的城市化发展模式的产物。

三是对农民工等外来流动人口，重在治安管理而不是重在提供公共服务。长期以来，各个城市对涌入的大量农民工等外来流动人口，主要采取治安管理的方式进行社会管理，而不是将之视为移居城市的新市民从而提供基本的公共服务。

不将进城农民变为新市民而是将之变为农民工的城市化模式，将原有的城乡二元结构在城市内部进行重新复制，形成了新的城市内部二元结构，即城市户籍人口为一元、农民工等外来人口为另一元的新的城市二元结构。

改革开放以来我国城乡关系的第一个重大调整就是允许农民进城务工，这在造就城市繁荣发展的同时，也造成了现有城市化的最大弊端，即没有从制度上实现农民的市民化。现在迫切需要进行城乡关系的第二次重大调整，即在允许农民进城务工的基础上，实现进城农民工的市民化，从根本上解决和消除农民工问题。

我们有以下几点建议。

一是进一步转变观念，实现统筹城乡发展的第二次大跨越。长期的城乡二元结构使城市政府只负责城市非农业人口的公共服务，而将城市郊区农民排除在外。自党的十六大正式提出统筹城乡发展以来，各个城市实现了统筹城乡发展的第一次大跨越，把郊区农民纳入城乡统筹发展的制度框架之中，将城市基本公共服务向郊区农村延伸，逐步实现公共财政向郊区农民覆盖，农民也是市民的观念树立起来了。从此，各个城市的市长不再只是市民的市长，也是郊区农民的市长。实现统筹城乡发展的第二次大跨越，就是要将农民工等外来流动人口纳入统筹发展的制度框架，树立农民工等外来人口是城市的新市民的观念，实现基本公共服务向城市全部常住人口的全覆盖，保障农民工等外来流动人口享受基本公共服务，使其成为新市民。这样，各个城市的市长不再只是户籍居民的市长，而是城市全部常住人口的市长。

二是将推进农民市民化作为城市支持农村最重要的实现方式。市场化改革以前，农村长期以工农产品价格“剪刀差”的方式支持城市；市场化改革以后，农村又事实上以城乡土地价格“剪刀差”的方式继续支持城市。此外，农村还以源源不断地向城市输送青壮年劳动力的方式支持城市发展。党的十六大以来，党和国家明确提出工业反哺农业、城市支持农村的基本方针。在工业反哺农业、城市支持农村的方式选择中，不可能再找到或利用“剪刀差”的方式。我们认为，实现亿万进城农民的市民化是城市支持农村最重要、最有效的实现方式。因此，应当将农民市民化提到战略高度加以贯彻落实。

三是将市民化率作为衡量城市化质量的主要指标。现有的城市化率指标不能真实地反映城市化的质量。我们提出并建议采用市民化率（即一个地区或城市中享受市民待遇的人口占全部常住人口的比重）作为衡量城市化质量的主要指标。为提高城市化的质量，需要加快推进户籍制度改革，废除城乡二元户籍制度，实行以居住地为主要依据的城乡统一的户籍登记制度，加快实现城乡基本公共服务均等化，加快推进公共财政体制改革，加快建立公共服务型政府。尤其要适应城市化和人口全国性流动的现实需要，尽快实现城乡社会保障的全国统筹和接续。在农民市民化进程中，国家调节城市人口规模最有效的办法，不是恢复计划经济时代严格的人口控制，而是实现公共投资和公共资源在各个城市和地区之间的合理布局。在市场经济条件下，如果任何一座大城市既希望高度集中公共资源，又希望人口不要过度集中，这是一种难以破解的城市化悖论。

四是允许和鼓励农民从个体进城向家庭式迁居城市的转变。家庭是一个社会的基本细胞，家庭的和谐是社会和谐的基础。家庭承担了三个最基本的社会职能：对上赡养老人，对下抚育孩子，中间是夫妻生活。所以，中国传统文化高度重视家庭，国际社会也将保护家庭作为一项重要的国际准则。我国现有的城市化发展模式，对家庭造成了空前的巨大冲击与破坏，造成妻离子散、母子分离。城市将农村中的青壮年劳动力大量吸走，却将老人、妇女和儿童留在农村，产生了普遍的农村留守老人、留守妇女、留守儿童等农村社会问题，城市中则大量滋生了卖淫嫖娼等城市社会丑恶现象。这些农村社会问题和城市社会问题，都是畸形的城市化发展模式的产物。不改变这种城市化模式，就不可能解决上述社会问题。我们要想在经济繁荣发展中提升中华民族的道德文化水平，增强城乡居民在发展中的幸福感，就必须切实保护家庭，彻底改变破坏家庭的城市化，走以人为本的新型城市化之路。我们建议积极创造条件，允许和鼓励农民从个体进城务工向家庭式迁居城市转变，为迁居城市的农民工家庭所有成员提供就学、就业、就医、养老、住房等基本公共服务保障。鼓励企业实行终身雇佣制，按照国际劳工标准保障和落实农民工权益。全面创新社会管理，尽快修复被畸形城市化破坏了的家庭的基本功能，重塑中华家庭美德，再造中华文明。

新型城市化既是一种发展理念，也是一种实践创新。中国正在走向一个与延续了几千年的乡村社会完全不同的城市社会。城市化正在考验着中国，考验着中国人的智慧与能力，也考验着中国人的良知与责任。

改革完善农村宅基地制度[*]

张英洪

我国农村的宅基地制度，是在特定的历史条件下形成的，是计划经济和公有制观念的产物。随着社会主义市场经济体制改革的深入推进和城市化、城乡一体化的快速发展，传统的农村宅基地制度的弊端已日益凸显，现行的农村宅基地制度已极不适应市场化、城市化和城乡一体化发展的需要。加快改革和完善农村宅基地制度，是新时期解决“三农”问题、维护农民权益、促进城乡和谐发展的重大课题。

一 改革完善农村宅基地制度的必要性和紧迫性

目前，在农村宅基地使用与管理中积累了大量的涉及深层次的矛盾和问题，依据现行法规政策难以解决。矛盾、问题的根源在于计划经济体制下形成的制度和政策不但没有随着社会主义市场经济和城市化、城乡一体化的发展加以改革，反而得到强化。例如，在北京郊区，由于市场化、工业化、城市化、城乡一体化的推动，农村居民点成为农民与居民、本地人与外地人共同居住的社区，农宅的生产资料、环境和财产功能日趋突出，而宅基地政策法规和管理依然故我，与实际严重背离，这导致矛盾重重，纠纷激增。必须率先改革农村宅基地制度，开辟新的发展出路。如果改革久拖不决，可能使农村宅基地问题不断积累、矛盾不断激化，从而贻误社

* 本文写于 2012 年 1 月 28 日。

会发展。

总之，农宅基地制度已经很不适应市场化、工业化、城市化和城乡一体化发展的需要。改革和完善农村宅基地制度是我国社会主义市场经济发展的必然要求，是解决“三农”问题的必然要求，是推进城市化和城乡一体化的必然要求。

（一）改革完善农村宅基地制度是城市化发展的需要

我国正处于城市化快速发展的重要时期。城市化的基本维度在于土地城市化和人口城市化。现行的农村宅基地制度制约了城市化的健康发展，造成了一系列社会问题。

一方面，在现行政策制度下，城乡接合部地区的农村集体和农民不能合法利用宅基地进入市场，从事开发建设，造成了村集体和农民宅基地权益的损失。另一方面，远离城市的农村边远地区，大量流入城市的农村人口不能通过市场机制自愿退出宅基地，造成了大量的农村闲置住宅，既浪费了土地资源，又限制了农民变现宅基地的正当收益。

在现行政策制度下，为推进城市化发展，地方政府要么在城乡接合部地区通过征地途径低价征收农民宅基地，从而剥夺了村集体和农民以宅基地参与城市化的权利；要么通过推行“以宅基地换房”等城乡建设用地增减挂钩的方式，以行政手段攫取农村宅基地。无论何种方式，村集体和农民大都缺乏利用宅基地参与城市化的自主权，由此造成了城市化的畸形发展，积累了大量的社会矛盾和问题。

（二）改革完善农村宅基地制度是城乡一体化发展的需要

现行的农村宅基地制度是城乡二元体制的重要组成部分。农村宅基地实行集体所有制，城市宅基地实行国有制；农村住宅没有产权证，城市住宅有产权证；农村实行“一户一宅”，城镇住宅一户可以多宅，不受限制；农村住宅不能向城镇居民出售，只能在本村集体组织内部转让，城镇住宅可以向城乡任何居民出售；农村住宅不能抵押，城镇住宅可以抵押，等等。城乡二元住宅制度已严重制约城乡经济社会一体化发展。

破除城乡二元结构，推进城乡一体化，是我国经济持续发展和实现社会公平正义的重大战略举措。推进城乡一体化，迫切需要改革和创新农村宅基地制度，以建立城乡统一、权利平等、可自由交易的住宅制度。

（三）改革完善农村宅基地制度是保障农民财产权的需要

宅基地不仅是农民的重要生活资料和生存保障，而且是农民世代相传的重要财产。《物权法》明确规定宅基地是用益物权，宅基地使用权是农民最重要的财产权之一。现行的宅基地制度不利于农民有效利用和保障宅基地，不利于农民宅基地财产权的实现。

首先，现行的农村宅基地制度使农民的宅基地财产权权能不完整。农民没有宅基地的处分权能，不能利用宅基抵押进行融资。农民拥有的宅基地的财产权权能处于残缺状态。

其次，现行的农村宅基地制度使农民的宅基地财产权容易受到侵害。温家宝总理指出，土地承包经营权、宅基地使用权、集体收益分配权等，是法律赋予农民的财产权利，无论他们是否需要以此为基本保障，也无论他们是留在农村还是进入城镇，任何人都无权剥夺。当前，有的地方以宅基地是农村集体的为借口，强行收缴农民的宅基地；有的以统筹城乡发展为借口，大规模实行撤村并居，强迫农民上楼，大量攫取农民的宅基地；有的强拆农民的宅基，造成大量的拆迁矛盾。以上种种现象，其实质都严重损害了农民的宅基地财产权利。

最后，现行的农村宅基地制度使农村宅基地市场严重缺失。市场化改革以来，我国已明确把建立社会主义市场经济体制作为改革的目标，但在计划经济体制下取消的农村宅基地市场制度没有相应地建立起来，农民不能通过市场机制转让宅基地，从而严重阻碍了社会主义市场经济体制的完善，不利于农民宅基地权益的保障和实现。

（四）改革完善农村宅基地制度是社会和谐稳定的需要

我国自古就有“安居乐业”的传统和追求。安居是社会和谐的重要基础。农村宅基地制度是农村社会的基础性制度之一，对于保障民权益、维护社会的和谐稳定具有重要的基础性作用。

现行的宅基地制度在很大程度上造成了农民不能“安居”。近年来，一些地方以统筹城乡之名，大肆推行拆村并居和村庄土地整理，强拆农民住房、强制农民集中上楼，掀起了以侵占农民宅基地和强拆民房为主的拆村运动，严重侵害了农民的居住和财产权益，严重摧毁了农民生存的道路底线，严重破坏了社会的和谐稳定。现行的宅基地制度无力保障农民的宅基地权益，为各种损害农民宅基地权益的行为提供了制度漏洞。

安居才能乐业，安居才能和谐。加快改革创新农村宅基地制度，对于保障农民安居乐业、维护社会和谐稳定具有不可替代的重要作用。

二　改革完善农村宅基地制度的基本思路

（一）改革完善农村宅基地制度的总体要求和思路

改革完善农村宅基地制度的总体要求和思路，总的要求是要体现以人为本的科学发展观；维护和保障农民的财产权利；体现社会主义市场经济的改革方向，发挥市场在资源配置中的基础性作用；统筹城乡发展，推进城乡经济社会发展一体化；维护社会的公平正义；体现依法治国，建设社会主义法治国家。

目前，社会上对现行宅基地制度改革创新的呼声较高。具体主张有多种，大体有三种思路。

一是恢复农宅本来面貌，实行宅基地私有。在学术界和老农村工作者（领导干部）人群中持此观点的人不少，也确有其道理。

二是维持现行制度和政策，做一些适当调整。政府管理部门有些人习惯于现行体制，担心改革创新会引起秩序混乱，对此可以理解。

三是继续保持宅基地集体所有、农户长期使用现状，同时引入市场机制，实行有偿使用，促进农宅流转。

我们对各种改革观点都持开放包容的态度，但从总体上看，我们赞成第三种改革思路。

（二）改革完善农村宅基地制度应遵循的重要原则

我们认为，宅基地制度的改革创新应遵循以下一些重要原则。

（1）正视中国的现实国情，维护农村宅基地的集体所有制。这是农村宅基地制度改革的路径依赖所在。

（2）保障农村村民居住并有利于农民居住质量的不断提升。这是不断提高农民生活水平的现实要求。

（3）将市场机制引入宅基地改革之中。这是社会主义市场经济发展的内在需要。应当尊重和体现宅基地及房屋的商品价值，增加“房”与

“地”的内在联系，确保房产有序流转，促进城市化和城乡一体化进程；同时注意在乡村建设上防止商业投机和两极分化。

（4）维护土地所有者的权益，增加土地的经济收益，使广大农民受益，保障农民共享改革发展成果。同时要保持并逐步缩小村庄占地总规模，集约节约利用土地。

（5）破除城乡二元住宅制度，建立有利于形成城乡一元化的住宅制度。

（6）农村宅基地制度改革创新要具有可行性，便于操作，有利于行政管理职能的转变。

三　改革创新农村宅基地制度的着重点和突破口

农村宅基地制度改革创新涉及诸多方面，我们认为改革创新要突出重点，找准突破口。

（一）改革创新农村宅基地制度的着重点

改革创新农村宅基地制度的着重点有以下几方面。

其一，规范集体成员内部初始取得宅基地的主体资格和操作规则。

其二，建立退出宅基地的市场机制，激励守法和节约使用土地。

其三，探讨宅基地和农房进入市场有序流转、城乡内外居民合理利用的途径和办法。

其四，研究保护农民宅基地财产权益及与政府监督管理相结合的办法。

（二）改革创新农村宅基地制度的突破口

宅基地无偿划拨和使用是现行农村宅基地制度问题的重要症结。我们认为农村宅基地制度改革的一个突破口在于实行宅基地的有偿使用。

宅基地有偿使用体现了宅基地的商品价值。宅基地的有偿使用，将消除人们“不用白不用”“不占白不占”的心态，能有效地遏制多占、乱占宅基地与大量农宅闲置的现象，有利于土地的合理利用。同时，宅基地有偿使用，有利于增强集体经济实力和增加农民收入，有利于提高集体管理宅基地的积极性，有利于转变政府职能。

四　改革创新农村宅基地制度的政策建议

农村宅基地制度是一个国家重要的基础性制度，对于维护社会和谐稳定、保障人们的幸福生活具有极为重要的意义。我国现行的农村宅基地制度是计划经济体制和城乡二元体制的产物，不适应社会主义市场经济和城市化、城乡一体化发展的需要，迫切需要从全方位进行综合改革。改革农村宅基地制度，必须贯彻以人为本的科学发展观，适应社会主义市场经济的改革需要，体现尊重和保障农民财产权利的根本要求，彰显现代法治的基本精神。具体来说，我们提出如下十个方面的政策建议。

（一）在维护农村宅基地集体所有的条件下，更加重视保障农民的宅基地使用权

现行政策法律将农村宅基地的所有权划归集体，将宅基地使用权划归农民。这两种权利都是农民的重要权利，既要保护好农民作为集体成员所拥有的宅基地所有权，也要保护好法律赋予农民的宅基地使用权。《物权法》规定宅基地使用权是用益物权，这是农民的重要财产权，必须给予最强有力的法律保障。任何组织和个人不得侵犯农民的宅基地使用权。凡是侵犯农民宅基地使用权的组织和个人，都要承担法律责任。建议制定农村宅基地法和住房保护法，从法律上严格保护农民的住宅。侵犯农民住房是最严重的违法犯罪行为，必须依法从严惩处。特别是一些地方以统筹城乡发展为名，强迫农民集中居住，攫取农民的宅基地，强拆农民住房，这是和平时期最严重的侵犯农民住宅的行为，必须坚决制止，并要依据《刑法》追究相关人员的法律责任。在城市化进程中，要制止违背农民意愿的“以宅基地换房”行为。在改革发展中，必须把尊重和保障农民的财产权利作为各级政府依法行政的基本要求。

（二）在现行无偿申请使用宅基地的基础上，实行农村宅基地有偿使用试点

要在坚持长期以来农民无偿申请使用宅基地的基础上，通过增量改革，启动农村宅基地有偿使用试点。宅基地使用费标准要符合地价原则，

但要适应农村经济水平，起步要低（远低于地价），缓慢提高，始终使绝大多数使用人能够承受；建议政府规定宅基地使用费的原则和标准，宅基地使用费标准应该既有区域差异，又要体现使用人的户籍身份、土地质量、使用性质、房屋取得方式、人口户型等差别，区别对待。实行宅基地有偿使用后，农宅房产可以继承、赠予、租赁买卖，按“地随房走”的原则予以变更登记。宅基地使用费实行专用，用于村庄建设和对农民（集体经济组织成员）无偿使用的补贴。启动农村宅基地有偿使用试点工作时，要统筹规划，尊重实际和农民意愿，注重效果，加强制度建设，形成政策制度成果。

（三）打破农村宅基地使用的封闭格局，允许城镇居民和其他人员有偿申请使用宅基地，形成城乡住宅制度的一体化

要逐步打破长期以来形成的农村宅基地自我封闭的局面，实行宅基地的对外有偿使用。随着市场化、城市化和城乡一体化的快速发展，城乡之间的交流融合与互补已是大势所趋，不可阻挡。许多城镇居民选择到农村居住，特别是城乡接合部地区，实际上居住了大量的外来人口。应当加快改革农村宅基地制度，允许城镇居民和其他人员到农村依法有偿申请使用宅基地，依法购买农村住宅。国家应制定相关税费法律政策，收取相关税费，在国家、集体和农民之间合理分配相关税费收入。要在农村居民可以到城镇购房的同时，建立城镇居民也能到农村购房的制度体系。城镇居民到农民居住生活，既满足了城镇居民的生活需求，又能增加村集体和农民的收入，同时能有效促进城乡融合和协调发展。此外，要将农村住房问题纳入国家保障性住房政策框架，构建城乡统一的住房保障政策体系。

（四）对农村宅基地和住房实行全面的确权登记颁证

要从尊重和保障农民财产权的高度，对农村宅基地和农民住房全面实行确权登记颁证工作。一是要对农村宅基地的集体所有权进行确权登记颁证。明晰宅基地的所有权代表，明确宅基地所有权代表的职责。二是要对农民宅基地的使用权进行确权登记颁证。要根据《物权法》的规定，进一步细化农民宅基地的用益物权，颁布权威性的权属证书。三是要对农民的住房进行确权登记颁证。农民对住房拥有所有权、使用权和处置权。通过全面的确权登记颁证，一是从战略高度强化农民的住宅权益（住房和宅基地权益），切实保护农民的住宅财产权利；二是为住宅的市场化交易奠定产权明晰的基础；三是增加农民的财产性收入，实现农民的财产权利。据新中国成立前对我国农村的调查，农民家庭财产估价80%以上是由房产、地产构成的。我们应当赋予农民合法的房产证和宅基地产权证。这不但有利于增加农民收入，更重要的在于增进农民的幸福感，促进社会的和谐稳定。

（五）率先实现城乡接合部地区农民住宅的商品化

随着城市化的加快发展，各个城市的边界不断扩大，原来属于农村的城乡接合部地区不断变为城市市区。城乡接合部聚集了大量的外来人口，居住结构发生了根本性的变化，但仍然实行传统的宅基地制度，其弊端日益明显。我们建议适应市场化和城市化发展的需要，率先对城乡接合部地区的农村住宅实行商品化。要通过政策引导和法律规范，尊重和保障农民的住宅权益，允许农民和村集体以宅基地参与城市化，分享城市化发展的成果。应当允许农民出租、入股或买卖宅基地及住房，允许城镇居民和其他外来人员按照市场价格购买农村住宅。既然城镇居民可以“一户多宅”，农村也可以实行“一户多宅”。问题的关键在于建立城乡平等统一的法律制度。

（六）加快建立广大农村宅基地自由退出的市场体系

城市化的快速发展，使大量的农村人口流入城市，造成了农村住宅的大量空置和严重浪费。这个问题的根源不在农民，而在于政府相关政策制度建设的滞后。建议加快建立农民自由退出宅基地的市场机制，让农民自愿选择退出农村宅基地或保留农村宅基地。首先，政府的责任在于建立宅基地和住房退出的市场体系，供农民自愿选择。要改变政府实行的所谓“撤村并居”“以宅基地换房”等非市场化的行政手段处置农民宅基地的做法。其次，进入城镇定居的农民，是否退出农村宅基地，应当完全由农民做主。政府可以制定相关政策进行引导和鼓励，但不得误导和强迫农民退出宅基地。最后，应当允许城镇居民到农村购房居住生活。在城市化进程中，政府要建立农民退出农村住宅的市场制度，同时要制定农民进入城镇居住的保障性住房政策，确保农民在城市化进程中能退能进。当然，一个健康的住宅市场应当是城乡一体的市场，农民可以进城居住，市民也可以入乡居住。这方面的制度建设需要大力加快推进。

（七）有效建立保障农民合理分享宅基地增值收益的机制

在市场化、城市化进程中，农村宅基地的增值收益已经凸显。如何分配宅基地增值收益，是一个尚未得到解决的重大问题。由于这方面的具体政策规定阙如，有的地方借宅基地为集体所有之名，大肆攫取了农民的宅基地收益，将农民排除在增值收益分配之外，给农民造成了巨大的财产权利损失。在城市化进程中，种种原因使得农村宅基地增值，如何合理分配增值收益，目前在全国没有出台任何指导意见，这也是我国的制度建设大大滞后于改革发展实践的一个典型案例。但一些地方政府开始探索宅基地增值收益分配办法，尤其是重庆市率先在这方面做了探索，其经验非常值得重视。近年来，重庆市大体划分了土地所有权与使用权的分配比例，例如，宅基地的使用权占 85%，所有权占 15%；承包地、林地的使用权占 80%，所有权占 20%。政府提供了这么一个比例，农民可以在宅基地的 80% 以及承包地与林地的 85% 的范围内，享有可支配的财产权。重庆的做法在很大程度上解决了土地的所有者与使用者在财产权上的具体分配比例问题，杜绝了长期存在的农村土地中以所有权挤压甚至侵占使用权的现象，这是一个重大的实践创新，是保护和实现农民财产权的重大举措。我们认为这一做法值得借鉴，建议将之上升为全国性规范的政策制度。

（八）完善农村宅基地权能，赋予农民宅基地完整的财产权

宅基地作为农民的重要财产权，其权能尚不完整。《物权法》第 152 条规定，宅基地使用权人依法对集体所有的土地享有占有和使用的权利。而财产权的完整权能一般包括四项权能，除了占有、使用外，还应当有收益和处分的权能，以及派生的抵押、出租、转让等权能。我国农村宅基地权能的残缺，极大地限制了农民的财产权，抑制了农民有效利用宅基地的发展空间，限制了农民的财产性收入。应当通过修改法律和相关立法，赋予农民对宅基地拥有占有、使用、收益和处分的完整权能。建议修改《物权法》，规定宅基地使用权人依法对集体所有的土地享有占有、使用、收益和处分的权利；修改《担保法》第 37 条，取消宅基地等集体所有的土地使用权不能抵押的规定，允许用宅基地等集体所有的土地使用权抵押。

此外，废止和修改有关限制宅基地权能的政策文件。赋予农民完整的宅基地权能，不仅有利于完善社会主义市场经济体制，推动经济发展，而且将空前激活农民的宅基地财产，大幅增加农民的财产性收益，加快推动社会进步，实现农民的生活幸福。

（九）允许农村宅基地等集体建设用地进入市场，与国有土地同权，真正消除“小产权房”问题的制度歧视根源

长期限制农村宅基地等集体建设用地进入市场，是我国土地制度的重大缺陷之一。限制农村宅基地等集体建设用地进入市场，既是计划经济体制的产物，也是城乡二元体制的产物。一方面，改革开放30多年来，我国实行社会主义市场经济体制，放弃了计划经济体制，促进了经济的持续繁荣。在宅基地问题上，也必须以社会主义市场经济的基本要求进行改革，取消农村宅基地进入市场的各种政策限制，加快建立包括宅基地在内的土地要素市场。另一方面，我国已明确提出破除城乡二元体制，加快形成城乡经济社会发展一体化新格局。在宅基地问题上，也应当允许农村宅基地在符合规范的前提下，与国有土地具有同等权利进入市场，依法进行商品房开发建设，从根本上解决“小产权房”问题。规范农村宅基地流转市场，实行城乡住宅制度的一体化，将空前盘活农村宅基地这块沉睡的资产，极大地促进经济社会的发展。规范农村宅基地流转市场，需要加快修改《土地管理法》，加快改革相关税法，建立和完善新时期的土地财产税体系。

（十）加强农村宅基地的制度建设，切实转变政府职能，加快建设现代法治政府和服务型政府

制度建设滞后于实践发展，既是我国改革发展中面临的突出问题，也是农村宅基地日益突出问题的重要因素。加强农村宅基地的制度建设，要从两个基本方面入手：一是加强农村宅基地的产权制度建设，明确界定和保障农民的宅基地产权；二是加强农村宅基地的管理制度建设，明确管理的目标在于保障农民的财产权利，维护社会的公平正义。制度建设的重点有三个方面：首先，明晰和界定宅基地权利；其次，规范和制定合理的管制制度；最后，建立有利于保障农民意愿和权利的市场流转机制。当前，

亟须在保障农民住宅权利的基础上，制定和出台新的征地制度以及集体土地上房屋征收与补偿法规。从根本上说，我国农村宅基地问题在很大程度上反映了政府职能的缺位、错位和越位问题。要真正保障农民的宅基地权利，必须切实转变政府职能，将各级政府从热衷于直接从事经济建设活动转变到专注于提供公共服务上来，从习惯于传统的人治转变到现代法治的轨道上来，真正使各级政府成为尊重、保障和实现公民基本权利和自由的法治政府和服务型政府。

参考文献

温家宝：《中国农业和农村的发展道路》，《农民日报》2012 年 1 月 17 日。

北京市国土资源局地籍处编《完善农村宅基地制度，推进登记发证工作——北京市农村宅基地权属确认政策研究课题成果汇编》，2009 年 4 月。

吴远来：《农村宅基地产权制度研究》，湖南人民出版社，2010。

王旭东：《中国农村宅基地制度研究》，中国建筑工业出版社，2011。

张云华等：《完善与改革农村宅基地制度研究》，中国农业出版社，2011。

张英洪：《强制拆迁、财产权保护与地方宪政构建》，《湖南警察学院学报》2011 年第 1 期。

张德元：《农村宅基地的功能变迁研究》，《调研世界》2011 年第 11 期。

崔晓黎：《土地：资源配置与制度改革》，《战略与管理》2011 年第 11、12 期合编本。

《全面推进依法行政实施纲要》，中国法制出版社，2004。

《国务院关于加强法治政府建设的意见》（2010 年 10 月 10 日），中国法制出版社，2004。

《中国发展报告 2010：促进人的发展的中国新型城市化战略》，人民出版社，2010。

姚永玲：《北京市城乡结合部管理研究》，中国人民大学出版社，2010。

董克用：《北京市城乡结合部发展与创新研究》，中国人民大学出版社，2004。

联合调研组：《关于城乡结合部地区综合管理体制改革的调研报告》，《北京农业职业学院学报》2009 年第 1 期。

余钟夫主编《北京市城乡结合部问题研究》，北京出版社，2010。

国务院发展研究中心课题组：《中国城镇化：前景、战略与政策》，中国发展出版社，2010。

蒋省三、刘守英、李青：《中国土地政策改革：政策演进与地方实施》，上海三联书店，2010。

刘守英、赵继成：《中国城市化可走“第三条道路”》，《新京报》2010年12月4日。

〔美〕道格拉斯·C. 诺思：《制度、制度变迁与经济绩效》，杭行译，上海人民出版社，2008。

卞华舵：《主动城市化——以北京郑各庄为例》，中国经济出版社，2011。

汪晖、陶然、史晨：《土地发展权转移的地方试验》，《国土资源导刊》2011年第Z1期。

汪晖、陶然：《论土地发展权转移与交易的“浙江模式”——制度起源、操作模式及其重要含义》，《管理世界》2009年第8期。

蒋胜强：《农民再次从土地上获得新的解放——浙江省嘉善县“姚庄模式”实践样本》，北大林肯中心土地制度改革论坛“中国土地管理制度改革：地方经验与创新”会议论文，2010年4月。

王彧、郭锦辉、张海生：《土地改革的嘉兴试验——“两分两换”：嘉兴探索优化土地资源》（上），《中国经济时报》2009年10月15日。

王彧、郭锦辉、张海生：《土地改革的嘉兴试验——“两分两换”模式度的把握》（中），《中国经济时报》2009年10月16日。

王彧、郭锦辉、张海生：《土地改革的嘉兴试验——“两分两换”试验中的再探索》（下），《中国经济时报》2009年10月19日。

北京大学国家发展研究院综合课题组：《还权赋能：奠定长期发展的可靠基础——成都市统筹城乡综合改革实践的调查研究》，北京大学出版社，2009。

倪鹏飞等：《中国新型城市化道路——城乡双赢：以成都为案例》，社会科学文献出版社，2007。

《重庆市市长黄奇帆在〈财经〉年会2012演讲实录》，http://finance.ifeng.com/news/special/2012cjnh/20111215/5276109.shtml。

以市民化率作为衡量城市化质量的主要指标*

张英洪

城市化的本质是人口的城市化，即农民的市民化，就是农民进入城市并成为市民的过程。现有的城市化率指标不能真实地反映城市化的质量。因而我们提出并建议采用市民化率作为衡量城市化质量的主要指标。

现在国内外测度人口城市化的重要指标是城市化率，目前通用的城市化计算方法有两种。

一是城市化率 = 城镇人口 ÷ 总人口 × 100%。现在统计部门均采用这种计算方法。

二是城市化率 = 非农业人口 ÷ 户籍总人口 × 100%。中国国际城市化发展战略委员会主张采用这种计算方法，并采用这种计算方法逐年发布中国城市化率白皮书。

2010 年全国城镇人口占总人口的比重为 49.95%，非农业人口占总人口的比重为 34.17%，以非农业人口口径统计的城市化率，比以城镇人口口径统计的城市化率低 15.78 个百分点。

以北京、天津、上海、重庆、成都、广州为例，2010 年，以城镇人口占总人口的比重计算，上述六大城市的城市化率分别为 85.96%、79.57%、89.3%、53.0%、65.51%、83.78%；同期以非农业人口占总人口的比重计算，上述六大城市的城市化率分别为 78.67%、61.37%、88.86%、33.51%、56.60%、89.58%。

---

* 原载《农民日报》2012 年 1 月 31 日。

以上两种城市化率的计算方法均没有反映城市化进程中农民的市民化水平。以城镇人口口径计算的城市化率，既将镇域行政区内的农业人口统计为城镇人口，又将在城镇居住半年以上的农民工等外来人口统计为城镇人口，这两部分人并没有享有所在地的城镇市民身份和基本公共服务待遇，就是说并没有实现市民化。

以非农业人口统计的城市化率，其计算公式中的总人口只是户籍总人口而不是常住人口，这在计算全国总人口时问题不大，因为全国的户籍总人口基本上等于常住人口。但各个城市的户籍总人口与常住人口差距较大。以非农业人口统计的城市化率没有将未获得城市户籍的农民工等外来人口统计在城市总人口范围之内，就是说以此方法，计算公式中的分母只是户籍总人口而不是常住人口，由此得出的城市化率也未能充分反映各个地区的人口城市化水平。

为此，我们提出市民化率这一指标来衡量和测度全国及各地区的人口城市化的质量，市民化率就是一个地区或城市中享受市民待遇的人口占全部常住人口的比重。其计算公式是：市民化率 = 享受市民待遇人口 ÷ 常住人口 ×100% 。

在目前城乡二元户籍制度还没有破除的情况下，一个地区或城市往往以非农业户籍为享受市民待遇的依据。因而一个简便的计算市民化率的公式是：市民化率 = 非农业人口 ÷ 常住人口 ×100% 。

以此公式计算，2010 年，全国的市民化率为 34. 17% ，四个直辖市的市民化率分别只有 50. 44% 、46. 53% 、54. 50% 和 38. 37% 。当前，以非农业户籍为享受市民待遇的依据，主要是考虑在城乡二元结构中，各城市将非农业户籍人口与享受市民待遇直接挂钩，要防止一些地方为片面追求政绩，在没有赋予农业人口或外来人口合理市民待遇的情况下简单地实行户口上的“农转非”以提高虚假的市民化率。

将市民化率作为衡量城市化质量的主要指标，是当前更加注重人口城市化的需要。提高城市化的质量，需要加快推进户籍制度改革，加快实现城乡基本公共服务均等化，加快推进公共财政体制改革，加快建立公共服务型政府。尤其要适应城市化和人口全国性流动的现实需要，尽快实现城乡社会保障的全国统筹和全国各地的正常接续。

在人口城市化进程中，国家调节城市人口规模最有效的办法，不是恢复计划经济时代严格的人口控制，而是要对公共投资和公共资源在各个城市和地区之间进行合理布局。在市场经济条件下，如果任何一座大城市既希望高度集中公共资源，又希望人口不过度集中，这是一种难以破解的城市化悖论。

把推进农村产权改革作为新型城市化的重大任务*

张英洪

我国目前正处在城市化和城乡一体化发展的关键时期。推进城市化和城乡一体化要达到的两个基本任务和目标，一是改革农村集体所有制，维护和实现农民的财产权利；二是破除城乡二元体制，保障和实现农民的平等权利。在新的发展时期要深入推进城市化和城乡一体化，切实保护农民财产权，实现农民市民化，迫切需要全面推进农村产权改革。

我国农村实行生产资料的集体所有制。改革农村集体所有制的实质是改革农村集体产权制度。农村改革以来，我国实行家庭联产承包责任制，对集体所有制进行了第一轮具有实质意义的重大改革，即将土地的承包经营权（使用权）赋予农民。市场化、工业化、城市化和城乡一体化的快速发展，对新一轮农村产权改革提出了现实的迫切要求，新一轮农村产权改革的核心是要赋予农民对集体资产的处分权，进而确立农民拥有集体资产的其他派生权利，保障农民带着集体资产参与城市化和城乡一体化。

从广义上说，农村集体资产包括农村集体所有制的全部资产，即包括承包地、林地、宅基地和其他集体建设用地等资源性资产以及集体企业经营性资产和集体公益性资产。在城市化和城乡一体化进程中，我国农村产权制度的不适应性主要体现在以下几个方面。

---

* 原载《农民日报》2012年4月28日。

集体资产所有权的虚置性。市场经济要求产权清晰。我国从政治上和法律上明确规定了农村集体资产归劳动群众集体所有，农村集体经济组织是集体资产的所有者，这是一种共同共有的所有制结构。从整体概念上，集体所有权主体是清晰的，但从作为集体经济组织成员的农民个体来说，其并不清楚自己拥有集体资产的具体份额，如不对农村集体经济组织进行产权制度改革，集体所有制就成为一种“大家共有、人人无份”的所有制。广东、浙江、江苏、北京等地推行的农村集体经济组织产权制度改革，将共同共有的集体产权改革为按份共有，将“悬浮”的传统集体所有权落实到集体经济组织每一位成员身上，明晰了产权，确保了人人有份，发展了新型集体经济，具有重要的制度创新和实践探索价值。

农民拥有集体资产产权的残缺性。完整的产权具有占有、使用、收益和处分四大主要权能以及派生的抵押、担保、转让、继承等权能。现行法律政策对农村集体产权权能进行了严格的限制。农民对承包土地主要拥有使用权和部分收益权，以及在农业用途范围内可以依法采取转包、出租、互换、转让等方式的流转权。农民缺乏处分权以及抵押、担保、转让等权能。农民集体资产产权的不完整性，极大地制约了农民参与城市化和城乡一体化进程。广州、上海、北京等地推行的农村社区股份合作制改革，有的允许个人股份继承，但不能转让，或允许在内部转让；有的可以转让、继承，但不得退股；广州天河区规定个人股份享有完整意义的个人财产所有权，这是一个重大的突破。

农村集体经济组织的封闭性。农村集体经济组织的封闭性有其历史必然性和一定的合理性，但随着城市化和城乡一体化进程的快速发展，城乡人口的大规模流动对农村集体经济组织封闭性产生了巨大的冲击。农村集体经济组织的封闭性主要有两个方面。一方面是对人员的封闭。集体经济组织成员的身份只限于原住村民，在城市化和城乡一体化中，人口的流动事实上打破了集体经济组织和村庄的封闭性，但适应城市化和城乡一体化发展需要的开放性体制并未及时全面地建立起来。另一方面是对产权的封闭。农村集体产权的封闭性相当突出，与城市化、城乡一体化快速发展极不协调。例如，现行政策规定，农村宅基地使用权只能在本集体内转让，农民住房不能向城镇居民出售，农民进入城市落户被要求退出承包地，或者进入城市的农民不能自愿有偿退出集体产权等。

农村集体产权改革的滞后性。与整个城市化和城乡一体化发展进程相比，我国农村集体产权改革进程还相当滞后。首先，农村集体产权改革的范围不大。虽然广东、浙江、北京等发达地区率先推行了农村集体经济产权制度改革，但从全国来说，农村集体产权改革尚未全面启动。已经进行农村产权改革的地区，完成农村集体经济产权制度改革的比例还较低。近年来，北京明显加快了农村集体经济产权制度改革的步伐，到2011年年底完成村级集体经济产权改革的村已达91.4%，在全国处于领先地位。但北京的农村集体经济产权改革主要涉及账面资产，对土地等资源性资产的产权改革尚处于起步探索阶段。作为全国统筹城乡发展试验区的成都市，从2008年起率先在全市范围内对农村产权制度进行改革，具有重要的示范意义。目前，全国性的农村产权制度改革还没有被提上重要日程。其次，农村集体产权改革的领域较窄。农村集体产权涵盖的领域十分广泛，包括一切集体所有的承包地、林地、宅基地、建设用地、未利用地以及集体经营性资产和公益性集体资产。有的集体经济产权制度改革只限于经营性集体资产的改革，有的只限于经营性集体资产和承包地的产权改革，很少有全面的农村产权制度改革的案例和实践。这说明统筹推进农村产权制度改革的顶层设计还很缺乏。最后，农村集体产权改革的力度不彻底。在推行农村集体产权改革的地方，一般设置比例较高的集体股，而对集体股的收益监管未能进行有效的规范，个人股也大都未被赋予完整的股权权能。

在当前发展的新阶段，深入推进农村产权改革，是推进城市化和城乡一体化健康发展的内在需要，是维护和实现农民财产权利的根本途径，是深化农村改革发展的必然选择。我们有以下建议。

要把全面推行农村产权制度改革作为农村改革发展的重大任务，将其纳入各级政府公共政策议程。所谓全面推行农村产权制度改革，既包括地理范围上的全国农村都要推行集体产权制度改革，又包括产权改革的领域要涵盖农村全部集体资产。这需要加强农村产权制度改革的顶层设计。

重点确立和赋予农民对其所拥有的集体产权的处分权，明确只有获得产权处分权的农民，才能够既带着集体资产进入城市，又可以转让集体资产进入城市，还可以运用集体资产参与城市化和城乡一体化进程。在此基础上，要赋予农民完整的集体产权权能。

加快建立完善农村产权交易市场体系，要适应城市化和城乡一体化发展的需要，加快建立覆盖全国的农村产权交易市场体系和网络，农民进入城市后是否退出农村产权以及如何退出农村产权，应当完全交给农民自主选择。政府的责任是建立健全能够满足农民自由交易农村产权的市场制度平台。应当制止由地方政府操纵和控制的强制农民退出农村产权的行政化行为。

农民市民化：新型城市化的战略目标*

施　维

主持人：《农民日报》记者　施维

嘉　宾：张英洪研究员

当前，中国城市化发展进入新的拐点，城镇人口占总人口比重首次超过50%。城市化成为继工业化之后推动中国经济社会发展的新引擎。在城市化加速发展的巨大浪潮中，我国许多地区提出了走“新型城市化发展道路”的目标。我们应该如何理解新型城市化的内涵，它的核心内容为何？本期对话，我们请来了北京市农村经济研究中心研究员张英洪和大家一起探讨这个问题。

主持人：我们应当如何理解新型城市化的核心定义？它包括哪些方面的重要内容？

张英洪：之所以提出走新型城市化道路，是因为已有的城市化道路存在许多突出问题。当前，学者对新型城市化的内涵有不同的理解和侧重点。2010年我们在课题研究中提出走以人为本的新型城市化道路，认为新型城市化是空间布局合理的城市化，是维护农民权益的城市化，是善待外来人口的城市化，是产业结构优化的城市化，是生态环境友好的城市化，是发展民主法治的城市化。我国城市化面临的两个基本体制前提是农村集体所有制和城乡二元体制。因此，推进新型城市化，一方面要改革农村集体所有制，维护和实现农民的财产权，保障农民带着集体产权进入城市

* 原载《农民日报》2012年7月4日。

化；另一方面要改革城乡二元体制，维护和实现农民的平等权，保障进城农民享有公民权利、实现市民化。从根本上说，走新型城市化道路，就是要维护和发展农民在农村的财产权，同时实现进入城市的农民的市民化。

主持人：中国城市化率已经超过50%，标志着中国社会结构迎来一个历史性的转折。但是，中国的城市化也存在很多深层次问题，对此您怎么看？

张英洪：现在有很多说法，比如“半城市化”“伪城市化”等，其核心指出的一个事实就是人口城市化滞后于土地城市化，光有速度、没有质量的不平衡的城市化是不可取的。这也要求我们必须正视当前我国的城市化存在的几个重大误区。

一是将城市化等同于城市建设。城市化就是要将进入城市的农民化为市民，而城市建设是指城市基础设施的改善、城市建成区的扩大、城市经济的增长、城市社会管理的完备等方面。应该说我国的城市建设取得了举世瞩目的重大成就，但城市化的成就要远为逊色。

二是要农民土地不要农民，要劳动力不要劳动者。城市的扩张需要大量的土地供给，于是，近郊农村的大量土地被低价征收转变为城市用地，但被征收的土地上的农民没有相应地实现市民化。同时，城市的经济发展需要大量的劳动力供给，于是，全国农村的大量青壮年农民进入城市务工就业，但进城务工就业的劳动力没有相应地实现市民化，形成了数以亿计的农民工。中国的失地农民问题和农民工问题，都是畸形的城市化发展模式的产物。

三是对农民工等外来流动人口重在治安管理而不是重在提供公共服务。长期以来，各个城市对涌入的大量农民工等外来流动人口，主要采取治安管理的方式进行社会管理，而不是将之视为移居城市的新市民从而提供相应的公共服务。不将进城农民变为新市民而是将之变为农民工的城市化模式，将原有的城乡二元结构在城市内部进行重新复制，形成了新的城市内部二元结构。

主持人：您刚才谈了几个问题，核心问题都是把城市化的关注点落在城市的建设上，而忽视了人的发展？

张英洪：城市化不是城市发展，城市化的本质是人口的城市化，也就是农民的市民化。农民市民化就是进入城市就业、生活的农民获得市民身份，享受市民待遇，真正融入城市社会，成为城市的新市民。这应当成为新型城市化建设的战略目标。

当然，农民市民化并不是要将全部农民都实现市民化，而是要使包括城郊农村地区就地城市化的农民和其他广大农村地区异地进城的农民工及其子女后代（所谓新生代农民工）实现市民化。对于未迁入城市就业生活而在农村从事农业的职业农民，应当享受均等的基本公共服务。

改革开放以来我国城乡关系的第一个重大调整就是允许农民进城务工，这在造就城市繁荣发展的同时，也造成了现有城市化的一大弊端，即没有从制度上实现农民工的市民化。现在迫切需要进行城乡关系的第二次重大调整，即在允许农民进城务工的基础上，实现进城农民工的市民化，从根本上解决和消除农民工问题。

主持人：一直以来我们都是以城市化率为衡量城市化质量的重要指标，但事实上，这一指标遮盖了很多问题，就在不久前厉以宁也曾表示，“传统的单纯地用城镇化率这个标准来衡量城市化是不正确的”。他指出，目前这一概念在中国还有一定意义，但将来也会意义甚微。对此，您怎么看？

张英洪：现有的城市化率指标不能真实地反映城市化的质量。我们提出可采用市民化率，也就是将一个地区或城市中享受市民待遇的人口占全部常住人口的比重，作为衡量城市化质量的主要指标。

为提高城市化的质量，需要加快推进户籍制度改革，废除城乡二元户籍制度，实行以居住地为主要依据的城乡统一的户籍登记制度，加快实现城乡基本公共服务均等化，加快推进公共财政体制改革，加快建立公共服务型政府。尤其要适应城市化和人口全国性流动的现实需要，尽快实现城乡社会保障的全国统筹和转移接续。在农民工市民化进程中，国家调节城市人口规模最有效的办法，不是恢复计划经济时代严格的人口控制，而是对产业发展、公共投资和公共资源在各个城市与地区之间进行合理布局。在市场经济条件下，如果任何一座大城市既希望高度集中公共资源，做大 GDP，又希望人口不过度集中，这是一种难以破解的城市化悖论。

主持人：走新型城市化道路，大力推进农民市民化进程，对此您有哪些建议？

张英洪：一是进一步转变观念，实现统筹城乡发展的第二次大跨越。长期的城乡二元结构使城市政府只负责城市非农业人口的公共服务，而将农民排除在外。自党的十六大正式提出统筹城乡发展以来，各个城市实现了统筹城乡发展的第一次大跨越，把农民纳入城市统筹发展的制度框架之中，将城市基本公共服务向农村延伸，逐步实现公共财政向农民覆盖，农民也是市民的观念树立起来了。从此，各个城市的市长不再只是市民的市长，也是农民的市长。实现统筹城乡发展的第二次大跨越，就是要将农民工等外来流动人口纳入统筹发展的制度框架，树立农民工等外来人口也是城市新市民的观念，实现基本公共服务向城市全部常住人口的全覆盖，保障农民工等外来流动人口享受基本公共服务，成为新市民。各个城市的市长不再只是户籍居民的市长，而是城市全部常住人口的市长。

二是将推进农民市民化作为城市支持农村最重要的实现方式。市场化改革以前，农村长期以工农产品价格“剪刀差”的方式支持城市；市场化改革以后，农村又事实上以城乡土地价格“剪刀差”的方式继续支持城市。此外，农村还以源源不断地向城市输送青壮年劳动力的方式支持城市发展。党的十六大以来，党和国家明确提出工业反哺农业、城市支持农村的基本方针。我们认为，实现亿万进城农民的市民化是城市支持农村最重要最有效的实现方式。因此，应当将农民市民化提到战略高度加以贯彻落实。

三是允许和鼓励农民从个体进城向家庭式迁居城市的转变。家庭是一个社会的基本细胞，家庭的和谐是社会和谐的基础。我国现有的城市化发展模式，对传统农村家庭造成了冲击，城市将农村中的青壮年劳动力大量吸走，却将老人、妇女和儿童留在农村，产生了普遍的农村留守老人、留守妇女、留守儿童等农村社会问题。这是畸形的城市化发展模式的产物。不改变这种城市化模式，就不可能解决上述社会问题。我们要想在经济繁荣发展中增强城乡居民在发展中的幸福感，就必须切实保护家庭。我们建议积极创造条件，允许和鼓励农民从个体进城务工向家庭式迁居城市转变，各个城市都要为迁居城市的农民工家庭所有成员提供就学、就业、就医、养老、住房等基本公共服务保障；鼓励企业实行终身雇佣制，按照国际劳工标准保障和落实农民工权益；要全面创新社会管理。

新型城市化既是一种发展理念，也是一种实践创新。中国正在走向一个与延续了几千年的乡村社会完全不同的城市社会。城市化正在考验着中国，考验着中国人的智慧与能力，也考验着中国人的责任与担当。

我国农民工市民化的地方创新实践*

张英洪

促进和实现农民工市民化，是当前和今后一个时期我国推进新型城镇化需要切实加以解决的重大现实课题。党的十六大以来，中央提出以人为本的科学发展观，坚持统筹城乡发展的基本方针，在解决农民工问题上出台了一系列方针政策。在中央大政方针的指引下，全国各地在推进城镇化、解决农民工问题、推进农民工市民化方面做了许多创新实践，现将有关情况综述如下。

一　城镇化创新实践

农民工市民化与城镇化发展道路是紧密联系在一起的。2002 年党的十六大提出“要逐步提高城镇化水平，坚持大中小城镇和小城镇协调发展道路，走中国特色的城镇化道路”。从此，我国放弃了长期坚持的以小城镇为主的城镇化道路，各地在推进城镇化道路上涌现了多种形式的城镇化创新实践。

（一）城市群成为城镇化的主体形态

我国城市群的形成与发育始于 20 世纪 80 年代改革开放初期。2006 年“十一五”规划纲要首次提出要把城市群作为推进城镇化的主体形态。此

* 本文写于 2012 年 10 月 7 日。

后，城市群的发展逐步取得了主导地位。各地在中央的组织安排下，加强了协调合作，加快了城市群的发展。例如，在促进中部地区崛起战略中，2007 年长株潭城市群和武汉城市群被列为全国“两型社会综合配套改革试验区”。到 2009 年年底，我国已形成包括长三角、珠三角、京津冀等在内的 23 个不同规模的城市群。据不完全统计，2007 年我国城市群总面积占全国面积的 21.13%，却集中了全国 48.99% 的总人口、51.4% 的城镇人口。[①] 2006 年长三角、珠三角、京津冀（唐）三大城市群占全国土地的 3.25%，聚集了 2 亿多人口，占全国人口的 15.16%。[②]

（二）城乡接合部城市化改造

在推进城市化中，城乡接合部处于前沿地带。城乡接合部改造是城市化发展的重要内容。各大城市在城乡接合部城市化改造中形成了不同的模式。（1）重庆主城区城中村改造。2009 年 6 月，重庆市启动主城区内环高速公路范围内城中村改造。经过两次任务调整，实施改造的城中村共有 61 个，拆迁安置人员 28432 人。计划 2012 年前完成 61 个城中村地块征地拆迁，2017 年前全面完成 61 个城中村改造建设工作。主要做法是：加强集中公共绿地和市民广场建设，共建设总面积约 175.79 公顷的集中公共绿地和市民休闲广场，占改造集体建设用地面积的 53.4%；对城中村土地实行一次性申报、一次性批准土地征收和土地储备；城中村改造项目在征地和建设环节的有关规费，除被征地农转非人员的社保统筹费按规定缴纳外，其余按照收支两条线规定办理；引导被拆迁人员选择住房货币化安置方式。（2）广州的“三旧”改造模式。2009 年 12 月，广州市政府根据全国有关推进“三旧”改造的意见，提出加快推进“三旧”改造工作。“三旧”改造是指“旧城镇、旧厂房、旧村庄”的改造。广州计划用 10 年时间基本完成 138 个城中村整治改造任务，对其中 52 个城中村，计划用 3～5 年时间以整体拆除重建为主实施全面改造。基本做法是：坚持改制先行、改造跟进的原则，将农民转为居民、村委会转为居委会、村集体经济组织

---

① 方创琳、姚士谋、刘盛和等：《2010 中国城市群发展报告》，科学出版社，2011，第 9、63 页。

② 中国发展基金会编《中国发展报告 2010——促进人的发展的中国新型城市化战略》，人民出版社，2010，第 90 页。

转制为股份制企业、土地转为国有，纳入城市管理和保障体系。(3) 北京市城乡接合部50个重点村城市化建设模式。2009年，北京市委、市政府选择海淀区的北坞村和朝阳区的大望京村作为推进城乡一体化的试点村。2010年，北京市委、市政府在试点的基础上确定城乡接合部50个重点村进行城市化建设，到2012年3月已基本完成城市化改造任务。主要做法是：在土地开发建设上，因地制宜，有的采取征地模式，有的采取土地储备模式，有的采取重点工程带动搬迁模式，有的采取“一村一策”模式；在集体资产处置上，按照“资产变股权、农民当股东”的思路，推行农村集体经济产权制度改革，让农民带着资产进城，成为拥有集体资产的新市民；在农民身份转换上，对100313名农业人口实行整建制农转居。

（三）主动城镇化和就地城镇化创新实践

如果说政府主导的城乡接合部城市化对农民来说是被动城镇化的话，那么，农民主动地在自己的土地上建设城镇就是一种主动城镇化（或自主城镇化）。如果说农民从农村迁入城市是进城城镇化的话，那么，农民在原住地就地建设城镇就是一种就地城镇化。在我国城镇化进程中，许多地方出现了主动城镇化和就地城镇化的丰富实践。(1) 北京郑各庄的主动城镇化实践。北京市昌平区北七家镇郑各庄村现有568户、1500人，村域面积为4332亩，20世纪90年代末，郑各庄启动村庄改造和产业园建设，走上了自主城镇化之路，现已成为在集体土地上“长出”的一座城市，完成了由农村形态向城市社区形态的转变，是农村主动城镇化的典型。郑各庄主动城镇化的核心做法是，不由国家通过征地、把土地先行国有化后再建城市，而是由农民在自己的土地上主动进行城市化建设，将土地非农化的级差收益留在本村，用于企业和村庄发展，让土地资本化成为村庄自身城市化的发动机。[①] (2) 浙江义乌就地城镇化实践。我国城镇化有农民进城

① 有关郑各庄的经验做法，参见北京村庄制度变迁研究组《集体土地上长出的城市——郑各庄现象研究》，2008年9月；卞华舵《主动城市化——以北京郑各庄为例》，中国经济出版社，2011；段树军《郑各庄：主动城市化实现城乡融合》，《中国经济时报》2012年9月27日。

城镇化和农民就地城镇化两种模式。[1] 在浙江、江苏、福建、广东、上海、北京等经济发达地区，出现了许多就地城镇化的创新实践，如浙江义乌和湖州、江苏武进和昆山、福建晋江、北京密云蔡家洼村等。[2] 以浙江义乌就地城镇化为例，1980 年，义乌的城区面积仅有 2.8 平方千米，城区人口 2.8 万（其中大多数是农民），到 2008 年，义乌市城区面积已达 78 平方千米，人口达 88.5 万，成为由农村地域发展为中等城市的就地城镇化典型区域。义乌就地城镇化模式不同于以集体工业为起点的“苏南模式”，也不同于以外向型经济为主导的“珠三角模式”，而是以小商品市场的兴起带动产业集群，从而加快农村就地城镇化进程的发展模式。[3]

（四）新型农村社区建设

新型农村社区建设既是新农村建设的重要组成部分，又是城镇化建设的新途径。近些年，全国不少地方大力推行新型农村社区建设。（1）河南省新乡市新型农村社区建设。新乡市自 2006 年开始规划，2008 年全面启动新型农村社区建设，主要做法是：把新型农村社区规划与城镇规划、土地规划、产业集聚区规划“四规合一”，把全市 3571 个行政村规划为 900 个新型农村社区，其中三分之一以上的社区规划布局在小城镇周围；为入住新型农村社区居民办理城镇户口，使其享受城镇居民就业、教育、医疗、社会保障等方面的同等待遇，并继续保留原有的惠农政策等。[4]（2）山东省诸城市新型农村社区建设。2007 年诸城市开始在全市农村开展农村社区化服务与建设，以两公里为半径，把全市 1249 个村庄规划建设成 208 个农村社区，每个社区涵盖约 5 个村庄、1500 户。2009 年，诸城市再次提出全面推进农村社区化发展，即在农村以社区为单元，统筹推动公共服务、经济、政治、文化、组织、聚合居住等工作。从 2010 年 6 月开始，

---

① 刘文纪：《中国农民就地城市化研究》，中国经济出版社，2010。

② 马庆斌：《就地城镇化值得研究与推广》，《宏观经济管理》2011 年第 11 期。

③ 张抚秀、吴瑞君：《义乌市就地城镇化的特征与机制探讨》，《中国城市研究》2011 年第 3 期。

④ 李虎成、马丙宇：《建设新乡特色新型农村社区——访新乡市委常委、副市长王晓然》，《河南日报》（农村版）2012 年 4 月 25 日。

诸城市撤销1249个建制村，大规模撤村并居。[①]（3）北京市新型农村社区建设。2011年，北京市政府开始启动10个新型农村社区建设试点工作，涉及10个乡镇32个村庄、11531户、25746人。北京市将新型农村社区视为现代城镇体系的末端节点。试点内容是：由试点社区所在乡镇政府组织编制新型农村社区试点建设规划；探索和完善试点用地政策，试点社区可享受与城乡建设用地增减挂钩的相关政策；引导农民建设新型住宅，鼓励平原地区或山区乡镇政府所在地的试点社区，适度集中建设住宅；位于山区其他地区或旅游景区周边的试点社区，一般以一户一宅的庭院式住宅为主，可以建设独院或3层以下（含3层）联排住宅；试点社区基础设施和公共服务设施参照城镇标准进行建设。

二　农民工输入地创新实践

农民工输入地的创新实践主要涉及户籍制度、平等就业、社会保险、住房保障等方面。

（一）户籍制度改革创新实践

户籍制度改革以来，中央逐步放开小城镇和中小城市的落户政策。目前，全国已有20多个省市开始实行城乡统一登记的居民户口制度，小城镇和中小城市的落户政策已经放开。户籍改革的焦点、重点和难点都在大城市和特大城市。近年来，上海、广州、深圳、重庆、成都等城市也纷纷推出各具特色的户籍制度改革。大城市和特大城市一般对本市户籍和非本市户籍人口实施不同的户籍改革政策。

1. 整建制转居

在城市化进程中，除建设征地实行农转居外，一些城市还推行整建制转居。整建制转居是实行农民户籍身份市民化的重要举措。（1）深圳的整建制转居。深圳在城市化进程中将农村集体土地全部转为国有土地以解决用地矛盾，将农民全部转为城镇居民。2004年深圳市决定将宝安、龙岗两

① 李成贵主编《造福农民的新机制——山东省诸城市推进农村社区化服务的实践与成效》，人民出版社，2008；王仁贵：《山东诸城推行农村社区化　宅基地换房屋农民住楼》，《瞭望周刊》2010年第47期，http://news.sina.com.cn/c/sd/2010-11-21/192621509133.shtml。

区内的27万农村人口一次性转为城市居民，将两区956平方公里土地转为国有。原镇、村两级的行政建制变更为城市的街道、居委会建制；原村民陆续转为城市居民，并相应获得城市社保待遇；原镇、村两级集体经济组织随之改制为股份合作公司。整建制转为城市居民的原农村人口，符合参加社保条件的人员纳入城镇社会保障体系，此前未参加保险计划但达到退休年龄的村民，亦可按照深圳市城镇职工参保标准，每月领取养老金。深圳由此成为全国第一个无农村无农民的城市。① （2）北京的整建制转居。北京发生了两次较大规模的整建制转居。第一次是2002年12月，北京市将石景山区15535名农业户口一次性整建制变更为城镇居民，这是北京市继东城、西城、崇文、宣武四个城区之后第五个不再有农业户籍人口的城区。实施整建制农转居后，原农村集体经济组织仍可继续拥有集体土地的所有权、使用权；农转居人员可按政策直接纳入社会保险，由集体经济组织及个人按政策缴纳保险费，今后国家征地时，征地款首先用于抵顶已垫付缴纳的保险费，符合城市低保标准的人员享受城市低保待遇；保留农村集体经济组织，将其作为农民转居后就业的主要载体。第二次是2011年10月，北京市政府发布《关于城乡结合部地区50个重点村整建制农转居有关工作的意见》，将50个重点村100313名农村户籍人员整建制转为城镇居民。村民变居民后，所需补缴社保等资金，由征地、项目投资承担。

2. 居住证制度

居住证制度是我国一些城市借鉴发达国家“绿卡”制度的户籍制度改革的内容之一。2010年5月27日国务院转发了国家发改委《关于2010年

---

① 深圳实行土地国有化的法律依据是1998年新修订的《土地管理法实施条例》第二条第（五）项规定：“农村集体经济组织全部成员转为城镇居民的，原属于其成员集体所有的土地属于国家所有。”国土资源部2004年下半年派小组赴深圳专项调查，认为，深圳此举“不宜模仿”“下不为例”。2005年3月4日，经国务院批准，国务院法制办公室、国土资源部以“国法函〔2005〕36号”文件对《土地管理法实施条例》第二条第（五）项做出专项“解释意见”。该“解释意见”明确指出：《土地管理法实施条例》第二条第（五）项规定是指农村集体经济组织土地被依法征收后，其成员随土地征收已经全部转为城镇居民，该农村集体经济组织剩余的少量集体土地可以依法征收为国家所有。“解释意见”其实是对深圳的“转地”法律依据的否定。因为只有在农民集体所有的土地逐渐被依法征收，且成员全部转为城市居民后，才能将农民集体剩余的少量土地转为国有。相关报道参见卢彦铮《深圳农地转国有之惑》，《财经》2004年第18期；卢彦铮《深圳农地国有化“特例”》，《财经》2006年第22期。

深化经济体制改革重点工作的意见》，首次在国务院文件中提出在全国范围内实行居住证制度。目前，深圳、上海、广东等十多个省市实行了居住证制度。（1）深圳市的居住证制度。深圳市是我国外来流动人口远远多于本地户籍人口的特大城市。1984 年深圳市开始实行暂住证制度，2006 年对暂住证管理制度进行改革，减少暂住证类别、降低门槛、简化程序，明确了持证人享有的权利。2008 年 8 月 1 日深圳市正式实施居住证制度，覆盖全市所有的外来流动人口。外来人员办理居住证后，可享受到如办理港澳通行证、子女在深就学政策、购买深圳市五险一金、公共租赁住房等权益，逐步缩小了来深外来人员与深圳户籍居民待遇上的差距。（2）上海市的居住证制度。2002 年 4 月，上海市政府发布《引进人才实行〈上海市居住证〉制度暂行规定》，在全国率先实行居住证制度。2004 年，上海市政府发布《上海市居住证暂行规定》，在各类来沪人员中推行居住证制度，居住证分为引进人才、务工经商和投靠就读三类。2009 年 2 月，上海市政府印发《持有〈上海市居住证〉人员申办本市常住户口试行办法》，规定符合持有上海市居住证满 7 年等条件的来沪创业、就业人员可以申办上海常住户口。（3）广东省的居住证制度。广东省是我国流动人口聚集的大省。根据 2009 年 7 月 30 日广东省第十一届人民代表大会常务委员会公告修改后的《广东省流动人口服务管理条例》，自 2010 年 1 月 1 日起，广东省全面实行外来流动人口居住证制度，流动人口享有一系列权益保障和公共服务。居住证持证人在同一居住地连续居住并依法缴纳社会保险费满 7 年、有固定住所与稳定职业、符合计划生育政策、依法纳税并无犯罪记录的，可以申请常住户口。常住户口的入户实行年度总量控制，按照条件受理，人才优先，依次轮候办理，具体办法由居住地地级以上市人民政府制定。

3. 积分入户

作为对外来农民工的一项户籍改革措施，农民工积分制入户城镇，是指通过科学设置和确定积分指标体系，对农民工入户城镇的条件进行指标量化，并对每项指标赋予一定分值，当指标累计积分达到规定分值时，农民工即可申请入户城镇。（1）广东省积分入户。2010 年 6 月 23 日，广东省政府办公厅印发《关于开展农民工积分制入户城镇工作的指导意见》，在全省实施农民工积分制入户制。适用对象是在广东省务工的农业户籍劳动力，凡已办理广东省居住证、纳入就业登记、缴纳社会保险的，均可申请纳入积分登记（在市内就业的本市户籍农民工申请纳入积分登记管理，各地可以给予办理广东省居住证，并加注特殊标识）。符合积分入户条件的农民工，可选择在就业地镇（街）或产权房屋所在地镇（街）申请入户，其配偶和未成年子女可以随迁。农民工积分制入户城镇的积分指标由全省统一指标和各市自定指标两部分构成，全省统一指标包括个人素质、参保情况、社会贡献及减分指标；各市的自定指标应当包括就业、居住、投资纳税等情况，具体指标和分值可根据当地产业发展和人才引进政策设定。全省统一指标全省互认、流通和接续，原则上农民工积满60分可申请入户。（2）广州市积分入户。2010年11月4日，广州市政府办公厅印发《广州市农民工及非本市十城区居民户口的城镇户籍人员积分制入户办法实施细则（试行）》，凡已在广州市就业的农民工以及非本市十城区的城镇户籍外来务工人员（即所有非广州十城区户籍人员）均可申请积分入户。积分体系包括基本分、导向分和附加分，共12项指标，积满85分可提出入户申请。申请条件是：未违反计划生育政策、未有犯罪记录、已办理广东省居住证（增城、从化市户籍人员除外）、在广州市缴纳社会保险、与广州市企事业签订一年期及以上劳动合同、办理了就业登记或用工备案、初中毕业及以上学历、总积分达到85分。广州市积分制入户实行指标总量控制，2011年广州积分入户计划总名额为3000人，其中上半年1000人，下半年2000人。2012年广州积分入户计划总名额为3000人，其中上半年1000人，下半年2000人。（3）深圳市积分入户。2012年4月1日，深圳市政府印发《深圳市外来务工人员积分入户暂行办法》，规定外来务工人员入户深圳，一律通过积分入户，不再走招调工方式。外来务工人员积分入户基本条件：年龄在18周岁以上，48周岁以下；身体健康；高中（含中专）以上学历；已在本市办理居住证并缴纳社会保险；未违反人口和计划生育法律、法规和有关政策的规定；未参加国家禁止的组织及活动，无劳动教养及犯罪记录。符合以上基本条件的人员，按照《深圳市2012年度外来务工人员积分入户指标及分值表》积分达到100分以上（含100分）即可提出积分入户申请。深圳市积分入户与广州不同，无数量指标限制。

4. 统筹城乡户籍改革

2007 年，国家发改委批准重庆市和成都市为全国统筹城乡综合配套改革试验区。2010 年，重庆市和成都市都将户籍制度改革作为统筹城乡综合配套改革的重要内容加以推进，在全国产生了较大影响。(1) 重庆市户籍制度改革。2010 年 7 月 25 日，重庆市政府印发《关于统筹城乡户籍制度改革的意见》，启动户籍改革，将有条件的农民工及新生代农民工转为城镇居民作为突破口。重庆市户籍制度改革的基本内容被形象地概括为“脱掉农村三件旧衣服”“穿上城市五件新衣服”。“脱掉农村三件旧衣服”，是指对于农村居民整户转为城镇居民的，“脱掉”农村承包地、宅基地、房屋“三件旧衣”，具体政策是允许自转户之日起 3 年内继续保留承包地、宅基地及农房的收益权或使用权。“穿上城市五件新衣服”是指农村居民转入城镇居民户口后，纳入城镇保障体系，在就业、社保、住房、教育、医疗五个方面享有与城镇居民同等待遇。后来，重庆市不断调整户籍改革政策，不再要求转户农民“脱掉三件衣服”，而是强调尊重农民意愿，保障转户居民的农村权益。2012 年 1 月 19 日，重庆市政府印发《关于继续推进农民工户籍制度改革的通知》，进一步明确农村居民转户后，在承包期内允许保留林权；可自愿保留承包地和宅基地，并保留其以后整户退出时获得相应退地补偿的权利或土地征收时按规定获得土地征收补偿安置的权利。(2) 成都户籍制度改革。2010 年 11 月 9 日，成都市委、市政府发布《关于全域成都统一城乡户籍实现居民自由迁徙的意见》，提出到 2012 年，实行全域成都城乡统一户籍、实现城乡居民自由迁徙。成都户籍制度改革的主要内容是建立户口登记地与实际居住地统一的户籍管理制度，使城乡居民在就业和社会保障等方面享有平等的权利。成都市户籍制度改革的特点是，建立了户籍、居住一元化管理的体制机制，农民进城落户不以牺牲承包地、宅基地等财产权为代价，市外人员入户享受与本地居民同等的待遇。2010 年 7 月 26 日，成都市政府发布《成都市居住证管理规定》，从 2011 年 1 月 1 日起，成都市取消暂住证制度，实行居住证制度，成都市的 300 多万流动人口在劳动就业、医疗卫生、教育等 12 个方面享受与市民同等的权益。

（二）城乡平等就业创新实践

在过去相当长的时期里，对农民进城就业实行以堵为主的政策，各地制定和出台了各种限制和歧视农民工的政策措施。2002 年以来，国家对农民工的政策发生了重大变化。2002 年 1 月，《中共中央、国务院关于做好 2002 年农业和农村工作的意见》第一次提出对农民工坚持“公平对待、合理引导、完善管理、搞好服务”的十六字方针。2003 年 1 月，国务院办公厅发出《关于做好农民进城务工就业管理和服务工作的通知》，提出取消对农民工就业的不合理限制。2004 年中央一号文件指出农民工已经成为产业工人的重要组成部分，要改善农民工就业环境。2004 年 12 月 27 日，国务院办公厅印发《关于进一步做好改善农民进城就业环境工作的通知》，进一步提出清理和取消针对农民进城就业等方面的歧视性规定及不合理限制，维护农民进城就业的合法权益，探索建立城乡一体化的劳动力市场。2006 年 3 月，国务院发布《关于解决农民工问题的若干意见》，对解决农民工问题提出了一系列方针政策，要求消除对农民进城务工的歧视性规定和体制性障碍，逐步实行城乡平等的就业制度。[①] 各地根据国家有关农民工政策的新要求，在创新农民工平等就业上做出了新探索。

1. 浙江嘉兴市城乡统筹就业

2006 年 9 月，浙江省嘉兴市被列为全国城乡统筹就业试点城市。联合国开发计划署将嘉兴市作为在中国选取的统筹城乡就业项目 5 个城市之一。嘉兴统筹城乡就业的主要做法有以下几点。一是破除城乡壁垒，取消地域、户籍、行业等对农村劳动力进入城镇就业的限制性政策。在全国率先取消了城乡户籍，率先实施了覆盖城乡的城乡居保、医保政策，率先建立劳动者无身份差别、权利和义务相对应的城乡一体化的失业保险制度。二是建立覆盖城乡的劳动力市场服务体系。整合各类劳动力市场，统一名称为“人力资源市场”，从形式上打破人为的部门分割，做到服务对象的扩展和全面覆盖。三是建立了覆盖城乡的职业培训体系。据统计，2006 ~ 2009 年，嘉兴市共开展再就业培训 63870 人，农村劳动力转移技能培训 211000 人，高技能人才的占比由 5% 提高到 9%。四是打造“不欠薪城

---

① 《国务院关于解决农民工问题的若干意见》，人民出版社，2006。

市”。嘉兴在着力解决城乡劳动者就业的同时，提出了打造“不欠薪城市”的口号，于2007年开始实施劳动保障监察网格化管理行动计划，实现了劳动保障监察的主动实时动态监管。①

2. 北京市推行城乡一体化就业

长期以来，北京市劳动就业坚持的原则是“先城镇、后农村，先本市、后外地”。党的十六大以来，北京市逐步取消了对农民工就业的歧视与限制，朝着城乡就业一体化的方向迈进。一是在就业政策上，将城镇就业优惠政策向农村延伸和覆盖，到2009年，北京市已在就业岗位补贴、社会保障补贴、职业培训补贴、小额担保贷款等政策上实现城乡统一。二是在就业服务上，将农村劳动力全面纳入公共服务体系，到2007年，全市所有行政村全部建立了就业服务站，形成了覆盖全市城乡的“三级管理、四级服务”的公共就业服务体系。三是在就业培训上，建立了面向全部城乡劳动者的职业培训制度。本市农民工每年可参加一次免费职业培训。四是在外地农民工就业上，清理和取消外地农民工就业限制和歧视性政策，提供免费就业服务信息，加强外地农民工的职业技能培训，建立了外地农民工培训补贴制度。自2011年起，北京市启动对400万来京农民工（其中新生代农民工为250万人）就业状况的抽样调查，调查范围覆盖全市16个区县以及亦庄开发区，每年两次的调查为制定政策提供了依据。

3. 昆山市构建“新昆山人”就业体系

江苏省昆山市连续多年名列全国百强县之首。昆山的外来人口已超过本地人口，是昆山经济社会发展的重要力量。昆山市在对外来农民问题上，一是坚持一视同仁，建立开放的劳动力市场。早在2000年，昆山市就将外地农民工纳入就业管理与服务体系，使之平等地进入城乡统一的劳动力市场，实行与本地劳动力同工同酬，同等享有工资、福利和保障等待遇。二是率先建立城乡统筹就业机制。2003年，昆山市率先在全国建立城乡统筹就业机制，保障城乡居民享受同等的就业优惠政策。该市自2002起每年拨出2000万元专项资金，为城乡劳动力技能培训统一“买单”。三是实施“新昆山人”建设工程，使外来农民工成为“新昆山人”，在就业等

---

① 应丽斋、余延青：《浙江嘉兴：推动城乡平等就业》，中国共产党新闻网，http://cpc.people.com.cn/GB/64093/64387/11074942.html，2010年3月4日。

方面平等融入昆山。2004 年，昆山市委、市政府印发《关于加强“新昆山人”建设工作的意见》，提出尽快让外来人员融入昆山这个大家庭中，强调要畅通就业渠道，简化用工手续，禁止以任何管理名义进行歧视性收费。进一步规范劳动力市场，坚决打击取缔“黑中介”，保障“新昆山人”享有平等的就业权。在市总工会设立“新昆山人”服务中心，在就业指导、子女就学、权益维护、医疗保健、法律援助、来访接待等方面，提供“一站式、一条龙”的帮助和服务。

（三）社会保险创新实践

建立覆盖农民工的社会保障制度，是实现农民工市民化的核心内容。长期以来，农民工没有被纳入社会保障体系之中。2011 年 7 月 1 日施行的《中华人民共和国社会保险法》明确规定进城务工的农村居民依照本法规定参加社会保险。各地根据当地实际和《社会保险法》的规定，逐步建立和完善农民工的社会保险制度。

1. 上海建立农民工综合保险模式

2002 年 7 月，上海市政府发布实施《上海市外来从业人员综合保险暂行办法》，在全国首次为外来农民工建立社会保险制度，与城镇职业社会保险并行。2004 年 8 月 30 日，上海市人民政府 34 号令发布了《关于修改〈上海市外来从业人员综合保险暂行办法〉的决定》，修改并完善了综合保险办法。综合保险的适用范围是在上海行政区从业的非上海户籍的外来从业人员，综合保险内容包括工伤（或意外伤害）、住院医疗、老年补贴三项保险待遇。有用人单位的农民工由单位缴费，无单位农民工由其自己缴费。缴费基数为本市上年职工月平均工资的 60%，缴费费率为 12.5%，其中老年补贴占 7%。外来从业人员在参加综合保险期间发生工伤事故或患职业病的，可以得到一次性支付的工伤保险金；因患病或非因工负伤住院的，住院发生的起付标准以上的部分，由综合保险基金承担 80%，自负 20%；连续缴费满一年的外来从业人员可以获得老年补贴凭证，并在退休之年一次性兑现老年补贴。2011 年 6 月，为贯彻实施《社会保险法》，上海市政府颁布《关于外来从业人员参加本市城镇职工基本养老保险有关问题的通知》《关于外来从业人员参加本市城镇职工基本医疗保险若干问题的通知》《关于外来从业人员参加本市工伤保险若干问题的通知》《关于本市郊区用人单位及其从业人员参加城镇职工社会保险若干问题的通知》四个文件，将在本市就业的外来从业人员和郊区用人单位的从业人员纳入城镇职工社会保险范围。

2. 深圳将农民工纳入城镇社会保险模式

作为改革开放后发展起来的新的移民城市，深圳从 20 世纪 90 年代开始，比照城镇职工，将农民工纳入社会保险体系。1993 年 12 月，深圳市人大常委会颁布《深圳经济特区工伤保险条例》，作为全国第一部工伤保险法规，该条例不分本市户籍员工和农民工，都实行相同的工伤保险办法。1996 年 5 月，深圳市政府颁布《深圳市基本医疗保险暂行规定》，规定本市户籍员工参加综合医疗保险，农民工参加住院医疗保险。2003 年 5 月，深圳市政府颁布《深圳市城镇职工社会医疗保险办法》，规定农民工经单位申请也可参加综合医疗保险，且不分本市户籍员工和农民工，都可以参加地方补充医疗保险。2005 年 3 月，深圳市政府出台《深圳市劳务工合作医疗试点办法》，农民工可自愿选择住院医疗保险或合作医疗制度，享有住院和门诊保险。1998 年深圳市人大颁布《深圳经济特区企业员工基本养老保险条例》，第一次以地方法规形式确定了农民工参加基本养老保险的权利。2001 年 1 月，深圳市人大修订了该条例，规定符合条件的农民工退休后可以享受按月领取养老金。农民工在基本医疗保险、工伤保险和养老保险待遇上，与户籍人口基本一致。① 2011 年，贯彻《社会保险法》，深圳市修改或制定了医疗保险、失业保险、养老保险、生育保险等法规，进一步完善了政策制度，保障了农民工参加社会保险的权利。

（四）住房保障创新实践

长期以来，农民工的居住问题十分突出。各地在解决农民工居住问题上进行了积极的探索。

1. 浙江湖州市建立农民工住房公积金制度

住房公积金制度是住房保障的重要组成部分。2003 年，湖州市在全国率先系统地开展了在非公有制企业和进城务工人员中建立住房公积金制度的工作。2007 年 7 月 20 日，湖州市住房公积金管理中心、湖州市总工会、

① 费平：《深圳市农民工社会保险制度》，《中国劳动》2006 年第 10 期。

湖州市劳动和社会保障局联合发布《关于进一步推进农民工建立住房公积金制度的实施意见》，规定农民工实施住房公积金制度，其缴存、提取、贷款的政策与城镇职工享受同等待遇。同时，根据农民工的特点，应实行缴存、提取、贷款等优惠政策及措施。2011 年 4 月，湖州市住房公积金管理中心、湖州市新农办联合下发《关于加快推进农民工实施住房公积金制度支持新农村建设的实施意见》，支持农村建房的农民工申请公积金贷款改建农房。

2. 上海市新桥镇农民工集中居住模式

上海市松江区新桥镇入驻实体企业 1000 家，商贸企业 1400 家，外来务工人员 8 万人，当地户籍居民 2.44 万人，外来务工人员是当地居民的 3 倍多。从 2005 年开始，新桥镇党委政府决定建设外来务工人员集中居住中心。现已经建成并交付使用四处外来务工人员集中居住中心，占地面积共 221 亩，建筑面积 12.86 万平方米，现居住外来人员共 1.4 万人，占外来人员的 18%左右，150 多家实体企业员工，占全部实体企业员工的 15%。“十二五”期间，新桥镇规划建造集中居住中心 30 万平方米，除了企业为自己员工安排集体宿舍外，基本上解决了新桥镇所有外来务工人员的居住问题。主要做法：一是依托新桥镇资产经营公司推进集中居住中心建设；二是统一出租，原则上是由新桥资产经营公司与企业签署合同，不与个人发生租赁关系；三是统一管理服务，集中居住中心均由新桥资产经营有限公司进行统一经营管理。①

3. 重庆市公共租赁住房面向农民工

公租房主要是解决中低收入的既不符合廉租房申请条件，又买不起商品房的夹心层人群的住房问题。2010 年，重庆市把公租房列为十大民生的首要任务，计划三年建设 4000 万平方米公租房，解决 200 万住房困难群众的住房问题。2010 年 7 月 1 日施行的《重庆市公共租赁住房管理暂行办法》规定，公共租赁住房申请人应年满 18 周岁，在重庆有稳定工作和收入来源，具有租金支付能力，符合政府规定收入限制的本市无住房或家庭人均住房建筑面积低于 13 平方米的住房困难家庭、大中专院校及职校毕业

---

① 参见北京市农村经济研究中心 2011 年重点课题《新型城市化发展路径比较研究》，2011 年 12 月，第 485～491 页。

后就业和进城务工及外地来渝工作的无住房人员。就是说，本地农民工和外地农民工都可以申请公共租赁住房。申请公共租赁住房的收入限制：单身人士月收入不超过 2000 元；家庭月收入不超过 3000 元。承租人在租赁 5 年期满后，可选择申请购买居住的公共租赁住房。

4. 上海、北京利用农村集体建设用地建设公共租赁房试点

2011 年，国土资源部批准北京和上海开展利用农村集体建设用地建设租赁房试点工作，既解决城市化中农民工的居住问题，又解决城乡接合部地区农村集体经济发展问题。上海早在 2003 年就开始在一些农村利用集体建设用地建设住房的试点，住房对象主要针对工业园区的来沪务工人员。2009 年上海出台《关于单位租赁房建设和使用管理的试行意见》，提出“农村集体经济组织利用农村集体建设用地建设主要定向提供给产业园区、产业集聚区内员工租住的市场化租赁宿舍”。2011 年 7 月，上海市政府办转发《关于积极推进来沪务工人员宿舍建设的若干意见》，对利用农村集体建设用地建设来沪务工人员宿舍做了具体规定。闵行区七宝镇联明村的租赁房试点项目“联明雅苑”是上海利用集体建设用地建设租赁住房最有代表性的项目。该项目的主要做法和特点，一是村集体为建设主体；二是出租对象为外来务工人员；三是主要有家庭户和集体户两种居住形式，一室户限 3 ~4 人居住，二室户限 6 ~8 人居住，承租合同实行年签制；四是配套生活设施与公共服务齐全；五是租金收益村民共享。2011 年 9 月 27 日，国土资源部以《关于北京市利用集体土地建设租赁住房试点意见的函》正式批准同意北京市利用集体土地建设租赁住房试点。2012 年年初，北京市政府批准同意海淀区唐家岭地区作为第一批试点项目，建设约 10 万平方米的租赁住房。符合条件的非北京市户籍的农民工可以申请公共租赁住房。

三　农民工输出地创新实践

土地承包经营权、宅基地使用权、集体资产所有权及收益分配权等，是农民重要的财产权利。在城镇化和农民市民化进程中，如何维护和发展农民的财产权利，是一个重大的理论和现实课题。近些年来，各地出现了许多探索和做法，这些探索和做法涉及农民以土地为核心的财产权利，其正反两方面的经验教训值得总结与思考。

（一）天津的“宅基地换房”

以宅基地换房，是指在国家现行政策的框架内，通过对农民宅基地（包括村庄集体建设用地）的整理，以不减少耕地为前提，高标准规划建设一批现代化、有特色、适于产业聚集和生态宜居的新型小城镇，农民以其宅基地，按照规定的置换标准无偿换取小城镇中的一套住宅，迁入小城镇居住，原有的宅基地由村民委员会组织农民整理复耕后，实现耕地的占补平衡。2005 年天津首批推出三镇两村试点以宅基地换房，2007 年天津第二批推出九镇三村试点，2009 年 4 月天津推出第三批 12 个镇进行以宅基地换房试点。华明镇是天津市第一个以宅基地换房的试点镇。该镇共 12 个村，总人口 4.2 万人，共有宅基地 12071 亩，新建示范小城镇用于农民住宅建设和服务设施配套 3476 亩，可腾出建设用地 8595 亩，其中 4000 亩用于产业发展，4000 亩用于挂牌出让，土地增值收益用于农民还迁住房建设及社区整体配套建设。根据华明镇宅基地换房政策规定，农民按照 30 平方米/人的标准置换小城镇商品房，一户最多可换取 3～4 套房，超出面积部分，给予货币补偿。

（二）浙江嘉兴的“两分两换”

“两分两换”是嘉兴市统筹城乡综合配套改革的总体思路。所谓“两分两换”，就是将宅基地与承包地分开，将搬迁与土地流转分开；以宅基地置换城镇房产，以土地承包经营权置换社会保障，推进农民集中居住，转换生活方式。嘉兴市开展土地制度改革政策，2008 年 5 月～2010 年 8 月底，通过“两分两换”，已签约换房（或搬迁）的农户达 18697 户，完成农房拆迁 14644 户，流转土地承包经营权 9 万亩。嘉兴市提出到 2012 年，全市有三分之一以上的农民实现向城镇和中心村集聚。“两分两换”的主要做法是：通过政府主导、政策激励等手段，对农民原有住房和宅基地的节约使用进行合理补偿，换取新居住点的国有土地公寓房或集体土地联排房，促进人口向城镇和新社区集聚；将土地承包经营权统一流转、统一收储、统一发包，换取土地流转收益和社会保障，促进土地向种养大户和经营能手集中，加速农民向第二、第三产业转移。

（三）浙江温州的“三分三改”

“三分三改”是温州市以要素市场化为核心的统筹城乡综合配套改革、加快推进城镇化的重要内容。“三分”，指的是政经分开、资地分开、户产分开。政经分开，是把村“两委”组织与村级集体经济组织分开，确保二次分配的公平。资地分开，是把土地资产与非土地资产分开，使得非土地资产能够正常自由流动。户产分开，是把户口与产权关系分开，使村民户口迁移也可享有村集体产权。“三改”，指的是股改、地改、户改。股改，指对村级集体经济中的非土地资产进行股份制改革。地改，指农用地在权属性质不变、用途不变、量质不变的前提下进行流转；宅基地的土地所有权归集体所有，但用益物权可以变现，用来帮助农民进镇入城；集体建设用地进入市场。户改，指户籍制度改革，户口以实有人口、实有住所为依据，按居住地登记，剥离依附在户口制度上的身份、职业、公共服务等附属功能，还原户口本来的社会管理功能。

（四）成都的“三个集中”

成都市推行统筹城乡发展的具体路径就是实施“三个集中”。“三个集中”就是工业向园区集中、农民向城镇集中、土地向规模经营集中。蛟龙工业港是工业向园区集中的典型，该工业园区的土地占用模式主要有两种：一是租用农民土地模式，二是农民以土地入股模式。农民向城镇集中的方式主要是以城乡建设用地挂钩试点为政策依据，通过村庄整理，将农民集中到城镇居住。成都通过促进农民承包地由向适度规模经营集中，已形成了土地股份合作社经营模式、土地股份公司经营模式、家庭适度规模经营模式、“土地银行”经营模式、业主租赁经营模式、“大园区 + 小业主”经营模式、“两股一改”经营模式等七种规模经营模式。

（五）重庆的“地票”交易

“地票”是指包括农村宅基地及其附属设施用地、乡镇企业用地、农村公共设施和农村公益事业用地等农村集体建设用地，经过复垦并经土地管理部门严格验收后产生的指标。“地票”交易是以票据的形式通过重庆农村土地交易所在全市范围内公开交易农村建设用地指标的行为。“地票”购买者包括土地储备机构、园区建设单位、民营企业、国有企业、自然人。购得的“地票”可以纳入新增建设用地计划，增加等量城镇建设用地。与中国现有“先占后补”的用地模式相比，“地票”交易制度是“先复垦后用地”，在增加城镇用地的同时实现了对耕地面积的保护。重庆“地票”交易的主要做法：一是设立专门的农村土地交易所，集中从事“地票”交易；二是制定土地交易规章制度；三是建立利益分配机制。重庆市制定出全市统一的农村土地基准价格。2010 年 9 月，重庆市政府出台文件，规定“地票”收入的 85% 归农民个人，15% 归村集体，用于农村基础设施、公共服务和农民社会福利。2011 年 7 月，重庆市提出完善“地票”交易制度，确保净收益的 85% 直补农民，15% 划归农村集体经济组织。

（六）广东的“集体建设用地入市”

作为我国改革开放的前沿地带和经济发达地区，广东省的农村集体建设用地流转早在改革之初就已经出现。随着工业化、城市化进程的加快，广东省对集体土地进入市场的需求日益迫切，集体土地的事实流转比较普遍。2005 年 6 月 23 日，广东省政府发布《广东省集体建设用地使用权流转管理办法》，允许集体建设用地与国有土地一样进入市场交易。广东由此成为全国第一个在全省范围内推行集体建设用地使用权流转的省份。集体建设用地入市，使用地企业和单位不仅可以购买国有土地，而且可以购买集体建设用地，从而打破了长期以来国家垄断土地一级市场的局面，这是我国土地政策的重大突破。申请使用集体建设用地的建设项目有三类：一是兴办各类工商企业，二是兴办公共设施和公益事业，三是兴建农村村民住宅。广东集体建设用地入市的一条重要限制是禁止开发房地产和住宅项目。

（七）广州的农村股份合作制改革

早在 1987 年，广州市天河区就开始推行农村集体经济股份合作制试点，逐步形成了在全国具有较大影响和知名度的“天河模式”。在股份合作制改革初期，天河区将非土地的集体资产折股量化到人，股权设置为集体股、个人股，集体股占 60% 以上，个人股占 40% 以下。有的村还设置现金股，面向社会集资以壮大股份合作制企业实力。1994 年，广州天河区明确规定取消集体股，将集体资产全部折股量化到人，股权实行固化。2001 年 2 月 12 日，广州天河区规定股份合作经济组织以其全部资产分为等额股份，由所有股东以“按份共有”方式共同占有。个人股权实行“生不增，死不减；进不增，出不减”。以股份合作制处置集体资产，是广州以及广东省其他地区的普遍做法。到 2010 年底，广州市农村集体资产总额为 829 亿元，已完成村级集体经济产权制度改革 361 个，占 36%；完成组级集体经济产权制度改革 676 个，占 6%。

（八）北京农村集体资产与收益分配改革

1993 年，北京市借鉴广东等沿海地区的经验，在丰台区东罗园村进行农村集体资产产权改革试点，当时集体股占 70% 左右，个人股只占 30% 左右。2010 年 1 月，北京市提出全市拥有集体净资产的乡村都要进行集体经济产权制度改革，没有集体净资产的村，要做好集体经济组织成员身份界定、劳龄统计和清产核资等基础性工作。北京农村集体经济产权制度改革一般设置 30% 的集体股。该年全市新完成集体经济产权制度改革的乡村集体经济组织数量是 2009 年以前累计完成总数的 2.06 倍。到 2011 年年底，全市累计完成农村集体产权制度改革的单位有 3645 个，其中村级为 3635 个，占村级总数的 91.4%，有 301 万农村居民成为股东，全年股份分红总额达 20.6 亿元，比上年增长 40.1%，享受股份分红的农民有 58 万余人，人均分红 3525 元。同年，北京市昌平区农村集体经济产权制度改革完成的村达到 303 个，占全区 312 个集体经济组织的 97%，股东总数达 35.4 万人，量化资产总额 370.6 亿元。当前该区已完成农村集体经济产权改革的村分红比例为 91.7%，实现分红 3.1 亿元，其中，户分红最高达 10.87 万元，个人分红最高达 3.45 万元。

四　地方创新实践评析

各地在推进城镇化、解决农民工问题、促进农民工市民化上已经做出了许多探索创新实践。这些探索创新实践既有积极的一面，也存在许多问题和矛盾。

（一）城镇化道路主要侧重于城镇空间规模发展，而忽视城镇化发展的内涵和目的

农民工市民化与我国的城镇化发展模式紧密相关。长期以来，我们对

城镇化发展道路存在许多认识偏差。我国长期执行“控制大城市规模、积极发展小城镇”的城镇化政策。直到2002年党的十六大，才开始提出坚持大城镇和中小城镇协调发展道路，走中国特色的城镇化道路。但是，这些城镇化方针和道路，都只关注城镇规模的大小，而忽视城镇化的真正内涵和本质要求。城镇化的内涵是人的城镇化，也就是农民工的市民化；城镇化的目的是城市使生活更美好。仅仅从城镇规模上认识城镇化是远远不够的，必须改变传统的城镇化发展模式，注重城镇化的质量和内涵，实现城镇化的真正目的，走以人为本的新型城镇化道路，破除城乡二元结构和城市内部的二元结构，完成农民工市民化，这需要国家层面制定城镇化发展规划和实施意见。

（二）大城市和特大城市的户籍制度改革不适应大量农民工进城的现实需求

当前我国中小城市和小城镇的户籍制度已经放开，但恰恰是农民工等外来人口大量流入的大城市和特大城市，其户籍制度改革基本上没有实质性进展。一方面，虽然上海、深圳、广州等特大城市推出了居住证、积分落户等户籍改革措施，但这些户籍改革措施对于大量农民工等外来人口来说，没有多大的实质性意义；另一方面，各地开展的户籍制度改革主要侧重于本地户籍农民工的户籍改革，而对跨省市农民工的户籍改革则普遍阙如。此外，各地开展的户籍制度改革以本地行政区域为界，各自为政，形成了碎片化、封闭性的户籍网络。这些问题表明，户籍改革需要中央层面的统筹规划和顶层设计，以解决跨省级流动的农民工落户的实际问题，确保公民在流动中的身份平等与迁徙自由。

（三）农民工的就业、社会保障等基本公共服务权益需要进一步维护和发展

农民工就业政策从长期的限制和歧视，开始逐步走向提供平等的就业机会，但仍有大量农民工没有按照《劳动合同法》的要求与就业单位正式签订劳动合同。在社会保障问题上，农民工事实上参加社会保险的比率较低，农民工社会保险不能在全国接转，农民工也没有被纳入城镇低保体系。此外，农民工子女异地参加高考问题没有得到解决，农民工的住房保

障任重道远。这些问题，都需要加快推进城乡基本公共服务均等化建设。应当适应农民工进城的实际，着眼于农民工是城市的新市民这一根本要求，深化公共财政体制改革，让农民工与城镇职工一样，平等享有公共财政保障的基本公共服务。此外，现在的流动人口管理主要侧重于治安管理，未能使农民工全面融入城市社区，农民工在城市社区的知情权、参与权、表达权和监督权都需要通过体制机制创新加以落实和保障。

（四）一些地方在促进农民集中居住、实现农民身份转变中，严重损害农民的土地承包经营权、宅基地使用权等财产权利

近年来，一些地方实行以宅基地换房、以承包地换住房等政策，强势推行拆村并居和村庄土地整理，强迫农民集中上楼，山东、河北、江苏、重庆等20多个省市都掀起了拆村并居、让农民集中上楼的风潮，严重侵害了农民的土地财产权利，造成了此起彼伏的农民抗争等突出社会问题。在城镇化进程中，必须加快修改《土地管理法》，切实维护民的土地财产权利。

（五）农村集体资产保障不够，集体收益分配权难以有效落实

集体资产是农民的重要财产。广东、上海、北京、江苏等经济发达地区，在城镇进程中推行了农村集体经济产权制度改革，这在一定程度上维护了农民集体资产和农民集体收益分配权。但从全国来说，集体经济组织产权制度改革还处于试点探索阶段，集体资产流失问题严重，集体资产保值增值任务繁重，集体经济产权改革任重道远。

此外，由于农村民主法治建设的滞后，对集体资产的监督管理不力，以及集体经济组织法治治理结构的不完善，农民难以参与管理和监督，这致使一些乡村干部侵吞集体资产的现象突出，农村集体经济组织内部的控制问题严重。全面部署、统筹安排、有效推进农村产权制度改革，保障农民带着集体资产进城，是我国城镇化和农民工市民化面临的重大现实课题，也是农村改革发展的重大现实课题。

推进首都城乡基本公共服务均等化的重点与难点*

张英洪

北京基本公共服务建设有两大主要的目标。一是实现城乡基本公共服务均等化。2008 年 12 月 25 日，北京市委十届五次全会通过《中共北京市委关于率先形成城乡经济社会发展一体化新格局的意见》提出要“推进城乡基本公共服务均等化”。二是北京基本公共服务达到中等发达国家水平。2011 年 6 月 3 日，北京市委十届九次全会通过的《中共北京市委关于加强和创新社会管理全面推进社会建设的意见》明确提出：“今后五年，北京基本公共服务水平居全国前列并达到中等发达国家水平。”

2011 年 10 月，《北京市“十二五”时期社会公共服务发展规划》提出了“到 2015 年，基本构建起与首都功能定位和中国特色世界城市建设目标相适应的社会公共服务体系，基本公共服务水平位居全国前列并达到中等发达国家水平，基本实现学有所教、劳有所业、病有所医、老有所养、难有所助、住有所居，人民更加幸福安康，社会更加和谐稳定”的总体目标。

近 5 年来，北京市社会公共服务总体水平显著提升，社会公共服务体系日趋完善，基础教育、医疗卫生、文化体育、公共安全等服务资源人均

---

* 本文根据 2012 年 11 月 18 日在北京市社会科学界联合会、北京市中国特色社会主义理论体系研究中心、中国特色社会主义研究杂志社联合主办的城乡一体化与首都“十二五”发展论坛上的发言整理。

拥有量和保障水平全国领先，一些指标接近或达到发达国家水平。基本公共服务均等化也取得新成效，城乡、区域和群体之间基本公共服务水平差距不断缩小。但与发达国家相比，北京依然有不小差距。社会公共服务涉及公共教育、公共卫生和基本医疗、公共就业、社会保障、社会福利和社会救助、公共文化、公共体育、公共安全等。在此，本文主要分析一下北京市社会公共服务在基础教育、医疗卫生和社会保障三个重点方面的发展现状。

一　北京市基本公共服务的发展现状

（一）基础教育

公共教育发展的一个基本指标是，教育支出要占 GDP 的 4%。从国际比较看，2008 年，全世界教育公共支出占 GDP 的平均比例为 4.6%；中等收入国家教育公共支出占 GDP 的平均比例为 4.5%；上中等收入国家教育公共支出占 GDP 的比重平均比例为 4.6%，教育公共支出占政府总支出的比重平均为 14.0%；高收入国家教育公共支出占 GDP 的平均比重为 5.4%，教育公共支出占政府总支出的平均比例为 12.6%。

北京市 2011 年教育支出占全市 GDP 的比重是 3.2%，16 个区县教育支出的比重不一样，也很不均衡，最大值和最小值相差约 8.5 个百分点。（见表 1）

表 1　2009～2011 年北京各区县教育财政支出情况

单位：%，元

区　县	占 GDP 比重			占财政支出比重			按常住人口人均支出		
	2009	2010	2011	2009	2010	2011	2009	2010	2011
全市	3.01	3.19	3.20	15.77	16.57	16.03	2083.58	2294.79	2576.43
东城区	2.10	2.04	2.15	21.51	21.59	21.21	2720.62	2715.26	3167.21
西城区	1.38	2.02	1.64	14.64	18.00	16.73	2010.20	3341.66	3119.21
朝阳区	1.32	1.35	1.44	22.45	22.56	21.88	990.60	1069.02	1286.31
丰台区	2.25	2.29	2.16	17.19	19.86	16.96	775.81	795.04	838.01
石景山区	2.13	2.15	2.22	15.80	14.84	15.53	873.49	1032.44	1123.28

续表

区　县	占 GDP 比重			占财政支出比重			按常住人口人均支出		
	2009	2010	2011	2009	2010	2011	2009	2010	2011
海淀区	1.32	1.41	1.40	17.49	18.05	18.26	1046.20	1188.94	1310.44
房山区	4.01	4.18	3.66	15.07	19.36	13.02	1290.71	1643.22	1573.74
通州区	2.82	3.22	2.99	11.18	14.97	14.72	720.07	938.50	957.08
顺义区	1.47	1.67	1.58	12.40	15.22	12.88	1386.41	1652.59	1752.96
昌平区	2.70	2.40	2.76	13.73	13.05	15.08	904.36	578.10	721.80
大兴区	4.07	4.31	4.64	14.29	18.61	17.91	951.21	985.00	1140.15
门头沟区	6.37	6.69	7.01	12.79	12.64	13.22	1701.50	1993.93	2471.29
怀柔区	4.72	4.85	5.06	12.66	11.38	12.14	1633.63	1924.88	2302.61
平谷区	6.29	8.72	6.41	13.52	19.65	15.06	1575.57	2471.78	2094.04
密云县	5.96	5.98	5.44	12.51	13.69	12.55	1554.72	1806.24	1873.12
延庆县	9.62	10.92	9.88	13.67	16.93	14.70	2053.68	2331.55	2349.75
区县最大值	9.62	10.92	9.88	22.45	22.56	21.88	2720.62	3341.66	3167.21
区县最小值	1.32	1.35	1.40	11.18	11.38	12.14	720.07	578.10	721.80
最大值/最小值	7.3	8.1	7.1	2.0	2.0	1.8	3.8	5.8	4.4
全距	8.3	9.6	8.5	11.3	11.2	9.7	2000.6	2763.6	2445.4

资料来源：根据历年《北京市统计年鉴》整理。

关于学前教育，我就谈一个数字，我们会对义务教育和学前教育有很深的体会。1979 年北京常住人口有 870 多万，但是幼儿园有 5074 所，随着这些年城市化的推进，人口向北京的集中，到 2011 年北京常住人口达到了 2000 万人，但是幼儿园减少到 1305 所，北京的幼儿园资源已经不适应人口资源的需要，入园非常困难。大家都有这个体会。

关于基础教育未来发展方面，我们认为除义务教育均衡发展以外，北京市还有两个突破口，一是将学前教育和高中教育全部纳入免费教育范围；二是对中小学生全部推行免费午餐制度。当然，目前的应试教育需要根本改革。

（二）医疗卫生

关于公共卫生和基本医疗的发展，国际上有两个基本指标，第一个是医疗卫生支出占 GDP 的比重。据世界银行《2010 年世界发展指标》，低收入国家和中等收入国家的医疗卫生支出占 GDP 的百分比均达到 5.4%，高收入国家医疗卫生支出占 GDP 的百分比达到 11.2%。2009 年，中国卫生总费用占 GDP 的比重是 5.15%，北京市卫生总费用占 GDP 的比重达到了 6.03%，这是比较高的，但是这个数据包含一些中央国家机关在北京的支出，是由中央政府出的钱，扣除这个因素，北京市的因素又低于这个数字。

第二个基本指标是个人负担医疗费用的比例。从国际水平看，2000 年，世界平均个人自负医疗费用比例为 38.2%，发达国家平均个人自负医疗费用比例为 27%，转型国家平均个人自负医疗费用比例为 30%，最不发达国家平均个人自负医疗费用比例为 40.7%。

以"新农合"为例，2007～2011 年，北京市"新农合"门诊实际补偿率分别为 38.46%、33.16%、34.19%、36.54%、37.54%；2004～2011 年，北京市"新农合"住院实际补偿率分别为 33.66%、29.53%、31.67%、44.5%、48.39%、47.59%、49.25%、49%。"新农合"门诊和住院实际补偿率均未达到 50%，就是说，参合农民就医个人门诊负担在 60% 以上，个人住院负担在 50% 以上。

根据世界卫生组织的定义，如果一个家庭总的自费医疗支出超过了非生存必需支出（即家庭总支出减去食品支出）的 30%，就意味着发生了"灾难性医疗支出"。所以，我们建议北京市要进一步扩大医疗保险范围，提高医疗报销比例，使参保人员就医的实际报销比例达到 70%。

（三）社会保障

社会保障涉及的内容非常多，如医疗保险、养老保险、社会救助、社会福利等。现以城乡低保为例向大家介绍一下。北京的城乡基本医疗保险标准每年都在提高，这在全国都是领先水平。2012 年，北京市城镇低保标准达到了每人每月 520 元，农村调整到每人每月 380 元。但与全国其他直辖市相比，北京市城乡居民低保覆盖率是比较低的。以 2010 年为例，北京市城市居民低保覆盖率只有 1.38%，农村居民低保覆盖率只有 2.87%，同期重庆城乡居民低保覆盖率最高，分别是 5.49%、5.32%。相比之下，北京市还有很大的差距。

在城乡低保方面，建议北京市将城镇低保覆盖率从现在的不到 2% 扩大到 5% 以上。将农村低保覆盖范围由现在的 3% 左右扩大到 10% 左右，特别是要考虑将农村低收入农户逐步全面纳入低保范围。

《中国发展报告 2008～2009》提出将全国 5% 的人口（约 7000 万人）纳入低保范围。北京市如按 5% 的比例计算，以第 6 次人口普查数据为例，北京市有 1961 万人的常住人口，应当将 98.05 万人纳入低保范围；如按 1265.7 万人的户籍人口计算，应将 63.285 万人纳入低保范围。以 2010 年北京户籍人口为例，如将城镇低保扩大到 5%，在北京市非农业户籍人口 989.5 万人中将有 49.475 万人享有城镇低保；如将农村低保扩大到 10%，北京市农业户籍人口 268.3 万人中将有 26.83 万人享受农村低保。

另外，建议北京市率先建立普惠型的现代福利制度。除了健全特殊人群的福利制度外，要借鉴发达国家和地区的普遍做法，加快建立家庭福利、青年福利、少年儿童福利、生育福利等现代普惠型的福利制度，率先将北京建设成为现代社会福利之都。

二　北京基本公共服务发展的难点与思考

（一）难点一：提高基本公共服务支出的比例

在市场经济发达国家，财政用于社会保障等公共服务的支出比例较高。据有关研究，2004 年，美国联邦政府支出的 45% 用于社会保障和医疗卫生等方面的公共服务，其中用于社会保障的财政支出占总支出的 21.6%，而用于行政公务的支出只占总支出的 10%。2002 年美国的州和市、县、镇政府用于教育卫生、各种社会保障和社会管理的支出比例在 70% 以上，行政公务费用只占 16%。2001 年澳大利亚政府用于社会保障和福利的支出占总支出的 24.2%。我国的行政费用非常高，所以党的十八大提出要降低行政管理成本，通过财政体制改革，提高公共服务支出水平。

2010 年，我国用于社会保障和就业的支出只占总支出的 7.8%。北京市用于社会保障和就业的支出占总支出的 8.7%，比全国水平高，但远远低于市场经济发达国家的水平。2010 年纽约市的财政支出结构中，健康福利支出占 23.95%，教育支出占 33.73%。北京市建设世界城市，就要更多地在基本公共服务上跟世界城市比较。从财政支出结构中可以看出，我们和他们的差距还是很大的。2010 年，我们的教育支出只占 13%，社会保障和就业是 8.3%，医疗卫生支出占 5.9%，远远低于纽约市的支出结构比例。

（二）难点二：调整土地出让收入结构

北京每年的土地出让收入上千亿元，这块没有纳入财政预算。优化这方面的支出结构对于改善北京的公共服务水平具有非常重要的作用。2010年，北京市土地出让金达到了1240亿元，这是个庞大的数字，这个数字是怎么支出的？根据统计，2009年北京市土地出让金支出中，用于征地或者拆迁补偿的只占 1.7%，大部分用于城市建设支出了。关于土地出让金，中央有四个明确的比例要求都没有达到：一是土地出让收益的不低于10%用于农业土地开发，二是土地出让收益的不低于10%用于保障性住房，三是土地出让收益的不低于10%用于农田水利建设，四是按照10%的比例提取教育基金。所以土地出让金的管理要纳入预算，进行改革。当然我们需要统筹各个部门、各个行业，不断深化改革，才能解决这个问题。

（三）难点三：实现首都基本公共服务向全部常住人口的全覆盖

这些年我们在研究的时候一直持有一个基本观点，即全部常住人口都应当享受公共的基本公共服务。北京市常住人口已达2000万人，我们的基本公共服务应该向2000万的常住人口全覆盖。这次党的十八大报告专门提出，基本公共服务要向全部常住人口全覆盖。这与我们前几年的研究观点非常一致。

北京作为国家首都、一个特大城市，拥有大量的外来人口，据第六次人口普查，北京外来人口占全部常住人口比重达到了39%。如果不能保障包括农民工在内的外来流动人口享受基本公共服务，北京很难真正率先实现城乡一体化。

2010年，我们在新型城市化研究中提出要破除双重二元结构，除了农民跟市民不平等的城乡二元结构外，在城市内部存在本地户籍人和外地人公共服务的不平等。北京市是双重二元结构交织在一起的。

李克强总理在北京考察时专门提出要破除北京市的新二元结构。如何破除，这是一个难点。2011年我们研究新型城市化，就提出要实现统筹城市发展的第二次跨越。北京市已实现第一次跨越了，就是把北京郊区的300万农民纳入统筹城乡发展的框架中。但是我们还有七八百万的外来人口，也要纳入统筹城乡发展事业中，实现基本公共服务向全部常住人口的全覆盖。把农民工等外来人口纳入统筹城乡发展的框架之中，使之平等享有基本公共服务，真正打破城市内部的二元结构，实现全面的城乡一体化。

（四）难点四：加强制度建设

城乡基本公共服务均等化是城乡一体化的重要内容，城乡二元结构的实质就是农民享受不平等的基本公共服务，城乡一体化的实质就是要实现基本公共服务的全覆盖，要像党的十八大提出的那样，实现权利平等、机会平等、规则平等。

我们很多地方现在热衷于推动农民集中上楼，对体制机制建设兴趣不大。在城乡一体化中如何加强制度建设，这是一个难点。我们发现，一些地方对强迫农民集中上楼式的新农村建设兴趣比较高，这方面引发的问题较多，争议也比较大。对这种损害农民财产权利、违背农民意愿的新农村建设、城乡一体化发展，我感到很忧虑。

我认为，城乡一体化的关键是要建立城乡平等的、开放的制度体系，使所有城乡居民都公平享有基本的公共服务，这是一个真正的难点。北京还需要做的是，成立城乡一体化发展的协调组织机构。我们到重庆、成都、温州、浙江等地考察，他们都成立有专门的城乡一体化专门机构，党政一把手亲自牵头抓。我们北京的城乡一体化也在推进，但没有统一的政策制度研究与行动部署，许多行动比较分散，以至于大家各自为政。我们成立有新农村建设办公室，有城乡接合部建设办公室，但这都不是城乡一体化的协调机构。我们要加快实现北京市城乡基本公共服务均等化，构建城乡一体化发展格局，我认为成立一个城乡一体化的统一机构，加强政策制度的顶层设计，这是非常必要的。

张英洪：农民之子的精神反哺*

《新京报》记者　朱桂英

悯　农

一个传统农业大国在转型现代化、城市化的过程中，农村社会难免会遭遇动荡与冲击，其变迁刺激着每一个关心中国社会发展的良知之士。本期书评周刊所关注的，正是两位“三农”学者的学术之思与切身之感。在他们身上，我们可以看到历史责任感，似乎还可以看到某种历史的呼应。

建设，在行动中获得行动的力量

相信很多关注“三农”问题的人，会在党的十八大的报告中，发现希望，重新进行憧憬。报告指出，在“三农”问题方面，解决好农业、农村、农民问题是全党工作重中之重，城乡一体化，是解决“三农”问题的根本途径，要让农民平等参与现代化进程，共同分享现代化成果。

“三农”问题，是一个复杂沉重的时代话题。尽管它被明确提出，只有十几年的时间。事实上，一个传统农业大国在转型现代化、城市化的过程中，农村社会难免会遭遇动荡与冲击，其变迁刺激着每一个关心中国社会发展的良知之士。

---

* 原载《新京报》2012年11月24日，本文有删节。

早在1934年，《中国农村》杂志发刊词就称，在近代史上，新工业和新都市的勃兴，是以农村被牺牲为代价的。而彼时的知识分子，如梁漱溟、晏阳初、黄炎培等，怀着改造农村、复兴农村的理想与憧憬，直接奔赴农村着手建设，形成一种社会运动，并为我们留下一种特别的知识分子传统，概括之，就是不以大义责人，不以玄理明世，在行动中获得行动的力量。

整个中国近代史，贯穿着追求现代化的热情，也隐藏着农村社会式微的哀音，总有一些时刻，革命、新政等社会呼唤，盖过了社会真实的哀怨，在社会突飞猛进之中，沉积下问题与矛盾。有学者指出，无论是清末民初的社会剧变和制度变迁，还是民国以来的社会进程，实际上都伴随着农村经济崩溃的过程。此论或许略显尖锐，但提醒着我们以更深远的历史视角去看待“三农”问题，这是一个历史层层积累的问题。

在中国传统文化中，农村总是以两种面貌出现，一种是田园牧歌式的，“田夫荷锄至，相见语依依”，让人羡其诗情闲逸；另一种是课税重压下被损害、被剥削的农村，所谓“谁知苍翠容，尽作官家税”。中国已经于2006年全面取消农业税，但显然，农村的发展，仍然无法承载田园牧歌式的抒情。我们应该很难忘记这样的新闻，一位硕士生欲回农村务农，却惹得父亲愤怒至几欲自杀。此中绝望，虽带有狭隘，但终究是刺心的。

本期书评周刊所关注的，正是两位“三农”学者的学术之思与切身之感。自发走上“三农”研究之路的张英洪，他对“三农”问题的关切，直接来自其切身体验，因此，欲以“精神反哺”，希望自己的学术研究，有助于社会共识的构建，他所提出的农民公民权与现代国家建设的命题，令人深思。

张英洪引用这样两句话来定义自己的时代责任，一句是马克思说的：“一个人有责任不仅为自己本人，而且为每一个履行自己义务的人要求人权和公民权。”另一句是梁漱溟研究学者艾恺所说的：“如果中国能有未来，那么为未来而奋斗的人们应该为建立起码的公民权而共同努力。”

而作为第一位提出“三农”问题的学者李昌平，在这几年中，以不同的社会身份，行走在农村的土地上，思考体悟着“三农”问题的新局面，他始终执着地用自己的声音，讲述真实的农村，以数据说话，以亲身经历说话，给出自己深思熟虑的见解。在他们身上，我们可以看到历史责任感，似乎还可以看到某种历史的呼应。

【人物】

张英洪，出生于湘西农村，主要从事农村和农民问题研究，尤其关注农民的基本权利和自由尊严，曾以“纵观上下五千年，横看东西两半球”自勉，立志以自己的学术努力分担农民的身心疾苦，以自己的独立思考推进中国的民主政治。著有《给农民以宪法关怀》《农民权利论》《农民、公民权与国家》《认真对待农民权利》等。

一个乐观主义者的“三农”研究之途

对于“三农”学者张英洪而言，一切都在变得更好，无论是生活，还是学术。办公室的书柜里，装满了自己喜爱的书籍，地面上堆叠着自己即将阅读的书籍，而他自己的学术作品《农民公民权研究》在一番波折后，也终于得以出版。这是中国第一部从公民权角度研究农民问题的著作。

“也许我本来就是一个乐观主义者，所以生活最终按照我希望的方式展开了。”张英洪毫不掩饰自己的欣喜，笑容在嘴角结束，而笑意仍浮动在眉眼间。他把自己的学术研究作品，看成一个农民之子凭借良知与学识对农民进行的精神反哺。

十几年前，他发表文章主张取消农业税、建立农民社会保障等一系列新政策，被周围人嘲以“天方夜谭”之论，而如今这些已成为现实。多年前，他放弃单位分房、升职等机会，全身心攻读博士学位，一心做学术研究，有人迷惑不解，现在他可以用自己的作品来回应他们。

他现在所从事的实际工作，是政策研究。学术研究与政策研究，存在一定的距离，前者意味着个人的自由思想，后者倚赖权力执行，他一直在努力平衡自己，不至于做出非此即彼的尖锐选择，既保持独立，又珍惜体制内行动的空间。

于建嵘谈起他，说这个来自神秘湘西农村的汉子，有着湖南人的血性与才智，能始终坚持独立思考，保持学者良知，既不为权势所压倒，也不为世风所迷惑。而张英洪自己的解释是：“我想知道更多关于‘建设一个更好的社会’的知识，这几乎是支撑我全部生活的信仰。”一旦生活被自己认可的意义与价值观所驱动，所有代价都是值得的。

荷戟彷徨　承受封闭的现实

张英洪出生于1968年，少年时代在“文化大革命”中度过。大山之中的湘西农村，与外界隔绝，当中央宣布“文化大革命”结束时，时代的错乱仍然荡漾在张英洪的生活中，村子里随处可见“文化大革命”的标语，乡人日常生活中使用的词汇以及行事的作风与习惯，不时露出戾气与暴力的影子。至1986年高中毕业，村干部竟因嫉妒而扣下他的大学录取通知书，导致他不得不复读一年，也让他切身体会到权力可以扭曲人性。之后，社会秩序与权力结构，成为他长期思考研究的对象。

关于自己的大学时代，张英洪反复强调，那是一个“黄金时代”，社会气氛开明而活跃，大学里洋溢着明快自由的思想之风，无论是教师还是学生，都充满了浓郁的现实关怀，以及高调的理想主义，似乎只要自己愿意，个体的人生就可以与时代的进步相结合。

尽管，在之后的人生里，他意识到这种崇高的激情，多少夹杂着脆弱与虚渺，对于个人而言，接受自己所不能改变的，改变自己所能改变的，才是较为理性的立场。但那种气氛带给他的理想主义精神底色，他始终是心怀感激的，而且彼时风气下所孕育的文化热，以书籍的形式进入张英洪的生活，使得他通过阅读，进入更为开阔的世界。

他是20世纪80年代兴起的学者编书热的受益者。此前充满不公与粗粝的现实，压制着他对社会的想象力，阅读则迅速打开了他封闭的心灵。他读朱光磊的《以权力制约权力》（为“走向未来丛书”中的一种），得知人类可以建设一种更好的社会制度，保障每个人的自由与尊严，激动难言。多年以后，他在香港中文大学做访问学者，特意去拜访了丛书的编委金观涛先生，向他表达自己的感谢，内心则因自己未做出像样的学问而隐隐自责。

大学毕业，他被分配至县里的百货公司当营业员，成为县里第一个站柜台的大学生。理想与现实存在巨大的鸿沟，而他无力跨越，唯一能做的，是实践自己学到的商业理念，如“将顾客当作上帝”。他的大学生身份以及热情周到的服务，使他成为一位被众人围观的新闻人物。在那段他明知要告别的生活里，这是一抹青春的亮色。之后凭借勤恳与真诚，他被调至县委工作，一度任职县委书记秘书。

格格不入　自发成为“三农”问题研究者

20世纪90年代以后，农民问题日益尖锐。家里务农的父母，辛苦劳作一年，最后却无力上缴农业税，需用张英洪的工资加以补济。而在自己工作的岗位上，他可以更切实地体会到农民生活的负重与苦楚，农民们写给县委书记的信，总是一纸辛酸。心地仁厚的书记，经常安排张英洪把钱送到农民破落的家里，这个书记在得到众人称赞的同时，也引来更多的求助信，这将其拖入被动与无奈中。

这一切，带给张英洪极大触动。他慢慢明白，要改变农民的处境，光有人道主义是不够的，靠执权者的善心，更是有限的，重要的是制度性的保障。在社会问题面前，或者说体制性症结面前，个人的能力是非常有限的，能改变的东西，也是非常少的。为农民建立社会保障制度的想法，开始在他心里萌芽。

但是在封闭的县城，思想的孕育与探索，是极为孤独的事情，他找不到可以交谈与倾听的人，也没有足够的勇气与人交换对社会的见解。阅读成为他生活中的重要部分，也是他孤独的解药。他有时通宵坐十几个小时的火车去省城买书，为获得一本好书而窃喜。

寻求在更开阔的视野上探索农民问题的解决之道，终究给予他告别的勇气，2000年，他重新成为学生。读完研究生，在省委机关栖身几年，他又继续读博士，博士毕业后，他非常坚定地来到北京工作，彼时他在小县城历经的思想上的孤独寂寞，使他难以忘怀。因为他的执着，一切都如他所愿。当然，故乡仍是他心魂所系之地。他把自己称为“自发的‘三农’问题研究者”，学术冲动因生活经验而生，学术野心，则为建设更好社会的理想所驱动。他多次返回故乡，深入调查，遍访乡人。

【对话】

农民身份的公民化，是现代化的必然趋势

《新京报》：你多次强调自己是自觉走上“三农”研究之路的，能否请你谈谈，在你的生活中，这个“自觉”的直接诱发因素主要有哪些？

张英洪：我出生在湘西农村一个普通的农民家庭，在农村基层工作10年，对农民底层生活的境况感同身受。农民遭遇的种种不公刺痛了我的心灵，引发了我对“三农”问题的思考。

如果说农民的底层真实生活擦亮了我的眼睛的话，那么某些农村政策的脱离实际与公共政策的背离民意则启发了我的头脑。我发现当时“三农”政策理论研究最大的问题是没有基本的宪法意识和公民权利观念。这引发了我对“三农”问题以及现代国家的深入思索。

《新京报》： 从权利的角度来谈现实问题，尤其是“三农”问题，非常容易陷入理论的灰色所带来的无力中，正如你在书中所说，权利本就是一个公共产品，其缺失或者受损，往往带有体制原因，而体制的形成，又有深刻的历史原因，理论上能解决的问题，在现实中则被各种困境所牵绊，你在研究过程中，是如何抵抗此种无力感的？有没有具体的方法或者途径，来解决理论与现实存在的错位？

张英洪： 我在农民问题研究中，很自然地看到农民问题所体现的权利问题。当我从权利理论上搞清后，对农民现实问题的把握就更准确了。我在《农民公民权研究》一书中，既立足于长期而深入的农村调研，又放眼于人类所创造的共同理论成果。如果没有这两方面的良好结合，可能会误入歧途。

有两种倾向常提醒我注意。一种是缺乏深厚的理论素养而片面强调农村、农民生活现实。如果单纯地看到农民的生活苦难与社会的不公平、不正义，很容易使人陷入民粹主义和历史上的农民起义陷阱。另一种是脱离现实生活实际，满足于纯理论的研究。虽然说纯理论的研究也有重要价值，但如果不与现实生活联系起来，就可能形成理论与现实两张皮。

远离现实、忽视理论，都是片面的。歌德说：“理论是灰色的，生命之树常青。”他说的是生活的重要性。恩格斯说：“一个民族要想站在科学的最高峰，就一刻也不能没有理论思维。”这说的是理论的重要性。我在关注农民现实问题时，激发了我对公民权理论的探索；当我弄清了公民权理论之后，再来观察农民现实问题时就显得更清晰了。

我之所以特别关注公民权利和法治国家，是因为我确信，如果我们不能将自己的国家建设成一个致力于保障公民权利和个人自由的现代法治国家，我们和子孙后代，就不可能有真正的安全、自由、尊严和幸福。

《新京报》： 本报曾经采访过潘毅教授，她认为，关于“三农”问题，除去顶层设计之外，最重要的，是农民自己有权利意识，知识分子在理论上的摇旗呐喊，可能是无济于事的隔空对望，因此她把农民列入自己作品的预设读者群中，希望他们能看懂，那么，你的这本《农民公民权研究》，有没有对读者的预设？

张英洪：我个人的体会是，不能忽视知识分子在理论上摇旗呐喊的重要作用。如果没有知识分子在理论上摇旗呐喊的贡献，没有通过知识分子的公共关怀所形成的尊重人的权利和维护社会正义的社会环境，我们关于"三农"问题的所谓顶层设计可能是损害农民权利的，也可能是违背社会正义的。可以说，农民的权利意识也得益于知识分子的布道。现在的突出问题是，不是农民没有权利意识，而是长期以来，我们高度重视意识形态教育却明显忽视公民教育和人权教育，这使我们的社会严重缺乏对个人权利的理解与尊重。一个民族、一个国家社会科学知识的增长与繁荣，对于国家的良好治理与建设是非常重要的。

在研究视野上，我做到不受学科分割限制，不受地理区域限制，不受传统意识形态限制。所有人都可以从我的书中得到启发。因为公民权不应只是属于农民，而是属于我们每个人的。凡是愿意过上自由而有尊严的生活的中国人，都能从中得到启迪。

从公民权的视角去观察农民问题

《新京报》：你在书中提出，中国农民在中国现代进程中，如社会主义改造、市场经济改革等，更多的是顺应国家意志，一一承受，你认为这种主体性缺失的原因是什么？这是否意味着，"三农"问题的研究，不能仅限于政治体制层面、经济发展层面、身份权利层面，还需要引入人文历史的视角？

张英洪："三农"问题是一个综合性的问题，任何单一的视角都会显得单薄和力不从心。我从公民权的视角去观察农民问题，这只是其中的一个视角。我认为这个视角是非常重要和关键性的，尤其是长期以来我们缺乏以公民权的视角观察"三农"问题。当然，这并不是"三农"研究应当选择的唯一视角。全能主义国家的阶段，不要说农民，就是其他社会阶层，也难以发挥主体性。1978 年改革开放以来，国家、市场、社会的边界逐渐清晰起来，市场得到了快速发展，社会也开始生长发育。

《新京报》：中国从传统国家走向现代国家，从身份层面而言，需要一个从臣民向公民的转变。农民要获得完整的公民身份，其基本前提是体制有相应的安排，那么在体制尚且处于变革之中，怎么去理解你所谓的“完整的公民身份”？

张英洪：我将农民问题研究放在中国现代国家构建这样一个大的框架和背景中去观察与思考。现代国家构建具有对外和对内双重使命，对外是确立主权原则，对内是确立人权原则。将公民权普遍赋予全体国民，是现代国家构建的基本原则与显明特征。

我们国家在民族—国家构建中已取得相当成效，这就是人们常说的中华民族已经巍然屹立于世界民族之林。但我们在公民—国家构建上还任重道远，这也是农民这个庞大的群体没有充分享有公民权的重要因素。现在，我们已经到了加快公民—国家构建的时候了。

我在《农民公民权研究》一书中，提出1949年以来，我国农民的身份经历了阶级化、结构化、社会化和公民化这四个阶段。现在正处在公民化这个阶段之中。农民身份的公民化是现代化的必然趋势和必然要求。农民要享有完整的公民身份，首先要破除城乡二元体制，使农民享有与市民平等的公民权利，主要是经济、社会和文化权利；其次要改革社会体制，发展市民社会，保障农民的主体性，增强农民的自主性；最后要改革政治体制，使农民享有公民权利和政治权利，依法、自主、平等参与政治公共生活，真正当家做主成为国家和社会的主人。

我们能做的就是呐喊

《新京报》：从道义上讲，谁都不会不认同你从公民权角度去看农民问题，但回到问题的出发点，会发现，你的这些理论，似乎只能够停留在呼唤与呐喊的层面，具体的建设发展工作，仍然是繁复的，且一地有一地的现实，不知道你将如何思考我所提出的这种现实与理论的疏离？

张英洪：《农民公民权研究》是一部学术理论著作，不是政策研究。作为政策研究，当然还需要探索如何发展公民权利，这是我当前从事的农村政策研究的主要任务，我已在许多课题研究报告中提出了相关政策建议，比如改革户籍制度，比如改革农村产权制度，比如在城市化进程中维护和发展农民土地财产权，比如破除双重二元结构、实现农民工市民化，比如实行从小学到高中的免费教育，比如为中小学生提供免费午餐，比如实行社会保障的全国接续，等等。

作为学者或知识分子，正如江平所说的那样，我们能做的就是呐喊！这是“三农”学者的职责所系，义不容辞。

《新京报》：现在的“三农”研究，从接受与效果层面讲，我大致将其分为三种类型，其一是反映现实，通过大量实地调研，将农民这个沉默已久的群体的真实境遇，带入公共关注空间；其二是向下的启蒙，就如我们上面提到的潘毅，她将更多的希望寄予农民自身的权利意识；其三是向上的进言，希望自己对历史的分析研究与面向未来的预测对策，能够影响决策层面，从而使理论发挥实效。当然，这三种类型会以不同的比例搭配出现，那么，你对自己研究的定位是怎样的？

张英洪：上述三种类型都是必要的，不能以一种类型否定或降低其他类型的价值。仅仅反映现实是不够的，因为不同的人看到现实会做不同的反应。仅仅希望农民权利觉醒也是不够的，例如，农民上访维权，说明农民的权利意识很强了，向上进言也是非常必要的，通过政策研究或理论研究，改变人的观念或决策者观念，从而调整和改善公共政策，推动改革的深入，这是十分重要的。

我希望自己的研究成果能兼顾上述三种类型，一是将60年来的农民生活现实通过调查研究展现出来（有大量的访谈与调研材料），二是进一步促进农民的权利意识，三是提升各级领导干部的权利意识和现代法治观念，四是建言执政者以公民权为重进行治国理政，建设现代法治国家。

通过改革推进公民权利

《新京报》：就你书中的逻辑而言，这个转型的任务，主要是不断建设和发展农民的公民权，那么，作为一个研究“三农”问题的知识分子，你会怎样定义属于自己的时代使命？

张英洪：孔子说“士志于道”，北宋张载说：“为天地立心，为生民立命。”这些都是中国知识分子的崇高定位。作为“三农”问题研究者，我觉得有两个人的名言能够很好地表达我们这一代人的使命。一个是马克思说的：“一个人有责任不仅为自己本人，而且为每一个履行自己义务的人要求人权和公民权。”另一个是艾恺所说的：“如果中国能有未来，那么为未来而奋斗的人们应该为建立起码的公民权而共同努力。”

我着重研究农民权利，并不意味着我只关心农民权利。事实上，我关注每个人的基本权利和自由。统治者和被统治者、精英和大众、强者和弱者、富人和穷人、你和我，都应当享有人的尊严、自由和权利。对农民问题的研究使我确信，我们必须深入推进改革开放，尤其是要深入推进社会体制改革和政治体制改革。没有包括政治体制改革在内的基于维护个人尊严和社会正义的全面改革，农民问题就不可能被真正解决。

研究“农权”擎旗手*

——访法学博士、“三农”学者张英洪

《怀化日报》记者　陈甘乐

[人物档案]

张英洪，1968 年生，法学博士，中国知名“三农”学者，主要从事农村和农民问题研究，曾以“纵观上下五千年，横看东西两半球”自勉，并立志以自己的学术努力分担农民的身心疾苦，以自己的独立思考推进中国的民主政治。

2002 年，张英洪提出给农民以宪法关怀，认为“三农”问题的核心是农民权利问题，并围绕农民权利问题进行了长期的调查研究，提出了包括取消农业税、废除收容遣送制度、实行免费义务教育、建立农民社会保障等一系列维护和发展农民权利的前瞻性政策建议，被“三农”学界誉为“农民权利研究领域一位不可多得的旗手”。主要著作有《给农民以宪法关怀》、《农民权利论》、《农民公民权研究》、《农民、公民权与国家》（繁体本）、《认真对待农民权利》、《农民权利发展：经验与困局》、《张英洪自选集》等。

关于张英洪，早在 2003 年新闻媒体就给予过关注和报道。2002 年，他在国内率先提出“给农民以宪法关怀”的学术观点引起相关部门的高度重视。现在，他专门从事农村和农民问题研究。

---

* 原载《怀化日报》2012 年 11 月 26 日，此为未删节全文。

2008 年 7 月毕业于华中师范大学中国农村问题研究中心、获法学博士学位的张英洪，立志以自己的学术努力分担农民的身心疾苦，以自己的独立思考推进中国的民主政治，基本上实践了自己的诺言，正迈着坚实的步伐，行走在致力于保障公民权利的现代法治国家的道路上。

2012 年 11 月 18 日上午，张英洪应邀参加北京市社科联主办的 2012 “城乡一体化与首都‘十二五’发展”首都论坛，并在论坛上做了题为“推进首都城乡基本公共服务均等化的重点与难点”的演讲，让记者深切感受到张英洪在研究农村和农民问题以外的另一种风采。

当天下午，张英洪在北京接受了本报记者的专访。

研究“三农”问题，缘起于关注农民负担问题

记者：你是怎样走上“三农”问题研究之路的？为什么要立志以自己的学术努力分担农民的身心疾苦？

张英洪：说来奇怪，我开始独立学习和探索“三农”问题时，原本只是出于个人兴趣与业余爱好。没想到时过境迁，从事“三农”研究竟然成了我的一项主要工作。真有点“有意栽花花不发，无心插柳柳成荫”的味道。不过，我将这种歪打正着视为一种宝贵的机缘。我出身普通的农民家庭，在“文化大革命”中度过了童年，并与改革开放的进程一起成长和思考。在农村，我切身体会到农民的底层生活境况。改革开放新时代，为我研究真实的农民问题提供了可能的思考空间。

直接促成我研究农民问题的是 20 世纪 90 年代日益突出的农民负担问题。那 10 年，我在溆浦县农村工作，对“三农”问题已经有相当深刻的体验与感悟。作为农民的儿子，面对农民的苦难和社会的不公平，我能够回报的就是以自己的独立思考和诚实研究，为农民争取公民权利。从 2000 年起，我就自觉走上了独立研究农民问题之路。

坚持以权利的视角认识、理解和研究农民问题

记者：请谈谈你的农民问题研究有什么与众不同的特点？

张英洪：20 世纪以来，关于中国农民问题研究的主要视角有四种：一是认为农民问题的根本是土地问题，二是认为农民问题的实质是文化问题，三是认为农民问题实质上是收入问题，四是认为农民问题是人地矛盾问题。显然，农民问题是一个十分复杂的综合性问题，上述四种主要的认识视角从不同角度理解农民问题，具有各自的理论价值和实践意义。

但我一直认为农民问题的根本是权利问题，解决农民问题的关键在于尊重、保障和实现农民的基本权利和自由。自从涉足农民问题研究以来，我就坚持以权利的视角认识、理解和研究农民问题。尊重、保障和实现农民的基本权利是我涉足“三农”问题研究的一条主线。这条主线可以将农民问题的各个方面串联起来。可以说，抓住了权利，就抓住了农民问题的核心和关键。

从宪法的高度，关注和保障农民权利和自由

记者：作为我国最早提出给农民以宪法关怀的“三农”学者，你为什么执着于农民权利的研究？你的农民问题研究取得了哪些成果与突破？

张英洪：马克思说过这样一句话：“一个人有责任不仅为自己本人，而且为每一个履行自己义务的人要求人权和公民权。”

我在阅读历史或观察现实生活时常常发现，官不尊重民的人权，民也不尊重官的人权，强者不尊重弱者的人权，弱者也不尊重强者的人权，富人不尊重穷人的人权，穷人也不尊重富人的人权。上至皇帝，下至任何一个百姓，他们的人权都可能遭到践踏和侵犯。我每每看到践踏和侵犯人权的事就嗟叹不已。

农民权利问题既有农民个体的权利问题，又有农民群体的权利问题。作为农民的儿子，一个农民问题研究者，一个共和国公民，我日益感悟到，中国农民问题的解决应该是每个农民不断获得完全公民权的过程。

十余年前，我为农民权利问题的研究制定了一个路线图，并沿着这个路线图做了持续的探索。2003 年我出版《给农民以宪法关怀》，主张从宪法的高度，关注和保障农民的基本权利和自由；2007 年我出版《农民权利论》，以国际人权法的视角，从横向层面上研究农民应当享有的基本权利

和自由；2011 年我出版《认真对待农民权利》，从土地权利与平等权利这两个基本方面探讨农民权利的实现方式。2012 年我出版的《农民公民权研究》以及繁体本《农民、公民权和国家》，侧重于从纵向上探讨和分析 1949 年以来中国农民权利的演变逻辑，这是我用力最多、思考最深的作品。

解决农民问题的实质是解决农民权利问题

记者：作为你的代表作，《农民公民权研究》一书的主要内容和价值是什么？

张英洪：这本书的基本思维进路是：解决“三农”问题的核心是解决农民问题，解决农民问题的实质是解决农民权利问题，解决农民权利问题的关键在于解决作为职业农民的土地产权问题以及作为身份农民的平等权利问题。其他各项基本权利问题均可从上述两个基本方面延伸和推导出来。农民的土地产权和平等权利问题这两个基本方面，又可归结为公民权。所以，我认为公民权的短缺是农民问题的一个主要根源。

我在书中归纳出 1949 年以来中国农民身份的四次重大变迁，即农民身份的阶级化、农民身份的结构化、农民身份的社会化、农民身份的公民化。我的研究得出四个基本结论：第一，公民权建设不足、公民权发展滞后是导致中国农民问题的主因；第二，作为现代国家成员资格权利的公民权，不仅是现代国家的一项公共物品，而且是最基本的公共物品；第三，发展公民权的能力，是现代国家构建的基础能力；第四，中国农民问题的解决程度，最终取决于国家建设与发展公民权的进度。

作为首部以公民权为视角研究农民问题的专著，我的这部书也许能够引起人们在解决“三农”问题、建设现代国家制度体系等方面产生新的思考与启示。

在城市化进程中维护、发展好农民权利

记者：农民权利还存在哪些问题？目前你正在从事哪些方面的研究？

张英洪：取消农业税以来，农民的社会权利有了很大的发展，比如实行免费的义务教育、建立“新农合”和“新农保”等。但在推进城市化和城乡一体化中，农民在土地、住宅等方面的财产权利受到很大的损害；在地方刚性维稳思路中，农民的信访权等公民权也受到很大的侵害。我从事的农民权利研究“三部曲”虽然完成了，但农民权利问题并未终结，农民权利仍然面临这样或那样的严重挑战。维护和发展农民权利，维护和发展每个中国人的权利，仍然任重道远，需要全社会的共同努力。

近年来，我开始关注城市化。我的城市化研究的重点是如何在城市化进程中维护和发展农民的权利。我认为，在城市化进程中，一方面要改革农村集体所有制，维护和实现农民的集体财产权，保障农民带着集体产权进入城市化；另一方面要改革城乡二元体制，维护和实现农民的身份平等权，保障进城农民享有公民权利实现市民化。通过走以人为本的新型城市化道路，维护和发展农民财产权，实现农民市民化。通俗地说，在城市化进程中，既要维护和保护农民在土地等方面的财产权，又要维护和发展进城农民应当享有的基本公共服务等公民权。

在宪法框架内尊重、保障和实现农民权利

记者：作为长期从事农民权利研究的学者，你为农民心存哪些愿景？

张英洪：我的愿景就是在宪法的框架内，尊重、保障和实现农民平等的公民权，使每一个农民作为共和国的公民而在祖国的大地上得到自由而全面的发展。为农民要求“人权和公民权”，其实也是为我们自己、为我们的子孙后代、为每一个炎黄子孙要求“人权和公民权”。马丁·路德·金指出：“在承认黑人的公民权利之前，美国将不会有安宁和平静。”他梦想在他的国家，“黑人的孩子将能和白人的孩子像兄弟姐妹一样携手联欢”；他梦想有一天他的祖国“将变成一块自由和正义的绿洲”。在当代中国，“没有种族歧视，却有农民歧视”。中国农民在多大程度上享有宪法规定和保障的公民权利，这不仅对于农民，而且对于正致力于和平发展的东方大国来说，都尤为重要。正如艾恺所说的那样：“如果中国能有未来，那么为未来而奋斗的人们应该为建立起码的公民权而共同努力。”

需要说明一点的是，我着重研究农民权利，并不意味着我只关心农民的权利。事实上，我关注每个人的基本权利和自由。统治者和被统治者、精英和大众、强者和弱者、富人和穷人、你和我、我们的子孙后代，都应当享有人的尊严、自由和权利。

最后，我想再次强调，我之所以特别关注发展公民权利和建设法治国家，是因为我确信，如果我们不能将自己的国家建设成为一个致力于保障公民权利和个人自由的现代法治国家，我们和我们的子孙后代，无论是达官贵人还是平民百姓，就都不可能有真正的安全、自由、尊严和幸福。

上海利用农村集体建设用地建设租赁房试点考察报告*

张英洪

在城市化和城乡一体化进程中，经济发达地区特别是外来流动人口较多的大中城市，如何开发利用农村集体建设用地，发展农村集体经济，促进农民增收，同时满足外来流动人口住房需求，创新农村土地使用制度，是一个重大而紧迫的现实课题。2011 年，中央批准北京和上海开展利用农村集体建设用地建设租赁房试点工作。最近，我们对上海市利用农村集体建设用地建设租赁房的情况进行了考察学习。

一　基本情况

上海早在 2003 年就开始在一些农村利用集体建设用地建设住房的试点，住房对象主要针对工业园区的来沪务工人员，效果很好。2009 年上海出台《关于单位租赁房建设和使用管理的试行意见》，提出“农村集体经济组织利用农村集体建设用地建设主要定向提供给产业园区、产业集聚区内员工租住的市场化租赁宿舍”。2010 年 9 月，上海市政府批转《关于本市发展公共租赁住房的实施意见》（沪府发〔2010〕32 号），提出“综合利用农村集体建设用地，适当集中新建”。2011 年 7 月，上海市政府办转

* 本文写于 2012 年 7 月 18 日。

发《关于积极推进来沪务工人员宿舍建设的若干意见》（沪府办发〔2011〕39 号），规定："对利用农村集体建设用地建设的，鼓励充分利用闲置的存量建设用地，在符合规划的前提下，以使用集体土地方式办理有关手续，不改变原建设用地用途，不改变集体土地性质。"

由于上海在利用集体建设用地建设租赁住房上已有政策措施和实践探索，因此，当 2011 年中央批准上海与北京开展利用集体建设用地建设租赁住房试点后，上海能够迅速在 8 个区 22 个村推进。上海的试点项目主要有两大类，一是产业园区类，二是零散地块类。目前，各试点实施方案正在申报之中，已有 1 个区完成方案申报工作。上海利用集体建设用地建设租赁住房试点工作正在推行之中，有关进展情况需要继续关注。

目前，上海利用集体建设用地建设租赁住房最有代表性的项目，是闵行区七宝镇联明村的租赁房试点项目"联明雅苑"。

二　主要做法和特点

以闵行区七宝镇联明村的租赁房试点项目"联明雅苑"为例，该项目的主要做法和特点有以下几个方面。

一是建设主体为村集体。联明村成立"上海联明实业总公司"承担项目建设任务。项目于 2008 年 9 月开工，2010 年 6 月竣工，总投资 9300 万元，村民出资 8000 万元，占 86.02%。"联明雅苑"小区建筑面积为 25665 平方米，可供出租的房屋有 404 套。

二是出租对象为外来务工人员。主要为七宝镇辖区内各优质企事业单位员工。以企业租借为主，其中企业纳税 100 万元以上的单位可优先租用，目前不接受来沪人员个人承租。

三是出租形式多样化。主要有家庭户和集体户两种居住形式，一室户限 3 ~ 4 人居民，二室户限 6 ~ 8 人居住，承租合同实行年签制。

四是配套生活设施与公共服务齐全。租赁住房均为精装修，小区设有便民服务窗口，集中办理入住手续；建有图书室、篮球场等，安装电子安保监控系统，实行智能化安全管理；聘用具有资质的物业公司负责物业管理；小区管理方和租户共同制定居住公约，实行租客自治。

五是租金收益村民共享。租金收益主要按两部分进行分配，其一是联明村每年以稍高于银行的利率向出资村民支付 7% 的年息，其二是将年租金扣除物业管理成本外集中分配给村民。

三　初步成效

上海利用集体建设用地建设租赁住房，是城市化和城乡一体化进程中农村土地制度的重要创新，已取得初步成效。在国土资源部正式批准试点以前，上海就已经从政策和实践两方面自行开展了利用集体建设用地建设租赁住房试点工作，在国土资源部正式批准试点后，迅速在 8 个区 22 个村较大范围铺开，目前上海已有部分试点项目完成申报等手续，正在加紧推进试点工作。

“联明雅苑”项目是上海市利用集体建设用地建设租赁住房的典型，为利用集体建设用地建设租赁房积累了初步经验。位于闵行区七宝镇联明村的“联明雅苑”租赁房试点项目，已于 2010 年 9 月 1 日投入使用，到 2011 年 4 月底已全部出租，出租率为 100%。以目前租赁价格计算，年租金收入约 850 万元，支付村民出资年息 560 万元，物业管理等成本 180 万元。

上海试点项目具有积极的现实意义。一是有利于发展壮大农村集体经济，培育新的经济增长点；二是有利于增加农民收入特别是财产性收入；三是有利于缓解外来务工人员的住房困难，改善其居住环境，提高外来人口的服务与管理水平；四是有利于完善农村土地制度，促进城乡资源融合与统筹发展。

四　对北京的启示

上海开展利用集体建设用地建设租赁住房试点工作对北京市的主要启示有以下几点。

一是要勇于实践创新和政策创新。上海在中央批准试点前就已经开始先行先试，这为较大范围推行试点工作积累了相应的政策与实践经验。北京正处在建设世界城市和推进城乡一体化的新时期，迫切需要提升和探索新的发展思路。

二是要创新维护农民权益的体制机制。上海在试点工作中充分尊重农民的自主性，不搞行政命令强行推行，主要在破除城乡二元体制、形成城乡一体化发展新格局上加强体制机制建设，为新时期农村集体经济发展拓展了新的发展空间与政策体制环境。对北京来说，不仅需要继续突出强调维护农民权益，而且需要进一步建立有益于维护农民合理分享公共租赁房收益的体制机制，确保农民权益有稳定的制度保障。

三是切实解决外来务工人员的实际问题，改善公共服务。上海明确将外来务工人员作为租赁住房建设的保障对象，打破了长期以来的户籍限制，体现了城乡一体化发展的内在要求。北京与上海一样，有数百万的外来务工人员，他们的居住权益值得进一步关注和切实保障。

四是要深入研究和解决一些深层次问题。利用集体建设用地建设租赁住房，是在现行制度框架内的重大创新，需要诸多相关政策制度的综合改革，如税收问题、防止“小产权房”问题、租金收入合理分配问题、村集体内部民主管理问题、农民与租户合作共管、和谐相处等问题，都需要认真对待，深入研究，妥善解决。

新农村建设的喜与忧*

——北京市史庄子村调查

张英洪

北京市密云县不老屯镇史庄子村位于密云水库北部山区，坐落于不老湖畔，距镇政府 17.5 公里，下辖史庄子、邵庄子两个自然村，全村共有 148 户，320 口人，面积 5.51 平方公里，其中不老湖水域面积为 1100 亩，山场面积为 7210 亩。森林覆盖率在 80% 以上。近年来史庄子村的发展历程，向我们展示了新农村建设取得的显著成效与面临的诸多问题，引发了我们对新农村建设的深层次思考。

一　史庄子村的新农村建设之喜

史庄子村的新农村建设属于北京市泥石流地区整建制搬迁重建模式。2008 年 1 月 26 日，北京市人民政府办公厅转发市农委《关于实施新一轮山区泥石流易发区及生存条件恶劣地区农民搬迁工程的意见》，决定实施新一轮山区泥石流易发区及生存条件恶劣地区农民搬迁工程。北京新一轮山区农民搬迁涉及 7 个区县、59 个乡镇、283 个行政村，共 8557 户、20972 人，计划在 5 年（2008～2012 年）内完成搬迁任务。史庄子村利用

* 本文写于 2012 年 12 月 11 日。

新一轮泥石流地区搬迁的机遇，实施新农村建设，从根本上改变了村庄面貌，成为北京市山区新农村建设的一个典型。史庄子村的新农村建设之喜主要有以下几个方面。

1. 彻底改善了全体村民的居住条件

2009 年，史庄子村按照市县泥石流搬迁政策要求，实施了整建制搬迁工程，集中联排建设村民新居。根据密云县泥石流易发区及生存条件恶劣地区农户搬迁政策，搬迁补助标准是：以户为单位，每户补助 5 万元，户内户籍人口每人补助 2.3 万元，全部用于新建民居及配套基础设施建设，不发放到搬迁农户中。史庄子村新建村民住宅每栋成本约 20 万元，村民每户只需交纳 4 万元，其余由政府搬迁补助和村集体负责解决。社会力量也参与支持了搬迁重建工作。例如，2011 年，京奥港集团捐资 300 万元资助史庄子村搬迁重建。史庄子村新居每栋面积 136 平方米，房屋分为四个卧室，客厅、饭厅两厅，两个内设水冲式卫生间及两间储藏室。2010 年史庄子村搬迁工作正式启动，到 2011 年年底，全村 148 户村民全部入住新居，从此告别了传统的旧民房，住上了整齐漂亮的欧式新居。

2. 率先实现了山区农村集中供暖

史庄子村在建设新民居时，充分考虑到村民冬季采暖的需求。新建房屋外墙采取了“外保温”措施，南向居室里设计安装了节能吊炕。在此基础上，史庄子村采取个人投资、集体补助的办法，像城里小区一样，由村里统一实行集中供热。每户村民预交 12000 元，用于购买锅炉、材料费和冬季取暖开支，村集体负责建设一座锅炉房，安装两台 2 吨的锅炉，铺设 2400 多米主管路、5000 多米分管路，把供热管道铺设到每个农户家中。每户村民每冬只需交 1500 元的供暖费。2011 年冬，史庄子村率先实行了集中供暖，从此告别了该村烧土暖气的历史，成为北京市偏远山区第一个实现集中供暖的村庄。

3. 历史性改变了村容村貌

史庄子村通过整建制搬迁重建，不但彻底改变了村民的居住条件，也历史性地改变了村容村貌。2007 年以来，史庄子村建起了卫生服务站，破解了村民看病难题；铺设了光纤，实现了有线电视、电话家家通；投资 15 万元建起了全镇第一个便民浴室，向全体村民免费开放，结束了许多村民冬天不洗澡的历史；2008 年建设了一个 300 多平方米的数字影院；2012 年 8 月，完成了投资 120 万元、全长 1.5 公里、宽 8 米的史庄子村村级主公路铺油工程。此外，史庄子村还新建了“两委”办公楼，建成了 4500 平方米的民俗文化广场，对全村主路两侧及村内街边实现了全部绿化，绿化面积达 8000 平方米。史庄子村已被列为市级生态文明村，正朝着北京最美丽的乡村行列迈进。

4. 大力发展了民俗旅游业

史庄子村有山有水，为发展民俗旅游业提供了得天独厚的自然条件。村东侧有一座标志性的山——三棱山，传说被刘伯温视为人杰地灵的风水宝地；村内另一独特风景是生态不老湖，湖底由具有保健功能的麦饭石天然铺就，湖畔有枝繁叶茂的参天古松。史庄子村依山傍水，风景优美，气候宜人，是不可多得的长寿之村。截至 2012 年 6 月，在全村 320 口人中，90 岁以上的 4 人，80 ~ 90 岁的 20 人。2011 年，史庄子村被密云县列为“发展乡村旅游示范村”，有 74 户申报了民俗旅游户，有 20 户成为民俗旅游户，户均增收 3 万元。2013 年民俗旅游将发展到 34 户。民俗旅游业已成该村的特色产业和新的经济增长点。

5. 积极推进了民主法治建设

史庄子村在实施整建制搬迁建设中，也致力于推进村级社会管理创新和民主法治建设。一是坚持民主议事制度。凡涉及村民利益的重大事项，都提交村民代表会议讨论决定。近年来有关村内规划、美化、公益设施建设等与村民切身利益相关的问题，一律通过民主决策讨论决定。二是健全民主管理制度。通过制定与完善村民自治章程、村规民约、环境卫生、土地征用、建房审批等一系列制度，使村务活动有法可依、有章可循。三是完善公开办事制度。2011 年 9 月，选举产生了村务监督委员会，对村内公务进行监督，设立村务公开栏，建立健全村委会向村民和村民代表会议每季度报告工作制度、每半年进行一次村民代表评议“两委”成员制度。四是创新网格化管理方式。史庄子村建立网格化社会管理服务站，在全县和全市首创腾讯视频法律咨询平台，为群众提供法律咨询与服务。2012 年 10 月，史庄子村被列为全国“民主法治示范村”。

二　史庄子村的新农村建设之忧

史庄子村的新农村建设取得的成效是非常明显的，但该村在建设和发展过程中也面临许多突出的问题，这些问题大都一时难以解决，让人担忧。

1. 村级债务如何化解

史庄子村在新农村建设中，虽然大大改善了村民居住环境和村庄公共环境，但负债1000多万元。村集体经济薄弱，经济收入有限，难以偿还债务。我们在调研中发现，有关工程建设方常到村支书家中催债，村支书也无能为力。据称，村干部两年都没有发工资了。虽然村干部工作的积极性、责任心都很强，但村干部长期不发工资不是办法，有关工程欠款不还也不是办法。

2. 村集体经济如何发展

作为山区，史庄子村集体经济发展乏力，全村经济收入只有几百万元，属于负债村。村民收入主要依靠山上的板栗。近年来，该村虽然利用自身山区资源优势发展了民俗旅游业，但该村民俗旅游业尚处于起步阶段，一些民俗户增加了收入，村集体尚不能从民俗旅游中获利。村支书认为目前民俗旅游业只是“富民但不富村”。史庄子村完成了新村建设后，面临的首要问题是如何发展、壮大集体经济实力。

3. 人口老龄化如何应对

史庄子村人口老龄化问题相当突出。国际上通常把60岁以上人口占总人口的比例达到10%（或65岁以上人口占总人口的比重达到7%）作为国家或地区进入老龄化社会的标准。史庄子村60岁以上人口为69人，占总人口320人的21.56%。更严重的问题是，青壮年劳力基本外出，村里年轻人十分稀少，村里除了一个大学生村官外，很难发现年轻人。一方面，村里老人多；另一方面，年轻人大量外出。老人身边缺乏人照顾。村庄养老怎么办，怎么养，谁来养，如何保障老有所养，是农村面临的现实问题。

4. 村庄治理如何转型

史庄子村完成新村搬迁重建后，即被列为全国“民主法治示范村”。

这说明该村在民主法治建设上已具备一定的基础，积累了一定的经验。民主法治建设也体现了新农村建设的发展方面。但该村要深入推进民主法治建设，实现村庄由传统管理向现代治理转型，还面临许多问题。首要问题是，在基本没有青壮年人的山区村庄，一帮老人如何搞好村民自治？如何有效搞好民主法治建设？当前该村社会治安较好，这既与山区民风淳朴有关，也与人口年龄结构的单一化有关。在此形势下，如何创新社会管理，保障村民当家做主，更好地发挥法治在社会管理中的重要作用，是该村完成新村建设后面临的重大社会问题。

三　史庄子村新农村建设引发的几点深层思考

史庄子村新农村建设取得的成效有目共睹，同时，该村面临的问题具有一定的普遍性，更值得高度重视和深入思考。一个村庄发展中面临的各种问题，有许多是宏观政策制度环境造成的，村庄本身难以解决。解决村庄问题必须跳出村庄看村庄。

1. 需要更高层次的统筹发展

村庄的发展，既需要各村基于村情做出积极的创新和探索，又需要上级政府的统筹谋划。要求每个村都各自为战发展壮大村集体经济是不现实的，也不可能都取得成功。就像全国各村可以学习华西村，但不可能都建成华西村一样。村庄的发展水平有高有低总是常态。密云县是北京市的生态涵养区，产业的发展受到必要的限制，这是合理的。在生态涵养区发展乡村特色生态产业需要进一步统筹，明确县、镇和村各自的发展责任。就史庄子村的特点优势和发展潜力来看，民俗旅游业无疑是该村最有发展前景的特色产业。但史庄子村的民俗旅游业不能只局限于一个村独自发展，应当由密云县从全县发展的大局出发进行统筹规划，由不老屯镇从全镇范围内进行统一谋划，集中打造彼此相连的民俗旅游景区，使史庄子村成为密云水库北部景区以及不老湖景区网络的重要景点之一。史庄子村其他方面的发展也同样需要更高层次的统筹谋划与协调推进。

2. 需要改变城镇化发展方式

由于中国特色的行政区划体制，北京市对外是一个特大城市，对内则又是城区与乡村并存的行政区域。在城镇化进程中，一方面，外省市的人口大量向北京市聚集，另一方面，北京郊区农村人口也大量向城区、新城和小城镇聚集。现行的城镇化发展模式，使郊区农村的青壮年人口大量迁入城镇就业和生活，农村则成了留守老人、留守妇女和留守儿童的“三留守”之地，造成了人口结构的严重畸形化，使乡村发展面临难以解决的人口社会问题。这是现行的城镇化发展模式的必然结果。调整城镇化发展模式，就是要改变长期以来分割家庭、破坏家庭的城镇化模式，走保护家庭、实现家庭式迁移的城镇化发展道路。这需要从两个基本方面着手。一是推进人口城镇化。推进人口城镇化就是要改变重土地城镇化而轻人口城镇化的倾向，全面改革相关城乡政策制度，实现进城务工人员由单个的劳动力进城就业生活向整个家庭进城居住生活的转变。各个企业单位在录用农业转移人口时，要准许和鼓励（不是强制）其将父母、夫妻、子女等家属一并迁入城镇落户并定居生活。二是发展就地城镇化。发展就地城镇化就是要根据实际情况，在适合人口集中生活的乡村加大城镇发展力度，通过制定城镇规划、制定相关政策、加大公共投入，使有关乡村发展为小城镇，就地实现农业人口的转移就业和集中居住生活，保障每家每户家庭生活的完整性。通过改变城镇化发展方式，从根本上消除农村的“三留守”问题。同时，在城镇化进程中，要保留和维护乡村特有的自然环境和人文环境。

3. 需要着手完善现行人口政策

村庄人口的严重老龄化问题，既是现行城镇化发展模式造成的，也是现行的计划生育政策造成的。现行城镇化发展模式将大量年轻人吸引到城镇中去而将“三留守”人员留存农村，从空间上扭曲了村庄的人口结构。现行计划生育政策从根本上扭曲了村庄的人口结构，人为加快人口的老龄化以及人口结构的畸形化。谁来养老、谁来务农，已经是农村社会面临的突出问题。党的十八大提出要逐步完善计划生育政策，促进人口长期均衡发展。解决农村老龄化问题和人口危机，必须对人口计生政策进行重大调整。我们发现，我国在实行社会主义市场经济改革以后，目前只有土地和人口政策仍然实行传统的计划经济手段和管制方式，这使土地问题和人口问题成为中国两个最突出的社会问题。当前迫切需要改变计划生育的惯性思维和现行政策，建议尽快废止计划生育机构，切实尊重和保障公民的生育权，实现人口的永续均衡发展。

4. 需要加大公共服务配套建设

政府的主要职责是提供公共产品和公共服务。在新农村建设中，政府要为每个村庄提供基本而可及的基本公共产品和服务，不断提高基本公共服务的水平和均等化程度。近年来，北京市通过“5 +3”工程建设，加大了对农村基础设施的投入，极大地改变了农村生产生活环境，这主要体现在道路交通等硬件设施建设上。当前新农村建设的重点要突出两个方面：一是在农村社区和村庄要建立健全完善的幼儿园、小学、卫生所、养老院、体育文化场所等公共服务设施，使村民享有各种便利的公共服务；二是大力提高基本公共服务水平和均等化程度，使村民享受与城镇居民大致相等的医疗保险、养老保障、社会福利等基本公共服务待遇。这些基本公共产品和公共服务是村庄本身难以提供的，需要各级政府承担相应的公共职责。要切实转变政府职能，各级政府要从热衷于经济建设和大拆大建等活动中解脱出来，真正转移到全力提供公共产品和公共服务上来。

5. 需要创新农村社会管理服务

当前，要把加强农村社会建设提高到更加突出的位置上来。如果说经济建设是为了挣钱的话，那么社会建设就要花钱。我们不能要求每个村都实现集体经济的共同繁荣发展，但我们必须保障每个村的村民都能平等享有社会保障等基本权益。农村社会建设和社会管理服务有两个层面的含义：一是国家和政府层面对农村的社会建设与管理服务，二是农村社区自身的自治建设与管理服务。从国家和政府的层面来说，加强农村社会建设与管理服务，就是要加强以改善民生为重点的社会建设，保障农民劳有所得、学有所教、病有所医、老有所养、住有所居，通过改善民生来维护农村社会的和谐稳定，促进社会公平正义，以维权促维稳，充分运用法治在乡村社会管理中的基础性作用。从农村社区自身的自治建设与管理服务来说，就是要完善村庄治理结构，增强村庄和村民的自治能力，实现村民当家做主。要进一步理顺党支部、村委会、集体经济组织三者之间的职能。在新的发展时期，党支部要走服务型党组织建设新路。党的十八大首次提出建设服务型执政党的重要命题。作为农村最基层的党支部，要改变过去的权力性组织的定位与角色，全面转向服务型组织的全新定位。党支部就是农村社区公益性的服务型组织，党员就是义工、志愿者。村委会要体现村民自治的精神与要求，依法实行民主选举、民主管理、民主决策、民主监督。完成产权改革后的新型集体经济组织，要健全与完善法人治理结构，确保集体经济组织成员的知情权、参与权、表达权、监督权，保障村民对集体资产的所有权和集体收益分配权。

2013 年

张英洪：希望农民公民权进步成为现实[*]

《新京报》记者　张　弘

【这本书】

我“三农”研究的第三大步

首先我写《农民公民权研究》这本书，做了大量的前期准备和积累。此前，我已经出了两本非常有影响的书，一本是《给农民以宪法关怀》，这是2003年出的；2007年又出了《农民权利论》；2011年又出版了《认真对待农民权利》。

这四本书主要关注农民问题，让“三农”研究迈出了四大步。

第一步，我就提出给农民宪法关怀，我有一个观念，必须在宪法层面上，把农民看成公民。这种观念我10多年前就提出来了，这在“三农”研究界是开创性的。第二步，就是农民权利论。从横向看，农民应该享受哪些基本权利呢？我通过学习宪法，通过学习《国际人权公约》，发现农民应该有生命权、人身权、财产权三个权利，我就分析我们现在是怎么样，有什么差距。《农民权利论》也是全国第一部以《国际人权公约》系统研究农民问题的专著。第三步，就是农民公民权利。目前，我认为自己写得最好的一本书就是《农民公民权研究》。这本书从纵向上，分析了1949～2009年农民身份的演变逻辑。第四步，就是认真对待农民权利。

我通过这一系列的研究，发现农民问题有两个非常突出的特点。第

* 原载《新京报》2013年1月10日。

一，中国农民以前占有土地，实行集体所有制以后，失去了土地产权。第二个，农民没有平等权利，农民跟市民相比不平等，因为市民有养老一类的福利，农民没有。

所以，我的第四本书，就讲认真对待农民权利，我从二维分析框架，土地产权和平等权利这两个主要视角去考证城市化之后，农民这两个权利的实现状况。

在城市化进程中，出现了一些农民的财产权与土地产权被剥夺、宅基地被占、房屋被拆等现象，我很想写一本关于农民财产权利的专著，增强所有人的权利意识，不保证权利，每个人都没有自由和尊严。

【这一年】

希望2012年成为转折点

我觉得2012年是一个转折点。这本书是2008年写好的，我写书用了3年时间，但我是20年的积淀，这本书出版就遇到很多问题，出版这本书，我花了4年时间。因此，我觉得2012年是中国的一个希望的转折点。

我觉得，社会风气还是非常重要的，这个风气取决于领导，政治家的行为能够在很大程度上决定社会风气的走向。这一个多月来，新一届领导人有很多好的风气，会引导中国社会往好的方面发展，这对国家、对中国公民权的发展都有好处。只有我们逐渐走向一个现代法治国家以后，才能真正解决农民的公民权问题。公民化必须有一系列的制度建设，光空喊不行，要落实在具体制度上。这一块任务很艰巨，但是方向应该是这样。

【这一代】

为百姓说真话的人受欢迎

这个时代对我来说，可能是比较好的时代，好在哪里？第一个方面，我的研究是面对现实的，现实发生的一切，是我研究的对象。前不久，有些我以前的领导，看到我的文章以后，他直接跟我说，英洪，如果要是以前，你这个脑袋早就保不住了，这么敢讲真话。

第二个方面，因为改革开放了，我看到很多的学术理论，各家的研究，我吸收他们的成果，才有了自己的研究。第三个方面，我们这个时代最需要一些人来推动它，因为如果再过10年、20年，我们实现民主化，我们有公民权了，比如在美国等现代法治国家，都不需要了。所以，我们正好处在发挥自己价值的一个关键时期，我们期盼中国改革，这个时代能够成就我、造就我，也需要我这样的人的担当。所以我觉得温总理2011年4月在中央文史研究馆的一个讲话就很好，他说："一个国家、一个民族，总要有一批心忧天下、勇于担当的人，总要有一批从容淡定、冷静思考的人，总要有一批刚直不阿、敢于直言的人。"我觉得，这是一个民族的希望所在。

首先我自己是农民出身，我对农民很熟悉，改革开放以后才能有机会去写，我做这个研究付出了很大代价，也造成了很多的误解，但是毕竟还是写出来了，出版了。如果这个时代出版不了，再过几十年，意义不大了。

前几天我去理发，理发店那个老太太看了《新京报》对我的报道，她说你是农民的大活佛，我不收你理发费。但我说这是你付出的劳动，我应该给你。我觉得，为老百姓说些真话，为老百姓的权益呼吁，人们还是很欢迎的。

中国人要过上自由而有尊严的生活，需要有公民权利作为基础。我这个书既是回报母校，也是回报国家。

致敬词

现代社会的一个重要标志，是现代公民的产生。作为传统农业大国，建设农民公民权，实现农民身份向公民身份的转换，内在于现代中国的建构过程中。张英洪先生将自己的研究视野延伸至历史的纵深处，在现代公民与现代国家的内在呼应中，仔细考察土地制度的变迁，以及随之而来的农民身份的变迁，以持久扎实的田野调查为基础，条分缕析，与我们分享了当代中国农民公民权的演进逻辑，热切提倡用公民权来看待农民问题，其思其行，充满现实关怀与历史责任感。

我们致敬张英洪，因为他著成中国首部农民公民权研究著作，免除了我们在"三农"问题上可能遇到的迷津，拓宽了我们对相关社会问题的讨论范域，而他在多年学术研究过程中所保持的独立、清醒与坚毅，在追求真理过程中不为世俗左右的良知、勇气与沉着，本身就具有典范力量。

开启公民权发展的新时代*

张英洪

我的这本书能够获奖，我确实感到高兴和欣慰。这个奖说明了我们社会对农民问题的关注，尤其是对公民权的关注。我认为，关注农民问题，就是关注中国问题；关注农民的公民权，也就是关注我们每个人的公民权。关注公民权，是我们迈向文明进步的重要标志和内在需要。

长期以来，我们在现代国家建设中，高度重视意识形态教育，而忽视公民权教育，这使我们的社会严重缺乏对公民权的理解、尊重和保障。很多年以前，我发现在"三农"问题研究上，存在相当突出的学科分割和传统意识形态束缚等局限。我一直深深地体会到，"三农"问题的核心是农民问题，农民问题的核心是权利问题。所以我在涉足农民问题研究时，就力争做到不受学科分割限制、不受地域限制、不受传统意识形态限制，在公民权被长期忽视的社会环境中，我自觉地把维护和发展农民的基本权利作为自己的学术旨趣，进行了持之以恒地探索和思考。十多年来，我在提出和倡导"给农民以宪法关怀"的基础上，先后完成了农民权利研究的"三部曲"——《农民权利论》《农民公民权研究》《认真对待农民权利》。《农民公民权研究》是我思考最深、用力最多的作品，这本书凝聚着我几十年来的思考、责任和担当。

经过30多年的改革开放，现在我们正处在发展公民权的新时代。我日益感悟到，中国农民问题的解决应该是每个农民获得完全公民权的过程。

---

* 原载《新京报》2013年1月11日。

公民权既事关广大农民的自由、尊严和幸福，也事关我们每个人的自由、尊严和幸福。维护和发展公民权是我们这一代人的神圣使命和当然责任。

如果我们都要说出自己的梦想，那么我的梦想就是有效实施宪法，在现代法治的轨道上开启一个尊重、保障和实现公民权的新时代。

本文为2013年1月10日在《新京报》2012年度好书致敬礼上的答谢词。张英洪著《农民公民权研究》被评为《新京报》2012年度好书（社科类）。

对政治学研究领域的新拓展*

徐　勇**

张英洪所著的《农民公民权研究》是一部很有学术意义和现实价值的著作。

农民是一个历史概念，公民是一个现代概念。我国农民产生的历史很长，但要使广大农民获得现代公民权，则只有在20世纪才有可能。因为，公民与民主政治制度联系在一起。20世纪，我国政治发展的总体目标是民主政治。农民开始享有现代公民权利。但由于民主政治建设道路十分曲折，广大农民对公民权的享有、获得和运用也充满变数。张英洪的著作以中国最多数人口——农民的公民权为主题，具有特殊价值，是对政治学研究领域的一个新拓展。

张英洪著作没有从概念入手，而是从历史进程入手，选择案例进行考察。这在方法论上也有独特性。尽管公民权是一个具有普遍意义的概念，但是在不同国家、不同历史进程中，其形成和特点都有所不同。张英洪的著作将农民的公民权放在当代中国发展进程中考察，探讨了不同的政治环境给农民的公民权所带来的影响和后果，说明时代的进步和曲折制约着公民权，而农民的公民权的享有和获得又是时代进步和曲折的标志，并是推动社会发展的动力。由此，作者提出要高度重视农民的公民权。

张英洪有很好的理论功底。在本书中，作者从历史进程中提炼出一些

* 原载《北京日报》2013年1月14日。

** 徐勇，华中师范大学中国农村研究院院长、教授、博士生导师。

很有独创性的学术观点，特别是有一些很精练的概括，能够给人以深刻的启迪。

当然，由于公民权本身是一个具有建构性的现代概念，加上作者本人的价值取向，该著作在历史和价值平衡方面还可进一步完善。作为学术著作，个别提法和词句可更中立一些，更具有学术性而不是政治性。

总的来说，该著作是一部值得出版的学术论著。

集体建设用地发展公租房的探索*

——北京市昌平区海鹊落村的调查与启示

伍振军　张云华　张英洪　冯效岩

自2011年9月国务院办公厅发布《关于保障房建设和管理的指导意见》，要求重点发展公共租赁住房后，国土资源部于2012年1月批复北京市、上海市成为集体建设用地建设公租房首批先行试点城市。2012年6月，进展较快的北京市昌平区海鹊落村公租房第一期项目，9栋高层楼房中有6栋已经封顶，近期就可以投入运营。为了了解集体建设用地发展公租房情况，国务院发展研究中心农村经济研究部“农村集体土地确权与流转问题研究”课题组对北七家镇海鹊落村进行了调研。

海鹊落村集体建设用地发展公租房的背景

——集体建设用地长期闲置

海鹊落村除耕地、农民宅基地之外，尚有集体建设用地1995.6亩，大部分土地长期闲置，小部分栽植了果树，但无人管理，经济收益很低。海鹊落村地理位置优越，处于昌平区新城产业聚集区，是中关村北部研发服务和高新技术产业聚集区的核心区域，经济发展很快。但集体建设用地长期闲置、利用效率很低，相比于周边的羊各庄、东小口等经过旧村改造的

* 原载《中国经济时报》2013年4月8日、9日。

村庄，海鶄落村村民收入较低、增收乏力。

——周边租房需求大

海鶄落村村处于北七家镇南部核心地带，南距地铁5号线只有3公里，距大型生活社区天通苑仅5.9公里，交通便捷。而北七家镇地处北京市北部城乡接合部，经济发展很快，外来人口很多。第六次人口普查数据显示，本地户籍人口近5万，而外来人口已达27万。其已成为重要的外来人口聚居区，这部分人群已在当地形成较大的租房需求规模。据当地统计，集体经济收入的90%来自房屋和土地出租，农民经济收入的70%来自农宅出租收益。距海鶄落村3公里的国家级高新科技研发基地——未来科技城，已经于2009年7月开始建设，有望在2015年建成。目前，第一批落户未来科技城的15家央企项目已全面开工，预计明年将全部投入运营。将吸引至少2万名科研及相关人员入驻，在当地创造新的中高档租房需求。

——村民迫切要求获得长期、稳定、可持续性收入

海鶄落村在2003年某房地产开发项目和2009年未来科技城项目大规模征地之后，产生了大量失地农民。村民拿到一次性征地补偿金后，没有好的投资渠道，容易“坐吃山空”，因而产生了获得长期、稳定、可持续性收入的强烈愿望。2010年3月15日、16日（在国务院办公厅发布《关于保障房建设和管理的指导意见》的1年零3个月之前），根据北京市研究制定的公租房发展政策，海鶄落村分别召开村“两委会”和村民代表大会，皆全票通过“利用部分集体建设用地发展公租房，获取土地收益”的决议。海鶄落村村民代表会议决议中明确：公租房建成后属村集体资产，只用于出租，不对外出售。公租房只租不卖，不违反国家土地政策。由村民自主入股筹集部分资金，加上征地拆迁款和集体资产积累，全力发展公租房项目。公租房形成的大部分收益每年以股份分红的形式分给村民，农民就可以获得长期、稳定、可持续的收入。

集体建设用地发展公租房利国利民

——农民集体土地收益和财产性收入大幅度提高

相比征地补偿，农民集体发展公租房的土地收益提高73.6倍。2009

年未来科技城项目中，海鶄落村被征地1530亩，总计补偿33120万元，平均每亩征地补偿21.6万元。而发展公租房土地净收益预计达到1611万元/亩。海鶄落村第一期公租房占地90亩，建成后总建筑面积约14.68万平方米，共1837套，总投入为5.5亿元。从收益看，根据北京市相关规定，公租房租金标准暂定为当地市场价下调二至三成，预计为每月28元/平方米。按照出租率为70%计算，年租金收入现值约为3500万元，预计16年左右全部收回投资。若按照公租房使用年限70年，16年之后的54年收取租金，收益为18.9亿元，除去资金成本4.4亿元，净收益达14.5亿元，摊在90亩土地上，每亩收益达到1611万元，比征地提高73.6倍。相应的，海鶄落村村民人均收入迅速提高。第一期公租房年收益为3500万元，除去分摊的成本，每年净收入为2714万元，该村人口只有1219人，年人均收入可增加2.2万元。

——农民实现有工作、有产业、有资本

一是有工作。公租房项目日常运营需要一定的物业管理人员，如经理、会计、营销人员等；小区基础设施建设维护也需要大量的装修、绿化、保洁、水电维修等人员，这将满足当地不同年龄和文化层次农民的就业需求。二是有产业。集体建设用地公租房项目建成之后，大量人口入住，将有力促进洗衣、餐饮、网络等服务业发展。农民有了自己的产业，长期发展有了保障。三是有资本。根据集体产权制度改革的要求，分配给村民的公租房股份可继承、转让、赠与，真正解决了村民从农民转换为居民后失去农村资产的后顾之忧，农民实现了带着资产进城的要求。

——有效解决地方政府建设公租房缺土地、缺资金问题，拓宽公租房供应渠道

一是解决了公租房建设的土地供应不足问题。根据北京市《2012年度国有建设用地供应计划》，昌平区2012年计划供应公租房用地只有210亩，土地供应很少。而海鶄落村公租房项目第一期用地90亩，第二期规划建设用地面积71.4亩，合计161.4亩，仅一村就可为昌平区增加76.9%的公租房土地供应，有效解决了公租房的土地供应紧张问题。

二是缓解地方政府资金投入压力。公租房产权无法转让、租金回报较低、投资回收期长（长达10~20年），很难吸引社会资金，主要由政府投

资。据住建部数据，截至 2012 年 6 月，财政部下拨专项资金达到 977 亿元；2012 年全国有 200 多万套公租房需要政府直接投资，总额达 1500 亿元，仍存在较大的资金缺口。而海鶄落村公租房建设项目一期投资 5.5 亿元，资金全部由村集体自筹，有效缓解了当地政府公租房建设的资金压力。

三是拓宽公租房供应渠道，缓解城市住房压力。据第六次人口普查数据，昌平区常住人口有 166.05 万人，其中外来人口超过 100 万，是户籍人口的两倍多。外来人口迅速增长，住房压力巨大。但在未来两三年内，昌平区计划投入使用的公租房也只有 8000 套左右，供需缺口很大。海鶄落村第一、第二期公租房建成之后，将增加 4000 套左右的公租房，在很大程度上缓解了外来人口的住房压力。

目前面临的问题

——与现行《土地管理法》相关规定不符

《土地管理法》第四十三条规定："任何单位和个人进行建设，需要使用土地的，必须依法申请使用国有土地；但是，兴办乡镇企业和村民建设住宅经依法批准使用本集体经济组织农民集体所有的土地的，或者乡（镇）村公共设施和公益事业建设经依法批准使用农民集体所有的土地的除外。"可见，农村集体建设用地用途被严格限定在兴办乡镇企业、乡村公共设施、公益事业和建设农民住宅上，范围有限，而其他建设项目占用土地，包括公租房建设用地，都应该是国有用地。尽管国土资源部在北京市、上海市开展试点，但在《土地管理法》没有修订的情况下，集体建设用地建设公租房缺乏合法性。

——具体配套政策没有落实

海鶄落村集体建设用地发展公租房项目，在 2010 年 7 月被确立为"北京市利用集体土地建设公租房"试点项目，但在项目审批、立项、建设过程中，遇到了一系列配套政策缺位的问题。

一是控规（控制性详细规划）整合难以批复。昌平区规划条例里没有集体建设用地建公租房的编号。在实际操作中，农村集体建设用地原来规划为乡村产业用地。而公租房实际上属于居住用途，在控制性详细规划中需要确定建筑密度、建筑高度、容积率、绿地率，以及水、电、交通等市政公用设施，便民服务、文体基础设施配套等，涉及部门多、手续繁杂，导致海鶄落村公租房项目的控规整合迟迟得不到批复。

二是难以通过国土部门的审批。北京市、区国土部门没有利用农村集体用地建设公租房的专项指标，而按照以往的规定，公租房应建在国有土地上。此外，北京市每年建设用地供应总体指标有限，若把集体建设用地指标加进去，势必挤占国有建设用地指标。因此，该项目用地在国土部门难以审批通过。

三是无法在发改委部门立项。北京市、区两级政府没有针对集体建设用地建公租房的立项指导意见，导致海鶄落村公租房项目无法在区发改部门办理立项手续。

——项目投入大、回收期长

村集体公租房建设投资巨大，全靠农民通过各种途径自筹资金，加上村集体资产积累进行投资。集体建设用地无法抵押，不能以公租房项目向银行申请贷款，难以获得金融支持。公租房租金较低、投资回收期长，也很难吸引社会资金参与。这些因素使得村集体建设公租房蕴藏很大风险。海鶄落村经过两次征地之后，获得了一定的征地补偿，村集体也有一定的资产积累，经济实力较强，但承担的风险仍然很大。海鶄落村第一期公租房项目的建设投资总额为5.5亿元。其资金来源：一是未来科技城项目的3亿元征地补偿金，是由开发商根据征地拆迁、科技城建设情况逐步偿付；二是2003年北京洋房房地产项目拖欠海鶄落村征地补偿金连本带息近2亿元。一旦征地补偿金不能及时到位或欠款不能收回，海鶄落村公租房建设项目就存在资金链断裂风险。

——收益分配机制有待建立

公租房建成之后，将产生巨额收益，如何在村集体和村民之间进行分配，是其面临的重要挑战。海鶄落村已经完成集体产权制度改革，把集体建设土地、集体资产积累和征地补偿金等转化为股份，其中30%的股份留给集体，70%的股份量化给村民。而海鶄落村第一、第二期公租房建成之后，海鶄落村年纯收益将增加6000万元，若每年把30%的收益留给村集体，村集体的年收益将达到1800万元。如何规范使用、合理分配留给村集体的巨额收益，将是海鶄落村面临的重要挑战。

——公租房经营管理面临挑战

如何提升管理人员素质，引入市场化的经营管理方式，确保村经营性集体资产的保值增值，保障村民权益也是农村村集体经营公租房面临的挑战之一。海鶄落村公租房项目运行主要由村“三套班子”，实际上是“一套人马”负责。“三套班子”，即村委会、村支部和村董事会，其实全部是由包括村支书、村主任在内的五人组成，缺乏项目管理、运行、营销等专业团队。公租房项目建设投入巨大、周期很长、经营内容多元，对海鶄落村管理人员素质、管理方式等提出了挑战。

几点启示

——集体建设用地发展公租房值得继续探索

当前征地制度下，尽管农民集体对土地享有所有权，但难以享受定价议价的权利，极大地损害了农民的利益。允许农民在集体建设用地发展公租房，盘活农村集体建设用地，本质上是赋予农民土地发展权利，让农民获得长期、稳定、可持续性收入，有力保障农民土地财产权益。这有助于集体建设用地实现国有土地平等权益，逐步建立城乡统一的建设用地市场。

——《土地管理法》修订中应把“集体建设用地发展公租房”纳入考虑范畴

现行《土地管理法》对农村集体建设用地四种用途的限制，实际上是限制了农民集体土地财产权的实现。为巩固农村集体建设用地发展公租房试点成果，以法律的形式保障农民土地开发权利，在《土地管理法》修订中，应考虑增加“允许集体建设用地建设公租房”的条款。从长远来看，《土地管理法》还需放宽对农民集体利用建设用地进行经营性开发的限制。

——完善配套政策措施

一要尽快出台集体建设用地发展公租房的总体指导意见。规划、国土、发改等部门要相应出台具体政策，对集体建设用地发展公租房的规划、用地、项目立项等进行规范和指导；对建成后的公租房市政公用设施、交通基础设施、文化体育设施等予以支持。

二要加强公租房建设管理。根据对昌平区其他村庄的调查，很多城乡接合部的村庄具有利用集体建设用地发展公租房的强烈需求。在考虑扩大试点范围时，应满足两个条件：其一是在二线以上的大城市郊区；其二是已有城乡统一的建设用地规划。同时，还要对当地的公租房需求情况做详细的市场调查，确保有需求才审批、才立项、才建设，防止盲目上项目，避免公租房建成后大量空置而损害村民利益。

三要加强公租房项目运营指导。要把公租房建设好、经营好、管理好，发展配套商业设施，做大、做强集体经济，增加村民收入，就需要指导村集体，运用现代企业经营管理理念，聘请专业经营管理团队对公租房项目进行经营管理，确保集体资产保值增值。

四要给予财政、金融支持。在村集体自主筹资建设公租房过程中，需要投入大量的财力、物力，风险很大。在集体建设用地发展公租房取得合法性之后，建议地方政府，第一是出台支持集体建设用地公租房进行贷款抵押的指导意见，鼓励金融机构对公租房项目提供贷款支持，降低其资金供应不足的风险；第二是地方财政给予贷款贴息支持，降低公租房建设成本。

五要深化集体产权制度改革，完善收益分配机制。要想使发展公租房的巨额收益在村集体、村民之间分配好，就必须深化公租房集体制度改革，进一步完善收益分配机制。公租房建成之后，将产生巨额收益，从长远来看，村干部工资，用车支出，保洁、绿化、联防人员劳务费，村水电费用支出以及招待费用等不应由村民承担，所以，理论上可以大幅度减少公租房收益在这方面的投入。因此，要进一步深化集体产权制度改革，完善村集体、村民之间的收益分配机制。

当代农民和现代中国的成长*

项继权**

近些年来，农民的民主觉悟、法制观念、参与意识以及行动能力不断增强，各种维权事件此起彼落，越来越多的农民从被动转为主动、从消极走向积极，在政治生活中日益活跃和成熟起来。

改革开放以来，我国公民的权利意识不断增强，人们对权利的觉悟、关注、追求及其行动前所未有。尤其是我们注意到，在当今中国，人们对权利的追求已经不限于对个体或团体的私权的追求和守卫，也不限于人身、经济和社会权益的保护和保障，越来越多的人开始关注他人权益的平等以及整个社会公民权的发展。在这个时代，让人们获享平等的公民权利，让人人受到同等的尊重和关照，让人人平等分享发展的成果，日益成为人们的共识及努力的方向。我们不仅进入了一个权利的时代，而且也步入了一个公民平权的时代！

从公民权的角度看农村改革

在这个“权利的时代”，如何让农民群众获得全面而平等的公民权，一直是我国公民权发展的重点和难点。就“三农”问题来看，其核心是农

---

* 原载《南方周末》2013 年 4 月 25 日。

** 项继权，华中师范大学政治学研究院教授、博士生导师。

民问题，而农民问题的焦点是农民权益问题，其实质是农民平等公民权问题。20 世纪 80 年代以来的农村重大改革，事实上都是围绕农民权益问题展开的，归根结底是重新确立和保障广大农民群众的合法权益，并赋予农民群众平等的公民权。如“家庭联产承包责任制”通过调整农村的土地关系，赋予农民土地使用权、受益权及经营自主权；“村民自治”赋予农民群众民主选举及村务自治权；“户籍制度改革”确认农民群众自主择业、自由迁徙等公民权；教育、医疗和社保的改革给予农民群众日益平等的保障权。通过这些改革，农民的公民权范围不断扩大，公民权的保护不断强化。

但是，我们也看到，迄今改革仍在进行当中，涉及农民权益的一些重大改革并未完全到位，城乡居民权益不平等现象依然存在。农民公民权利缺失，既有制度设计不公平、不到位的问题，也有权利保障不力、维权机制不健全的问题。在政治权利方面，农民的选举权长期不平等，特别是大量流动农民事实上丧失了选举权，农民虽享有村民自治权，但迄今仍缺乏有效的法律保障与救济机制；社会经济权利方面，城乡土地产权不平等，农民土地财产权常常受到侵害，财产权益严重流失，农民子女教育、医疗卫生、劳动保障、自由迁徙等依然是城乡有别，受到诸多的限制。这些问题显示农民仍没有获得全面平等的公民权。

公民权为什么重要

在现代社会中，公民权（Citizenship）被视为一国公民依法享有的人身、政治、经济、社会和文化等方面的基本权利。这些权利不仅包括人的生命、财产、居住、迁徙、劳动、休息、教育、医疗、卫生、失业等人身自由、安全和社会保障权利，而且包括言论、通信、出版、集会、结社、游行、示威和信仰自由以及参加选举、担任公职等政治权利。这些权利都是公民在社会和国家生活中最主要、最根本和不可缺少的权利。公民权是一个国家通过宪法和法律确认的公民基本权利，而不是非正式的、未载入法律的权利；公民权不是因人而异仅供少数群体享有的特权，而是一种全体公民应当平等地享有的基本权利；公民权不是单纯的个体和私性权利，而是一种群体性的公共权利，是全体公民所应具有的权利。正因如此，基础性、法制性、普遍性、平等性和公共性是公民权的内在要求和基本特征。作为公民的基本权利，公民权决定一个人在国家中的社会、政治和法律地位，也是公民之所以成为公民的基本要件。

公民是一个现代国家的主权者或统治者。失去公民权也意味着丧失公民资格，进而也被排除在国家主权者和统治者之外。也正因如此，一个国家享有公民权的公民对象、范围及其权利内容，在相当程度上也决定着这个国家阶级基础及政权性质。在一个社会中，如果只有少数阶级、阶层或人群享有公民权，这个社会绝不会是一个民主的社会，这样的国家也不可能是一个真正的现代民主国家！

毫无疑问，在现代社会中，广泛而平等的公民权是现代文明和民主国家的条件，也是现代文明和民主国家的标志。从历史的角度看，公民的范围在不断扩大，公民权的内容也不断丰富，传统的基于财产、性别、种族、民族、宗教以及文化的歧视逐渐被消解。公民的范围已经从传统少数精英、贵族、男性、白人逐步扩大到全体居民。与此相应的，民族国家的统治基础不断扩大，民主程度不断提高。国家也从传统封建的、君主的、贵族的以及专制的国家走向现代民主国家。事实上，我国农民公民权的不断扩大，本身也表明国家的政治基础的扩大、民主范围的扩大，这无疑是我国社会政治领域发生的巨大的变迁和转型。

传统农民正在向公民转化

在任何社会中，权利与义务向来是密切联系不可分割的。公民权不仅是一种成员资格、法律地位，而且是一种责任和义务，还有一定的素质和行为标准。公民权的扩大本身也是公民发展和成熟的过程。享有公民权的人们也必须承担缴纳税赋、管理国家、保家卫国的责任。这是其对国家，也是对其他公民应承担的义务。虽然在现代社会中，一些基于财产、文化、性别以及宗教和种族等的歧视性理据逐步被淘汰，但是，社会对公民尤其是对合格公民仍有责任、义务和道德的期望和要求。在不少人看来，一个合格的公民或“真正”的公民（True Citizens），必然是一个积极的公民，也是一个愿意且能够参与国家社会事务管理以及为公共利益和他人福祉做出贡献的人。否则，一些不愿付出，一心只想“搭便车”甚至逆来顺受的人，只能是一个“消极公民”，甚至是一个臣民！也正因如此，公民权的扩大本身伴随着并要求公民自身的成长。

从我国来看，近些年来，农民的民主觉悟、法制观念、参与意识以及行动能力不断增强，各种维权事件此起彼落，越来越多的农民从被动转为主动、从消极走向积极，在政治生活中日益活跃和成熟起来。这本身也表明传统农民正迅速向现代公民转化。毫无疑问，同历史上已经发生过的事实一样，我国农民公民权的发展的过程是农民公民化的过程，是农民和公民的成长过程，也是现代中国国家成长和文明进步的过程。

农民身份和地位的演变案例

对于当代农民的权益以及公民权问题已经有不少研究，但是，最新的深刻分析无疑是张英洪的新著《农民公民权研究》。该书是作者对湖南溆浦县进行深入调查和个案分析，以土地制度的变革为主线，以公民权理论或公民身份理论为分析框架，考察1949年以后中国农民公民权的演变，分析了农民公民权的发展及其对农民与国家关系以及国家政治的影响。作者发现，新中国成立后，依据阶级斗争理论，在农村划分阶级成分，开展土地改革运动，农民身份被阶级化。随着农村社会主义改造以及集体化运动发展，农民迅速被集体化，与此同时，为了最大限度地吸取资源，推进工业化和城镇化的发展，国家通过一系列严格的城乡二元化的制度，将城乡居民分隔开来，并将农民固定于农业和农村。我国公民身份也出现二元化和结构化，农民被置于一种非平等的地位。随着20世纪80年代的改革开放，家庭联产承包责任制的推行，农民从传统的体制中逐渐被解放出来，获得了部分的土地产权、生产自主权和人身自由权，相对自立和自由流动使农民身份社会化。特别是对地富分子政治上的摘帽，农民的政治身份也日益平等化。随着改革的不断深入和发展，对农民限制、分割和歧视性的传统制度和政策逐渐被打破，农民获得了更多的平等、自由和民生保障，公民权利在不断扩大，农民正朝公民转变。

公民权的发展不是一蹴而就的

在此，作者向人们展示了一个县域农民身份的变迁及其从阶级化、结构化、社会化走向公民化的历程。事实上，这是中国农民公民权发展历程的缩影，也是中国农民和国家成长的过程。从农民身份和地位演变的过程中，我们看到的不仅是农民身份的改变，而且也是我国公民权的扩大和发展及中国农民的成长。这一过程是我国公民平权的过程，是农民公民化的过程，同时，也是现代中国政治变革和转型的过程。

张英洪对农民权利的关注，目标就是农民公民权的改善。在他看来，“中国农民问题的解决应该是每个农民获得完全公民权的过程。公民权既事关广大农民的自由、尊严和幸福，也事关我们每个人的自由、尊严和幸福。维护和发展公民权是我们这一代人的神圣使命和当然责任”。也正因如此，他才不畏艰难，勇于担当，将保护和发展公民权作为自己终身的学术使命和社会责任。

在任何社会中，公民权的获得及公民权的发展向来都不是件而轻易举的事，其间充满分歧、争论、冲突甚至斗争。

人类历史上，各种基于性别、种族、宗族、文化和财产的歧视长期存在。即使在当今发达的西方国家，1902 年澳大利亚的妇女才获得选举权，而加拿大和美国则分别是 1918 年和 1920 年。直到 1928 年，英国年满 21 岁的妇女才能参加投票，法国妇女则更迟到 1944 年。直到现在，一些国家仍在为是否给予移民、难民、特定少数民族以及同性恋者公民权而争论不休。然而，公民权的扩大是一个历史的趋势。人类社会发展和进步也体现为公民权的不断扩大和发展。现时代，争取、保障和扩大公民权，已经成为一种普遍的社会行动和政治运动。特别是随着全球化的发展，公民权问题已经超越国家，成为国际社会共同的关注议题，受到国际公约的共同保护。我国农民的公民化及公民权的扩大，本身也是这一历史进程的一部分。

张英洪：农民身份的四重变奏*

《法治周末》特约撰稿　楚　原

编者按："三农"问题以及中国的城市化问题是我们当前关注的焦点问题之一，众多学者从各自的研究角度出发，对"三农"问题进行了研究。张英洪是这其中的一个。张英洪有多年在农村生活的经验，如同他自己所言，是"农民遭遇的种种不公刺痛了我的心灵"，引发了他对"三农"问题的思考，并出产了自己的成果。虽然他在研究中提出的关键词"农民公民权"的概念，从法学的角度值得商榷，也与当前农民已经具有法律意义上公民权的现实存在矛盾，但从关注当下农民工弱势群体的角度来看，他的声音和思考值得人们关注。

"三农"学者张英洪出生于湘西农村，他主要从事农村和农民问题研究，尤其关注农民的基本权利和尊严。他立志以自己的学术努力分担农民的身心疾苦。如今，对于"三农"学者张英洪而言，一切都在变得更好，他的学术作品《农民公民权研究》在经历一番波折后，终于得以出版。这是中国第一部从公民权角度研究农民问题的著作。

在"三农"研究中，张英洪的研究取向与众不同。他跳出了众多"三农"学者从经济、社会政策进行解释的习惯方式，而是从农民公民权角度出发，对于农民身份被结构化的过程进行了追溯和研究，同时探讨了农民身份社会化、公民化的趋向。

---

* 原载《法治周末》2013 年 4 月 25 日。

在此基础之上，他形成了一系列的研究成果，构建了他的农民权利研究框架和体系。最近，九州出版社出版了《农民公民权研究》《认真对待农民权利》《农民权利论》《给农民以宪法关怀》等张英洪研究农民权利的系列著作。可以说，权利的觉醒是近年来中国社会的重要变化，这与张英洪多年来的研究不谋而合。

现代社会的一个重要标志，是现代公民的产生。作为传统农业大国，建设农民公民权，实现农民身份向公民身份的转换，内在于中国的社会转型过程中。张英洪热切提倡用公民权来看待农民问题，将自己的研究视野延伸至历史的纵深处。

而十几年前，他曾发表文章主张取消农业税、建立农民社会保障等一系列新政策，被周围人嘲以“天方夜谭”之论，如今这些已经成为现实。所以现在有人谈起他时说，这个来自神秘湘西农村的汉子，有着湖南人的血性与才智，能始终坚持独立思考，保持学者良知。而张英洪自己的解释是：“我想知道更多关于‘建设一个更好的社会’的知识，这几乎是支撑我全部生活的信仰。”近日，《法治周末》记者采访了张英洪。

农民权利的历史：传统、革命、改革

《法治周末》：有人说，中国古代社会的宗法制以乡绅为主导，并将其描述为温情脉脉；也有人说那个社会也很黑暗，恶劣的乡绅干坏事的也不少。我想，这两个层面可能都存在。你怎么看待传统的乡村社会？它留给我们什么启示？

张英洪：中国的农村几千年都是儒家文化主导下的乡绅自治。地方士绅承担了提供乡村部分公共产品的责任，既对村民提供庇护，同时也对村民起支配作用。对村民的庇护作用，主要是抵抗政权对他们的挤压，维系着村庄的基本秩序。这是几千年来中国乡村社会的一个基本框架。

新中国成立后，中国吸收了苏联模式。根据苏联模式的认知框架，这个世界被划分成资本主义和社会主义，社会主义就是好的，资本主义是坏的。在纵向上，封建主义、资本主义的东西都是坏的，再好也有其局限性。所以，农村以阶级成分而划分出对立的两个人群：贫下中农，是好人；地主、富农，是坏人。这在很大程度上改变了传统乡村社会的基本框架。

当时的土地改革解决了中国农村绵延下来的贫富之间的对立，但它只是暂时解决了“双重两极社会”矛盾中的一重矛盾，即贫富对立的矛盾，而官民对立的矛盾并未予以解决。同时，在以后的社会重建中，如果国家缺乏新的再分配能力，两极分化导致贫富对立的矛盾又将重新出现。这正是市场化改革后中国农民问题的一个新表征。

《法治周末》：历史上的农民起义，会完成改朝换代，但整个社会的基础往往不会发生变化。而自近现代以来的革命却大不一样，你觉得革命与传统是怎样的关系？

张英洪：历史上的农民起义提出的主要口号一般是“均贫富”（起义成功后能否“均贫富”则是另外一回事），改朝换代以后，这个社会就稳定下来了，而原来构建在儒家意识形态上的社会结构并没有遭到多大的破坏。比如，像一些书香门第的地主，他们受到儒家文化的熏陶，有一种乡村社会的责任心，这种乡绅文化深入村民的血液里。所以，当现代革命进入到农村的时候，一开始会受到一种自然的抵抗。

现在，我们对革命历史还缺乏深刻的认识和反省。中国要重建一个公平、正义的和谐社会，必须反思革命的后遗症。法国大革命及其后来的历史都已提供了证明。人们由于知识的欠缺、反思的不到位，民粹主义的诉求很容易被底层接受。民粹主义是一种容易捕获民心却会带来灾难的社会思潮。而同情农民苦难的人很容易倾向民粹主义诉求，我自己以前就有这样的心理倾向。

《法治周末》：对此，现在人们也有了很多的反思。

张英洪：对，现在我们的一些学者和当年革命的参与者已有不少反思。法国大革命后，柏克出了《法国革命论》，曾对法国大革命进行了深度反思，值得我们借鉴。

我们应当对历史上的农民起义以及革命进行更加理性的分析，不要一味地赞扬，也不宜简单地否定，关键是要进行客观公正的分析，为什么会引起革命？革命会造成什么后果？我们怎样避免暴力革命？最近引起人们热读的托克维尔的《旧制度与大革命》，可能就有总结革命与改革的意味在其中。我要强调一点，我们的教育，特别应该要让我们的国民懂得公平、正义，懂得公民的基本权利和尊严。

农民身份被结构化：城乡二元对立

《法治周末》：你在书中提到农民身份被结构化，它是怎样形成的？

张英洪：新中国成立后，在集体化运动中，农民身份的结构化是国家主导下的双重身份的建构过程：一重是农民作为社员被国家固定在一个集体的单位组织之中；另一重是农民作为农业人口被国家固定在农村这个天地之间，受到了城市的排斥。这种对农民身份的结构化，遗留到今天就是所谓的城乡二元结构。

《法治周末》：在你的书中，从土地收归集体，到建立人民公社，再到禁止农民进城，农民始终处于被动状态下，这是一系列政策导致的必然结果吗？

张英洪：我在《农民公民权研究》中，考察了 1949 年后中国农民身份的演进逻辑。可以说，农民身份经历了阶级化、结构化、社会化和公民化四次重大变迁。

我们的社会始终有一种为民做主的精英情怀。精英习惯为民做主：一方面，精英代替人们的选择；另一方面，精英运用不受制约的权力达到自己的目标。这是中国社会存在的一个大问题。在乡村社会，不管是集体化时期也好，还是当下的城镇化也好，都存在这样一个突出的问题。可以说，我们在现代国家的构建中，对公共权力没有进行有效的制约监督，公共权力没有被关进制度的笼子。

既得利益阻碍了农民公民化进程

《法治周末》：农民身份的社会化，实际上有一个时间段上的指向，就是在改革开放以后至今。

张英洪：就当下的情况来说，农民身份在社会化，但公民化是可能的大方向。我的《农民公民权研究》有两条线索，一条是以身份变迁为主线，还有一条是土地制度的变迁。农民身份的社会化，是改革开放后的社会流动形成的。如果不允许农民流动的话，社会化是不存在的。农民身份的阶级化、结构化都是国家主动建构的，农民身份的社会化主要是改革开放后的产物，是发展经济以后的自然结果。

从20世纪80年代开始，为了发展经济，发展乡镇企业，允许农民外出打工。加上企业发展客观上需要劳动力供给，民工潮自然就产生了。但农民打工还受到很多限制，当时很多城市针对外来务工人员制定了歧视性的就业规定。即便如此，农民为了生存，外出打工的人逐渐增加。

农民流动起来以后，事实上就去结构化了，开始了社会化的过程。但是我们的制度改革滞后，所以造成了今天这样一个局面：我们产生了社会化的农民，农民大大分化了，比如有农民企业家、农民工等出现，但城市不给农民工以工人的身份待遇，甚至2003年以前城市还有收容遣送制度。

在当前的城市化进程中，所有的大中城市都有来自农村的农民工，但农民工不能在城市落户，不能公平享受城市的很多公共服务。全国有2亿多农民工就这样漂流在城市，成为城市的外来人口。这种现象已经存在几十年了，为什么不能将农民工完全实现市民化、将其融入城市？最根本的是现行的体系不能有效反映外来人口的诉求，外来人口不能通过有效的方式改变命运。很多人在为当今的转型承受着阵痛。农民身份的阶级化、结构化，没有花太长的时间，但是，农民的身份实现社会化尤其是公民化花的时间则要比这个过程长很多。

《法治周末》：能否具体分析一下其中的原因？

张英洪：在改革中，为什么社会没有及时顺应变化而变化，可能有这么几种因素：一是观念的制约，比如，在苏联模式的框架中，人们认为计划经济、公有制是实现美好社会必须坚持的；二是利益的束缚，人也是一种利益的动物，任何制度一旦建立起来，就会产生制度利益，形成制度惯性，既得利益者会阻碍改革；三是个人理性或团体理性不能达成公共理性。

改革促使了社会的发展，但过去的制度往往跟不上，这使农民身份的社会化进展缓慢，也因此农民身份的公民化还面临许多困难和阻碍。

《法治周末》：所以，如果要真正让农民享有公民权利，解决现存问题，似乎还有很长的路要走。

张英洪：农业税取消后我松了口气，义务教育免费后我松了口气，农村建立“新农合”和“新农保”后我松了口气，但农民问题并没有解决。不管是新问题还是老问题，其实质都是农民的公民权利得不到保障和实现。

作为农民，在历史上靠起义是不能解决问题的，因为那样最可能是造出一批新的权贵，而农民还是农民。因此，我们农民问题的解决必须坚持依宪治国，有效实施宪法，建立现代公民权制度，保障农民的基本权利和自由。不解决这个问题，农民问题不可能完全解决。

我们农民要实现公民化，这个过程还远没有完成。这是中国现代国家构建的重大任务。

法治，解决农民公民权问题的关键

《法治周末》：你现在完成了关于农民权利的四部书的写作，这个过程你有什么感想和心得？

张英洪：可以说，是活生生的现实，激起了我对农民命运的关怀，促使我进行“三农”问题的研究。首先我写《农民公民权研究》这本书，做了大量的前期准备和积累。此前，我已经出了两本非常有影响的书，一本是《给农民以宪法关怀》，这是2003年出版的；另一本是2007年出版了《农民权利论》，2011年出版了《认真对待农民权利》。

我一开始就将农民权利这个核心问题作为研究对象。2001年我发表文章明确提出打工者是新兴的工人阶级。2006年，国务院正式发布文件承认农民工是新兴的产业工人。我在农村基层工作10年，对农民底层生活的境况感同身受。农民遭遇的种种不公刺痛了我的心灵，引发了我对“三农”问题的思考。

如果说农民的底层真实生活擦亮了我的眼睛的话，那么某些农村政策的脱离实际与公共政策的背离民意则启发了我的头脑。我发现当时“三农”政策理论研究最大的问题是没有基本的宪法意识和公民权利观念。所以，这四部书让“三农”研究迈出了一大步：我提出给农民宪法关怀，我有一个观念，必须在宪法层面上，把农民看成公民。我的另一本书，就是讲认真对待农民权利，我从土地产权和平等权利这两个主要视角去考察城市化之后农民这两个权利实现的状况。

《法治周末》：对于农民身份的转变，你对当下社会环境有什么期待？你觉得整体的发展趋势如何？

张英洪：《农民公民权研究》这部书是2008年写好的，我写书用了3年时间，但用了我20年的积淀，而出版这部书，我花了4年时间。因此，这也从一个侧面反映了我们当下时代风气的转变。

党的十八大以后，我看到一些公民权利往法治方面发展的好气象。我觉得，社会风气还是非常重要的，这个风气取决于政治家的行为。这一个多月来，新一届领导人有很多好的风气，会引导中国社会往好的方面发展，这对国家、对中国公民权的发展都有好处。只有我们逐渐走向一个现代法治国家以后，才能真正解决农民的公民权问题。公民化必须有一系列的制度建设，光空喊不行，要落实到具体制度上。这个任务很艰巨，但是方向应该是这样。因为中国人要过上自由而有尊严的生活，需要公民权利作为基础。

赋权于民　维护农民的公民权[*]

——读《农民公民权研究》随笔

于建嵘[**]

很高兴看到张英洪博士又出版新著，尤其是出版有关农民权利的著作。我一直认为，新农村建设和城市化最重要的问题是怎么保障农民的权利。张英洪就是一位具有民主理念的“三农”学者，他长期以来一直对农民权利予以高度关注和认真研究。10年前，他就以提出“给农民以宪法关怀”的重要命题进入“三农”学界。现在关注农民权利的人已越来越多，但像张英洪这样一以贯之地研究农民权利问题的人并不多，像张英洪这种持续出版农民权利著作的人更少。他的著作如《给农民以宪法关怀》《农民权利论》《农民、公民权与国家》《认真对待农民权利》《农民权利发展——经验与困局》《农民公民权研究》等，书名中就直接亮出了农民权利，这在“三农”学界找不到第二个。可以说，张英洪是农民权利研究领域一位不可多得的旗手。

在“三农”研究界，我可能是最了解和最理解张英洪博士的研究旨趣和人生追求的人。我认识和关注张英洪已经很多年了。他来自神秘的湘西农村，具有湖南人的血性和才智。他对农民问题认识的高度和思考的深度，远远超过一般人所能达到的境界，他对农民命运的关怀和对个人权利的领悟，非一般人所能企及。因而，他也可能会遭到误解，甚至遭遇困

* 原载《湘声报》2013年5月3日。

** 于建嵘，中国社会科学院农村发展研究所社会问题研究中心主任、教授、博士生导师。

境。多年来，张英洪能始终坚持独立思考，保持学者良知，既不为权势所压倒，也不为世风所迷惑。为了追求真知、扩展权利、伸张正义，他坚韧不拔，顶住了各种压力，践行了自己的信念。在“三农”研究中，张英洪提出了一系列有利于推动社会文明进步的新观点、新见解。他的作品，既体现了他独到的思考力，也凝聚了他浓厚的人文关怀和高尚的社会责任。

在当今时代，人们常说经济发展、社会发展、政治发展，但很少说权利发展。如果没有公民权利的发展，任何所谓的发展究竟还有多大意义？新的发展应当是全面扩展公民权利的发展。维护和发展农民的权利，发展每个中国人的权利，应当成为我们这个时代的主题。

改革开放以来，我国已经从全能主义体制转向威权体制，威权体制又从家长式的威权体制转向共治式的威权体制。威权体制对农民权利的影响值得深入思考和总结。改革开放30多年来，中国农民的权利既有很大的发展，也面临严重的挑战。特别是从取消农业税开始，中国农民权利的发展有了重大突破，主要体现为农民享有的受教育权、社会保障权等社会权利有了新的发展。但同时，以统筹城乡发展之名，大规模侵占农民宅基地和强拆农民住宅的现象不断发生，以维稳的名义打压上访农民的问题相当突出，农民的土地财产权、农民的信访权等公民权利遭到新一轮的侵害。新农村建设和城乡一体化政策，既可能发展农民权利，又可能损害农民权利。张英洪的著作对此做了理性分析和深层思考，能够站在时代的最前沿对农民问题进行深度思考和前瞻性研究，这正是他的最可贵之处。

经过30多年的改革开放，中国又处在一个新的十字路口。当前的中国最需要一批仰望星空的人，也需要一批脚踏实地的人。我认为，实行人民民主，是国家长治久安和人们自由幸福的根本保证。我们的国家必须走上依宪治国的现代法治轨道。虽然现行宪法对公民权利的规定还有许多改善和提升空间，但问题的关键在于宪法赋予的公民权利没有得到真正落实。例如，宪法规定了法律面前一律平等，人身自由不受侵犯，合法的私有财产不受侵犯，从国家和社会获得物质帮助的权利等。我们守住了宪法，就守住了民族的未来，每个人都有责任和有义务来维护宪法。不管遇到多少困难，凡是遇到违背宪法的现象，公民就应该站出来，以实际行动维护宪法、落实宪法。促成宪法的真正落实，让宪法成为中国社会稳定的基石，应成为全社会的共识。

美国著名的梁漱溟研究专家艾恺曾说过："如果中国能有未来，那么为未来而奋斗的人们应该为建立起码的公民权而共同努力。"张英洪就是一位为维护和发展公民权而持续努力的优秀学者。本书正是他为发展公民权而不懈努力的最新成果。

推进北京市户籍制度改革的思考*

张英洪

摘要： 推进户籍制度改革是北京市实现城乡发展一体化、加快新型城市化发展的重要内容。北京市户籍管理制度改革，既是时代发展的需要，也是北京自身发展的需要。在新时期，北京市要将户籍制度改革提上公共政策议程，统筹制定户籍制度改革方案，针对具有北京本市户籍的城乡居民和没有北京市户籍的外来人口，采取分类和分步骤的改革政策，要从本市全部行政区域以及首都圈等空间层次上进行产业布局和公共资源配置的相应调整。

20世纪90年代以来，北京市开始推行一些户籍制度改革的政策，特别是逐步放开了人才进京的户口限制，但相对于广州、上海、重庆、成都等其他大城市来说，北京户籍制度改革力度不大，至今仍然没有实行居住证制度，没有取消户口分类，户口准入限制依旧存在且严格，对农民工等外来流动人口的户籍制度改革基本上没有突破。北京市从1986年开始实施流动人口暂住证制度，至今未能像广东、浙江、上海等地改为居住证制度。近年来，北京市因人口压力不断增大，开始强化“以业控人”“以房管人”“以水控人”，进一步严格户籍准入政策和指标调控。这些户籍限制政策与北京市统筹城乡发展、实现城乡一体化的长远目标是不相适应的。一方面，难以阻止城市人口的膨胀，高校毕业生千方百计留在北京，流动

* 原载《北京农业职业学院学报》2013年第3期。

人口涌入北京的动力也十分强劲；另一方面，户籍限制使流动人口无法取得合法的“市民”身份，难以获得与城市居民平等的发展机会及社会地位，缺少城市认同感，难以与城市居民在文化观念、思想意识上融为一体。

一 北京市户籍制度改革的必要性

长期以来，北京实行最严格的户籍管理制度。这种状况到了必须改革的时候。改革户籍制度，既是时代发展的需要，也是北京自身发展的需要。

（一）户籍制度改革是城乡一体化的需要

城乡二元结构是我国经济社会发展最基本的体制矛盾，破除城乡二元结构，加快形成城乡经济社会发展一体化新格局，是我国当前和今后一段时期改革发展的战略任务。北京与全国各大城市一样，都存在双重二元结构，即传统的以农业人口与非农业人口划分为基础建立的静态二元结构和改革以来以城市本地户籍和外来流动人口划分为基础建立的动态二元结构。双重二元结构交织在一起，共同构成了城市化和城乡一体化面临的重大体制障碍。2012 年 9 月 25 日，中共中央政治局常委、国务院副总理李克强在全国资源型城市与独立工矿区可持续发展及棚户区改造工作座谈会上强调“破解城市内部二元结构难题，走新型城镇化道路”。2008 年，北京市明确提出率先形成城乡经济社会发展一体化新格局。城乡一体化的基本要求是破除城乡二元体制，户籍制度是城乡二元体制的基础性制度，必须进行改革。北京如果不改革城乡二元户籍制度，就不可能真正形成城乡一体化新格局。

（二）户籍制度改革是建设世界城市的需要

2009 年，北京市提出建设世界城市的战略目标。2012 年 6 月，北京市第十一次党代会明确将建设中国特色世界城市作为奋斗目标。建设中国特色世界城市，是《北京城市总体规划》的战略部署，是 21 世纪中央对北京工作的要求，也是首都人民的新期盼。北京建设世界城市，归根到底是为人民谋福祉，一切为了人民，一切依靠人民，一切发展成果由人民共享。北京要敞开胸怀面向世界、包容世界，首先就要敞开胸怀面向全国、包容全国，做不到这一点，就不可能建成真正的世界城市。现行的户籍制度将一个城市里所有居民划分农业户口、非农民户籍以及本市户籍和非本市户籍，并以此为依据配置公共服务，这与建设中国特色世界城市的目标不相适应。建设城乡一体化的户籍登记制度，使全体市民拥有平等的户籍身份，是北京建设世界城市的内在需要，也是“爱国、创新、包容、厚德”的北京精神的体现。

（三）户籍制度改革是社会公平正义的需要

公平正义是社会主义的本质特征，是社会和谐的基本要求。城乡二元户籍制度的本质是将公民按户籍划分不同的身份，不同的户籍身份享受不同的权利，从制度上造成了人与人之间的不平等。传统的户籍制度是在计划经济体制下建立的，虽然在加强人口管理和控制等方面也发挥了重要的作用，但从根本上说城乡二元户籍制度违背了社会公平与正义原则。正如罗尔斯（John Rawls，1921－2002）指出的那样：“正义是社会制度的首要价值，正像真理是思想体系的首要价值一样。一种理论，无论它多么精致和简洁，只要它不真实，就必须加以拒绝或修正；同样，某些法律和制度，不管它们如何有效率和有条理，只要它们不正义，就必须加以改造或废除。每个人都拥有一种基于正义的不可侵犯性，这种不可侵犯性即使以社会整体利益之名也不能逾越。因此，正义否认为了一些人分享更大利益而剥夺另一些人的自由是正当的，不承认许多人享受的较大利益能绰绰有余地补偿强加于少数人的牺牲。”改革户籍制度，确保公民的身份平等与权利平等，是实现社会的公平正义的必然要求，是坚持依法治国基本方略、建设社会主义法治国家的必然需要，也是新时期贯彻科学发展观的必然要求。首都北京作为全国的首善之区，更加需要在促进社会公平正义上走在全国前例，更加需要在建设社会主义法治国家实践中做出示范，因而更加需要在户籍制度改革上迈出新步伐。

（四）户籍制度改革是北京自身发展的需要

在计划经济体制环境中，一般的观念倾向于在严格户籍控制的前提下促进北京的发展。事实上，控制户籍对北京的发展弊大于利。纵观北京几十年的发展，恰恰是人口的迅速增长与北京的经济发展成正比。从横向上看，几乎所有人口规模较大的城市的经济发展实力也最强，比如上海、广州、深圳等特大城市莫不如此。况且，新的发展不仅是经济的发展，而且是政治、社会、文化、生态和人的全面发展。北京要建设世界城市，做大做强经济实力，没有足够人口支撑和人力资源保障是不可能实现的。北京的人口老龄化严重，正是大量外来人口的流入，缓解了北京城市人口老龄化带来的严重挑战。源源不断的外来人口的流入，为北京的创业和创新精神注入了新的活力。北京要坚持按照首善之区的高标准要求，也必须在政治建设、社会建设等方面有新的突破和建树，在建设物质文明的基础上，建设政治文明、精神文明、社会文明和生态文明，以保障每个人的自由、尊严和幸福。这些都需要深入推进户籍制度改革。

二　北京市户籍制度改革面临的主要障碍

自户籍制度改革以来，北京市户籍制度改革并没有实质性突破，也没有达到控制人口规模的预期效果，主要原因在于北京市户籍管理制度存在一些深层次的矛盾和障碍。

（一）户籍制度改革的观念障碍

在我国，户籍制度因城市规模不同而存在不同的改革制度，即中小城市的户籍改革环境相对宽松，没有太多的制度限制，如小城镇户口政策，国务院办公厅2012年2月公布的《关于积极稳妥推进户籍管理制度改革的通知》，允许来自农村的务工人员获得中小城市的户口政策等。而大城市和特大城市的户籍改革相对困难，主要是认为大城市和特大城市已经过于拥挤，城市承载力有限，因而户籍改革难以推进。在这种观念影响下，像北京这种特大城市的户籍制度改革就显得更加困难。事实上，人口流动的规律是由资源配置来决定的，在中国，资源配置过于向城市、大城市集中，城市越大，各类资源配置越优越，对流动人口的吸引力也就越大。不改变资源配置而一味地靠户籍限制人口是难以达到预期效果的。事实上，在北京的常住人口中，有的已经买了房子，有的买了车子，有的已经结婚生子，他们享受着北京提供的部分公共服务，只是没有户籍而已。这种户籍限制已经没有多大的实际意义。

（二）户籍制度改革的视野障碍

北京市在人口管理和人口规模控制上长期局限在北京市行政空间区域内，缺乏在更大的范围内缓解城市压力的视野。一方面，北京市没有在本市行政区域内统筹人口布局，未能有效构建城市多中心发展格局；另一方面，北京没有有效利用和发展首都圈的特殊作用，以北京为核心的环首都圈发展滞后。北京市在城市规划发展中也曾试图通过在本市行政区域内发展卫星城、中心镇来改变人口布局，也曾就京津冀城市群发展做出过种种协调和努力，但始终没有改变围绕北京中心城区形成的“单中心”格局，首都圈的发展效果没有充分体现出来。北京“单中心”的城市发展格局，使过多的公共资源集中在中心城区，基本公共服务资源配置不合理，人口不能有效向城市郊区以及首都圈范围内分流和疏解，导致北京城市核心区、城市功能拓展区、城市发展新区和生态涵养区人口分布严重不均衡，首都圈发展滞后，造成城市核心区的人口过度集中，城市交通严重拥堵，“大城市病”爆发，人口、资源、环境压力巨大，这些反过来又促使人们加强人口控制和户籍管理。

（三）户籍制度改革的思路障碍

在全国各地适应经济和社会发展需要开展户籍改革的潮流中，北京市的户籍改革始终没有突破性的进展。现有的户籍改革思路仍然受到传统的严格控制人口流动思维的严重制约。在对外来人口问题上，北京市主要通过行政手段控制外来人口增长，对外来流动人口还主要侧重于治安管理，而不是侧重于提供公共服务、促进农民工等外来人口市民化。这种人口管理方法实质上是以“堵”为主，试图通过抬高户籍门槛阻止人口规模的膨胀。在对本市农业人口问题上，北京市主要采取传统的“农转非”政策，特别是在征地过程中，加大了失地农民的“农转非”工作力度，促使部分农业人口转为非农业人口。

三　推进北京市户籍制度改革的政策建议

在我国市场化、工业化、城镇化、国际化和城乡一体化深入发展的新阶段，北京的户籍制度不是要不要改革的问题，而是如何进行改革的问题。我们对如何推进北京的户籍制度改革，提出如下政策建议。

（一）将户籍制度改革提上公共政策议程，统筹制定户籍制度改革方案

北京市的户籍制度改革尚未引起足够重视。近些年来，全国各地的户籍制度改革快速推进，而北京的户籍制度改革明显滞后，至今没有统筹改革户籍制度的周密计划。当前，北京在户籍制度改革上，对本市户籍的农业人口，主要推行“农转非”政策，对征地后的失地农民实行“逢征必转”政策；在对外来人口户籍改革上，北京提出实行居住证制度。这些户籍政策没有跳出城乡二元结构的框架。2011 年通过的《北京市国民经济和社会发展第十二个五年规划纲要》没有将户籍制度改革作为一项重要任务进行规划，而是强调“把控制人口无序过快增长作为经济发展的重要原则”。《纲要》提出：“坚持控制总量、优化结构，在严格执行准入政策同时，实行户籍指标调控。”“合理配置进京户籍指标，优先解决好符合首都发展需要的专业管理和技术人才的落户需求。”“实施居住证制度”，“实行人口总量调控的属地责任，落实区县政府人口服务管理目标责任制”。这说明北京还没有将户籍制度改革纳入改革议程。但是，没有户籍制度改革，北京又怎能率先形成城乡一体化新格局？北京要真正形成城乡一体化新格局，必须将户籍制度改革提上改革议程，进行认真研究、周密部署、统筹安排，根据城乡一体化发展的要求，统一制定北京市户籍制度改革方案，有序推进。

（二）针对具有北京本市户籍的城乡居民，户籍改革可以一步到位推进，废除城乡二元户籍制度，建立城乡一体的户口登记制度

在北京的全部常住人口构成中，分为有北京户籍的人口和没有北京户籍的外来流动人口，而拥有北京户籍的人口中，又分为农业户籍的人口和非农业户籍的人口。针对上述人口身份的不同现状，在过渡时期进行分类改革。针对拥有北京市户籍的人口，户籍改革相对比较容易。户籍改革的要点有以下几个方面。

一是取消农业户口与非农业户口的划分，统一登记为北京市居民户口。对现行的“农转非”政策、征地“农转居”政策应予以废止，彻底改革城乡二元户籍制度，建立城乡一体化的户口登记制度。

二是原农业户口人员所享有的农村土地承包经营权、宅基地使用权、林权、集体资产及其收益权、有关农业补贴政策等保持不变，不因户籍改革而变动。但要深化农村产权制度改革，规范和允许农民通过市场机制依法、自愿实行农村产权的交易。

三是征占农民土地应按照公正合理的原则给予财产补偿，不再与户口身份挂钩。新生婴儿统一登记为居民户口，保障其对农村集体产权的继承权等财产权利。

四是加快实现城乡基本公共服务均等化，确保农民与其他所有的职业阶层一样，公平享有基本公共服务。户籍改革后，农民只是一种职业，不再保留户籍身份。

（三）针对没有北京市户籍的外来人口，户籍改革可以分步有序推进，逐步实现农民工等外来流动人口的市民化

外来人口已经占到北京市全部常住人口的三分之一以上，是北京人口的重要组成部分。由于长期的城乡二元户籍制度的影响，近千万的外来人口工作、生活在北京，是北京的新市民，但因为没有北京市户口而不能名正言顺地成为北京的市民。户籍制度的目标就是要赋予外来人口市民身份，推动农民工等外来人口的市民化，最终实现自由迁徙。在促进和实现外来流动人口市民化进程中，可以分步推进户籍制度改革。

第一，按照北京市“十二五”规划纲要的规定，将长期实行的外来人口暂住证制度改为居住证制度。实行居住证制度后，为取得居住证的人员提供有关社会保障等基本公共服务待遇。居住证制度应当覆盖投资移民、知识移民和劳力移民等人群。凡签订正式劳动合同一年以上的农民工，应当取得居住证。作为户籍制度改革的过渡政策，居住证制度要赋予居住证取得者“准市民”身份和待遇。

第二，凡取得居住证一年或三年以上者，可以办理常住户口手续，从“准市民”身份转为正式市民身份，享受包括社会保障和住房保障在内的市民完全待遇。

第三，居住证持有者在转为常住户口半年或一年后，可以申请办理家属落户手续，以此保护家庭，促进社会和谐。

（四）跨省、自治区和直辖市的流动人口户籍改革，需要国家从顶层设计上统筹全国社会保障的统一接续

在市场化、城市化进程中，跨省、自治区和直辖市的人口流动问题，不是一个省、自治区和直辖市能够有效解决的，北京也不能单独解决进入北京的全部流动人口问题，因而必须要有国家层面的顶层设计和统筹安排。

首先，国家要制定和出台全国统一的户籍法律，保障公民在全国范围内的迁徙自由权。就是说，公民不能因为流动到另一行政区就丧失了公民权。加强公民权建设，确保任何一个公民在全国范围内平等享有公民权利，是现代国家的重大职责，这项工作不能只寄希望于地方政府。

其次，加快推进全国基本公共服务均等化建设，要像党团组织关系在全国顺利接续一样，建立全体公民的社会保障在全国范围内的统一接续制度，使社会保障跟着公民走，就像党团组织关系跟着当事人走一样顺畅便利。

最后，进一步完善公共财政制度，中央财政对在全国跨省级行政区流动迁移的人员的社会保障待遇给予相应的补贴，以此减轻迁入地的财政压力。

（五）北京要从本市全部行政区域、首都圈、京津冀城市群等空间层次上进行人口布局与调控，同时要进行产业布局和公共资源配置的相应调整

人是经济社会发展的第一资源，是最宝贵的资源。但随着北京大城市病的日益突出，人们淡忘了人口大量集中所创造的巨大财富以及所产生的巨大效益，而对聚集的大量人口表示厌烦。这确实是城市发展中面临的一个重大问题。但是，市场化、城市化进程使人口聚集又是普遍规律，而且，越是大城市，就越具有人口吸引力，这是不以人的意志为转移的人口迁移规律。这就是长期以来北京实行最严格的人口控制政策，结果并没有有效控制人口集中的重要原因。虽然现在北京的“城市病”已经使人烦恼，但北京的人口聚集不会终结，在以后的10年左右的时间里，北京人口增长到3000万人是可能的。

面对北京人口聚集增长的现实，靠行政手段限制人口进入，对流入北京的外来人口拒绝给予市民身份和待遇，虽是长期实行的政策，却并不是合适的选择。在市场化和城市化进程中，人口的流向集中，主要取决于产业布局和公共资源的分布。如果产业布局不做调整，公共资源配置不做调整，要想单纯以行政手段控制人口，既难以达到目的，也不合乎社会正义。北京作为首都，在新的发展时期，在对待人口调控上，要改变传统的思维惯性，变限制为疏导，变集中为分散，建设一个去特权化的公平包容的特大城市。

一方面，北京要切实从整个行政区范围内对产业布局和公共资源投入进行新的调整，从而引导人口向郊区新城、小城镇集中。从北京行政区域来说，北京本身也是一个城市群，即由中心城区、新城、郊区小城镇和新型农村社区组成的城市群。只要中心城区的产业和公共资源有效地向郊区新城、小城镇转移，人口就会相应地从中心城区向郊区疏解。北京要真正建设数个城市副中心，分担中心城区的功能与压力。

另一方面，北京要从首都圈、京津冀城市群和环渤海城市带这个更大的空间范畴内统筹产业布局和公共资源配置，从而引导人口的合理布局与聚集。学界认为，首都圈由北京市与河北省的廊坊、保定、承德、张家口4个市组成；京津冀城市群（也称京津冀都市圈）包括北京市、天津市以及河北省的石家庄、廊坊、保定、唐山、秦皇岛、沧州、张家口、承德8个市。北京的人口布局和户籍改革，应当有效结合首都圈、京津冀城市群以及环渤海城市带进行产业布局与公共资源配置的统筹谋划。

参考文献

[1] 王孝东：《“十二”时期首都“三农”工作的若干重大问题与政策》，《北京农业职业学院学报》2012年第2期。

[2] 张英洪：《城乡一体化的根本：破除双重二元结构》，《调研世界》2010年第12期。

[3] 〔美〕约翰·罗尔斯：《正义论》，何怀宏、何包钢、廖申白译，中国社会科学出版社，1988，第3~4页。

[4] 陆益龙：《户籍制度——控制与社会差别》，商务印书馆，2004，第457~459页。

[5] 俞德鹏：《城乡社会：从隔离走向开放——中国户籍制度与户籍法研究》，山东人民出版社，2002，第407~437页。

[6] 胡锦涛：《坚定不移沿着中国特色社会主义道路前进　为全面建成小康社会而奋斗——在中国共产党第十八次全国代表大会上的报告》，人民出版社，2012，第23~24页。

为农民喊话的现实情怀*

冯　威

对农民问题研究专家张英洪来说，1993 年 1 月 14 日是一个重要日子。苦于县城书太少，他专门坐火车去省城长沙袁家岭书店买书。就在那里，他与《世界人权约法总览》相遇。多年以后，他还记得在那个大雪之日怀抱那本书时的温暖和满足。10 年之后，他的第一本文集《给农民以宪法关怀》悄然面世。又经过近 10 年的厚积，2012 年 9 月，他的力作《农民公民权研究》以强烈的现实关怀和创新意识横空出世，因开启公民权研究新时代而获评《新京报》2012 年“年度社科图书”大奖。张英洪也因此成为和于建嵘等一线学者比肩的学术新星。日前，本刊邀请张英洪和另一位“三农”研究权威人士、中国农业大学中国农民问题研究所所长朱启臻以对话《农民公民权研究》为契机，共议“三农”研究新趋势。

为“三农”研究开辟新视野

《出版人》：张老师，您在《农民公民权研究》中构建了一个怎样的理论体系？您的主要发现是什么？

张英洪：这本书是在我的博士毕业论文《农民、公民权与国家》的基础上修改而成，初稿件完成于 2008 年 4 月，此后的 1 年，我又进行了补充调研，定稿于 2009 年 4 月。《农民公民权研究》可以说是我致力于研究中

* 原载《出版人》2013 年第 6 期。

国农民问题20多年的思考结晶。

这本书试图以我的家乡湖南溆浦县为主要考察对象，以土地制度的演变和农民身份的变化为主线，以公民权理论为分析框架，考察和分析1949～2009年中国农民公民权的演进逻辑。我的研究发现，伴随1949年以来中国农民身份从阶级化、结构化、社会化到公民化的变迁，最大的问题是：农民权利的缺失是农民问题的根本原因。因此，我的结论是：要真正解决农民问题，必须正视和解决农民权利问题，而这一切最终取决于现代民主和法治国家的建设进程。

我认为，中国“三农”问题的核心是农民问题。农村是农民居住的地方，农业是农民从事的职业，其中的核心主体是农民。农民问题涉及面较广，我最关心是农民权利问题。因此，基于对中国农民的生产特点和“城乡二元结构”的社会制度的认识，我在《农民公民权研究》中的思维进路是：解决“三农”问题的核心是解决农民问题，解决农民问题的实质是解决农民权利问题，而解决农民权利问题的关键在于解决作为职业农民的土地产权问题和作为身份农民的平等权利问题，其他各项基本权利问题都可以从这两个基本方面延伸和推导出来。简言之，农民的土地产权和平等权利问题可以被归结为农民的公民权。

朱启臻：“三农”问题包括农业、农村和农民问题。过去，我们的研究和政策常把这三个问题割裂开来，而它们其实是不可分的。粮食不够吃的时候，我们提出来“以粮为纲”，甚至毁林开荒、围湖造田，不惜以破坏生态环境为代。这就是见物不见人的思维方式。张英洪的理论框架特点就是使“三农”研究回归农民本位研究。无论发展农业生产，还是建设新农村，都要以农民为本，“三农”问题在根本上是农民问题。

《出版人》：《农民公民权研究》以公民权利理论为分析视角，在中国“三农”研究谱系中的突破性何在？

张英洪：在中国“三农”研究领域，几乎没有从权利视角来系统分析农民问题的。我想，这可能是受意识形态影响，把“权利”敏感化的结果。“三农”研究领域的一个问题是学科分割比较严重。比如，研究农业经济的更侧身技术层面，而研究宪法的很少把农民纳入视野。而我的研究就是试图突破学科界限，开拓中国农民研究的新领域。

朱启臻：中国“三农”研究中“就事论事”的研究比较多，“哪儿出了问题，哪儿想办法摆平”，没有触及根源问题。张英洪从农民权利角度找到这些问题的根本所在。一些人没有相关知识背景，看不到问题的本质；一些人虽然看到，但是不敢去说。所以，这一领域的研究一直处于空白状态。因此，张英洪的著作的价值在于：第一次对过去大家回避的真问题进行系统研究。

发现“真问题”源于深入实践

《出版人》：张老师，您是如何进入“三农”问题研究领域的？《农民公民权研究》在您生命中占有何种位置？

张英洪：其实，我在上高中的时候就发现农村的现实与理想存在差距。20 世纪 80 年代末上大学期间，我接触到《国际人权公约》，眼前一亮，在心里种下“权利”的种子。1990 年大学毕业后的 10 年间，我在家乡溆浦县从事经济调研和政策研究工作，越来越发现农民问题已经非常尖锐。但是，这些事在公开媒体中很少看到。我长着一双“权利”的眼睛，我渐渐醒悟到这是在剥夺农民的权利。

那时候没有网络，我就感觉很不过瘾，想深造。我 2000 年考入省委党校，成为党史专业研究生，但是主要还是研究农民问题。2001 年，我发表了一篇研究农民问题的文章，此后几年又陆续撰写了几十篇文章，2003 年结集为《给农民以宪法关怀》出版。这是我农民问题研究的“序曲”，其更多是对农民权利的感性思考，不太系统。于是，我决心进行系统学习和研究。2005 年，我辞去稳定的工作，考入华中师范大学中国农村问题研究中心，攻读博士学位。其间，我制订了一个农民权利研究“三部曲”计划，2007 年 6 月，我出版了《农民权利论》，试图打破学科界限，将《国际人权公约》引入农民问题研究领域，在横向层面讨论和分析农民应有的基本权利状况。2008 年，我完成了博士学位论文《农民、公民权和国家》，这项研究也得到国家社科基金的资助，定位于从纵向层面讨论和分析中国农民公民权的演变逻辑。2008 年 7 月，我来到北京，继续从事农民问题研究。2011 年 9 月，我出版了《认真对待农民权利》，着重研究在城市化和城乡一体化进程中农民权利的具体实现方式。

在我的所有成果中，《农民公民权研究》是用力最多、思考最深的作品。我写这本书，一不是为评职称，二不是为找工作，而且还有一定风险，原因就在于自己对农民的深厚感情，没有这种感情，这件事是挺不住的。

朱启臻：《农民公民权研究》可以说是张英洪的学术高峰。他用了几十年时间深度思考这个问题，研读了大量专业图书，理论准备十分充分，又有丰富而扎实的基层工作经历，可以说，他是把工作经历和生活体验全部熔铸在这本专著之中。更为可贵的是，他是倾注了心血、带着感情写作的。

在我接触的各式各样学者中，张英洪是让人最感动的。其实，以他现在的位置，生活可以非常舒服，而他继续进行农民问题研究。这个活儿，我深有体会，是最辛苦的事情。做这件事要有信仰和追求来支撑。中国其实最缺的就是这种人。一个人的力量可能是微薄的，但是，如果这种人多了，社会慢慢就会有所改变。

《出版人》：关于“三农”问题的研究办法，你们两位以带来一种新的研究范式为业界所重。那么，如何才能发现“三农”问题中的真问题呢？

张英洪：我的经历表明，要发现真问题，第一，要深入现实之中进行调查研究，特别是要直面现实中的矛盾。第二，要有一种说出来的勇气。有时候，追求真理还是有风险的。第三，要有悟性，悟性不是每个人都有的。

朱启臻：我大学时读的农学专业，主攻园艺，但是，毕业后改行，进修社会学、心理学等，后来因为创办中国农业大学社会学系而开始研究“三农”问题。我在研究中发现，一些农业政策和实际效果之间的落差很大，过去一些政策的问题是由对农业本质理解错误造成的。农业的本质是公共产品，这也是发达国家依然要给农业支付高额补贴的根本原因。我是2002 年最早提出这一理论的，渐渐被有关方面接受。

要想发现真问题，知识结构非常重要。更为重要的是，“真问题”绝不是从书斋里来的，而是从实践中来的。老百姓遇到了实实在在的问题，我们在思考和解决这些问题的过程中，对比、归纳各种各样的解决措施的成败得失，会发现真问题。

做有价值关怀的学问

《出版人》：我注意到，在《农民公民权研究》中，一个个案一用到底，即把将湘西溆浦县为考察对象。这种选择自己家乡作为考察对象的方法，被学术界称为“家乡化研究”。近年来，以于建嵘的《岳村政治》、熊培云的《一个人的村庄》、梁鸿的《梁庄在中国》为代表的家乡化研究成为一股新浪潮。你们对“家乡化研究”如何评价？

张英洪：实证研究是一个重要的研究方法。在《农民公民权研究》中，我尝试将这种微观实证与宏观叙述相结合，构建一种新的文体。其中，我选择自己的家乡溆浦作为调查和研究的主要对象。

选择家乡，主要是出于充分利用自己的生活经验之故。我出生和成长在溆浦农村。1990～2000年，我在溆浦县委和县政府机关工作期间经常深入全县所有乡镇调研，收集了大量文献资料。2004年以后，我又利用多次机会进行调研。选择溆浦县，还因为它具有足够的代表性。与以村为单位进行的研究不同，我的起点较高，以整个县为个案。我认为，一个村的文献和历史比较狭窄，不一定能反映大面积的现实。而一个县就更加完整，它的发展可以说基本反映了整个中国政策的主要趋势。

当然，农村研究的家乡化方法利弊并存。有利之处在于现场进入成本较低，且具有切实的生活体验。这对于认识和理解乡村社会和农民问题极为重要。其不利之处则在于有可能掉入所谓“家乡化研究陷阱”。有的学人也提出，家乡化研究中存在感情先入为主，使研究成果在不自觉中发生偏向。老实讲，这种情况客观来说是存在的。但是，专业人士经过训练达到一定层次后，就可能克服这一点。

朱启臻：我不反对对家乡研究。我的学生如果没有实习的地方，我往往就把他们发到我的老家去。但是，同时，我也主张对陌生地研究。陌生人到一个新环境中可以发现本地人司空见惯、不以为然的事物，也可能其中蕴含着某种真理。相反，在进行家乡化研究时，也不要省去任何研究环节，最大的陷阱就是“这些事我都知道”，你知道的不一定是真的。一定要用客观方法去研究它，不要想当然，最怕的就是“想当然”。

《出版人》：您两位都是农民出身，也都是带着感情从事“三农”研究。但是，如何在价值中立和社会关怀之间保持平衡？

张英洪：我认为，学术研究中价值中立或价值无涉，并不意味着学者可以泯灭社会良知或丧失人类关怀。在社会科学研究中，促进社会进步就是一个大的价值取向，但是，其中的研究方法一定要是科学的，数据要准确，分析要科学。我甚至认为，没有公平和正义的学术理念，就不能成为真正的社会学者。当然，在这个问题上，也不能陷入民粹主义。我为作为一个阶层的农民喊话是因为“城乡二元结构”使农民没有完全享受平等权利。我认为，国家要保证每一位公民的基本权利，我是一个为社会正义说话的人，如果农民侵犯了他人权利，也是我谴责的对象。

朱启臻：一般而言，所有的社会科学在选题阶段便要受到研究者价值观的支配。如果在选题阶段都要保持价值中立，做一些无关紧要、可有可无的选题，那么这种理念的现实意义便不存在。什么是有价值的社会科学研究？一定要关注现实，解决社会问题。那种认为“离现实越远，价值越中立、学术性越强”的观点是对价值中立的误解，所谓“价值中立”应该是体现在研究过程的客观性和科学性中。

建立现代国家，必须给农民赋权*

——评张英洪《农民、公民权与国家》

项继权**

张英洪曾告诉我，《农民、公民权与国家》是他思考最深、用力最多的作品，也凝聚着他几十年来的思考、责任和担当。的确，这本书出版后，受到学界和社会的广泛好评，实在难得。此次中央编译出版社郑重出版这部著作，并举办新书发布会，邀请各位专家就“农民、公民权和国家”问题进行讨论，是一件非常有意义的事。张英洪也非常荣幸能得到各位的支持。在我看来，对他这样一个研究农民公民权问题学者，大家的支持的力度有多大，他就能走多远；社会各界对农民公民权的关注和支持的力度有多大，农民公民权实现程度就有多大。为此，我想就是这本书、这个人和这件事谈些自己的看法。

《农民、公民权与国家》出版后好评如潮，这首先要归于这是一部契合时代需要的严谨的学术著作。《农民、公民权与国家》是作者把握时代发展脉搏，在他的家乡湖南溆浦县进行深入细致调查的基础上撰写的，他用大量的事实揭示中国农民公民权的发展和变化。从大处着眼、从小处着手，用事实说话，有理性思考，视野开阔，科学论证，使这部著作具有科学性和可信度。其次，这是一部有理论创新的著作。作者通过个案资料的

---

* 凤凰网读书，http://book.ifeng.com/shupingzhoukan/teyueshuping/detail_2013_09/29/29997486_0.shtml?_from_ralated，2013 年 9 月 29 日。

** 项继权，华中师范大学政治学研究院院长、教授、博士生导师。

分析，认为我国农民公民权的发展是从阶级化、结构化、社会化走向公民化的过程，这是对我国农民公民权的发展历程及其特征和特点的新概括；作者对农民公民权与现代国家构建的关系进行解释，强调农民公民权的发展过程也是现代国家形成的过程。这不仅是农民公民权问题，而且也是对现代国家构建理论的新见解，是政治学理论研究上的新贡献。此外，作者也将“三农”问题的研究提高到一个新的理论高度。最后，这也是一部很有强烈现实针对性的著作。这本书不仅是关注我国农民权益和命运的著作，而且也是关注我们的国家改革和发展以及我们每个人权益命运的著作。尤其是当前我国改革正处在十字路口，人们对过去的历史以及未来的走向有不同的评判和主张，也有尖锐的分歧。从这部著作中，我们可以从一个侧面更深入地了解农民和国家的过去，也有助于我们进一步清醒地认识和把握未来。

张英洪曾在我们华中师范大学攻读博士学位，我对他非常了解。他是一个有理想、有抱负、有担当、有历史使命感和社会责任感的人。他不仅将农民问题研究当作自己的学术研究主题，而且将农民权益问题，尤其是公民权的实现，与农民的命运、国家的命运联系起来。在他看来，中国农民问题的解决应该是每个农民获得完全公民权的过程。不赋予农民公民权，也不可能解决“三农”问题；农民没有公民权，我们国家也不可能有现代民主、法治和文明；没有农民的解放，也就没有我们每个人的解放，没有我们国家的解放。维护和发展公民权是中国梦的重要内容。因此，他说：“公民权既事关广大农民的自由、尊严和幸福，也事关我们每个人的自由、尊严和幸福。维护和发展公民权是我们这一代人的神圣使命和当然责任。那么我的梦想就是有效实施宪法，在现代法治的轨道上开启一个尊重、保障和实现公民权的新时代。”

也正是因为有这样的认识，十多年来，他一直致力于从事农民权利问题的研究。先后出版了《给农民以宪法关怀》（2003 年）、《农民权利论》（2007 年）、《认真对待农民权利》（2011 年）等著作。可以说，他的全部兴趣、全部心血就是研究农民权利问题，就是求得人的自由、尊严和解放。他将为农民公民权鼓与呼当作个人的学术追求和崇高事业，这也是他为之奋斗的目标。为此，他放弃了很多职位、利益和机会。众所周知，在中国讨论权利问题向来是不容易的，也是有风险的。但是，他将这一切置之度外，真有一种“苟利国家生死以，岂因祸福避趋之”的风范。这种以学术报效国家、服务人民的强烈使命感、责任感，需要有巨大的理论勇气、政治勇气，既要能“仰望星空”，又要能脚踏实地，这一切在当下中国是最难能可贵的，也是最值得我们知识分子学习的。

这部著作的主题是讨论农民公民权问题。虽然张英洪的个别判断我不一定同意，但书中的基本观点和结论我是非常赞同的。对于农民公民权，我有几个基本看法。

第一，“三农”问题的核心是赋予农民平等的公民权。

我国是一个幅员辽阔，农民人口众多的国度，“三农”问题一直是我国党和政府工作的“重中之重”。就“三农”问题来看，其核心是农民问题，而农民问题的焦点是农民权益问题，其实质是农民平等公民权问题。

第二，我国农民公民权是一个不断扩大的过程。

从历史上看，我国农民的公民权的发展从过去的臣民，到后来的国民、人民和公民，本身是一个历史的进步。20 世纪 80 年代以来的农村重大改革事实上都是围绕农民权益问题展开的，归根结底是重新确立和保障广大农民群众的合法权益，并赋予农民群众平等的公民权。如“家庭联产承包责任制”通过调整农村的土地关系，赋予农民土地使用权、受益权及经营自主权；“村民自治”赋予农民群众民主选举及村务自治权；“户籍制度改革”确认农民群众自主择业、自由迁徙等公民权；教育、医疗和社保的改革给予农民群众日益平等的受教育权和社会保障权。通过这些改革，农民的公民权范围不断扩大，公民权的保护不断强化。

第三，当前农民的公民权问题依然严重。

迄今为止，农村及整个国家的改革仍在进行当中，涉及农民权益的一些重大改革并未完全到位，城乡居民权益不平等依然存在。农民不仅是一种职业身份，而且是一种阶级身份，农民在政治上、经济上、社会上和生活上仍是受到歧视和排斥的，且不少是一些制度性的规定。如政治上，工人阶级是领导，农民只是同盟军，城乡居民选举权长期不平等，农民的政治地位不平等；法律上，农民的土地产权是集体产权，城市土地是国有产权，财产权益不平等；身份上，农民是农业户口，城市居民是非农业户口，由此带来了一系列教育、医疗、卫生、社保等的城乡二元化，社会保障不平等；在生活上，凡是与农民相关的，都与众不同，低人一等，如“农民意识”“农民观念”“农民工”等，只要加上“农民”二字，必定是有贬义的。从一定意义上讲，这是文化的歧视，但是，更重要的，这是一种政治歧视、法律歧视和制度歧视。

第四，赋予农民公民权不仅是让农民变市民，而且是农民和市民一道成为公民。

农民公民权的缺失及不平等从根本上说是制度问题。这也是我国农民权益长期得不到保障、农民问题长期难以有效解决的制度根源。正因如此，进一步深化改革，破除观念上、政治上、法律上和制度上的歧视，赋予和保障农民平等公民权，是当前我们改革的重点和方向。在此，有一个流行的观念，就是改革要“让农民变市民”。从当前来看，这是有道理的，要让农民与市民一样享有基本的权益。但是，农民变市民仅仅是现阶段的平等目标。从公民权的角度看，这远远不够。市民在自由迁徙、自由表达、自由结社以及政治参与方面同样存在诸多的障碍。因此，我们的目标不是单纯地“让农民成为市民”，而是让农民和市民一道成为真正享受自由、平等、民主和充分人权保障的公民。

第五，农民公民权的扩大过程也是现代国家建构的过程。

现代国家是什么，我认为不仅仅是民族国家，也不是单纯的民主国家（民主国家也可能只有少数人的民主），更重要的是民权国家，是一个维护和保障公民权的国家，或者说是一个让全体国民能依法平等享有公民权的国家。

事实上，现代民族国家产生之后，公民权也成为民族国家辨别人们身份、确定“国家主人”和国家统治基础以及进行社会政治动员的工具。公民是一个现代国家的主权者或统治者。失去公民权也意味丧失公民资格，进而也被排除在国家主权者和统治者之外。也正因如此，一个国家享有公民权的公民对象、范围及其权利内容，在相当程度上也决定着这个国家阶级基础及政权性质。在现代社会中，广泛而平等的公民权是现代文明和民主国家的条件，也是现代文明和民主国家的标志！在一个社会中，如果只有少数阶级、阶层或人群享有公民权，这样的国家不可能是一个真正的现代民主国家！换言之，不赋予农民平等公民权，也不可能真正建立现代国家。而农民公民权的扩大，也表明我国的政治基础的扩大，民主范围的扩大，也是现代国家构建的表现。

第六，农民公民权扩大的过程也是公民自身成长的过程。

公民权不仅是一种成员资格、法律地位，而且也是一种责任和义务。享有公民权的人们也必须对国家、社会和对其他公民承担义务，如承担缴纳税赋、管理国家、保家卫国的责任，承担尊重和维护他人自由、平等和民主的义务。一个合格的公民或“真正”的公民（True Citizen），必然是一个积极的公民，也是一个愿意且能够参与国家社会事务管理以及为公共利益和他人福祉做出贡献的人，是一个富有公共责任和美德的人。否则，一些不愿付出，一心只想搭便车甚至逆来顺受的人，只能是一个“消极公民”，甚至是一个臣民！也正因如此，公民权的扩大本身伴随着并要求公民自身的成长。这也提示我们必须加强公民教育，提升公民的道德水准、法律意识和权利观念。

总之，农民公民权问题仍是当前有待深入思考的问题。如果将这个问题与整个国家建设联系起来，那么我们就更能体会到公民权研究的意义和价值，也更能体会到张英洪的著作以及当前出版这部著作的意义和价值。

“三农”问题呼唤新一轮改革创新*

——中国农业经济学会2013年年会暨学术研讨会综述

孙梦洁　张英洪　张春林　杨玉林　曹晓兰

2013年9月6～8日，由中国农业经济学会、河南省人民政府主办，河南省农业厅、郑州市政府承办的中国农业经济学会2013年年会暨学术研讨会在郑州市召开。中国农业经济学会会长尹成杰主持会议开幕式，中央农村工作领导小组副组长、办公室主任陈锡文，农业部副部长陈晓华，河南省委常委、郑州市委书记吴天君，国务院研究室副主任黄守宏，中华全国供销合作总社党组副书记、副主任李春生，河南省委农村工作领导小组副组长何东成，中国农业大学校长柯炳生等参加开幕式，来自中央有关部门及26个省区市的100多位专家学者及代表参加了会议。

本次会议研讨主题是制度创新、农业现代化、新型城镇化。在制度创新方面，主要包括农业生产经营体制机制创新研究，城乡社会保障一体化体制机制创新研究，改革农村集体产权制度、有效保障农民财产权利研究，推动“四化”同步发展的体制机制创新研究。在农业现代化方面，主要包括农业新经营主体发展研究，资源约束条件下的农业可持续发展研究，农业新经营主体发展与发展规模经营关系研究，新型农业社会化服务体系建设研究，新型农民培育研究，充分有效利用两种资源、两个市场研

---

* 本文由孙梦洁、张英洪、张春林、杨玉林、曹晓兰根据会议整理而成，载北京市农村经济研究中心《调查研究报告》，2013年9月22日，第47号（总第102号）。

究，推动农业新经营主体发展的支持政策研究。在新型城镇化方面，主要包括新农村与新型城镇化同步发展研究，新型城镇化与农业现代化协调发展研究，新型城镇化过程中的产业支撑与农民就业研究，切实保护农民合法权益研究，城镇化过程中容易出现的偏差研究。本次会议提出了一些新观点、新看法、新思路，现综述如下。

一　关于农业经营体制创新

农业经营体制创新是2013年中央一号文件的主题，围绕这一问题，与会专家提出以下四方面的思考。

第一，农村改革和创新要坚持基本制度、基本原则、基本规则这三个“基本”，特别是要坚持农村基本经营制度。无论现代农业如何发展，无论农村出现哪些新变化和新现象，都要始终坚持农村基本经营制度。

第二，要大力培育新型农业经营主体。农业现代化的发展和新型城镇化的推进，对农村经营主体的发展和建设也提出了新的要求。未来应大力培养新型农业经营主体，积极发展合作经济和股份制经济，比如培育农民合作社、家庭农场。

第三，要建立适应现代农业发展的社会化服务体系，特别是积极探索建立一种多元的社会化服务体系，以适应现代农业发展的需要。

第四，坚持适度规模经营。我们既应推进适度规模经营，又要防止不切实际地扩大规模。不要人为地和依靠行政手段来推动规模经营。规模经营要多发挥“看不见的手”的作用。农村制度创新要注重经营制度、组织制度、金融制度的综合协调和改革。

二　关于农村产权制度改革

农村产权制度改革是与会专家非常关心的问题，许多与会专家对此发表了重要观点和意见。

第一，有些专家认为农村产权制度改革是活化城乡经济、增加农村收入、促进城乡要素交换的重要措施。现有的农村产权制度存在产权主体模糊、产权权能不全，特别是土地产权缺乏合理的流转机制、农民土地产权缺乏实现途径、城乡土地产权不对等、城乡土地市场割裂的问题，这需要对土地的产权制度进行创新。

第二，有些专家认为应坚持和完善农地集体产权制度，主张在农地集体产权的前提下，实行农民永佃制、农民租赁经营的股份合作制、多层次的土地所有制、共有制等多种创新模式；完善现行的两权分离的农地制度，实现所有权、承包权、经营权“三权分离”的农地制度，不断强化用益物权。

第三，有些专家提出不改变现有的农地产权而实现土地使用权、承包权的市场化、长期化和物权化，忽视了其代理人的道德风险和败德行为，以及可能导致的侵害委托人的产权收益问题，不利于我国耕地保护、粮食安全和农民利益的保护。确认农地初始均等分类后的部分私有权能，能够促进农地规模经营，提高经济效益。

第四，有些专家认为由于我国土地承担了土地财政下的各级地方政府的公共产品的部分供给、城市化和工业化的资本积累、粮食安全的功能，因此，农地产权改革需要一系列的制度环境来保护和支持。

第五，有些专家认为当前土地确权十分紧迫。土地确权是土地流转、规模经营、调整农业产业结构、产业布局规模化、组织规模化的基础。农村的土地确权要明晰“三权”，把组织农民变为农民组织。土地确权应研究和制定相应的政策和措施，保证土地确权健康、顺利进行。要通过土地确权释放农村土地的潜力，改善农村土地的管理，调动经营者的积极性。土地流转应坚持依法、自愿、有偿的原则，减少政府不必要的干预。政府干预土地流转过多可能导致流转价格和费用成本的上涨。流转不能采取强迫命令，不能规定流转的目标。

第六，一些专家认为农村集体经济发展创新的关键在于深化农村土地改革，在保留集体所有制的基础上，逐步收缩集体所有权的权能范围，强化农户承包经营权的权能范围，最终建立田底权与田面权相结合的土地产权结构。也有的与会代表认为，村委会作为农村基层唯一的正规制度安排，承担了政府代理人、集体产权代理人、社区管理者相互矛盾冲突的三项职能，这一制度的设计存在缺陷。以股份合作为主要形式的农村集体产权制度的改革明确了集体资产量化的范围和标准。将集体资产全部量化到个人，有效维护了农民的财产权利，是农村集体经济发展和改革的方向。

三　关于农业现代化

与会代表十分关心农业现代化的建设，对农业现代化从理论上、实践上进行了深入研讨。主要有以下几个方面。

第一，一些专家认为农业是自然再生产与经济再生产相互交织的产业，这一本质特性决定了农业要以家庭经营为主。工业化、城镇化和农业分工专业的发展对培育新型农业经营主体，提高农业组织化、社会化程度提出了迫切的要求。应该扶持综合性的合作社、专业大户、家庭农场等新型经营主体，发展适度土地规模经营，提高组织化程度。

也有代表认为对工商资本的介入要制定严格的准入制度，特别是应该尽早地对工商企业在农业经济中的经营方向、农业资源的使用方向和农民的利益关系进行明确的规范和界定。进入农业领域的工商企业所经营的作物多半是经济作物，如花卉和园艺产品。我国的专业合作组织和农民合作社，怎样把种粮大户和专业大户结合起来共同扶持是一个值得研究和探讨的问题。工商资本进入农业以后，怎样能够真正地围绕国家的农业产业政策和结构布局来开展经营，至今还缺乏明确的规定。

第二，有专家提出重新认识新形势下的旱作农业。建设旱作农业是保障国家粮食安全的重大举措，是现代农业建设的重要任务，应加强对旱作农业理论、技术的研究，充分认识旱作农业对提高农业综合生产能力、对增加农民收入的作用。旱作农业也是粮食增产的重要途径，要重新判断旱作农业对提高农业综合生产能力的显著影响，特别是重新审视过去对缺水缺粮的论断，探索干旱贫困区农民脱贫致富的途径。

第三，有些专家提出农业现代化既是“四化”的起始点，又是“四化同步”的落脚点。农业现代化面临农户土地经营规模小、农村劳动力转移难、农业科技水平不高、基础设施建设滞后等诸多障碍，加快农业现代化进程要不断提高耕地产出率、资源利用率和劳动生产率，为农业增产增效、农民增收、农村繁荣注入强劲动力。推动农业现代化要注重组织与制度创新，要健全农业支持保护体系，完善农产品价格支持体系，加强建设农民增收支持体系。

第四，一些专家认为农业现代化要立足于让农民自己种地。农业现代化不等于企业大规模经营，不是要把农民变为产业工人。让农民在家庭产业基础上发展农民合作，进行社会化服务，这同样可以实现农业现代化。家庭农场可以逐渐发展成一种新型农业经营主体。从各地实际情况来看，家庭农场一般都是独立的农业法人，土地经营规模较大，土地承包关系稳定，生产集约化、产品商品化和经营管理水平较高，应该在增加补贴资金、鼓励土地规模承包流转、金融支持培育等方面采取相应的措施，扶持家庭农场的健康发展。

第五，有的专家提出要以强化农业服务都市、激活农村富裕农民为目标，以农业产业聚集区和新型农村社会建设为载体，以加快农业发展方式转变为主线，大力发展现代都市农业。

第六，有些专家认为要高度重视农业文明问题。农业文明对农业现代化、国家现代化具有基础性的作用。农业文明同样是国家文明的基础，要防止农业文明被淡化和弱化，要强化和发展建设农业文明，提高农业文明建设的水平，发挥农业文明在新农村建设、现代农业建设、农村管理当中的作用。

四　关于新型城镇化

与会代表对新型镇化问题也极为感兴趣，概括起来主要有以下几方面内容。

第一，城镇化是我国最大的内需潜力所在，新型城镇化将成为推动产业结构战略调整、转变经济发展方式的重大契机。有些代表提出，要重视小镇建设，重视小镇对吸纳农民工就业和发展产业带动农民增收的作用。同时，城镇化的关键是要发展产业，要把农业、农民和农村与城镇化结合起来，把新农村建设和现代农业作为重点，带动农民市民化，带动农业与农村发展。新型城镇化应统筹谋划、协同推进，增强新型城镇化的系统性、整体性和协调性。特别是要避免和改变农民增收更加艰难、农业发展更为复杂、农村稳定更为严峻的状况。也有代表提出，在城镇化进程中，要改善机关和学校在城市中过度集中的布局。

第二，一些专家认为当前农民市民化问题的实质是生活承受能力问题。农民就地市民化可能是中国特色城镇化道路的一个重要方面。农民市民化的成本主要来自农民进城以后的住房、就业、子女教育和社会保障。要高度重视城乡要素的平等交换。在农民市民化过程中解决征收农民土地的补偿问题要从农民生计着眼、从融入城镇着手，从而深化探讨制定相应政策。

第三，有些专家认为要在保障国家粮食安全条件下走新型城镇化道路。推进城镇化应坚守三个底线，即耕地、农民权益和文化底线；要注重三个支撑，即产业支撑、保障支撑和功能支撑。

第四，有的专家认为城镇化推进的过程中要避免粗放型增长、过度的土地城市化。城镇化必须以粮食和其他农产品供给增长为基础。要推动城镇化和农业现代化相互协调发展，实现新型城镇化与新农村建设的协调推进。城镇化要与产业转移相结合，与大城市和中小城市及城镇的协调发展相结合，要走资源节约型的道路。还有些专家提出，要走政府无压力、农民无压力的就地城市化的模式，重视特色小镇建设，让农民就地分享现代文明。要制定农村村庄建设的规划，完善村庄社会化服务，把农村文化、农业文明有机统一起来。要防止政府和农民付出的代价过高，这样进入城市会带来很多隐患。不能简单地认为农民放弃农村和农业进城就是城市化，要研究城镇化率的计算方法和标准。

第五，还有专家提出新型城镇化应以保障国家粮食安全为基本前提，不以损害耕地、淡水、农民利益和生态环境为代价，大力推进城镇化转型和升级，以中小城市、小城镇为重点来推进城镇化的发展，特别是要建立新型城镇化和农业现代化协调发展的机制，真正发挥城镇化对现代农业的带动作用，建立、健全农业资源保护、农业投入增长、城乡要素平等交换、农业保险等机制，以机制和体制的健全来保障“四化同步”和协调发展。

五　关于城乡统筹

与会专家和代表对进一步加大城乡统筹力度、加快推进城乡发展一体化进行了热烈讨论。

第一，城乡统筹的关键是让市场机制在城乡资源配置上起到基础性作用，提高资源的配置效率。同时，农民能够从这种资源配置效率当中获得收益。

第二，通过产权的有效分割和清晰界定，赋予农民更加完整的土地财产权，这是维护农民土地权益的关键。建议在城乡统筹进程中，通过确权、登记、发证等保障农民财产权益，通过流转实现农民的财产权益。建议给予农民与市民同等的民主政治权利、财税的权利、国民财富占有的权利。

第三，有些专家认为当前城乡二元结构仍然是阻碍我国社会保障制度建设的主要因素。城乡统筹的力度还应进一步加大，关键在于要加大农业农村发展投入和推动农村改革进一步放活和放权。有的代表建议积极促进城乡融合，缩小城乡间差距，逐步完善社会保障体系，促进城乡健康发展。

第四，有些专家针对城乡统筹背景下小城镇建设基本医疗保障制度、养老保险制度等内容进行了探讨，认为城乡统筹是我国经济社会可持续协调发展必须面对的重大课题。要通过城乡统筹，打破城乡二元格局，实现城乡一体化的必由之路。有些代表认为，统筹社保是城乡统筹的核心内容。此外，有的代表还就资源约束条件下的农业可持续发展、新型农业社会化服务体系培育，充分有效利用两个市场、两种资源，新型城镇化下的产业支撑和农民就业问题，从制度创新的角度进行了广泛探讨。

全面深化农村改革　加快推进城乡一体化*

——学习十八届三中全会精神专题培训研讨观点综述

张英洪　石　慧

为深入学习贯彻党的十八届三中全会精神，准确认识和把握首都“三农”新形势，全面深化农村改革，加快推进城乡发展一体化，进一步明确农村改革发展的方向和重点，努力做好2014年全市农村经管和调研工作，2013年12月19～20日北京市农经办（农研中心）举办了学习十八届三中全会精神专题培训研讨班，市农经办（农研中心）副处级以上领导干部、主要业务研究人员，以及各区县经管站、农合中心、农经办主要领导100多人参加了培训研讨班。这次培训研讨班采取领导动员、专家辅导、分组讨论、集中交流等形式。国务院发展研究中心农村经济研究部副部长刘守英研究员做了题为“十八届三中全会土地制度改革与实施”的辅导报告，市农经办（农研中心）党组书记、主任郭光磊做了开班动员和总结讲话，全体与会人员围绕十八届三中全会精神，结合北京的实际和自身的工作职责，重点就健全城乡发展一体化体制机制、加快构建新型农业经营体系、鼓励发展农村合作经济、赋予农民更多财产权利、建立城乡统一的建设用地市场、加快生态文明制度建设等问题展开了热烈、深入的研讨，并就做好2014年全市农村经管和调研工作的基

* 原载北京市农村经济研究中心《调查研究报告》，2013年12月30日，第61号（总第116号）。

本思路和工作设想进行了交流和探讨。现将基本情况综述如下。

一　北京农村改革发展面临的新形势和新要求

党的十八届三中全会吹响了全面深化改革的新号角，全会通过的《中共中央关于全面深化改革若干重大问题的决定》（简称《决定》）对深化农村改革做了全面部署，是指导我们推进农村改革的纲领性文件。作为国家首都和特大型城市，北京的农村改革发展面临新的形势和要求。

一是人均1.4万美元的高收入水平对全面深化改革、着力缩小城乡居民收入差距提出了新要求。根据世界银行的标准，以2012年当年价格计算，人均GDP在1000美元以下为低收入阶段，1000～4000美元为中低收入阶段，4000～12500美元为中高收入阶段，人均GDP在12500美元以上为高收入阶段。2012年北京人均GDP达到13797万美元，已经进入高收入发展阶段。但城乡居民收入差距还较大，2008～2012年，城乡居民收入比分别为2.30、2.23、2.19、2.23、2.21，城乡居民收入差距绝对值分别为13978元、14752元、15811元、18167元、19993元，自1997年北京城乡居民收入比突破2以来，至今未能扭转。如何在高收入发展阶段缩小城乡居民收入差距，让发展成果更多更公平地惠及广大农民，是新时期我们应当面对和解决的时代课题。

二是特大城市的逆城市化趋势对准确把握首都"三农"发展定位、加快推进新型城镇化和城乡一体化提出了新要求。一般将城市化分为起步阶段、郊区城市化阶段、逆城市化阶段、再城市化阶段。逆城市化是指城市人口开始向郊区农村流动的现象和过程。逆城市化是城市化发展到一定阶段后出现的新潮流。城市化发展水平越高，逆城市化的趋势越强。逆城市化对郊区农村来说是巨大的发展机会。北京是世界上屈指可数的人口超过2000万的特大型城市，2012年北京城市化率为86%，已达到发达国家城市化发展水平。北京的逆城市化现象已日益明显。北京的一项最新调查显示，有54.5%的人近期有意到郊区投资，70%的人有意到郊区购买第二住所。如何顺应逆城市化发展趋势、重新认识和把握首都"三农"发展定位、加快推进城乡要素平等交换和公共资源均衡配置，是新时期我们应当面对和解决的战略任务。

三是首都新“三农”问题的凸显对全面深化农村改革、加快城乡发展一体化提出了新要求。在取消农业税、推行新农村建设以后，传统的以税费负担为突出特征的“三农”问题得到了基本解决。近些年来，在统筹城乡发展进程中，郊区“三农”出现了新的问题与动向：在农业方面，主要表现为承包土地的流转和规模经营问题；在农村方面，主要表现为乡村升值后与民争利问题；在农民方面，主要表现为农业转移人口市民化、基本公共服务均等化以及农民组织化等问题。新“三农”问题的核心是农民的财产权利问题。如何与时俱进地解决新“三农”问题，是新时期我们应当面对和解决的现实挑战。

十八届三中全会为全面深化改革明确了目标和方向，提出了一系列有关“三农”的突破性改革新思路、新政策、新举措。我们必须以新的理念、新的观念、新的思路来理解三中全会精神，掌握其精神实质。否则，我们就可能走偏。要真正深入学习贯彻十八届三中全会精神，必须进一步解放思想，转变观念。

首先是要从传统的城乡二元结构的思维定式中解放出来。由于长期的城乡二元结构的影响，我们头脑中形成的城市与农村二元工作方式和思维定式根深蒂固，有些习以为常的思想观念和看法，表面上好像是维护“三农”利益，实质上仍然是城乡二元思维在作怪，比如说，土地是农民最后生存保障论、农业特殊只能家庭经营论、社会资本盘剥论等。这些司空见惯的观点，都被十八届三中全会精神打破了。

其次是要从就“三农”看“三农”的思维惯性中解放出来。我们从事“三农”工作的人，容易陷入“三农”的圈子之中就“三农”说“三农”，在“三农”内部看问题、想办法、谋发展。这种封闭的“三农”思维惯性极大地遮蔽了人们认识和解决“三农”问题的视野和思路。“三农”问题不只是“三农”的问题，而且与整个国家经济、政治、文化、社会、生态和党的建设紧密联系在一起。十八届三中全会通过的《决定》没有专列农业农村工作，而是将“三农”分散在全面深化改革的相关内容之中，体现了跳出“三农”看“三农”、跳出“三农”解决“三农”的新思维。

最后是要从首都“三农”工作已经走在全国前列的思想中解放出来。

在市委、市政府的领导下，首都的“三农”工作走在全国前列，取得了令人瞩目的巨大成就，这是有目共睹的。正因如此，我们有的人就盲目乐观，不思进取，容易产生自满思想情绪，从而丧失了改革的锐气、拼搏的士气、创新的勇气，存在以加大投入取代体制改革、以发展成果掩盖体制矛盾、以维护稳定推延体制创新的倾向。首都“三农”发展的体制机制弊端还很多，率先形成城乡发展一体化新格局的目标还任重道远，全国各地加快城乡一体化发展的经验层出不穷。我们必须以十八届三中全会为契机，破除自满思想，全面深化改革，把首都城乡发展一体化推进到一个新的阶段。

二　深入学习十八届三中全会精神，进一步凝聚全面深化改革、加快城乡发展一体化的新共识

经过两天的学习、讨论和交流，与会人员形成了全面深化农村改革的新的共识，主要有以下几方面的内容。

一是紧扣使市场在资源配置中起决定性作用，进一步明确了政府和市场关系的新定位。使市场在资源配置中起决定性作用，是十八届三中全会的最大亮点和重大理论创新。这就要求我们建立公平、开放、透明的市场规则，加快转变政府职能。首先，要深化农村产权制度改革，同等保护农村集体经济财产权和农民私有财产权；其次，推进城乡要素平等交换，使农民在土地、劳动、资金等要素交换上获得平等权利，切实保障农民工同工同酬，保障农民公平分享土地增值收益，保障金融机构农村存款主要用于农业农村；最后，转变和规范政府职能，地方政府的主要职责是公共服务、市场监管、社会管理、环境保护，要着力推进公共资源均衡配置，加快实现城乡基本公共服务均等化，缩小城乡差距、地区差距。

二是紧扣健全城乡发展一体化体制机制，进一步明确了深化首都农村改革的新方向。城乡二元结构是城乡发展一体化的主要障碍，城乡发展一体化是解决“三农”问题的根本途径。全面深化农村改革的大方向就是健全城乡发展一体化体制机制，率先形成城乡一体化新格局，加快构建以工

促农、以城带乡、工农互惠、城乡一体化的新型工农城乡关系，让广大农民平等参与现代化进程，共同分享现代化成果。这就要求我们加快破除城乡二元体制，统筹城乡基础设施建设和社区建设，改革城乡分割的户籍制度、土地制度、公共服务体制、投融资体制等，构建城乡权利公平、机会公平、规则公平的社会公平保障体系。

三是紧扣鼓励农村发展合作经济，进一步明确了做好首都农村经管工作的新信心。十八届三中全会的一个亮点就是把发展合作经济写入了全面深入改革的文件当中。发展农村合作经济是我们各级农经办、经管站的本职工作。加强合作经济的经营管理，对我们来说责无旁贷。对于发展农民合作经济，我们既要增强自信心，又要增强责任感和危机感。当前，要积极推进和规范农民合作社的发展，研究财政支持合作社发展的相关政策，探索合作社开展信用合作的有效途径，制定鼓励和引导工商资本到农村发展适合企业化经营的现代种养业的有关规定。

四是紧扣加快构建新型农业经营体系，进一步明确了推进首都都市型现代农业发展的新方式。十八届三中全会通过的《决定》在明确坚持家庭经营的基础性地位的同时，提出了家庭经营、集体经营、合作经营、企业经营等共同发展的农业经营方式。这次提法的最大不同是增加了企业经营这个新的农业经营方式。在推进北京都市型农业发展中，其一要坚持农村土地的农民集体所有制，维护农民土地承包经营权，发展壮大集体经济；其二要规范和维护集体经营、合作经营、企业经营等不同经营主体的合法经营权益；其三是要认真推行农村承包经营权登记颁证工作；其四是要探索农村土地集体所有制的有效实现形式，落实集体所有权、稳定农户承包权、放活土地经营权；其五是要探索和规范农民承包经营权抵押、担保、入股等流转方式。

五是紧扣赋予农民更多财产权利，进一步明确了增加首都农民收入的新途径。在城乡不平等中，农民财产权利的不平等是重要内容；在农民收入构成，财产性收入比重偏低是一个突出特征。以2012年为例，在北京市农民收入构成中，财产性收入占农民收入的比重仅为10.42%（工资性收入占65.81%，家庭经营性收入占8.00%，转移性收入占15.77%），远低于市场经济发达国家财产性收入约占居民收入40%的水平。赋予农民更多财产权利，既是城乡发展一体化的重要内容，也是增加农民财产性收入的重要途径。一方面，要赋予农民对承包土地、宅基地、林地等财产性权利；另一方面要积极发展农民股份合作，赋予农民对集体资产股份的完整权能；此外，要建立健全农村产权流转交易市场，推动产权交易公开公正规范运行。

六是紧扣建立城乡统一的建设用地市场，进一步明确了深化首都农村集体建设用地改革的新要求。这次《决定》提出建立城乡统一的建设用地市场，在符合规划和用途管制的前提下，允许农村集体经营性建设用地出让、租赁、入股，实行与国有土地同等入市、同价同权。在城市化进程中，北京农村集体建设用地进入市场具有较强的现实基础与发展前景，在不违背相关法律法规的条件下，我们可以推广大兴西红门、海淀东升集体建设用地集约利用的经验，深化丰台长辛店等 6 个乡镇统筹利用集体建设用地试点，探索推进第二道绿化隔离地区集体建设用地方式，研究农民空闲住宅的集中利用模式。此外，要及时修改 2004 年通过实施的市政府 148 号令，改革征地制度，建立兼顾国家、集体、个人的土地增值收益分配机制。

七是紧扣加快生态文明制度建设，进一步明确了推动首都美丽乡村建设的新理念。改革 35 年来，我们取得了举世公认的巨大成就，但是生态环境的恶化已成为摆在我们面前最大的危害。在物质产品大大丰富以后，生态产品却成为我们最短缺的产品，生态差距成为我们最大的发展差距。良好的生态环境是最公平的公共产品，是最普惠的民生福祉。蓝天白云、绿水青山是民生之本、民心所向、民意所在，是每一个人健康生活所依。2013 年以来，北京以及全国许多地区的雾霾天气等环境污染问题集中爆发，极大地损害了人们的身心健康。十八届三中全会通过的《决定》首次提出了生态文明制度建设，以“源头严防、过程严管、后果严惩”的思路，阐述了生态文明制度体系的构成及其改革方向、重点和任务。建设美丽乡村是建设美丽北京的基础和保障，我们必须从生态文明建设的高度，认识到加强农业农村保护的重要性、完善生态补偿制度的必要性、健全生态文明制度体系的紧迫性。

八是紧扣推进国家治理体系和治理能力现代化，进一步明确了完善首都乡村治理和加强农经队伍建设的新使命。十八届三中全会《决定》指出："全面深化改革的总目标是完善和发展中国特色社会主义制度，推进国家治理体系和治理能力现代化。"这是一个全新的重大提法。解决"三农"问题，关键要靠国家治理体系和治理能力的现代化。所谓国家治理体系和治理能力的现代化，就是使国家治理体系制度化、科学化、规范化、程序化，使国家治理者善于运用法治思维和法律制度治理国家，从而提高治理的效能。推进治理体系和治理能力的现代化，需要我们划分政府、市场、社会的各自领域，实行政企开、政社分开，使市场在资源配置中起决定性作用的同时，增强社会的自治功能，让公民和社会组织充满生机与活力。治理现代化的基本方式是法治。全市农经干部队伍要不断增强法治观念，提高运用法治思维和法治方式深化改革、推动发展、化解矛盾、维护稳定的能力，善于把改革这个第一动力、发展这个第一要务、稳定这个第一责任和法治这个第一要求有机统一起来，推进确保国家长治久安与社会和谐稳定的法治中国建设。

三　做好2014年北京农村改革的基本思路和初步设想

学习十八届三中全会精神、分析北京"三农"面临的新形势新任务，目的都在于结合北京实际、立足本职岗位，努力做好2014年的各项工作，把首都农村改革和城乡一体化发展推进到一个新水平。十八届三中全会通过的《决定》提出的有关"三农"的新政策、新举措非常多，我们不可能在一年之内全部加以贯彻落实，关键是要结合自身实际，把握"该干、能干、干了有效果"这个基本要求，突出重点，找到突破口，做出新成效。我们的总体思路是，以十八届三中全会精神为指导，紧密结合中央农村工作会议和中央城镇化工作会议精神，在市委、市政府的领导和部署安排下，紧紧围绕推进城乡发展一体化、新型城镇化、农村合作经济发展以及推动"新三起来"的要求，做好农村调研和经管工作。具体说，就是要抓好以下七个方面的工作。

一是围绕健全城乡发展一体化体制机制加强战略研究。以维护农民生产要素权益为切入点，加强城乡要素平等交换和公共资源均衡配置的中长期战略研究。重点围绕劳动、土地、资金三个基本要素的平等交换开展研究，主要是优化就业环境，保障农民工同工同酬研究；改革征地制度，保障农民公平分享土地增值收益研究；创新农村金融，保障金融机构农村存款主要用于农业农村研究；统筹城乡基础设施建设和社区建设研究；推进城乡基本公共服务均等化研究。

二是围绕推进以人为核心的新型城镇化加强决策研究。以发展农民土地股份合作社为切入点，赋予和保障农民财产权利，推进农业转移人口市民化。重点是坚持以人为本，突出围绕农民在农村的财产权利以及进城农民在城镇的社会保障权利加强研究，主要是做好农民土地股份合作社的调研与试点推动工作，开展小城镇户籍制度改革研究、城乡社会保障整合并轨研究。

三是围绕推动农村土地流转建立健全农村产权交易市场。以建立健全农村产权交易市场为切入点，构建公开、公正、规范的农村产权交易市场。重点是坚持稳定土地承包关系，依法保障农民对承包地占有、使用、收益、流转及承包经营权抵押、担保权利，全面开展农村土地承包经营权确权登记颁证工作，有序引导和规范农民承包经营权向专业大户、家庭农场、农民合作社、农业企业流转，促进土地集约高效利用，加强土地流转的服务管理，提高农民流转收益，维护农民土地流转权益。

四是围绕推动集体资产经营进一步推进所有权与经营权分离。以扩大农村集体资产信托化经营试点为切入点，创新农村集体资产经营机制，强化和完善集体“三资”管理，推动农村集体“三资”的专业化经营和市场化运作，实现所有权与经营权分离，提升集体资产运营管理水平，实现资产保值增值，维护农民集体资产权益，增加农民财产性收入。在总结门头沟区农村集体资产信托化经营经验的基础上，积极稳妥地扩大试点规模，将集体经营性物业、农民闲置房屋、承包土地、集体建设用地等纳入信托化经营范围，加强与怀柔区、大兴区、平谷区等区县的合作，分别针对农村闲置宅基地、集体建设用地和农用地展开信托化经营试点工作。

五是围绕推动农民组织起来发展农民合作联合社。以建立农民专业合作社联合社为切入点，提升农民合作组织建设的能力与水平。为适应市场经济发展的需要，争取尽快成立北京市农民专业合作社联合社，扩大农民专业合作规模，提升全市农民专业合作发展水平，为农户提供更好的社会化服务。同时，要积极探索农民土地股份合作社的试点与推广工作，不断提高农民的组织化程度。

六是围绕平谷农村改革试验区积极探索生态文明建设等农村综合改革研究试点。以建立生态文明先行示范区为切入点，进一步加强平谷试验区的试点工作。自 2010 年与平谷区政府共同建立平谷区农村发展创新研究试验区以来，在建立农村产权交易中心、土地股份合作社试点等方面取得了重要成果，有力地推动了平谷区以及全市农村改革与发展。2014 年将重点在编制生态文明建设示范区、创新农村金融、开展生态涵养区农宅利用、推进美丽智慧乡村建设等方面开展综合性研究试点。

七是围绕完善集体经济法人治理结构和乡村治理结构，提高农经队伍履职能力和管理水平。以提高农村集体资产经营效益为切入点，按照“依法履职、服务大局、爱岗敬业、当好管家”的要求，加强农经队伍建设，提高全市农经干部队伍的履职能力和水平。在加强农村“三资”管理上，曾将 2012 年确定为“清产核资年”、2013 年确定为“合同清理年”，其效果都非常明显，2014 年初步将其确定为“提高效益年”，就是要以贯彻落实党的十八届三中全会的决定精神为主线，以落实“新三起来”的各项要求为指南，以提高农村集体资产经营效益为中心，以推动农民增收致富为目标，不断提高土地产出率、资产收益率、劳动生产率。同时要进一步完善新型集体经济组织法人治理结构，探索“政经分离”试点；在完善“三资”管理上，总结借鉴海淀区设立“农资委”的经验做法，不断创新农经管理的新思路、新方式。

农民权利缺失是中国问题的根源*

——读张英洪新著《农民公民权研究》

李昌平**

张英洪出版了不少书，《农民公民权研究》是他的代表作。

认识张英洪有10年了，他这10年所写的文字都只与农民权益相关。一个学者十年如一日地为一件事而坚持是不容易的。

2000年9月，我在《南方周末》上呼吁“给农民平等国民待遇”。这应该是国内媒体上最早的公开为农民权利呼吁的声音了。但此后我除发表过《农民贫困的制度性原因》一文外，几乎再没有系统关注过农民权利问题了，而张英洪却像一名战士一样十年如一日地为争取农民平等国民待遇而战斗。

张英洪是我尊敬的学者和朋友。

“三农”问题是中国的根本问题，“三农”问题的重点是农民问题，农民问题的核心是农民权利问题。《农民公民权研究》对农民权益缺失的来龙去脉进行了系统的探究，对农民获得平等权益的意义和如何获得平等权益做了非常深入的探索。张英洪的探索对解决中国严峻的“三农”问题有重大意义。

当下中国很多棘手的难题，基本上根源于农民没有平等的国民待遇。

---

* 原载《湘声报》2012年12月7日。

** 李昌平，中国著名“三农学者”，现任中国乡村规划设计院院长。

譬如：中国经济当下的主要问题是过分依赖国外市场，根本原因是内需不足，内需不足实际就是农民（包括农民工）收入太低、福利太低，农民收入太低和福利太低实际就是没有获得平等国民权益所致。再如，中国社会当下的主要问题是贫富分化，根本原因也是农民没有获得平等国民权益。《农民公民权研究》构建了农民获得平等权益是解决中国所有重大问题的起点和终点的完整体系，对深入认识中国当下政治、经济、社会等多方面重大难题的成因和探索解决之道也有重大意义。

从一定意义上讲，近代以来的中国现代化，就是由农民向公民转变的一个过程。总体上看，是不断解放农民、赋予农民权利，并将农民逐步纳入国家现代制度体系——给农民获得平等国民待遇的一个过程。

这个过程，应该是农民逐步被纳入国家义务教育、公共卫生医疗、社会养老保障体系的过程。但近 100 年来，中国农民在教育、卫生医疗、养老等方面的权利在某些阶段往往不能随着经济发展而提升，有些时候还是下降的，如在 20 世纪 90 年代。

这个过程，应该是农民政治地位不断上升的过程。但近 100 年来，中国农民的政治权利往往不是持续上升的，有时反而是下降的，如 20 世纪 90 年代以来，农民和农民工所占的人大代表、政协委员比例不是上升了，而是大大下降了。尽管 1995 年的《中华人民共和国全国人民代表大会和地方各级人民代表大会选举法》将农民的代表权由城市人的八分之一提升为四分之一，但此后的 10 年间，各级人大、政协的代表委员中的农民代表和委员数量比例也一直是递减的。即使是在乡镇一级的人大、政协里，这 10 年的人大代表和政协委员数量也是下降的。

这个过程，应该是农民转变为工人和市民的过程。工人靠出卖自己的劳动力获得工资在城市安居乐业，并维持其劳动力生产、再生产和赡养老人的义务，这是现代化进程中不二的规则。但改革以来，从农村转移出来的 2 亿多农民工中的绝大多数，既不能在城市安居下来，也没有真正进入城市社会保障体系，既无平等受教育、医疗等公民权利，更无选举和被选举的政治权利。

这个过程，应该是农民数量绝对减少的过程。但近 60 年来，有农村户籍的农民数量有增无减，由 4 亿人变成了 9 亿多人。绝大多数农民工在城市打拼数十年，不能在城市市民化，在年过半百之后不得不返回农村度过余生，这在世界其他发达国家和地区的现代化过程中是绝无仅有的。

这个过程，还是分散小农由依附家族、士绅、豪强转向依附小农共同体（村社一体化农民组织）并主导农业和农村现代化的过程。但最近数十年，小农的村社共同体一直在瓦解之中，政策扶持私人龙头企业替代小农村社共同体，并鼓励小农依靠资本家（公司带农户）。农民主导农业经济发展和农村建设治理的主体性地位正在日渐边缘化。

这个过程，农村治权的总趋势应该是一切权利归“农会”，是党领导小农逐步当家做主的过程。但最近100年，这个趋势是不连续的。党在农村的政治基础和执政方式正在悄悄地发生根本性的改变。

中国现代化的过程，是农民权利不断扩大和地位不断提升的过程，是实现农民平等国民待遇的过程，这是中国现代化的出发点和实现现代化的最大动力源泉。如果不是，现代化就不是惠及绝大多数国民的现代化，仅仅是少数人的现代化，现代化就可能只是广大农民和农民工付出代价的痛苦过程的代名词，甚至中国的现代化就仅仅是服务资本主义全球化的一个进程。我国的现代化进程必须在解放农民、扩大农民权利、实现农民平等国民待遇上坚持始终如一。

主流人群对农民、农民工的无意识歧视，其实是更可怕的。

《农民公民权研究》的出版，为我们认识中国问题打开了一扇窗，为我们解决中国问题提供了一个指向。

中国农民身份的重大变迁*

——读张英洪新著《农民公民权研究》

朱启臻**

中国农民的解放是伴随着农民权利的增加以及对农民束缚的减少而实现的，纵观改革开放的历史，其体现的正是农民权利不断增加的历史，农村家庭经营制度的确立，农民获得了种地的自由，这种自由成为解决中国人吃饭问题的制度基础；农民进城务工的合法化，农民获得了流动就业的自由，为中国的工业化和城镇化的快速发展提供了动力；村民自治制度的确立，为农民政治权利和参与乡村事务提供了空间，为中国民主制度奠定了基础。诸如此类，不胜枚举。中国社会每前进一步，都与农民权利的增加密切联系在一起。张英洪的《农民公民权研究》系统考察了新中国成立后中国农民身份的重大变迁，所关注的就是农民权利的变化。作者以对社会高度的责任感和对农民的深厚感情，考察了农民公民权的变迁过程。该书内容深刻、语言精练，从独特的视角解释了社会发展与农民公民权利的关系，给读者以深刻的多方面启示。

《农民公民权研究》给我们的第一个启示就是农民公民权的获得与社会发展密切相关。作者把农民身份的变化归结为"阶级化""结构化""社会化""公民化"四个阶段，认为农民公民权建设不足是导致农民问题

---

* 原载《北京青年报》2012 年 12 月 14 日。

** 朱启臻，中国农业大学农民问题研究所所长、教授。

的主因，进一步认为中国农民问题的解决程度最终取决于国家建设和发展公民权的进度。这是一个涉及农民问题本质的判断，中国社会由传统到现代的转变过程就是社会成员由“臣民”向公民身份转变的过程。改革开放农民获得公民权的过程突出表现为农民获得了“空前的自由选择权”，被誉为农民伟大创造的家庭联产承包、流动就业、农村工业化、小城镇建设、村民自治等，是农民在特定制度结构中对平等权利追求的一种智慧选择，也是一种无奈的选择。正是这种选择不断冲击着二元社会结构体制，动摇了长达半个世纪的户籍壁垒，形成了农民个体相对自由的生活状态，为中国的新型城乡关系的构建创造了条件。中国社会的进一步发展，需要进一步实现农民的公民权，现代国家的发展要以公民权利为基础。

《农民公民权研究》给我们的另一个启示是，农民公民权的发展需要政府的推动和改革。农民的公民化进程是中国社会进步的必然趋势，但是这种趋势演变成农民的公民权利不能自然而然地产生，也就是说不能靠农民自发地实现。这不仅因为中国农民的臣民思想根深蒂固，权利义务观念十分薄弱，在看待人与人关系方面特殊主义习惯仍占优势，而且还存在巨大的体制制约和制度束缚。因此，政府的政治改革和制度建设就成为推进农民公民化进程的重要前提。

2012 年中央一号文件首次提出培育新型职业农民的概念，预示了把农民从身份概念转变为职业概念的开端，党的十八大提出推动城乡发展一体化和全面落实经济建设、政治建设、文化建设、社会建设、生态文明建设五位一体总体布局，都要求以赋予农民平等的公民权为前提。发展农民公民权的能力，是现代国家的一项基础性能力，没有国家的积极推动，农民公民权的建设是难以想象的。建设和发展公民权的能力是现代国家和传统国家的本质区别。奥尔森认为，一个国家成功和市场经济需要两个条件：一是可靠而界定清晰的个人权利，二是不存在任何形式的巧取豪夺。中国农民公民权利的获得需要从职业上享有完整的土地产权，在身份上拥有平等的公民权利，正像张英洪书中最后提到的，“只有受到平等对待和尊重的农民”，才能“不再有恼人的农民问题”。

做好调研工作的几点体会*

张英洪

非常感谢领导和同志们的信任，使我有机会与各位新进人员共同交流，谈谈做好调研工作的体会。在座的大部分我们都已经认识了，有的还已经共同参加过调研、考察等工作。还有一些新进人员还不认识，咱们借此机会先认识认识。

其实，我也只不过比在座的各位新进人员早几年来到中心工作。现在大家都在学习十八届三中全会精神，大家的学习重点很可能都集中在有关农村改革上。我除此之外，还对十八届三中全会《决定》最后一页的几句话很感兴趣。这几句话是："建立集聚人才体制机制，择天下英才而用之……让人人都有成长成才、脱颖而出的通道，让各类人才都有施展才华的广阔天地。"你们对这几句话感兴趣吗？我是比较感兴趣。

人才是第一资源。各位都是农研中心新进来的优秀人才，是农研中心发展壮大最珍贵的宝贵财富。在年末工作非常紧张繁忙的时期，中心还专门安排两天半的时间举办这个培训班，党组成员全部参加给你们上课，党组书记、主任郭光磊还要专门给你们做重要讲话，这足以说明党组对你们的高度重视。在我的印象中，中心对新进人员进行专门培训，这是破天荒的第一次！这在农研中心 20 多年的历史上是前所未有的。当年我新进来时就没有享受到你们这么隆重的待遇。在此，我对你们表示真心的羡慕和热烈的祝贺！

---

* 此文为 2013 年 12 月 17 日在北京市农经办（农研中心）新进人员培训班上的发言。

我参加工作以来，为领导写过很多讲话稿，但从来没有为自己写过讲话稿，主要是因为没有讲话的机会！当然，我在平时的一些会议发言中，一般都坚持脱稿瞎讲，应付了事，反正我说的话也不重要。今天，面对你们这些中心特别重视的英才，我也不敢懈怠，就在百忙之中为自己撰写了一个发言讲稿，这可能也是我破天荒的第一次！这次一下子就出了两个破天荒！

我来中心工作后，经常听到有的同志说我们农研中心是世界上最好的单位！中心是不是世界上最好的单位，我不敢说，但中心确实有许多优势条件。我在中心工作的五六年时间里，感到中心有这么几个突出的特点和优点。

一是天时地利人和。所谓天时，就是中心契合了农村改革发展的大时代。全国有两个农研中心，一个是农业部农研中心，另一个是北京市农研中心，都是1990年正式成立的。解决“三农”问题是全党工作的重中之重。我们农研中心承担了为解决北京“三农”问题进行调研并提出政策建议的时代重任，是北京农村调研的主力军。以后“三农”问题解决了，农研中心的价值就不太高了，就失去“天时”了。所谓地利，就是我们中心是北京的农研中心，北京的“三农”既有共性，也有特性。昨天秋锦副主任也讲到了。北京作为特大城市和经济发达地区，在解决“三农”问题、推进城乡一体化建设方面走在全国前列，如果你了解了北京的“三农”，可以说就把握了全国“三农”发展的趋势。我们研究北京“三农”，实质上就是站在了全国“三农”研究的前沿，这是非常宝贵的“地利”，是研究“三农”的区位优势。所谓人和，我感觉我们中心这个团队总体上是比较和谐的，一方面，党组领导非常重视人才，非常关心年轻人的成长，尽量为年轻人的成长创造宽松的工作环境。另一方面，作为研究单位，农研中心的人际关系相对比较和谐，不像有的单位那样等级森严、那样官本位思想严重。郭光磊主任也很大气，很爱才，能用人所长，能够包容各种不同的个性和观点，对大家关爱有加。分管调研的张秋锦副主任也非常爱惜人才，关心年轻人的成长和发展，她特别主张“快乐地工作、快乐地生活”。在中心，天时不如地利，地利不如人和。

二是顶天立地干事。这是中心的一个很好的特点，也是一个很有利的优点。就是说，我们中心从事调研工作，上，可以与全国的“三农”研究界直接联系；下，可以深入农村每家每户中去。这是许多高等院校和科研单位不完全具备的。我们中心与中农办、中国社会科学院农村发展研究所、国务院发展研究中心、农业部农研中心、中国农业科学院等全国性的“三农”研究机构一直保持着密切的联系与合作。像中国城郊经济研究会秘书处就设在我们中心，郭主任是副会长，张秋锦副主任是秘书长。我们可以通过这样的平台走向全国，参与全国“三农”学术交流活动，我们中心还与台湾有长期的合作关系，有利于我们学习借鉴台湾的一系列经验。这说的是顶天。立地，就是我们在全市有三级农经管理网络，为我们深入农村调研接地气提供了相当重要的便利条件。我们培训部这两年每年都组织几百名村干部进行培训和外出考察，周庆林博士就与很多村干部建立了密切的联系和友谊。这些就是宝贵的社会资本。我们农研中心与农经办台署办公，这在全国也是特有的体制安排。这种体制安排对我们的调研工作来说，最大的好处就是下面基层“有腿”，下乡调研方便。你可以深入全市任何一个乡镇、任何一个村庄和农户家里去调研。海阔凭鱼跃，天高任鸟飞。农研中心为你们提供的天地确实很广阔。

三是让金子都发光。一般来说，只要是金子，就能发光。你可能会说，只要是金子，在农研中心能发光，在其他地方也能发光。这当然没有错，但也并非完全如此。比如说，一块真金被人为地丢在茅坑里，就发不了光。我认为大家在农研中心能发光，主要是基于三方面的观察与考虑。第一，农研中心非常缺乏调研人才，你们来中心后很容易像金子一样发光。中心虽然成立 20 多年了，有 100 多人，也取得了很多调研成果，但与市委、市政府赋予我们的职责相比，与农村改革发展的要求相比，我们的调研成果特别是优秀成果还不多，调研人才特别是高水平的调研人才还相当缺乏。我来的时候，只有一位博士，正高职称一个都没有。现在有十多位博士了，硕士就更多了。虽然我们不能说博士水平就一定高，正高职称就一定强，但对于一个以调研为主要职能的研究单位来说，这也可以看出高水平调研人才的缺乏。最近这几年才开始大量进人，你们就赶上了这个进人的大好机遇。第二，农研中心存在人才断层现象，你们来中心后很快会像金子一样发光。因为农研中心长期没有新进人才，形成了比较突出的人才断层现象，可以说调研人才青黄不接。我来中心工作时，当时市农经管站的黄中廷书记对农村集体经济产权制度改革很有研究，但他退休后，这方面的研究人才就空缺了，至今没有人能很好地顶上去。现在陈雪原博士在做一些农村集体经济产权改革的相关研究，但他都不是正常按人才梯级发展自然接上去的，而是因人才断层被迫提前顶上去的。我也是被迫提前顶上去的。当年中心有一个城郊经济研究所，张文茂所长退休后，相关研究人才出现了断层。2010 年 3 月郭光磊主任来中心工作后专门找到我，要我研究城镇化问题，连续研究它 3 年。这样我就被迫顶上去了。所以你们来中心后，也会马上挑起各项工作的大梁，像金子一样闪光。在中心当前用人之际，你不想闪光都不行！像王丽红博士去年 12 月才到城乡发展处工作，但马上就挑起了顺义区新型城镇化研究的大梁，我认为相当不容易。我看到她就是一块金子正在闪烁发光。第三，农研中心党组非常重视人才培养，你们来中心后将被打造、锻炼成发光的金子。现在党组特别是郭主任的指导思想非常明确，正在为中心的长远发展进行战略谋划。你们来到中心不是轻而易举的，昨天秋锦主任说了，你们都是“过五关斩六将”进来的，都是过关斩将的成功者，这本身就说明你们已经具备良好的素质和能力。在中心这个平台上，党组还会有计划、有组织地对你们进行提质上档式的培养锻炼，即使你不是金子，也会在中心党组的打磨下、在中心这个大熔炉里变成金子。对我们农研中心来说，你们来早了不行，来迟了也不行，来早了机会可能还没有到，来迟了机会可能又失去了。你们现在来得正是时候，大量的发展机会正等着你们。三四年之内，中心将有大量的处级领导干部退休，中心的各项工作将更加正规和成熟。你们算是赶上了一个好时代！

领导安排我来与大家交流调研工作体会，可能是考虑我对调研工作比较热爱和勤奋，也取得了一点小小的成绩。我有时对人说，我的父母是勤劳的农民，我是一个勤劳的学者。如果说农民的劳动成果是粮食、工人的劳动成果是产品的话，那么，我们调研人员或者说学者的劳动成果就是调研成果（科研成果）。北京市农委副主任李成贵认为，对农研中心来说，还是要以调研成果说话。来中心工作 5 年多，我主持完成国家社科课题 1 项（中心历史上至今只有 2 人主持过国家社科基金项目），省市级社科课题2项，主持中心课题12项，出版个人专著十多部，发表文章97篇（中国知网上有100多篇），被人大复印资料全文转载十多篇，单位内部刊用调研报告和文章80篇，为领导起草讲话报告、文章16篇。2010年，我撰写的《在扩展农民权益中增加农民收入——北京市吉寺村调查》获得北京市2008~2009年度新农村建设暨城乡一体化优秀调研成果三等奖，《农民权利论》一书获得北京市第11届哲学社会科学优秀成果二等奖，2012年由郭光磊主任负责、我主笔还有许多同志参与完成的《走以人为本的新型城市化道路——北京市城乡结合部经济社会发展问题调研报告》获得2010~2011年度北京市新农村建设暨城乡一体化优秀调研报告一等奖，《农民公民权研究》一书获得《新京报》2012年度好书奖。我撰写的调研报告有8项获得市委、市政府领导批示，今年一篇有关集体建设用地的调研报告获得中共中央政治局委员、北京市委书记郭金龙等领导的重要批示。

我对调研工作有一些粗浅的体会，为了便于大家记住，我将它概括为以下五点。

一是坚定一种理想目标。

每个人都有自己的理想追求，都有自己的人生奋斗目标。我们作为受过高等教育的知识分子，更应当树立一种崇高的理想。孔子说“士志于道”，主张知识分子要追求真理。萨义德（Edward W. Said，1935 - 2003）认为：“知识分子活动的目的是为了增进人类的自由和知识。”梭罗（Henry David Thoreau，1817 - 1862）认为为国家服务的人有三种：第一种是用他们的身体为国家服务，如军人、警察等；第二种是用他们的头脑为国家服务，如立法者、政治家等；第三种是用他们的良知为国家服务。我们大家都经过了大学甚至研究生的教育，都是高级知识分子，我们如何报效国家？我个人的体会是，以自己的研究和良知报国。我从事“三农”研究的目的，就是不断改革束缚农民自由而全面发展的体制弊端，维护和发展农民权利，为农民争取公民权，促进社会的公平正义，努力建设尊重和保障人权的现代法治国家，使广大农民和所有中国人都能在中华大地上过上自由、安全而有尊严的幸福生活。这就是我的理想和奋斗目标。马克思曾说过：“一个人有责任不仅为自己本人，而且为每一个履行自己义务的人要求人权和公民权。”所以为农民争取公民权，不仅是我们的目标，而且是我们的责任。

不知大家看过罗尔斯的《正义论》没有，如果没有看过，建议看一看。在《正义论》中，罗尔斯说："正义是社会制度的首要价值，正像真理是思想体系的首要价值一样。一种理论，无论它多么精致和简洁，只要它不真实，就必须加以拒绝或修正；同样，某些法律和制度，不管它们如何有效率和有条理，只要它们不正义，就必须加以改造或废除。"我们从事"三农"调查研究工作，应当有一种公平正义的取向和对真理的追求。

二是明确"两个定位"。

（1）确定自己的事业领域：每个人要根据自己的个性、特长、禀赋、潜能和现实条件，确定自己的事业定位。如果你选择从政当官，就要遵循权力的逻辑；如果你选择经商发财，就要遵循市场的逻辑；如果你选择理论研究，就要遵循真理的逻辑。我在企业、党政机关、事业单位都工作过，我发现自己还是更适合理论研究工作。于是我先后放弃了经商和从政，继续读书学习，加入了理论研究的行列。鲁迅在他的人生定位中就选择"弃医从文"，我就算是弃商弃政从文吧。

（2）确定自己的研究领域：如何确定自己的研究领域，也必须考虑自己的兴趣爱好和实际情况。我曾经研究中共党史党建，但我发现自己对此兴趣不大，主要原因是党史党建研究的条条框框太多。最后我确定研究"三农"，为什么选择研究"三农"？第一是我熟悉"三农"，我自己就出身农村；第二是因为"三农"问题非常突出；第三是在"三农"研究中可以讲些真话实话，"三农"研究有这个传统。在"三农"研究中，我重点研究农民问题，在农民问题中，我又着重研究农民权利问题。我出版的《给农民以宪法关怀》《农民权利论》《农民、公民权与国家》《认真对待农民权利》等书，都是突出研究农民权利的。这些年来我研究的新型城市化和城乡一体化等问题，也贯穿了维护和发展农民权利的基本思想。我们北京农经方面有许多研究领域非常值得研究，目前的专业研究成果还很缺乏，我希望你们能有意识地确定自己的研究领域，成为相关研究方面的专家。比如说，农村产权研究、农村承包地流转研究、农民合作社研究、农村集体资产研究、农村金融研究、农村生态文明研究、农村治理研究、农民负担研究等。一辈子只干一件事就是专家。像国务院发展研究中心农村部副部长刘守英研究员，就只研究土地问题，他就是土地研究的专家。

三是实现“三个转变”。

（1）从学校学习生活向单位工作生活转变。对许多以前没有工作经历的人来说，从学校毕业到单位工作，这是人生的一个重大转折。在学校，主要任务是学习，主要关系是同学关系和师生关系，相对比较简单和单纯；在单位，主要任务是工作，主要关系是同事关系和上下级关系，相对来说就比较复杂些。如果说学校是加油站的话，那么单位工作就是远行的旅程；如果学校是停泊的港湾的话，那么单位就是航行的大海。对于刚从学校毕业的同志来说，面临的第一个华丽转身就是从学校生活到单位工作的转变，要尽快适应单位工作生活。

（2）从学术理论研究向政策应用研究转变。我们有的同志以前在高校和科研院所主要学习和从事学术理论的研究，习惯了学术理论研究的思维模式和研究套路。到农研中心工作后，主要从事政策研究工作，这就需要我们从学术理论研究向政策应用研究范式进行转换。对此，我想提出三个基本看法。第一，为了适应和完成工作任务，我们必须实现从学术理论研究向政策应用研究的转变。我们有的同志掌握了许多复杂的计量模型研究方式，这在学术理论研究中是必要的，但在一般的政策应用研究上就用不上了，你用了，我想大多数领导也看不懂。第二，不能把学术理论研究与政策应用研究对立起来。学术理论研究对于政策应用研究具有重要的理论支撑意义。第三，在主要从事政策应用研究的同时，一定不要放弃学术理论研究。你既可以参加有关学术理论研讨会，也可以在完成政策应用研究工作之余仍然坚持进行学术理论研究，在有关学术期刊上发表自己的学术理论观点，体现自己的追求与价值。

（3）从所学专业向所做工作转变。任何所学的专业都只是基本的知识和技能，走上工作岗位后，需要我们根据工作岗位的需要来重新学习，掌握本职工作岗位的基本知识和技能，开展相应的调查研究。特别是在工作中，会经常调整和变动工作岗位，我们一定要学会超越自己所学专业的生存方式。我们还要坚持全面发展，成为多面手。现代经济社会的发展特别需要复合型人才。我的体会是，以自己特别感兴趣的领域为核心，向相关领域拓展知识和才能，成为“T”型人才。“T”型人才是指按知识结构区分出来的一种新型人才类型。用字母“T”来表示他们的知识结构特点。上面的“—”表示有广博的知识面，下面的“｜”表示专业知识的深度。将博与深两者结合起来，既有较深的专业知识，又有广博的知识面，做集深与博于一身的人才。

四是具备“四种功底”。

（1）学术理论功底。我发现一些学术理论水平不高的人很轻视理论，他们很强调实践经验。这是典型的经验主义。理论是行动的先导。列宁说过：“没有革命的理论，就没有革命的运动。”不管是学术理论研究还是政策应用研究，要做出高水平的研究成果，都必须具备深厚的理论功底。有的人将理论与实践对立起来，片面强调实践经验。对这种现象，我说的一句话就是：为什么马克思、恩格斯没有到中国农村调研，我们却一直以马克思主义为指导？这就是理论的魅力。当然，我们也不能过于迷信理论，变成教条主义者。德国诗人歌德就说：“理论是灰色的，生活之树常青。”我强调的是不要把理论与实践对立起来。具备深厚理论功底的人写出的调研报告水平就不一样。举个最简单的例子，国务院发展研究中心农村部刘守英研究员写过北京农村两个调研报告：《集体土地资本化与农村城市化——北京市郑各庄村调查》《城市化进程中城乡结合部面临的挑战与政策选择——北京朝阳区高碑店乡调查》。我认为这两个调研报告写得相当好，建议大家认真看看。如果你们到北京农村调研，能否写出这样的调研报告，或者写出比他水平更高的调研报告？如果你们写出来了，一定要告诉我，我将进行学习。

（2）政策法律功底。我发现有的调研人员对政策法律不感兴趣，他们误以为只有法学专业的人才关心政策法律。这是极大的误解。掌握政策法律是我们从事“三农”调研的基本功，绝对不可缺失。对于我们从事“三农”调研的人来说，至少要掌握以下三方面的政策法律。第一是新中国成立以来特别是改革开放以来，党和国家有关农村的政策。如果你对这个政策脉络不清楚，怎么能理解和把握农村改革发展呢？这方面的政策内容非常多，需要系统掌握消化。第二是要掌握最新的政策动向。这是非常重要的，因为政策经常调整和变动，你不掌握最新的政策，你就不能及时准确把握改革发展的态势。比如最近十八届三中全会通过的《中共中央关于全面深化改革若干重大问题的决定》就提出了一系列改革新政策。在座的有没有通看过《决定》全文？第三要掌握相关国家法律和北京市有关地方政策法规。比如，如果你研究征地制度改革，你就要掌握国家的征地政策法律是什么、北京市的征地政策法规是什么。在建立法治国家的今天，法律的重要性将更加重要，我们调研工作既要体现对法律法规的熟悉掌握，也要体现现代法治精神。

（3）方法技术功底。过去我们搞调查，方法比较简单，如毛泽东的《湖南农民运动考察报告》。在现代社会，许多新的调研方法和应用技术都发明出来了。我们进行农村调查研究，就需要掌握基本的调研方法和现代统计分析技术。我不知道在座的各位有没有在学校学习过“社会调查方法”，一般学社会学专业的人都会学习这门课程。社会调查研究常用的方法主要有文献调查法、实地观察法、访问调查法、集体访谈法、问卷调查法、网络调查法、实验调查法等。你们下乡调查常用的方法是什么？我们单位下乡调研，采取座谈会的形式较多，而对问卷调查方法采用的比较少。我以前在湖南从事上访农民调查时曾采用过问卷调查，后来参与全国农村文化调研时搞过问卷调查。王丽红博士利用中心农村观察点做了问卷调查，我觉得这种方式就很好。这方面可利用的资源还相当多。在调研中，我们还应当掌握统计分析方法和统计分析软件，如 SPSS 软件，在座的各位都会应用这个软件吧。我们在开展全国农村文化调查时就运用过这个软件。希望大家采取和运用更多的调研方法。

（4）文字表达功底。对于从事文字工作的人来说，文字表达功底显然是必需的。掌握文字表达功底，当然不是一朝一夕就能达到的，需要长期的锻炼和积累。对于提高文字表达能力，我想强调两个方面：第一是要掌握和熟悉各种文体的基本格式和要求，第二是要坚持多看、多读、多练。

五是掌握“五字秘诀”。

（1）情。这主要包括两个方面。其一是对“三农”要有感情。带着感情从事“三农”调研工作，是做好“三农”工作的前提和基础。全国许多从事“三农”工作和研究的领导、专家，都对“三农”怀有特别的情结。总体上说，农业是弱质产业，农民是弱势阶层，在当今时代，农民人口虽然最多，但他们没有话语权，正因如此，解决“三农”问题就更加需要

“三农”工作者为“三农”鼓与呼。带着感情从事“三农”工作，是我国“三农”界的一个优良传统。新中国成立初期，梁漱溟就指出“农民生活在九天之下”；2000年，湖北省监利县棋盘乡党委书记李昌平先生诉说“农民真苦、农村真穷、农业真危险”。这些就是为农民鼓与呼的典型。

其二是对调研要有热情。如果你对调研工作没有基本的热情，只是被动地完成任务，肯定做不好调研工作。对调研有热情，就是要积极主动地下乡调研，树立问题意识，主动发现问题、调研问题、分析问题，提出解决问题的对策建议。在工作中，第一要熟悉掌握已有的调研文献，特别是要熟悉和掌握全国及北京市有关“三农”研究的文献，我刚来时，就对中心20年的所有调研文献进行了浏览，掌握中心的调研历史和已有成果。第二要尽快熟悉北京郊区农村的实际情况。我刚来中心时，就在顺义区农村住了3个月。但我觉得下乡调研还很不够。

（2）勤。这主要有四个方面。其一是勤于学习。我们千万不要以为读到博士就不要学习了。在我们这个时代，学习是终身的。根据中国出版科学研究所开展的全民阅读调查，我国国民每年人均阅读图书仅4.5本，远低于韩国的11本、法国的20本、日本的40本、以色列的64本。我们在座的每人每年还读几本书？郭主任也是坚持读书的领导。

其二是勤于调研。新来的年轻人特别要多到农村搞调研，要主动跟随领导下乡，积极寻找机会下乡调研，尽快掌握京郊农村的基本情况，到农村去接地气，与农民交朋友。

其三是勤于思考。在调研的基础上，要多动脑筋、多思考，只有经过认真思考，才能将简单的调研过程上升到理论构建的过程，才能提出自己的真知灼见。

其四是勤于写作。与文字打交道的人，必须多动笔，勤于写作，不要怕吃苦，要多出调研成果。我主张大家多撰写北京农村的调研报告。如果你能写出十几篇、几十篇高水平的北京农村调研报告，日积月累，你肯定就是农村调研的高手了。

（3）真。这主要有三方面。其一是要讲真话。我们一贯讲要坚持实事求是，但真正坚持实事求是是相当不容易的。不管怎么样，我们从事调研工作，写出调研报告，一定要坚持讲真话，不说假话。我看到那些假大空的文章，就顺手丢到一边去，看到那些讲真话的文章，感觉读来很上瘾。我自己是尽量坚持说真话、写真话。也许我也说了空话、套话，但我坚持不说假话。季羡林曾说过："真话不全说，假话全不说。"这个原则值得坚持。

其二是要保持真实。一方面，要调研农村的真实情况。现在有一种不好的风气，有的地方基层政府和村干部人为地隐瞒事情真相，甚至弄虚作假，这使你的调研很难掌握真实情况。要了解到真实情况，还必须下更大的工夫。另一方面，要反映农村的真实情况。我们从事农村调研的人，不能只报喜不报忧，或者将"忧"人为地隐瞒了，或者人为地篡改数据、事实，这就使调研失去了本来的意义。

其三是要坚持真理。真正从事"三农"调研的人，大都有一种坚持真理、为民分忧的责任和担当，都有坚持真理的精神。我们要学习和保持这种精神。凡是自己看准的，一定要坚持。

（4）勇。这主要包括三方面。其一是要有独立思考的勇气。就是要有文胆，不要人云亦云，要敢于说出自己的话，敢于提出自己的观点和见解。像林则徐所说的那样："苟利国家生死以，岂能祸福趋避之。"

其二是要有不畏权势的勇气。坚持只向真理低头，不向权贵折腰。在真理面前，既不要畏惧理论权威，也不要畏惧领导权威。检验真理的标准是实践，而不是权威专家，也不是领导。

其三是要有敢于创新的勇气。研究的过程就是不断创新的过程。创新，既有思想观点的创新，也有研究方法的创新，还有实践探索的创新。在我们这个改革的时代，尤其需要创新。改革的过程就是突破传统的思想观念和体制机制的过程。我们的调研报告、理论文章，都应该体现新的思路、新的观点和自己的独到见解。

（5）广。这主要有四点。其一是要有宽广的视野。我曾提出："纵观上下五千年，横看东西两半球。"就是要视野开阔、思维开放。要跳出"三农"看"三农"，要学习和吸收各种学科的知识，吸收人类文明的共同成果，做到既有历史的纵深感，又有宇宙的宽广感，还要有全球的时代感。

其二是要有宽广的胸怀。有人说，胸怀有多宽广，学问就有多大。要有宽广的胸怀，就是要包容与自己不同的观点、不同的见解，就是要尊重个性，理解与自己不同的，甚至是反对自己观点的人。在学术上，要坚持百家争鸣，自由讨论。

其三是要有广博的知识。我发现，就像城乡分割一样，我们存在严重的学科分割。我们现在的博士其实大都做不到“博”，学经济学的，不关心社会学、法学和其他学科，其他学科也是如此，隔行如隔山。“三农”问题不是单一学科所能完全解决得了的，“三农”问题本身就是多种社会问题的集中反映，不是任何单一学科知识所能解决的。我们应当掌握多种学科知识，平时要广泛涉猎，尽量拓展自己的知识视野，优化自己的知识结构。

其四要有广泛的交流。我们要尽可能地参加各种学术交流活动，通过广泛的学术交流活动，既及时掌握新的学术动态和新的学术理论观点，又能结识新的学界同仁，这对于我们做好调研工作大有裨益。

上述我说的这些体会，并不是说我本人就做得很好，相反，我觉得自己还做得很不够，我只是借此机会与大家共勉。俗话说：“天大、地大、学问大。”我自己曾说过：“当官有上限，学问无止境。”从事调研工作，是一件十分辛苦而又永无止境的事情。但如果我们选择了“三农”研究工作，就要耐得住寂寞，坐得住冷板凳，就要以自己的调研成果来体现自己的人生追求和价值。当然，我们中心的调研工作也存在体制机制需要不断完善的地方。我们可以建立一个“三农”研讨的交流机制，大家都参与进来，加强交流，不断完善调研管理体制和办法，共同探讨首都“三农”问题，为推动首都农村改革和城乡一体化发展献计献策，贡献力量！

为农民权利发声是知识分子的担当*

《湘声报》记者　龚菁琦

"农民太苦了，要给农民以宪法关怀!"张英洪说这句话时，是2004年，当时农民税费负担之重，令他印象深刻。在湘西农村老家，他曾拿着当公务员时的工资去缴税，一个人200元，一家人就是700~800元，这是他整月工资的数额。农民更不堪重负。

然而，学术界很少说出农村的真实状况。张英洪说："一说到农业就是调整产业结构，增加粮食产量。从理论到理论，脱离了农村现实的环境，说真话都冒着极大风险。"

但是，他还是选择为农民发声。2000年，在县城机关工作多年后，张英洪重返校园，接连攻读硕士、博士学位。之后，他将全部身心放在"三农"问题的研究上，称自己是"自发的'三农'问题研究者"。他多次回到故乡，深入调查，遍访乡人，终于在2003年出版专著《给农民以宪法关怀》。2004年2月20日，《湘声报》以《张英洪：给农民以宪法关怀》为题，对他进行了报道。

"农民问题的本质是权利问题，城乡差距为何如此大，是从前的'挖农补工'把农民挖得太苦了。"诸如此类的言论，在当时的媒体上十分少见，因此湘声报的报道一出，引起了不小的震动。张英洪说，之后很多人联系他，给他写信，全国很多学术研讨会也找到他。通过这个报道，他还与学者于建嵘建立了联系，他们当时都很关心农村发展。

---

* 原载《湘声报》2013年12月20日。

张英洪说，虽然书的出版和报道都受到好评，但当时的阻力也很多，大家的观念都比较传统，“权利”“人权”这些字眼还被当成西方的专利。说到当年为何要坚持出书，他说：“湖南人的性格，敢说真话。此外，我们正好处在发挥自己价值的一个关键时期，我们期盼中国改革，需要知识分子的担当。如果这个时代出版不了，再过几十年，意义就不大了。”

2006 年，在张英洪的书出版 3 年后，他提出的“取消农业税”观点，在国家政策层面变为现实。“我的很多看法一般是比较超前的，我从个人权利的角度思考问题，总能准确找到问题根源。随着社会的发展，那些不符合人的权利的制度自然会被抛弃。像废除劳教制度、开放‘单独二孩’都是这种情况。”

从 2004 年关于“三农”的中央一号文件发布，到十八届三中全会，近 10 年间，张英洪不遗余力地把脉“三农”问题，他看到了时代的进步，也看到了改革最艰难的地方。

“近十年，‘三农’问题被列为中央治理的重中之重，这是最大的进步。要知道在本世纪初往前，对‘三农’问题远没有现在这么重视。”张英洪说，“体制也在慢慢变革，农民权利更多了，比如免农业税、免费义务教育、建立农村养老保险、粮食补贴等。”

但是，张英洪认为有些问题改变不大，如城乡的二元结构没能破除，在养老、医疗、教育等方面城市和农村差别特别大；农村土地所有制的封闭性凸显，农民的房子没有房产证，不能自由交易，被困在农村；农民工也因为户籍制度的阻碍没有市民化，一直无法正常融入城市。除此之外，上访和拆迁问题也不可掉以轻心。

“只有我们逐渐走向一个现代法治国家以后，才能真正解决农民的问题。而这必须有一系列的制度建设，光空喊不行，要落实在具体制度上。这一块任务很艰巨，但是方向应该是这样。”张英洪说。

2014 年

全面推进城乡发展一体化*

——关于破除双重城乡二元结构的思考

张英洪

静态的城乡二元结构建立的是市民与农民的权利不平等，动态的城乡二元结构建立的是城市本地居民与外来人口的权利不平等。

静态城乡二元结构与动态城乡二元结构共同构成了当代中国的双重城乡二元结构。

既破除城乡二元结构又破除城市内部二元结构的城乡发展一体化才是全面的城乡发展一体化。

城乡发展一体化是针对城乡二元结构来说的，城乡发展一体化的过程实际上就是破除城乡二元结构的过程。以城乡发展一体化破除城乡二元结构，最终形成平等、开放、融合、功能互补的新型城乡关系，这不但是解决三农问题的根本途径，也是实现社会文明进步的根本要求。当前，我们既需要重新认识城乡二元结构，也需要深化认识城乡发展一体化。

双重城乡二元结构

城乡二元结构是造成中国“三农”问题的重要体制根源。我国城乡二

---

* 原载《农民日报》2014年3月26日。

元社会结构有静态与动态两种形态。静态的城乡二元结构就是在计划经济体制下基于农民与市民两种不同的户籍身份，建立城市与农村、市民与农民两种权利不平等的制度体系。动态的城乡二元结构是基于城市本地居民与外来人口（主要是农民工，但不只是农民工）两种不同的身份，建立城市本地居民与外来人口两种权利不平等的制度体系。动态的城乡二元结构是市场化改革以来原静态城乡二元结构在城市中的新形态。

改革开放以来，随着工业化、城市化的发展，人口不断向城市集中，全国各类城市的外来人口不断增长，一些城市的外来人口大大超过了本地人口。在传统的城乡二元结构的基础上，市场化改革的力量又在城市催生了新的动态二元结构。全国各类城市特别是大中城市和经济发达地区的城镇，同时形成了传统的静态城乡二元结构与市场化改革以来出现的动态城乡二元结构叠加在一起的双重城乡二元结构。凡是有外来人口的城市和城镇都存在双重城乡二元结构，在外来人口大量集聚的大中城市，双重城乡二元结构表现得尤为突出。

静态城乡二元结构与动态城乡二元结构共同构成了当代中国的双重城乡二元结构。在沿海发达地区和各大中城市，双重城乡二元结构交织在一起，共同构成了城市化和城乡发展一体化面临的重大体制障碍。

提出和使用双重城乡二元结构的概念具有重要的理论意义和现实意义。从理论上说，市场化改革以来形成的农民工问题、蚁族问题、流动人口问题等城市外来人口问题，都可以被纳入动态城乡二元结构的框架中加以解释。从实践上说，破除城乡二元结构已成为当前的主流公共政策，但各地在破除城乡二元结构上，比较普遍的现象是侧重于破除传统静态的城乡二元结构，而相对忽视动态的城乡二元结构。对于外来人口，各地虽然出台了改善农民工等外来人口待遇的政策，但各个城市在对待外来人口上的传统思维和政策仍然严重存在。各类城市在对待外来人口问题上还主要局限在加强对外来人口的治安管理上，而不是将其作为移居城市的新市民加以平等对待。就是说，各地在城乡发展一体化进程中，在对待外来人口问题上还没有将其上升到破除动态城乡二元结构的层面。动态二元结构概念的提出，为各类城市推进城市一体化实践提供了重要的理论支持。

狭义城乡发展一体化与广义城乡发展一体化

与重新认识城乡二元结构相适应，我们也需要深化对城乡发展一体化的认识。

我们把破除城乡二元结构的城乡发展一体化称为狭义城乡发展一体化，把既破除城乡二元结构又破除城市内部二元结构的城乡发展一体化称为广义城乡发展一体化。狭义城乡发展一体化是不全面的城乡发展一体化，广义城乡发展一体化才是全面的城乡发展一体化。

全面推进城乡发展一体化，就是推进广义城乡发展一体化。广义城乡发展一体化就是要破除静态与动态两种城乡二元结构，树立既统筹兼顾本地城乡户籍居民权益，又统筹兼顾本地户籍居民与外来流动人口的权益，实现市民与农民、本地居民与外来人口的身份平等、机会平等和权利平等。既要使本市户籍农民共享城市发展成果，也要使外来人口共享城市发展的成果。忽视外来人口基本权益的城乡发展一体化，只是不全面的城乡发展一体化，实质上并没有完全跳出城乡二元结构的传统窠臼。

对任何城市发展来说，只有全面破除静态城乡二元结构和动态城乡二元结构，推进广义城乡发展一体化，才能真正形成城乡经济社会发展一体化新格局。只有统筹破除双重城乡二元结构，全面推进城乡发展一体化，才能使城市郊区农民、外来人口与城市户籍市民一样融为一体、休戚与共，才能从根本上解决农民问题、农民工问题和城市其他外来人口等问题，才能有效应对城市快速发展所面临的各种危机与挑战。破除双重二元结构既是工业反哺农业、城市支持农村的基本要求与具体体现，也是城市获得新的人力资本的公正选择，是一个城市走上公平正义发展轨道的必然选择。

城市化与城乡发展一体化的关系

城市化是全世界都在共同使用的概念。一般认为，城市化是由传统农村社会向现代城市社会转变的历史过程。城市化将农村与城市联系起来，其实质就是将农村社会转变为城市社会，其表现为城市人口的增加、城市规模的扩大、城市非农产业的发展、城市生活方式的确立等方面。城市化是针对农村社会来说的。城市化表达的城乡关系，就是将农村社会转变为城市社会的过程。衡量城市化发展水平的指标就是城市化率，即城市人口占总人口的比重。

一般认为城乡发展一体化是我国现代化和城市化发展的一个新阶段，城乡发展一体化就是要把城市与乡村作为一个整体进行统筹谋划，实现城乡功能互补、制度统一、权利平等的发展过程。城乡发展一体化将农村与城市联系起来，其实质就是要破除城乡二元结构，实现农村与城市平等开放、共同发展，其表现为改变城乡分割的二元制度，实现城乡制度统一开放；改变城乡不平等的制度安排，实现城乡制度平等；改变城乡对立、城市对农村的歧视与掠夺的现象，缩小城乡差距，实现城乡功能互补、平等发展。城乡发展一体化是针对城乡二元结构来说的。城乡发展一体化表达的城乡关系，就是要破除城乡二元结构、实现城乡平等发展的过程。

城市化与城乡发展一体化之间存在两种不同的关系。一方面，城市化可以强化城乡二元结构，阻滞城乡发展一体化；另一方面，城市化也可破除城乡二元结构，推进城乡发展一体化。第一种情况可以称之为传统城市化，第二种情况可以称之为新型城市化。那种认为城乡发展一体化是城市化发展的高级阶段的说法并不准确。例如，2012 年北京市城市化率已高达 86.2%，已进入城市化发展的高级阶段，但北京市城乡二元结构、城市内部的二元结构都严重地存在，城市化高度发展了，但城乡二元结构并没有破除。

一方面，我国的城市化在既有的城乡二元结构中快速发展；另一方面，快速发展的城市化进程催生了一个 2 亿多人口的农民工阶层，形成了城市内部的二元结构。城市化重在经济发展，而城乡发展一体化重在制度变革。因此，我们不能简单地认为城市化就一定会推进城乡发展一体化。没有现代公平正义的制度变革，城乡发展一体化不会在城市化发展中自动实现。

北京市外来农民工基本公共服务政策研究*

张英洪　刘妮娜　赵金望　齐振家

基本公共服务是指建立在一定社会共识基础上，由政府主导提供的，与经济社会发展水平和阶段相适应，旨在保障全体公民生存和发展基本需求的公共服务。① 2012 年 11 月，党的十八大明确提出要“有序推进农业转移人口市民化，努力实现城镇基本公共服务常住人口全覆盖”。② 根据2010年第六次人口普查结果，北京市外来人口为704.5 万人，占常住人口的35.9%。其中，外省市来京农民工约为380 万人，比5 年前的第五次人口普查时净增了100 万人，占北京市外来人口的53.9%，占北京市全部常住人口的19.4%。近些年来，北京市在为外来人口提供基本公共服务上已经做出了诸多努力，但与党的十八大提出的“实现城镇基本公共服务常住人口全覆盖”的目标要求还有不小的差距。作为全市常住人口的外来农民工，如何平等享有基本公共服务，是首都改革发展面临的现实课题。

一　北京市外来农民工公共服务基本情况

1. 劳动就业政策及成效

一是促进就业方面。2002 年以来，北京市认真落实“公平对待，合理

---

* 原载《北京农业职业学院学报》2014 年第 2 期。

① 《国家基本公共服务体系“十二五”规划》（国发〔2012〕29 号）。

② 胡锦涛：《坚定不移沿着中国特色社会主义道路前进　为全面建成小康社会而奋斗——在中国共产党第十八次全国代表大会上的报告》，人民出版社，2012，第 23 页。

引导，完善管理，搞好服务”的方针，不断出台完善就业政策，强化农民工就业服务，确保劳动者平等获得就业机会的权利。

“十五”期间，北京市逐步清理和取消了20世纪90年代出台的多项外来农民工就业管理限制、收费和歧视性政策。例如，2002年3月，北京市修改《北京市外地来京务工经商人员管理条例》部分条款的议案，删除了原条例中“务工经商人员应当向基层外来人员管理机构或者劳动行政管理机关缴纳管理服务费”的条款；2003年7月《关于加强外地来京务工人员就业服务工作的通知》（京劳社就发〔2003〕121号），取消了用人单位使用外地来京务工人员计划审批和岗位（工种）限制；2004年5月，北京市人大常委会第十二次会议取消了“外来人员就业证”；北京市政府第二十四次常务会议废止了《北京市外地来京人员务工管理规定》；2005年3月，北京市十二届人大常委会第十九次会议审议废止了《北京市外地来京务工经商人员管理条例》等。

在此基础上，北京市加强了北京务工人员流动情况监测，及时了解、掌握春节前后外来农民工进、出京情况，搭建农民工求职绿色通道，在农民工进、出京的火车站、长途汽车站设立就业服务站，为北京外来务工人员第一时间送上服务并对其及时引导。同时，北京市开展了大规模的清理拖欠农民工工资行动，建立了最低工资制度、最低工资标准正常调整机制和农民工工资支付保障机制，切实维护农民工合法权益。据调查，北京市外来农民工合同签订率达到69%，基本实现“无拖欠工资”目标。

北京市对外来农民工的促进就业服务在家政服务业方面体现得最为明显，2011年，北京市出台《关于鼓励发展家政服务业的意见》（京政办发〔2011〕23号）（简称“家七条”），分别从鼓励实行员工制管理、加大扶持力度、维护从业人员合法权益等七个方面提出了政策和鼓励措施。对符合条件的员工制家政服务企业，给予必要的资金扶持、税收减免优惠、培训补贴和社会保险补贴；完善政府间劳务协作机制，通过政府间签订协议、给予适当支持的方式，在全国劳动力主要输出省份和北京市对口援助地区，建立一批家政服务员输入基地；同时，建立了家政服务员持证上岗制度，提高家政服务员服务水平；采取多种措施，加强家政服务员权益维护。2012年，北京市人力资源和社会保障局进一步出台《关于鼓励家政服务业实行员工制管理的试点意见》，择优认定一批具有典型示范作用的家政服务企业作为员工制家政服务试点企业，进一步加大对员工制家政服务企业支持力度。比如，加大社会保险补贴力度，第一年为全额补贴，此后逐年降低，分别为80%、60%、50%、50%；优先为员工制企业开展免费的职业技能培训和鉴定；与企业共建劳务输出基地；建立“绿色通道”，提供政策咨询、人才引进、技能鉴定、职称评审等全方位的上门服务；加大对员工制服务企业的宣传推荐力度等，鼓励员工制家政服务企业做大做强。

二是职业培训方面。1995年北京市《关于对外地来京务工经商、从事家庭服务工作人员进行职业技能培训和就业资格认定的通知》（京劳培发〔1995〕208号）提出“在本市允许使用外地人员的行业、工种范围内，从事技术性工种岗位的务工人员、家庭服务员均需经过相应专业（工种）的职业技能培训，取得《北京市就业转业训练结业证书》后，方可办理《北京市外来人员就业证》”。2001年《关于大力推进社区就业培训有关问题的通知》（京劳社培发〔2001〕111号）要求“建立社区服务从业人员持证上岗制度，凡从事社区服务的失业人员、下岗职工、本市其他从业人员以及外地来京务工人员，均须接受社区就业培训，实行持证上岗”。2003年《关于做好外地进京务工人员职业培训服务工作的通知》（京劳社培发〔2003〕137号）要求“企业、事业单位已招用的未取得国家《职业资格证书》的农民工，用人单位应利用本单位、本行业的职业培训机构或委托经劳动保障部门资质认定的职业技能培训机构对使用的农民工进行职业技能培训，取得相应《职业资格证书》后，方可上岗”。

2006年，北京市印发《关于加强外来农民工职业技能培训工作有关问题的通知》（京劳社培发〔2006〕117号），正式启动外来农民工技能提升培训工程，利用中央财政补助资金，建立起外来农民工职业技能培训补贴制度。2007年，印发《关于加强外来农民工培训补贴政策工作有关问题的补充通知》（京劳社培发〔2007〕56号），从培训机构资质认定、培训层次、工作标准、补贴标准、享受补贴的条件、资金申请等环节上提出要求。2009年，印发《关于实施外来农民工职业技能特别培训计划的通知》（京人社办发〔2009〕16号），在家政、护理等行业启动外来农民工职业技能特别培训计划。此后，不断提高培训补贴标准，按《关于调整本市城镇失业人员、农村劳动力职业技能培训补贴标准的通知》（京人社能发〔2011〕253号），初级培训1500元/人，中级1800元/人；岗前培训，家政服务员为650元/人，护理员为900元/人。

同时，北京市一直在积极探索家政服务培训工作的新模式。员工制家政服务企业与非员工制家政服务企业针对外来农民工的培训政策在人员范围、培训机构认定、培训机构范围、培训类型、补贴标准、考核标准、培训补贴申请、签订补贴申请以及教材、证书方面有明显区别。

通过开展职业培训，外来农民工的就业技能和薪酬水平得到有效提升。根据调查，取得职业资格证书的外来农民工月均收入为3894元，没有相关证书的仅为2752元，两者差距在千元以上。职业技能对薪酬的显著影响带动了农民工参加各类培训。

2. 社会保障政策及成效

北京市在外来农民工社会保障方面，主要按照“低门槛、低缴费、保大病、保当期”的原则，采取优先推进工伤保险和医疗保险的政策，并在此基础上，逐步消除保险待遇差别，使农民工享受与城镇职工同等的待遇水平。特别是2011年7月1日起施行《社会保险法》后，为落实打破“身份、户籍、地域”界限的要求，北京市稳步推进外来农民工参保工作，目前除失业保险外，外来农民工其他各项社会保险都已经实现了与本市城镇职工平等待遇。整体而言，北京市农民工的社会保障政策经历了从无到有、从自愿参保到强制参保、从制度单设到城乡一体的转变。

具体来讲，在养老保险方面。2010年1月，北京市根据《城镇企业职工基本养老保险关系转移接续暂行办法》（国办发〔2009〕66号），出台《关于农民工养老保险参保有关问题的补充通知》，对农民工参加养老保险做出强制性规定，统一了农民工与城镇职工的参保政策，该通知规定农民工自2010年1月起按照城镇企业养老保险规定缴费，本市基本养老保险最低缴费基数为上一年本市职工月平均工资的60%，为平稳过渡，最低缴费基数的调整实行五年过渡，目前为本市上一年社平工资的40%（1490元），上限为本市上一年社平工资的300%（目前为11178元）。这意味着社会保险首次打破了职工的城乡身份界限，实现了城乡职工“同保险、同待遇”。截至2012年9月底，北京市已有172.3万农民工被纳入本市城镇职工养老保险体系，其中外来农民工为127.3万人。

在医疗保险方面。2012年北京市出台了《关于本市职工基本医疗保险有关问题的通知》（京人社医发〔2012〕48号）和《关于农民工参加基本医疗保险有关问题的通知》（京社保发〔2012〕17号），规定，自2012年4月1日起，按照《北京市外地农民工参加基本医疗保险暂行办法》（京劳社办发〔2004〕101号）参加医疗保险的农民工，统一按照城镇职工缴费标准缴费，即医疗保险费由用人单位和个人共同缴纳，其中用人单位按全部职工缴费工资基数之和的10%缴纳；农民工个人按本人上一年月平均工资的2%和每人每月3元缴纳。将农民工大病医保制度与城镇职工医保制度相统一，实现了农民工与城镇职工在缴费标准、个人账户、计算年限、享受待遇等方面的统一。截至2012年9月底，北京市按12%比例缴费（单位9% +1%，个人2% +3元）的农民工达到178.6万人，其中外地农民工有132.8万人。

在工伤保险方面。2004年7月，颁布《北京市外地农民工工伤保险暂行办法》，将外地农民工纳入工伤保险体系。用人单位以农民工上年度平均工资为缴费基数，按照一定费率缴费，农民工个人不缴费，工伤待遇享受与城镇职工完全相同。2007年以来新开工建设项目的农民工已经全部参加了工伤保险。截至2012年9月底，农民工参加工伤保险的有178.1万人，其中外地农民工132.3万人。

在失业保险方面。根据国家《失业保险条例》的原则要求，1999年11月实行的《北京市失业保险规定》，将农民工纳入失业保险范围内，农民工本人无须缴纳失业保险费，但其失业保险待遇则由一次性补助替代按月领取的失业保险金，其标准为本市职工最低工资的40%。截至2012年9月底，农民工参加失业保险的有164.6万人，其中外地农民工有120.9万人。

3. 子女教育政策及成效

2002年《北京市对流动人口中适龄儿童少年实施义务教育的暂行办法》首次对农民工子女教育做出正式规定。该办法规定“流动儿童少年可持在京借读批准书和原就读学校出具的学籍证明，到暂住地附近学校联系借读，经学校同意后即可入学”。

2004 年北京市教委、市发展改革委等 10 家单位共同发布《关于贯彻国务院办公厅进一步做好进城务工就业农民子女义务教育工作文件的意见》，免除了全市实施义务教育的公办小学和初中对符合来京务工就业农民子女条件的借读生收取的借读费，同时规定各区县政府负责保证公办中小学办学所需正常经费，区县财政要按学校实际在校学生人数和定额标准划拨生均经费。这虽较 2002 年的《暂行办法》有了一些改变，但农民工仍需自己到暂住地附近的公办小学、初中或经批准的民办学校联系子女就读，意味着决定权仍然掌握在其所联系的学校手里，农民工子女虽然在名义上有学上，实质上却可能没学校收。

针对这些不足，2008 年《北京市教育委员会、北京市财政局关于进一步做好来京务工人员随迁子女在京接受义务教育工作的意见》着重明确了对农民工子女接受义务教育工作的管理责任和投入力度，一是规定坚持“属地管理”和“公办学校接收”两为主的原则，进一步强化了区县政府对农民工子女接受义务教育负主要责任，同时规定将富余且安全的公办学校校舍，优先用于接收农民工子女就读。二是切实保障按公办学校实际在校人数核拨公用经费和核定教师编制，并规定在年度预算中安排专项经费对接收农民工子女比较集中的区县给予重点倾斜，调动公办学校接收农民工子女就读的积极性。2009 年《北京市人民政府办公厅关于贯彻国务院做好免除城市义务教育阶段学生学杂费工作文件精神的意见》进一步规定免除民办学校、审批合格自办学校中持有相关证明材料的农民工子女学杂费和借读费。《北京市中长期教育改革和发展规划纲要（2010－2020 年）》进一步阐述了今后 10 年北京市政府将如何增强农民工子女接受教育的能力，包括将农民工子女接受义务教育工作纳入公共财政体系保障范畴，加强农民工子女融入首都生活的教育，注重他们的学习能力、心理素质、生活习惯的培养等。

在子女升学方面，2010 年北京市教委发布小升初及小学入学政策，规定本市户籍学生和来京务工人员随迁子女均按照“免试、就近入学”的原则开展，并要求各区县负责解决外来子女入学。2012 年《北京市随迁子女升学考试工作方案》将其扩展到初中毕业后的升学及后续学习问题上，其中规定了近期实行的过渡期升学考试措施，可谓新的突破。该方案规定“自2013年起，凡进城务工人员持有有效北京市居住证明，有合法稳定的住所，合法稳定职业已满3年，在京连续缴纳社会保险已满3年，其随迁子女具有本市学籍且已在京连续就读初中3年学习年限的，可以参加北京市中等职业学校的考试录取；自2014年起，凡进城务工人员持有有效北京市居住证明，有合法稳定的住所，合法稳定职业已满6年，在京连续缴纳社会保险已满6年，其随迁子女具有本市学籍且已在京连续就读高中阶段教育3年学习年限的，可以在北京参加高等职业学校的考试录取”等。

4. 住房保障政策及成效

北京市建委2011年10月正式公布《关于加强本市公共租赁住房建设和管理的通知》，通知规定外来人员持续稳定工作一定年限无住房可申请公租房。首先对流动人口主要体现为对他们解决暂时居住问题的支持，故无租金补贴政策。其次，没有设定统一收入标准和工作时限，由各区县确定，原因是各区县实际情况不同。如旧城区本身就要疏散人口，标准可能会定高一些；新城由于有产业园区，希望吸引外来人才，标准可能会低一些。这样各自制定标准会更符合实际要求。[①] 2012年8月，石景山区首次正式受理外地人租房申请，但保障对象规定为在石景山区行政区域内连续稳定工作5年以上，或经相关部门认定的专业人才，并符合北京市公共租赁住房标准的家庭。实际上这一规定将一大批层次较低的从事体力劳动的农民工排除在外，且到目前为止，除石景山区外，仍无其他区提出农民工等外来人口申请公租房的具体政策。

二　北京市外来农民工公共服务存在的主要问题

1. 相关就业服务与本地城镇户籍人口、本地农民工差距较大

北京市自2003年取消用人单位使用外地来京务工人员计划审批和岗位（工种）限制后，只在2011年和2012年为发展北京市的家政服务业出台了鼓励实行员工制管理、维护外地农民工合法权益的政策和措施。而对于

① 新浪房产专题，http://bj.house.sina.com.cn/zhuanti/wlrysqgzf/；腾讯房产专题，http://house.qq.com/zt2011/gongzufang/。

本地农民工，自1998年至今，北京市下发的促进就业及就业失业管理援助的文件共计12份，包括建立农村富余劳动力就业登记制度，形成区县乡镇村三级就业服务组织管理网络，将绿化隔离矿山关闭保护性限制地区农村劳动力纳入困难群体援助范围，建立“零就业家庭”就业援助制度，建立“纯农就业家庭”转移就业援助制度，将建设征地、土地储备或腾退、整建制农转非、山区搬迁、绿化隔离建设等地区的农村劳动力纳入城镇失业登记范围，享受城镇促进就业帮扶政策，鼓励用人单位招用农村就业困难人员的相关优惠政策等。同时城镇就业困难人员还享受社会保险补贴以及特困人员的托底安置服务。可以说，北京市对外来农民工和当地城镇户籍人口、本地农民工在就业服务理念上存在差别，对后两者是从保护其生存权和发展权出发的重视与保护，对外来农民工则是从北京市经济发展与行业繁荣角度出发的培训与使用。

2. 外来农民工参保率低，缴费标准低，缺乏失业保险

首先，外来农民工的参保率、缴费标准较低。从参保率来看，外来农民工养老、医疗、工伤保险的参保率在35%左右，而本地农民工的养老、医疗、工伤保险参保率均超过90%，差距明显。其原因主要包括用人单位主观上不愿为外来农民工参保、高流动性给外来农民工参保造成障碍、外来农民工对现行社会保险制度缺乏信任以及政策宣传投入不到位等。

从缴费标准来看，虽然目前北京市在养老、医疗、工伤和生育保险上已经实现了农民工与城镇职工的统筹，但在缴费标准上仍然存在较大差距。以养老保险为例，2012年北京市各类参保人员养老保险缴费系数下限是1869元，上限是14016元，二者相差7.5倍，而与养老保险缴费额密切相关的是达到法定退休年龄后领取养老保险的金额，这在一定程度上决定了农民工与城镇职工在老年生活保障上的差距。

其次，北京市的失业保险制度未实现统一。目前，北京市农民工失业保险制度与城镇职工失业保险制度还未实现统一，养老、医疗、工伤、生育等其他“四险”都是同城待遇，唯独失业保险不能享受到与城镇职工同等的待遇，主要原因是受《失业保险条例》限制。1990年颁布的《失业保险条例》规定农民工参加失业保险由单位缴费，农民工个人不缴费，其失业保险待遇由一次性补助替代按月领取的失业保险金，一直沿用至今。

3. 外来农民工被排除在北京市社会救助体系外

社会救助是居民生存权的基本保障，生存权和发展权是现代社会公民的基本权利，获取社会救助是公民的一项基本权利，它在社会保障体系中发挥着重要的“兜底”作用。

根据北京市政府2013年8月下发的《关于进一步加强和改进社会救助工作的意见》，北京市将在“十二五”期间实现低保与医疗、教育等专项救助制度的有机衔接，贫困无业家庭无力参加社会保险可以获得资助，同时北京将推动社会救助从生存型向发展型转变，切实维护困难群众基本生活权益。“十二五”末期，北京市城乡最低生活保障标准将实现一体化。其中，北京市社会救助体系包括生活苦难补助、临时救助、最低生活保障、住房救助、教育救助、灾民救助、医疗救助以及社会互动等8项内容。但查看该意见的内容，仍是基于户籍制度之上，并未提到流动人口或外来农民工，可以说，从北京市的社会救助体系建设来看，外来农民工由于没有北京市户籍，是被完全排除在体系之外的。

4. 农民工子女实际上没有与北京孩子平等的就学条件

这主要体现在四个方面。一是学校仍掌握着农民工子女能否就学的决定权。虽然北京市在农民工子女教育方面出台多项政策，并在不断更新政府的服务管理思路，改善农民工子女的就学环境，但从根本上来讲农民工子女是否可以到所联系学校就读的决定权仍掌握在学校手中，农民工子女有的只是就学的权利，但没有平等的选择机会，即农民工子女与北京孩子享受的就学机会并不完全平等。

二是农民工子女学习环境相对较差、教学质量不高，尤其是就读于民办学校和打工子弟学校的孩子。来京务工人员所处的社会地位低、拥有的社会资源少，来京务工人员随迁子女公办学校接收比例这一总的数字可能与农民工子女的公办学校就学率相去甚远（目前尚没有农民工子女就学率的确切数字）。同时，北京的大多数农民工都居住在城乡接合部，工作地点经常发生变化，子女的流动性也随之较大，子女符合借读条件的所占比例较低，而且即使是这些地区的公办教育资源，与市区相比仍是少且落后，更勿论就读于民办学校或打工子弟学校的农民工子女，他们所拥有的是简陋的教学设施、质量参差不齐且流动性很大的教师队伍。对农民工子女，尤其是外地农民工子女来说，与教育机会不平等相伴而生的是教育资源的不平等。

三是农民工子女学前教育质量低，安全隐患多。学前教育是基础教育的基础，对于孩子一生的成长有着至关重要的作用，但由于其不属于义务教育范畴，且北京市公立幼儿园目前严重供不应求，北京市学前教育相关文件中几乎没有提及农民工子女。一般来说，公办幼儿园或教学条件较好的私立幼儿园与北京城镇户籍、经济条件好的家庭挂钩，农民工子女多数就读于价格低廉的私立幼儿园。这些幼儿园大多办园资质不足、教育质量较差、条件简陋，存在安全隐患。

四是农民工子女异地升高中问题仍是无解。2010 年北京市教委发布了小升初及小学入学政策，规定本市户籍学生和来京务工人员随迁子女均按“免试、就近入学”的原则开展，统一了城乡儿童义务教育阶段的就学方式。但就农民工子女异地高考，即在京参加高考的问题并没有得到解决。2012 年《北京市随迁子女升学考试工作方案》规定了符合条件的农民工子女可以参加中等职业学校、高等职业学校的考试录取，但仍不可升高中，也不能参加北京市高考。

5. 农民工居住条件差、环境恶劣，缺乏托底保障

根据北京市农民工的调查数据，外来农民工目前仍以集体宿舍和自己租房为主，由于目前住房租赁市场的不健全以及农民工的省钱心理，他们往往选择租住最便宜的房子，包括地下室、工棚、隔断间等，居住条件差、环境恶劣。调查中，他们回答在住房上最期望获得的帮助是“提供廉租房”，占到 48.4%；其次是期望“稳定房租”，占到 27.7%。

就实际情况来看，目前北京市虽然已出台政策允许外来农民工参与申请公租房，但只有石景山区出台详细细则允许符合条件的农民工参与摇号，且租金不享受政府补贴；此外，北京市的出租房屋租金持续上涨，这无疑加大了外来农民工的生存压力，而目前的住房政策并没有将农民工纳入住房补贴范围。近些年来引起社会高度关注的“蚁族”“蜗居”“胶囊公寓”等社会现象，正是外来农民工等流动人口群体缺乏体面居住条件的现实反映。

三　完善北京市外来农民工基本公共服务的对策建议

北京市要实现城镇基本公共服务常住人口全覆盖的目标，应将农民工全面、平等纳入城镇基本公共服务保障范围，不应有任何政策制度上的歧视。

1. 不断完善外来农民工平等就业政策

首先，在就业政策方面，需改变对外地农民工的“用人观念”，坚持以人为本，保障公民权利，从促进和帮助外地农民工更好就业、提高收入的角度逐步完善针对外地农民工的就业政策，在公平的基础上追求效率。

其次，在就业服务方面，一是建立健全农民工就业培训工作网络，完善公共就业服务的信息化手段，动态掌握农民工就业信息，促进农民工就业培训制度化；二是充分利用社会现有教育资源，委托具有一定资格条件的各类职业培训机构开展培训工作；三是引进和培育高等技术人才、稀缺岗位人才，在对高端人才的使用和管理过程中，发挥人才示范效应，进而带动农民工素质的整体提高；四是提高公共财政用于农民工培训的比例，将农民工培训全面纳入城镇职工培训体系。

最后，在提供农民工就业信息服务上，一是要进一步拓宽农民工就业的信息渠道，建立健全农民工求职信息系统，并在农民工较为集中的区域建立职业中介园区，引导农民工合理流动。二是政府部门要进一步完善管理服务。既要为农民工从事非正规就业做好服务工作，又要加强对非正规就业用人单位和雇主的管理和监督，运用行政、法律手段规范劳资关系，杜绝对农民工各种侵权事件的发生。特别是要按照国际劳工组织的普遍做法，全方位维护农民工的各项合法权益。三是推行和完善新型劳务用人机制，引导和规范农民工与企业的双向自主选择权。

2. 将农民工平等纳入城镇社会保障体系，实现社会保险制度的跨省转移接续

首先，目前由于社会保险没有实现全国统筹，在跨省份转移接续不顺畅的前提下，农民工群体工作不稳定、流动性强的特点决定了农民工入保意愿低、用人单位逃避责任空间大。要提高外地农民工社会保险覆盖率，决定性前提是实现社会保险的跨省转移接续、全国统筹。据此，中央政府要积极承担社会保障责任，尽快从全国层面统筹谋划，加强社会保障制度建设，提高社会保险统筹层次，由人力资源和社会保障部实行统一收缴、管理、运营、结算和发放，使各省市、城乡间社会保险的转移接续顺畅有序；进一步完善公共财政制度，中央财政要对在全国跨省级行政区流动迁移人员的社会保障待遇给予相应补贴，减轻流入地的财政压力。

其次，北京市应进一步完善社会保障政策制度，全面实现农民工享有平等的社会保险权利。要加强对用人单位缴纳职工社会保险的监管力度，加大基本养老保险扩面力度，扩大“三险一金”覆盖范围，继续从制度全覆盖向人群全覆盖努力，逐步提高缴费标准；积极探讨建立失业保险的城乡统筹，进一步健全和完善城乡统一的社会保险体系。

3. 将外来农民工平等纳入社会救助体系

社会救助是基本公共服务的重要组成部分，在社会保障体系中起“兜底”作用。外来农民工属于社会中下阶层群体，他们所从事的多为脏、累、重、险的工作，工作条件相对比较恶劣，职业病发生率都较高，且大部分属于非正规就业，没有与用人单位签订正式的劳动合同，这种弱势地位使其极容易陷于贫困，因此对社会救济有着迫切需要。

北京市不能漠视或故意忽视外来农民工的这一重要需求，而是应正视问题并解决。第一步应通过部门联动，排查确定处于北京市最低生活保障线以下的外来农民工的数量、人口学特征、需求。在摸底排查结束后，可根据农民工数量、特征、需求，从外来农民工亟须的失业救助、医疗救助、住房救助等专项救助着手，按照“先专项，后低保”的原则，分群体、分步骤、分阶段地将稳定就业的外来农民工纳入北京市社会救助体系中，为外来农民工提供有效率的“兜底”保障，以保障农民工最基本的生存权利，减少社会不稳定因素。

4. 确保农民工子女享受平等的受教育权利

首先，农民工子女的义务教育政策应以公平为首要的价值目标，农民工子女应与北京孩子享受平等的就学机会和资源，就学的自主选择权需掌握在学生和家长手里，而非学校。

其次，加快推进基础教育均衡发展。不断提升农民工子女就学的公办学校的教学质量，包括资金投入、硬件设施和教师配置等方面，需要进一步完善政策制度，同时也要重视农民工子女就学等软环境的营造。农民工子女一般集中在城乡接合部的公办学校中，对于这些学校必须增加市一级的财政投入，帮助其达到城市学校的标准化水平。在师资方面，应通过提高待遇等方式吸引优秀教师，实行教师在城乡学校之间正常轮岗交流的措施。

最后，积极鼓励社会力量办学。要降低民办学校的办学门槛，鼓励社会力量参与创办多种形式的民办学校，包括社区学校、教会学校、打工子弟学校等，以接纳更多的农民工子女上学，不断提升这类学校的教育能力，制定优惠政策扶持民办学校的正常发展。

要适应城市化和人口流动的现实需要，从维护公民受教育权和实现公平正义的角度，积极探索解决农民工子女学前教育问题，规范私立幼儿园的办学标准，把关办学质量。探索进行农民工子女参加北京市中考、高考的制度改革。北京不应成为一座特大的特权城市，而应是建立在公平正义基础上的更加体现包容性的现代文明城市。北京精神中的包容，需要具体的政策制度来体现。

5. 将农民工平等纳入城镇住房保障体系

为农民工提供基本而有体面的住房保障，是政府保障农民工居住权的重要职责。要实现城镇基本公共服务常住人口全覆盖，必须将为农民工提供住房保障作为城镇住房政策的重中之重。

首先，逐步将农民工全面纳入公租房保障范围。要从根本上转变公租房建设的指导思想，明确将农民工作为公租房保障的主要对象。对于无住房的本地农民工和在北京市稳定就业的外地农民工，只要签订正式劳动就业合同，就可以申请公租房，给予同等市民待遇。

鉴于农民工聚居区以城乡接合部为主，应当建立健全农村集体建设用地发展租赁住房的试点和推广政策，进一步改革土地制度，创新集体建设用地利用方式，规范集体建设用地建设租赁住房政策，加强和完善相关管理制度。在投资形式上可借鉴浙江省公租房建设经验，鼓励和引导民间资本参与，尤其是引导用工单位、村集体等各类投资主体参与建设，出台鼓励公共租赁住房建设和运营的相关优惠政策，将其统一纳入北京市公共租赁住房管理，优先向出资用工单位符合条件的职工出租。同时要在农民工聚居的公租房区域按照实际需求和健康标准建设生活服务配套设施，使公租房环境达到改善农民工居住环境、提高生活质量的目的。

其次，应扩大公积金制度覆盖面，将农民工全面纳入其中。充分发挥住房公积金制度的住房保障属性，所有正式用人单位，必须将符合条件的农民工纳入住房公积金制度范围内。

最后，规范农民工住房租赁市场，为农民工平等提供住房补贴。公租房等保障性住房起的是托底作用，对于北京市 400 万农民工来说，绝大部分人住房问题的解决靠的是租赁市场。目前北京市的租赁市场仍处于发展初期，农民工租住的房屋往往环境恶劣、安全性差。有关部门应大力规范房屋租赁市场，试点成立国有房屋租赁经营机构，将业务对象限定为农民工群体，业务内容以农村富余房屋集体出租、单位闲置房屋低价出租为主。同时，要将农民工全面纳入城镇住房补贴政策体系，使农民工与其他城镇职工一样公平享受住房政策补贴。

建设保障农民权利的公正社会*

张英洪

农民问题是中国现代化进程中最突出的问题之一。在中国，农民是占总人口比例最多的群体，同时也是基本权利遭到侵害最大的群体。这个现象引起了我长久的思考。我通过对农民问题的观察和研究得出的最基本结论是，农民问题的实质是权利问题，推进国家治理体系和治理能力现代化的核心任务之一就是要建设保障农民权利的公正社会。没有对农民基本权利的尊重和保障，就不可能有社会的公平正义，也不可能有国家治理的现代化，更不可能有农民的尊严和幸福生活。

我出生在湘西农村一个极其普通的农民家庭，农民的底层生活和权利的受侵害的现实使我感同身受。但仅仅有对底层民众苦难生活的同情和对社会不公的义愤是远远不够的。因为如果没有现代民主法治理念的提升，没有基本人权观念的确立，简单地对底层民众苦难生活的同情和对社会不公的义愤，极容易导向仇富、仇官的民粹主义。中国历史上的农民造反和农民起义，都是因为农民对富人、对官员和对体制的不满所引发的社会大地震。这些社会大地震使整个国家和民族蒙受了巨大的灾难，穷人和富人、百姓和官员都会成为社会大地震的牺牲品。即使是成功的农民起义，也没有将农民从苦难的生活中解救出来。在农民起义或农民革命成功后，只是参与起义或革命的部分农民“翻了身”，过上了他们曾经痛恨的“富贵生活”，而绝大多数农民还是农民。

* 本文系《农民权利研究》（全4册）的自序，2014年4月13日初稿，4月20日修订。

在对农民命运的关切和对国家善治的沉思中，我找到了反哺农民、报效国家的最好武器——权利。正如耶林所说的：“没有权利，人类将沦落至动物的层面。”“为权利而斗争是一种权利人对自己的义务。”为农民争取权利，既是我这位农民之子对乡亲父老的感恩，也是我这样的受教育者对国家和民族的回报，更是我这样的现代公民为自己和子孙后代永享自由尊严的不二法门。胡适说过：“争你们个人的自由，便是为国家争自由！争你们自己的人格，便是为国家争人格！自由平等的国家不是一群奴才建造得起来的！”为权利而斗争，而不是为乌托邦而斗争，也不是为特权而斗争，这是中国走出“兴亡百姓苦”陷阱的人间正道。赋权于民，建立尊重和保障个人基本权利和自由的公正社会，不仅对农民有利，而且对整个社会有利。保障每个人的基本权利和自由，既有利于百姓，也有利于官员；既有利于穷人，也有利于富人；既有利于在野者，也有利于当政者；既有利于右派，也有利于左派。可以说，保障每个人的基本权利，是现代国家合法性的基础，是人类文明的共同底线。

在我看来，农民权利问题如此显而易见，在相当长的时期里，农民权利问题却成为没有人敢于涉足的禁地。我理解的主要原因有两个方面。一是学科分割所致。受苏联模式的影响，我国的学科分割不亚于城乡分割。以前从事农村问题研究的学者主要是学农业经济学、历史学和社会学专业的，他们基本上没有农民权利的知识和背景；而研究权利的学科主要是法学和政治学，从事法学和政治学研究的人则长期沉浸在书本上的概念和理论的空谈中，对现实中的农民问题缺乏应有的关怀。在中国的高校，并没有设置农民权利这个专业，因而就没有培养出研究农民权利的专业学生。二是意识形态束缚所致。由于受苏联模式的长期影响，绝大多数人将权利、人权视作资产阶级的名词，不断将权利、人权等概念敏感化，使独立研究权利、人权等问题的人面临极大的风险。

既然如此，我是怎样走上农民权利研究之路并执着于农民权利研究的呢？我想可以用几句话概括之。用孔子的话说，就是“士志于道”；用孟子的话说，就是“仁者爱人”；用林则徐的话说，就是“苟利国家生死以，岂因祸福避趋之”；用岳麓书院的一副对联说，就是“惟楚有材，于斯为盛”；用马克思的话说，就是“一个人有责任不仅为自己本人，而且为每一个履行自己义务的人要求人权和公民权”；用共产党的话说，就是“实事求是”，“为人民服务”；用陈云的话说，就是“不唯上、不唯书、只唯实”；用江平的话说，就是“只向真理低头”；用我自己的话说，就是“纵观上下五千年，横看东西两半球”，“维护和发展公民权是我们这一代人的神圣使命和当然责任”。在我们这个人类赖以生存的地球上，无论社会怎么变化，总有人会为真理而斗争，总有人会为权利而努力，总有人会为社会的公平正义而献身。

我在十多年的农民权利研究中，也曾遭遇不少挫折和打击，至于一些人对我从事农民权利研究有误解更是常见之事。在我从事农民权利研究中，有的人善意提醒我别研究权利，要明哲保身，以免惹火上身；有的人习惯性地将说真话、争权利的人视为“反党反社会主义”分子；有的人说，你这些说真话、为农民争权利的文章，要在改革以前，一百个脑袋都砍掉了；有的人甚至说，他这样喜欢研究权利的人是不是共产党员？思想怎么这么“反动”等，不一而足。当然，也有不少人对我开展的农民权利研究持十分赞赏和钦佩的态度。这使我深深体会到，中国改革开放虽然已经30多年了，但苏联极权主义的思想观念在一些人的头脑中仍根深蒂固。

这次中央编译出版社将我已经出版的《给农民以宪法关怀》《农民权利论》《农民、公民权与国家》《认真对待农民权利》四部研究农民权利的书统一以“农民权利研究”的总书名出版，我想有必要介绍一下每本书的写作背景与出版历程。

1990～2000年，我在湘西农村某县的县委、县政府机关工作10年。虽然我在官场上“行走”，但未做过官。1990年是农民负担问题特别尖锐的时期，我目睹了农民的困苦，也看到了党群、干群关系的恶化。我既为农民负担问题担忧，也为国家治理进行思索。2000年我脱产攻读研究生，开始发表有关农民问题的文章。正如马克思从商品入手研究资本主义内在规律一样，我选择从权利入手研究中国的农民问题。我感觉到自己似乎长了一双“权利的眼睛”，在涉足研究农民问题时，一开始就从权利切入，独立发表自己的见解。从此便一发不可收拾。2003年12月，我出版了《给农民以宪法关怀》一书。该书收录我于2000～2003年撰写和发表的39

篇文章，另加 1 篇代后记，实质是上 40 篇文章。这 40 篇文章是我涉足农民问题研究后痛快淋漓的最初宣泄。当时农民负担问题非常突出，国家正在试行农村税费改革。记得 2001 年，我写了一篇稿子，里面有建议取消农业税的内容。当时我去复印，一位吴姓教授看到我这个观点后认为中国绝对不可能取消农业税。但仅仅过了几年，到 2004 年，国务院就宣布取消农业税。我在《给农民以宪法关怀》一书中提出解决农民问题的许多政策建议，在 2004 年以后大都变成了现实的公共政策。这使一些人问我为什么看问题这么准，我想说的秘密是，我找到了社会进步的钥匙，这就是改革的过程就是农民不断获得自由和扩展权利的过程。

这部书的出版并不容易。我联系过好几家出版社，都因为书中鲜明地伸张宪法权利而未能出版。直到后来一家似乎与农民问题无关的出版社将拙著纳入一个文学性的丛书才得以在小范围出版。

2010 年 3 月，中央编译出版社出版了《给农民以宪法关怀》的修订版。修订版收集了我于 2000～2009 年发表的有关农民问题的 53 篇文章，原版中的大部分文章保留下来。此外，我为修订版撰写了绪论，阐明了给农民以宪法关怀的意蕴。我认为，给农民以宪法关怀，就是要正视农民是共和国公民这个基本常识，就是要充分尊重、保障和实现宪法赋予农民的基本权利和自由，就是要在宪法的框架内治国理政。

《给农民以宪法关怀》初版出版后，在“三农”学界产生了一些影响，我开始参加有关学术会议，进一步加强了与学术界的联系与交流。这使我萌生了撰写农民权利研究三部曲的想法。我将《给农民以宪法关怀》作为农民权利研究三部曲的序曲。

2004 年 5 月，我开始撰写农民权利三部曲的第一部《农民权利论》，到 2006 年 7 月完成初稿，2007 年 7 月由中国经济出版社出版。如果说《给农民以宪法关怀》是我以宪法视角研究农民问题、将农民与宪法联结起来的话，那么《农民权利论》一书就是我以国际人权宪章为视角研究农民问题，将农民与人权联结起来。在该书中，我受阿马蒂亚·森《以自由看待发展》的启发，提出“以权利看待农民”，集中讨论了农民的平等权、生命权、人身权、迁徙自由权、结社权、参政权、自治权、信访权、土地财产权、受教育权、社会保障权、健康权、文化权、环境权，最后提出

“不断提高中国农民享受人权的水平”。这本书的出版也不顺利，一些出版社看到“权利”的标题就不愿出版，后来中国经济出版社出版了。该书后来获得了北京市第十一届哲学社会科学优秀成果二等奖。

为了提高自身的学术理论水平，2005 年我考上了华中师范大学中国农村问题研究中心的博士。为珍惜读博的难得机会，我辞去工作，放弃升职、分房机会和工资收入，全身心地攻读博士学位。在华中师范大学中国农村问题研究中心的3 年博士学习期间，我虽然失去了许多物质上的利益，但是我受到了宝贵的学术训练，收获了提升自己学术境界的新知识。“君子谋道不谋食”，此之谓也。在读博期间，我完成了《农民权利论》，并着手农民权利研究第二部曲《农民、公民权与国家》的调查研究与撰写工作。在华中师范大学中国农村问题研究中心的 3 年里，我学到了终身受用的实证研究方法，大大开阔了学术视野，并受益于该校良好的学术自由氛围。这使我能够完成至今为止让自己稍为满意的代表作《农民、公民权与国家》一书。为完成此书，我在前期研究的基础上，运用实证研究方法，在个案县进行了长期的田野调查，查阅了宝贵的档案资料，寻访了许多重要的当事人。记得从正式在电脑上敲出第一个字，到 2008 年 4 月完成 40 余万字的书稿，我在电脑上整整敲打了八个月。当时我将该书稿的副标题定为“1949—2008 年的湘西农村”。在撰写这部书稿时，我体会到了武汉“火炉”的名副其实。在火热的夏天，我们宿舍四位室友的头顶上悬挂着一部吊扇在吹着热风，每个人都光着膀子、流着汗水在电脑上敲打着文字；在寒冷的冬天，“火炉”已经冰冷，我们就各抱一个橡皮热水袋取暖御寒。“板凳要坐十年冷，文章不写一句空”的名言，我算是领教了一些。此后，我对个案县又做了跟踪调查，补充了新的材料，并对全部书稿做了个别文字上的修改，到 2009 年 4 月定稿后，我不再做修改补充。我将书稿的副标题相应地改为“1949—2009 年的湘西农村”。如果说《农民权利论》是我从横向层面分析农民应当享有的基本权利状况的话，那么《农民、公民权与国家》则是我从纵向层面考察 1949 年以来 60 多年中国农民公民权的演进逻辑。

撰写《农民、公民权与国家》不容易，出版这部书同样不容易。我花了 4 年完成这部书稿，也花了 4 年时间联系出版这部书。从 2008 年开始，我先后联系过十几家出版社并签订了出版合同，最后都因“公民权”这个问题的“敏感性”而未能正常出版。后经友人的多方联系，2012 年 8 月，《农民、公民权与国家》一书的繁体本出版；2012 年 9 月，简体版也由九州出版社出版。九州出版社在删节的基础上，还将原书名更改为《农民公民权研究》。这个更改并不令我满意，但我也别无办法，因为能出版就足够了。

这部书出版后出乎意料地引起了社会的广泛关注，先后登上了不少媒体的好书榜，并获得了《新京报》2012 年度社科类唯一好书奖。《新京报》在年度好书颁奖典礼上对作者的致敬词是：“张英洪先生将自己的研究视野延伸至历史的纵深处，在现代公民与现代国家的内在呼应中，仔细考察农民身份的变迁，与我们分享了当代中国农民公民权的演进逻辑。我们致敬张英洪，因为他著成中国首部农民公民权研究著作，免除了我们在‘三农’问题上可能的迷津，拓宽了我们对相关社会问题的讨论范域，而他在多年学术研究过程中所保持的独立、清醒与坚毅，在追求真理过程中不为世俗左右的良知、勇气与沉着，令人敬佩。”2013 年 7 月，中央编译出版社重新出版了《农民、公民权与国家——1949—2009 年的湘西农村》，再次引起了出版界、读书界和“三农”界对农民权利问题的关注和讨论。

《认真对待农民权利》是我完成的农民权利研究三部曲的第三部，但这本书的出版早于第二部，于 2011 年 9 月由中国社会出版社出版。这是我主持的北京市哲学社会科学“十一五”规划项目“城乡一体化新格局中农民土地权益和身份平等权利实现方式研究”的最终成果。这本书是四部书中唯一顺利出版的书。在这部书中，我运用《农民、公民权与国家》一书提出的土地权利和平等权利二维分析框架，将农民土地权利和平等权利视为农民权利“双核”，由此开展了相关的政策研究。

经过十多年的持续努力与探索，我完成了农民权利的系列研究。在这期间，中国“三农”的公共政策发生了可喜的重大变化，免除农业税、建立粮食直接补贴政策、实行免费义务教育、建立覆盖全体农民的社会保障制度等政策制度，使农民的权利得到了重大的发展和维护。但是，损害农民权利的新现象也出现了，近年来最为突出的问题莫过于一些地方以城乡统筹发展之名，在城镇化进程中强征强拆，严重侵害农民的财产权利；同时，一些地方和部门以维稳为名，不是全力解决农民群众反映的问题，而是全力解决反映问题的人，严重侵害了农民的人身权利和信访权利。农民权利的保障仍然堪忧。这说明，维护和发展农民权利是国家治理现代化的重大课题。

中国的农民权利问题，说到底，就是保障农民的产权和人权两大基本问题。制约农民权利保障和发展的是传统的集体所有制和城乡二元体制两大基本体制。“打土豪、分田地”式的民粹主义与掠夺民众的权贵资本主义是直接侵犯农民基本权利、危及社会和谐稳定的两大现实威胁。不受制约的权力和不受制约的资本是侵犯农民基本权利的两大“杀手”。保障农民权利，以至于保障每个人的基本权利和自由，关键在于驯服权力和驯服资本，这是我们实现现代国家治理转型最为艰巨的历史任务。

权力与资本都是人类社会中客观存在的现实。但在如何认识和对待权力与资本上，我们存在许多认识上的误区。在如何对待权力上，有三种基本的认识和态度。一是消灭权力的无政府主义的观点。二是迷信权力的国家主义观点，法西斯主义和极权主义是20世纪国家主义的代表。这两种观点是对立的两极，在现实社会中要么是不可能实现，要么就是带来更为严重的灾难。三是驯服权力。既然公共权力既不能消灭，也不能迷信，那么唯一现实和理性的选择，就是驯服权力，就是将权力关进制度的笼子，建设现代法治国家。

历史的经验和现实的教训警示人们，我们既不能消灭权力和资本，也不能迷信权力和资本，我们的理性和现实选择是驯服权力和资本，将权力关进制度的笼子，将资本纳入法治的轨道。只有这样，我们才能保障农民的权利，也才能保障我们每个人的权利。尊重和保障公民的基本权利，应该成为我们的“底线共识”。

在驯服权力和驯服资本上，核心任务是如何驯服权力。如果我们这个民族不能实现对权力的驯服，不能有效地将权力关进制度的笼子，那么，我们每个人，不管是穷人还是富人，不管是农民还是市民，不管是当政者还是老百姓，都会轻而易举地成为权力砧板上的鱼肉，社会也就不可能有公平正义可言。

建设保障农民权利的公正社会，是时代赋予我们这一代人的历史使命，是推进国家治理现代化的必然要求，是中国梦的重要内容。“万山不许一溪奔，拦得溪声日夜喧。到得前头山脚尽，堂堂溪水出前村。”虽然前进的道路上充满崎岖和险阻，但我相信，有大陆的市场化改革，有台湾的民主化试验，有香港的法治化实践，我们这个古老而伟大的中华民族，在穿越“历史的三峡”后，终将建成尊重、保障和实现公民权利的现代国家。

从权利的角度看待农民

——张英洪著《农民权利研究》序

赵树凯*

呈现在读者面前这套丛书，可谓独具特色。本丛书由四部著作组成，四部著作均出自同一位学者，即张英洪研究员。通常来说，一套丛书往往有多种著作，来自众多学者。更突出的特色是，这套丛书的内容高度集中，不仅以农民研究为基本内容，而且以“农民权利”为核心主题。本人的感慨是，15 年间作者孜孜不倦致力于农民权利研究，并有如此丰硕产出，可见其用情之深、用力之巨。

虽然，农民研究常常被通俗地称为“农民学”，但是，从学术门类的内在要求而言，农民研究不可能成为独立学科。起码，在当下的时代条件和学术背景下，人们还无法从学科规范的角度来界定农民研究。因为，农民研究需要依托多种学科的方法和理论去展开。如果非要把农民研究作为一个学科，显然会限制农民研究的发展繁荣，对于农民研究本身来说并非幸事，甚至可以说，也不利于“三农问题”特别是“农民问题”的解决。

检索近 30 多年的中国农民研究，在主流政策话语中，持续并且集中的重大议题主要有两个。一个议题是“收入”。在相当长时间里，农民问题被归结为经济发展问题，具体可以表述为收入问题。特别是，20 世纪 90 年代农民税费负担问题日益严峻的时候，一个很流行的说法是：如果农民

* 赵树凯，国务院发展研究中心研究员。

富裕了，税费负担就不是大问题，即农民收入高了，就不会在乎税费重，所以，解决负担问题要靠发展经济，使农民富裕起来。但是，实质上依靠发展经济无法解决农民税费负担过重问题，道理在于：即便农民家家户户很富裕，政府就可以肆无忌惮地随意收钱吗？显然，农民怎样才能有钱，政府应该怎样从农民身上收钱，这是两件不同性质的事情。所以，农民增收固然十分重要，但并不是解决农民问题的全部。另一个议题是土地。人们通常说，土地是农民问题的核心，要解决好农民问题需要解决好土地问题。这当然不错。但是，农民毕竟是一群活生生的人，而不是任凭摆布、沉寂无语的土地。即使把土地问题解决得很好，也不意味着农民问题就得到了完善的解决。且不说，现在的农民有很多没有地，对于这些没有地的农民来说，解决土地问题似乎与他们无涉；即便对于那些有地的农民来讲，解决了土地问题，也依然还有很多其他问题。可见，在收入和土地等相对具体的问题之后或者之上，还有一个相对抽象的问题。解决这些具体的问题，根本上是要解决这个抽象的问题。这个说起来有些抽象的问题，就是农民权利问题。

指出收入和土地问题之上还有根本性问题，丝毫无意于贬低“收入”和“土地”在农民问题中的重要性，相反，本人知道，这个极端重要的问题现在还远远没有解决，研究得还很不够。但是，本人在这里想强调的是：研究农民问题还需要新的视角。如果说，收入、土地等主要是物的角度，那么，还需要“人”的角度。从人的角度来观察农民问题，或者套用现在的政策流行语言，即“以人为本”来解决农民问题，则需要新的分析视角和新的问题意识。在本人看来，如果坚持人本视角看农民，核心问题则是“农民权利”。从权利的角度看待农民，具有更加直接、更加深刻的制度意蕴。从权利的角度看待农民，从权利的路径解决农民问题，超越以具体的经济社会指标来衡量农民问题，也超越以具体的政策设计解决农民问题。阿马蒂亚·森提出“以自由看待发展”，其实就是权利的视角，因为自由是一种权利。

如果反思中国政治传统，从权利的角度看待农民，则具有特殊的重要意义。历史上，中国是一个抑制民权、张扬官权的社会。当政者并不希望民众有独立的权利意识，总是想方设法将民众训化成顺民，甚至奴才。在官权和民权之间，张扬官员的权利，抑制平民的权利，强调官员是民众的父母，训诫民众要遵从君主之命。虽然中国古代有源流比较长的民本思想，但是，这种民本思想主要强调民众的社会基础作用，强调民有载舟覆舟之威力，告诫当政者对于民众要有敬畏体恤之心，还不是从平民权利的角度看问题。在欧洲历史上，在以压制个性自由和个人权利为特征的中世纪之后，经过了文艺复兴和启蒙运动的革命性洗礼，个性自由和人权意识得到根本普及，民主政治的推进则为个人权利的保护提供了基本制度保障。中国进入近代，缺乏以唤起个性解放和人权为核心的启蒙进程。五四运动的启蒙作用其实相当有限，实际上是一个未完成的思想文化运动。

以权利看待农民，并不是抽象的理念和原则，而是具有实实在在的制度含义。现在，农民权利已经成为涉及社会生活方方面面的现实问题。农民权利由一系列权利组成，从大的层面来看，有经济权利，也有社会权利，还有政治权利，其中每个层面的权利又可以分解为更加具体的若干权利。以社会权利而言，就体现为教育、医疗、社会保障等方面的若干权利。正是通过这种权利现状的观察，我们可以证明农民在公民权利方面的缺失，证明二元社会体制的不合理。或者说，通过对于农民权利的系统研究，可以清晰地透视中国改革的方向和重心。所以，现阶段的农民权利研究是个重大现实议题。但是，就农民研究现状而言，关于农民权利的系统研究还相当少见。正是在这样的背景下，本人高度评价张英洪研究员的研究工作，高度赞赏这套“农民权利研究丛书”的出版。

“农民权利研究丛书”收录论著四卷，即《给农民以宪法关怀》《农民权利论》《农民、公民权与国家》《认真对待农民权利》。这四部书曾分别出版，是作者从2000年开始倾心于农民权利研究以来的系列成果。就丛书内容而言，既有理论探讨、历史考察，也有经验研究、案例分析。《给农民以宪法关怀》着重从宪法视角研究农民问题，将农民与宪法权利联结起来；《农民权利论》以国际人权宪章为视角研究农民问题，将农民与人权联结起来，从横向层面分析农民应当享有的基本权利状况；《农民、公民权与国家》在方法上以县为个案，纵向考察1949年以来60多年中国农民公民权的演进过程；《认真对待农民权利》则是在一个较大的地域范围内展开研究，以北京市为案例，具体描述与分析农民现实权利与社会改革的诸多侧面，更多体现作者的现实关怀和政策研究取向。这套丛书内容丰富，既有历史感，也有现实感，既有学术含量，也有应用价值。

英洪多年来投身农民研究，勤奋而执着，其治学态度令人钦佩感动。不论通过个人交往，还是通过文章著作，英洪给我这样的深刻印象：勤勉的治学是基于深刻的社会关怀。英洪曾在一篇文章中说："为农民争取权利，既是我这位农民之子对乡亲父老的感恩，也是我这样的受教育者对国家和民族的回报，更是我这样的公民为自己和子孙后代永享自由尊严的不二法门。"英洪出身农民家庭，大学毕业后，曾经在湘西的县政府机关工作10年。他在基层政府工作的时间，是1990～2000年。如他所言："这是农民负担问题特别尖锐的时期，我目睹了农民的困苦，也看到了党群、干群关系的恶化。我既为农民负担问题担忧，也为国家治理进行思索。"为了探索求解农民问题，英洪在工作10年后，又进入高校读研究生，从硕士到博士。梁漱溟曾将学者分为两种，一种是"学问中人"，另一种是"问题中人"，他自认为属于后者，即"问题中人"。显然，英洪也是"问题中人"。他所关注探讨的"问题"，便是"农民权利"。我十分赞成英洪的一句话："改革的过程就是农民不断获得自由和扩展权利的过程。"我也赞同英洪的一个理念，关于这个理念的表达，英洪借用了胡适的话："争你们个人的自由，便是为国家争自由！争你们自己的人格，便是为国家争人格！自由平等的国家不是一群奴才建造得起来的！"本人十分认同英洪的治学精神和问题意识，也很赞赏英洪关于农民权利的基本观点。

在本人看来，当下的农民研究，仍然被"农民问题"深深困扰着。在现实条件下，要说清楚农民的权利残缺状况并不那么容易，其中原因，既有意识形态的障碍矫饰，也有社会生活本身的纷纭复杂。但是，更不容易说清楚的问题是：农民怎样才能获得应有的公民权利，或者说是平等的权利。

考察世界范围内的民权运动历史，也可以发现，公民权利进步从根本上需要依靠民众的争取和斗争。人们通常认为美国的民主制度比较发达，法律体系比较完备，但是，即便如此，黑人公民权利的根本解决，也是黑人民众激烈抗争的结果。发生在20世纪中叶的黑人民权运动，给美国社会秩序以持续的强烈冲击，甚至付出了鲜血的代价。黑人领袖马丁·路德·

金在那个著名的演讲中，曾经讽刺美国宪法和独立宣言虽然向每一个美国人许下了诺言，但是，“美国没有履行这项神圣的义务，只是给黑人开了一张空头支票，支票上盖着‘资金不足’的戳子后便退了回来”。马丁·路德·金指出，“我们不相信正义的银行已经破产，因此今天我们要求将支票兑现——这张支票将给予我们宝贵的自由和正义保障。我们来到这个圣地也是为了提醒美国，现在是非常急迫的时刻”，“现在是实现民主诺言的时候!”总结研究国外民权运动的历程和经验，对于解决现代中国的农民权利大有裨益。

本人认为，公民权利的发展过程从根本上是民众斗争推动的，而不是学者的研究推动的。如现在农村土地制度问题，不久前政府提出了“同地同价”的政策思路，并开始具体的政策设计和试点。探究这个重要政策进步的成因，当然可以说学者研究功不可没，但是，我们既不能过高地估计学者研究对于农民问题解决过程中的作用，也不能低估学者研究的作用。对高层政治来说，学者的研究不仅有独特的信息沟通作用，而且有时候还有类似西方的政治游说作用，即学者建议可以直接导致决策者改变政策；对于农民来说，学者的研究往往具有启发、启蒙的作用，有利于农民更多、更深地理解自身处境，让更多农民认识自己的权利并进而行动起来；对于政策执行过程来说，学者的研究提供历史经验或者国际经验的启发，可以帮助政策博弈的相关者较好地沟通合作，从而降低政策博弈的成本，提升制度变革的效率。虽然学术研究是一种个人化活动，甚至有时候是学者本人的自娱自乐，但是说到底，学术的意义在于回应社会发展的需要，是为社会问题而生的，可以为解决社会问题发挥独特的应有作用。中国改革在艰难行进，农民的公民化道路正长。“农民问题”需要更多、更好的学术研究，学术研究需要在农民问题中实现自己的历史价值。正是出于这种学术关切，农民研究领域的众多同仁，包括本丛书作者和本人，才如此倾心于这个问题的研究。

法治城镇化的思考和建议*

张英洪

城市化的本质是农民的市民化。中国城市化的特殊性背景在于两个基本的体制前提，即农村集体所有制和城乡二元体制。新型城市化要切实保障农民财产权，充分实现农民市民化。我国要实现城市化的战略转型，必须把加强制度供给作为新型城市化的基础工程，把依法改革创新作为新型城市化的基本方式。

一　把加强制度供给作为新型城市化的基础工程

制度是一个社会的博弈规则，是政府提供的基本公共产品。制度在社会中的主要作用是通过建立一个人们互动的稳定结构来减少不确定性。在快速城市化进程中，我国面临的一个突出问题是制度供给的严重滞后，制度的短缺是造成城市化中诸多社会问题的重要根源。制度供给的严重滞后主要体现在三个方面。

一是制度供给滞后于实践发展。随着市场化、工业化、城市化、城乡一体化的快速发展，原来在计划经济体制和城乡二元体制下设计和制定的一系列制度，没有得到及时全面的清理和相应的修改。实践在不断发展，而制度却供不应求，由此造成了新的实践与旧有制度的现实冲突与社会矛

* 原载《中国经济时报》2014 年 6 月 9 日。

盾，产生了我国社会转型时期比较突出的制度告缺症。正如物质产品供不应求产生市场危机一样，制度供不应求会引起社会的危机。例如，在城市化进程中，大量的农村人口进入城市是经济社会发展的必然趋势，但相应的农村集体所有制和城乡二元体制没有及时进行配套改革，导致离开农村的农民不能自主地退出农村，进入城市的农民工又不能公平地融入城市。再比如，市场化改革以来，城乡人口可以在全国各地流动，但相应的社会保障制度等不能在全国各地接转，等等。长期以来存在的农民工问题、留守老人、留守妇女、留守儿童等社会问题，正是城市化制度供给不足的后遗症。制度供给不足的不断积累，产生了制度供给惰性。

二是顶层制度设计滞后于地方改革创新。制度供给的主体可分为多个层次，从中央到地方再到基层，各级政府都承担着相应的制度供给责任。在制度供给不足的情况下，城市化的实践突破往往来源于地方的改革创新。地方改革创新的经验和实践，既有可能上升到国家层面转变为制度成果，也有可能长期被漠视而停留在地方个案的实践之中。如果地方个案创新实践不能有效转化为制度成果，其后果有二：要么使地方个案创新实践陷入锁定状态，要么就是地方各自为战，造成地方政策制度的碎片化。例如，广州市天河区早在20世纪80年代就进行农村社区股份制改革，但20多年后的今天，广州市尚未出台全市统一的农村社区股份制改革的正式制度。在国家层面，更是缺乏全国性的农村集体经济产权制度改革的顶层设计和法律框架。

三是下位制度建设滞后于上位制度建设。在顶层制度设计滞后于地方改革创新的同时，下位制度建设又滞后于上位制度建设。在现代国家，宪法是一个国家的最高上位法，其他各种法律都源于宪法、落实宪法，将宪法规定具体化、细则化。在实施宪法的制度建设上，相关制度建设滞后主要有三个方面。第一，实施宪法的下位法没有制定，使宪法规定的条款无法正常实施。例如，宪法第10条规定“国家为了公共利益的需要，可以依照法律规定对土地实行征收或者征用并给予补偿”。但国家至今未制定具体法律对公共利益进行界定，致使各级政府不管是公共利益还是非公共利益，都启用征地权征收或征用农村土地。第二，实施宪法的下位法制定严重滞后。例如，早在1954年我国宪法第50条就规定：“劳动者在年老、生病或者丧失劳动能力的时候，有获得物质帮助的权利。国家逐步发展社会保险、社会救济、公费医疗和合作医疗等事业，以保障劳动者享受这种权利。”但直到2010年10月28日十一届全国人大常委会第17次会议才通过第一部《中华人民共和国社会保险法》。第三，实施宪法的下位法与宪法相抵触。例如，我国宪法规定实行全民所有制和集体所有制两种公有制，城市土地属于国家所有，农村土地属于集体所有。两种公有制都平等受到宪法的保护。但现行《土地管理法》第43条规定：“任何单位和个人进行建设，需要使用土地的，必须依法申请使用国有土地。”这就使集体土地不能直接进入市场，只能经政府征收变性为国有土地后才能进入市场，造成了集体土地与国有土地“同地不同权不同价”。此外，有些宪法条款滞后于改革发展进程却没有得到及时修改。下位制度建设滞后于上位制度建设还体现在地方以及基层的法律法规和政策与国家法律不衔接、不一致。这主要有三种情况：其一是违背上位法却适应改革发展实际的地方制度；其二是违背上位法却保护地方或少数人既得利益的地方政策；其三是对上位法未制定相应的地方法律法规予以贯彻实施，将上位法“悬空”化。下位制度建设滞后于上位制度建设，造成形形色色的“土政策”现象，破坏了国家的制度统一。

因此，我们有以下几点建议。

一是将制度建设和制度供给作为重中之重，改变城市化进程中制度供给短缺的局面。制度作为维系社会秩序和规范社会行为最重要的公共品，是各级政府负责供给的基本职责。要改变轻制度建设的观念和做法。

二是各级人大要立足本职，更有效地承担起制度建设和供给的主要职责。作为立法机关的人大，要重点专注于法制建设，改变长期以来泛行政化的倾向，应围绕城市化进程中涉及的相关问题进行立法调研，加强旧法旧规修订和城市化的专题立法工作，保障制度供给适应实践发展的需要。

三是加强顶层设计，制定全国及地方城市化发展规划。制定城市化发展规划而非城市发展规划，是我国城市化快速发展的现实需要。城市化将农村与城市联结起来，城市化要突破单纯的城市规划或农村规划的局限，从全局的高度统筹兼顾、协调部署。

二　把依法改革创新作为新型城市化的基本方式

改革创新是我国经济社会发展的根本动力，依法治国是党领导人民治理国家的基本方略。长期以来，我国的改革创新走的是一条“违法式”改革的路径。我国各地推行的城市化改革创新，在诸多方面走的也是一条“违法式”改革创新路子。随着依法治国方略的提出和实施，“违法式”改革与建设法治国家的内在矛盾冲突日益突出，“违法式”改革的社会后遗症愈来愈严重，应当及时转变改革方式，走立法式改革之路。

“违法式”改革就是在先不修改现行法律制度的情况下，以解放思想和大胆创新为名，冲破旧的思想观念和法律制度的束缚，开创发展的新路，在改革实践取得实际成果并成为共识时，再启动修法程度，修改废除旧法律，将“违法式”的改革创新经验上升为新的法律制度。立法式改革就是先提出改革动议，并就改革议题进行广泛的讨论以取得共识，然后通过法定程序对改革议题进行立法，在改革法案依照法定程序通过后，再依法进行改革。“违法式”改革是改革实践在前，立法保障在后；立法式改革是改革立法在前，改革实践在后。简单地说，“违法式”改革是“先改革，再变法”；立法式改革是“先变法，再改革”。

我国改革属于典型的“违法式”改革。“违法式”改革分为自上而下的“违法式”改革和自下而上的“违法式”改革。自上而下的“违法式”改革，就是在未修改现行法律的情况下，由上级政府或部门允许下级或某一区域进行改革试点，特许改革试点区域可以冲破现有政策法律的框架，进行改革探索创新。如农村集体建设用地流转试点、城乡土地增减挂钩试点等就是自上而下的“违法式”改革模式。自下而上的“违法式”改革，就是由基层群众或地方自发进行的违背现行法律制度框架的实践活动。自下而上的“违法式”改革有三种前景。一是得到积极肯定。将“违法式”改革成果合法化，其典型案例有小岗村的包产到户等。二是被坚决否定。将“违法式”改革视为违法行为，严格依法处理，这方面的例子相当多。三是进退两难，既不能将“违法式”改革合法化，又不能严格执法予以处理。城市化中涌现的“小产权”现象就是一个典型例子。“违法式”改革还造成了中国式的选择性执法，即将有的“违法实践”树立为改革典型，对有的“违法实践”进行严厉打击，对有的“违法实践”则听之任之。

我国选择“违法式”改革，有其历史必然性。改革之初，面对强大的计划经济体制和意识形态束缚，在不可能通过修改既有法律制度的前提下，基层群众为谋求生存和发展只能冒着各种风险进行“违法式”改革突破，即后来被认可的“伟大创造”，以实现生存权和发展权。

市场化改革发展到今天，各种利益驱动和发展诉求交织在一起，各种名目的地方改革创新手段层出不穷，这其中既有不合法但合情合理且适应时代发展需要的改革创新实践，也有不合法却能满足地方局部利益而可能损害农民利益和公共利益的所谓改革创新。在城市化进程中，各种“违法式”改革和创新现象举不胜举。例如，在农村集体建设用地入市上，现行土地管理法禁止农村建设用地入市，但处于工业化、城市化前沿地区的广东省，早在20世纪80年代就出现了农村集体建设用地自发进入市场的现象。农村集体建设用地入市适应了工业化和城市化发展的需要，但与现行法律相抵触。2005年5月，广东省政府通过《广东省集体建设用地使用权流转管理办法》，允许农村集体建设用地入市。对这个政策的评价有两个层面：相对于广东省内各地开展的农村集体建设用地流转来说，《广东省集体建设用地使用权流转管理办法》提供了合法的政策依据；但相对于《土地管理法》来说，《广东省集体建设用地使用权流转管理办法》属于与上位法相抵触的“违法政策”。但《土地管理法》自身也存在严重的问题和不适应性。至于近年来各地在城市化进程中掀起的撤村并居、强迫农民上楼等“违法式”改革，不但损害了法律的尊严，而且极大地损害了农民群众的切身利益。

“违法式”改革的重要原因在于既有制度的不公正、不合理又有制度建设和制度供给的严重滞后。正本清源是良治的基本要求，理论上的不清醒必然导致实践上的混乱。我国城市化进程中呈现的一些混乱现象和无序化，对转变改革方式提出了现实的紧迫要求。

在现代法治国家，改革模式均系立法式改革。经过30多年的改革，我国已经到了一个必须转变改革方式的新时期。我们不仅要转变经济发展方式，而且要从战略高度转变改革创新方式，将改革创新纳入法制的框架之中，走依法改革创新之路，实现从“违法式”改革向立法式改革的重大转变。

立法式改革须先立良法，再依法改革。法律以正义为依归。新制定的法律必须体现社会公平正义，符合宪法，如果宪法存在缺陷或不足，应当通过正当程序修宪。在良宪和良法的基础上，将改革纳入宪法和法律的框架之中。只有走上立法式改革的轨道，才能从根本上摆脱“违法式”改革造成的种种困境。

我们有以下几点建议。

一是树立法治城市化的新理念，将法治城市化提上战略高度予以统筹规划和有序推进。不管是政府主导的城市化，还是农民自主的城市化，离开法治的规范，都会产生社会弊端。

二是制定促进城市化发展的法律法规和相关改革法案。我国正处于快速城市化发展的关键时期，没有相关法律制度的规范，各自为政的城市化竞争必然导致无序的城市化。对于城中村改造、集体土地上房屋征收补偿、户籍制度改革、城乡基本公共服务均等化等城市化进程中的重大问题，都应当通过正当程序制定公正的改革法律制度，保障城市化中的各项改革活动在法治的轨道上健康有序运行。

三是以符合法定程序和要求的方式推行改革试点。我国幅员广阔，情况千差万别，采取试点先行的探索路径是我国改革的重要特色和基本经验。但改革试点政策大都出自政府或政府部门，而经过立法机关审议颁布相应法规的改革试点并不多。这种重行政、轻立法的改革试点模式，虽有利于提高行政效率，但不利于提高整个社会的规则意识和法治观念。

对城乡一体化的几点新认识*

张英洪

摘要： 我国不但存在以农业户籍人口为一元、非农业户籍人口为一元的城乡二元结构，还存在以本地户籍人口为一元、以外地户籍人口为一元的城市内部二元结构。城乡二元结构与城市内部二元结构共同构成了双重二元结构。城乡一体化可以区分为狭义城乡一体化与广义城乡一体化，破除城乡二元结构的城乡一体化称为狭义城乡一体化，既破除城乡二元结构又破除城市内部二元结构的城乡一体化称为广义城乡一体化。狭义城乡一体化是片面的城乡一体化，广义城乡一体化才是全面的城乡一体化。城市化与城乡一体化都涉及城市与农村的关系，是对城乡关系的不同表达。城市化与城乡一体化之间存在两种不同的关系。

党的十八届三中全会提出："城乡二元结构是制约城乡发展一体化的主要障碍。必须健全体制机制，形成以工促农、以城带乡、工农互惠、城乡一体的新型工农城乡关系，让广大农民平等参与现代化进程、共同分享现代化成果。"城乡一体化与城乡二元结构一样，都是富有中国特色的重要概念，它们都是由 20 世纪 80 年代中国当时最优秀的政策研究者在改革开放实践中提出来的。城乡一体化与城乡二元结构的关系，就

---

* 原载张宝秀、黄序主编《中国城乡一体化发展报告北京卷（2013—2014）》，社会科学文献出版社，2014。

像“矛”与“盾”的关系一样，城乡一体化就是针对城乡二元结构来说的，城乡一体化的过程实际上就是破除城乡二元结构的过程。以城乡一体化之“矛”破除城乡二元结构之“盾”，最终形成平等、开放、融合、功能互补的新型城乡关系，这不但是解决“三农”问题的根本途径，也是实现社会文明进步的根本要求。当前，我们既需要重新认识城乡二元结构，也需要重新认识城乡一体化。

一　双重二元结构

城乡二元结构具有鲜明的中国特色，它是造成中国“三农”问题的重要体制根源。20 世纪 80 年代，以郭书田、刘纯彬为代表的农村政策研究者对中国二元社会结构做了开创性的重要研究。① 在此基础上，我们曾提出解决“三农”问题的根本在于破除二元社会结构。② 2008 年 10 月，中共十七届三中全会明确提出要着力破除城乡二元结构，加快形成城乡经济社会发展一体化新格局，到 2020 年，城乡经济社会发展一体化体制机制基本建立。③ 近些年来，加快推进城乡一体化、破除城乡二元结构，已成为主流政策选择，各地在推进城乡一体化中出台了不少新措施，取得了许多新进展。2010 年，笔者在北京城乡接合部调研中提出了双重二元结构的问题。④

① 农业部政策研究中心农村工业化城市化课题组：《二元社会结构：城乡关系：工业化·城市化》，《经济研究参考资料》1988 年第 90 期。另参见郭书田、刘纯彬等《失衡的中国——农村城市化的过去、现在与未来》，河北人民出版社，1990。

② 周作翰、张英洪：《解决三农问题的根本：破除二元社会结构》，《当代世界与社会主义》2004 年第 3 期。

③ 《中共中央关于推进农村改革发展若干重大问题的决定》，人民出版社，2008，第 7 ~ 8 页。

④ 2010 年 5 月，笔者在北京市城乡结合部调研中，首次提出要破除双重二元结构问题。当时撰写的调研报告《城乡结合部改造要关注外来人口问题》刊载于北京市农研中心主办《领导参阅》2010 年第 6 期（2010 年 6 月 2 日），之后，笔者与周作翰教授共同署名以《城乡一体化要破除双重二元结构》为题刊发于 2010 年 7 月 14 日《光明日报》。在此基础上，笔者对破除双重二元结构问题又做了进一步思考与研究，以《城乡一体化的根本：破除双重二元结构》为题刊于《调研世界》2010 年第 12 期。2011 年 5 月 3 日，《农民日报》刊发本报记者施维与笔者的对话文章《推进城乡一体化不能忽视城市内部的二元结构》。2012 年 9 月 25 日，李克强副总理在全国资源型城市与独立工矿区可持续发展及棚户区改造工作座谈会上强调，要着力破除城市内部二元结构难题，走新型城镇化道路。

我国城乡二元社会结构有静态与动态两种形态。静态的城乡二元结构就是在计划经济体制下基于农民与市民两种不同的户籍身份，以此建立城市与农村、市民与农民两种权利不平等的制度体系，实行“城乡分治、一国两策”,[①] 使农民处于“二等公民”的不平等地位。动态的城乡二元结构是基于本地居民与外来人口（主要是农民工，但不只是农民工）两种不同的身份，以此建立城市本地居民与外来人口两种权利不平等的制度体系，实行“城市分治、一市两策”，使外来人口处于“二等公民”的不平等地位。动态的城乡二元结构是市场化改革以来原静态城乡二元结构在城市中的新形态。

静态城乡二元结构与动态城乡二元结构共同构成了当代中国的双重二元结构。在沿海发达地区和各大中城市，双重二元结构交织在一起，共同构成了城市化和城乡一体化面临的重大体制障碍。

我国静态城乡二元社会结构形成于 20 世纪 50 年代，它是计划经济体制的产物，是政府主导的制度安排的结果，其基本特征是城乡分治，农民与市民身份不平等，享受的权利不平等，所尽的义务也不平等。这种以歧视农民为核心的城乡二元结构，将农民限制在农村，不准农民向城市流动，形成了一种静止状态的二元社会结构，我们称之为静态城乡二元结构，静态城乡二元结构从制度上歧视的对象是农民群体，他们被深深打上了农业户籍身份的印记。长期以来，我国在既定的城乡二元结构中谋发展。直到 2008 年党的十七届三中全会明确将破除城乡二元结构上升为国家的基本公共政策。静态城乡二元结构已持续 50 多年，现在正处于破除过程之中。

我国动态城乡二元社会结构形成于 20 世纪 80 年代，它是市场化改革的产物，是市场力量和政府行为双重作用的结果。其基本特征是城市内部分治，外来人口与本市人口身份不平等，享受的权利不平等，所尽的义务也不平等。这种以歧视外来人口为核心的二元结构，将外来人口排除在政府提供的公共服务之外，形成了一种因人口流动而产生的动态的二元社会结构，我们称之为动态城乡二元结构，动态城乡二元结构从制度上歧视的

---

① 陆学艺:《走出“城乡分治、一国两策”的困境》,《读书》2000 年第 5 期。

对象是外来人口。进入城市的外来人口很多是农民工，但也有其他非农业户籍的外地人员，他们被统一打上了外来人口或流动人口的身份印记。改革开放以来，我国各类城市在既定的动态城乡二元结构中谋发展。中共十六大以来，解决农民工问题引起了国家的高度重视，但包括农民工在内的外来人口始终未能真正融入城市成为平等的新市民，他们是城市严加管理的对象。动态城乡二元结构已持续30多年。

改革开放以来，随着工业化、城市化的发展，人口不断向城市集中，全国各类城市的外来人口不断增长，一些城市的外来人口大大超过了本地人口。在传统的城乡二元结构的基础上，市场化改革的力量又在城市催生了新的动态二元结构。全国各类城市特别是大中城市和经济发达地区的城镇，同时形成了传统的静态城乡二元结构与改革开放以来出现的动态城乡二元结构叠加在一起的双重二元结构。凡是有外来人口的城市和城镇都存在双重二元结构，在外来人口大量集聚的大中城市，双重二元结构表现得尤为突出。

如果说传统计划经济体制下的静态城乡二元结构主要是行政力量主导的结果的话，那么改革开放以来随着工业化、城市化进程的加快，包括农村剩余劳动力在内的大量外来人口向城市流动迁移所形成的动态二元结构则是市场力量和政府行为共同作用的产物，但这种动态二元结构是在传统静态城乡二元结构的基础上形成的，换言之，城市中的动态二元结构是对静态城乡二元结构的复制与异地再生。二者之间的共同本质在于不平等地对待某一群体。双重二元结构是我国城市化、城乡一体化发展面临的主要社会结构性障碍。

我们提出的双重二元结构与有的学者所说的“新二元结构”不同。孙立平教授曾提出“新二元结构”概念，他将改革开放前形成的城乡二元结构视为一种行政主导型二元结构，20世纪90年代以来，一种他称之为市场主导型二元结构开始出现，这是一种新的二元结构，导致“新二元结构”出现的是我国经济生活从生活必需品阶段向耐用消费品阶段的转型，就是说，到了耐用消费品时代，城里人的消费项目与农村或农民几乎没有什么关系，城里人的耐用消费支出很难流向农村，城乡之间形成了一种消费断裂，这种因市场因素造成的城乡二元结构是一种市场主导的“新二元结构”。[1] 显然，“新二元结构”概念丰富了传统城乡二元结构的内涵，但“新二元结构”仍然属于传统城乡二元结构或我们称之为的静态二元结构的范畴，它没有涉及城市中的动态城乡二元结构。

20世纪90年代，有学者提出和讨论“三元社会结构”问题。[2] 我们发现不同的学者对“三元结构”的内涵有不同的理解，与我们提出的动态城乡二元结构最接近的一种“三元结构”概念是将农民工或流动人口作为社会的一元，在此种意义上使用“三元结构”概念主要着眼于农民工问题和流动人口问题。我们使用的动态城乡二元结构的外延比“三元结构”更广。在各类城市中，作为本地户籍人口的一元，与所有外来人口的一元，构成了身份和权利不平等的动态城乡二元结构。城市中的外来人口主体是农民工，但不仅仅是农民工，还有其他城镇非农业户籍人口；外来人口也不只是流动人口，那些在某城市定居一二十年的外来人口，虽然不再“流动”，但仍被视为“流动人口”。

提出和使用双重二元结构的概念具有重要的理论意义和现实意义。从理论上说，改革开放以来形成的农民工问题、蚁族问题、流动人口问题等城市外来人口问题，都可以被纳入动态城乡二元结构的框架中加以解释。从实践上说，破除城乡二元结构已成为当前的主流公共政策，但各地在破除城乡二元结构上，比较普遍的现象是侧重于破除传统静态的城乡二元结构，而相对忽视动态的二元结构。对于外来人口，各地虽然出台了改善农民工等外来人口待遇的政策，但各个城市政府在对待外来人口上的传统思维和政策仍然严重存在。各类城市在对待外来人口问题上还主要局限在加强对外来人口的治安管理上，而不是将其作为新移居城市的新市民加以平等对待。就是说，各地在城乡一体化进程中，在对待外来人口问题上还没有将其上升到破除动态城乡二元结构层面。动态二元结构概念的提出，为各类城市推进城市一体化实践提供了重要的理论支持。

---

① 孙立平：《城乡之间的“新二元结构”与农民工流动》，载李培林主编《农民工——中国进城农民工的经济社会分析》，社会科学文献出版社，2003，第149～160页。

② 孙立平：《城乡“三元结构”的挑战》，《21世纪商业评论》2005年2月5日；王春光《要警惕城乡三元结构化》，《镇江日报》2009年12月1日。

二 狭义城乡一体化与广义城乡一体化

与重新认识城乡二元结构相适应，我们也需要深化对城乡一体化的认识。在本课题研究中，我们提出将城乡一体化区分为狭义城乡一体化与广义城乡一体化。这是对城乡一体化认识的一个重大的突破。

我们把破除城乡二元结构的城乡一体化称为狭义城乡一体化，把既破除城乡二元结构又破除城市内部二元结构的城乡一体化称为广义城乡一体化。狭义城乡一体化是片面的城乡一体化，广义城乡一体化才是全面的城乡一体化。

北京作为国家首都和人口特大城市，既有全国城乡二元结构的共性，又有城市内部二元结构的特性。北京存在城乡二元结构和城市内部二元结构叠加在一起的双重二元结构。北京的城乡一体化必然存在双重使命，既要破除城乡二元结构，又要破除城市内部二元结构。

在城乡一体化进程中，传统静态的城乡二元结构正在被破除，而动态城乡二元结构在有的地方却在被日益强化。我国各个城市在空间结构上包括城区与郊区农村，在人口构成上包括非农业户籍的市民与农业户籍的农民以及外来人口。20 世纪 50 年代以来，我国各城市内部就开始存在静态的城乡二元结构。20 世纪 80 年代以来，随着外来人口向城市流动迁居，受传统城乡二元结构的影响，一种区分城市本地户籍人口与外来人口的新的动态二元结构逐渐形成，并日益成为影响城市健康发展的重要因素。

发达地区各大中城市中的动态城乡二元结构相当突出，推进广义城乡一体化的任务更加繁重。以北京市为例，2013 年年末，全市常住人口为 2114.8 万人，其中常住外来人口为 802.7 万人，占常住人口的比重为 38%。在常住人口中，城镇人口为 1825.1 万人，占常住人口的比重为 86.3%。2013 年年末全市户籍人口为 1316.3 万人，其中农业户籍人口约为 250 万人。在北京市常住人口构成中，受传统静态城乡二元结构直接影响的是约 250 万人的本市农业户籍人口，而受动态城乡二元结构直接影响的是 802.7 万人的外来人口。外来人口远多于北京市农业户籍人口。因此，从某种意义上说，动态城乡二元结构的消极影响甚至超过静态城乡二元结构。全国其他各大城市与北京一样，都存在双重二元结构的复杂问题。在北京市，推进狭义城乡一体化，就是着眼于1316.3万人的户籍人口，重点解决约250万农业户籍人口的平等市民待遇问题，让农业户籍人口平等参与现代化进程、共同分享现代化成果。推进广义城乡一体化，就是着眼于2114.8万常住人口，全面解决约250万农业户籍人口以及802.7万外来人口的平等市民待遇问题，让农业户籍人口以及外来人口平等参与现代化进程、共同分享现代化成果。

全面推进城乡一体化，就是推进广义城乡一体。狭义城乡一体化是片面的城乡一体化，只有广义城乡一体化才是全面的城乡一体化。广义城乡一体化就是要破除静态与动态两种城乡二元结构，树立既统筹兼顾本地城乡户籍居民权益，又统筹兼顾本地户籍居民与外来流动人口的权益，实现市民与农民、本地居民与外来人口的身份平等、机会平等和权利平等。既要使本市户籍农民共享城市发展成果，也要使外来人口共享城市发展的成果。忽视外来人口基本权益的城乡一体化，只是片面的城乡一体化，实质上并没有完全跳出城乡二元结构的传统窠臼。对任何城市发展来说，只有全面破除静态城乡二元结构和动态城乡二元结构，推进广义城乡一体化，才能真正形成城乡经济社会发展一体化新格局。只有统筹破除双重二元结构，全面推进城乡一体化，才能使城市郊区农民、外来人口与城市户籍市民一样融为一体、休戚与共，才能从根本上解决农民问题、农民工问题和城市其他外来人口等问题，才能有效应对城市快速发展所面临的各种危机与挑战。破除双重二元结构既是工业反哺农民、城市支持农村的基本要求与具体体现，也是城市获得新的人力资本的公正选择，是一个城市走上公平正义发展轨道的必然选择。

北京市常住人口由户籍人口和外来人口组成，户籍人口又包括农业人口和非农业人口两大部分。狭义城乡一体化就是要让户籍人口中的农业户籍人口与非农业户籍人口“同城同权同尊严”；广义城乡一体化既要让农业户籍人口与非农业户籍人口“同城同权同尊严”，又要让外来人口与户籍人口“同城同权同尊严”。广义城乡一体化的重点是实现外来常住人口的市民化，保障外来常住人口身份平等、权利平等、机会平等。

三　城市化与城乡一体化的关系

城市化与城乡一体化，都涉及城市与农村的关系，是一对既有紧密联系又有重大区别的概念，是对城乡关系的不同表达。

城市化是全世界都在共同使用的概念。一般认为，城市化是由传统农村社会向现代城市社会转变的历史过程。① 城市化将农村与城市联系起来，其实质就是将农村社会转变为城市社会，其表现为城市人口的增加、城市规模的扩大、城市非农产业的发展、城市生活方式的确立等。城市化是针对农村社会来说的。城市化表达的城乡关系，就是将农村社会转变为城市社会的过程。衡量城市化发展水平的指标就是城市化率，即城市人口占总人口的比重。

城乡一体化是中国特有的概念。一般认为城乡一体化是我国现代化和城市化发展的一个新阶段，城乡一体化就是要把城市与乡村作为一个整体进行统筹谋划，实现城乡功能互补、制度统一、权利平等的发展过程。城乡一体化将农村与城市联系起来，其实质就是要破除城乡二元结构，实现农村与城市平等开放、共同发展，其表现为改变城乡分割的二元制度，实现城乡制度统一开放；改变城乡不平等的制度安排，实现城乡制度平等；改变城乡对立、城市对农村的歧视与掠夺，缩小城乡差距，实现城乡功能互补、平等发展。城乡一体化是针对城乡二元结构来说的。城乡一体化表达的城乡关系，就是要破除城乡二元结构、实现城乡平等发展的过程。目前衡量城乡一体化发展水平的指标并没有形成公认的、权威统一的认识，还没有出现单一的“城乡一体化率”这一概念。学术理论界对城乡一体化的衡量指标进行了很多研究探讨，但都是建立繁多的指标体系，不像城市化率那样单一和权威。本研究虽然在此提出了“城乡一体化率”这一概念，但同样没有建立一个简单明了的衡量指标。城乡一体化不是城乡一样化，而是城乡平等化。如果说城市化是经济发展的结果，那么城乡一体化就是制度变革的结果。

---

① 高珮义：《中外城市化比较研究》（增订本），南开大学出版社，2004，第 3 页；叶裕民：《中国城市化之路——经济支持与制度创新》，商务印书馆，2001，第 1 页。

城市化与城乡一体化之间存在两种不同的关系。一方面，城市化可以强化城乡二元结构，阻滞城乡一体化；另一方面，城市化也可破除城乡二元结构，推进城乡一体化。第一种情况可以称之为传统城市化，第二种情况可以称之为新型城市化。那种认为城乡一体化是城市化发展的高级阶段的说法并不靠谱。例如，2012 年北京市城市化率已高达 86.2%，已进入城市化发展的高级阶段，但北京市城乡二元结构、城市内部的二元结构都严重地存在城市化高度发展了但城乡二元结构并没有破除的问题。一方面，我国的城市化在既有的城乡二元结构中快速发展，另一方面，快速发展的城市化进程催生了一个 2 亿多人口的农民工阶层，形成了城市内部的二元结构。城市化重在经济发展，而城乡一体化重在制度变革。因此，我们不能简单地认为城市化就一定会推进城乡一体化。没有现代公平正义的制度变革，城乡一体化不会在城市化发展中自动实现。

赋予农民更充分的财产权利*

张英洪

党的十八届三中全会通过的《中共中央关于全面深化改革若干重大问题的决定》提出，要“赋予农民更多财产权利，保障农民集体经济组织成员权利，积极发展农民股份合作，赋予农民对集体资产股份占有、收益、有偿退出及抵押、担保、继承权”。这是全面深化农村改革、维护和发展农民权益、推进新型城镇化和城乡一体化的重大举措，具有深远的现实意义。

一　农民财产权的缺失和不平等是“三农”问题的重要根源

秘鲁经济学家德·索托在《资本的秘密》一书中揭示，发展中国家贫穷的重要原因是没能把资产转化成为资本，缺乏财产权的表达机制。我国“三农”问题的一个重要根源就是农民缺乏财产权，既缺乏与城镇居民平等的财产权，又缺乏农村集体产权在市场化和城市化进程中的法律表述机制。

制约我国“三农”发展的两个最基本的体制因素，一是农村集体所有制，二是城乡二元结构。农村集体所有制最大的问题是财产权利归属不清晰，城乡二元结构的最大问题是公民权利不平等。在工业化、市场化、城镇化进程中，上述两个体制因素所蕴含的矛盾和问题日益突出。在改革开放进程中，农民对集体资产的财产权利问题既有产权不清晰问题，也有城

* 原载《中国经济时报》2014 年 6 月 24 日，刊发时略有删节，此系未删全文。

乡产权地位不平等问题，还有财产权利法律保护不力的问题。解决“三农”问题有两个最基本的方面：一是要改革农村集体所有制，推进和深化农村集体产权制度改革，赋予农民充分的财产权利；二是要破除城乡二元结构，推进城乡一体化，赋予农民平等的公民权利。

从广义上说，农村集体资产包括农村集体所有制的全部资产，即包括承包地、林地、宅基地和其他集体建设用地等资源性资产以及集体企业经营性资产和集体公益性资产。截至2013年年底，除62亿亩农用地等资源性资产外，全国农村集体账面资产总额达到2.4万亿元，村均为408.4万元。以北京市为例，2013年年底，北京市乡村集体资产总额为5049亿元，人均集体资产为15.9万元。在北京市乡村集体资产中，乡镇级集体资产为2034.2亿元，平均每乡镇为10.4亿元；村级集体资产为3014.8亿元，平均每村为7565.4万元。全市农村集体净资产为1751.5亿元，人均净资产为5.5万元。这些集体资产都是广大农民的宝贵财富。我的一个基本判断是，只要将农民的集体“死资产”变成农民的“活财产”，农民的收入和财富就能明显增长，特别是大城市郊区农民的收入完全可能接近甚至超过市民收入。

以此看来，我国农民拥有巨额的集体资产，也具有将巨额集体资产转化为农民财富的巨大潜力。在全面深化改革中如果能将巨额的集体资产转化为农民的财产权利，则中国农民的面貌将发生根本性的巨大变化，农民增收致富之路将呈现前所未有的广阔前景。

二 损害和制约农民集体财产权利实现的主要因素

农村集体产权制度改革是将传统的“共同共有”的集体产权改革为“按份共有”，其基本方向是“资产变股权、农民当股东”。以股份合作制的方式推进农村集体产权制度改革，是赋予农民对集体资产拥有财产权利最有效的方式。

目前，就全国来说，农民对集体资产的财产权利存在两种基本类型。

一种是还没有进行农村集体产权改革的地区。据统计，截至2013年年底，全国已有27个省份开展了农村集体产权制度改革试点，有2.4万个村和8449个组完成了改革。但这只占全部行政村的4.5%。就是说，全国95.5%的村集体产权改革还没有启动，绝大多数农民对集体资产的财产权利是虚置的、模糊的。

另一种是基本完成农村集体产权改革的地区。北京、上海以及珠三角、成都、苏州等地，农村集体产权制度改革覆盖面已在95%以上。已经基本完成农村集体产权改革的地区主要集中在沿海经济发达地区和大城市郊区。以北京为例，到2013年年底，全市累计完成农村集体经济产权改革的单位达到3873个，其中村级有3854个，乡级有19个，村级完成集体产权改革的比例达到97%，全市已有324万农村居民成为股东，有1267个村、133万人实现了股份分红，分红总额达到34.8亿元，人均分红有2611元。

全面认识农民对集体资产的财产权利存在的问题，不能仅从农经部门掌握的账面集体资产数额去理解，也不能仅从已完成农村集体产权改革的乡村去理解，我们必须从更广泛的视野和范围全面认识农民集体财产权利面临的问题。农民集体财产权利是农民对全部集体所有的资产拥有的财产权利。损害和制约农民集体财产权利实现的主要因素有以下几个大的方面。

一是农村集体产权改革的滞后性。传统的农村集体产权具有共同共有以及社区封闭的特性，随着改革的不断推进，传统农村集体产权制度与市场化、城镇化发展产生了明显的冲突，但相应的农村集体产权制度改革又明显滞后，这种滞后性既体现为广大中西部农村地区集体产权制度改革至今未能全面启动，又体现为已经启动集体产权制度改革的地区因为种种因素的制约而未能全面深化，存在一系列集体产权改革不到位、不深入、不全面等问题。从总体上看，我国农村集体产权制度改革远远于滞后于市场化、城镇化发展的现实需要，滞后于广大农民对财产权的现实要求。

二是传统工业化、城镇化发展模式的掠夺性。传统工业化、城镇化模式是在农村集体产权归属不明的条件下推进的，其突出特点是对农村集体资产的大量侵占，造成了农村集体资产的惊人流失。新中国成立60多年来，农村和农民先后被两种剪刀差“剪去”了巨额的财富。据研究，1952～1986年，国家通过工农产品价格剪刀差，农民为国家的工业化多付出了5823.74元，1978～1991年，工农产品价格剪刀差达12246.6亿元；改革开放以来的30多年，农民在城市化中被剥夺土地级差收入高达30万亿元。在征地产生的土地增值分配中，投资者拿走了40%～50%，政府拿走了20%～30%，村级组织留下了25%～30%，农民拿到的补偿款只占到整个土地增值收益的5%～10%。试想，如果没有“两把剪刀”持续60多年对农民的集体资产的剥夺，如果农民能获得公平的土地增值收益，那么农民的收入会怎么样？

三是乡村治理机制的不适应性。改革开放以来，乡村治理机制虽然发生了很大的变化，但从农民群众对集体财产权利的诉求来看，仍然存在许多不适应性。在未启动农村集体产权制度改革的乡村，集体产权归属不清晰，国有资产与集体资产界限不明，许多乡村干部将集体资产视为国有资产随意支配，集体经济沦为“干部经济”的现象比较普遍，集体资产大多数在乡村干部的支配之下。在已经开展农村集体经济产权改革的乡村，农民对集体资产的产权开始明晰，但也存在不少深层次问题。总体上说，乡村治理体制并没有随着集体产权制度改革的需要而进行相应的改革。在不少地方，集体产权制度改革了，但乡村治理机制并没有变，农民并没有真正行使民主权利，农民仍然缺乏相应的知情权、表达权、参与权、监督权，集体资产仍然控制在乡村干部手中，“干部经济”的现象并没有得到根本的扭转，农民对集体资产的主人翁地位并没有得到很好的体现和保障。在经济发达地区的农村，乡村干部侵吞集体资产的案件频发，寻租腐败案件不断。此外，由于城乡二元结构和政经不分的影响，政府提供的公共物品和公共服务未能延伸覆盖到乡村社区，集体经济组织长期承担了本应由政府承担的农村社区公共物品和公共服务职责，这本身是政府对集体资产的变相平调。

三　赋予和保障农民对集体资产的财产权重在深化改革

赋予和保障农民对集体资产的财产权利，是国家治理体系和治理能力现代化的重要内容。我们考察分析农民对集体资产的财产权利，不能只局限于农民对集体资产中的一部分的占有、收益等权利。我们的视角是，农民必须对包括承包地（耕地、林地、草地等）、宅基地、集体建设用地、账面集体资产等在内的全部集体所有制资产拥有财产权利。这就需要我们从推进国家治理现代化的高度，全面深化农村集体产权制度改革，加快推进以财产权利为重点的现代国家制度建设。

一是赋予和保障农民对集体资产的占有权、收益权。第一，农民对承包地的占有权、收益权得到了法律的确认，但法律保障不力。《物权法》规定土地承包经营权人对承包地（耕地、林地、草地等）享有占有、收益的权利。比如北京市通过确权确地、确权确股、确权确利等主要方式赋予和保障农民对承包地的占有权、收益权。但目前对农民承包地占有权、收益权的侵害主要有三个方面：其一是传统城镇化中的征地模式通过强行征地和土地国有化，损害农民对承包地的占有权和收益权；其二是地方政府以政绩为导向的土地流转，侵占了农民对承包地的占有权、收益权，其三是承包期限问题，比如耕地承包期如何从30年不变到长久不变，至今未能有明显的定论，农民对承包地的占有权、收益权面临新的不确定性。法律已经赋予了农民对承包地的占有权，但法律对农民承包地占有权、收益权的保护明显滞后。既要赋权，又要护权，是当前全面深化改革的重要课题。在赋予和保护农民对承包地的占有权、收益权上，重在通过改革强化法律保障。必须尽快改革现行的征地模式，纠正和制止地方政府将土地流转作为政绩导向，明确第二轮承包期到期后农户对承包地的承包期自动延期，将承包合同上的承包期从“30年”改为“长久”，进一步完善和健全收益分配权。特别是在如何实行承包地长久不变问题上有一种观点认为在第二轮承包期届满后重新分配一次土地后再实行长久不变。这与《物权法》规定的承包期届满由土地承包经营权人按照国家有关规定继续承包不相吻合，与赋予农民长期而有保障的土地使用权原则不相吻合。第二，农民对宅基地的占有权得到了法律的确认，但其没有赋予农民对宅基地的收益权。在宅基地财产权问题上，既存在赋权不足的问题，又存在护权不力的问题。《物权法》规定宅基地使用权人享有对宅基地的占有权、使用权，但其没有赋予农民对宅基地的收益权。宅基地应当有序进入市场，必须进一步深化宅基地制度改革，通过修改法律，既赋予农民对宅基地的收益权，又赋予农民对宅基地的转让权。在赋予农民合法获得宅基地及其住房收益权后，可以开征宅基地及其住房收益相关税收。农户转让宅基地及其住房，在缴纳正当税收后，集体经济组织不得再分配其宅基地。一些在城镇化进程中强征强拆、并村撤村、强迫农民上楼等现象，构成了对农民宅基地权利的重大侵害。第三，农民对宅基地以外的集体建设用地的占有权、收益权不明。《物权法》规定的建设用地使用权人对建设用地享有占有、使用和收益的权益，但这只限于国有建设用地，而对农村集体建设用地则没有赋权。党的十八届三中全会明确提出建立城乡统一的建设用地市场，允许农村集体经营性建设用地出让、租赁、入股，实行与国有土地同等入市、同权同价。落实这一政策突破，需要更具体的政策规定和立法保障。除宅基地以外的农村集体建设用地，不太便于让农户分散占有，但可以通过确权改革，健全收益分配机制，明确农民股权和收益权。第四，农民对集体经济组织账面资产的占有权、收益权存在不同的情况。在没有开展农村集体经济组织产权制度改革的地区，集体经济组织账面资产的权属不清，农民事实上丧失对了集体经济组织账面资产的占有权、收益权。对这种情况，关键是要启动和推进农村集体经济组织产权制度改革，明确农民对集体经济组织账面资产的占有权、收益权。在已经开展和完成农村集体经济组织产权制度改革的地区，实行“资产变股权、农民当股东”，农民基本上享有对集体经济组织账面资产的占有权、收益权。当然，在有的地区，由于集体股所占比例较大，收益分配机制不健全，新型集体经济组织法人治理结构不完善，农民对集体经济组织账面资产的占有权、收益权也存在不充分的问题，这需要继续深化和完善相关改革。

二是赋予和保障农民对集体资产的有偿退出权和继承权。第一，农民对承包地的有偿退出权和继承权问题。《土地承包法》规定承包方便宜迁入设区的市、转为非农业户口的，应当将承包的耕地和草地交回发包方，承包方不交回的，发包方可以收回。这条规定限制和剥夺了农民对承包地的有偿退出权。应当尽快修改或废止上述规定，建立承包地有偿退出市场机制，明确农民可以带着集体资产进入城市，走保障农民财产权利的新型城镇化道路。《继承法》和《土地承包法》只规定承包收益的继承权，没有规定承包地的继承权。一些地方开展的“增人不增地、减人不减地”试点就具有家庭承包地继承的性质。应当修改《继承法》和《土地承包法》，赋予农民对承包地的继承权。在第二轮承包期间，继承人继承被继承人所剩承包年限的承包地，第二轮承包期满后，永久继承承包地。第二，农民对宅基地的有偿退出权和继承权问题。目前有关宅基地的制度建设是土地制度中最滞后的，既没有宅基地方面的全国性专项立法，又缺乏与时俱进的宅基地政策制度创新。无论是从法律上还是从政策上，都没有赋予农民对宅基地有偿退出权和继承权。现行的宅基地政策制度主要内容是一户一宅，一宅两制，规定面积，限制流转，福利分配，无偿收回。《物权法》将宅基地定性为用益物权，但没有赋予农民对宅基地的收益权和转让权。《继承法》也没有规定宅基地的继承权。迄今为止的有关宅基地政策的主旨是限制、控制农民对宅基地的财产权利。应当修改《物权法》，赋予农民对宅基地的收益权和转让权，允许宅基地进入市场自由流转。在市场化和城镇化进程中，要转变观念，加快宅基地的专门立法，赋予和保障农民对宅基地的完整物权。第三，农民对集体经济组织账面资产的有偿退出权和继承权问题。在没有开展农村集体经济组织产权制度改革的地区，农民无所谓有偿退出权和继承权。在已经开展农村集体经济组织产权制度改革的地区，在股权管理上，大多数地方不准退股，但可以在内部转让股权；有的地方固化股权，实行“生不增、死不减、入不增、出不减”，赋予了农民对股权的继承权，有的地方实行股权的“生增死减”，等。从全国来说，至今没有统一规范的股权管理办法。应当根据形势发展的需要，制定出台全国统一的农村集体经济组织股权管理办法，明确赋予农民对集体股权的有偿退出权和继承权。

三是赋予和保障农民对集体资产的抵押、担保权。第一，农民对承包地的抵押、担保权问题。《物权法》《担保法》都规定耕地等集体所有的土地使用权不得抵押。这是对农民集体财产权利的法律限制。党的十八届三中全会首次明确赋予农民对承包地占有、使用、收益、流转及承包经营权的抵押、担保权能。中央赋予承包经营权抵押、担保权能后，需要相关的具体政策和基础制度跟进才能实现目标。首先是要对承包经营权进行确权登记颁证；其次是要改革农村金融体制，特别是要借鉴东亚综合农协的成功经验，积极稳妥发展农民合作金融，创新适应农村特点和实际的承包经营权抵押、担保方式。第二，农民对宅基地的抵押、担保权问题。《物权法》《担保法》同样规定宅基地使用权不得抵押。党的十八届三中全会对宅基地制度改革比较慎重，提出“慎重稳妥推进农民住房财产权抵押、担保、转让”，没有涉及宅基地使用权的抵押、担保。这与整个宅基地制度改革没有取得突破有关。从城镇化发展的形势来看，我们需要对宅基地制度进行重大改革和突破，这种改革与突破需要吸收各地试点和自发探索的经验做法，总的趋势是赋予农民对宅基地完整的用益物权，允许宅基地进入市场流转，使宅基地与宅基地上的住房名正言顺地成为农民的合法财产。只有在此基础上，才能赋予农民对宅基地及其宅基地上的住房的抵押、担保权。据报道，最近，北京市海淀区东升镇集体所有的东升科技园 11 栋房屋首次获得房产证，并首次从民生银行获得 3 亿元贷款。这说明，通过改革试点，农村集体土地上的房屋完全可以颁发房产证并进行抵押贷款融资。第三，农民对集体资产股权的抵押、担保权问题。在我国现行金融体系中，不要说集体经济组织的股权，就是国有企业的股权抵押、担保都面临很大问题。实现集体资产股权的抵押、担保权，重在创新金融体制机制。解决集体资产股权的抵押、担保问题，需要区分集体股与个人股，同时要区分商业银行与农民合作银行。集体股相对来说资产数量较大，如果集体经济组织具有较好的经营绩效，商业银行应当改变现行的抵押贷款方式，降低对集体股进行融资的门槛；个人股相对来说资产数量较小，商业银行可能认为其抵押融资的风险较大而不会轻易接纳个人股抵押融资。实现集体资产股权抵押、担保的另一条可行路径，就是发展农民信用合作组织，在农村内部开展集体资产股权的抵押、担保，这可能是一条成本和风险相对较小的路径。但发展农村信用合作组织必须根据农村和农民的特点和实际情况，不必照搬商业银行的经办模式，但可以借鉴商业银行成熟的管理方式。这些都需要通过试点进行探索和总结。无论如何，要实现集体资产股权的抵押、担保，不仅需要创新金融体制，而且要从国家治理现代化的高度，全面深化改革，赋予和保障农民对全部集体产权的财产权利。

农民工市民化的认识误区*

张英洪

2012年11月，党的十八大报告明确提出“有序推进农业转移人口市民化”。实现农民工市民化已成为党和国家公共政策的基本取向，但在有关农民工市民化问题上，存在几个方面的认识偏差和误区。

一是只强调农民工市民化的成本，而忽视农民工进程务工的贡献。应该说，改革开放以来，亿万农民为城市的发展做出了巨大贡献，但由于长期受城乡二元体制的影响，进城务工的农民工没有获得城市居民身份，没有享受与城市居民平等的基本公共服务，这是极不公平的政策制度。各个城市为农民工提供的公共服务，远远低于农民工为城市建设所做出的贡献。如果说测算农民工市民化的成本只是出于财政预算的技术考虑，这是可以理解的，但如果以农民工市民化成本为借口阻止农民工市民化进程，那就陷入误区了。其实，所谓农民工市民化的成本，就是农民工应当享有的基本公共服务，而这些基本公共服务，即使是农民工没有进入城市而在农村生活，也应当平等享有。农民工市民化的成本，其实是政府对农民社会保障的长期欠债。为农民工提供基本公共服务，是政府的重大职责，是坚持“以工哺农”“城市支持农村”的重要体现。农民无论是进城务工还是不进城务农，都应当公平享有社会保障等基本公共服务，政府对此责无旁贷。其实，从社会文明进步的角度来看，农民工市民化的收益远远高于其市民化的成本。如果我们要走向文明的话，那么我们的整个民族和国家

---

* 原载《中国经济时报》2014年7月7日。

都将从实现农民工市民化中获益。

二是只强调中小城市农民工市民化，而忽视大城市和特大城市农民工的市民化。这种观点几乎是政学两界的共识。其实这种观点是有问题的。大量农民工工作、生活在大城市和特大城市，这是基本的事实。城市化的过程本来就是农民进城的过程。越是大城市，就越具有吸引人口的集聚力。像深圳这座人口上千万的特大城市，完全是在改革开放政策的号召下由成百上千万的外来人口共同劳动创造出来的。“城市，让生活更美好。”如果我们的城市对包括农民工在内的外来人口应当享有的公民权利视而不见，这绝不是现代文明应当具有的基本观念。许多人还以大城市面临的环境、资源承载压力以及“城市病”为由，拒绝给农民工等外来流动人口的市民身份和基本权利，其实这也是一种误识。一方面，不能认为大城市的资源、环境压力以及“城市病”是农民工群体造成的；另一方面，要解决大城市存在的资源、环境压力以及“城市病”，也不能只找农民工这个群体出气，将之赶出城门，或拒绝给予公民权利。有人还主张提高大城市和特大城市的生活成本，以此抬高大城市和特大城市的门槛，迫使农民工离开。这种人为增加农民工生活成本的“行政性市场调节”手段，并不是以人为本、关怀弱势阶层基本权利的善政。长期以来，大城市和特大城市就一直实行最严格的户籍控制政策，严格限制农民进城。时至今日，北京、上海等特大城市的户籍制度改革仍然没有迈开实质性步伐。我们的核心观点是，应充分尊重农民工的自由选择权，农民工愿意选择在哪个城市就业和生活，那完全是农民工的自由，政府和学者都要给予尊重。无论是中小城市还是大城市、特大城市，凡是有农民工就业和生活居住的地方，都要建立平等开放的制度，给予农民工市民身份和基本公共服务，实现农民工的市民化。任何城市都不能超越宪法规则而成为剥夺农民工公民权利的特权城市。

三是不尊重农民和农民工意愿，强制推行农民工市民化。有的地方，把转变农民身份作为政绩，以行政手段强行改变农民身份，强制推行农民及农民工市民化。这就陷入了另外一种陷阱。我们看到，一些地方强制改变农民户籍身份的出发点，不是赋予农民以平等的户籍身份，不是让农民和农民工享有平等的基本公共服务，而是掠夺农民的土地财产权益。这种损害农民土地财产权益的假市民化现象必须予以制止。户籍制度改革必须与农民的财产权利脱钩，不得借改变农民户籍身份之名剥夺农民和农民工在农村的财产权利。户籍制度改革的真正目标是消除城乡二元户籍歧视，使农民与城镇居民一样在户籍身份上完全平等，最终实现公民的自由迁徙。在实现农民工市民化上，国家应当加快建立社会保障的全国转移接续，确保社会保障跟着公民个人走，公民自由迁徙到哪里，社会保障就要跟着转移和接续到哪里。

树立立法式改革观，推进依法治国*

——访北京市农村经济研究中心研究员张英洪

李成刚

习近平总书记提出，“凡属重大改革都要于法有据”。如何实现依法改革，确保改革在法治的轨道上推进，是推进依法治国、依法执政和依法行政，建设法治国家、法治政府和法治社会的关键。

“我们常说要转变经济发展方式，其实我们同样应当重视的是要转变改革方式，这正是习近平总书记所指出的那样，将改革纳入法治的轨道，以法治思维和法治方式推进改革，从违法改革转向依法改革。这是中国改革本身的战略转型。”就树立立法式改革观，实现依法改革等问题，《中国经济时报》记者采访了北京市农村经济研究中心研究员、法学博士张英洪。

从“违法式”改革转向立法式改革

《中国经济时报》：当前，改革已经进入深水区，30 多年来既积累了许多老问题，也涌现出了许多新问题。在党的十八大提出要推进依法治国、依法执政和依法行政，建设法治国家、法治政府和法治社会后，依法改革成为社会关注的重点，你怎么理解依法改革的概念？

---

* 原载《中国经济时报》2014 年 7 月 29 日。

张英洪：法治是治国理政的基本方式，在新的形势下，要建设法治中国，实现国家富强、民族复兴和人民幸福，我们不但要转变经济发展方式，更要转变改革方式，树立全新的法治改革观，将改革纳入法治的轨道，以法治思维和法治方式推进改革，从“违法式”改革转向立法式改革，走依法改革之路。

一般将改革分为激进式改革与渐进式改革两种，并将中国改革归于渐进式改革之列。其实，我们还可以从另外一种视角将改革区分为“违法式”改革与立法式改革两种。“违法式”改革就是在先不修改现行法律制度的条件下，以解放思想和大胆创新为号召，鼓励各地敢闯敢冒，冲破旧的思想观念和法律制度的束缚，“杀出一条血路”，开创发展的新局面，在改革实践取得实际成果并成为共识时，再启动修法程度，修改废除旧法律，制定通过新法律。立法式改革就是先提出改革议题，并就此进行广泛的讨论以取得共识，然后通过法定程序对改革议题进行立法，改革法案通过后再进行改革运作。“违法式”改革是改革实践在前，立法保障在后；立法式改革是改革立法在前，改革实践在后。简单地说，“违法式”改革是“先改革，再变法”；立法式改革是“先变法，再改革”。法律以正义为依归，新制定的法律必须体现社会公平正义，符合宪法。如果宪法存在缺陷或不足，则应当通过正当程序修宪。在良宪和良法的基础上，将改革纳入宪法和法律的框架之中。只有走上立法式改革的轨道，才能从根本上摆脱“违法式”改革的困境。

“违法式”改革后患无穷

《中国经济时报》：强调依法改革，是因为在30多年的改革经验中发现了一些“违法式”改革的现象，你能否列举一些相关的实例？这种“违法式”改革所带来的危害有哪些？

张英洪：社会在享受“违法式”改革好处的同时，也面临巨大的风险，承受严重的后果。特别是当前一些地方的机会主义盛行，“违法式”改革将加剧地方政府严重的机会主义倾向，从而危及国家治理的根基。“违法式”改革的严重后果在于它使法律的权威性受损，破坏基本的公共规则；“违法式”改革既可能开辟发展的新路，也容易侵犯公民基本权利和自由，损害社会公平正义，从而侵蚀法治国家建设的社会基础。从短期来看，“违法式”改革操作便利“见效”快；但从长远来看，“违法式”改革后患无穷。

改革开放以来，中央实行对地方政府的放权改革，这在调动地方政府发展经济积极性的同时，也造成了一些地方政府权力的滥用问题。历史证明，如果没有建立有效的权力监督和制约机制，不能将权力关进制度的笼子，实现法律对权力的驯服，那么无论是推行改革的中央权力还是推行改革的地方权力都可能被滥用。“违法式”改革容易导致地方权力的严重失控和滥用，因为地方政府会假借改革的名义超越法律的控制，放纵权力的横行。一些地方权力的失控和滥用主要有以下几个特点。

一是以改革发展的名义侵犯公民的财产权利。一些地方政府往往打着新农村建设、统筹城乡发展、城乡一体化、城市化等旗号，侵占农民的承包地、宅基地，强拆农民住宅，直接侵害农民的财产权利。

二是以维护社会稳定的名义侵犯公民的人身权和信访权。农民的财产权受到侵害后，农民一般会选择上访寻求上级政府主持公道，或到法院起诉以维护权益。但在只讲经济改革发展、不讲法治的环境中，面对上访，一些地方政府常常以维护稳定的名义（实质上是维护其既得利益）对上访人进行围追堵截，甚至对上访人进行劳教，从而在侵害公民财产权的基础上进一步扩展为侵害公民的人身权和信访权等基本权利和自由。同时，有的地方政府还控制法院正常行使审判权，不让法院立案，这就使公民的权利救济无门，社会就可能会遭到权利受损又无法救济的受害者的暴力泄愤或恐怖复仇。

三是以提高效率的名义控制司法权。一些地方政府往往以提高行政效率的名义，要么将司法权撇在一边，要么将司法权绑在行政权上使之成为行政活动的一部分，要么冻结司法权，使之在重大行政活动面前“被缺位”。司法的错位、越位、缺位，实质上是迷信行政权力包打天下思想观念的体现。一些地方政府将司法排除在社会发展进程之外，显然能提高行政效率，但肯定会降低社会效率。一个国家需要司法机关，是因为“司法工作的最大目的，是用权利观念代替暴力观念，在国家管理与物质力量使用之间设立中间屏障”。如果没有司法机关依据法律对公民权利进行救济，以维护社会公平正义，那么整个社会就会充满暴戾的气息。

这些严重的社会现象，就是只要改革、不要法治的产物，需要引起国家的高度重视。离开法治的改革发展，会使地方政府在追求 GDP 的竞赛中实现异化，走向人民和社会的对立面。

四大原因导致“违法式”改革

《中国经济时报》：你认为造成“违法式”改革的原因是什么?

张英洪：在现代法治国家，改革模式均系立法式改革。中国的“违法式”改革有其历史必然性和现实基础。

一是意识形态的制约。当年安徽凤阳搞大包干的农民，冒着生命危险才闯出了中国农村改革之路。在当时的时代背景下，改革的起步与推行，不可能等到事先建立有利于市场化改革方向的法律制度。

二是时代条件的局限。改革之初，虽然党和国家领导人强调民主与法制建设，但在当时条件下，改革不可能全部等到先立法再去推动改革。现实的选择只能是先改革后立法、边改革边立法，以改革的突破为立法创造条件，以改革的成效为立法夯实基础。有的改革就是在立法后推行的，但总体上看，先立法、后改革的条件并不具备。

三是法治理念的缺失。

四是立法建设的滞后。虽然我们宣称到 2010 年已经基本形成了社会主义市场经济的法律体系，但相对于我国改革开放的伟大实践来说，立法建设还是明确滞后于经济建设，滞后于社会发展的需要。

总之，在经过 30 多年的“违法式”改革后，走向立法式改革应当成为中国改革的战略选择。

运用法治思维和法治方式推进改革

《中国经济时报》：习近平总书记提出，“凡属重大改革都要于法有据。在整个改革过程中，都要高度重视运用法治思维和法治方式，发挥法治的引领和推动作用，加强对立法工作的协调，确保在法治轨道上推进改革”。运用法治思维和法治方式全面深化改革的改革观成为社会共识，你认为其现实意义何在？

张英洪：习近平总书记明确将改革与法治联系起来，要求依法改革，确保改革在法治的轨道上推进。这是执政者改革哲学的重大飞跃，是治国理政方式的巨大转变，具有重要的现实意义和深远的历史意义。

首先，实现了改革的重大转型。改革是这个时代的主题，改革既事关我们每个中国人的命运，也事关中华民族的前途命运。但经过 30 多年的改革开放后，人们对改革的认识也不断深化。没有法治规范和保障的改革，不一定造福于民，也不一定是民族之福。我们常说要转变经济发展方式，其实我们同样应当重视的是要转变改革方式，这正是习近平总书记所指出的那样，将改革纳入法治的轨道，以法治思维和法治方式推进改革，从“违法”改革转向依法改革。这是中国改革本身的战略转型。

其次，实现了法治建设的重大转机。改革开放以来，我们就强调民主法制建设，党的十五大又明确提出建设法治国家。但由于种种原因，法治建设明显滞后。同时，忽视法治建设，既可能使改革误入歧途，也可能使改革的成果丧失。更重要的是，没有现代法治建设，就不可能有效保障公民的基本权利，甚至不可能保障改革者的权益，不可能维护社会的公平正义，不可能实现国家的长治久安。在全面深化改革进程中，将改革纳入法治轨道，将改革置于法治的规范、保障和约束之下，有利于整个社会公共规则意识的形成与践行。习近平总书记提出依法改革的战略思想，是中华民族建设现代法治国家进程中的重大里程碑。

将改革纳入法治轨道需把握四个重要环节

《中国经济时报》：法治重在维持已有秩序，改革重在创新突破发展，前者可被看成盾，后者则是矛，你认为应该如何正确处理改革与法治的关系？如何破解“违法式”改革的固有路径？

张英洪：改革与法治是决定当代中国命运的两个最为重要的关键词。改革与法治既有内在的对立，也有内在的统一，是对立统一的辩证关系。

我们既需要改革去突破既有体制机制，也需要法治去维护社会秩序。将改革纳入法治轨道，最重要的是要把握好几个重要环节。

一是充分发扬民主，广泛征求民意，形成改革共识。

二是立法部门根据执政党提出的重大改革政策，对与现行法律、法规相冲突的改革议程，需按照法定程序进行修改、废除，没有相应法律、法规的应当依法立法。待新的法律通过实施后，在法律框架内依法推行相关改革。

三是对于需要先行试点的改革，如果涉及突破现行法律的规定，必须由现行立法机关依法通过试点决定后，才能在规定的地区、规定的时间、按照规定的试点内容进行试点改革。

四是建立健全违宪违法审查制度。改革需要突破宪法规定的，需依据法定程序修改宪法。立法机关不得制定与宪法相违背的法律，国务院及其部门不得出台与宪法、法律相冲突的法律和规范性文件。对于违宪性的法律法规，依法宣布无效或失效。如果改革违宪违法，应当依法予以中止改革，追求相关责任；如果法律妨碍改革，应当依法修改法律。当然，在宪法、法律和改革之上的，是人民的福祉、社会的正义、国家的善。

新型城镇化建设应纳入法治轨道*

李成刚

主持人 李成刚 《中国经济时报》记者
受访人 张英洪 北京市农村经济研究中心研究员、法学博士
向春玲 中央党校科社部社会制度比较教研室副主任、教授
郑　毅 中央民族大学法学院法学博士
尹少成 首都经济贸易大学法学院博士后、法学博士

中国的城镇化被认为是21世纪影响人类进程的两大关键因素之一。如何推进城镇化，不仅事关中国人的福祉，而且事关人类文明进程。6月9日，本报智库观点刊发了北京市农村经济研究中心张英洪研究员的《法治城镇化的思考与建议》一文，在社会上引起了较广泛的关注——在推进新型城镇化过程中，依法改革的概念开始为人们所重视。习近平总书记提出："凡属重大改革都要于法有据。在整个改革过程中，都要高度重视运用法治思维和法治方式，发挥法治的引领和推动作用，加强对立法工作的协调，确保在法治轨道上推进改革。"如何把握改革与法治的关系？如何将新型城镇化纳入法治轨道，推进法治城镇化？中国经济时报圆桌论坛约请了首倡法治城镇化概念的张英洪研究员、中央党校科社部社会制度比较教研室副主任向春玲教授、中央民族大学法学院法学博士郑毅、首都经济贸易大学法学院博士后尹少成，共同围绕法治城镇化这个话题开展讨论，

---

* 原载《中国经济时报》2014年7月29日。

希望以此进一步推动法治城镇化理念和理论的讨论与发展。

正确把握法治城镇化的理念

《中国经济时报》：法治城镇化的理念一经提出就引起了研究者的关注，如何理解法治城镇化的概念？

张英洪：早在2010年，我们在新型城镇化研究中，就明确提出走以人为本的新型城镇化道路的命题，并认为新型城镇化是民主法治的城镇化，推进城镇化建设事关城乡居民的切身利益，是重大的公共政策，要纳入民主法治的轨道。为人民谋福利、办好事的权力也必须受到严格的制约和监督。要以民主法治的方式推进城镇化，以城镇化来提升民主法治水平。

所谓法治城镇化，就是将城镇化纳入法治的轨道，以法治思维和法治方式推进城镇化，在城镇化进程中规范和约束公共权力，尊重和保障公民权利，维护和促进社会公平正义与文明进步。法治城镇化是新型城镇化的基本特征和重要内容，也是国家治理现代化的根本要求和重要体现。背离法治的城镇化，既谈不上新型城镇化，也谈不上国家治理现代化。

向春玲：在我看来，“法治城镇化”就是运用法治的思维和法治的方式规范城镇化进程中各主体的行为，运用法治的思维和方式积极化解城镇化进程中出现的各种矛盾和问题，维护社会的公正，从而保障城镇化各项改革的顺利进行。城镇化涉及经济、社会结构和利益格局的调整，往往导致社会矛盾增加甚至群体性事件发生，所以，城镇化必须在法治的轨道上运行，并以法治为引领。也就是说，在法治中国建设中，加强城镇化领域的科学立法、严格执法、公正司法、全民守法，以确保城镇化积极稳妥地有序推进。

郑毅：新型城镇化建设已成为未来中国长期增长和长期发展的主旋律和战略抓手，但顶层设计的高歌猛进无法消弭基层实践的制度困惑：土地制度改革与农民权益保障的矛盾依然尖锐、户籍制度改革面临重重阻力、公共服务并轨与城乡同权路漫漫其修远、城镇化与环境承载力之间的张力日益膨胀……在寻求破局之路的过程中我们发现，前述城镇化进程面临的诸多难题虽然通常被视作经济或行政管理问题，但其实也共享着“法律”

的内在属性——从问题的发现、诠释到全面解决，法治实际上扮演着目标指引与路径保障的双重角色。于是，“法治城镇化”的理念必将逐渐引起社会的重视。而法治城镇化的首要基础，即与城镇化相关的法制建设的程度、规模和水平。

尹少成：所谓法治城镇化，简而言之，就是指城镇化的推进必须依法进行。具体而言，一是将法治理念贯穿于城镇化建设全过程，用法治的思维指导城镇化的推进；二是加强城镇化相关领域的立法和修法工作，保证城镇化建设中有法可依；三是严格执法，保证城镇化相关立法得以有效落实；四是为城镇化过程中侵犯公民、法人或者其他组织合法权益的行为提供充分的法律救济。只有从理念、立法、执法、司法四个方面建立起一个法治化体系，城镇化推进才可能在法治轨道上运行，不偏离既定航道，符合社会经济发展的要求。

非法治城镇化的表象

《中国经济时报》：既然提倡法治城镇化，就表明我们在城镇化过程中存在法治缺陷，那些固有的非法治城镇化的表现和影响有哪些？

张英洪：城镇化中的非法治现象比较普遍，突出表现在四个方面。一是城乡制度分割与不平等，造成了2亿多的农民工问题以及1亿多的留守老人、留守妇女和留守儿童“三留守问题”。二是农村集体产权制度改革的滞后，农民财产权保护不力，造成了农民财产权利的不平等和被剥夺。据研究，改革开放以来的30多年，农民在城市化中被剥夺土地级差收入高达30万亿元。国务院发展研究中心的研究表明，在征地产生的土地增值分配中，投资者拿走了40%～50%，政府拿走了20%～30%，村级组织留下了25%～30%，农民拿到的补偿款只占到整个土地增值收益的5%～10%。三是公权力未能被关进制度的笼子，滥用权力侵害公民权利的事件不断发生。一些地方执政者缺乏法治思维和法治观念，热衷于大拆大建，有的地方强征强拆盛行，造成了一系列自焚等恶性事件和社会悲剧。四是缺乏科学有效的城乡规划和制度约束，造成城市对农村的过度侵蚀和对生态环境的严重破坏，“城市病”和“农村病”并发，人们赖以生存和生活的家园岌岌可危。

城镇化中的非法治现象的本质是缺乏对公民基本权利的尊重和保护，缺乏对生态环境的敬畏和保护，其严重后果是侵犯了公民的基本权利和生活幸福，破坏了政府的公信力，危及社会的和谐稳定与国家的长治久安。

向春玲：改革开放以来，我国城镇化的快速发展促使了人口集聚、产业升级、城市文明向农村延伸，极大地改变了我国城乡的面貌，使我国从一个传统的农业大国向一个现代的工业大国迈进。但是，在以往的城镇化过程中，存在一定的无法可依、有法不依、执法不严的现象。例如，一些失地农民的生存权和发展权得不到保障，有些不愿进城的农民被强征土地和“强迫上楼”；进城农民的公共服务和社会保障制度不完善，形成了进城农民与原有市民的不公平身份和不平等的待遇，农民工缺乏归属感和相关权益的保障，成为社会治安和刑事犯罪的主要群体；城镇化进程中缺乏统一的城乡规划，盲目开发，导致大广场、洋建筑数量众多，土地资源浪费，城市建筑失去特色，一些历史文化遗产在城镇化进程中遭到“建设性的破坏”；同时，生态环境的破坏引发了不少“环保纠纷”；城市管理借法执法甚至是无法可依，导致城管人员与流动小摊贩矛盾的升级等。

推进法治城镇化面临的难点与问题

《中国经济时报》：当前，推进法治城镇化面临的主要障碍和问题是什么？

张英洪：推进法治城镇化面临许多障碍和问题，一是思想观念欠缺。由于长期的人治传统和人治环境，各级党员领导干部，包括各种学者，不少人缺乏现代法治知识、法治思维和法治观念。

二是发展方式偏差。我们在发展上习惯于追求一种高于一切、压倒一切的目标。例如，改革开放以前，我们以阶级斗争为纲；改革开放以来，我们以经济建设为中心。在改革发展中，我们迷信单纯的经济增长，崇拜GDP主义；我们还满足于“一票否决”“稳定压倒一切”的思维方式和行政逻辑，等等，这就使社会的多样性发展受到压制，其结果就是社会的畸形发展、病态发展。

三是制度建设滞后。城镇化涉及农村的制度、城镇的制度以及农村人口向城镇转移的制度，核心是制度的统一、平等与开放。但由于城乡二元体制的存在，我国在农村有农村的制度，在城镇有城镇的制度，在农村与城镇之间，制度又往往是分割的、封闭的。缺乏全国城乡统一、城乡平等、城乡开放的制度体系，是法治城镇化以及国家治理现代化面临的重大问题。

四是既得利益固化。人类文明史表明，无论是什么样的制度安排，总有人或集团能够从既有的制度结构中获利，并形成利益集团。我国传统的人治城镇化同样也形成了既得利益者和既得利益格局。

五是地方执政行为陷阱。基于经济增长的地方政绩竞赛，使公权力行使缺乏权利边界的地方执政者，深陷非法治行政的陷阱之中，它带来的直接后果就是忽视公民基本权利的保护，以及人性的沦丧和生态环境的破坏。

向春玲：目前，推进法治城镇化顺利进行的障碍和问题主要表现为以下几个方面。第一，一些城镇化领域的矛盾解决缺乏法律支撑。例如，城市化带来的人口向城市集中，给城市管理带来新的挑战，而目前，我国7.3亿的城镇常住人口却没有一部城市管理法，城市管理目前是借法执法，比如对城市中无证经营的行为，得借工商的法来管理；对随地吐痰的行为，要借卫生部门的法来管理。

第二，城镇化过程中存在有关制度和法律公平性的偏差。法治是要运用好的、公平的法律制度协调社会矛盾，维护社会公平。但是，随着城市化进程的加快，大规模的城市规模扩张和旧城改造如火如荼，在一些地方的土地征收和房屋拆迁过程中，存在开发商和被拆迁人权益不平等的问题，拆迁立法的公平性缺失，直接导致行政执法和司法实践的不公平。

第三，重视行政化的管理，忽视法治化的思维和方式，解决城镇化中的矛盾，导致一些地方出现行政性的“强拆风波”，干群矛盾突出。

第四，现代法律与一些地方习惯法之间矛盾凸显。

第五，一些群众法律意识淡薄，出现矛盾和问题，没有理性地运用法律的方式去解决，而是采取了非理性行为。

尹少成：法治城镇化仍然面临诸多亟须解决的问题。具体表现为以下几点。第一，城镇化推进中法治理念的不足。由于受传统人治思维影响，基于政绩考核方面的压力，城镇化建设中将可能出现“大跃进”现象，背离城镇化的发展目标。这很大程度上是由于城镇化推进中法治理念仍然存在不足。

第二，城镇化建设相关立法不完善。法治城镇化需要完善的立法作为支撑。然而，当前我国城镇化建设相关立法仍不完善，特别是在土地制度、户籍制度、公共服务均等化等关涉法治城镇化核心方面的立法存在较大不足。

第三，既有立法不能得到严格执行。“徒法不足以自行”，法律制定后，还必须得到严格执行，方能发挥其功效。就我国当前的法治实践而言，立法已经取得了巨大成就，而既有立法不能得到严格执行已经成为法治建设的重要阻碍，甚至在一定程度上损害了法律的权威性及其在公众心目中的地位。法治城镇化同样难以摆脱此厄运。现有的城镇规划法、土地法等明确规定的事项，因领导人个人意志而随意变更的现象俯拾皆是，这严重损害了法治的权威性，阻碍法治城镇化的推进。

第四，违法行为未受到严格追究，受损权益未能得到有效保护。法律的重要特征之一是以国家强制力为后盾。当违法行为发生后，依法应当受到严格追究，受损权益应当得到有效保护，这是法律之所以被信仰的重要原因。然而，在城镇化建设中，部分领导人为追逐政绩工程，出于“公益”或私利的目的，违反相关法律法规的规定的行为，却未能受到严格惩处，因此受损的权益未能得到有效保护。长此以往，法治城镇化必然受损，最后损害的是整个城镇化建设的大局。

郑毅：第一，许多有针对性的法律规范尚付阙如。例如，城镇化进程其实具有多元特征，其中重要的一项，即通过特定区域中心城市间的协调发展来推动区内的城镇化进程。从早期的珠三角、长三角城市群建设到当今如火如荼的京津冀协同发展，概莫能外。但遗憾的是，目前我国的规划立法对象仅限于特定行政区划内部，如果说同省地市间的联合（如长株潭、西咸、沈抚、乌昌等一体化建设）尚有省域城镇体系规划可作依据的话，那么区域和规划立法空白的弊端显然在长三角、京津冀这类跨省城镇化蓝图的描绘过程中被陡然放大了。无法可依的尴尬迅速转化为规划混乱、地方保护主义泛滥、府际协调困难等现实表征，成为城镇化进程和品质的无形阻碍。

第二，既有规范体系的“拼图特征”突出，规范协调成本居高不下。虽然对城镇化问题初步实现了体系性的规范架构被视为相关法制建设的重要成果，但该体系所面临的现实问题也是无法回避的：一方面，在宏观上，某些城镇化问题的不同发展阶段往往需涉及数个不同的法律部门，而这些法律部门在立法宗旨、规制原则、制度路径、责任设置等方面均有不同；另一方面，在微观上，特定城镇化问题也有可能成为数个法律规范的共同指向，选择适用亦颇为不便。然不论何种情形，均可被归纳为规范体系的“拼图特征”——作为各节点要素的单行规范间彼此关联的逻辑性较弱，难以形成令人满意的良性配合与互动，“九龙治水”也就必然导致规范协调成本居高不下。

第三，不同层次法律规范的配合有待加强。与“拼图特征”相对应，不同层次法律规范的配合实际体现为纵向体系的维度。目前，以《城乡规划法》为代表的一些关键领域的核心法律已然出台，但往往因其法律位阶的“居庙堂之高”而无法对“处江湖之远”的基层实践实现直接、充分的行为规制价值。由此，下位配合性立法不足的问题得到凸显。

将城镇化纳入法治轨道的政策建议

《中国经济时报》：如何推进法治城镇化建设？对推进法治城镇化有何政策建议？

张英洪：如果说我们要使市场在资源配置中起决定性作用，那么，我们要使法治在治国理政中起根本性作用。推进法治城镇化，一是要树立现代法治的理念。法治是社会主义核心价值观的重要内容，要通过各种方式使国人学习法治知识、养成法治思维、树立法治理念，尤其是各级党员领导干部和学者要带头树立法治理念。一方面，要将法治纳入国民教育体系，促进全民法治意识的形成；另一方面，各级党校和行政学院要把法治作为党员领导干部培训的重要内容。

二是要按照国家治理体系现代化的要求，加快构建全国城乡统一、平等、开放的制度体系。城镇化是一种动态的发展过程，它将农村与城镇联系起来，这与传统的相对静态和独立封闭的农村制度与城镇制度体系产生了重大的冲突。加强现代制度建设，应当成为重中之重。特别是全国人大以及地方各级人大机关，要切实改变长期以来的行政化工作方式，突出强化立法职责和监督职能，摆正人大的角色和位置，根据宪法和执政党治国理政新要求，把握时代发展的脉搏，按照立改废的原则加强立法调研，加快立法建设，担负起宪法赋予人大的职责，在法治中国建设中有所作为不缺位、合法作为不越位。

三是以权利为导向转变改革、发展、维稳方式。法治城镇化是以人为核心的城镇化，是尊重和维护公民基本权利的城镇化，是建立和遵守基本公共规则的城镇化。法治城镇化要求转变改革方式，走立法式改革之路；转变发展方式，树立权利导向的发展观；转变维稳方式，以维权实现维稳。

尹少成：法治城镇化建设至少应当从以下几个方面努力。

第一，牢固树立法治城镇化的理念。离开法治的规范，城镇化建设将难免出现这样或那样的问题，甚至出现混乱无序的状态。因此，全国上下在城镇化建设过程中都应当牢固树立法治理念，并在实际工作中坚持在法治的框架与要求下活动。

第二，完善城镇化建设相关立法。完善的立法是法治城镇化的前提与基础。就当前我国城镇化建设实际而言，需要重点关注土地、户籍、城乡公共服务均等化等方面法律法规的制定与修改。以土地制度为例，当前《土地管理法》等土地方面的法律法规并不能很好地解决上述问题。因此，完善相关立法仍然是法治城镇化过程中亟须解决的一个问题。

第三，严格执行城镇化相关立法。如何保障相关立法得到严格执行，实质上关系法治城镇化成效的关键。这既需要全社会树立法治信仰，营造一个良好的法治环境，也离不开一套严格的违法追究机制。同时，社会、公众也应当积极监督城镇化建设过程中的违法违规行为。就我国特定国情而言，还应当适当调整政绩评价体系，加大法治在其中的比重，让政府带领人们树立起对法治的信仰与敬畏，或许能收到事半功倍的效果。

第四，加强对违法行为的责任追究和受损权益的救济。加强对违法行为的责任追究，是遏制违法行为的重要手段，能够对潜在的违法者或者违法行为起到一个很好的警示作用。同时，还应当为因违法行为而权益受损者提供高效便捷的救济途径。

向春玲： 首先，城镇化的推进要有法可依，这就需要科学立法，以公共利益最大化为价值取向，完善城镇化进程中的各项法律。为引导、推进和保障城镇化健康发展，还应随着城镇化的需要适时出台、修改相关法律法规，防止城镇化的随意性。

其次，对于城镇化进程中出现的各种矛盾和问题要通过法律的方式来解决，做到有法必依，而不是用人治的办法。

再次，需要规范执法行为，坚持执法的公平性。坚持法治化标准，就是要防止和减少人治标准，切实维护群众的合法权益。例如，在拆迁的过程中，制定了大家认可的拆迁补偿、安置标准就要一视同仁，执行到底，防止一些人“大闹大解决、小闹小解决、不闹不解决”的问题，导致遵守拆迁法律制度的人吃亏，而想通过拖延拆迁时间索要更多利益的人最后得到更多的利益，这样就失去社会公平，失去了政府的公信力。

最后，需要加强全民法制教育，提高全民的法治意识，培养全民的法治精神。

永清模式：主动卫星城建设的样本*

——在第23届中国城市化论坛上的点评发言

张英洪

时间： 2014年7月26日

地点： 河北省廊坊市永清浙商会馆

论坛主题： 京津冀一体化与北京第三代卫星城——永清模式的人文情怀

点评人： 张英洪

人物身份： 北京市农村经济研究中心研究员、博士

精彩观点： 作为北京第三代卫星城的永清卫星城是主动的卫星城，主动承接首都的产业转移，主动承接首都的人口转移，主动建设的卫星城。永清卫星城的定位是体现了京津冀一体化的卫星城，体现了人文情怀的卫星城。永清模式是在新型城市化进程中的新态势，是京津冀协同发展中发展第三代卫星城的很好开始，希望永清的发展为中国整个卫星城发展树立一个标杆、一个榜样、一个模板。

以下为现场实录。

主持人李津逵： 英洪，永清土地银行的模式让农民参与和分享城市

---

* 本文选自《第23届中国城市化论坛——京津冀一体化“永清模式”》，原载《城市化》2014年7月刊（总第71期），本文有修改。

化，你觉得这个路子怎么样?

张英洪：感谢会议主办方邀请我参与这样非常好的论坛，我觉得这个定位定得非常好，是第三代卫星城。听了各位嘉宾的发言，我非常感动。过去搞城市化研究、城市化论坛，都是学者、专家们自说自话，而城市化是农民的城市化，如果我们把农民排除在外，失去农民的声音和农民的参与，我们这个城市化将来会出现很多问题，其实我不认同那些排除农民的城市化。

今年2月份习总书记专门调研北京的城市发展，提出了京津冀协同发展的大战略，非常及时。我们生活在北京，饱受“城市病”的困扰，因为北京城市在发展中产生了很多“城市病”。北京卫星城其实几十年前就规划了，但是没有得到很好的发展。在我的理解中，我们以前第一代卫星城、第二代卫星城都是被动的卫星城，就是北京市委、市政府把企业迁到外面去，在外面去建一个工厂城、建一个居住的睡城。而永清这个卫星城是主动型的，是主动的卫星城，因为它主动地利用特大城市产业转移的机会，在这个地方去发展产业、建立城市，它不是北京市委、市政府来帮助建设的。我觉得这一点非常宝贵。同时，永清卫星城的定位又是体现了京津冀一体化的卫星城，体现了人文情怀的卫星城，我认为这是非常正确、非常可贵的。下面我想围绕把卫星城的建设好、把城市建设好，谈谈自己的几点想法。

第一，我们可不可以把首都圈地区电话号码的区号统一改为010?因为我们大家都喜欢挤到北京去，北京区号是010，我建议首都圈的电话号码改为010。

第二，我们是不是要统计首都圈的GDP和京津冀的GDP?北京现在要建设世界城市，还要注重GDP的增长，但我们在统计北京市行政区域的GDP的同时，是否也要统计首都圈的GDP和京津冀一体化的GDP?能否将首都圈的GDP和京津冀的GDP作为北京市的政绩之一?北京市内的产业长期迁不出来，就是因为企业迁出去了，GDP就不算北京的了，北京的GDP就损失了。北京在这种政绩导向下，就陷入了追求GDP发展与“城市病”的困扰之中。

第三，我们能不能在首都圈的范围内实现基本的一体化?首先是京津冀交通的一体化，京津冀市场体系的一体化，然后是京津冀公共服务的一体化等。

永清以服装为主导产业，北京的大红门服装城要迁到这里来，这个地方不但要接收产业的转移，同时也要接收人口的转移。永清新城发展还面临许多问题，有的是永清新城管委会不好解决的问题，需要政府层面来解决。长期以来我们城市规划、城市建设出现很多问题的关键原因是政府职能滞后，政府没有很好地发挥自己提供公共产品的职责。政府的最大的责任，是科学规划，要有远见地规划。这个地方有了产业以后，还要有人口集聚，人口集聚以后要就业、要上学、要就医。北京的回龙观、天通苑将近一百万人，但是没有配套建成医院、学校等公共服务设施，完全成为睡城。我们现在第三代卫星城的建设应避免走第一、第二代卫星城的老路。在提供基本公共服务方面，永清新城管委会也许能力有限，因为这里面涉及了很多具体的制度改革。

第一，户籍制度改革。外来人口进来以后，能不能落户，能不能成为这里的新市民，能不能享受基本公共服务，这就涉及户籍制度改革。不希望永清新城成为一个排除农民市民化的城市，这一点很重要，这个户籍改革，永清自己是做不到的，需要永清县政府、廊坊市政府或者河北省政府来重视，因为这是政府的职权。

第二，农村产权制度改革。永清新城所在地的5733名农民的土地被托管，因为建设城市，占了农民的土地。在农民的土地上建设一座新的城市，事关农民的土地权益。我们之前的征地制度是把农民排除在外的，剥夺农民土地权利的城市化，这是不好的城市化。如果永清新城要发展10万人口、20万人口，这就是涉及10万、20万人口土地权益的问题，涉及农民要分享城市化收益的问题，这一系列的土地制度改革就需要廊坊市政府、永清县政府有所作为。在城市化进程中维护农民的财产权利，这是非常重要的一点。

第三，政府必须要加大公共服务的供给。过去，我们的政府习惯于注重GDP增长，习惯于收税，而不愿意承担公共服务的责任，所以很多地区产业的发展缺乏公共服务的配套。一个城市、一个社区、一座产业新城，都要有完整的公共服务功能，需要学校、医院、公共活动场所、体育场所，这样，人们不需要到北京去看病，在永清就可以看病，就可以享受到公共服务。提供公共服务的首要责任就在政府，政府要注重医疗卫生的投入和学校建设，同时，政府要允许社会资本进入，让社会力量来建设医院、学校等公共服务。如果我们没有全方位的改革，没有公共服务的配套，永清新城的建设也可能会沦落成单一的产业城。如果我们在城市化建设中没有公共服务，没有相应的学校、医院等公共服务设施以及基本的社会保障等公共服务，那么我们又会走入一个死胡同。

还有很重要的一点，在城镇化过程中一定要注重对于生态环境的保护，有很好的生态环境基础。我们中国原来也有很好的生态环境基础，但是在建设新城的过程中被破坏了，我们要以生态文明为导向建设新城。

李津逵老师的城市化研究所，是把农村和城市连接起来的研究所，这在全国是第一家，我非常欣赏！别的地方要么是城市研究所，要么是农村研究所。城市化是农民进入城市、农村转变为城市，城市化研究所能够把农民和城市联系起来。永清模式是现在新型城市化进程中的新态势，是京津冀协同发展中第三代卫星城的很好开始，我们很多人包括我本人对永清都有自己的期待和梦想，我希望永清的发展能够达到自己的理想和目标，能够为中国整个卫星城发展树立一个标杆、一个榜样、一个模板。谢谢大家！

主持人李津逵：谢谢张博士！张英洪博士的研究从湖南农村开始，走到北京研究京津冀一体化。张英洪博士的博士论文《农民、公民权与国家》出版后引起了很大反响，我向大家特别推荐他的这本书。张英洪博士刚才提到了一个很有意思的概念，就是永清第三代卫星城是主动的卫星城。

赋权富民：新一轮农村改革的核心*

张英洪

最近10年来，中央每年的一号文件都聚焦“三农”，中央也明确把“三农”工作提升为全党工作重中之重的高度，但为什么农民的收入还这么低？农业的基础还这么薄弱？农村的状况还不容乐观？为什么城乡居民收入差距还这么大？一句话，为什么“三农”问题还这么严重？

农民的贫困实质上是权利的贫困，“三农”问题实质上是权利问题。一系列限制乃至剥夺农民利益的政策制度没有改变，有利于维护和发展农民权利的政策制度没有建立起来。我们陷入了一个解决“三农”问题的愿望与限制农民权利的现实之间的纠结而不能超越。当前有三个方面的矛盾比较突出：一是传统农村集体所有制与市场化、城市化的发展不适应性；二是城乡二元体制对农民的不平等性；三是农业特性与政府责任的不对称性。

我认为，新一轮农村改革的核心在于赋权富民。

我们经常说要千方百计增加农民收入，其实，不用千方百计，只需赋权于民，就可以实现农民增收致富，并使农民过上自由而有尊严的现代生活。特别是对北京这样的特大城市来说，在2000多万的常住人口中只有2万多农业户籍的人口，实现农民收入超过居民也是完全可能的。赋权富民，具体来说，就是要重点赋予和保障农民以下七种基本权利。

---

* 本文为2013年10月16日在第五届中国农村法治论坛上的发言整理稿，原载《中国经济时报》2014年8月4日，刊发时有删节，此系未删全文。

一　赋予和保障农民的财产权

秘鲁经济学家德·索托在《资本的秘密》一书中揭示，发展中国家贫穷的重要原因是没能把资产转化成为资本，缺乏产权的表达机制。我国“三农”问题的一个重要根源就是农村和农民缺乏产权，既缺乏与城市及市民平等的财产权，又缺乏农村产权在市场化和城市化进程中的法律表述机制。缺乏明晰的农村集体及农民的财产权利，最容易被公权力和资本所侵害。

60多年来，农村和农民先后被两种剪刀差“剪去”了巨额的财富。据研究，1952～1986年，国家通过工农产品价格剪刀差，农民为国家的工业化多付出了5823.74元，1978～1991年，工农产品价格剪刀差达12246.6亿元。改革开放以来的30多年，农民在城市化中被剥夺土地级差收入高达30万亿元。另据国务院发展研究中心的调查，在征地产生的土地增值分配中，投资者拿走了40%～50%，政府拿走了20%～30%，村级组织留下了25%～30%，农民拿到的补偿款只占到整个土地增值收益的5%～10%。试想，如果没有“两把剪刀”持续60多年对农民的财产剥夺，如果农民能获得公平的土地增值收益，那么农民的收入会怎么样？

2011年中央农村工作会议提出：“土地承包经营权、宅基地使用权、集体收益分配权等，是法律赋予农民的财产权利，无论他们是否还需要以此做基本保障，也无论他们是留在农村还是进入城镇，任何人都无权剥夺。在任何情况下都要尊重和保护农民以土地为核心的财产权利，应当让他们带着这些权利进城，也可以按照依法自愿有偿的原则，由他们自主流转或处置这些权利。”党的十八大提出“改革征地制度，提高农民在土地增值收益中的分配比例”。这些都是赋予和保障农民财产权的基本方向。应当全面推进农村产权制度改革，明确把土地产权还给农民，逐步赋予农民完整的产权权能，从法律上建立清晰的农村集体和农民的产权表达机制，坚决制止在城市化进程中盛行的以行政权压倒和侵害财产权的现象。

二　赋予和保障农民的自由迁徙权

自从1958年建立城乡隔离的户籍制度以后，我国公民的自由迁徙权被取消，实质上就是农民进城转变为市民的权利被取消。在计划经济时期，剥夺农民自由迁徙权的后果是造成了普遍的贫困，在市场化改革以后，剥夺自由迁徙权的后果是造成了农民工问题以及农村“三留守”问题。2012年全国农民工总量达到26261万人。如果这些农民工能够自由选择在城镇落户居住生活，再加上这些农民工的家属都能正常随迁进城落户成为市民，那么将有三四亿农民转变为城镇居民，他们的生活将彻底改变。

2013年的中央政府工作报告提出：“加快推进户籍制度、社会管理体制和相关制度改革，有序推进农业转移人口市民化，逐步实现城镇基本公共服务覆盖常住人口，为人们自由迁徙、安居乐业创造公平的制度环境。”这是几十年来中央政府工作报告首次提出自由迁徙这个大问题和大目标。必须加快户籍制度改革，实现中国人在中国的土地上享有自由迁徙的基本权利。户籍改革后，农民只是一种职业，不再是一种身份。对每一座城市来说，在涉及本地农民工的户籍改革上，要取消农业户口与非农业户口的划分，统一登记为城市居民户口，农民所享有的农村土地承包经营权、宅基地使用权、林权、集体资产及其收益权、有关农业补贴政策等权益保持不变，不因户籍改革而变动；在涉及外地农民工的户籍制度改革上，凡是在城镇正式就业且签订就业合同的农民工及其家属，均应落户成为城市的新市民。我们认为，越是大城市、特大城市，越要推进户籍制度改革。解决特大城市人口、资源和环境矛盾以及“城市病”的正确途径是放弃GDP主义，切实转变经济发展方式，调整产业布局和公共资源高度集中的格局，加快实现城乡基本公共服务均等化，而不是限制和剥夺公民的居住和自由迁徙的权利。

三　赋予和保障农民的社会保障权

社会保障权是现代社会中的一项基本人权。一方面，社会保障权是社会主义追求的重要目标；另一方面，社会保障权也是社会公平的重要体现。学者普遍认为，社会保障权体现了对社会弱势群体生存权和发展权的关注与保障，是人类告别弱肉强食走向文明的重要标志。

建立社会保障权的初衷是对社会弱势阶层的保护。但长期以来，我们在社会保障上出现了两个方面的严重异化，一是生活条件相对优越的城镇居民享有社会保障，而农村居民却没有社会保障；二是越有权、越有钱的人的社会保障越好，而普通老百姓的社会保障却越差，甚至缺失。这与现代社会基于公平治理的理念和规则相差甚远。包括社会保障在内的基本公共服务之间的差距，是城乡居民收入差距扩大的重要因素。党的十六大以来，我国开始逐步建立覆盖全部农村的“新农合”“新农保”“农村低保”，将农民纳入国家统一构建的社会保障网络，这是农民社会保障权得到确立的重要里程碑。但是，目前农民享有的社会保障还是低水平的，既与城镇居民相比存在较大差距，与农民自身需求相比也存在较大差距。

最近媒体报道，河北省保定市清苑县东臧村农民郑艳良因没钱做手术，在自家锯掉患病的右腿。而前不久河北省委常委、宣传部部长艾文礼在专题民主生活会上说去年春节河北省的春节晚会光请“大腕”花了 330 万元，造成很大浪费。这两件事足以说明我国社会保障以及公共财政方面存在的突出问题。据有关专家研究，美国联邦政府支出的 45% 用于社会保障和医疗卫生等方面的公共服务，用于行政公务的费用只占 10% 。美国州和市县镇政府的总支出中，用于教育卫生、各种社保和社会管理的支出比例高达 70% 多，政府本身行政公务费用只占 16% 。而我国的行政公务支出明显偏高，尤其是“三公消费”惊人。有的专家指出，仅 2004 年，我们公款吃喝 3700 亿元，公车费用 4080 亿元，公款旅游 3000 亿元，是当年财政收入 3 万亿元的三分之一。

世界上许多国家都实行全民免费医疗，最近俄罗斯宣布全民永久享受免费医疗。北大教授李玲指出，我们的干部特别是司局级以上高级干部自己享受着免费医疗，却说老百姓不能享受免费医疗，这是一个执政理念的问题，是愿不愿把发展成果真正回馈老百姓的问题。保障农民的社会保障权，提高农民的社会保障水平，关键是要建立以民生为导向的公共财政体制，优化财政支出结构，降低行政成本，特别是要大幅度压缩“三公”支出，提高公共财政用于社会保障支出的比重，打破社会保障特权，加快实现基本公共服务均等化。

四　赋予和保障农民的组织结社权

根据社会学的社会分层理论，拥有组织资源的多少是决定社会群体及其成员在社会体系中的地位层次结构和社会等级秩序的重要因素。2002年，中国社会科学院当代中国社会结构变迁研究课题组以职业分类为基础，以组织资源、经济资源和文化资源的占有状况为标准，将当代中国社会划分为十大社会阶层，即国家与社会管理者阶层、经理人员阶层、私营企业主阶层、专业技术人员阶层、办事人员阶层、个体工商户阶层、商业服务业员工阶层、产业工人阶层、农业劳动者阶层和城乡无业失业半失业者阶层。各社会阶层及地位等级群体的等级排列，是依据其对三种资源的拥有量和其所拥有的资源的重要程度来决定的。在这三种资源中，组织资源是最具有决定性意义的资源。

农民的人数远比其他任何一种职业的人数都要多得多，但处在社会分层结构的最底层，这是因为农民缺乏基本的组织资源。没有组织起来的农民，就是马克思所说的“马铃薯”。马克思说这样的小农不能以自己的名义来保护自己的阶级利益，无论是通过议会或通过国民公会。他们不能代表自己，一定要别人来代表。他们的代表一定要同时是他们的主宰，是高高站在他们上面的权威，是不受限制的政府权力，这种权力保护他们不受其他阶级侵犯，并从上面赐给他们雨水和阳光。所以，归根到底，小农的政治影响表现为行政权力支配社会。

缺乏组织资源的农民，在公共生活中，不能与政府平等对话；在市场经济中，又不能与资本平等博弈。换言之，分散的原子化的农民，面对组织强大的政府和实力雄厚的资本时，既不能抵制权力对其利益的侵害，也不能阻止资本对其利益的掠夺，只能沦落为自身利益受到双重损害的弱势阶层。

农村问题研究权威杜润生一直呼吁恢复农会组织。2001年，他说，农民还缺乏自己的政治组织，维护自身的权利。过去几位老同志曾给中央写信，呼吁成立农民协会。后来由于多种原因没有着手解决。全世界农民都有自己的团体，都有农民协会，只有中国农民没有。2005年，他又建议恢复农民协会，使其真正成为农民自己的组织，以利于农民维护自身权益。东亚地区的日本、韩国和中国台湾，都有健全的农民协会组织，其做法和经验值得我们借鉴。我们应当在现有的农民专业合作社发展的基础上，恢复成立农民协会组织，将其活动纳入法治的轨道，使农民依法组织起来，并依法开展维护自身权益的正当活动。恢复成立农民协会组织，可以采取先试点的办法，不断总结经验、逐步加以推广。让农民组织起来，允许农民依法成立各种农民组织，既是市场经济和民主政治发展的需要，也是现代社会治理的基本制度技术。现代法治国家无不将结社权赋予公民。我们要在改革中让农民拥有更多的组织资源，合法行使结社的权利。

五　赋予和保障农民的公共参与权

参与权是公民依法通过各种途径和形式，参与管理国家事务、管理经济和文化事业、管理社会事务的权利，参与权是现代民主政治的重要标志，是公民成为国家和社会主人的重要体现。赋予和保障农民的公共参与权，就是赋予和保障农民当家做主的权利。

几千年来，我们盛行公共规则的单边主义，由政治精英单方面制定游戏规则，农民只能被动服从规则。此外，农民也只能在村落的层次上参与社区规则的讨论制定。现代国家与传统国家的一个根本区别在于“整个社会的各个集团在超越于村镇层次之上参与政治，以及创立能够组织这种参与的新的政治制度”。在现代民主国家，公共规则的利益攸关方共同讨论制定公共规则。

著名政治学家亨廷顿通过对发展中国家的观察后发现：“在传统社会中，影响农民生活的决策，大多数由村支书及村会议决定，因此，它们成为村民一切政治参与所指向的目标。然而，随着社会的现代化，影响村民生计的政府决策，更多的是在全国一级而不是在乡村一级制定的。决策中心迅速地转移了，但村民政治活动的中心变化较慢。因此，在传统社会中，或许影响村民的政府决策的90%在乡村一级制定，10%在全国一级制定。随着社会现代化的到来，这种比例分配可能会很快地接近50%对50%。然而，村民大量的政治参与，大部分（可以说80%）仍集中在村一级。”

我国宪法规定“国家一切权力属于人民”，占全国人口绝大多数的农民应当享有广泛的参与权。参与权是实现“人民当家做主”的根本体现，农民充分有效地行使参与权，也是成为国家、社会和自己命运主人的根本途径。农民公共参与权的实质就是亿万农民参与讨论和制定游戏规则、参与执行和监督游戏规则、参与反馈和修改游戏规则。

构建农民有序参与的制度平台至关重要。没有制度化的参与，农民的利益就难以得到公正的维护，同时农民选择非制度化参与就会酿成群体性事件或者个体非理性维权的社会悲剧。只要农民有组织地参与公共生活，就能够尽量避免对农民不公平、不公正的政策制度的出台，同时农民还会督促和监督政府采取与国际惯例相一致的针对农业的特殊支持和保护政策。目前我国农业的支持力度在国际上是比较低的。据程国强的研究，2007～2009年，OECD（经济合作与发展组织）国家的平均农业补贴率为22%，其中韩国达52%、日本为47%、加拿大为26%、欧盟为23%，我国仅为9.1%。朱信凯教授的研究表明，美国农民的收入40%来自农业补贴，我国不到4%。由此可见，我国农业补贴的空间还很大。

六　赋予和保障农民的自主表达权

表达权是人们表达自己思想和看法的权利。我们常说要“把人民拥护不拥护、赞成不赞成、高兴不高兴、答应不答应作为制定各项方针政策的出发点和落脚点”。人民群众对各项方针政策实施的优劣、好坏、是非做出是否拥护、赞成、高兴、答应的各种评判态度，就是行使表达权。现行宪法对公民表达权的内容有很多具体规定，例如，第35条规定：“中华人民共和国公民有言论、出版、集会、结社、游行、示威的自由。”第41条规定：“中华人民共和国公民对于任何国家机关和国家工作人员，有提出批评和建议的权利；对于任何国家机关和国家工作人员的违法失职行为，有向有关国家机关提出申诉、控告或者检举的权利。”宪法规定的这些权利，就是公民的表达权。

2006 年 10 月，中共十六届六中全会通过的《中共中央关于构建社会主义和谐社会若干重大问题的决定》首次提出了表达权概念。该决定指出："从各个层次扩大公民有序的政治参与，保障人民依法管理国家事务、管理经济和文化事业、管理社会事务。推进决策科学化、民主化，深化政务公开，依法保障公民的知情权、参与权、表达权、监督权。"2007 年 10 月，党的十七大报告重申"保障人民的知情权、参与权、表达权、监督权"。2012 年党的十八大报告进一步指出："坚持用制度管权管事管人，保障人民知情权、参与权、表达权、监督权，是权力正确运行的重要保证。"

农民权益的维护不能只寄希望于有良知的官员、学者和记者等人来鼓与呼，虽然来自农民外部的力量为农民利益摇旗呐喊非常重要，但总没有让农民自己来表达诉求更急切、更真实、更重要。随着市场化改革的深入和利益的不断分化，不同群体都需要有合法的制度管道来表达各自群体的利益和诉求。让农民群体及其个人自主表达利益诉求，是现代社会维护和发展农民权利、促进社会公平正义与和谐稳定的内在需要和治理技术。

毛泽东曾经说过："让人讲话，天不会塌下来，自己也不会垮台。不让人讲话呢？那就难免有一天要垮台。"保障农民的表达权，不仅需要各级领导具有毛泽东同志这样的认识与胸怀，而且需要建立健全维护农民表达权的各项法律制度。

七　赋予和保障农民的生育权

一般"三农"工作者和学者很少关注生育权。其实生育权与"三农"问题密切相关。生育权是一项基本人权。有学者指出，公民的生育权是与生俱来的，是先于国家和法律发生的权利，作为人的基本权利，生育权与其他由宪法、法律赋予的选举权、结社权等政治权利不同，是任何时候都不能被剥夺的。国际社会普遍尊重和保障生育权，主张自由而负责地决定生育子女的时间、数量和间隔的权利。公民既有生育的权利，也有承担对家庭、子女和社会的责任。

持续 30 多年的计划生育政策，已经使我国的人口结构发生了根本性的变化，人口的老龄化、男女比例失调、失独家庭、“民工荒”、“农民荒”等社会问题日益凸显。以北京为例，2013 的 9 月 24 日，北京市老龄办发布《北京市 2012 年老年人口信息和老龄事业发展状况报告》，2012 全市户籍总人口为 1297.5 万人，其中 60 岁及以上户籍老年人口为 262.9 万人，占总人口的 20.3%。北京老年人口已占到户籍总人口的五分之一以上，进入严重老龄化时期。在农村，人们看到的普遍现象是“老人村”，这对农村的长远发展构成了巨大的挑战。同时，我国“人口红利”的消失对整个经济增长和社会发展构成了现实的挑战。据有的学者研究，我国的人口红利变化分为三个阶段：第一阶段是 1982～2000 年，人口红利对中国经济增长起了很大的作用；第二阶段是 2000～2013 年，人口红利的贡献开始减少，直至消失；第三阶段是 2013～2050 年，人口红利为负。

对我国改革产生重大影响的诺贝尔奖得主、著名的经济学家科斯（1910～2013）在去世前曾对中国提出善意的忠告：“对于中国经济增长的未来，有一个因素是至关重要的，那就是计划生育政策。这个政策不改，中国就无法维持近年来的高经济增长率。中国现在的人口生育率低于正常的人口换代速度，老年人正在迅速增多。这项人口政策必须尽快改变。”我们在“人口红利”消失后要寻求“改革红利”，必须改变现行的计划生育政策，但其面临的观念和利益阻力可想而知。不过，改变现行的计划生育政策，对于解决“三农”问题、增进农民的幸福生活至关重要。科斯还建议建立自由而开放的思想市场。如果没有思想市场，中国人的创造力就难以充分释放，那么，这不仅是中国的不幸，也是世界的损失。

乡村治理要强化维护发展农民基本权利*

张英洪

我感觉到永联村在乡村治理方面确实还是有很多成功的经验值得重视。我就乡村治理讲几个基本观点，以供大家深入思考。

第一个观点，我们首先要区分乡村层面的治理和国家层面对乡村的治理。这两个含义是不一样的，单纯的乡村层面治理很难达到目标。因为任何一个单位、任何一个乡镇都处在国家基本制度结构之中。我们实行了二三十年的村民自治，效果不是很明显，产生了村民自治失灵现象，这就是因为我们村级层面的治理受到上级包括乡镇、县、省和国家的制约。所以我们一定要理清乡村治理和国家对乡村的治理，这两个治理要理清，不能单纯推动乡村层面的治理，下动上不动，就很难动。我们的乡村都处在国家制度这个体系之中，这是我的第一个观点。

第二个观点，我们要分析乡村治理的两种基本类型。在城市化进程中，有两个最基本的乡村类型，它们的乡村治理是不一样的。一种是人口输出地区的乡村。这是在城镇化进程中人口流出的地区，比如中西部农村地区，大量青壮年劳动力到沿海地区、到大城市去了，那么那个村留下的都是留守人员——留守老人、留守妇女、留守儿童，这样的乡村怎么治理？这对我们提出了很大的挑战。我们永联村就是第二种类型，属于城市

---

* 本文为2014年5月10日在城镇化进程中的乡村治理研讨会“乡村治理结构的调整与创新”分论坛上的发言录音整理稿，原载《农民日报》2014年8月6日，刊发时有删节，此为未删全文。

化进程中人口流入的地区。在城市化进程中，大量的外地人口流入的地区，它的乡村治理面对外来人口这个问题的挑战。这两个类型的乡村治理，我们觉得要区别对待。

第三个观点，我们实现乡村治理要达到的目标是什么？这个目标肯定有很多，比如社会稳定、公平正义、秩序等，我认为最核心、最基本的目标就是要维护村民或者居民基本的权利和社会的公平正义。在城市化进程中，最突出的问题是权利冲突，现在已经非常明显地表现出来了。这些基本权利主要有以下几个主要方面。一是村民和居民财产权利。如果我们不能很好地保护财产权利，这个治理就是不成功的。特别是在城市化进程中，财产权利日益突出，已经成为影响社会和谐稳定的重要因素。二是社会保障权利，这属于基本公共服务方面，这是城市化中面临的重大问题，全国 2 亿多的农民工，他们的基本公共服务是很缺失的。解决农民工的基本公共服务，这是新型城市化的要求，也是乡村治理现代化的一个要求。三是公共参与权，在现代社会、现代国家，公共事务事关每个人的切身利益，每个人都要有平等的参与权、平等的发言权。如果剥夺了任何一部分人的参与权、发言权，那么这个乡村治理就不是现代化的乡村治理。这是我体会到的三个方面最主要的权利，当然还有其他方面的重要权利。我现在感觉到我们在权利方面有两个最突出的问题，引起我很大的重视。农业税取消以后，义务教育免费以后，“三农”问题得到了很大缓解，这 10 年来，我们的经济也有很大的发展，但农民问题还相当尖锐，为什么？这肯定有深层次问题在里面。我感觉到我们国家这 10 年来，在解决农民的社会保障权利，即基本服务方面取得了很大进展，但是在城市化进程中有一个非常突出的问题，即财产权利，就是强制征地拆迁引发的财产权利的纠纷和冲突，这是社会矛盾冲突的一个焦点。这是我们在治理中面临的很大问题，这个问题不解决，很难说我们国家的治理是健康的，所以这次十八届三中全会提出要推行国家治理体系和治理能力现代化，这个非常关键。

第四个观点，乡村治理面临的重大转型挑战。改革几十年来，乡村治理面临四个方面的基本转型，第一个转型是我们面临从一个封闭的社会向开放的社会转型。以前我们的乡村治理体制是建立在封闭社会这样的基础上的，我们在城市化、市场化进程中，封闭的社会走向了开放，开放的市场体系对我们传统乡村治理产生了很大的挑战。第二个转型就是我们面临从城乡二元结构向城乡一体化的转型。长期以来我们建立了城乡二元的制度体系，以前的乡村治理都是在城乡二元体制这一基本情况下建立完善政策体系，我们现在要破解城乡二元结构，促进城乡一体化，那么我们的乡村治理就要适应从城乡二元结构向城乡一体化的转变。第三个非常重要的转型，就是从长期传统的农村集体经济的产权不清晰向现代新型集体经济的产权清晰转型。北京完成了97%的村级农村集体经济产权制度的改革，通过股份合作制的改革，农村集体资产长期的产权不清晰已经向产权清晰转变，包括永联村就是这样。传统集体经济跟现代新型集体经济一个很大的不同，就是产权是否清晰。在产权清晰的情况下，建立的乡村治理体制是不一样的。第四个转型是我们要从传统的控制型模式向现代的治理型模式转型。我们长期以来习惯于控制别人、管理别人，强化管理而不是强化服务。现代社会治理要求多元共存、多元治理，扁平化的管理模式。十八届三中全会提出一个治理现代化，治理在学术界已经被提出很久了，从管理走向治理，对我们所有人，不但是对农民，而且对我们干部包括基层干部、高级干部都是一个重大的挑战、一个观念的转变。我认为我们推进乡村治理，要对这四个方面的转型认识清楚，要分析到位。这样我们才能更好地去推动乡村治理转型，这是我讲的第四个基本观点。

第五个观点，我们乡村治理在四个方面滞后。一是我们现在的政策制度严重滞后于基层实践的发展。在改革过程中，我们许多伟大的创造来自基层，来自实践，来自农民的创造，但是我们的政策制度有的还是50年前的，没有与时俱进做一些改革，我们的制度建设滞后，与现实脱节，制度滞后于发展，制度阻碍了发展，制度与实践互相扯皮，这方面问题相当多，这是第一个滞后。第二个滞后就是我们的制度建设滞后于政策。我们现在很多好的政策文件，没有上升到制度层面，没有上升到立法层面，所以我认为全国人大、地方人大的立法建设比较滞后。现在各地的基层实践比较超前，但是我们的制度建设相当滞后，包括我们的农村集体经济，现在我们关于农村集体经济组织的立法都没有，我们搞农村集体经济组织产权改革已经搞了30年了，广东、江苏、浙江、北京等地，农村集体经济产权改革已经完成很多了，但是没有相关的法律。全国有很多的村庄、乡镇发展很快，包括北京的乡镇，也包括永联村，但是很多成功的个案没有上升到普遍的制度建设层面。那么这里提出一个问题，我要表扬你，你是创新的典范，但是你可能是违法的，这是灰色地带，这对乡村治理是一个重大挑战。第三个滞后，就是公民权利的发展大大落后于国家公权力和资本的扩张。改革开放以后我们的国家公共权力得到了很大发展，我们的社会资本、其他资本也得到很大发展，但是我们的公民权利这一方面的制度建设非常滞后，说到底就是公权与私权的矛盾。我们整个社会的不稳定，社会上发生的很多事件，许多就是因为基本公民权利没有得到维护，公权力没有被关进制度的笼子，它可以为所欲为，造成了很多问题。总的来说，我们国家在公民权利建设上的立法相当滞后，也造成了社会不稳定。第四个滞后是我们的国家治理大大滞后于经济社会发展。改革开放使我们中国从经济落后的国家，转变成 GDP 位居全球第二的经济大国，取得了巨大的历史成就，但是我们的治理体系、治理观念远远跟不上我们经济发展的需要。这是我讲的第五个观点。

第六个观点，完善乡村治理需要深化几个改革重点。乡村治理涉及很多方面，我们觉得有几个重点需要大家关注，需要深入思考和研讨。一是要深化户籍制度的改革。这是社会平等的需要，也是新型城市化发展的需要。十几年前我们呼吁的改革，有很多的改革目标实现了，但是户籍制改革一直举步维艰，这是造成人口输入地区和输出地区很多问题的一个重要根源。二是深化农村产权制改革。在永联村或者在经济发达地区这个完成得比较好，但是从全国来说这个农村产权制度改革是大大滞后的。农村产权改革不到位，实际上面临一系列的问题。三是深化公共服务体制改革。走以人为本的新型城镇化道路，就是要赋予农民工等外来人口基本的公共服务，实现城乡基本公共服务的均等化。四是深化行政体制改革。我们村镇，各个小城镇，都处在传统上的行政管理之中，已经不适应现在的需要。有的村、有的镇的人口规模、经济规模达到了小城市的水平，但是它们没有相应的管理权限和相应的公共服务，这是国家层面的治理，这是国家对乡村治理的问题。五是深化社会体制改革。我们原来建立了一个全能国家，这个国家不但覆盖了市场，也覆盖了社会。那么改革开放以来呢，放开了市场，让市场成长起来了，但是还远远不够，如果没有社会的参与，没有社会组织的成长和参与，我们完全只靠政府治理的话，那么这个社会就很僵硬，就缺乏弹性与活力。所以在发达国家，它们的社会组织非常发达，社会治理比较健全。社会能弥补政府很多不足，这一块不解决，我们乡村治理很难走上正轨，单靠政府一家治理是远远不够的。六是深化基层民主自治体制改革。这个大家也说了，20 世纪 80 年代推行村民自治，国内外都很关注，搞了二三十年，现在社会不太关注了，村民自治疲惫了，因为它没法解决许多深层次的现实问题，需要国家层面的改革与之上下互动。

最后，我们要树立几个观念。第一个观念是要重新认识乡村价值。长期以来我们都是蔑视乡村的，就是城市优越，农村落后，城市优于农村。我们这个观念都是长期以来形成的，事实上城市与乡村，它们是两种不同的文明，我认为是农村文明是母文明，城市文明是子文明，城市是乡村的孩子，不能因为孩子长大了就否定母亲，城市文明的历史短，但乡村文明有上千年、上万年的历史。永联村提出城市有的我们也有，就是乡村要享有城市文明，享有城市的公共服务，它的便利的生活方式我们也要有，但是“城市病”我们不要；我们有的，城市没有，就是我们有的乡村文明、农村文明，我们的乡土文化和乡村特有的景观，这是城市没有的。我们必须要正确对待两种文明，不能以一种文明驾驭另外一种文明。所以我们现在要重新认识乡村价值。原来在乡村住的时候，我也向往城市，但到北京一看，我觉得许多人很向往乡村。人的不同经历，包括社会发展的不同阶段，都有利于提高每个人的认识水平。

第二个我们要树立规则意识。我们的规则意识不强，随意性很大。没有规则意识、法治意识，这个乡村治理我就比较担忧。党的十八大提出建设法治中国，这个非常好。在乡村治理中体现规则意识、法治意识，是我们整个社会努力的方向。

第三个我们要树立包容意识。包容什么呢？包容不同的观点、不同的利益诉求。据介绍，永联村曾提出不搞村民委员会选举，有一个村民向上面反映这样是违法的。我认为这是村民行使权利的一个重要体现。每个人都有提出不同意见的权利。我们一定要包容不同的意见，他也是为这个共同体着想。长期以来，人们提出不同意见却没有得到包容，有的受到打击报复，这是几千年来一个不好的现象，一个不好的文化素养。其实，我们理解不同的人，能够包容他，能够尊重他，这是我们提升自身素质和社会治理水平的一个重要标志。我们现在面临什么？我们把不同观点的人、把反对自己的人当作“敌人”对待，这使我们陷入一个误区。每个人知识水平不一样，每个人知识结构不一样，但是大家都是为一个共同体好，都希望永联村好，都希望我们社会好，都希望我们这个国家好。由于思考问题角度不一样，可能产生对立的看法，这是正常的现象。所以我们一定要有一种平等的、包容的心态，要能够包容不同的观点、不同的表达诉求。我认为这一点是体现我们乡村治理甚至国家治理的一个很重要的标准。如果我们对不同观点人进行打压，把反对自己的人进行劳教，这是肯定不对的，这在中国传统文化中也是不允许的，更不要说现代民主法治国家了。

在转型过程中有很多的问题需要我们探索，也需要我们每个人转变一些传统的观念，需要树立一些新的观念。我们要理解以人为本的基本理念，人活在世上，无论是哪个共同体，都希望活得有自由、有尊严，都希望有基本的社会公平正义，这是实现乡村治理应当达到的基本目标。

这是我对乡村治理的一些粗浅体会和认识，说得不对的地方请各位领导和专家指正。

特大城市如何推进户籍制度改革*

张英洪

最近，国务院《关于进一步推进户籍制度改革的意见》发布，期待已久的户籍制度改革终于进入国家层面的政策实施阶段。这次户籍制度改革，是在全面深化改革的大背景下，吸收了改革开放以来各地有关户籍制度改革探索的成果，按照以人为核心的新型城镇化发展的要求，做出的具有里程碑意义的重要改革。这次户籍制度改革的一个特点是实施差别化落户政策，强调严格控制特大城市人口规模。那么，如何推进特大城市的户籍制度？我认为要把握好以下五个方面。

一是要区分特大城市本市户籍人口的户籍制度改革以及非本市户籍的流动人口的户籍制度改革两种情况。依据我国行政区划的特点，所有特大城市都下辖有农村地区和农村人口。每一座特大城市自身都构成了一个行政区划内的城市群，即由中心城区、郊区区县驻地新城、郊区区县所辖小城镇等构成。在特大城市的全部常住人口构成中，主要有三种类型的户籍人口，其一是特大城市户籍中的非农业人口，其二是特大城市户籍中的农业人口，其三是没有特大城市户籍的外来流动人口。特大城市户籍制度改革要根据上述情况有针对性地推进户籍制度改革。

二是对于特大城市户籍中的农业人口与非农业人口这两部分人的户籍制度改革，就不存在严格控制人口落户的问题，而必须根据《国务院关于进一步推进户籍制度改革的意见》，全面放开郊区各区县建制镇和小城市

---

* 原载《中国经济时报》2014年8月18日。

落户限制，取消农业户口与非农业户口的划分，统一登记为特大城市内的居民户口，并实行城乡统一的基本公共服务。与户籍制度相适应，要全面深化农村产权制度改革，对于特大城市郊区原农业户口人员所享有的农村土地承包经营权、宅基地使用权、林权、集体资产收益权、有关农业补贴政策等保持不变，不因户籍改革而变动，充分保障农民的财产权利。户籍改革后，农民只是一种职业，不再是一种户籍身份。因分工产生的全国各种各样的职业人群，他们可以有千差万别的职业身份，但都有一个共同的、平等的社会身份，这就是国家的公民。

三是对于没有特大城市户籍的外来流动人口，建立居住证制度。特大城市都是外来流动人口比例很高的地区，有的特大城市的外来流动人口所占比例超过三分之一，有的甚至远远超过本地户籍人口。外来流动人口融入城市，是新型城镇化的重大任务，也是特大城市户籍制度改革的焦点和难点。推进外来流动人口的户籍制度改革，第一步，废止暂住证制度，建立居住证制度。居住证制度是一种过渡性户籍制度，持有居住证的人应被视为“准市民”，享有与特大城市户籍人口同等的劳动就业、基本公共教育、基本医疗卫生服务、计划生育服务、公共文化服务等基本公共服务，并不断扩大居住证持有人享有所在特大城市公共服务的范围，使居住证持有人在特大城市享有的公共服务接近特大城市常住户口人员的公共服务水平。

四是实行积分落户制度。广州等地探索的积分落户政策被上升为全国统一的特大城市落户政策，这是推进流动人口融入特大城市的重大政策，为流动人口融入特大城市成为新市民提供了一条政策通道，相比于此前完全关闭流动人口落户成为新市民，这是一种制度上的进步，但我也认为这是一种过渡性的户籍政策，是推进流动人口融入城市、成为新市民的第二步。这次全国性的特大城市积分落户政策，克服了广州市前些年实施的积分落户的繁杂条件，简化了积分落户的要件。广州市积分落户建立的指标繁多，这次《国务院关于进一步推进户籍制度改革的意见》只规定 4 项主要指标，即合法稳定就业、合法稳定住所（含租赁）、参加城镇社会保险年限、连续居住年限等。特大城市积分落户政策应首先着眼于解决存量流动人口落户问题。只要与就业单位签订一年以上的就业合同、居住在就业单位或签订一年以上租居协议、参加城镇社会保险3～5年，就可以申请积分落户。达到积分落户基本分值（条件）的流动人口及其共同生活的配偶、未成年子女和父母，可以申请所在特大城市的常住户口，特大城市不得变相增加积分落户门槛。

五是特大城市要改变单纯的人口控制思维和方式。市场经济和城市化的发展，使人口流动与聚集成为不可抗拒的经济社会规律。自从实行严格的城乡二元户籍管理制度以来的50多年，特大城市的人口控制政策始终没有放松过，但特大城市的实际人口规模则不断增长，这说明人口流动与聚集的客观规律不可阻挡。对于特大城市来说，没有源源不断流入的大量流动人口，特大城市不可能持续繁荣和健康发展。当然，由于城市规划落后、城市功能以及产业和公共资源过度集中，也带来了特大城市人口膨胀和严重的“城市病”，这也使特大城市严格控制人口规模有了新的理由和依据。在现行条件下推行积分落户，具有一定的现实基础。但在推行积分落户的同时，我认为还应当区分中心城区和郊区的落户情况，不能简单地将中心城区严格控制人口落户政策套用到郊区；同时，特大城市还应当通过疏解产业和公共资源来转移人口，在都市圈或城市群这个更大的空间范围内进行产业、公共资源和人口的合理布局和战略谋划，从而科学合理地改变特大城市中心城区人口过度集中的状况。

二元户籍制度终结　改革目标仍待完成*

李成刚　刘雅卓　吴　晖

受访人： 唐　钧　中国社会科学院社会政策研究中心秘书长

张英洪　北京市农村经济研究中心研究员

刘梦琴　广东省社会科学院社会学与人口学研究所研究员、公众参与和社会发展研究中心常务副主任

主持人： 李成刚　刘雅卓　吴晖

7 月 30 日，国务院正式出台《关于进一步推进户籍制度改革的意见》（以下称《意见》），明确建立城乡统一的户口登记制度，取消农业户口与非农业户口性质区分和由此衍生的蓝印户口等户口类型，统一登记为居民户口；城市将按人口分为 4 个级别，执行不同的落户标准。其中，建制镇、小城市，只要有合法稳定住所，不分租赁还是购买，都全面放开落户条件。中等城市、大城市中，可对社保缴费年限提出要求，但最高要求不得超过 5 年。500 万人以上的特大城市，要严控人口规模，建立透明、完善的积分落户制度。

这标志着，自 1958 年户口登记条例确立城市和农村二元户籍制度 50 多年后，我国实行了半个多世纪的城乡二元户籍管理制度退出了历史舞台，无论是城市人口还是农村人口，至少从身份上实现了统一——自此只有居民之称，中国再无"农"和"非农"的身份区别，这是户籍制度改革

* 原载《中国经济时报》2014 年 8 月 20 日。

取得的实质性突破。

就二元户籍制度的终结、户籍改革的终极目标等话题，《中国经济时报》圆桌论坛约请了在此领域有深入研究的专家学者进行解读。

户籍制度改革的最终目标

《中国经济时报》：《意见》明确，我国将进一步调整户口迁移政策，统一城乡户口登记制度，建立以人为本、科学高效、规范有序的新型户籍制度。从这一要求看，户籍制度改革的终极目标是什么？

刘梦琴：我认为是迁徙的自由。户籍最终必然被取消，是因为户籍最初只是一个人口管理的工具，现在随着科技进步、信息化推进，可以通过完善身份证制度，来实现人口的管理。只要把依附在户籍上的社会福利因素剥离，就很容易回归户籍的原本作用。当然，我觉得户籍制度逐渐淡化、逐渐退出人们的生活，还需要一个过程。

张英洪：当今全世界只有中国、朝鲜、贝宁三个国家实行最严格的户籍控制，其他所有国家都普遍实行自由迁徙。欧盟的成员国之间几乎实现了自由迁徙。我国 1954 年《宪法》就规定了公民的迁徙自由权。公民的迁徙自由权是在计划经济体制下被取消的。实行市场经济后，在宪法中恢复公民的迁徙自由权，彻底废除城乡二元户籍制度，建立保障公民居住和迁徙自由的户口登记制度，是经济持续发展和社会文明进步的必然要求。只要对户籍制度有所研究并具有世界眼光和文明常识的人来说，都会明白户籍制度改革的最终目标就是实现公民的居住和迁徙自由。

《中国经济时报》：改革户籍制度，取消城乡二元结构，城乡户籍功能就趋向于同质化和一体化，其功能角色也会逐步回归它的本分角色——人口信息登记和人口迁移管理。

唐钧：户籍制度实际上就是一个登记制度，无非就是要让政府知道你在哪。只是随着发展，户籍上面被附着了许多社会福利和公共服务属性，逐渐形成了城里人和农村人这样的二元结构。我觉得户籍制度本身没有什么好不好的问题，户籍制度改革的目的，就是取消附加于户籍制度上的福利待遇和公共服务属性，如果福利待遇和公共服务都不跟户口有关，它无非就是一个登记的作用。

张英洪：《意见》的发布，是在全面深化改革的大背景下，吸收了改革开放以来各地有关户籍制度改革探索的成果，按照以人为核心的新型城镇化发展的要求，做出的具有里程碑意义的重要改革，这表明人们期待已久的户籍制度改革终于进入国家层面的政策实施阶段。

户籍回归本源仍有长路要走

《中国经济时报》：在新型城镇化的推进中，农民户籍价值的同城化待遇问题日益凸显，而这也成为二元户籍制度改革的关键环节。虽然这一二元结构从名义上被终止，但实际上只要附着于户籍上的其他属性未被剥离，让居民自由迁徙的户籍制度改革目标就难以实现。

唐钧：户籍改革不是说取消就取消的问题，那太简单了。户籍改革实际是解决流动人口人户分离、劳动者个人和家庭分离的问题，这涉及一系列诸如社会待遇、解决社会身份等问题，而现在的政策实际上还未能有效地解决。

刘梦琴：户改需要一个过程，不同的时期、不同的阶段、不同的地区，条件也肯定不同。《意见》也明确了小城市怎么样、大城市怎么样，北京、上海、广州这样的特大城市目前肯定是要控制的，全部涌向这里，“城市病”、城市瘫痪的问题难以解决。实际上，从根本上看，这种城市差异，还是社会经济发展差距的问题。

当然，长远来看，户籍最终会淡化，像广州有600万的外来人口，但并不是所有人都愿意把户口迁到广州。据我了解，很多人哪怕是小老板还是认为农村有地又有房子，环境也好，他们两边都想占，到城里打打工、赚点钱，但又不想把老家的户口弄出来。

《中国经济时报》：现在户籍改革的焦点其实是大城市的开放程度，在中小城市户籍问题其实已经不是主要矛盾。大城市能够为农民工提供更多的工作机会和更大的劳动回报，同时也需要大量低人力资本含量的劳动年龄阶段人口。现实是，外来者向城市贡献了青春和热情、推动城市经济社会快速发展，却不能享受户籍价值同城化待遇，而要在现有条件下完全解决这个问题，又会给大城市带来各种各样难以避免与克服的“城市病”。

张英洪：我国控制特大城市人口规模的观念和政策，半个多世纪以来几乎没有任何改变，改变的是特大城市人口规模事实。我们可以简要回顾一下我国城乡二元户籍制度的政策历程和城市化政策，从中可以引起人们更深入的思考。

从1952年起，政务院多次发布文件提出劝阻农民盲目流入城市。1953年4月，政务院发布《关于劝止农民盲目流入城市的指示》，农民进入城市被视为“盲流”。1955年11月7日，国务院发布《关于城乡划分标准的规定》，将“农业人口”与“非农业人口”作为人口统计指标。从此，全国人口就划分为“农业人口”和“非农业人口”。1956～1958年，国务院连续发布文件“制止农民进入城市”。1958年1月9日，第一届全国人大常委会第九十一次会议通过的《中华人民共和国户口登记条例》规定：“公民由农村迁往城市，必须持有城市劳动部门的录用证明，学校的录取证明，或者城市户口登记机关的准予迁入证明，向常住地户口登记机关申请办理迁出手续。”这个《条例》的实行，标志着中国城乡分离的二元户籍制度的正式形成。我国长期以来实行的城乡二元户籍制度，一方面控制农民进入城市，另一方面控制大城市人口规模。在此后的岁月里，二元户籍制度不断得到强化。比如，1962年12月，公安部发布《关于加强户口管理工作的意见》规定：“对农村迁往城市的，必须严格控制；城市迁往农村的，应一律准予落户，不要控制；城市之间必要的正常迁移，应当准许。但中、小城市迁入大城市的，特别是迁入北京、上海、天津、武汉、广州等五大城市的，要适当控制。”1977年11月，国务院批转《公安部关于处理户口迁移的规定》，提出：“从农村迁往市、镇（含矿区、区等，下同），由农业人口转为非农业人口，从其他市迁入北京、上海、天津三市的，要严格控制。”改革开放以来，我国的城市化政策，也长期坚持控制大城市规模。

但为什么政府天天讲控制大城市规模，没有控制住？现在的特大城市哪一个不是在过去控制人口规模的政策下不断发展壮大以至成为特大城市的？有的人可能会说这是因为控制大城市人口规模的政策执行得还不够彻底。这当然是不对的。真正的原因是人口向大城市的聚集是市场经济和城市化发展的内在规律。只知道“堵”却不明白“疏”的当政者，不可能真正控制大城市规模。

特大城市户籍制度改革困难的深层原因有四个方面。一是计划经济思维的惯性。经过了长期的计划经济，管理者习惯于简单地控制人，而不习惯复杂地服务人；习惯于以计划经济的思维惯性去规划城市的人口规模、控制城乡人口的流动，不懂得、不理解尊重市场经济、城市化和社会发展规律。二是权利观念的缺失。因为资源分布的扭曲，集中于大城市的教育、就业、医疗、住房等社会福利的保障，以及因之形成的身份地位、社会声望等既得利益不愿意被分享。三是发展模式的局限。我们满足于过度追求 GDP 增长的发展模式，忽略了以人为本的实现公民权利的发展模式，因而也就不可能从功利主义的发展模式转向权利主义的发展模式。四是治理能力的滞后。半个多世纪前，我们认为农民进城会影响城市居民生活，将进城农民视为“盲流”加以阻止；改革开放以后，我们认为农民进城会影响社会安全稳定，所以建立收容遣送制度予以强行遣返；最近几年来，有的人找到“城市病”这个新的借口排斥外来人口。总之，特大城市排斥外来人口的借口和理由在不断翻新，但其背后的观念一脉相承。这其实说明了城市治理者的能力与新的发展态势的不适应性。

其实，越是特大城市越要深入推进户籍制度，越是深入推进特大城市户籍制度改革，越有利于特大城市的发展。我们要在尊重市场经济规律、城市化规律、社会发展规律的前提下实现政府职能的转变和治理的转型，以尊重、保障和实现公民的基本权利为导向转变执政理念、提高治理能力。这确实涉及国家治理能力和治理体系的现代化。

刘梦琴：户籍改革的实质，是基本公共服务的均等化，不论是农村还是城市，让基本的公共服务大家都可以均等享有，标准水平逐渐提高，农村也可以像城市一样用电、用水、用气，小孩也可以接受很好的教育，只有这样的公共服务均等到位，有没有户籍就是无所谓的事情了。

张英洪：城乡二元户籍制度的本质是城乡居民权利的不平等、不开放。户籍问题突出表现在基本公共服务的不平等分配上。说到底，是政府公共服务职能的残缺，这主要表现在两个基本方面：一是就城乡来说，政府只负责和保障城镇居民的基本公共服务，农民的基本公共服务则长期由农民自己负责、自我保障；二是城市政府只负责本市户籍人口的公共服务，外来流动人口的公共服务则长期被排除在政府的公共政策之外。小城镇户籍制度改革后，城乡居民在享受公共服务和社会福利上的差距之所以依然存在，是政府在实现城乡基本公共服务均等化上的滞后。政府的基本公共服务均等化政策滞后于小城镇户籍制度改革政策。这实质上涉及政府职能转变的重大问题，即要从经济发展型政府转向公共服务型政府。

积分制效果如何评估

《中国经济时报》：对于500万人口以上的特大城市，《意见》规定，将改进现行落户政策，建立完善积分落户制度，建立公开透明的落户通道。《意见》要求，相关城市需要根据综合承载能力和经济社会发展需要，以具有合法稳定就业和合法稳定住所（含租赁）、参加城镇社会保险年限、连续居住年限等为主要指标，合理设置积分分值。按照总量控制、公开透明、有序办理、公平公正的原则，达到规定分值的流动人口本人及其共同居住生活的配偶、未成年子女、父母等，可以在当地申请登记常住户口。如何评估这一政策设计？

刘梦琴：广东中山是最先推出积分制的城市。中山、广州都属于外来人口特别多的城市，一直面临着外来人口如何融入当地生活的问题。但是这么多外来人口不可能一下全部吸纳，所以就设置了这样一个门槛，使之能够和政府公共财政的承受力匹配，可以根据承受能力，逐渐吸纳愿意在这里常住的外来人口。如果户籍全部放开，人口一下全部涌进来，道路、医院、学校等所有公共服务，包括公共财政肯定承受不了。

张英洪：积分落户制度是专门针对外来流动人口的户籍政策。我对积分落户制度主要看法有三个方面。第一，相对于几十年来特大城市严格拒绝外来流动人口落户的“户籍墙”而言，积分落户政策是特大城市向外来流动人口打开的允许其落户的政策缝隙，或者称之为“户籍独木桥”。一方面，外来流动人口从以前的绝对绝望看到了落户的相对希望。这应当是特大城市公共政策上的一个进步，说它进步巨大也行。另一方面，各特大城市数百万甚至上千万的外来流动人口，向“户籍墙”的缝隙挤去，或涌向“户籍独木桥”，可想而知，挤过去的人少之又少。深圳有上千万的外来人口，每年通过积分落户的有3000多人，照此比例计算，估计要三四百年才能完成外来流动人口的市民化，这还是建立在所有外来流动人口都具备积分落户条件的基础上。由此可知，积分落户的价值非常有限。第二，积分落户政策的弹性也很大。国务院《关于进一步推进户籍制度改革的意见》正式将一些特大城市推行的积分落户制度上升为全部特大城市的积分落户制度。该意见明确了以合法稳定就业、合法稳定住所（含租赁）、参加城镇社会保险年限、连续居住年限等为主要指标，但对各特大城市的当政者来说，既可以将“户籍墙”的缝隙拉大一点，也可以将“户籍墙”的缝隙压缩得更小一些；既可以将“户籍独木桥”削得更细一些，也可以将“户籍独木桥”加宽一些。第三，积分落户制度只是一种现行条件下特大城市户籍制度改革的过渡性政策措施。

唐钧：无论是积分制还是别的什么措施，本质是要看最终有多少人进入的问题。从现实来看，通过积分制进入的，说杯水车薪也不为过，可以说户改和积分制没有关系。因为，从目前结果看，实行积分制之前和之后，这些城市人口进入量并没有改变，甚至在积分制之前还多一点，如此来看，那还改什么？

我觉得不是积分制的问题，户改只是取消了农村和城市身份的名义区别，其他没什么变化。以前是一种双重身份、有等级的身份，即农业户口和非农业户口，现在户籍的差别其实还存在，无非是变成了大城市和非大城市的户口。

《中国经济时报》：能否借鉴国外的经验，如美国的社会安全号制度，来最终实现人口自由迁徙目标？

刘梦琴：我们不一定借鉴美国的制度，以后经过信息化、科技革命一定会实现人口管理的目的。中国的身份证制度现在做什么都可以，前几天我看到用身份证可以登飞机，用身份证什么信息都可以查询，这已经是信息化的东西了，就看用哪个系统来做，通过系统的对接就可以做到。以前使用传统的户籍管理，为了方便，所有的福利都捆绑在上面，现在主要是孩子上学、社保对我们有用，其他作用都很少了。

张英洪：包括美国在内的发达国家都实行自由迁徙政策，根本没有我们这种严格控制人口的户籍制度。美国没有户籍制度，没有“户口”，但美国人并没有全部涌入首都华盛顿，也没有无限制地涌入纽约。美国在人口管理上采用的人口生命登记制度和社会安全号制度应当可以借鉴。我国已普遍实行公民身份证制度，这与美国的社会安全号制度相近，都是每个居民一个号码，终生使用，记录有每个居民的基本信息。在取消农业户口和非农业户口后，我们每个人都可以使用公民身份证号码代替以前的户籍。在现有的信息技术条件下，完全可以以公民身份证号码为唯一标识建立健全国家人口信息库，方便人口的服务和管理。关键的问题是，各级政府必须加快推进基本公共服务的均等化，为最终实现公民的居住和迁徙自由奠定基础。对于执政者来说，我们是否应当这样自信地说，我们不但善于在将人口控制起来的条件下治国理政，我们还将善于在尊重人口自由流动的条件下治国理政。

积极推进法治反腐*

张英洪

党的十八大以来，反腐败斗争得到了广大人民群众的广泛好评，反腐败的力度和成果可谓空前。各级纪委作为反腐败的主力军，为惩治腐败做出了重要贡献。在反腐败取得突出治标战绩的同时，如何加强制度建设，改革纪检体制，推进法治反腐，是一项更为艰巨、也更具有文明进步意义的时代课题。

应该说，近些年来，纪委在反腐过程中，也加强了对自身腐败官员的查处，多名纪检官员或具有纪检背景的官员因腐败落马。这种纪委“自我反腐”现象在以前并不多见。不过，纪委反腐存在“灯下黑”问题也不能忽视。政治学定理揭示：“一切有权力的人都容易滥用权力，这是万古不易的一条经验。有权力的人们使用权力一直遇到界限的地方才休止。”“权力导致腐败，绝对的权力导致绝对的腐败。”各级纪委拥有反腐败的权力，同样有可能产生腐败。纪委反腐“灯下黑”问题的根源在于缺乏异体监督的制度设计。如果没有健全的权力制衡和外部监督机制，那么可能出现“腐败分子反腐败”的社会滑稽戏，从而损害反腐败的公信力。反腐“灯下黑”问题向人们提出了一个“谁来监督监督者”的深层次问题。解决“谁来监督监督者”的出路在于借鉴人类政治文明的共同成果，优化权力结构，构建健全有效的异体监督权力运行机制。

俗话说，打铁还须自身硬。在社会转型时期，作为反腐败的主力军，

---

* 本文写于2014年8月31日。

加强自身的监督制约十分必要。中纪委在机构改革中成立了纪检监察干部监督室，专门加强对纪检监察干部的监督，相比于此前自我监督的严重缺失来说，是一项重大的进步。但同体监督不能取代异体监督。因为同体监督虽然有重要的意义，但它终究属于“软监督”，不同于异体监督的“硬监督”。当然，纪委设立纪检监察干部监督机构，毕竟在加强对纪委自身监督上迈出了历史性的一步。

在异体监督上，有的需要强化，有的需要重新建立制度、健全权力结构。第一，完善和加强各级党的代表大会和它所产生的委员会对纪委的监督。这是党章明确规定的异体监督，是以权力制约权力的监督，关键是要真正使监督运行起来。第二，建立和完善社会监督机制，构建以权利监督权力的格局。包括新闻媒体、互联网络和其他社会组织在内的社会监督具有重要的监督制衡作用，关键是要健全法制，建立和保障社会监督的法律制度和正当程序。第三，建立健全权利申诉和救济制度。凡是腐败现象，必然损害社会或党员和公民的个人权利。在权力设置上，应当建立权利受害人的维权通道和维权机制，使权利能够得到合法救济，使正义能够得到及时的匡扶。第四，正确处理纪委与检察院的关系。纪委作为执政党的内部机构，重在加强对本党党员的纪律检查工作；检察院作为国家的公诉机构，承担着依法惩治国家工作人员腐败的法律责任。这涉及党政关系的调整、党纪国法的界定和区分，事关国家治理体系和治理能力的现代化建设。

重新认识乡村的价值*

张英洪

我长期从事农村问题研究，这些年也关注城市化研究。在农村的时候，我自己也想方设法要跳出农村，到城市去，所以考大学，考研究生，和大家走的路差不多。自己出身农民家庭，对当年农村那种艰苦的条件感同身受，最明显的感觉就是包产到户以前我吃不饱饭，饿肚子。1980年包产到户后就能吃饱饭了。但我们的理想就是跳出“农门”到城市来。为了到城市来，农家子弟不断地在奋斗。随着“城市病”的爆发，更多的人对乡村的价值开始有了新的认识，包括我本人。

前两年我开始做一个课题，当时就叫“重新发现乡村价值”。我主要从事农村政策研究，经常到北京的乡村和全国的乡村进行调研考察。在城市化进程中，乡村有什么价值，我们也在思考、探索，特别是对城市文化的反思，对“城市病”的反思，加深了我们对乡村文化的理解和认识。我自己的感想，就是我们现在的发展模式，现在的城市化模式，对乡村的破坏相当严重。但是不得不承认，随着现代化的进程，部分农村的消失是不可避免的。同时，我也承认，因为中国很大，人口很多，某些农村的复兴也是可能的。乡村的消失与乡村的复兴并不矛盾，因为中国地域非常辽阔，各种类型的乡村都非常多。我看到过一些乡村的衰败，也看到一些乡

* 本文是2014年6月19日在北京芬芳文化书院主办的转型背景下乡村文化及人文价值变迁研讨会上发言录音整理稿，爱思想网，http://www.aisixiang.com/data/78612.html，2014年10月3日，2014年11月3日最后修订。

村的消失，但是也看到一些乡村有很大的生命力。这肯定不是完全对立矛盾的，肯定是一种对立统一的关系，是一种多元的发展关系。就我本人对乡村研究和对城市化的研究来看，我认为我们现在的发展模式，特别是改革开放以来的城市化模式，对乡村价值的人为破坏非常大，我感觉至少有六大方面的破坏相对突出。对这些事情，我们这些既在农村生活过，又在城市生活的人，感觉是非常明显的。

第一，对乡村生态环境的破坏。小时候，我们家后面有水塘，村前有溪流流过，我们儿时的伙伴经常去游泳。现在我回去看，溪流都干了，露出河床了，这是我亲眼看到的环境变化。我小时候村里还有些野生动物，山上有大树，但是现在，屋前屋后的山都光了，有的种植了农作物，大树都砍完了。这个环境的变化非常大。20 世纪 90 年代，朱镕基总理到湘西考察，他曾在湘西读过中学，他对环境的破坏感慨万千，对当地领导说："湘西多山，过去葱茏满目，现在树都砍光了，变成濯濯童山。"为此他还专门写了一首诗，最后两句说："浩浩汤汤何日现，葱茏不见梦难圆。"所以这个城市化模式对乡村生态环境的破坏是非常突出的。

第二，对农产品安全的破坏。今天我们在凤凰公社这里吃的都是有机菜。我们很多人对有机食品的意识并不强，对食品安全还没有完全认识到。以前在农村很多的农作物都是有机的，那时也没这么多病。现在很多怪病都出来了，这与农产品不安全有很大的关系。现在有的人说城市给农村人造假，农村给城市人投毒。后一句说的是有毒的农产品，因为农产品大多数受到污染了。据有的专家研究，我们每人每天平均吸收 0. 8 克的农药。现在养的猪有的加了"避孕药"，有的给羊喂尿素。有一次我到北京郊区，看到羊养得很肥，农民说喂的是尿素。现在很多人患上不孕不育症，这都是人为的，很多疾病跟农作物不安全有关。我以前也不了解有机食品，这几年去上海参加了几次有机食品博览会，才有了有机意识。前两天我去武汉，我的一位老师，他不抽烟、不喝酒却得了肺癌。我想了很久，这可能跟雾霾有关系，武汉的空气污染比北京还严重，还有可能是吃了有毒的食品。

第三，对家庭伦理的破坏。一个社会要和谐，家庭的和谐是最重要的。现在的城市化发展模式，对家庭的破坏都是空前的。2. 7 亿农民工进入城市后，母子分离、夫妻分离，现在有6000万的留守老人，3000万的留守妇女，4000万的留守儿童，造成很多悲剧，产生一系列道德伦理问题。现在的年轻父母，有的生下小孩以后，一口奶不给吃，就将孩子交给爷爷奶奶养，他们自已跑到广州等城市打工去了，孩子吃的奶粉又都是加了三聚氰胺之类的东西。这种状况，对整个中华民族的素质都产生了重大挑战。钟南山说："这样下去，再过50年，中华民族将要断子绝孙。"我相信，大道自然。但我们很多做法都是违背自然的，这会造成严重的后果。骨肉分离的城市化模式，对家庭伦理的破坏相当严重。

第四，对乡村居住方式的破坏。党国英老师说乡村70%的居住方式是独栋居住的。中国农民大部分是这样的居住方式。但现在我们以城市化的方式，强行把农民房子拆掉，让农民住楼房，前些年在不少地方赶农民上楼的现象比较普遍。前不久我在四川大巴山中看了当地一个新农村建设的典型，当地干部把一个村的所有农民集中到一起居住，这样的好处是改善农民的居住条件，改善了环境。但我们到农民家座谈，农民说以前有院子，可以养点鸡、养点猪，还能有些收入。现在搬到楼房里，一律不许喂猪、不许喂鸡，除了土地流转的收入，其他收入哪来呢？北京也有这种情况。我到北京很有名的一个村，那里集中修了房子后，一个老太太跟我说，她搬到新房子，在房子旁边栽些辣椒，栽些蔬菜，村干部强行给拔掉了，不允许她栽菜，她很伤心。这就是以城市人的思维去改变农民的生活，表面上好像是农民生活改善了，实际上对农民产生很大的伤害。有的地方农民的生产方式没有改变，但干部强行改变农民的生活方式，农民集中住上楼房之后，还要去种地，有的要走几十里路，放农具也很不方便，还要坐公交车去种地。这种做法有一定的普遍性，还没有得到有效纠正。还有我发现，有的乡村环境非常好，地方政府却与开发商合谋，把一个村的居民全部赶走，然后他们将村子圈起来，招商引资搞乡村旅游做生意。农民可能被补偿了一粒小芝麻，却被抢走了一个大西瓜。我发现有一个村，在著名的风景区，地方政府就把所有村民强行迁走安置，开发商和政府利用村庄的优美环境搞旅游。这种开发模式，我认为是对乡村几千年农民生活方式的重大破坏。

第五，对传统习俗的破坏。农村很多习俗是几千年形成的，这些习俗维系着农村的和谐与稳定。但是我们以城市人的眼光，或者以自以为先进的、进步的生活方式去改造农民，强行让农民在短期内立即接受政府强加给他们的新的生活习性。

第六，对乡村传统组织资源的破坏。刚才张鸣老师说了，1949 年以后，农民什么组织资源都没有了，只剩下一种组织，它全部取代了。这造成的结果就是我们的社会结构相当畸形。以前我们是以阶级斗争为纲，一切工作都是以阶级斗争为纲；改革开放以来我们以经济建设为中心，其他一切都服务服从这个中心；后来，我们强调稳定压倒一切。其实，我感觉我们这个社会可以多样化发展，社会自然会产生可以维护社会正义的力量。但是你压抑了社会的力量，只产生了一种支配一切的力量，这个社会就会很不健康。所以，很多乡村组织的产生是今后发展的大方向。

根据我的研究观察，城市化、现代化对乡村这六个方面的价值破坏很严重。为什么会造成这种破坏？我认为有三个原因。

第一是观念的误区。我们有一种进步和落后的观念，并且认为城市是进步的，乡村是落后的，工业是进步的，农业是落后的，所以我们强力推行现代化，推行国家主导的现代化，以先进改造落后。

第二是制度的误区。我们出台的一些公共政策，奉行精英主义，精英以自以为聪明的制度来改变社会，不顾“民之所好好之，民之所恶恶之”的古训。

第三是实践的误区。一些地方在实践中为了实现自以为高尚的目标，往往采用暴力和强制手段以达到目的。比如强制计划生育、强制推行火葬、强制赶农民上楼，还有城管的暴力执法等。总之这种以暴力为先锋的行政实践，使社会充满暴力，充满强制。用暴力和强制的手段去达到自以为文明的目标，但结果适得其反。我们 GDP 确实增长了，但人们都感到幸福吗？挺难说。

我们在城乡关系认识上也有很多误区。城乡关系既是夫妻关系，也是母子关系。第一种，城和乡是夫妻关系。不是城市文明高于农村文明，也不是农村文明高于农村文明，二者是相互依存的、功能互补的关系。第二种，我认为城乡关系也像是母子关系，城市文明是农村文明孕育出来的文明，城市文明的根在乡村。所以既不能把城市文明凌驾于乡村之上，也不能把乡村文明凌驾于城市文明之上。在自然的演化过程中，两种文明相互取长补短。这是我对城乡关系的理解。

在城市化进程中，我们如何重新认识乡村的价值？

第一，乡村的生产价值。乡村是农业生产的主要空间和载体。农业生产是人类生存和发展的基础。我们不要认为自己住在几十层楼上，就忽视楼底基座的价值。农业作为第一产业，就是第一重要的产业。越是对人类最重要的东西，就越不值钱，越不能用金钱来衡量。就像空气、水、阳光一样，这些对人类生存最重要的东西，是地球母亲对人类的免费供给。只是人类进入工业社会以后的行为破坏了它们。农业生产的粮食是人类生存的必需品，虽然粮食没有苹果手机、宝马车昂贵，但我们可以不要手机、不要豪车，却不能没有粮食。最重要的东西往往最不值钱，但人类往往对此显现出短视和误识。

第二，乡村的生活价值。从地图上看，城市像星星一样散落在广袤的土地上，农村远比城市宽广和博大。人类从乡村走来，乡村孕育了人类的真正家园。乡村的生活是最接地气的生活，是最符合自然、贴近自然的生活。有史以来，人类主要生活在乡村。即使进入城市社会后，仍有很大比例的人口居住生活在乡村；同时，住惯了城市的市民也渴望着乡村生活。特大城市的农村郊区是吸引市民的生活乐园。城市化发展到一定程度后，就产生了逆城市化现象。逆城市化现象和趋势充分说明，离开乡村，人类很难在城市找到生活的永恒意义。

第三，乡村的生命价值。老子说，大道自然。乡村是大自然为人类修建的生命乐园；城市，是人类为自己建筑的栖身之所。人类再勤劳、再智慧的双手，也总不如大自然之手创造的东西更完美。乡村的第一产业，是与生命打交道的产业，不同于工业流水线上冰冷的机器生产。在第一产业中，人类自己的生命与动植物的生命共同成长，是生命与生命的交流、体验与哺育。乡村的生活，能使人真正体验到生命来自自然又回归自然。

第四，乡村的生态价值。乡村不仅是生产空间和生活空间，而且是极为重要的生态空间。没有良好的生态，也就不可能有良好的生产和生活。作为第一产业的农业，不仅生产人们赖以生存的粮食，而且提供给人们须臾不可离的生态环境。人类是大自然之子，大自然无私地为人类提供了优美的生态空间。中国几千年的农耕文明，蕴含着尊重自然、敬畏自然、追求天人合一的生态文明，能够实现永续发展。而产生于城市的工业文明和城市文明，忽视了对大自然环境的珍重，造成了严重的污染和对生态环境的破坏，对人类赖以生存的家园构成了巨大的危害。工业文明和城市文明产生的是的垃圾，而农业文明与乡村文明产生的是可以循环利用的肥料。城市文明不但不可能取代乡村的生态价值，而且离不开乡村的生态价值。同时随着“城市病”的爆发，以及工业文明、城市文明对乡村生态的破坏与威胁，重新认识乡村的生态价值、大力保护乡村的生态价值已经成为新的时代课题。

第五，乡村的文化价值。乡村的历史远比城市的历史更悠久。人们世世代代在乡村生活中积累和发展起来的乡村文化和农耕文明，是最贴近人类自然本性的文化和文明。乡村的文化密码值得人们深思与破解。乡村文化具有深远的历史感，它经过时间的磨洗，更加与人们的生活、生命融合在一起，构成了人类文明的基因。城市文化中更多的是权力、金融和时尚。乡村文化不同于城市文化的是，乡村文化中更多的是自然、情感和纯朴，乡村文化更具有生命的自然感和归属感。

第六，乡村的旅游价值。与城市相比，乡村具有无比广泛的旅游空间、无比丰富的旅游资源、无可比拟的旅游优势、无限广阔的旅游前景。如果说城市有高楼大厦，乡村则有高山流水；城市有时尚潮流，乡村则有风土人情；城市有雄伟建筑，乡村则有田园风光。近年来，浙江省德清县发展乡村“洋家乐”，普通农舍每晚住宿价格有的超过城市五星级宾馆，海内外游客却趋之若鹜。这印证了古人说的“竹篱茅舍风光好，高楼大厦总不如”。乡村休闲观光旅游是一种回归自然的旅游，是一种天人合一的旅游，是一种接地气、净化心灵的旅游。乡村的自然风光、风土人情、农家生活具有独特的审美价值。随着经济社会的发展，乡村已成为新兴的旅游目的地，乡村旅游已成为一个前程似锦的新型产业。

在推进城市化中如何尊重乡村价值？

第一，要转变观念。我们现在以城市的观念去改变农村，以城市的观念消灭、取代农村。这种观念需要反思。我们必须树立城市文明与农村文明具有同等价值的观念，不能违背农民意愿强行改变农民的生活。城市生活和农村生活，内容不同，价值相同，要让人自主去选择，去反复、多次选择。

第二，要约束权力。习总书记说要把权力关进制度的笼子里，这确实是中华民族政治文明建设上的重大课题。

第三，要驾驭资本。以前我们的宣传教育说资本是最有害的，要消灭资本。经过改造，国家要把资本全部消灭掉了。但后来发现没有资本也不行，没有资本，经济就不能发展和繁荣。改革开放以来，我们把资本放出牢笼。但是放开资本之后，我们对资本有害的一面又缺乏约束，让资本任意横行，这是当前非常突出的问题。本来我们以消灭资本起家，对资本的危害相当清楚，现在我们把资本放出来，却反而不去约束它了，任由资本肆虐。如果又没有社会组织起来的话，人们就无法对抗这两个强势的力量，个人的尊严和权利就会受到践踏，这是不可避免的。我们可以从个人的权利和尊严这两个方面来评价城乡关系，只要是有利于维护人的权利和尊严的城乡关系，我们就认同；只要践踏人的自由和尊严，我们就要质疑。人生活在这个世界上，应该让他自由成长和生活，不应该受到任何权力的、资本的摧残与迫害。资本最大的危害在两点，一是对环境的破坏，二是对人性的践踏。但资本有积极作用，它能促进经济的繁荣。我们曾经看到资本的危害，就走向绝对，要把资本全部消灭掉。现在我们必须跳出对资本的放纵和迷信，节制资本、约束资本、驾驭资本。对资本要趋利避害，既不是彻底消灭，也不是盲目放纵。

第四，要复兴传统文化。我们需要复兴中国优秀传统文化。改革开放以来，我们说要建立中国特色社会主义，我理解它就是既要借鉴发达国家的经验，又要弘扬中国优秀传统文化。我们如果没有中国人自己土生土长的文明传统，那么我们就很难维护自身的尊严。一个简单的例子，在中国的封建专制社会，农民去拦轿喊冤，官员还得下轿问一问，至少不会将喊冤者关起来。

第五，要吸收人类文明。刚才党国英老师说了，人类文明有共性的东西，不论是白人、黑人，还是黄种人，他们都不希望自己被奴役，都希望自己生活得健康安全，都不希望生活在恐惧之中。这就是人类文明产生的共同人性。世界各国人们在文明演进中产生和积累了许多宝贵的经验，特别是对人的自由、权利和尊严的法律保护，非常值得我们学习借鉴。如果没有古今东西的文明融合，没有基本的社会正义和法治，那么，我们无论生活在城市还是乡村，都不可能有自由和尊严。

城市化的两个基本体制前提*

张英洪

城市化就是农民进入城市定居生活并成为市民的过程。中国正处在快速城市化进程中。研究中国的城市化，必须认识和把握两个基本的体制前提，即城乡二元结构和集体所有制。中国人喜欢讲“特色”，这就是中国城市化面临的与众不同的“特色”。

在当代中国，农民进入城市，一方面，面临城乡二元结构的制约；另一方面又受到集体所有制的束缚。如果不改变城乡二元结构，不改革集体所有制，那么，我们推行的城市化，就是传统的城市化。其特征之一，就是农民进城了，被当作农民工，虽然农民在城市奉献劳动、创造价值、缴纳税收，但城市没有真正接纳农民，既不给农民登记为城市户口，又不给予农民基本公共服务，农民只是为城市打工，是外来的流动人口，此所谓“经济上接纳，社会上排斥”。其特征之二，就是农民离开农村后，在集体所有制下，农民的财产权利不明晰，农民不能自愿、有偿退出集体所有制，集体所有制就像一个与生俱有的“体制包袱”一样，时时背在农民身上，想甩又甩不掉，农民也不能充分享有集体财产权利。在这两个基本体制前提下，农民一方面失去了平等的公民权利，另一方面失去了土地财产权利。

城乡二元结构是一系列人为的公共政策安排的结果，其要害是城乡二元体制，实质上是城乡制度安排上的不平等、不开放，其结果是公民权利

---

* 原载《城市化》2014 年第 9 期。

的不平等，农民沦落为“二等公民”。在长达半个多世纪的时间里，当政者就在城乡二元结构中“谋发展”。改革初期，在不改变城乡二元结构的前提下，搞出的城市化就是一些人津津乐道的“离土不离乡”“进厂不进城”。这算哪门子的城市化？这就是所谓中国特色的城市化，一个排斥农民进城、拒绝农民市民化的城市化。

所以，推进新型城市化，必须破除城乡二元结构，改革集体所有制。破除城乡二元结构的目的在于建立城乡平等开放的制度体系，维护和保障农民平等的公民权利；改革集体所有制的目的在于建立尊重农民意愿、允许农民自由选择、维护和保障农民完整的财产权利的制度。

怎么破除城乡二元结构？就是要树立平等、开放意识，推进城乡一体化。一要破除城乡制度体系的封闭性，建立城乡开放的制度体系；二是破除城乡制度体系的不平等性，建立城乡平等的制度体系。具体说，第一是废除城乡二元户籍制度，建立城乡统一的户口登记制度。这项改革已经开始了，但还留有城乡二元户籍制度的尾巴，特别是大城市和特大城市的户籍制度改革缺乏实质性的突破。不过，我坚信，彻底废除城乡二元户籍制度是迟早的事。第二是废除城乡二元公共服务制度，建立城乡统一的公共服务制度，实现城乡基本公共服务均等化。长期以来，城市居民享有基本公共服务，广大农民则被排除在政府提供的基本公共服务制度体系之外。最近10年来，政府开始建立覆盖农民的社会保障制度，农民开始进入基本公共服务体系。但城乡基本公共服务的差距还较大，城乡基本公共服务均等化的目标还远未实现。第三是废除城乡二元土地制度，建立城乡统一的土地市场。我国城乡土地所有权不平等、土地产权不平等，尤其是农村缺乏土地市场，既使城市化陷入误区，又使农民的土地财产权蒙受巨大损失。我国推进以市场为取向的改革已经30多年，但在土地、人口生育以及户籍迁移上仍然坚持实行强有力的计划经济体制，这使农村土地、计划生育和城市外来人口问题成为改革进程中问题最为突出、最危及社会和谐的领域。

怎么改革集体所有制？就是将传统的集体所有制改革为现代合作制。一是要从取消农民个人产权转变为明晰和保护农民个人产权。通过全面推进农村集体产权制度改革，从共同共有走向按份共有，明晰农民的个人产权，保护农民的个人产权。二是要从封闭性的产权结构转变为开放性的产权结构。传统集体所有制是一种农村社区排他性的封闭的产权结构，外部人进不来，内部人也出不去，这与市场化、城市化要求极不适应。三是要从强制性所有制转变为自愿性所有制。农民既可以自愿加入，也可以自愿退出。总体上说，要将集体所有制改革为尊重和保障农民个人产权、尊重和保障农民自愿退出、尊重和保障农民民主权利的开放性的现代民主合作制。

在我国城市化进程中，只有清醒地认识到城乡二元结构和集体所有制这两个基本的体制前提，加快破除城乡二元结构，改革集体所有制，充分保障农民的公民权利和财产权利，我们才可能走上新型城市化的人间正道。

双重二元结构与两种城乡一体化*

张英洪

近些年来，我在有关城市化的专题研究中，提出双重二元结构的概念，并区分了狭义城乡一体化与广义城乡一体化。

我国城乡二元社会结构有静态与动态两种形态。静态的城乡二元结构就是在计划经济体制下基于农民与市民两种不同的户籍身份，建立城市与农村、市民与农民两种权利不平等的制度体系，实行“城乡分治、一国两策”，使农民处于“二等公民”的不平等地位。动态的城乡二元结构是基于本地居民与外来人口（主要是农民工，但不只是农民工）两种不同的身份，建立城市本地居民与外来人口两种权利不平等的制度体系，实行“城市分治、一市两策”，使外来人口处于“二等公民”的不平等地位。静态城乡二元结构与动态城乡二元结构共同构成了当代中国的双重二元结构。

我国静态城乡二元社会结构形成于20世纪50年代，它是计划经济体制的产物，是政府主导的制度安排的结果，其基本特征是城乡分治，农民与市民身份不平等，享受的权利不平等，所尽的义务也不平等。这种以歧视农民为核心的城乡二元结构，我们称之为静态城乡二元结构。2008年党的十七届三中全会明确将破除城乡二元结构上升为国家的基本公共政策。静态城乡二元结构已持续50多年，现在正处于破除之中。

我国动态城乡二元社会结构形成于20世纪80年代，它是市场化改革后产生的，是市场力量和政府制度双重作用的结果。其基本特征是城市内

---

* 原载《城市化》2014年第10期。

部分治，外来人口与本市人口身份不平等，享受的权利不平等，所尽的义务也不平等。这种以歧视外来人口为核心的二元结构，将外来人口排除在政府提供的基本公共服务之外，形成了一种因人口流动而产生的动态的二元社会结构，我们称之为动态城乡二元结构，动态城乡二元结构从制度上歧视的对象是外来人口。动态城乡二元结构已持续30多年。

我国各个城市在空间结构上包括城区与郊区农村，在城市人口结构上，我国各个城市的常住人口中主要有三大部分人群，一是本城市户口中的非农业人口，二是本城市户口中的农业人口，三是没有本城市户口的外来流动人口。凡是有外来人口的城市和城镇都存在双重二元结构，在外来人口大量集聚的大中城市，双重二元结构表现得尤为突出。双重二元结构是我国城市化、城乡一体化发展面临的主要社会结构性障碍。

与双重城乡二元结构相适应，城乡一体化也有两种，即狭义城乡一体化与广义城乡一体化。我们把破除城乡二元结构的城乡一体化称为狭义城乡一体化，把既破除城乡二元结构又破除城市内部二元结构的城乡一体化称为广义城乡一体化。狭义城乡一体化是片面的城乡一体化，广义城乡一体化才是全面的城乡一体化。

在城市化和城乡一体化进程中，传统静态的城乡二元结构正在被破除，而动态城乡二元结构在有的地方却日益得到强化。20世纪50年代以来，我国各城市内部就开始存在静态的城乡二元结构。20世纪80年代以来，随着外来人口向城市流动迁居，受传统城乡二元结构的影响，一种区分城市本地户籍人口与外来人口的新的动态二元结构逐渐形成，并日益成为影响城市健康发展的重要因素。

发达地区各大中城市中的动态城乡二元结构相当突出，推进广义城乡一体化的任务更加繁重。以北京市为例，2013年年末，全市常住人口为2114.8万人，其中常住外来人口为802.7万人，占常住人口的比重为38%。在常住人口中，城镇人口为1825.1万人，占常住人口的比重为86.3%。2013年年末全市户籍人口为1316.3万人，其中农业户籍人口约有250万人。在北京市常住人口构成中，受传统静态城乡二元结构直接影响的是约250万人的本市农业户籍人口，而受动态城乡二元结构直接影响的是800多万的外来人口。外来人口远多于北京市农业户籍人口。因此，从某种意义上说，动态城乡二元结构的消极影响甚至超过静态城乡二元结构。全国其他各大城市与北京一样，都存在双重二元结构的复杂问题。在北京市，推进狭义城乡一体化，就是着眼于1316.3万的户籍人口，重点解决约250万农业户籍人口的平等市民待遇问题，让农业户籍人口平等参与现代化进程、共同分享现代化成果。推进广义城乡一体化，就是着眼于2100多万常住人口，全面解决约250万农业户籍人口以及800多万外来人口的平等市民待遇问题，让农业户籍人口以及外来人口平等参与现代化进程、共同分享现代化成果。

城市化与城乡一体化，都涉及城市与农村的关系，是一对既有紧密联系又有重大区别的概念，是对城乡关系的不同表达。城市化是全世界都在共同使用的概念，城市化将农村与城市联系起来，城市化是针对农村社会来说的，城市化表达的城乡关系，就是将农村社会转变为城市社会的过程。衡量城市化发展水平的指标就是城市化率，即城市人口占总人口的比重。城乡一体化是中国特有的概念，城乡一体化将农村与城市联系起来，其实质就是要破除城乡二元结构，实现农村与城市平等开放、共同发展，城乡一体化表达的城乡关系，就是要破除城乡二元结构、实现城乡平等融合发展的过程。目前衡量城乡一体化发展水平的指标还不是“城乡一体化率”这一概念。

城市化与城乡一体化之间存在两种不同的关系。一方面，城市化可以强化城乡二元结构，阻滞城乡一体化；另一方面，城市化也可破除城乡二元结构，推进城乡一体化。第一种情况可以称之为传统城市化，第二种情况可以称之为新型城市化。城市化重在经济发展，而城乡一体化重在制度变革。因此，我们不能简单地认为城市化就一定会推进城乡一体化。在我国一些地方，城市化率已经很高了，有的超过了80%，但城乡二元结构仍然十分突出。所以说，没有基于现代公平正义的制度变革，即使高度城市化了，也不可能形成城乡一体化新格局。

保障农民权利是法治中国建设的基本内核*

——访北京市农村经济研究中心研究员、

《农民权利研究》作者张英洪

李成刚

农民问题的实质是权利问题，推进国家治理体系和治理能力现代化的核心任务之一就是要建设保障农民权利的公正社会。党的十八届四中全会提出全面推进依法治国，这为维护和发展农民权利提供了很好的契机。

事实上，虽然近些年来农民权利已经取得了很大的进展，如社会保障权利、医疗保险权利等都覆盖了广大的农民，但在城市化进程中对农民财产权利的剥夺和侵犯已经成为目前农民权利面临的最大问题。没有对农民基本权利的尊重和保障，就不可能有社会的公平正义，也不可能有国家治理的现代化，更不可能有农民的尊严和幸福生活。

保障农民权利是法治中国建设的基本内核，就这个问题，中国经济时报专访了10多年来一直研究农民权利问题的北京市农村经济研究中心研究员张英洪。

《中国经济时报》：我们知道，中央编译出版社最近集结出版了你多年来对农民权利问题的研究成果《农民权利研究》，你为什么将研究视角定位在农民权利问题之上？

张英洪：中央编译出版社出版的《农民权利研究》一共四本书，第一

---

* 原载《中国经济时报》2014年12月2日。

本是《给农民以宪法关怀》，第二本是《农民权利论》，我把农民问题和国际人权公约结合起来，从国际人权公约的视角考察中国的农民问题，第三本是《农民、公民权与国家》，第四本是《认真对待农民权利》，是我运用以前的研究基础和框架做的农民权利政策研究。

农民问题是中国现代化进程中最突出的问题之一。在中国，农民是占总人口比例最大的群体，同时也是基本权利遭到侵害最严重的群体。

我出生在湘西农村一个极其普通的农民家庭，农民的底层生活和权利受到的侵害使我感同身受。但仅仅有对底层民众苦难生活的同情和对社会不公的义愤是远远不够的。因为如果没有现代民主法治理念的提升，没有基本人权观念的确立，简单地对底层民众苦难生活的同情和对社会不公的义愤，极易导向仇富、仇官的民粹主义。

我在农村生活和工作时，看到侵害农民权利的事很多。其原因既有国家层面的制度安排，也有地方政府的土政策使然，更有一些权贵的胡作非为。在对农民命运的关切和对国家善治的沉思中，我找到了反哺农民、报效国家的最好武器——权利。赋权于民，建立尊重和保障个人基本权利和自由的公正社会，不仅对农民有利，而且对整个社会有利。保障每个人的基本权利和自由，既有利于百姓，也有利于官员；既有利于穷人，也有利于富人；既有利于在野者，也有利于当政者。可以说，保障每个人的基本权利，是现代国家合法性的基础，是人类文明的共同底线。

《中国经济时报》：农民权利事实上一直是比较敏感的问题，尤其在研究领域，很少有人敢于涉足，你认为是什么原因造成的？

张英洪：在我看来，主要原因有两个方面。一是学科分割所致。受苏联模式的影响，我国的学科分割不亚于城乡分割。以前从事农村问题研究的学者主要是学农业经济学、历史学和社会学专业的，他们基本上没有农民权利的知识和背景；而研究权利的学科主要是法学和政治学，从事法学和政治学研究的人则长期沉浸在书本概念和理论的空谈中，对现实中的农民问题缺乏应有的关怀。中国的高校没有设置农民权利这个专业，因而就没有培养出研究农民权利的专业学生。

二是意识形态束缚所致。我在十多年的农民权利研究中，也曾遭遇不少挫折和打击，一些人对我从事农民权利研究的误解更是常事。

《中国经济时报》：你如何评价当前农民权利发展的现状？

张英洪：近些年来，中国“三农”的公共政策发生了可喜的重大变化，免除农业税、建立粮食直接补贴政策、实行免费义务教育、建立覆盖全体农民的社会保障制度等措施，使对农民权利的维护有了相当程度的发展。但是，损害农民权利的新现象也出现了，近年来最为突出的问题莫过于一些地方以城乡统筹发展之名，在城镇化进程中强征强拆，严重侵害农民的财产权利；同时，一些地方和部门以维稳为名，不是全力解决农民群众反映的问题，而是全力解决反映问题的人，严重侵害了农民的人身权利和信访权利。农民权利的保障仍然堪忧。这说明，维护和发展农民权利是国家治理现代化的重大课题。

《中国经济时报》：在你看来，中国农民权利问题的核心是什么？

张英洪：中国的农民权利问题，说到底，就是保障农民的产权和人权两大基本问题。不受制约的权力和不受制约的资本是侵犯农民基本权利的两大“杀手”。保障农民权利，以至于保障每个人的基本权利和自由，关键在于驯服权力和驯服资本，这是我们实现现代国家治理转型最为艰巨的时代任务。

《中国经济时报》：如何理解“驯服权力和驯服资本”？

张英洪：权力与资本都是人类社会中客观存在的现实。但在如何认识和对待权力与资本上，我们存在许多认识上的误区。在如何对待权力上，有三种基本的认识和态度，一是消灭权力的无政府主义的观点。二是迷信权力的国家主义观点，法西斯主义和极权主义是20世纪国家主义的代表。这两种观点是对立的两极，在现实社会中要么是不可能实现的，要么就是带来更为严重的灾难。三是驯服权力。既然公共权力既不能消灭，也不能迷信，那么唯一现实和理性的选择，就是驯服权力，就是将权力关进制度的笼子，建设现代法治国家。

在如何对待资本上，也有三种基本的认识和态度。一是消灭资本，这就是传统共产主义的理论学说。客观地说，将资本消灭了，当然就不存在资本主义的种种弊端了。我国20世纪50年代开始的社会主义改造，实质上就是公权力与社会底层的民众联合，最坚决、最彻底地消灭资本主义。问题是，没有资本的社会，虽然免除了资本的祸害，却陷入了极权主义的深渊，导致了社会的普遍贫困和对公权力的普遍迷信。我们中国人是尝过消灭资本主义这杯苦酒的，这也是后来实行改革开放的重要原因。二是崇拜资本，放纵资本的横行。这就造成了原始资本主义的泛滥成灾。马克思的《资本论》对原始资本主义进行了最彻底的批判。三是驯服资本。孙中山曾说过要“节制资本”。既然资本不能消灭，同时也不能崇拜和放纵它，那么现实的理性选择就是在法治的框架内，发掘资本在经济社会发展中的积极作用，同时抑制资本的危害。用吴敬琏的话说，就是要建设“法治的市场经济”。

历史的经验和现实的教训警示人们，我们既不能消灭权力和资本，也不能迷信权力和资本，我们的理性和现实选择是驯服权力和资本，将权力关进制度的笼子，将资本纳入法治的轨道。只有这样，我们才能保障农民的权利，也才能保障我们每个人的权利。尊重和保障公民的基本权利，应该成为我们的“底线共识”。

在驯服权力和驯服资本上，核心任务是如何驯服权力。如果我们这个民族不能实现对权力的驯服，不能有效地将权力关进制度的笼子，那么，我们每个人，不管是穷人还是富人、不管是农民还是市民、不管是当政者还是老百姓，都会轻而易举地成为权力砧板上的鱼肉，社会也就不可能有公平正义可言。

建设保障农民权利的公正社会，是时代赋予我们这一代人的历史使命，是推进国家治理现代化的必然要求，是中国梦的重要内容。

城镇化与城市管理亟须法治跟进*

李成刚

在当前城镇化快速发展的阶段，许多与法治有关的问题开始凸显，无论是城镇化过程还是城市管理中遇到的新问题，都要求管理者将政府权力纳入法治轨道，而十八届四中全会的精神无疑为之提出了明确要求，也为推进法治城镇化提供了更好的宏观环境。针对如何将城镇化进程以及城市管理纳入法治框架，尤其是如何在法治框架体系下审视涉及土地征收等事关农民权利的问题，相关专家学者以《中国经济时报》圆桌论坛为平台发表了他们最新的研究成果。

受访人

宋迎昌　中国社会科学院研究员

张云华　国务院发展研究中心农村部研究员

向春玲　中央党校教授

张英洪　北京市农村经济研究中心研究员

胡星斗　北京理工大学教授

冉　昊　中国社会科学院法学所副研究员

成协中　北京市社会科学院法学所副研究员

主持人

李成刚　《中国经济时报》记者

在当前城镇化快速发展的阶段，许多与法治有关的问题开始凸显，无

* 原载《中国经济时报》2014 年 12 月 3 日。

论是在城镇化过程中还是在城市管理中遇到的新问题，都要求管理者将政府权力纳入法治轨道，而十八届四中全会的精神无疑为之提出了明确要求，也为推进法治城镇化提供了更好的宏观环境。

十八届四中全会首次专题讨论依法治国问题，对全面推进依法治国做出重大部署，强调把法治作为治国理政的基本方式，对加强社会主义民主政治制度建设和推进法治中国建设提出明确要求。

《中国经济时报》（理论版）早在今年6~7月份发表了一些关于法治城镇化的讨论，引起相关研究者的关注和响应。针对如何将城镇化进程以及城市管理纳入法治框架，尤其是如何在法治框架体系下审视涉及土地征收等事关农民权利的问题，相关专家学者在《中国经济时报》圆桌论坛展开进一步的专题讨论，发表了他们近期的研究成果。

城镇化亟须构建法治保障框架

《中国经济时报》：为什么要给城镇化加法治的前提？事实上，当前的一个共识是，我们要推进的是人的城镇化，而不是政府的城镇化。而要强调人的城镇化，就必须强调法治在城镇化建设发展中的保驾护航作用，如果没有法治的规范，城镇化就可能陷入杂乱无章，免不了会出现各种权益问题。

胡星斗：目前中国的城镇化率实际上是不太高的，或者说城镇化的速度远低于工业化的速度，城镇化率表面上看有50%多，实际上严格地说只有35%左右，那些没有城市户籍，或者是享受不到城市待遇的人的城镇化，就不是以人为中心的城镇化。

那种由户籍制度所造成的对城镇化的阻碍，其实也是对公民权利的伤害。以2003年废除城市收容制度为界限，2003年之前是不允许流浪到城市的，2003年之后允许农民流浪到城市了，但是享受不到城市的待遇。这样的一种情况现在应当说正在逐渐改变，中央提出以人为本的城镇化，就是要改变过去那种城乡分割的二元制度。但目前解放思想还不够，在某种程度上还固守着城乡隔离。例如，一方面是农民到城市来，而很多的城市待遇享受不到；另一方面是不允许城市人到农村去，现在到农村去买房叫小产权房，不合法。在《物权法》讨论的时候，草案中有一句，城市居民不能到农村购买房子和宅基地，后来由于大家的反对把这句话删掉了。《物权法》虽然删掉了，但其他的法律还是不允许的。

冉昊：法治城镇化中的城镇化，一定是城镇化，而不是城市化，这个问题已经有无数的领导和专家在各种各样的场合讲过了。习近平总书记说望得见山、看得见水、记得住乡愁；李克强总理说人的城市化而不是物的城市化，都是源于这个观点。这个问题虽然已经在各个角度、各个层次讲了很多次，但值得一遍遍讲、一次次讲，常讲常新，引起大家重视，对一些矛盾产生的根源有正本清源的作用。

张英洪：几年前我研究新型城镇化课题的时候，就提出了法治城镇化的概念。为什么要在城镇化进程中强调法治化？我认为至少有三个基本原因。一是法治城镇化是约束政府公权力的城镇化，因为我们以前的城镇化，一些地方政府想干什么就干什么，想征地就征地，想拆迁就拆迁，这就不是法治的城镇化。

二是法治城镇化是保护公民基本权利的城镇化。为什么要提这点？几十年来，我们的城市化一个最大的弊端和问题，就是侵犯了农民的基本权利和自由，主要是侵犯农民的土地财产权利、住房权利。因为拆迁，许多农民的基本权利得不到保障。

三是法治城镇化是维护社会公平正义的城镇化。我们现在的城镇化存在很多社会问题，造成很多社会不稳定因素，就是因为城镇化过程中存在不公平正义的现象，违背了公平正义的原则，损害了人们的基本权利和自由。因为社会不公平正义，上访的很多，每年的上访、信访量很大，政府对之提高了维稳成本。社会不稳定就是因为城市化过程中出现了一些社会不公平、不正义现象。我们讲法治城镇化，就是要维护社会公平正义的城镇化。

如何在城镇化进程中建立法治框架

《中国经济时报》：党的十八届四中全会提出全面推进依法治国，建设法治中国，这为推进法治城镇化提供了更好的宏观环境。如何借时代发展的东风，以法治为框架推进城镇化发展？或者说，在城镇化进程中，我们要关注哪些涉及法治的问题?

胡星斗：到底应当怎样进行城镇化，一方面，现在提出要以人为本，要保障农民的权利，要让农民带着财产进城，这就要进行土地制度改革，怎么让土地即使不归农民所有，也要让农民从这个土地中获得应有的利益？只有让农民带着财产进城，才能够让农民自愿进入城市。

另一方面就是要遵循法治城镇化的道路。城镇化如果没有法治保驾护航，就很有可能成为再一次对农民的掠夺。到底应当怎么做，首先就是立法，而且，立法还不够，关键是要有守法的习惯，各级领导、各级政府、每个公民都要守法，这才是法治的关键。在社会保障方面、在农民待遇方面，包括城镇的财政、税收、金融，城镇的公共服务、公共产品的提供，都应当立法。

张英洪：我认为，推进法治城镇化要考虑五个重要环节。一是从立法环节上来说。凡是伤害农民权利的法律都应该修改或废止。一方面，在长期的城乡二元结构的体系下，有很多的法律，包括《土地管理法》，还有一系列的政策法规，很多是不利于保护农民土地财产权利的，不利于维护公民的基本权利的。对这些法律，立法者应该坚决废除。另一方面，随着社会的发展，存在立法的滞后，法律有缺陷或缺失，有的社会实践没有相关法律。比如我们已经出台了《国有土地上房屋征收与补偿条例》，但"集体土地上房屋征收与补偿条例"就一直出台不了。这样的例子很多。此外，虽然我们有了很多法律，但是十八届四中全会提出全面推进依法治国后，一些与法治理念不一致的法律，需要加快修改补充。如果这些法治问题不解决，我们就无法应对城乡不断爆发的千千万万的案例。

二是从执法环节来说。一方面，现在一般强调要严格执法，良法是应该要严格执法，但不好的法律要修改，而不是严格执法。另一方面，存在一个突出问题，有的地方政府对农民严格执法，对百姓严格执法，而对政府自己，却不是严格执法。

三是从司法环节来说。司法关键是公正，但是在这个环节上，涉及征地拆迁问题的，普遍的现象是法院不立案，造成了大量的信访案件，导致了一系列的群体性事件。

四是从守法环节来说。守法，一个是公民守法，另一个是政府守法。

公民的法律素质不高，不利于守法。但现实生活中政府不守法的现象也相当普遍。

五是从维权的角度来说。立法、执法、司法、守法、维权，这些环节缺一不可。农民权利受到侵害之后需要法律救济。但长期以来片面强调稳定压倒一切，有的地方信访部门搞指标管理责任制，层层加压，这就产生了一个怪现象，就是有关部门不是积极地解决人民群众反映的问题，而是全力去解决反映问题的人。这种治国理政的管理理念需要反思。

宋迎昌：就城市发展的角度看，建设法治城镇化，未来要解决几个问题。一是城市的地位靠立法保障的问题。计划经济高度集中的体制下，城市是没有地位的，一切都是听中央的，是垂直的体系。改革开放后我们做的事主要是扩大城市的自主权，一直到现在做的还是这个事。而自主权扩大到什么地步，收到什么地步，要靠法治保障。

二是城市之间关系的问题。我们的城市是按行政等级划分的，这种体制下我们发现中小城市的发展机会往往被剥夺了。

三是行政审批的法治化问题。目前的行政分级审批制度，也把许多中小城市的发展权剥夺了，因为层层审批、报批，耗时很久，为了发展可能就急功近利，先干起来再说，这就导致违规操作，这是非常普遍的问题。

四是基于城市治理体系的城市应该有立法权。每个城市都有自己的特点、自己的发展阶段，根据发展阶段和特点来制定自己的法律，应该有这样的立法。

五是应该保障农民的财产处置权。目前的城镇化是单向的城镇化，农民转变为市民，为什么不考虑市民下乡？双向才能融合。

六是立法保障外来人口在城市的权益。外来人口在购房、购车、教育、医疗、就业等方面都存在被歧视的问题。

城市管理同样需要法治跟进

《中国经济时报》：城镇化过程中存在的法治滞后或缺失的问题，实际上反映的是我们国家城市管理水平落后的现实。因此，在城市管理水平上，也亟须改进和提升。

向春玲：我研究城市管理，我认为国家大规模的城市建设时代已经过去了，已经进入了三分建、七分管的时期。不论是对于快速成长中的城市还是进入成熟期的城市，这个趋势越来越明显。

那么，当前我们在城市管理中存在哪些突出问题？首先是城市的社会管理呼吁自治。城市治理，治理的主体应该是多元化的，有公共机构、国家政府参与的治理，也有民间、个人机构参与的治理。中央2004年提出社会管理的新格局是党委领导、政府指导、单位负责、社会参与。我们现实社会中忽视社会自治，政府统揽社会服务和治理，这样的一种格局没有得到根本转变。

政府与社会关系的调整，我个人认为才刚刚起步。在城市社会治理方面，有一种趋势是社会管理中政府越来越强，而且财政投入越来越多，政府越来越无所不能。现在提出要社会治理创新，从各级政府来看，似乎都很重视这个问题，但是做着做着就变成了这个事中央要做，我们的政策怎么怎么样，就一竿子到底了，政府的建制日益庞大，财政支出日益增加。

关于法律的问题，我国有城市居民委员会组织法，农村也有村民委员会组织法，但是我们把这些法放在了一边，居委会、村委会行政化严重。要依法治理城市，依法治理国家，忽视基层社会自治的倾向，就是目前城市管理存在的首要问题。

其次是现在的城市管理忽视法律保障，靠行政管理手段的思路还比较严重。那种执法人员无视法律，或者说城市管理人员执法过程中无法可依的问题也非常突出。例如，我就碰到过这样的事，一次开车去首都机场T 3航站楼的岔路口，我本来应该往T 3 送人的路上走，不小心走错了，退了一步，马上被执法的车拦住了，说你后退了，不对。我说我认罚，他说要扣证件，我的身份证都要给他，我说这个没有道理，你该怎么罚就怎么罚，身份证不能扣，我说你是谁，能否把证件拿出来，我要出差之后到你那里取，他说没有办公室，就在这里取，我说能肯定你两三天之后还在这吗？我说你是城管人员，应该有办公室，我到你单位去取你扣的证。他说我没有办公室，就到这里取，我就在这拦着，我说你有什么权力？后来我急了，就拍他的车子，他不让我拍（照），这就是协管员。我就想，其他的老百姓不知道怎么样被城管管着。这些都需要法律来进行规范。

最后，在城市的管理理念上，存在强调维稳，而忽视社会公平与服务的倾向。上级部门对下级有维稳的政绩考核，这就变成了一票否决制，这种情况下，下级政府为了别出事、别出乱子，什么手段都用。这种维稳的做法表现为，一是人民内部矛盾人民币解决，就是花钱买团结；城市内部管理小闹小解决，大闹大解决，不闹不解决。二是维稳注重事后的处理，忽视事中的处理。这就激发了干群之间的矛盾，引起了群众对政府公信力的质疑，把群众推向了对立面。这些做法很多不是依法行为，这是当前在城市治理中存在的突出问题。

张英洪：提高政府的城市管理水平，就需要推动政府进行转型。它包括三个重点。一是从人治型政府向法治型政府转型。搞人治的话，只有统治者对老百姓的驯服，不可能有老百姓对统治者的驯服。

二是从管制型政府向服务型政府转变。长期以来，政府都是管老百姓的，现在需要的是服务型政府。我们早就提出了服务型政府的理念，我们党的宗旨是全心全意为人民服务，这个宗旨如果不转化为以宪法为统率的制度安排，建设服务型政府，就不可能将为人民服务的宗旨落到实处。建设服务型政府的过程就是法治建设的过程。

三是从无责型政府向问责型政府转变。政府做了很多事，有很大的权力，但是没有责任，即其做了坏事，却可以不承担任何责任。我们只有通过努力把权力关进制度的笼子里，实现对权力的驯服，才有可能解决所有的问题。

城镇化中法治问题最突出的表现在于土地征收

《中国经济时报》：城镇化过程中，法治问题反映最集中的领域，是在土地征收中存在强征强拆现象，尤其是在农村，一些地方政府以城镇化为借口侵犯农民权利的现象普遍存在。

冉昊：讨论城镇化离不开农民问题，从私法的角度看，保障农民权利其实更多是所有民事主体人格抽象平等的问题，从而可以平等地进行交易，推进社会效率最大化，前者体现的是公平，后者体现的是效率。不过实际上，在现实的发展过程中，随着资本和权力的逐渐累积沉淀，这种抽象的平等已经越来越少，并会压抑实质平等。所以我们在呼吁给农民以公民权、平等人格、平等权利的基础上，要把农民的权利和保护问题细化。

成协中：城镇化涉及“土地的非农使用问题”，即在发展过程中，怎么把一些土地从农业用地变成非农用地，这个过程中可能涉及三个核心的问题。第一，主体是谁，即谁有权决定土地的使用性质转变。第二，土地的用途管制问题，即要把农业用地变成其他性质的用地的话，是否应该符合对国家的土地用途管制的内容。第三，程序问题，即要将农用地变为非农用地要通过什么程序。

一是权利人的意志问题。我们国家宪法所确立的土地的权利主体特别复杂，有国家也有集体，还有市民和农民。而且，我国集体土地的所有权也不能完全按照私法上的共同共有，或者按份共有的概念。我们讨论要强调赋予农民更多的土地实体权利，而赋予农民的土地权利究竟是什么性质的土地权利，在法学上需要更多的解释。

二是土地用途管制的问题。西方国家的土地法体系基本是以用途管制为核心来建构的，我们国家目前的《土地管理法》也确定了用途管理制度，但是我们国家的用途管制核心功能是没有发挥的，实际使用过程中更多是通过计划性质的指标控制来实现对土地的管理，体现的是以政府为主导的权力部门的意志，但是市场经济过程中这种管理制度会面临很多挑战。涉及城镇化问题，要把农业用地变成非农用地，首先要符合国家土地的用途管制，但是土地用途管制的前提是，用途管制本身是具有正当性、科学性的。而如何确保土地用途管制的科学性，就需要通过民主程序来确立更合理的途径，定期对土地用途管制的正当性进行检讨。

三是土地非农使用过程中的程序问题。目前讨论比较多的是征收程序的正当性，征收程序在土地的流转过程中，在制度上没有得到很好的体现。农村的土地开发是不是必须要经过征收程序，是不是可能存在合作开发、协议开发的空间，在制度上可以进一步讨论。

张云华：城镇化进程中土地改革法治化，或者是土地制度法治化包括几个方面。第一个方面是征地制度。城镇化过程中土地显然是一个最重要的问题。十七届三中全会已经提出要改革征地制度，但是5年过去了，到十八届三中全会，再次提出要改革征地制度，缩小征地范围，完善对被征地农民的各种保障机制，减少非公益性用地划拨，降低土地增值收益分配机制。这表明，现在不光是社会各界专家意识到征地是城镇化过程中的大问题，中央层面也认为这是一个大问题，都认为要改革，但是怎么改，为什么这么多年没有改？

作为政府部门，不管是中央政府还是地方政府，考虑改革面临的约束条件很多，比从学术的角度考虑问题面临的约束条件要多很多。

对于征地补偿，现在确定的补偿标准是以农业产出确定的，未来补偿应该是以市场价格为补偿依据。因为以农业为例，国家征地还是用于农业，按照农业补偿农民不会有意见，如果征地改变了用途，就要参照市场价格补偿。土地是要在国家、地方政府、用地者和农民之间分配，未来的土地补偿一定要参照市场价格，这是解决问题的根本办法。

第二个方面是城乡统筹建设用地。这在十七届三中全会就提出了，十八届三中全会再次提出。这个问题很复杂，建设城乡统一的建设用地市场，谁来承担入市的主体，是集体经济组织吗？理论上来说它有所有权，但是，实践中是不是能够承担这个角色？全国有60多万个行政村，如果算上村小组（有一半的土地所有权属于村小组），就有两三百万个集体经济组织，其能否有资格承担入市的主体，应该说很难。

第三个方面是农村宅基地。过去宅基地制度改革提得很少，甚至都不敢提改革宅基地制度，因为宅基地制度跟农地制度比起来好像更复杂一点。改革完善宅基地制度，给农民完整的财产权利，在十八届三中全会得到了体现。但宅基地能不能让城里人去买，这个问题需要好好考虑。农地制度不光是经济问题，还是政治和社会问题，完全市场化，在农地和宅基地这块还需要慎重一些。

以法治终结“大拆大建”*

张英洪

城市化存在两个方面的破与立的关系。简单地说，从硬件上看，城市化中的破与立就是破除旧的物质建筑，建设新的物质建筑；从软件上看，城市化中的破与立就是破除旧的政策制度、建设新的政策制度。长期以来，我国传统城镇化一方面热衷于硬件上的破旧建新，忽视软件上的制度建设；另一方面在硬件的破与立上，又简化为“大拆大建”。

“大拆大建”式的城市化模式，既严重侵犯了公民个人的财产权利，又严重侵犯了公共利益。在“大拆大建”式的城市化面前，一方面，公民的土地权利、住宅权利等财产权利甚至人身权利受到严重侵犯；另一方面，包括历史文化遗产在内的公共利益也遭到严重侵犯。我们看到，“大拆大建”式的城市化，就成为地方政府追求政绩的城市化，成为被房地产商绑架的城市化，成为侵犯公民个人权利和公共利益的城市化。

一些地方，以新农村建设和城镇化的名义，大肆将农民强制赶上楼，大搞拆村并居，大规模地将具有成百上千年历史的宝贵古村落、珍贵的历史文化遗产毁坏掉，这不仅侵犯了农民的财产权利和居住权利，而且是对中华传统文化的严重破坏与侵犯。有的地方，在城市化中无心于破除城乡二元结构、建立城乡一体化的体制机制，却热衷于大规模地拆旧城、建新城，势不可当地拆除了一系列真的历史文物，同时又花巨资建设了一大批假的新古董。这种“大拆大建”式的城市化，严重破坏了城乡物质遗产和

---

* 原载《城市化》2014 年第 11 期。

非物质遗产，成为我国继“文化大革命”以后对中国传统文化破坏最严重的现象。如果说“文化大革命”式的破坏属于“革命性破坏”的话，那么当前各地推行的新农村建设和城镇化式的破坏就属于“建设性破坏”。“建设性破坏”造成的严重后果并不比“革命性破坏”的程度轻。

在城市化进程中，为了保护公民的人身权利和财产权利，为了保护我们民族独特和宝贵的物质遗产和非物质遗产，我们必须将城市化纳入法治的轨道，推行法治城市化，以法治终结“大拆大建”式的城市化。

法治城市化对国家治理现代化提出了深度的挑战。法治城市化是一个非常重要的理论命题和实践课题，涵盖的东西很广，涉及方方面面的内容。一些地方政府之所以热衷推行“大拆大建”式的城市化，除当政者短视无知、利令智昏外，更重要的是地方政府的权力没有被关进制度的笼子里。没有边界和底线的地方政府权力行使，就表现出相当的傲慢和野蛮。在城市化进程中，既不受任何制约又不承担任何后果的地方政府，成为侵犯公民个人权利和国家公共利益的现实危险，成为破坏国家长治久安与社会和谐稳定的违法犯罪主体。这是缺乏法治的传统城市化的严重后遗症。我们推行的新型城市化，就是要走法治城市化之路。

为了维护我国善良的公民的基本权利，为了保护我国优秀的传统文化，为了将地方政府的权力关进制度的笼子里，为了建设现代法治国家，我们特别需要关注地方政府犯罪这一突出现象和问题。我请教过一些刑法学专家，他们从教科书上找不到地方政府犯罪这个概念。但在我国城市化中，我发现明显存在一些地方政府犯罪现象。地方政府犯罪的基本含义是以地方政府为主体的犯罪行为，这种犯罪行为既侵犯公民个人的权利，又侵犯国家和民族的公共利益。地方政府犯罪的特征体现在普遍性、集体性、无责性、严重性上。地方政府犯罪的普遍性是许多地方政府在城市化中“大拆大建”，形成了一种地方政府暴力强征强拆的社会风潮；集体性是地方政府暴力强征强拆侵害公民权利和公共利益的行为并不只是地方执政者个人的滥权行为，而且是地方执政集团集体行动的结果；无责性是暴力强征强拆的地方政府虽然明显违法犯罪，但基本上没有承担相应的法律责任特别是刑事责任，这就导致我国出现了法律失灵特别是刑法失灵的奇特现象；严重性是强征强拆的地方政府侵犯公民权利和公共利益比任何其他个人或组织侵犯公民权利和公共利益的后果更为严重。关于地方政府犯罪的后果，从个人来看，暴力强征强拆的地方政府严重侵犯了公民的人身权利和财产权利；从社会来看，暴力强征强拆的地方政府严重破坏了社会的公平正义；从政府来说，暴力强征强拆的地方政府严重扭曲、异化了政府的职能和角色定位；从执政党来说，暴力强征强拆的地方政府严重损害了党的执政合法性基础；从国家来说，暴力强征强拆的地方政府严重侵蚀了国家和民族的公共利益。如何预防地方政府犯罪？我认为，一是要转变地方政府的职能，摆正地方政府的角色。二是要驯服权力，将地方政府的权力关进制度的笼子里。人类的文明发展史表明，人类首先是驯服野兽，其次是驯服百姓，最后是驯服当权者。现在，我国已进入了驯服当权者的历史新时期。三是要追究地方政府犯罪的刑事责任。在依法治国、建设社会主义法治国家中，地方政府犯罪不能没有任何的法律责任。

推进城市化，并不必然要摧毁农民的住宅、侵犯公民的财产权利，也并不必然要破坏历史文化遗产、侵犯公共利益。我们有许多新的道路可以选择，关键是我们要树立以权利为导向的发展观。60 多年来，我们曾经以阶级斗争为纲，后来以经济建设为中心，后来又强调稳定压倒一切。我们在发展观上存在着以一种目标压倒其他所有目标的激进化倾向，为了追求一个定格为高尚的目标，就可以压倒社会的所有目标。这就造成了社会的严重畸形发展、变态发展、不正常发展。政府的目标应当是维护社会的公平正义，维护人的基本权利和自由。我们要走向以人的权利为导向的发展观，就必须在法治的框架中和法治的轨道上，既把权力关进制度的笼子里，杜绝地方政府权力行使中的非理性主义和激进主义，让滥用职权的地方当政者承担相应的法律责任，同时又要切实保障公民个人和社会组织的权利，在处理好政府与市场关系的基础上，处理好政府与社会的关系，充分发挥公民个人和社会组织在维护公民基本权利和保护历史文化遗产上的积极性、主动性和创造性。

新型城市化须正视乡村价值*

张英洪

传统城市化模式对乡村价值的误识与人为破坏非常大。在城与乡的关系认识上我们有很多误区。城乡关系既是夫妻关系，也是母子关系。说城和乡是夫妻关系，是因为城与乡相互依存，功能互补，谁也离不开谁。说城与乡是母子关系，是因为先有乡村文明再有城市文明，城市文明是农村文明孕育和发展出来的新文明，城市文明的根在乡村，城市文明以乡村文明为基础和依托，离开了乡村，城市不能正常生存下去。城市文明是乡村文明的升华与结晶。我们既不能把城市文明凌驾于乡村之上，也不能把乡村文明凌驾于城市文明之上，在自然的社会演化过程中，两种文明应当相互取长补短，合作共赢。不能简单认为城市文明高于农村文明，也不能简单认为农村文明高于农村文明，二者是相互依存、功能互补、相互促进的关系。

推进新型城市化，迫切需要我们深化对乡村价值的认识与理解。

第一，乡村的生产价值。乡村是农业生产的主要空间和载体。农业生产是人类生存和发展的基础。我们不要认为自己住在几十层楼上，就忽视楼底基座的价值。农业作为第一产业，就是第一重要的产业。越是对人类最重要的东西，就越不值钱，越不能用金钱来衡量。就像空气、水、阳光一样，这些对人类生存最重要的东西，是地球母亲对人类的免费供给。只是人类进入工业社会以后的行为破坏了它们。农业生产的粮食是人类生存

---

* 原载《城市化》2014 年第 12 期。

的必需品，虽然粮食没有苹果手机、宝马车昂贵，但我们可以不要手机、不要豪车，也不能没有粮食。最重要的东西往往最不值钱，但人类往往对此显现出短视和误识。

第二，乡村的生活价值。从地图上看，城市像星星一样散落在广袤的土地上，农村远比城市宽广和博大。人类从乡村走来，乡村孕育了人类的真正家园。乡村的生活是最接地气的生活，最符合自然、贴近自然的生活。有史以来，人类主要生活在乡村。即使进入了城市社会后，仍有很大比例的人口居住生活在乡村；同时，住惯了城市的市民也渴望着乡村生活。特大城市的农村郊区是吸引市民的生活乐园。城市化发展到一定程度后，就产生了逆城市化现象。逆城市化现象和趋势充分说明，离开乡村，人类很难在城市找到生活的永恒意义。

第三，乡村的生命价值。老子说，大道自然。乡村是大自然为人类修建的生命乐园，城市，是人类为自己建筑的栖身之所。人类再勤劳、再智慧的双手，也不如大自然之手创造的东西更完美。乡村的第一产业，是与生命打交道的产业，不同于工业流水线上冰冷的机器生产。在第一产业中，人类自己的生命与动植物的生命共同成长，是生命与生命的交流、体验与哺育。乡村的生活，能使人真正体验到生命来自自然又回归自然。

第四，乡村的生态价值。乡村不仅是生产空间和生活空间，而且是极为重要的生态空间。没有良好的生态，也就不可能有良好的生产和生活。作为第一产业的农业，不仅生产人们赖以生存的粮食，而且提供给人们须臾不可离的生态环境。人类是大自然之子，大自然无私地为人类提供了优美的生态空间。中国几千年的农耕文明，蕴含着尊重自然、敬畏自然、追求天人合一的生态文明，能够实现永续发展。而产生于城市的工业文明和城市文明，忽视了对大自然环境的珍重，造成了严重的污染和对生态环境的破坏，对人类赖以生存的家园构成了巨大的危害。工业文明和城市文明产生的是垃圾，而农业文明与乡村文明产生的是可以循环利用的肥料。城市文明不但不可能取代乡村的生态价值，而且离不开乡村的生态价值。同时随着“城市病”的爆发，以及工业文明、城市文明对乡村生态的破坏与威胁，重新认识乡村的生态价值、大力保护乡村的生态价值已经成为新的时代课题。

第五，乡村的文化价值。乡村的历史远比城市的历史更悠久。人们世世代代在乡村生活中积累和发展起来的乡村文化和农耕文明，是最贴近人类自然本性的文化和文明。乡村的文化密码值得人们深思与破解。乡村文化具有深远的历史感，它经过时间的磨洗，更加与人们的生活、生命融合在一起，构成了人类文明的基因。城市文化中更多的是权力、金融和时尚。乡村文化不同于城市文化的是，乡村文化中更多的是自然、情感和纯朴，乡村文化更具有生命的自然感和归属感。

第六，乡村的旅游价值。与城市相比，乡村具有无比广泛的旅游空间、无比丰富的旅游资源、无可比拟的旅游优势、无限广阔的旅游前景。如果说城市有高楼大厦，乡村则有高山流水；城市有时尚潮流，乡村则有风土人情；城市有雄伟建筑，乡村则有田园风光。近年来，浙江省德清县发展乡村“洋家乐”，普通农舍每晚住宿价格有的超过城市五星级宾馆，海内外游客却趋之若鹜。这印证了古人说的“竹篱茅舍风光好，高楼大厦总不如”。乡村休闲观光旅游是一种回归自然的旅游，是一种天人合一的旅游，是一种接地气、净化心灵的旅游。乡村的自然风光、风土人情、农家生活具有独特的审美价值。随着经济社会的发展，乡村已成为新兴的旅游目的地，乡村旅游已成为一个前程似锦的新型产业。

在推进新型城市化中，我们强调深化认识乡村价值和尊重乡村文明，并不是要否定城市价值和城市文明，而是为了使我们少犯愚蠢的错误，为了使乡村文明和城市文明都能照耀我们的生活。

以改革精神和法治思维深化农村改革*

——2015年北京市农经工作务虚会综述

张英洪　魏　杰　曹　洁　张永升

为深入学习贯彻党的十八届三中、四中全会精神和北京市委、市政府关于深化农村改革的各项要求，认真分析当前首都农村经济社会改革发展面临的新形势和新问题，进一步统一思想，凝聚共识，以改革精神和法治思维全面深化京郊农村改革，2014年11月14～15日，北京市农经办组织召开了2015年工作务虚会。

市农经办党组对开好这次务虚会高度重视，会前做了充分准备和部署安排。市农经办党组书记、主任郭光磊同志做了动员报告，全体参会人员进行了分组讨论，大家充分交流思想，深入研究工作，取得了较好的效果。现将务虚会讨论交流的主要观点综述如下。

一

党的十八届三中全会吹响了全面深化改革的号角，十八届四中全会提出了全面推进依法治国的战略目标，新一轮农村改革开始步入深水区、进入攻坚期、面临新形势、进入了新时期。

第一，新一轮农村改革进入了发挥市场决定性作用的新时期。虽然我

---

* 原载北京市农村经济研究中心《调查研究报告》，2014年12月30日，第39期（总第155期）。

国市场化改革是从农村起步的，但30多年来，农村的市场化程度还比较低，市场在农村资源配置中还没有发挥应有的作用，集体所有制和城乡二元体制严重制约了市场作用的发挥。党的十八届三中全会明确提出要发挥市场在资源配置中的基础性作用。这就要求我们要转变过去基于权力的行政思维模式，逐步树立市场思维，学会用市场的方式来推动深化农村改革，解决集体经济发展的问题。最近，中央全面深化改革领导小组第五次会议明确提出，要建立符合市场经济要求的农村集体经济运行新机制。这是农村集体经济改革的新方向，是发展壮大农村集体经济的新要求，是我们加强农村集体资产经营管理的基本遵循。首先，要在发挥市场资源配置中的决定性作用的大背景下，推动农村的市场化改革；其次，要严格遵守市场的逻辑，引导农民在市场经济中增强内生发展能力，充分调动农民的积极性和创造性；最后，要坚持按市场经济规律办事，以市场为导向盘活农村集体资产，激活农村各类生产要素潜能，促进资源要素的合理配置和高效利用。

第二，新一轮农村改革进入了以法治引导和保障的新时期。十八届四中全会提出了全面推进依法治国的新理念，其核心在于要求政府必须依照体现人民意志和社会发展规律的法律治理国家，个人意志不能凌驾于法律之上。社会主义市场经济的基础是法治，市场经济的基本要求就是各主体必须遵循契约精神。这就要求我们在发展市场经济的过程中，必须树立法治意识、规则意识，培育契约精神、法治精神，加强制度建设，重视市场规则的制定和执行，维护市场主体的各项权益。作为政府指导农村集体经济发展的专业部门，我们必须以全新的法治思维和法治方式推动农村改革，坚持依法履职，做到依法行政，在具体工作中必须依据各项法律法规来履行职责，不能越过制度红线违规行使权力，切实做到“法定职责必须为，法无授权不可为”。我们既要营造公平的市场竞争环境，充分尊重农民的意见和选择，培养农民的合同意识、规则意识、契约意识，增强农民的市场意识，又要落实好农民对集体经济的民主决策、民主管理和民主监督权，用法律法规保障农民对集体资产经营管理的知情权、参与权和决策权，用制度规范强化监督机制，防止集体和农民的合法权益受到侵害。

第三，新一轮农村改革进入了赋予农民更多财产权利的新时期。党的十八届三中全会提出要赋予农民更多的财产权利。最近中央全面深化改革领导小组第五次会议审议通过的《关于引导农村土地承包经营权有序流转发展农业适度规模经营的意见》提出，要在坚持农村土地集体所有的前提下，促使承包权和经营权分离，形成所有权、承包权、经营权三权分置、经营权流转的格局。中央全面深化改革领导小组第七次会议审议通过了《关于农村土地征收、集体经营性建设用地入市、宅基地制度改革试点工作的意见》，这是赋予农民更多财产权利的重大改革政策。众所周知，农民的最大财产是他们所拥有的农村土地，包括农用地、宅基地和集体经营性建设用地。农民与土地之间的关系，是农村最重要的经济关系，也是最重要的政治关系。但长期以来，农民的集体资产不能转化为农民致富的资本和财产。新一轮农村改革重点在实行承包土地的三权分置、推进农村征地制度改革、允许集体经营性建设用地入市、试行宅基地制度改革等，其目的都是赋予农民更多财产权利，这就把全面推进农村集体产权制度改革提上了农村改革的重要议事日程。

第四，新一轮农村改革进入了推进乡村治理现代化的新时期。党的十八届三中全会明确提出全面深化改革的总目标是完善和发展中国特色社会主义制度，推进国家治理体系和治理能力现代化。乡村治理现代化既是国家治理现代化的重要内容，也是农村改革发展的必然要求。长期以来，乡村治理的滞后，严重制约了农村的全面发展，影响了农民生活质量的提高。从北京自身的情况看，近年来，在城乡社会经济快速发展的同时，郊区的乡村治理问题逐渐暴露，特别是一些村干部的腐败问题日益突出，“小官巨腐”现象不容忽视。推进乡村治理现代化，首先，要实现乡村治理从封闭向开放转变。随着市场化、城镇化和城乡一体化的发展，长期封闭的农村治理结构越来越不适应时代发展的要求，构建开放的乡村治理结构是当前农村改革的重要任务。其次，要实现乡村治理从管理向服务转变。长期以来，在农村人们习惯于加强管理而不是强化服务。根据十八届三中全会以来国家推动市场在资源配置中起决定性作用的总要求以及推进治理体系和治理能力现代化的改革目标，未来农村治理结构现代化应当以市场化为方向，推动基层治理思维方式从管理思维向服务思维的转变。最后，要实现乡村治理从人治向法治转变。人治色彩深厚的传统乡村管理已经远远不能适应全面推进依法治国的需要。在建设法治中国的新形势下，推进乡村治理的现代化，关键是要实现乡村治理的法治化。

二

首都北京是一个拥有2000多万常住人口的超大型城市，也是人均GDP突破1.5万美元的高收入城市，2013年北京市农民人均纯收入为18337元，是全国农民人均纯收入8896元的2.06倍。毋庸置疑，经过30多年的改革开放，首都“三农”工作取得了令人瞩目的巨大成就，各项工作走在全国前列。但是，我们一定要居安思危，正视现实，迎接挑战，清醒地认识到首都“三农”发展面临的深层次矛盾和问题，做到未雨绸缪，谋定而后动。

第一，面临资源环境与劳动力双重约束的新挑战。北京作为首都虽然有不可比拟的发展优势，但同时也面临空前的发展压力。一方面，北京面临资源环境的严重约束。北京的生态环境已相当脆弱，人口资源环境压力巨大，可持续发展面临空前的挑战。随着经济的发展，北京的城市规模空前壮大，但长期以GDP为导向的经济发展模式，造成了经济的粗放发展和资源环境的过度消耗。大生产、大消耗、大进、大出、大排放已成为北京经济发展和城市运行的突出特点。北京的大气污染、水污染、水资源严重短缺及城市交通拥堵等“城市病”已相当突出，农产品质量安全令人担忧。蓝天白云、青山秀水、鸟语花香的健康环境以及健康安全的农产品已成为市民的奢望。另一方面，北京面临农业劳动力短缺的严重约束。当前，在北京农业生产诸要素中，最短缺的是农业劳动力要素。北京农业劳动力早已步入从农业劳动力过剩向农业劳动力短缺的“刘易斯拐点”，北京农业人口红利已经消失。据统计，截至2013年年底，全市60岁及以上户籍老年人口为279.3万人，占户籍总人口1316.3万人的21.2%；65岁及以上户籍老年人口为191.8万人，占户籍总人口的14.6%。北京已进入人口老龄化非常严重时期。特别是由于长期以来实行严格的计划生育政策以及大量中青年人口涌入城镇，农业劳动力老龄化问题更加突出。2013年全市耕地总面积为347.53万亩，农业从业人员有55.4万人。据北京市统计局数据，2013 年在 226.8 万人的乡村外来人口中，从事乡村第一、第二、第三产业的外来人口有 156.7 万人，其中居住半年以上且从事第一产业的外来务农人员有 5.7 万人。另据北京市外来人口管理信息中心资料，截至 2012 年 7 月，来京务农的流动人口为 12 万人，外来务农人员已成为北京第一产业从业人员的重要力量。随着农业人口老龄化的不断加速，“谁来种地”已成为北京农业现代化面临的首要现实课题。

第二，面临从“行政郊区”思维向“市场郊区”意识跨越的新挑战。“行政郊区”思维的典型特征是按照行政区划的范围边界，用纵向行政控制的手段发挥政府配置资源的作用，从而压缩市场作用的空间，形成了传统的城乡分割、条块分割、部门分割局面，其产生根源是计划经济体制向市场经济体制转轨的不彻底，主要表现在以下几个方面。一是市场主体不明，价格扭曲。郊区乡村两级集体经济组织，不能获得有效的市场主体地位，政府作为市场主体直接参与到市场竞争中去，扭曲了价格信号机制，形成大量的资源错配，如郊区土地开发过程中形成的土地财政、土地金融等，导致经济发展的一系列结构性问题。二是条块分割，各自为战。按行政系统、行政区划纵向管理经济的地区分割体制，割裂了地区之间的内在横向联系，形成以地方为主的管理体制，不利于区域综合平衡和合理布局。比如把农村城市化简单理解为抓小城镇建设，而郊区小城镇建设发展规划又往往与区域功能定位相脱节，各自为战发展，小城镇之间缺乏专业化分工，产业发展同质化，过度竞争，镇域经济缺乏升级的持续动力。三是服务城市，单向联系。郊区最初是作为城市的“米袋子”和“菜篮子”，承担着农村服务城市的功能，郊区定位也被局限在狭窄的范围之内。树立“市场郊区”意识，就是要打破条块分割的行政区划体制机制障碍，让市场发挥配置资源的决定性作用。

第三，面临从“粮菜农业”向“生态农业”转型的新挑战。京郊农业农地空间承载了首都生态城市、宜居城市、可持续发展城市建设的多项重要功能，这就需要实现从“粮菜农业”向“生态农业”的历史性转型。由于对农业的多种功能认识不清楚，缺乏对农业的有效保护，以往城市发展的过程，就成为农业逐渐被排斥和吞并的过程，郊区建设用地面积和农用地面积增减反方向变化趋势明显，人口、资源、环境不协调发展的问题日益突出。世界上许多国家为摆脱城市畸形发展带来的水泥丛林、柏油沙漠、空气污染严重困境，按照建设有“农”城市、田园城市、生态城市的目标，发挥农业的生产、生活、生态、教育等多种功能，推进农业功能的转型。如法国巴黎大区面积为12011平方公里，而农业用地和林业用地空间分别占49%和23%，总和占72%，超过大区面积的2/3。巴黎大区农业没有局限于服务中心城市的范围，而是充分发挥区域农业资源的优势，同时担负着全国农业区域专业化分工的任务。特别是广阔的绿色空间，控制了城市“摊大饼式”蔓延，发挥了有效的城市绿化隔离带的作用，为城市可持续发展起着重要的环境保护作用。而城市所需鲜活副食品通过四通八达的高速公路由周边地区汇集于超级市场，供应居民的需求。当前，随着首都“城市病”的爆发，农业的生态功能更加凸显，传统农业的生产功能逐渐让位于生态功能，将是首都可持续发展的客观要求。从传统的以“生产性主导”的“三农”工作向以“服务性主导”的“三农”工作转变，是首都农村改革发展的革命性变化。

第四，面临城镇化与逆城镇化共同发展的新挑战。我国正处在城镇化高速发展的时期，但是就北京的城镇化来说，有其自身的特点和趋势。2012年北京城镇化率已高达86.2%，与高收入国家城镇化水平接近，产业结构也与高收入国家基本一致。北京的城镇化已步入成熟时期。当前，北京的城镇化存在三种基本方式的共同发展。首先，人口进城，城镇化继续发展。北京作为首都和经济发达地区，具有强大的聚集效益，始终存在着吸引外来人口以及郊区部分农业人口移入城镇工作生活的城镇化。其次，由于北京特大城市的强大辐射和带动功能，北京郊区的就地城镇化方兴未艾。北京3900多个村庄中，有1200个村已经被纳入城镇区域，将就地实现城镇化。最后，随着北京“城市病”的爆发，过度拥挤的中心城区的人口正在向郊区和周边地区疏解，非首都核心功能也正在向郊区和周边地区转移，这是城市化发展到一定阶段后必然出现的逆城镇化现象。进城城镇化、就地城镇化、逆城镇化三种现象同时在北京存在和发展，这对我们加快调整城乡关系、深化农村集体产权改革、建立健全城乡一体化发展的体制机制，提出了全新的挑战。

第五，面临“大资管时代”农村集体资产管理的新挑战。目前，各种金融机构都已经获得了经营资产管理业务的资格。尤其是近年来，随着余额宝等新型理财产品的出现，依托互联网思维开展小额投资、众筹金融等业务，这使得普通老百姓的散钱、小钱也可通过资产管理实现财富化，让“资产管理”这个以前被认为是有钱人的专属领域开始走向大众化、平民化。在这种形势下，传统的资管业务正在被全新的更加多元化、大众化的“大资管”所取代，我国正迎来“大资管时代”。

“大资管时代”的服务主体更加多元化，服务形式和产品选择更加多样化、人性化，服务对象更加大众化，投资方式更加综合化。“大资管时代”的到来给农村集体资产管理带来了一个前所未有的战略机遇。一方面，激烈的市场竞争迫使更多的金融机构放低身段，面向农民提供资管服务，使得很多原本不向农民开放的资管服务领域向农民敞开大门。另一方面，随着互联网金融的加入，农民的选择增多，使得农民在与资管机构进行协商博弈时更加主动，有利于为集体资产的管理争取更高的预期收益和更加完善的服务保障。这些都为破解集体资产经营管理困境、维护和实现农民财产权利、探索农村集体经济有效实现形式提供了可能。然而，在“大资管时代”，整个市场内部的差异将更加显著，整体风险将大幅增加，通过科学的决策和产品组合来实现风险管控的难度将进一步加大，而农民对此显然是力不从心的。要解决这个问题，抓住“大资管”带来的战略机遇，就必须要依靠专业的机构，借助专业机构的市场能力来弥补农民自身的能力不足，而这就必然需要通过市场化的方式，建立农村集体资产管理的委托代理结构。

三

在新的发展形势和挑战下，我们必须以改革精神和法治思维，认真做好 2015 年京郊农村改革的重点工作。

第一，围绕“生态文明建设”这个根本，加快转变农村经济发展方式。生态文明是人类为建设美好生态环境而取得的物质成果、精神成果和制度成果的总和。长期以来，我们在追求经济发展时，忽视生态环境这个变量，认为生态环境永远是给定的。但随着生态环境的恶化，人们认识到，破坏生态环境，就破坏了人们赖以生存的家园，就破坏了人类自身的健康生活。因而建设生态文明是我们建设其他所有文明的基础和保障。建设生态文明，需要我们超越和扬弃粗放型的经济发展方式和不合理的消费模式，坚持走生产发展、生活富裕、生态良好的文明发展之路。建设生态文明，实质上就是要建设以资源环境承载力为基础、以自然规律为准则、以可持续发展为目标的资源节约型、环境友好型社会。首先，要树立和弘扬生态文明理念。要坚定地走生态文明发展之路，实现可持续发展和永续发展。其次，加快转变农村经济发展方式，大力发展绿色经济、循环经济和低碳技术，发展生态农业、节水农业，形成资源节约、环境友好的产业结构、生产方式和消费模式。最后，切实改变以GDP为导向的传统经济发展评价方式，建立以生态文明为导向的区县经济发展评价新方式。

第二，围绕“京津冀协同发展”这个战略，全面拓展“三农”工作的新视野。京津冀协同发展是习总书记亲自推动的重大国家战略。北京、天津、河北人口加起来有1亿多，土地面积有21.6万平方公里，京津冀地缘相接、人缘相亲，地域一体、文化一脉，历史渊源深厚、交往半径相宜，完全能够相互融合、协同发展。北京要解决遇到的突出问题，必须纳入京津冀这个战略空间加以考量；北京要成为国际一流的和谐宜居城市，必须走京津冀协同发展之路。解决首都的“三农”问题，推进首都农村改革，必须与京津冀协同发展这个大战略结合起来。首先，北京的农业现代化要与京津冀协同发展相结合。要跳出“一亩三分地”的传统视野，从大区域发展视角，加快建设京津冀都市现代农业圈，拓展都市农业发展空间。其次，北京的新农村建设要与京津冀协同发展相结合。要使北京的农村既成为北京本地农民的宜居之地，也是京津冀三地居民共同的观光休闲之处；既是首都发展的战略空间，也是京津冀协同发展的战略地带。最后，北京的农民增收致富要与京津冀协同发展相结合。一方面，北京的新型职业农民队伍建设要面向京津冀三地，另一方面，京郊新型职业农民要利用自身的资金、技术和信息等优势，加强与津冀特别是与河北省农民的联系与合作，实现合作共赢。当前，迫切需要解放思想、转变观念、拓展思路、凝聚共识，加强京津冀协同发展背景中首都“三农”研究，推动京津冀协同发展中的农村改革发展。

第三，围绕“新三起来”这个目标，积极推进农村改革试点工作。“新三起来”是首都农村改革的重要目标和抓手，我们要继续围绕推进“新三起来”这个目标，全面深化农村改革，切实把提高土地产出率、资产收益率和劳动生产率作为推进“新三起来”成效的基本标准，按照归属清晰、权能完整、流转顺畅、保护严格的农村集体产权制度要求，继续深化集体产权制度改革，积极探索集体所有制的有效实现形式，明确集体经济组织的市场主体地位，不断壮大集体经济实力，不断增加农民的财产性收入。一是要保障农民集体经济组织成员的权利。进一步明确界定农村集体经济组织成员身份的具体办法，建立健全集体经济组织成员登记备案机制，依法保障集体经济组织成员享有的土地承包经营权、宅基地使用权、集体收益分配权，落实好农民对集体经济活动的民主管理权利。二是要积极发展多种形式的农民股份合作。对于土地等资源性资产，重点是抓紧抓实土地承包经营权确权登记颁证工作，探索发展土地股份合作等多种形式。对于经营性资产，重点是明晰集体产权归属，探索发展农民股份合作。对于非经营性资产，重点是探索集体统一运营管理的有效机制，探索发展股份合作的不同形式和途径。三是赋予农民对集体资产股份占有、收益、有偿退出及抵押、担保、继承权。要根据不同权能分类实施，积极开展赋予农民对集体资产股份占有权、收益权、退出权、继承权试点，开展赋予农民对集体资产股份的抵押权、担保权试点工作。四是要充分利用推进乡镇统筹利用集体经营性建设用地试点工作取得的成果，积极探索和推进乡镇级集体产权制度改革工作，推进集体经营性建设用地乡镇统筹集约高效利用的体制机制。五是探索农村集体资金、资产、资源高效经营的模式，鼓励和支持新型集体经济组织利用资金、资产和资源，以入股、合作、租赁、专业承包等形式，开展多形式、多途径的经营。六是坚持农村集体土地所有权、承包权、经营权三权分置，引导土地经营权有序流转，推进土地适度规模经营，促进都市型现代农业发展。按照中央的文件要求，进一步加强农村经营管理体系建设和土地流转服务体系建设。七是深入探讨农民专业合作社的有效组织形式，认真研究财政支农项目和农业类补贴项目的方向、实施和效益，提出进一步增强效益的政策建议。

第四，围绕“大资管时代”这个背景，全面加强农村集体资产管理。

充分抓住“大资管时代”的战略机遇，推动农村集体资产管理的市场化进程，正确认识和积极引入金融手段。首先，金融不只是条件，更是机制。金融既可以为土地经营提供必要的发展条件，更可以为分离土地三权、理清土地权属关系、规范利益分配、建立基础信用、推动农村土地市场化经营等提供可操作的机制。其次，金融不只是要素，更是平台。金融不仅仅可以为土地经营领域提供必要的资金，更可以通过金融机制，对接城市要素市场，使城乡间的资源要素可以有效对接和正常流动，为农村补充急需的发展要素、为发现农村土地的市场价值提供真正公平的平台。最后，金融不只是工具，更是路径。金融不仅仅是引入资金要素的工具，更是农村土地依法合规地跨越二元鸿沟、进入城乡市场的路径和桥梁。在“大资管”背景下，推动农村集体资产管理的市场化进程，一是要完善集体资产内部法人治理结构。要在基本完成村级集体产权制度改革的基础上，按照“归属清晰、权责明确、流转顺畅、保护严格”的现代产权制度要求，从实际出发，深化改革、完善并推动落实包括财务管理、合同管理、民主决策、民主监督、奖惩激励等各项制度，进一步规范集体经济组织的内部法人治理结构。要总结门头沟等地的经验，结合各地实际，积极有序推进乡级集体产权改革。要创新思路，探索“政经分离”的科学方式，逐步实现社务和村务分开、资产和人事分离，以达到现代法人治理结构的基本要求。二是要推动资产管理的信托化和委托化。要在充分尊重农村基本经济制度和农民意愿的前提下，以集体经济组织为主体，通过将集体资产托管给专业的机构管理，借助金融等市场工具，建立委托代理结构，分离资产所有权和经营权，推动农村集体资产管理的信托化和委托化，利用专业机构的市场能力优势弥补农民自身的能力不足，从而用市场化的方式实现在“大资管”背景下有效抓住机遇、全民提高农村资产管理水平的目标。三是要通过资产证券化跨越二元体制的鸿沟。要在推动农村集体资产信托化和委托化的基础上，进一步推进农村集体资产证券化进程，即以集体资产信托化、委托化为基础，按照金融监管部门的要求，借助资产证券化通道，依照规范的程序，对农村集体资产进行标准化改造，将一定期限内的农村集体资源、资产的经营收益权转化为符合金融市场要求的有价金融票据，通过相应的金融市场向社会发售，从而合法地跨越二元制度鸿沟，用市场的方式最大限度地发现集体资产价值，促进集体经济全面发展壮大，更加有效地维护和实现农民的财产权利。

第五，围绕“集体资产审计年”这个主题，进一步做好农经基础性工作。经过认真研究和讨论，我们将2015年确定为“集体资产审计年”，以进一步完善审计制度，发现审计漏洞，提升审计效果。同时，要以此为主题进一步夯实全市农经工作基础，建立健全各项管理制度，抓好制度落实。一是要从审计入手，切实加强对集体资产的监督和管理。要组织各区县重点对土地补偿费、涉农财政补助资金，以及资产规模较大、收入较高的集体经济组织及其企事业单位进行专项审计。全面推行集体财务经常性审计制度。加强干部任期和离任经济责任审计。加大集体经济合同、债权债务管理、集体对外投资、涉农财政资金等专项审计工作力度。同时，要建立全市合同清理台账，针对已清理出的问题合同，两年内完成50%以上的整改任务，并对集体经济合同的清理整改工作进行全面检查。进一步提高农村集体资产监管平台的应用水平，继续完善市、区县、乡镇、村四级网络监管体系。抓好农村产权交易市场建设，推动集体资产的公开、公平、公正交易。二是要从实际出发，切实加强对集体财务的规范化建设。进一步完善村级委托代理服务制度，健全乡镇、村两级制衡监督机制；支持、引导有条件的地方实行农村集体资金、资产、资源的全面委托代理服务，逐步形成资金代管、资产监管、资源协管的农村“三资”管理模式；建立健全农村财务管理制度，尽快出台土地征占款、财政支农资金、大型建设项目、产权交易等各项管理规定。同时，要充分发挥农民群众的主体作用和监督作用。要通过建立完善集体经济组织的运行机制和现代法人治理结构，不断提高民主决策、民主监督的水平，完善财务公开的内容，维护好、实现好农民对集体资产管理的知情权、参与权、决策权和监督权，提高内部监督效果。三是要从机制入手，切实加强集体资产监管体系建设。在市级层面，要着力在转变职能和强化监督上下功夫。围绕夯实集体资产行政监管的法律基础，切实推动农村集体资产监管相关法律法规的修订完善，进一步明确经管部门对农村集体资产监管的职责和权力，从制度上保证经管部门能够依法履职、有效监管，确保集体经济规范运行。在区县层面，要着力在推动借鉴海淀区率先成立“农资委”改革试点上下功夫。引导各区县学习借鉴海淀区全面加强农村集体资产外部监督管理工作经验，结合本地实际，尽快建立健全农村集体资产管理监督联席会议制度，并切实发挥农经部门的核心职能作用，强化对农村集体经济的监督职能。在乡村层面，要着力在完善治理结构和队伍建设上下功夫。推进“政经分开”“政社分离”试点工作，改善乡村治理结构，理顺党支部、村委会、经济合作社、村转居社区关系，实现共融分治。乡镇经管部门要进一步充实经管部门的工作力量，抽调和配备专人，进一步强化对集体经济组织的外部监督管理。

第六，围绕“依法履职”这个要求，切实加强农村经管法治建设。在全面推进依法治国、建设法治中国的大背景下，我们必须全面树立宪法法律权威，坚持以法治思维和法治方式深化农村改革、推动农村发展、维护农民权益。我们全市经管干部必须做好各项基础性工作，加强经管队伍自身建设，通过“强内功，硬作风”，在深化农村改革、推动“新三起来”工作中起到中流砥柱的重要作用。根据中央推进农村改革发展和深化行政管理体制改革的总体部署，我们要建立健全“系统完整、责权统一、运转顺畅、充满活力”的农村经管体系。按照发扬“敢于负责、敢于碰硬、敢于创新”的精神，加强农村经管队伍建设，提高全市农村经管队伍服务大局的意识。在全面深化改革和全面推进依法治国的新形势下，全市农村经管干部要进一步按照“依法履职，服务大局，爱岗敬业，当好管家”的总体要求，形成主动学习、研究和思考改革的良好氛围，解放思想，改革创新。要树立效率意识，立足岗位实际，以提高工作效能为目标，大胆创新依法履职的思路，提高依法履职的能力。要强化农经干部的培训，将法治观念和法治精神作为培训的重要内容，切实制定培训规划，创新培训方式，提高培训实效。要继续健全内部管理制度，推进农村经管治理体系和治理能力的现代化。

还权扩能：新常态下农村集体产权制度改革的方向*

——2014年中国城郊经济研究会暨北京市城郊经济研究会年会综述

邢成举　张英洪

为深入学习贯彻党的十八届三中、四中全会精神，推进新型城镇化建设和农村集体产权制度改革，维护和发展农民权益，2014年12月14日，中国城郊经济研究会及北京市城郊经济研究会2014年年会在北京同步举行。中国城郊经济研究会年会主题是2014新型城镇化建设暨全国城郊年会，北京市城郊经济研究会年会主题是2014农村集体产权制度改革暨北京城郊会经济年会。年会围绕新型城镇化中的土地问题、农村集体产权制度改革新探索案例、农村“三块地一块产”改革理论与实践议题进行了研讨。

在年会上，韩俊、尹成杰、黄延信、姚红、郭光磊等领导和专家就农村集体产权制度改革的意义、新型城镇化中的土地制度改革、推进农村集体产权制度改革的基本方针与政策、物权法角度的农村集体产权制度改革、农村集体产权制度改革的地方实践案例等进行了专题讨论和深入交流，形成了一系列具有启发的观点和见解。现特将年会相关观点综述如下。

---

* 原载北京市农村经济研究中心《调查研究报告》，2014年12月30日，第40期（总第156期）。

一　充分认识农村集体产权制度改革的重大意义

针对近来中央一系列有关农村集体产权改革的精神，与会者认为集体产权制度改革将开启农村改革的新篇章。

中央财经领导小组办公室副主任、中央农村工作领导小组办公室副主任韩俊表示，农村集体产权制度改革关系到农民的切身利益，关系到农村基本经营制度的未来方向。党的十八届三中全会以来，农村改革在把握方向基础上，步伐不断加快，各项改革制度在紧锣密鼓地制定和出台。在十八届三中全会制定的改革措施里面，全部336项改革措施当中，跟农村有关的大约有50条，而农村改革内容的焦点是农村集体产权制度改革。但农村集体产权制度改革不能有方向性的失误，不能犯颠覆性的错误。集体产权制度改革是理论与实践、政策与改革创新融合的一个重要领域，通过该项工作，可以深化理论研究，加强法律体系的建设。

农业部农村经营管理司副司长黄延信认为，农村集体产权制度改革具有四方面的意义：一是落实党的十七大、十八大精神，建立城乡一体化发展的体制机制、促进城乡要素自由交换的需要；二是促进农民增收的需要，集体产权改革有利于增加农民的财产性收入；三是集体产权制度改革有利于维护我们党的执政基础；四是维护社会稳定的需要。据2013年国家信访局统计，与集体产权相关的信访事件占全部涉农信访事件的23%，这样的信访形势也要求我们抓紧进行集体产权改革。

二　农村集体产权改革需要关注的重大问题

中央财经领导小组办公室副主任、中央农村工作领导小组办公室副主任韩俊认为，农村集体产权要关注六个问题。一是要明晰农村集体产权的主体。《物权法》将农民的土地承包经营权界定为用益物权，其关于农村集体产权主体界定最重要的话是“农民集体所有的不动产和动产，属于本集体成员集体所有”。这是非常重大的法律表述。《物权法》就是试图通过引入成员权来解释集体产权所有的主体问题。沿着《物权法》的思路，用成员权来对我们的集体产权制度进行解释和改革，改革才可能找到一条新路。二是推动确权扩能，还权于民。农村集体产权制度改革的核心是确权赋能或者确权扩能、还权于民。广东、上海、北京等地的实践表明，确权扩能、还权于民，是基层的强烈呼声，也是大家对农村集体产权制度改革的一个最重要期盼。确权扩能就要认真研究农村土地在过去两权分离的基础上进行三权分置，同时坚持土地的集体所有，这是确权扩能的重要原则。既然国有土地使用权可以被企业用来抵押和贷款，那么农村集体土地也可以实现抵押，农村土地经营权并非债权。经营权和承包权分开与否要尊重农民的意愿，不能强迫命令。三是农村集体产权制度改革中的政经分离要因地制宜。全国仍有不少的村庄拥有集体经济组织，北京和苏州的集体经济组织比较健全，全国多数地方的农村集体经济组织的负责人同时也是村支部书记或村委会主任。目前，没有必要在全国范围内要求政经分开，但在发达地区确有必要。在苏州枫桥，政经分开以后，社区的管理费用和社区各种公共福利都由财政提供，这减轻了农民村级股份合作组织的负担，农民的集体资产收益也得以保障。四是集体经济要兼顾开放性与封闭性。集体经济产权制度在市场经济条件下，不能故步自封，而是要积极开放。这里面重要的话题就是退出权，即农民是不是可以从社区集体经济组织里面退出承包权。从现实来看，集体股权是可以退出的，但是要防止股权退出后反悔的情况出现。村民所拥有股权，要退出的话，只能交给集体，不能让外来资本控制集体经济组织。集体产权的开放要坚守两条底线：第一是防止内部人支配、侵占集体资产，第二是防止外部人控制侵吞集体资产。五是集体经济发展需要税费政策优惠。集体经济产权制度改革以后，农民分红面临税费收缴问题，这影响了集体产权改革的群众基础。在农村集体产权制度改革的过程当中，需要给集体经济一些税收优惠政策。六是集体经营性建设用地改革要为农村集体经济发展保留空间。在新型城镇化的过程中，集体经济发展面临重要机遇，但前提是城市发展与规划要尽可能地少征收集体土地，要为集体经济的发展留下足够的空间。给集体预留发展用地，让集体建设不动产的租赁物业，是发展集体经济较稳定的一种方式。征地要给集体留下会下蛋的鸡而不是鸡蛋。

农业部农村经营管理司副司长黄延信认为，农村集体产权制度改革需要关注六个问题。一是集体产权改革的范围应该包括所有的集体资产，尤其是土地。二是集体产权改革的前提是清产核资，理清债权债务，确定集体成员。成员的确定一定要处理好村民委员会与村集体经济组织的关系，成员的确定要有法律依据，也要符合实践要求。三是集体资产确权要到个人，是否保留集体股由集体成员共同确定，制度设计只能保证起点公平，而不能保证结果公平。四是集体经济的实现形式是多样的，集体所有制只是其中一种形式，股份合作制可能是农村集体经济的主要实现形式。五是发展集体经济的关键是要对集体资产赋能，要赋予集体产权的处置权、转让权，让农民享受更多的财产权利。六是集体产权制度改革需要立法跟进，涉及农民财产权利的法律法规要修改。

中国城郊经济研究会副会长、北京市农村经济研究中心主任、北京市城郊经济研究会会长郭光磊认为，现阶段集体资产改革面临五方面的现实问题，而改革要有针对性地解决这些问题。一是农村集体经济组织的市场化、专业化程度和市场化能力不够。二是集体经济组织的内部治理结构不完善，政社不分，产权不清晰，权责不明。三是内部监督和外部监督的失灵，内部监督机制缺失或落后，外部监督不是过度就是放手不管。四是二元体制造成了很多农村资产无法实现它的内在价值，无法进入市场。在二元体制下，农村资源进入市场面临制度障碍，以土地为核心的农村资源在开发利用方面受到严格的限制。五是政府部门利益和条块分割阻碍了农村集体资产市场价值实现。当前，农村集体资产管理存在明显的条块分割，结果是农村资产的流动性差、经营效益差，集体资产的跨区域整合和统筹使用难以实现，其市场化监督难以实行。

三　积极稳妥推进新常态下的新型城镇化

全国人大农业与农村工作委员会原副主任尹成杰认为，当前城镇化存在的主要问题有六点：一是土地的城镇化与人的城镇化不匹配，二是耕地的数量下降，三是谁来种地、怎么种地的问题突出，四是农村建设用地存在着规模大、布局散、利用率低的问题，五是部分地方对土地财政依赖严重，六是农村土地征占利益分配不公，损害农民权益。积极稳妥推进新常态下的新型城镇化，关键是要推动以人为核心的城镇化，推进大中小城市和小城镇协调发展，促进城镇化和新农村建设的协调推进。

尹成杰指出，推进新型城镇化，必须大力转变城镇化的发展方式。转变城镇化发展方式应做到几个坚持。一是坚持以人为本。有序推进转移人口市民化，推进城市的公共服务向常住人口的全覆盖。二是坚持“四化”同步。推动“四化”深度融合，良性互动，协调发展，中小城市的发展和新农村的建设统一制定规划，统一部署实施。三是坚持优化布局、集约高效。构建科学合理的城镇化布局与结构，严格控制城市建设用地规模，保护好基本农田和永久农田；注重发展特色城镇，走就地城镇化的道路。四是坚持生态文明。要大力推进城镇绿色发展、低碳发展，特别要节约集约用地，节约能源和利用新型能源。五是坚持文化的传承，保持乡村传统的文化特色。城镇化要把传统文明和现代文明建设有机地结合起来，要为文化传承、历史记忆和民族风情的发展提供一个空间。六是坚持市场导向。要让市场来决定城镇化发展的速度和城镇化的结构和模式，发挥政府的辅助作用。

推进新型城镇化，必须深化土地制度改革。一是要建立城镇用地规模结构的调控机制；二是实行增量供给与存量挖潜相结合的土地供给政策；三是要建设完善集约、节约用地制度，严格耕地保护，严格集约节约用地；四是推进农村土地的管理制度改革，落实农村土地确权办证工作，依法有序推进农村土地经营权流转，严格农村宅基地审批制度；五是要深化征地制度改革，缩小征地范围，规范征地的程序，完善被征地农民的多元保障机制；六是充分利用土地确权成果，明晰城乡边界，促进城镇化发展。

四　农村集体产权制度改革要树立法治思维

全国人大常委会法制工作委员会民法室主任姚红针对集体产权改革理论与实践的脱节，强调从《物权法》角度，以法治思维和法治方式深化农村集体产权制度改革。

一方面要把握现行法律对集体产权的相关规定。《物权法》规定，农村土地的所有权归本集体经济组织成员集体所有，但谁是集体经济组织成员，法律并没有界定。《物权法》规定的土地承包经营权即包括农用地、林地、四荒地，而《土地管理法》将四荒地纳入了未利用地。《物权法》规定的建设用地使用权实际上不包括农村建设用地，对于农村建设用地的规定是在宅基地使用权当中规定的。关于农民土地方面的权利，以下四点需要注意。首先，土地承包，分为家庭承包和其他方式承包，家庭承包是以集体经济组织成员权界定。而四荒地是可以通过招标拍卖挂牌的方式去取得承包权。家庭承包土地的流转方式为转包、出租、转让，且只能在本集体经济组织内部进行；而其他方式承包，如四荒地的承包是允许集体经济组织以外成员的。其次，《物权法》规定了农村建设用地可以被纳入抵押财产，而同时明确规定宅基地是不可以抵押的，而四荒地则被列入可抵押财产范围。法律关于建设用地使用权的规定是有矛盾的。再次，《物权法》对宅基地使用权转让做了原则性的规定，即宅基地使用权的转让依照有关法律和国家规定进行，为该权利的转让留下了适当空间，为改革留下了余地。最后，《物权法》关于家庭承包经营权和宅基地使用权转让的严格限制，基于农村土地承担着三项基本保障功能，一是粮食安全的保障，二是农民的基本生存保障，三是社会稳定的保障。

另一方面要关注新形势下的法律改进和完善。现在中央关于土地制度改革的精神需要突破《物权法》的限制，对于中央的文件精神，我们怎么落实到法律中去，在完善法律中需要把握几个问题。首先，要认清经营权到底是什么。家庭承包经营权只有在拥有者具有稳定的非农职业和收入后，才允许转让，且转让只能在本集体经济组织内部进行，现在土地承包经营权进行了承包权和经营权分离，意义何在？就是要把经营权转让给集体经济组织以外的人去经营。这是对《物权法》的突破。其次，要明确允许向金融机构抵押的承包地是家庭承包地还是四荒地。按照改革的思路，承包地抵押要拓展到家庭承包地，如果拓展到家庭承包地，农民抵押土地无法还贷时，金融机构就会变现这块土地。如果在集体经济组织内部变现，价格可能不会高，但是如果变现到集体经济组织外面则可能导致土地性质的改变。中央明确规定，承包农地的基本性质不能变，即仍要坚持集体所有。此外，若家庭承包的土地最后都没了，农民怎么生存和发展？从保护农民权益和保持农村发展的角度，我们也要慎重考虑承包地抵押的问题。再次，要把握宅基地在什么情况下可以抵押转让。宅基地关乎农民基本生存，中央已明确规定不允许以退出宅基地为城市落户的条件。中央强调积极稳妥推进农民住房财产权的抵押和转让，就是让我们充分考虑该权利实现所具备的条件以及可能带来的后果。最后，要区分租赁关系是物权关系还是债权关系。现在很多人在农村租用土地，这种租赁土地是物权关系还是债权关系？如果是债权关系，它必然不是很稳定，因为《合同法》明确规定租赁最长期限为20年。如果按照债权关系来处理土地租赁的话，对租赁关系保护力度还不够，法律上要思考怎么做相应的调整。

中国城郊经济研究会副会长、中国土地勘测规划院原院长黄小虎认为，从法律制度上承认农村集体建设用地与国有建设用地具有平等的地位和权利，是城乡统一建设用地市场的关键。集体建设用地如果能够按照同地同权同价的原则在金融市场上交易，并由政府按照统一的市场规则进行管理，那么农村建设用地的价值就会更充分地显现。建立城乡统一的建设用地市场，需要注意以下九个方面。第一，抓紧修改《土地管理法》等相关法律。第二，研究设定公有制条件下的土地产权体系。第三，积极推进国家规划体系和规划体制改革。第四，积极探索规范集体建设用地市场的管理办法。第五，要考虑征收地产税，包括不动产税和财产税。第六，探索基础设施建设吸收社会资金参与的办法。第七，应该考虑建立土地开发权及其转移、补偿和交易制度。第八，大力推进农村基层治理结构改善。第九，开放集体建设用地进入市场应当区别对待、分步推进。

五　农村集体产权制度改革的实践探索

在推动农村集体产权改革的过程中，全国各地都涌现出了不少具有创新性且与地方实际紧密结合的推动集体产权改革的实践和案例，这些案例中包含地方干部的智慧和农民的首创精神，值得总结吸收。

中国城郊经济研究会副会长、北京市农村经济研究中心主任、北京市城郊经济研究会会长郭光磊指出，北京市基本完成了村级集体产权制度改革的任务，北京农村集体产权改革的经验就是首先确定集体经济组织成员，而后将集体产权界定给成员，经过努力，北京最终确定了320万集体经济组织成员。成员界定清楚了，农村集体产权主体才不会模糊。同时郭光磊主任强调，要充分认识金融对于集体产权改革的价值。第一，金融是条件，更是机制。金融可为土地经营提供必要条件，更可为土地权属关系、协调利益建立基础信用平台。第二，金融是要素，也是平台。金融能为土地和资产经营提供必要资金，且可以通过金融机制对接城市要素市场，为发现集体资源的市场价值提供平台。第三，金融是工具，且是路径。金融不仅是引入资金要素的工具，而且更是农村集体资产实现市场价值的路径。在金融改革的背景下推进农村集体资产改革，首先，要完善资产集体经济组织的内部治理结构，形成归属清晰、责权明确、保护严格、流转顺畅的现代法人治理结构。其次，要推动资产管理的委托化，实现所有权经营权的分离。最后，要通过农村集体资产证券化将一定期限内的农村集体资产资源和集体资产经营收益转化为符合金融市场要求的有价金融票据，通过金融市场向社会发售。

中国城郊经济研究会副会长、上海市农村工作委员会原副主任张贵龙介绍了上海推进集体产权制度改革的实践，主要有四方面的内容。第一，贯彻落实中央精神，推进集体产权改革。上海市进一步加强了对农村产权制度改革的情况调查，重点从政策保障、典型引导和措施落实方面推动产权制度改革。第二，突破思想认识瓶颈，推动集体产权制度改革。改革涉及重大利益结构的调整，为了进行改革发动，不仅讲了改革的必要性和重要性，而且分析了改革的艰巨性和复杂性。第三，坚持六项基本原则，推进产权制度改革，即坚持发展、群众得实惠、尊重农民意愿、因地制宜和公开透明的六原则。第四，建立健全四项机制，推进产权制度改革，即建立“一把手”负责机制，建立工作“倒逼”的动力机制，建立产权改革领导小组联动机制，实行工作考核机制。

浙江省农村工作办公室副主任邵峰对农村集体产权制度改革进行了法理分析。他认为新型集体产权制度改革的最大问题是集体所有权不好流动，用益物权有局限性，只能在本集体产权组织流动，无法在市场条件下自由流动，集体资产的市场化还不顺利。产权制度改革的核心是，既要保障集体产权顺畅的流转交易，又要保障农民集体经济产权的权益，处理好这些问题，产权制度改革才算到位。据《物权法》的规定，所有权可以分离出用益物权，所有权也可以被分离为占有权、使用权、收益权、处分权，这种分离出现了若干可以流动的权能，这就使得集体产权的改革拥有了市场化的流通渠道。权能的流动使集体产权可以形成交易市场并建立交易规则，而这种权能流动也需要依法合规地进行。

广东省经济发展研究中心原副主任王利文介绍了新型城镇化中的基层治理机制，他认为基层治理机制存在的问题是：乡村治理模式缺乏顶层设计，“政经合一”的体制不适应新的要求；农民权益无法得到有效保护，农民不愿进城；非户籍人口无法有效参与社区管理；对集体经济组织的监管不足；农村社区公共服务严重滞后。解决这些问题需要推动以“政经分离”为核心的基层治理机制改革：第一，党政合一，政经分离；第二，要改革产权，监管“三资”；第三，土地确权，加强土地流转；第四，完善公共服务供给，创新社区管理。

六　农村集体“三块地一块产”的改革实践

苏州市委农村工作办公室副主任顾杰介绍说，苏州市农村集体产权制度改革源于四个基本动因：农村社区集体资产产权不明和管理不民主，农民增收缓慢，农村矛盾突出；农村集体产权存在形态、经营方式、集体经济组织成员的就业和生活方式倒逼村级集体产权进行改革。苏州市农村集体产权制度改革采用了三种模式：“金星”模式是保留一部分集体股，同时还设立干部岗位股，股权结构开放，3～5 年调整 1 次；“平江”模式是除户籍在册的人员享受资格股权外，还设置了农龄股，股权量化彻底，全部确权到个人，股权可继承，但不增不减；“枫桥”模式是除设置成员资格股和农龄股外，实行政社分离和政经分离，经济合作社向现代企业的转型进程加快。他希望关注的问题是：要严格改革的操作程序，做好集体经济组织成员的界定工作，建立体现公平正义的集体经济收益分配机制，在城镇化进程中做好农民权益的保护工作，探索政经分离的路径和方法。

广西壮族自治区政府发展研究中心的副巡视员邹荣林介绍了广西土地经营制度方面的创新经验，即“田种一块，地种一垄”的铁耕模式。铁耕模式的实质就是通过依托农业发展项目，对土地进行平整和合并，在保持家庭承包经营体制不变的情况下，由村集体将农户的承包地进行充分调整和发包，农户从原来耕种多块小面积田地变为耕种大块的平整田地。铁耕模式既坚持了家庭承包经营体制，又实现了一家一户的土地规模经营；既实现了耕者能种田，又保证了耕地流转者的经营权与收益权，为实现农业机械化、现代化奠定了坚实基础。铁耕模式的经验是：结合产业发展目标，制定鼓励政策；大力宣传积极动员，做好群众的思想动员工作；坚持公平公正的原则，保障农民原有的承包权益；整合多部门资金，打造现代农业生产区。

河南省济源市副市长孔庆贺介绍了济源市农村集体产权制度改革的实践与探索。济源市推进农村集体产权改革的总体思路可以概括为“六权两股两改两建”。“六权”就是集体土地使用权、土地承包经营权、集体建设用地使用权、宅基地使用权、房屋所有权、小型农田水利所有权的确权；“两股”就是推行农村集体资产的股份化改制和农村土地的股份化经营；“两改”是改革村级治理体制，改革农村集体土地使用制度；“两建”就是建立农村新型合作经济组织，建立农村产权交易市场平台。其具体做法是：规范操作程序，坚持问题导向推进工作，集体产权改革尊重农民意愿，做好试点示范工作。为了进一步推动农村集体产权改革，将要开展的工作是：加快培育农村产权评估体系，健全完善农村产权管理服务信息系统，探索农村产权抵押融资新路径，不断完善农村产权交易平台。

广东省东莞市委农村工作办公室副主任尹国强介绍了东莞市完善农村集体资产管理体系促进集体资产保值增值的做法与经验，即健全一套机构，建设两个平台，建立六项机制。东莞市在市级成立了农村集体资产管理办公室，推动集体资产管理一体化。该市建立了阳光透明的集体资产交易平台和全程实时监控的“三资”监管平台，两个平台推动了集体资产管理的透明化。最后是建立六项机制，推动集体资产管理的规范化，即民主理财、财务监管、审计监督、审查监控、统计监测与责任追求的机制。通过这些工作，东莞农村集体资产管理实现了增值和保值，同时也促进了社会和谐。

山东淄博东源实业总公司总经理耿庆睦以公司改革过程为例，重点谈了集体资产改革过程中面临的困境并提醒我们关注集体资产保护。该公司集体资产改革过程中面临的主要问题有以下几个方面。第一，城镇集体所有制导致东源公司的产权归属不清，使集体资产大量流失和大量归属纠纷发生。第二，集体资产受到肆意侵占，无法得到有效保护。地方政府、行政执法机构、不法企业和开发商等，容易对集体资产产生侵占，而这类侵占行为，东源公司在很多情况下都难以处理。第三，城镇集体企业的职工社会保障权益受到长期损害。城镇集体企业被视为村庄企业，导致职工应该享受的社会保障权利难以实现。在集体产权不明显、现代法人治理结构不健全的情况下，集体经济的发展将面临多重困境，集体资产改革必须依法有序进行。

【下卷】

赋权富民

张英洪自选集（2012~2016）

GIVE RIGHTS TO
ENRICH THE PEASANTS
A Collection of Zhang Yinghong's Works (2012-2016) Vol.2

张英洪　著

社会科学文献出版社
SOCIAL SCIENCES ACADEMIC PRESS (CHINA)

目　录

·上　卷·

▶ 2012 年

▶ 2013 年

▶ **2014 年**

·下 卷·

▶ 2015年

▶ 2016 年

2015 年

城镇化要重拾乡村文化价值*

张英洪

农村文明和城市文明相互依存、功能互补。在城镇化和全面建成小康社会的历史进程中重新拾取乡村文明，不仅是应然之义，而且是不能回避的路径选择。

“浩浩汤汤何日现，葱茏不见梦难圆”，在城市化的进程中如何认识并利用乡村价值不仅是当前整个社会的乡愁关怀，而且是城镇化和全面建成小康社会不能回避的核心问题。农村文明和城市文明不在高下之分，而是相互依存的、功能互补的关系。城市文明是农村文明孕育出来的文明，城市文明的根在乡村。所以既不能把城市文明凌驾于乡村之上，也不能把乡村文明凌驾于城市文明之上，两种文明要相互取长补短。

随着工业化进程的加快和人口增长，中国城镇化的进程正加速推进。然而，城镇化也对乡村文明造成了难以挽回的改变。工业化和城市生活垃圾对乡村生态环境造成破坏；过量农药化肥的使用和工业添加剂对农产品质量安全构成威胁；迁徙流动对家庭结构和家庭伦理的影响不容忽视；几千年的乡村居住方式和传统习俗在集中上楼的大背景下正消失于无形；传统熟人社会的社会格局面临肢解。

城市化、现代化对乡村文明价值造成的破坏是因为城市文明、工业文明标签化地高于乡村文化，在城乡变革过程中缺少自下而上的基于农民主体的考虑，在实践中以工业化和城镇化为主导的导向，忽视了乡村文明对

---

* 原载《农民日报》2015 年 1 月 29 日。

未来整个社会的巨大价值贡献。

实际上，乡村文明的作用不仅体现在传统乡土中国，而且也必将在未来的城乡格局中发挥重要作用，有必要重新认识乡村价值，并把乡村文明价值与城镇化进程相结合。乡村文明对社会的价值至少体现在生产、生活、生命、生态、文化和旅游等六大方面。乡村是农业生产的主要空间和载体。农业生产是人类生存和发展的基础。我们不能住在几十层楼上，就忽视楼底基座的价值。我们可以不要手机、不要豪车，但不能没有粮食。人类从乡村走来，乡村孕育了人类的真正家园。即使进入了城市社会后，仍有很大比例的人口居住生活在乡村。乡村是大自然为人类修建的生命乐园。作为第一产业的农业，不仅生产人们赖以生存的粮食，而且也提供给人们须臾不可离的生态环境。中国几千年的农耕文明，蕴含着尊重自然、敬畏自然、追求天人合一的生态文明。重新认识并保护乡村的生态价值是新的时代课题。“竹篱茅舍风光好，高楼大厦总不如”，乡村文化中更多的是自然、情感和纯朴，更具有生命的自然感和归属感。乡村休闲观光旅游是一种回归自然的旅游，是一种天人合一的旅游，是一种接地气、净化心灵的旅游。

然而，城镇化不是“亲乡村”的发展过程，不会自然而然地、恰如其分地汲取乡村文明的长处，需要转变观念，不能以城市的观念去改变农村，以城市的观念消灭、取代农村。必须树立城市文明与农村文明具有同等价值的观念，尊重农民意愿和选择，不强行改变乡村生活形态。除了要改变观念，还需要约束权力、公权的随意性（尤其是城镇化占主导地位背景下的公权）。此外，工商资本的下乡逐利，在给农业生产带来现代生产要素的同时，也对乡村社会组织形态、乡村个人尊严和权利构成了不能忽视的影响和挑战。对资本要趋利避害，既不是彻底消灭，也不是盲目放纵，要驾驭工商资本。

农业和乡村文明不应是传统和落后的代名词，而应是社会发展重要的一环。无论社会如何发展，也不能摆脱土生土长的文明传统，要弘扬乡土文明中优秀的一面。在城镇化和全面建成小康社会的历史进程中重新拾取乡村文明，不仅是应然之义，而且也是不能回避的路径选择。

新型城镇化应当是法治的城镇化*

张英洪

几年前我在研究城镇化问题时，就明确提出了法治城镇化的概念，认为新型城镇化应当是法治城镇化。当前，在推进以人为核心的新型城镇化中，法治城镇化是很重要的议题。简单地说，法治城镇化是约束政府公权力的城镇化，是保护公民基本权利的城镇化，是维护社会公平正义的城镇化。党的十八届四中全会提出全面推进依法治国，这是将城镇化纳入法治轨道最好的发展契机。推进法治城镇化，我认为要从以下五个基本环节上着力。

一是从立法环节上着力。古人云：立善法于天下，则天下治；立善法于一国，则一国治。凡是伤害农民权利的法律法规都应该修改或废止。一方面，在长期的城乡二元体制下，有很多的法律包括《土地管理法》，还有一系列的政策法规，是不利于保护农民土地财产权利的。对这些法律，立法者应该根据建设法治中国的战略要求予以坚决废除。凡是不正义的法律都应当废除。另一方面，随着社会的发展，还存在有关立法滞后或法律缺失的问题，有的社会实践没有相关法律支撑。比如我们已经出台了《国有土地上房屋征收与补偿条例》，但“集体土地上房屋征收与补偿条例”一直没有出台。这样的例子很多。此外，虽然我们有了很多法律，但是十八届四中全会提出全面推进依法治国后，一些与法治理念不一致的法律，需要加快修改补充。如果这些法治问题不解决的话，那么我们无法应对城

* 原载《城市化》2015 年第 1 期。

乡不断爆发出来的强征强拆的个案。我国城镇化中爆发的强征强拆案例问题很多，这与我们的基本制度结构是有关系的。在新一轮改革中，我们最需要的是构建法治环境，凡是不正义的法律必须废止，我们需要良法治国。什么叫法治？亚里士多德说，制定的法律大家都服从，同时大家服从的法律又是正义的法律，是良法。

二是从执法环节上着力。一方面，现在一般强调要严格执法，我们仔细推敲一下发现，良法是应该要严格执法，但不好的法律要修改，而不是严格执法。如对农民权利不利的旧法律，越严格执行就越对农民不利。特别是旧的不正义的法律，如果严格执法，社会就不能发展了。另一方面，还存在这么一个突出问题，有的地方政府对农民严格执法，对老百姓严格执法，而对政府自己，却不是严格执法。我们发现，一些地方，凡对政府部门有利而对农民不利的，就严格执法，比如征地拆迁就严格地执法；凡对政府“不利”而对老百姓有利的法律，就不执行。法律对老百姓的约束与对政府的约束严重失衡，这是很严重的问题。《韩非子》说：“圣人治吏不治民。”政府坚持依法行政、坚持以法治约束政府是关键。

三是从司法环节上着力。司法的关键是公正。但是在这个环节上，涉及征地拆迁问题的，一个比较普遍的现象是法院不立案，民告官很难，造成了大量的信访案件，在这种暴力城镇化中，我们的社会都要为此付出血泪的代价。如果法院不立案，立案后不公正司法，这就缺失了一个维护正义的环节，这个社会就很难有序地治理。行政诉讼法刚修改，2015 年 5 月 1 日正式实行。我们希望新修改的行政诉讼法，能够保障农民有效地通过法律的手段来维护权利。如果社会问题不能通过法律的手段来解决，那么这个社会就会充满暴力和悲剧。我们要懂得，法律是解决纠纷最有效的和平手段。正如习近平总书记提出的那样：“要努力让人民群众在每一个司法案件中都感受到公平正义。”所有司法机关都要以此目标来改进工作。

四是从守法环节上着力。守法，一个是公民守法，一个是政府守法。公民的法律素质不高，不利于守法。但在现实生活中，我们发现政府不守法的现象更严重，更不利于推进法治建设。现在拆迁中很多老百姓都主动地去学习法律、了解法律、了解政策，而有的地方政府则不公布相关政策法律，不让老百姓知道相关政策。一些地方政府不守法的现象相当普遍。

比如宅基地问题，有的地方政府长期不批宅基地，老百姓怎么办？但如果你没有经过地方政府的同意就建房子，地方政府就马上把你房子拆掉了，他们这种执法很快很高效。有的地方政府自己不守法，却还说你老百姓违法。如果政府不守法，那么就不可能有普遍的公民守法。政府带头守法能够为社会守法树立标杆，从而引导整个社会守法。新型城镇化迫切需要建设一个守法的政府。

五是从维权的环节上着力。立法、执法、司法、守法、维权，这些环节对推进法治城镇化缺一不可。农民权利受到侵害之后需要法律救济。但长期以来有的地方政府片面搞“稳定压倒一切”，从而把正当合法的维权者压制下去。这样就催生了一个怪现象，权利受到伤害的农民不能通过法院正常维权，就只能通过信访申冤维权。但有的地方又将信访搞成指标管理责任制，层层加压，这就产生了另一个怪现象，就是有关部门不是积极地解决人民群众反映的问题，而是全力去解决反映问题的人。谁上访，就去解决谁。这是过去维稳导向中存在的很大的社会问题。这种传统的维稳之术离为人民服务的宗旨实在太远。我们要痛定思痛，通过维权来实现维稳。

我国正处在高速城镇化进程中，要使城镇化能够真正造福于民，就必须将新型城镇化与依法治国有机结合起来，将城镇化纳入法治的轨道，走法治城镇化之路，切实把保障和实现农民权利作为推进新型城镇化的出发点和落脚点，以法治思维和法治方式推进城镇化，以法治思维和法治方式维护和发展农民权利。

面对城镇化的乡村治理*

张英洪

最近公布的2015年中央一号文件提出要创新和完善乡村治理机制。这确是一个重大的现实课题。在城镇化进程中，原来城乡互相隔离、各自封闭治理的状况被打破，乡村治理面临城镇化发展的新挑战。

首先，我们要区分乡村层面的自我治理与国家层面对乡村的治理。这两个层面的乡村治理的含义是不一样的，单纯的乡村层面治理很难达到目标。因为我们任何一个乡村都处在国家的基本制度结构之中。我们虽然实行了二三十年的村民自治，但实际效果并不是很理想，不少地方产生了“村民自治失灵”现象——村民无法通过自治解决自己的问题。这是因为我们村级层面的治理受到上级政府包括乡镇、县、省和国家治理的制约，同时，现在的村民自治也难以充分发挥村民的主体作用，村民自治在维护村民利益和村集体利益上也力不从心甚至走向反面。所以我们一定要区分乡村的自我治理与国家对乡村的治理这两个治理范畴。不能只单纯推进乡村层面的自我治理，而忽视国家对乡村的治理，否则下动上不动，旧体制就很难动，实际效果也很难体现出来。所以，我们首先要认识到乡村处在国家制度结构体系之中这个大逻辑。

其次，我们要分析乡村治理的两种基本类型。在城镇化进程中，有两种最基本的乡村类型，它们的乡村治理要求是不一样的。一种是人口输出地区的乡村。这是在城镇化进程中人口流出的地区，比如说中西部农村地

---

* 原载《城市化》2015年第2~3期合刊。

区，大量青壮年劳动力到沿海地区去，到大城市去了，这样的乡村留下的都是留守老人、留守妇女、留守儿童，这样的留守乡村甚至“空心村”怎么治理？这是在城乡二元结构下的城镇化对我们提出的挑战。另一种类型属于城镇化进程中人口流入地区的乡村。在城镇化进程中，大量的外地人口流入的地区，它的乡村治理主要面对外来人口进入出现的“人口倒挂”这个问题的挑战。这两种类型的乡村治理，我们要具体分析、区别对待。

再次，我们要明白乡村治理要达到的目标是什么？这个目标肯定有很多，以前人们可能更多地着眼于维稳，维护社会稳定、维护社会秩序等。我认为完善和创新乡村治理，现在最核心、最基本的目标就是要维权，维护村民或者居民基本的权利和社会的公平正义。只有真正实现维权，才能真正实现维稳。如果把乡村弄得村民基本权利不保、社会正义缺失，这就不是乡村治理的法治化和现代化。

最后，我们要把握乡村治理面临的转型挑战。改革开放三十多年来，我们乡村治理面临四个方面的基本转型。一是从封闭社会向开放社会转型。以前我们的乡村治理体制是建立在封闭社会这样的基础上的，我们在城镇化、市场化进程中，封闭的社会走向了开放，这对传统乡村治理产生了很大的挑战。二是从城乡二元结构向城乡一体化转型。以前我们的乡村治理都是在城乡二元体制这一基本结构框架中去建立和完善政策体系，现在我们要破解城乡二元结构，促进城乡一体化，那么我们的乡村治理就要适应从城乡二元结构向城乡一体化的重大转变。三是从传统产权不清晰的农村集体经济向现代产权清晰的新型集体经济的转型。传统农村集体经济跟现代新型集体经济的一个很大的不同，就是产权是否清晰。乡村治理现代化要建立在产权清晰的基础上。四是从传统的乡村控制型向现代的乡村治理型转型。长期以来我们习惯于控制人、管理人，不断强化管理而不是强化服务。而现代社会要求多元共存、多元治理、扁平化的治理模式。从管理走向治理，对我们所有人，不但是对农民，更主要的是对我们干部提出了一个重大的挑战。

认识不到位、作风不到位、改革不到位、制度不到位、问责不到位，致使乡村治理呈现许多乱象。在城镇化进程中，有两个非常突出的问题正在严重挑战我们的治理能力，第一个是财产权利保护问题。在城镇化进程中，一些地方强制征地拆迁引发的财产权利纠纷和冲突，已成为社会矛盾的一个突出焦点。第二个是农民的信访权利受到很大的侵害。在城镇化进程中，财产权利受到侵害后的农民，原本希望通过信访渠道维护自身的合法权益。但一些地方和部门为民无方、害民有术，他们不去真心实意地解决农民反映的现实问题，而热衷于搞劳教、劫访、暴力打压等，有的地方甚至把一个正常上访人员关进精神病医院。这是我们在治理中面临的很严重的社会问题。这个问题不解决，不管是国家治理还是乡村治理，我们都很难说实现了治理的法治化和现代化。

在城镇化进程中，乡村治理面临最突出的问题是维护和发展乡村居民的基本权利。当前，最迫切的是要构建有利于保障乡村居民三种最基本权利的治理体制和机制。一是财产权利。如果我们不能很好地保护乡村居民的财产权利，这个乡村治理就是不成功的。特别是在城镇化进程中，人们的财产权利日益突出，财产权保护不力已经成为影响社会和谐稳定的重要因素。二是社会保障权利。这属于基本公共服务方面，这是城镇化中面临的重大问题，全国2亿多农民工，他们的基本公共服务还很缺失。解决农民工的基本公共服务问题，这是新型城镇化的要求，也是乡村治理现代化的要求。三是公共参与权。在现代社会、现代国家，公共事务事关每个人的切身利益，每个人都要有平等的参与权、平等的表达权。如果你剥夺了任何一部分人的参与权、表达权，这个乡村治理就不是现代化的乡村治理。

推进城镇化中的乡村治理，一方面，在乡村层面的自我治理上，要着眼于建设自治乡村，处理好自治与他治的关系，做到还权于民，培育和保护乡村社会的自治能力，保障和实现村民的民主自治。另一方面，在国家层面的乡村治理上，要着眼于建设法治中国，处理好政府与社会的关系，建立全国统一、开放的公平正义的制度体系，确保村民普遍享有现代法治国家保障的基本公民权利和自由尊严。

尽快改变破坏家庭的城市化*

张英洪

2015年2月17日，习近平主席在2015年春节团拜会上的讲话中，首次提出重视家庭的价值。他说中华民族自古以来就重视家庭、重视亲情。家庭是社会的基本细胞，是人生的第一所学校。不论时代发生多大变化，不论生活格局发生多大变化，我们都要重视家庭建设。习近平主席的这个讲话非常有现实针对性。

早在2011年，我们在“新型城市化发展路径比较研究”的课题报告中，就明确提出要保护家庭的价值。我们明确建议，要允许和鼓励农民从个体进城向家庭式迁居城市的转变。家庭是一个社会的基本细胞，家庭的和谐是社会和谐的基础。家庭承担了三个最基本的社会职能：对上赡养老人，对下抚育孩子，中间是夫妻生活。所以，中国传统文化高度重视家庭，国际社会也将保护家庭作为一项重要的国际准则。我国现有的城市化发展模式，对家庭造成了空前的巨大冲击与破坏，造成妻离子散、母子分离的状况。城市将农村中的青壮年劳动力大量吸走，却将老人、妇女和儿童留在农村，产生了普遍的农村留守老人、留守妇女、留守儿童等农村社会问题，城市中则大量滋生了卖淫嫖娼等城市社会丑恶现象。这些农村社会问题和城市社会问题，都是畸形的城市化发展模式的产物。不改变这种城市化模式，就不可能解决上述社会问题。我们要想在经济繁荣发展中提升中华民族的道德文化水平，增强城乡居民在发展中的幸福感，就必须切

* 原载《城市化》2015年第4期。

实保护家庭，彻底改变破坏家庭的城市化，尽快修复被畸形城市化破坏了的家庭的基本功能，重塑中华家庭美德，再造中华文明。

四年前我们提出的这个政策建议并未引起应有的关注和重视。现在习近平主席郑重提出重视家庭建设，这是中国政治领导人开始重视家庭的新标志，是复兴中华文明的新起点，也是新型城市化的新要求。

传统城市化至少有三个大的方面的严重破坏：一是破坏农民权利，二是破坏农村家庭，三是破坏生态环境。这“三破坏”是传统城市化的主要症结。新型城市化就是要改变这三个破坏，实现三个保护，即对农民权利的保护、对农村家庭的保护、对生态环境的保护。从“三破坏”转向“三保护”，是衡量传统城市化向新型城市化转型的主要标志。

改革开放以来，我国的公共政策从长期限制农民进城，到允许农民进城打工，实现了历史性的第一次大跨越。现在亟须实现第二次大跨越，即从允许农民个体进城打工到允许和鼓励农民实行家庭式迁移，从根本上解决农民工问题、农村“三留守”问题以及相关城乡社会问题。传统的城市化模式对中国人的家庭观念和家庭生活造成了空前的大破坏，进城打工的农民大都被迫过着妻离子散的生活。青壮年农民工，远离父母、妻子、儿女；留守在农村的父母见不到儿女，留守在农村的妇女见不到丈夫，留守在农村的儿童见不到父母。无论是农村，还是进城的农民工，都面临家庭破碎、亲情阻隔的人间悲剧。这是传统城市化模式造成的，也是不公正的公共政策造成的。没有家庭的温暖和温情，人们很难找到幸福的归宿，社会也很难实现文明的和谐。现在，我们到了必须彻底改变长期破坏家庭的传统城市化模式的时候了。

改变传统的破坏家庭的城市化模式，走保护家庭的新型城市化道路，必须从理念、制度和行动三方面加以突破与落实。

在理念层面，必须高度认识和重视家庭的价值。社会学认为家庭是人类最古老、最基本的社会制度，家庭既是人最初的诞生地，也是人最后的避风港和歇息地。生活在地球上的每一个国家，不管是东方还是西方，不管是白种人、黄种人还是黑种人，不管是信仰基督教还是信仰佛教、儒教、伊斯兰教，不管是发达国家还是发展中国家，不管是说英语的人还是说中文的人，不管是所谓的资本主义国家还是社会主义国家，虽然有千差万别的不同甚至冲突，但每一个国家的人们都自然而然地组成了家庭。家庭是人类自生自发演变而来的最符合天道自然的秩序和制度。家庭是情和爱的高地，是种族的繁衍室，是生活的自然所在，是安全和文明的堡垒。保护家庭就是保护情和爱，就是保护我们的未来，就是捍卫人类的文明。

在制度层面，必须改变一切破坏家庭的政策法律，建立保护家庭的法律制度。首先要坚决改变城乡二元体制，允许和鼓励城乡居民实现家庭式的自由迁徙。要尽快实现城乡基本公共服务的均等化以及全国范围内社保的自由转移接续，为保障农民的家庭式迁移提供制度通道和保障。各项社会制度都要体现全国统一、开放、平等与公正，这样才能确保公民的自由迁移权利，才能保障家庭不被制度割裂。其次要制定家庭保护法，从法律上明确保护家庭的各项具体规定，对破坏家庭的行为要依法予以惩处。再次要建立普惠型的家庭教育福利制度，要尽快建立家庭教育福利、生育福利、妇女福利、儿童福利、老年人福利等各项家庭教育以及福利保障制度。特别是要将“反四风”取得的重大成果与优化财政支出结构结合起来，将“反四风”节省下来的公共财政资金用于加大教育投入和社会保障制度建设，全面提高家庭福利保障水平。

在行动层面，政治领导人以实际言行重视家庭显得非常关键。中国人讲究上行下效，一级做给一级看。习近平主席以自己的言行为中国当代政治生态树立了一个新标杆。中国人重视修齐治平。如果政治领导人不重视家庭，甚至带头破坏家庭，那么社会的道德秩序就会很快沦陷。现在中央反腐“打虎”后发现的一个共同现象是，贪腐官员大都有包养情人或通奸之癖。这是政治公共人物破坏家庭的重要见证。在西方发达国家，政治公共人物如果有不重视家庭的现象被发现，其仕途将面临中止的重大危机。有重视家庭历史传统的中国，更应当将重视和维护家庭提上重要日程。组织部门应当将维护和重视家庭作为选拔任用领导干部的重要依据。此外，我们要允许和鼓励公民依法建立各类保护家庭的社会组织，充分激发社会的活力，调动社会保护家庭的积极功能。

保护家庭，是一项真正的通向文明的伟大事业。

开辟大国治理新境界*

——读《习近平关于全面依法治国论述摘编》体会

张英洪

最近，我仔细通读了《习近平关于全面依法治国论述摘编》一书，这本只有6万字的小册子，却讲清了中国这样一个拥有960万平方公里国土、56个民族、13亿多人口、5000多年连续不断文明史的大国，如何在21世纪实现有效治理的大道理。作为中共党史上甚至中国历史上第一位拥有法学博士学位头衔的政治领导人，习近平总书记在本书中阐明了全面依法治国的战略思想，开辟了大国治理的新境界。这本书字数不多，但立意高远，内涵丰富，思想深刻，充满了治国智慧，体现了大国政治家应有的高瞻远瞩、时代精神、人文情怀和责任担当。此外，本书还有一个值得称道的鲜明特点是，全书文风大有令人叫绝的真知灼见，少有令人厌烦的假大空套话。

一　法治兴则国家兴

如何实现国家的长治久安，这是实现中华民族伟大复兴的重大课题。老子曾说过“治大国若烹小鲜”的重要哲理。习近平总书记在这本书中说出的一个大道理就是“治大国要靠法治”。习近平总书记深刻总结了古今

---

* 本文原刊载于北京市第53期处级正职任职培训班班刊《在路上》2015年5月22日第3期、2015年5月29日第4期。

中外国家兴衰成败的经验教训，深刻提出了走以兴法治来实现民族复兴、国家强盛、人民幸福的现代制度文明之路。他指出：“法治和人治问题是人类政治文明史上的一个基本问题，也是各国在实现现代化过程中必须面对和解决的一个重大问题。纵观世界近现代史，凡是顺利实现现代化的国家，没有一个不是较好解决了法治和人治问题的。相反，一些国家虽然也一度实现快速发展，但并没有顺利迈进现代化的门槛，而是陷入这样或那样的‘陷阱’，出现经济社会发展停滞甚至倒退的局面。后一种情况很大程度上与法治不彰有关。”习近平总书记强调：“历史是最好的老师。经验和教训使我们党深刻认识到，法治是治国理政不可或缺的重要手段。法治兴则国家兴，法治衰则国家乱。什么时候重视法治、法治昌明，什么时候就国泰民安；什么时候忽视法治、法治松弛，什么时候就国乱民怨。法律是什么？最形象的说法就是准绳。用法律的准绳去衡量、规范、引导社会生活，这就是法治。”习近平总书记还告诫说：“人无远虑，必有近忧。全面建成小康社会之后路该怎么走？如何跳出‘历史周期律’、实现长期执政？如何实现党和国家长治久安？这些都是需要我们深入思考的重大问题。”对于如何解决这些问题，习近平总书记的结论是“全面推进依法治国”。党的十八届四中全会提出全面推进依法治国的总目标是建设中国特色社会主义法治体系，建设社会主义法治国家。习近平总书记强调指出，建设法治中国，必须坚持依法治国、依法执政、依法行政共同推进，坚持法治国家、法治政府、法治社会一体建设，实现科学立法、严格执法、公正司法、全民守法，促进国家治理体系和治理能力现代化。

二　小智治事，中智治人，大智立法

伟大的国家需要伟大的政治家。中国是一个伟大的文明古国，也是一个伟大的现代大国。治理好中国这样一个伟大的国家，需要有对国家、民族和人民命运负责的伟大政治家，需要政治家的理想追求、远见卓识、雄才大略和责任担当。习近平总书记指出：“小智治事，中智治人，大智立法。治理一个国家、一个社会，关键是要立规矩、讲规矩、守规矩。法律是治理国家最大最重要的规矩。推进国家治理体系和治理能力现代化，必须坚持依法治国，为党和国家事业发展提供根本性、全局性、长期性的制度保障。我们提出全面推进依法治国，坚定不移厉行法治，一个重要意图就是为子孙后代计、为长远发展谋。”习近平总书记明确区分了政治家治国的三个层次，即低层次的治事、中层次的治人、高层次的立法。习近平总书记还引用《韩非子》的经典语句“国无常强，无常弱。奉法者强则国强，奉法者弱则国弱”来阐明法治与国家强弱的关系，也说明了政治家实现国家强盛的基本要求在于“奉法”。国因法而昌，法因人而贵。如果政治家缺乏法治信仰，法律就会一文不值。同时，伟大的政治家不但要“立法”，而且要“立善法”。因为真正的法治是善法之治，要体现正义的价值。亚里士多德认为：“法治应该包含两重含义：已制定的法律获得普遍服从，而大家所服从的法律也应该是制定得良好的法律。”古罗马的奥古斯丁也指出：“如果法律是非正义的，它就不能存在。”习近平总书记专门引用北宋王安石的名言“立善法于天下，则天下治；立善法于一国，则一国治”来阐明“立善法”的重要性。著名社会学家马克斯·韦伯提出三种典型的统治合法性权威，一是传统型合法性权威，二是克里斯玛型合法性权威（魅力型合法性权威），三是法理型合法性权威。习近平总书记第一次在中国构建法理型合法性权威，这必将引领导中国走向理性而成熟的现代法治国家。

三 “党大还是法大”是个伪命题

如何处理好党与法的关系，是长期困扰我们的一个重大理论和实践问题。习近平总书记深刻地指出：“党和法的关系是政治与法治的集中体现”，“党和法治的关系是法治建设的核心问题”。既然党和法治的关系是法治建设的核心问题，那么如何认识和处理党和法治的关系？习近平总书记对此做了明确回答：“党和法的关系是一个根本问题，处理得好，则法治兴、党兴、国家兴；处理得不好，则法治衰、党衰、国家衰。党的十八届四中全会明确强调：‘党的领导是中国特色社会主义最本质的特征，是社会主义法治最根本的保证。把党的领导贯彻到依法治国全过程和各个方面，是我国社会主义法治建设的一条基本经验。’这一论断抓住了党和法关系的要害。”习近平总书记从政治与法治的角度，对党与法的关系做了三个层次的科学表述：“党既领导人民制定宪法法律，也领导人民实施宪法法律，党自身必须在宪法法律范围内活动。”换言之，“党领导立法、保证执法、支持司法、带头守法”。对于“党大还是法大”的问题，习近平总书记提出：“社会主义法治必须坚持党的领导，党的领导必须依靠社会主义法治”，“我们说不存在‘党大还是法大’的问题，是把党作为一个执政整体而言的，是指党的执政地位和领导地位而言的，具体到每个党政组织、每个领导干部，就必须服从和遵守宪法法律，就不能以党自居，就不能把党的领导作为个人以言代法、以权压法、徇私枉法的挡箭牌”。从政治上说，党作为执政整体，要领导社会主义法治建设；从法治上说，任何党政组织、领导干部都必须服从和遵守宪法法律。因此，习近平总书记鲜明指出，“‘党大还是法大’这是一个伪命题”，是“政治陷阱”。

四　把权力关进制度的笼子里

长期以来，我们对权力认识不足、不深刻。一方面，我们认为只要在理念上提出和强调全心全意为人民服务，就可以高枕无忧；另一方面，我们认为不断加强理想信念教育和政治思想教育，就可以保证权为民所用。事实上，我们党成立以来，从未改变为人民服务的根本宗旨，也从未放松理想信念教育和政治思想教育，但权力的异化、权力的滥用、权力的腐败日益突出。这说明权力本身具有自身的运行逻辑。孟德斯鸠已经揭示：“一切有权力的人都容易滥用权力，这是万古不易的一条经验。有权力的人们使用权力一直到遇有界限的地方才休止。”因此，孟德斯鸠精辟地提出：“要防止滥用权力，必须以权力约束权力。”阿克顿勋爵也提出了一条公认的政治学基本定律：“权力导致腐败，绝对权力导致绝对腐败。”习近平总书记在充分借鉴人类政治文明发展成果的基础上，十分明确地指出：“权力无论大小，只要不受制约和监督，都可能被滥用。”正因为权力本身具有滥用和腐败的特性，正确认识权力、科学配置权力、严格制约权力、加强权力问责，就成为现代政治文明的重要经验。习近平总书记非常清醒地认识到“党大还是法大”是一个伪命题，但他同时强调“对各级党政组织、各级领导干部来说，权大还是法大则是一个真命题”。为什么权大还是法大是一个真命题？习近平总书记指出：“纵观人类政治文明史，权力是一把双刃剑，在法治轨道上行使可以造福人民，在法律之外行使则必然祸害国家和人民。”就是说，权力既可以造福于民，也可以为害于民。习近平总书记批评了有的领导干部在“权力观”上存在着“十分错误的观念”，明确提出要“把权力关进制度的笼子里”。可以说，习近平总书记是党和国家历史上第一位明确提出“把权力关进制度的笼子里”的政治家。习近平总书记强调指出，把权力关进制度的笼子里，就是要“依法设定权力、规范权力、制约权力、监督权力”。他告诫说：“如果法治的堤坝被冲破了，权力的滥用就会像洪水一样成灾。”对于如何制约和监督权力，对于如何科学立法、严格执法、公正司法、全民守法等重大问题，习近平总书记在本书中都做了一系列具有创造性的精辟论述。

五　改革要于法有据

改革开放是决定中国命运的关键一招，依法治国是党领导人民治理国家的基本方略。如何处理改革开放与依法治国的关系，长期以来缺乏理论思考和政治决断。笔者 2010 年在《改革内参》上发表文章，对处理改革与法治关系做了粗浅的探讨，提出由“违法式”改革走向立法式改革的问题。将改革纳入法治轨道这个重大的理论和实际问题并未引起学术理论界和当政者的应有重视。习近平总书记接过历史的接力棒后，率先明确提出“凡属重大改革要于法有据”。他指出：“在整个改革过程中，都要高度重视运用法治思维和法治方式，发挥法治的引领和推动作用，加强对相关立法工作的协调，确保在法治轨道上推进改革。”习近平总书记历史性地把处理改革与法治的关系提上重要的公共政策议程，并提出将改革纳入法治轨道的重大政治论断，这充分体现了新时期改革者和当政者的远见卓识和政治担当。习近平总书记明确指出：“党的十八届三中、四中全会分别把全面深化改革、全面推进依法治国作为主题并作出决定，有其紧密的内在逻辑……三中全会决定和四中全会决定是姊妹篇，体现了‘破’与‘立’的辩证统一。”习近平总书记认为：“改革和法治如鸟之两翼、车之两轮，将有力推动全面建成小康社会事业向前发展”，“当前，我们要着力处理好改革与法治的关系。改革与法治相辅相成、相伴而生。我国历史上的历次变法，都是改革与法治紧密结合，变旧法、立新法”。针对有的人认为要改革就不能要法治的观点以及有的人提出要法治就难以推进改革的观点，习近平总书记分别做了辨析，并指出这两种观点的不全面性。习近平总书记提出：“在法治下推进改革，在改革中完善法治，这就是我们说的改革和法治是两个轮子的含义”，“要实现立法与改革决策相衔接，做到重大改革于法有据、立法主动适应改革发展需要”。习近平总书记在提出改革要于法有据的同时，也指出“不能因为现行法律规定就不敢越雷池一步，那是无法推进改革的”。对于需要推进的改革，习近平总书记认为“将来可以先修改法律规定再推进”。对于如何同步推进改革与法治，习近平总书记分别对四种基本情况做了明确界定，一是对实践证明可行的改革举措要尽快上升为法律，二是对部门间争议较大的立法事项要积极加快推动和协调，三是对需要先行先试改革的要按程序做出授权，四是对不适应改革要求的法律法规要及时修改或废止。在中国经历了30多年改革后，习近平总书记鲜明提出处理改革与法治关系的重大理论问题和实践问题，这既是对改革理论和改革方式的重大创新，也是对依法治国基本方略的重大突破。

六　让人民群众在每一个司法案例中都能感受到公平正义

人类社会在政治文明建设中，为了制约和监督权力，普遍将国家权力分为立法权、行政权、司法权。为什么需要设立司法机关？托克维尔指出：“司法工作的最大目的，是用权利观念代替暴力观念，在国家管理与物质力量使用之间设立中间屏障。”如果没有司法机关依据法律公正司法，没有及时有效地对公民权利进行救济以维护社会公平正义，那么整个社会就会充满暴戾的气息。保证司法独立公正，是有效维护社会公平正义的需要，是一个国家政治文明的重要体现。英国哲学家培根说：“一次不公正的裁判，其恶果甚至超过十次犯罪。因为犯罪虽是无视法律——好比污染了水流，而不公正的审判则毁坏法律——好比污染了水源。”习近平总书记提出：“要懂得‘100－1＝0’的道理，一个错案的负面影响足以摧毁九十九个公正裁判累积起来的良好形象。执法司法中万分之一的失误，对当事人就是百分之百的伤害。”公正司法关乎社会公平正义，关乎人民群众切身利益，关乎国家治理现代化。因而，习近平总书记指出：“全面推进依法治国，必须坚持公正司法。公正司法是维护社会公平正义最后一道防线。所谓公正司法，就是受到侵害的权利一定会得到保护和救济，违法犯罪活动一定要受到制裁和惩罚。”虽然司法公正对于维护社会公平正义非常重要，但现实中的司法不公、司法腐败非常严重，不但影响司法公信力，也损害了党和政府的形象。对此，习近平总书记非常清醒地看到：“有的司法人员吃了被告吃原告，两头拿好处。这样的案例影响很坏！群众反映强烈。”有的司法机关“要么有案不立、有罪不究，要么违规立案、越权管辖”。有的司法人员“办关系案、人情案、金钱案，甚至徇私舞弊、贪赃枉法”。对于这些司法腐败，习近平总书记提出要坚持“零容忍，坚持‘老虎’‘苍蝇’一起打，坚决清除害群之马”。对于公正司法的目标要求，习近平总书记鲜明提出：“要努力让人民群众在每一个司法案件中都感受到公平正义，所有司法机关都要紧紧围绕这个目标来改进工作。”在中央政法工作会议上，习近平总书记明确提出政法战线的新使命，这就是要“肩扛公正天平，手持正义之剑，以实际行动维护社会公平正义，让人民群众切实感受到公平正义就在身边。”对于政法部门损害群众权益的突出问题，习近平总书记明确提出四个决不允许：“决不允许对群众的报警求助置之不理，决不允许让普通群众打不起官司，决不允许滥用权力侵犯群众合法权益，决不允许执法犯法造成冤假错案。”在本书中，习近平总书记坚持以问题为导向，对如何推进司法体制改革、建设高素质法治队伍以确保公正司法等方面，提出了一系列新论断新思想，发人深省，催人奋进。

七　抓住领导干部这个“关键少数”

古人云：“圣人治吏而不治民。”毛泽东也曾指出：“治国就是治吏。”习近平总书记明确提出：“全面推进依法治国，必须抓住领导干部这个‘关键少数’。”之所以要抓住领导干部这个“关键少数”，是因为“民

‘以吏为师’，领导干部尊不尊法、学不学法、守不守法、用不用法，人民群众看在眼里、记在心上，并且会在自己的行动中效法。领导干部尊法学法守法用法，老百姓就会去尊法学法守法用法”。习近平总书记毫不客气地指出：“在现实生活中，不少领导干部法治意识比较淡薄，有法不依、违法不究、知法犯法等还比较普遍，特别是少数领导干部不尊崇宪法、不敬畏法律、不信仰法治，崇拜权力、崇拜金钱、崇拜关系，大搞权权勾结、权钱交易、权色交易，一些地方和单位被搞得乌烟瘴气，政治生态受到严重破坏。”领导干部的违法乱纪，是对国家法治的严重破坏；领导干部轻视法治，依法治国就要落空。习近平总书记尖锐批评“一些党员、干部仍然存在人治思想和长官意识，认为依法办事条条框框多、束缚手脚，凡事都要自己说了算，根本不知道有法律存在，大搞以言代法、以权压法”。如果“这种现象不改变，依法治国就难以真正落实”。对于如何抓好领导干部这个“关键少数”，习近平总书记从多个方面进行了阐述。首先，要“解决好思想观念问题，引导各级干部深刻认识到，维护宪法法律权威就是维护党和人民共同意志的权威，捍卫宪法法律尊严就是捍卫党和人民共同意志的尊严，保证宪法法律实施就是保证党和人民共同意志的实现”。其次，领导干部要“带头依法办事，自觉运用法治思维和法治方式来深化改革、推动发展、化解矛盾、维护稳定”。再次，要“把法治建设成效作为衡量各级领导班子和领导干部工作实绩重要内容，把能不能遵守法律、依法办事作为考察干部重要依据”，“决不能让那些法治意识不强、无法无天的人一步步升上来，这种人官当得越大，对党和国家的危害就越大。”最后，“对各级领导干部，不管什么人，不管涉及谁，只要违反法律就要依法追究责任，绝不允许出现执法和司法的‘空挡’”。习近平总书记强调指出：“尊崇法治、敬畏法律，是领导干部必须具备的基本素质。”在全面依法治国、建设法治中国的进程中，对于领导干部如何提高法治思维和依法办事的能力，习近平总书记告诫说：“关键是要做到以下几点。一是要守法律、重程序，这是法治的第一位要求。二是要牢记职权法定，明白权力来自哪里、界线划在哪里，做到法定职责必须为，法无授权不可为。三是要保护人民权益，这是法治的根本目的。四是要受监督，这既是对领导干部行使权力的监督，也是对领导干部正确行使权力的制度保护。”

读书是我的一种生活方式*

张英洪

非常感谢二组的各位学员推荐我在这次读书交流会上发言，使我有机会向大家报告我对读书的一些体会感想。我已根据教学安排，撰写了读《习近平关于全面依法治国论述摘编》一书的体会文章《开辟大国治理新境界》，刊载于班刊第三、第四期。所以今天我不想说读某一本书的具体体会，而想借此机会谈谈个人对整个读书生活的体会，用一句话说，就是：读书是我的一种生活方式。

生活方式有多种多样，当我说读书是一种生活方式时，并不是贬低和排斥其他生活方式。古人在《中庸》里早就说了："万物并育而不相害，道并行而不相悖。"

《荀子·大略》说："学者非必为仕，而仕者必为学。"就是说读书人不一定都要做官，但当官必须坚持学习。习近平总书记明确提出："好学才能上进，好学才能有本领。中国共产党依靠学习走到今天，也必然依靠学习走向未来。各级领导干部要勤于学、敏于思，坚持博学之、审问之、慎思之、明辨之，笃行之，以学益智，以学修身，以学增才。要努力学习各方面知识，努力在实践中增加才干，加快知识更新，优化知识结构，拓宽眼界和视界，着力避免陷入少知而迷、不知而盲、无知而乱的困境，着力克服本领不足、本领恐慌、本领落后的问题。"读书是学习的重要方式，

---

* 本文原刊载于北京市第53期处级正职任职培训班班刊《在路上》2015年6月12日第6期。

读书就是学习。

当然，我喜欢读书，并不是受到荀子的启发，也不是看到了习总书记的讲话。因为我从小喜欢读书时，并没有看到他们说的话。我本人对抽烟、喝酒、打牌、赌博不感兴趣，其他兴趣也不多，属于智商、情商、胆商都不高的人——在座各位都是“三高”之人，吾不如也。但我也有“三高”之处，就是读书的积极性高、主动性高、自觉性高。古人说：“万般皆下品，唯有读书高。”以古人这个标准，“三高”不算高，读书才算高。

孔子说：“十室之邑，必有忠信如丘者焉，不如丘之好学也。”这句话与我的心相通，我喜欢引用。我记得自己十几岁时，曾有一次到县城新华书店呆呆地看书，当时没有钱买书。有一位老人看到我喜欢读书的样子，就将他买的书送给了我几本。大学毕业后我在湖南西部一个县城工作，当时苦于县城没什么书可读，就利用周日或出差的机会到省城长沙去买书。记得 1993 年元月 14 日，我到长沙袁家岭新华书店买了《世界人权约法总览》等书。有多少人看过《世界人权宣言》《公民权利和政治权利国际公约》《经济、社会和文化权利国际公约》?

左宗棠是湖南人，他 23 岁时在家门口贴了一副对联：“身无半亩，心忧天下；读破万卷，神交古人。”我二十七八岁时也撰有一副对联：“家有千根竹，根根青枝绿叶冲霄汉；屋藏万卷书，卷卷白纸黑字吞宇寰。”当时我农村老家门前有几百根竹子，家里有近千册藏书吧。

在座各位有谁知道“世界读书日”是哪一天？1972 年联合国教科文组织向全世界发出“走向阅读社会”的号召，要求社会成员人人读书，让读书成为人们日常生活中不可或缺的部分。从 1995 年起，联合国教科文组织将 4 月 23 日定为“世界读书日”，希望借此鼓励世人尤其是年轻人发现阅读乐趣。2015 年 3 月 5 日，李克强总理在政府工作报告中提出建设“书香社会”的口号。今年 4 月 23 日是第 20 届“世界读书日”。4 月 23 日是西班牙文豪塞万提斯的逝世日，也是莎士比亚（1564 年 4 月 23 日至 1616 年 4 月 23 日）的出生日和去世日。莎士比亚曾经说过：“生活里没有书籍，就好像没有阳光；智慧里没有书籍，就好像鸟儿没有翅膀。”

高尔基曾说过：“书籍是人类进步的阶梯。”2009 年 4 月 24 日，温家宝总理专门到商务印书馆和国家图书馆，与编辑和读者交流读书心得。商务印书馆涵芬楼书店挂有该馆创始人张元济先生的名言："数百年旧家无非积德，第一件好事还是读书。"在国家图书馆，温家宝总理说："书籍是人类智慧的结晶。读书决定一个人的修养和境界，关系一个民族的素质和力量，影响一个国家的前途和命运。一个不读书的人、不读书的民族，是没有希望的。"可见，读书不仅是一个人修身积德之基，而且也是一个国家和民族前途命运之所系。

杜甫说："读书破万卷，下笔如有神。"能读破万卷书的人是非常少的。现在，我们行万里路易，读万卷书难。各位一年读了多少本书？据中国新闻出版研究院 2015 年第 12 次全国国民阅读调查报告，2014 年我国国民人均纸质图书阅读量为 4.56 本，2013 年为 4.77 本。韩国人均读书 15 本、法国 24 本、日本 44 本、以色列 68 本。

前几天刘峰教授讲课时说过，一个人的能力，只有 10% 来自向书本学习，有 20% 来自向他人学习，70% 来自向实践学习。1964 年 3 月 24 日，毛泽东在一次谈话中说："可不要看不起老粗。知识分子是比较最没有出息的。历史上当皇帝，有许多是知识分子，是没有出息的，隋炀帝就是一个会做文章、诗词的人。陈后主、李后主都是能诗能赋的人。宋徽宗既能写诗，又能绘画。一些老粗能办大事情，成吉思汗、刘邦、朱元璋。"虽然说实践出真知，但并不是说大家就可以不读书了。其实，毛泽东本人就非常喜爱读书，他通读了皇皇巨著《二十四史》。毛泽东从 1952 年到 1976 年，前后系统连续读《二十四史》达 24 年。现在有一本书叫《毛泽东评点二十四史解析》，可以参阅。我们有谁通读过《二十四史》的？谁通读过我就佩服谁。

虽然说学历没有能力重要，但并不是说有能力就可以不读书了，读书也可以增强能力。习近平总书记、李克强总理都曾经是知青，在农村最基层工作锻炼过，有丰富的实践经验。但他们都不约而同地上了大学，也在以后的工作中不约而同地攻读了博士学位。他们两位应当分别是我国第一位拥有博士学位的总书记和总理。2014 年 2 月 7 日，习近平在俄罗斯索契接受俄罗斯电视台专访时说："我个人爱好阅读、看电影、旅游、散步……现在，我经常能做到的是读书，读书已成了我的一种生活方式。读书可以让人保持思想活力，让人得到智慧启发，让人滋养浩然之气。"习近平总书记也一直倡导和鼓励领导干部读书，他说："领导干部读书学习水平在很大程度上决定着工作水平和领导水平。"2006 年 2 月 17 日，时任浙江省委书记的习近平在《浙江日报》"之江新语"专栏中发表了《多读书，修政德》的文章，他说："我们国家历来讲究读书修身、从政以德。广大党员干部要养成多读书、读好书的习惯，使读书学习成为改造思想、加强修养的重要途径，成为净化灵魂、培养高尚情操的有效手段。"2009 年 5 月 13 日，习近平在中央党校 2009 年春季学期第二批进修班暨专题研讨班开学典礼上说："我讲三个观点：一是领导干部要爱读书，二是领导干部要读好书，三是领导干部要善读书。"

读书当然是多多益善，但学海无涯，时间有限。中国每年出版图书 40 多万种，任何人都不可能读完所有的书。如何在有限的时间里坚持读书？习近平总书记认为，领导干部普遍应当读三个方面的书：一是当代中国马克思主义理论著作，二是做好领导工作必需的各种书籍，三是古今中外优秀传统文化的书籍。

习总书记当然可以指导领导干部如何读书。我只能顺从自己的爱好读书。我本人对社会科学都感兴趣。前些天，我们班的十几位学员专门到我办公室参观了我的书架。我对哲学、文学、史学、政治学、经济学、社会学、法学等人文社会科学都感兴趣。我只能重点阅读各种经典著作以及各种具有新思想、新观点的新作品。

举几个例子吧。大学毕业后到现在，我通过广泛阅读，就改变了在大学时形成的一些认识观念。比如，读了英国柏克的《法国革命论》、刘军宁的《保守主义》后，我改变了对法国大革命全盘肯定的观念，改变了对五四运动以来的激进民主的观念，改变了彻底否定传统的观念；读了哈耶克的《通往奴役之路》后，我改变了迷信计划经济的观念；读了秋风的《重新发现儒家》、吴钩的《中国的自由传统》等书后，我进一步改变了教科书对儒家等中国传统文化大加否定的观念；读了贝卡里亚的《论犯罪与刑罚》后，我加深了对废除死刑的认识和理解；等等。现在值得阅读的好书还真的非常多。

对领导干部来说，最大的特点，用一个字说就是"忙！"用两个字说就是"很忙！！"用三个字说就是"非常忙！！！"如何在百忙之中坚持读书呢？2013年五四青年节，习近平总书记在座谈时说：“我到农村插队后，给自己定了一个座右铭，先从修身开始。一物不知，深以为耻，便求知若渴。上山放羊，我揣着书，把羊圈在山坡上，就开始看书。锄地到田头，开始休息一会儿时，我就拿出新华字典记一个字的多种含义，一点一滴积累。”2014年2月，习近平总书记在接受俄罗斯电视台专访时说自己的时间都被工作占去了，但他也说自己经常坚持读书。我觉得我的工作也很忙，但我还是非常喜欢读书，因而坚持经常读书，坚持经常逛书店买书。我出差时常常带上几本书，在往返的飞机上、火车上阅读。我还利用双休日、节假日以及每天中午、晚上阅读。每年我读了多少本书？我也没有统计，有二三百本吧，肯定超过全国人均阅读量，也超过以色列人均阅读量。鲁迅曾说：“哪里有天才？我是把别人喝咖啡的工夫都用在工作上。”我也曾经开玩笑说过：“哪里有天才？我是把别人午睡打鼾的时间都用在读书上。”

读书有苦也有乐。宋真宗赵恒写过一首《劝学诗》：“富家不用买良田，书中自有千钟粟；安居不用架高堂，书中自有黄金屋；出门莫恨无人随，书中车马多如簇；娶妻莫恨无良媒，书中自有颜如玉；男儿若遂平生志。六经勤向窗前读。”不管大家对这首诗有什么不同的评价，我自己总觉得，读书既是人生的一种选择，也是社会走向文明进步的选择。

最后，我套用习总书记的话来结束发言：我喜欢读书走到今天，也必然喜欢读书走向未来。谢谢大家！

乡村困局与重建*

张英洪

传统工业化、城镇化的模式，对乡村的掠夺与破坏空前惊人，这使美丽乡村的保护和建设成为时代课题。美丽乡村，既是乡村自然环境的美丽，也是乡村社会生活的美丽。乡村曾经是美丽的，但已经被我们破坏了；有的乡村还是美丽的，但正在遭受破坏的威胁；有的乡村正在建设得美丽，但她倍需人们的努力与呵护。美丽乡村建设事关生命健康、生活质量、人类生存和文明延续。

建设美丽乡村，须正视乡村的五大困局。

一是生态困局。农村生态环境已遭到了空前的破坏，树木被大规模地砍伐，一路走过，许多山头都是光秃秃的。不少河水断流了，水被严重污染了，雾霾如黑云压城城欲摧。人们正面临空气有毒、水有毒、农产品有毒、食品有毒等“毒”环境。今日的乡村不能承受污染之重，人们的生命不能承受有毒之重。

二是人口困局。一方面，现行的城镇化模式将农村的青壮年劳动力吸入城镇，农村成为留守儿童、留守妇女和留守老人“三留守”之地，不少乡村成了空心村。另一方面，长期实行的计划生育政策，从根本上改变了农村的人口结构，加速了人口老龄化，催生了一系列人口老龄化问题，乡村成了老人村。乡村没有年轻人的活力，就没有乡村发展的活力。如果乡村没有生生不息的生命的自然延续，就没有乡村文明的延续。

---

* 原载《城市化》2015年第6期。

三是安居困局。权力与资本合谋攫取乡村价值，使老百姓陷入居不得安的危险境地。一些地方的圈城收费、圈村经营、拆村并居、强迫农民上楼等种种地方政绩运动，将百姓的居住幸福打入冰水之中。

四是治理困局。乡村的老人化、空心化，使乡村陷入空前的治理迷惘；城乡二元结构，自治与他治矛盾，使乡村呈现治理失衡；不受约束的权力任性与资本横行，使乡村社会正义缺失，小官巨腐，折射了乡村治理失灵；有利于农民的好政策得不到有效贯彻落实，不利于农民的土政策又得不到有效制止，造成了乡村的治理困境。

五是文化困局。文化是人类文明之魂。几千年的乡村文化遭到了两次致命的摧残。对乡村传统文化的激进主义摧残，使传统乡村文化中断和缺失，从而导致道德的沦丧和正义的丧失。

造成乡村困局的主要原因是现代化对传统农业文明的冲击与挑战。一是全球性的工业文明的冲击。中国长期以农立国。1840 年以后，当中国农业文明遭遇西方的工业文明后，乡村的破坏就开始了。20 世纪二三十年代，梁漱溟等人就发起了乡村建设运动。梁漱溟认为，中国近百年史，也可以说是一部乡村破坏史。一方面帝国主义侵略在破坏乡村，中国人自己的所作所为，也是在破坏乡村。因而他说乡村建设运动就是乡村自救运动。工业文明在取得巨大物质成就的同时，也严重滋生了破坏乡村等“工业文明病”。另一方面是中国发展模式的产物。60 多年来，中国追求现代化的发展模式可分为两个阶段：改革开放以前，在革命热情驱使下“打破旧世界”的“大跃进”式的破坏；改革开放以来，在经济发展驱动下“实现现代化”的建设性的破坏。

重建美丽乡村，需多管齐下。

一是全面反思工业文明。工业文明在创造巨大财富的同时，对地球母亲的掠夺空前惊人。工业化、城镇化、市场化的推进，使以农业文明为主要载体的乡村被摧残得七零八落。与农业文明相比，工业文明放纵了人类的无穷欲望，不但乡村不能承受掠夺之重，而且整个地球也不能承受掠夺之重。反思工业文明，超越工业文明，就需要我们全面建设生态文明。生态文明不只是一种环境保护思想，更是一种可持续的文明形态。我们要以生态文明为统领，转变思维方式，转变经济社会发展方式，转变城镇化发展方式。

二是全面推进双重改革。新一轮改革既要改革计划经济体制的旧弊端，又要解决市场化改革以来的新问题，从而建设一个既继承与弘扬中华传统文化，又体现时代发展特征的现代民主法治国家。全面推进双重改革，关键是驯服权力与资本。权力与资本是人类社会最强大的两种力量，这两种力量都是“双刃剑”。人们对待权力与资本有三种基本的态度。在如何对待权力上，第一种是消灭权力的无政府主义，第二种是迷信权力的国家主义，第三种是驯服权力。既然公共权力既不能消灭，也不能迷信，那么唯一现实和理性的选择，就是驯服权力，将权力关进制度的笼子，建设现代法治国家。在如何对待资本上，第一种是消灭资本，将资本消灭了，当然就不存在资本主义的种种弊端了；第二种是迷信资本，放纵资本的横行，造成原始资本主义的泛滥成灾；第三种是驯服资本。既然资本不能消灭，同时也不能崇拜和放纵，那么现实的理性选择就是驯服资本，建设法治的市场经济。

三是全面促进社会成长。我们每个人都生活在政府、市场、社会、生态的四维结构之中，市场是无形之手，政府是有形之手，社会是拯救之手，生态是控制之手。市场在资源配置中要起决定性作用，政府在公共管理和公共服务中要起权威性作用，生态在人类生存和发展中起控制性作用，社会在人类文明和进步中起拯救性作用。建设美丽乡村，必须使社会全面成长和发展起来。因为政府在政绩的驱动下更容易滥用权力，资本在利益驱动下更容易放纵任性，面对强势的权力与资本，社会必须组织起来进行自我保护和修复。促进社会的全面成长与发展，我们既要复兴中国传统社会公益组织，又要积极发展现代社会的公益组织。

四是全面维护农民权利。不受制约的权力与不受制约的资本，对农民权利侵害很大。传统工业化、城镇化对乡村的破坏，实质上也是对农民权利的侵害，对农民生存家园的侵害。但农民在任性的权力与放纵的资本面前无能为力，这是因为农民自我维护与发展的权利没有得到尊重、保障和实现。我们需要认真对待传统与现代、自治与他治、德治与法治。乡村的重建与出路，在于农民的觉醒与主体性地位的确立，在于农民的组织化权利的保障与实现。没有农民的组织化、主体性，就没有农民的尊严，也没有乡村的美丽。凡是公民的基本权利得不到尊重和保障的社会，必然是一个病态和扭曲的社会。

五是全面复兴中华文化。在追求现代化进程中，长期以来我们对自己优秀传统文化的全面否定与破坏，是当今社会道德沦丧、社会治理失效的重要因素。中国传统文化蕴含了天人合一的自然观、以和为贵的秩序观、以德为本的道德观、以孝为先的家庭观、以道立身的人生观。这些优秀传统文化，对于我们反思现代性、纠偏现代化、重建新乡村具有不可忽视的正能量。

以法治建设应对农村人口老龄化*

——北京市农村劳动力老龄化问题调研报告

张英洪　刘妮娜

摘要：伴随农村人口老龄化，农村谁来种地、怎么种地，谁来养老、怎么养老，谁来治理、怎么治理的问题日益突出。通过对北京市农村和农业劳动力老龄化的深入调查分析，认为解决农村人口老龄化问题的主要途径是坚持依宪治国、依法行政，破除城乡不平等的制度体系和歧视性的公共政策安排，建立城乡一体、开放平等、融合发展的体制机制，切实在法治的框架中推进新农村建设和新型城镇化协调发展，尊重、保障和实现城乡居民的基本权利和自主选择。

农村人口老龄化是当前和今后我国农村经济社会健康发展面临的突出问题。随着农村人口老龄化问题的加剧，谁来种地、怎么种地，谁来养老、怎么养老，谁来治理、怎么治理的问题已经成为新时期解决“三农”问题的重大课题。近些年来，国家对农村劳动力老龄化问题已经给予了高度关注。2012 年，党的十八大明确提出推动城乡发展一体化。中央农村工作领导小组办公室、中央政策研究室、全国人大农业与农村委员会等 6 部门专题研究“谁来种地”的战略议题。2013 年中央农村工作会议又进一步探讨了如何解决“谁来种地”问题。2014 年中央农村工作会议又明确提出

* 原载《湖南警察学院学报》2015 年第 4 期。

“人的新农村”建设的重要命题。

学界对于农村和农业劳动力老龄化问题及其影响也进行了诸多研究。例如，李澜、李宗才、李昱等人通过对农业劳动力老龄化现状进行数据梳理分析后，认为农业劳动力老龄化总体上不利于农业生产发展，是推进现代农业建设的重要障碍因素。杜鹏、白南生、周春芳等人的研究表明，农村劳动力的大量外出和迁移显著增加了农村老年人农业生产、劳动时间。这对老年人来说并不是好的晚年安排，对其健康和生活质量都有较大的负面影响。

北京作为特大城市，郊区农村劳动力老龄化问题十分明显。2014 年 5 月，我们利用北京市农村经济研究中心农村观察点对北京市农村老年劳动力状况进行了问卷调查，本研究结合 2000 年和 2010 年北京人口普查资料，对北京市农村劳动力老龄化的现状、存在的问题、问题产生的原因进行了初步分析，并提出相关政策建议。

一　北京市农村劳动力老龄化现状及存在的问题

1. 北京市农村劳动力就业结构多元，老龄化程度相对较低

北京作为超大城市，农村劳动力就业结构多元、老龄化程度相对较低。根据 2010 年全国第六次人口普查数据，2010 年北京市 16 岁以上农村常住人口共 238.2 万人，其中劳动力（在业人口）数量为 150.7 万人，仅有 28.6% 的人从事农林牧渔业。农村劳动力中，45 岁以上农村老年劳动力所占比例为 36.6%，60 岁以上农村老年劳动力所占比例为 4.7%，中位年龄为 40.2 岁。与全国平均水平相比，北京从事农业的劳动力所占比例低，农村劳动力老龄化程度低。与上海、天津、重庆相比，北京农村劳动力老龄化程度高于上海，但低于天津和重庆（见表 1）。

北京市农村劳动力就业结构多元，老龄化程度低，其原因主要是北京农村在地理位置上的绝对优势。一是北京近郊（城乡接合部）带有半城市的色彩，是外来务工人员的聚居地，与之配套的衣食住行等服务业发达；二是北京农村可以就近承接城市第二、第三产业扩散，吸纳农村剩余劳动力。这两方面特点使得北京农村劳动力不以农业生产为主，而是就地实现

向第二、第三产业的转移，许多脱离农业劳动或农业兼业化。另外，年龄结构相对年轻化的外来人口伴随产业转移而不断流入北京农村。

表 1　典型地区农村劳动力老龄化情况

单位：%，岁

地区	从事农业劳动力所占比例	45+农村老年劳动力所占比例	60+农村老年劳动力所占比例	中位年龄
北京市	28.6	36.6	4.7	40.2
上海市	15.2	33.6	5.2	38.1
天津市	63.8	41.8	8.4	41.6
重庆市	80.5	54.5	20.5	46.6
全　国	74.8	41.3	11.0	41.5

数据来源：2010 年北京、上海、天津、重庆四省市人口普查资料长表数据。

2. 北京市农业劳动力以 45～60 岁为主，面临“无人接班”的难题

北京市农业劳动力老龄化程度不断加深，45 岁以下年轻劳动力锐减，45～60 岁老年劳动力成了北京市农业生产的主力。从图 1 的农业劳动力人口金字塔中可以看出，2000～2010 年，北京市除 55～59 岁年龄组的农业劳动力增加外，其他年龄组的农业劳动力均有不同程度的减少，其中 45 岁以下农业劳动力减幅均超过 50%。同时，25 岁以下青年人代表着新进入农

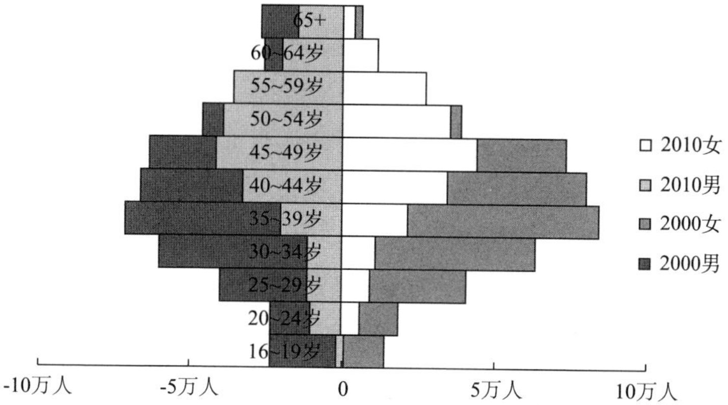

图 1　2000 年和 2010 年北京市农业劳动力人口金字塔

数据来源：北京市统计局等编《北京市 2010 年人口普查资料》，中国统计出版社，2012；北京市统计局等编《北京市 2000 年人口普查资料》，中国统计出版社，2002。

业行业的劳动力群体，这部分人在农业劳动力中所占比例也从2000年的8.6%下降到2010年的4.3%。具体到农业劳动力老龄化指标上，2010年北京市45岁以上农业老年劳动力所占比例达到60.1%，比2000年提高23.5个百分点；60岁以上农业老年劳动力所占比例为11.1%，比2000年提高6.4个百分点；中位年龄为47.6岁，比2000年增加了7岁。依此态势，北京市农业劳动力老龄化程度将进一步加深，速度可能更快。

与我国其他地区相比，2010年北京市45岁以上农业老年劳动力所占比例比全国平均水平高出13个百分点，农业劳动力的中位年龄比全国平均水平高3.6岁。北京农业劳动力老龄化程度仅低于浙江、江苏、上海和重庆。（见表2）

表2　2010年不同省份农业劳动力老龄化情况比较

单位：%，岁

排名	省份	中位年龄	45+比例	排名	省份	中位年龄	45+比例
	全国	44.0	47.1	16	西藏	44.2	25.2
1	江苏	53.1	69.5	17	河北	43.2	45.2
2	浙江	52.8	71.8	18	山西	43.9	47.0
3	上海	50	65.2	19	江西	43.9	46.8
4	重庆	49.8	60.9	20	河南	42.7	43.7
5	北京	47.6	60.1	21	内蒙古	42.6	45.1
6	湖北	46.2	53.5	22	贵州	42.1	43.2
7	福建	45.5	51.4	23	广西	41.9	43.6
8	安徽	45.4	51.0	24	吉林	41.6	41.1
9	四川	45.3	50.7	25	甘肃	41.4	39.1
10	山东	45.1	50.3	26	黑龙江	40.8	38.3
11	天津	45.0	50.1	27	海南	40.2	37.0
12	辽宁	45.0	50.0	28	云南	40.0	35.9
13	湖南	44.7	49.2	29	宁夏	39.3	36.7
14	陕西	44.5	48.5	30	青海	37.3	29.1
15	广东	44.4	48.2	31	新疆	36.9	28.6

数据来源：2010年31个省份人口普查资料长表数据。

3. 北京市农业劳动力老龄化程度存在较大的地区差异

由于不同农村存在经济基础、地理条件、资源禀赋以及人口、文化上的不平衡，在发展过程中获得的机遇和回报并不均等，农村和农业发展的分层分化日益明显。如所调查农村中，怀柔区宝山镇杨树下村常住人口仅有84人且全部是户籍人口，海淀区四季青镇香山村常住人口则达到4.8万人，其中有4万人是外来人口；怀柔区北房镇大罗山村人均纯收入为1200元，而密云县十里堡镇杨新庄村人均纯收入达到3.5万元。

同时，北京市农业劳动力老龄化程度也存在大的地区差别。在北京市农村劳动力综合状况调查的76个村中，有2个村50岁以上农业老年劳动力所占比例低于10%，12个村50岁以上农业老年劳动力所占比例低于20%，28个村50岁以上农业老年劳动力所占比例超过50%，15个村50岁以上农业老年劳动力所占比例超过60%。其中，昌平区小汤山镇南官庄村50岁以上农业老年劳动力所占比例最低，仅为6.2%；门头沟区王平镇西马各庄村所占比例最高，达到91.9%。

4. 北京市农业老年劳动力收入相对较低

虽然北京市农村劳动力就业结构日趋多元，但老年劳动力仍主要从事农业生产活动。根据2010年北京市人口普查数据，北京农村有110.0万45岁以上常住人口，其中有50.0%的人在业，在业人口中有48.2%从事农业劳动；有40.4万60岁以上老年人，其中有17.6%的人在业，在业人口中有67.8%从事农业劳动。北京市农村老年劳动力综合状况调查数据也显示，被调查农村老年劳动力中有63.0%是全职农民或以农业为主、兼营他业。

可以说，农村老年劳动力是北京市农业生产的主力，农业劳动也是北京市农村老年劳动力赖以为生的主要工作。但调查发现这部分人口的收入状况不容乐观，既低于北京市农村非农行业老年劳动力收入，也低于北京市农村居民家庭人均纯收入。根据北京市农村老年劳动力综合状况调查数据，78.6%的农业老年劳动力收入不到1.5万元，有29.3%的农业老年劳动力收入不足5000元；相比较来看，农村非农行业老年劳动力的这一比例分别为39.5%和8.1%，远低于农业老年劳动力。从家庭年平均收入来看，2013年农业老年劳动力的家庭年平均收入为24163.5元，非农行业老年劳动力的家庭年平均收入达到38251.1元，而北京市农村居民家庭年平均收入已达到4.5万元。从具体收入类别来看，主要与农业老年劳动力的家庭非农职业收入，出租房子或转包土地收入，从集体或农民专业合作组织得到的利息、股息、红利收入低有关（如图2所示）。

另外，60岁以上农业老年劳动力收入状况更差，不到1.5万元的达到92.6%，其中有38.5%收入不足5000元。

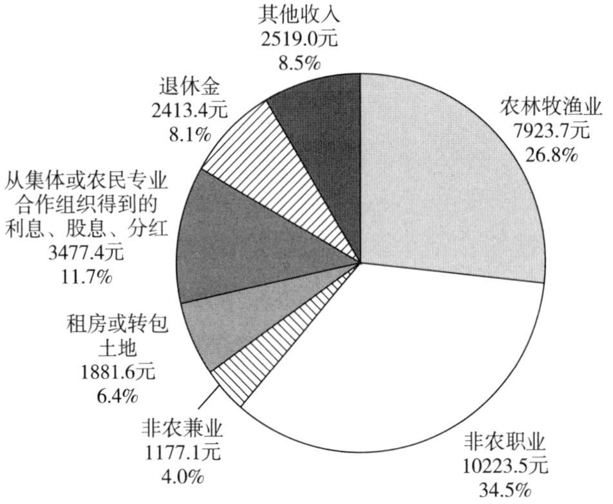

农业老年劳动力

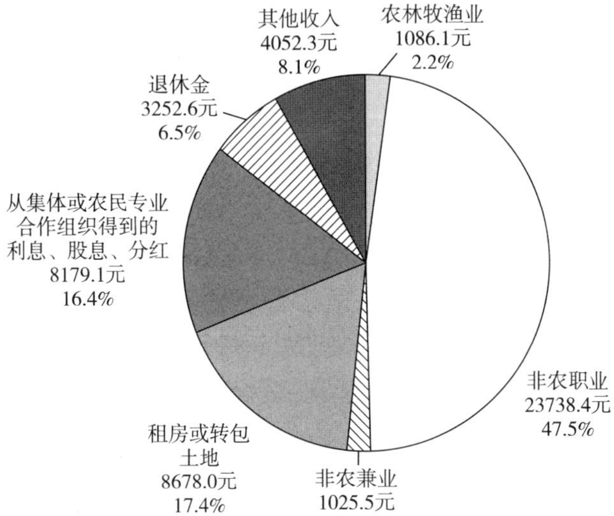

非农业老年劳动力

图2　北京农村农业和非农行业老年劳动力收入类别

数据来源：2014年北京市农村老年劳动力综合状况调查。

5. 北京市农业老年劳动力健康状况堪忧

从健康方面看，农业老年劳动力健康状况较差，伴随年龄增加，农业老年劳动力健康状况下降。北京农业劳动力中仅有45.3%的农业老年劳动力自报健康状况良好，而60岁以上农业老年劳动力中，仅有33.6%自报健康状况良好。具体到患慢性病比例上，农业老年劳动力中有38.1%患有高血压，38.0%患有肝胆或膀胱类疾病，18.2%患有关节炎或风湿病，8.3%患有心脏病，8.9%患有呼吸系统疾病；而60岁以上农业老年劳动力中，有41.3%患有高血压，45.4%患有肝胆或膀胱类疾病，26.6%患有关节炎或风湿病，9.2%患有心脏病，10.1%患有呼吸系统疾病。

6. 北京市农村老年劳动力土地流转意愿较强

北京市农村老年劳动力的土地流转比例较低但流转意愿较强。根据北京市农村老年劳动力综合状况调查结果，农村72.0%的老年劳动力家里有土地，绝大部分土地拥有量在3亩以内（占57.4%），超过10亩的不足10%（占7.4%），平均拥有土地量为4.59亩。有土地的老年劳动力中，有69.5%自己经营，约有26.0%将土地流转出去，其中14.7%转包给农民专业合作组织，6.4%转包给其他农户，5.0%转包给企业；有69.1%愿意将土地流转出去，30.9%不愿将土地流转出去。愿意流转土地的老年劳动力中，有34.0%已经实现了土地流转，不愿流转土地的老年劳动力中有91.4%自己耕种。从自己耕种土地的老年劳动力角度来看，有40%不愿流转土地。

不愿流转土地的原因可以分为三类。一是以种地收入为生，一方面认为土地流转不如自己耕种收入高，土地流转出去意味着收入减少；另一方面认为自己除了种地不会干别的，土地流转出去自己就失业了。二是仍具有自给自足的小农思想，一方面认为土地是自己的，就要自己耕种，要留给后代，不愿意把自己的土地交给别人；另一方面认为可以锻炼身体，种无污染的粮食蔬菜，自己吃安心，还增加了生活乐趣。三是没有流转途径或土地太少不愿折腾。

7. 超过一半农村老年劳动力不愿离开农村，农村养老问题值得关注

北京市农村老年劳动力综合调查结果显示，大多数农村老年劳动力没有城市务工经历（81.6%），即使有过务工经历，也主要从事低端的建筑行业和制造业（分别占36.8%和13.1%），在城市生活成本高、没有合适

工作的推力，以及家庭团聚的拉力作用下回到农村。他们到城市定居的意愿较低（有60.9%的农村老年劳动力表示不愿意到城市定居，其中在农村从事第二、第三产业的老年劳动力不愿到城市定居的比例要高于农业老年劳动力），原因包括城市生活成本高（30.7%）、留恋农村生活（21.4%）、交通空气问题（19.5%）、房价高（19%）等，这一意愿伴随老年人年龄增加呈现进一步减弱的趋势。同时农村老年劳动力的土地流转意愿与城市定居意愿并没有显著相关性，也就是说，即使农村老年劳动力将土地流转出去，也不一定愿意到城市生活。

目前北京市农村老年劳动力面临经济、生活、精神等方面的养老问题，根据调查，他们的子女数已减少到1～2个（占比87.8%），家庭规模的缩小和代际居住距离的增加不可避免地削弱了传统的家庭代际照料程度。在这些老年人或准老年人中，有27.5%的农村老年劳动力对社会化养老服务寄予希望，同时他们中有一部分想到城市生活，也有想要继续生活在农村的，未来该如何安置这些老年人以及如何保障农村社会养老服务供给等问题应受到政府和社会关注。

二　对北京市农业劳动力老龄化的原因分析

北京市农业劳动力老龄化程度不断加深，其原因是多方面的，既受公共政策性影响，如城乡二元体制等，也有经济发展之必然，主要体现在农业劳动力的非农转移上，其他原因还包括农地收入、传统的“小农”思想、土地流转困难等。

1. 农村人口低出生率和恶农思想共同导致“农业接班人”流失

首先，北京农村人口低出生率减少了潜在的农业接班人数量。我国从20世纪70年代初大力推行计划生育政策，人口出生率从1969年的34.1‰急剧下降到1979年的17.8‰，同一时期总和生育率从4.5下降到2.8，到20世纪80年代人口出生率稳定在20‰左右，总和生育率稳定在2～3，1991年以后我国总和生育率开始低于更替水平（2.1），进入了低生育率时期。根据第六次人口普查数据，2010年我国总和生育率已下降到1.2，而北京市则是全国总和生育率最低的地区，仅为0.7。本次调查结果也发现，北京市农村老年劳动力子女数量平均为1.72个，有3个以上孩子的所占比例仅为2.6%。45～50岁老年劳动力子女数量平均为1.4个，仅有1个子女的所占比例为62.5%，无人有3个以上子女。

其次，恶农思想直接减少了选择进入农业行业的青年人数量。根据2000年和2010年北京市人口普查数据推算，2000年约有8万16～24岁青年人口进入农业行业，从事农业生产，而到2010年仅有约2万16～24岁青年人口选择农业作为职业。实际上，由于城乡二元结构的影响，“农民”几乎成了一种身份象征，收入不稳定、又苦又累且社会地位低下，不光农村青年人向往到城市生活和工作，他们的父母也寄望子女能摆脱这种枯燥的“面朝黄土背朝天”的生活。中国农业大学调研团队的调研对象就表示“即使农业挣钱，也不愿意从事农业”“会种地也不种地”。

恶农思想的根本原因就在于城乡二元体制禁锢下的城乡差别、工农差别，包括工资收入、生活条件以及社会保障、子女教育、住房等公共服务，也正是这些实质性的差别使人们形成了对农村和农业的刻板印象。

2. 第二、第三产业选择性“吸纳”农业青壮年劳动力

根据配第-克拉克定理，伴随经济发展和人均国民收入水平提高，城镇化进程加快，劳动力将由第一产业依次向第二、第三产业转移。转移原因是各产业间出现收入的相对差异。20世纪90年代以前城乡二元户籍管理制度严格限制农业户口转为非农业户口、农村人口流入城市，导致农村和农业积蓄大量剩余年轻劳动力。农村人口可以进城流动后，受劳动力市场需求和收入差异吸引，人口流迁日益频繁，农村居民或离土不离乡，或离土又离乡，进入城镇第二、第三产业从事非农就业。但也正是由于农业劳动力的相对过剩，工业部门作为农业剩余劳动力的雇主，在就业市场处于强势地位，在双向选择的过程中有更多的选择权。与老年劳动力相比，身体素质和文化素质都相对较高的青壮年劳动力往往更受青睐，在就业市场中占据优势和主动。

2013年，我国农民工总量达到2.69亿人，其中外出农民工有1.66亿人，本地农民工有1.03亿人。其中，1980年及以后出生的新生代农民工有1.25亿人，占农民工总量的46.6%，占1980年及以后出生的农村劳动力的比重为65.5%。根据2000年和2010年北京市人口普查数据推算，10

年间北京市约有45万农业劳动力实现转移就业，2000年的20～40岁农业劳动力占到40%左右。另外，有超过50%的2000年的20～40岁农业劳动力在10年间实现转移就业。

3. 农村老年劳动力固守农业或进行填补性的农业劳动

北京市农业劳动力老龄化的原因还包括青壮年劳动力流失后的老年劳动力的固守性或填补性的农业劳动，这部分老年劳动力或仅是不愿流转自己的土地，或已承包经营别人流转出的土地。主要包括以下三类。第一类是固守农业的老年劳动力，这部分人一般没有外出务工，一直从事农业生产，对土地的感情较深，将农业劳动作为自己谋生的职业。第二类是返乡或退守农业的老年劳动力，这部分人曾经实现过转移就业，但因为就业市场的劣势地位、难以融入城市生活、家庭团聚等而重返农村，出于家庭理性和经济利益考虑继续从事农业生产，维持生计。第三类是填补性的老年劳动力，有过去以家务劳动为主的女性老年劳动力，也有外来务农人员。其中，有数据显示，2012年北京市的外来务农人员已经达到12万人（实际人数可能要大于这个数量），有效填补了北京农业劳动力缺口，成为不可取代的务农新群体。

但值得注意的是，北京市农村老年人并没有作为填补性劳动力加入农业劳动生产中，这与全国其他地区情况不同。2010年北京市农村60岁以上老年人的在业率仅为17.6%，远低于40.1%的全国平均水平。这一是与北京市农村老年人财产性收入和社会保障水平较高有关，二是与北京市农地流转比例高有关（2013年北京市流转土地222.7万亩，流转率为49.9%），三是受北方传统文化中崇老敬老思想影响。

三　对策建议

应对北京农村劳动力老龄化问题，需要我们加强法治建设，以法治建设的新成就积极应对农村人口老龄化新问题。以法治建设应对农村人口老龄化，核心内容就是坚持依宪治国，破除城乡不平等的制度体系，建立城乡一体、开放平等的体制机制，尊重、保障和实现城乡居民的基本权利和自主选择，在法治的框架中推进新农村建设和新型城镇化协调发展。具体建议如下。

1. 按照统一公平的现代法治要求，破除城乡二元体制，加快推进城乡一体化

现代法治的基本理念是在全国实行统一、公平、开放的法律制度，尊重、保障和实现城乡居民的基本权利和自主选择。破除城乡二元体制，加快推进城乡发展一体化，是有效应对农村人口老龄化的根本制度保障。2015年4月30日，习近平总书记在主持中共中央政治局第二十二次集体学习时强调，推进城乡发展一体化的着力点是通过建立城乡融合的体制机制，形成以工促农、以城带乡、工农互惠、城乡一体的新型工农城乡关系，目标是逐步实现城乡居民基本权益平等化、城乡公共服务均等化、城乡居民收入均衡化、城乡要素配置合理化，以及城乡产业发展融合化。加快推进城乡发展一体化的核心，就是要改革城乡二元体制，废除城乡不平等的制度安排，建立城乡平等的公共政策，实现城乡居民权利平等。通过城乡一体化改革，一方面使农民不再是一种不平等的户籍身份，而是一种平等的职业身份；另一方面使农民这种职业与其他所有职业一样，平等向全体人员开放，农业不再是传统户籍农民才能从事的封闭性产业，而是所有人都可以选择的现代开放性产业。此外，通过改革，使农业成为有希望的体面产业，使农民成为有尊严的现代劳动者。要围绕上述目标，全面深化包括户籍制度在内的各项改革。按照以人为核心的新型城镇化的要求，加快推进农民工市民化，鼓励和帮助城乡居民带着财产和家庭进行双向流动，自由地选择职业和居所，特别是要重点保护家庭的价值，切实让城乡居民在城乡之间自主追求人生理想和幸福生活。

2. 按照创新农业经营主体的要求，加快培养新型职业农民

加快培养新型职业农民是有效应对农村人口老龄化的人力资源保障。“有文化，懂技术，会经营”的新型职业农民是与现代农业的规模化、集约化生产经营相适应的，要加快建立新型职业农民制度。北京市目前的农业劳动力平均年龄大、受教育程度低、科技与创新能力不足，仍属于体力型和传统经验型农民。首先，在稳定现有农业劳动力群体、提高其科学种田技能、营销拓展能力的基础上，加大对专业大户、家庭农场经营者、农民合作社带头人、农业企业经营管理人员、农业社会化服务人员、返乡农民工的培养培训力度。其次，依托北京市郊区这一特殊位置和有利条件，促进第一、第二、第三产业整合发展，大力发展休闲农业和乡村旅游业这一郊区农村经济新的增长点，鼓励和帮扶农业劳动力开展多种形式的休闲旅游观光采摘营销模式，切实提高农民的农业就业收入。再次，高度重视外来务农人员的重要作用，非京籍外来务农人员已逐渐成为北京市农业劳动力的重要组成部分，是应对农业劳动力老龄化最直接的重要力量，各级各部门要从现代农业发展的战略高度，妥善解决其农地经营权、基本公共服务等诸多现实问题，维护外来务农人员的基本权益。最后，着力吸引一批拥有农业学科背景、立志农村经济发展的青年农业接班人加入北京农业行业中，大力培育“现代农业创客”，为他们加快成长为京郊现代农业的“新农人”创造条件、提供服务，推动新时期“互联网＋农业”的大发展。

3. 按照发展农业适度规模经营的要求，加快引导农村土地经营权有序流转

加快引导农村土地经营权有序流转可以将分散的土地集中化，这有利于农业从劳动密集型向资金技术密集型转变，是有效应对农村人口老龄化的现代农业保障。从本文调查结果可以看出，北京市农村居民具有较强的土地流转意愿。根据2014年11月中共中央办公厅、国务院办公厅印发的《关于引导农村土地经营权有序流转发展农业适度规模经营的意见》，坚持农村土地集体所有，实现所有权、承包权、经营权三权分置，引导土地经营权有序流转，坚持家庭经营的基础性地位，积极培育新型经营主体，发展多种形式的适度规模经营，巩固和完善农村基本经营制度。一要加强农村土地承包经营权流转的管理与服务，为农民自愿流转土地提供有效的服务指导，尤其应重点帮助有意愿耕种土地的小部分种植大户获得流转土地。二要建立健全土地承包经营权市场，完善农村产权交易，鼓励和规范农民以转包、出租、互换、转让等多种形式流转土地承包经营权。三要建立农民土地流转价格合理增长机制，确保承包农户和经营者的共同利益。四是要把建立健全农业社会化服务体系作为农业适度规模经营的重中之重，克服片面理解和追求农业生产规模的倾向，同时要切实提高农村社会支持政策的针对性，包括为老年农业劳动力提供农业生产实用技术和技能，完善农业生产的产前、产中以及产后的生产资料与品种供给服务，建立农业存量劳动力交流信息平台等。

4. 按照实现城乡基本公共服务均等化的要求，加快提高农村居民社会保障水平

提高农村居民社会保障水平是实现城乡基本公共服务均等化的重要组成部分，也是有效应对农村人口老龄化的社会福利保障。从城乡方面来看，目前北京市已经建立了城乡一体的居民养老保险制度和居民大病医疗保险制度，但农村老年人受累积劣势影响，大部分只领取城乡居民老年保障福利养老金，仅大病可以在起付线以上报销部分医疗费用，另外农村居民最低保障标准也要低于城市居民。从行业方面来看，农业这个产业并未建立由职工基本养老保险、基本医疗保险、工伤保险、失业保险和住房公积金组成的保障制度。当前要着力完善农村人口的社会保障和社会福利，保障农业老年劳动力的收入和健康福祉，提高农村老年人的养老服务水平。一是建立涵盖农业在内的新型社会保障制度，使职业农民能与其他行业就业人员一样享受均等的社会保障待遇。二是进一步完善村级医疗服务，做好农村老年劳动力的慢性病预防与控制，并逐步为农村中老年人提供完善的医疗保健服务。三是鼓励各村级社区根据本村实际情况提供农村养老服务，总结现有农村养老服务模式的特点、适用性及可行性并加以推广，构建以村为中心的老人集中居住模式，鼓励空巢老人到集中居住区集中居住，完善居家养老服务体系，提高养老服务质量和水平。此外，要以服务为导向，大力发展健康养老服务产业。

5. 按照留住乡愁的文化理念，尊重老年人的劳动权利和耕种意愿

对于很多农业老年劳动力来说，种地不仅是为了维持生计，它已经成为一种习惯性的劳动，一份对传统生活的追思，一项愉悦身心的锻炼。而实际上，这也是“乡愁”的一种，是乡村的农耕文明在不断被城市的工业文明冲击后的自我保留，体现了老一代人对土地深深的眷恋和依赖，也是农业文明不断延续与发展的重要体现。按照留住乡愁的文化理念，这份固执和留守是应该被包容和尊重的。当农田机械化生产、组织化管理、市场化运营成为一种常态，仍有这样一群愿意面朝黄土背朝天、精耕细作、自给自足的小农，对曾经祖祖辈辈这样生活的炎黄子孙难道不是一笔宝贵的看得见的精神财富吗？对于这部分老年人群体，我们应当理解他们的生活方式，尊重他们的自由选择，提供相应的农业技术支持与公共服务，尽量降低农业老年劳动力的农业劳动强度，维护老年人的劳动权利和耕种意愿，保证他们享有健康幸福的晚年。

6. 按照人口可持续发展规律的要求，加快调整完善计划生育政策

长期以来，北京是执行计划生育政策最严格的地区之一。现在，北京也是人口老龄化最严重的城市之一。任何一项公共政策经过长期的严格执行后，都可能产生新的问题，需要与时俱进地进行改革与完善。实行30多年的计划生育政策，加速了人口老龄化，已经使人口结构发生了历史性的重大变化。我们需要实事求是地正视农村人口老龄化严重问题，加快调整计划生育政策。建议在实行“单独二孩”政策的基础上，尽快推行“全面二孩”政策，尊重和保障农村居民的生育权，实现人口的正常繁衍和可持续发展。要制定家庭保护法律法规，基层计生机构要与时俱进地转型为家庭保障机构，全面强化家庭保健服务。

参考文献

[1] 李澜、李阳：《我国农业劳动力老龄化问题研究——基于全国第二次农业普查数据的分析》，《农业经济问题》（月刊）2009年第6期。

[2] 李宗才：《农村劳动力老龄化研究及对策》，《科学社会主义》2007年第6期。

[3] 李旻、赵连阁：《农业劳动力“老龄化”现象及其对农业生产的影响——基于辽宁省的实证分析》，《农业经济问题》（月刊）2009年第10期。

[4] 杜鹏、丁志宏、李全棉等：《农村子女外出务工对留守老人的影响》，《人口研究》2004年第6期。

[5] 白南生、李靖、陈晨：《子女外出务工、转移收入与农村老人农业劳动供给——基于安徽省劳动力输出集中地三个村的研究》，《中国农村经济》2007年第10期。

[6] 周春芳：《发达地区农村老年人农业劳动供给影响因素研究》，《人口与经济》2012年第5期。

[7] 姜向群、刘妮娜：《我国农村老年人过度劳动参与问题研究》，《中州学刊》2013年第12期。

[8] 查瑞传：《查瑞传文集》，中国人口出版社，2001。

[9] 朱启臻、赵晨鸣：《农民为什么离开土地》，人民日报出版社，2011。

[10]〔英〕克拉克：《经济进步的条件》，商务印书馆，1940。

新型城市化要着力保护家庭*

张英洪

传统城市化的重大弊端之一，就是对千千万万个家庭的严重破坏。新型城市化要着力保护家庭，核心是要加快推进农民工市民化，实现农民工从个体进城打工到家庭进城定居的重大转变。只允许农民进城打工，却不允许农民工进城定居成为新市民，这严重破坏了中国家庭，挫伤了社会公平正义，扭曲了城市化的内在要求，背离了社会文明进步的基本准则。

传统城市化发展模式形成的农民工体制和农民工现象，造成了两种严重的社会病。一是“农村病”。随着青壮年农民进城打工，农村普遍出现了留守儿童、留守妇女、留守老人“三留守”社会问题。二是“城市病”。2 亿多农民工常年在城镇打工，为城市的发展贡献了巨大力量，但他们不能融入城市成为城市新市民，从而形成了新的城市内部二元结构，这是最突出的中国“城市病”。“农村病”和“城市病”，都是传统城市化发展模式之病。传统的城市化发展模式，对家庭特别是对农村家庭造成了空前的巨大冲击与无情撕裂，造成了广大农村普遍的妻离子散、母子分离现象。农村的“三留守”问题以及城市中的农民工问题，都是对家庭的严重破坏，是畸形的传统城市化发展模式的直接产物。新型城市化必须坚决告别破坏家庭的发展方式，着力构建有利于保护家庭的公共政策制度体系，尽快修复被畸形城市化破坏了的家庭的基本功能，重塑中华家庭美德，复兴中华文明。

---

* 原载《城市化》2015 年第 7 期。

几十年来，我国的大城市都在一贯执行“严格控制大城市规模”的外来人口控制政策，至今仍然没有得到根本的改变，只是找到了“城市病”这个新的排斥外来人口的借口。其实，越是特大城市，农民工等外来人口就越多，也就越要深化改革，推进农民工等外来人口市民化。解决特大城市人口膨胀的正确办法，绝不是以过去的计划经济手段强制排斥和驱赶农民工等外来人口，忽视甚至损害公民的基本权利，而是在尊重市场经济规律和城市化规律的前提下，通过疏解城市功能、推进产业结构调整和城市空间布局的优化，从而引导人口的正常流动，尊重和保障公民的基本权利和自由。在建设法治中国的时代潮流中，任何城市都不得以任何借口忽视或减损宪法赋予公民的基本权利。

在新型城市化中解决农民工问题，必须着眼于保护农民工家庭的正常生活，维护家庭的基本功能。国家政策应当明确允许和鼓励农民工实行家庭式迁移定居生活，从根本上保障农民工夫妻相伴、子女相随、父母团聚、阖家幸福。新型城市化要真正有效保护家庭，必须深化两个基本方面的体制改革。一是在城镇方面，要建立农民进得来、住得下、生活得了且能成为新市民的制度体系。这就必须加快建立覆盖全部常住人口的城镇基本公共服务体系，只要在城镇就业的农民工及其家庭，都享有该城镇基本公共服务，不得有任何歧视。农民工在城镇只要一人就业，就可以实行全家迁移居住，有关部门应当及时进行相关人口登记和基本公共服务的全面有效提供。二是在农村方面，要建立农民出得去、退得了、能自主改变身份和居住方式的制度体系。这就必须加快农村集体产权制度改革，建立农村集体经济组织成员身份正常变换的相关办法，维护和保障农民的集体财产权利。这两方面的改革任务都非常迫切和繁重。从总体上说，就是要建立全国统一、开放、平等的政策制度体系，确保城乡居民在祖国的大地上都公平享有基本公共服务，同时又实现基本公共服务在全国城乡范围内的可自由接续转移。在现代化进程中，我们伟大的国家不仅在政治上是全国统一的，而且在市场上、在基本公共服务上、在公民基本权利上，都应当是全国统一的。

新型城市化要着力保护家庭，还必须从根本上尽快改变长期推行的计划生育政策。持续三四十年之久的计划生育政策，已经使我国的人口结构发生了根本性的重大变化，特别是人口老龄化等问题凸显，加剧了我国的人口和社会危机。计划生育以传统的计划思维和计划方式强力推进，造成了普遍的基层计生权力滥用问题，扭曲了政府的行为。长期强制推行计划生育，不但从根基上毁灭中华家庭文化，而且还使中华民族生生不息的人口优势面临风险。

任何一项政策的实施，即使刚实施时有其历史合理性，但随着形势的变化，理当与时俱进地进行相应的调整或变革。事实上，随着现代化的发展，特别是工业化、城市化和避孕技术的普及，人们的生育意愿和生育行为发生了与传统农业社会完全不同的重大变化，就是说，即使国家不实行计划生育政策，现代社会的人们已经因为晚婚、晚育以及运用避孕技术而自觉掌握了对生育的重大节制，这与传统农业社会人们无法有效自我控制生育形成了极大的反差。

在治国理政上，我们必须摒弃长期的计划思维和计划方式，树立全新的法治思维和法治方式，尊重和保障公民的基本权利，继承和弘扬中华优秀传统文化，以民之所好，为施政所向，做到民之所好好之，民之所恶恶之。生育权是人的基本权利。当前，在改革计划生育上，我们需要迈出新的一大步，即尊重和保障公民的生育自主权，废止强制性计划生育政策，撤销计划生育机构，将计划生育机构全面转型为家庭健康护理机构；废止《人口和计划生育法》，重新制定家庭保护法，从立法上全面保护家庭，鼓励和奖励家庭生育，全面建立家庭健康保护制度和家庭福利制度，重建中华家庭文明，重塑中华家庭幸福。

家和万事兴，新型城市化应当是保护家庭的城市化。

北京市外来务农人员调研报告*

孙炳耀　张英洪

谁来种地的问题，在经济先进地区特别是大城市郊区更为突出，因为当地农民的务工经商机会更多，其他收入来源更多，种地意愿及动力更弱。这个空白近年逐渐为外来务农人员所填补，成为先进地区特别是大城市郊区农业的一个趋势。外来务农者在城郊农业中的重要性，是一个值得研究的新问题。我们近年对北京外来务农人员进行了一些调研。2014 年 12 月，我们在房山区青龙湖镇果各庄村、延庆县张山营镇胡家营村以及顺义区的北京兴农天力农机专业合作社开展实地调查，对村干部及合作社负责人进行访谈，并做了 15 名外来务农人员个案研究。此前，我们曾于 2013 年在海淀区西北旺镇土井村对 60 户种植大棚蔬菜的外来务农人员进行调研。现将研究的结果报告如下。

一　外来务农人员基本情况

1. 外来务农人员人口数量和规模

据北京市流动人口管理信息平台统计，截至 2012 年 7 月，全市共登记来京务农流动人口 12 万人。这一数值与上海市的情况近似。北京市农村经

---

* 原载北京市农村经济研究中心《调查研究报告》，2015 年 8 月 31 日，第 22 期（总第 179 期）。本文课题负责人为郭光磊，课题组组长为张英洪、孙炳耀，调研组成员为张英洪、孙炳耀、代富国、孟宁宁、康娜、肖国灿、杜影、杨梓灵、石远成，参与资料整理人员为李小强、丁威。

济收益分配统计年报显示，2014年北京郊区农村经济6个经营层次外雇本单位以外农民工人数为130048人，比2013年的136097人减少4.4%，比2012年的163430人减少20.4%。在北京14个涉农区县中，2014年外雇农民工最多的是顺义区，为27852人，占全市总数的21.4%；最少的是延庆县，为1604人，占全市总数的1.2%。另据北京市统计局数据，2013年北京乡村居住半年以上常住外来人口为226.8万人，其中从事第一产业者为5.7万人。上述统计口径的数据差异较大，表明目前我们在这方面的统计工作仍不健全，缺乏统一的口径以及针对外来务农人员的数据采集和汇总制度。

本文采用北京市流动人口管理信息平台的数据，除参照上海的情况外，亦参照了武汉的情况。过去有报道，2005年武汉市有关部门统计，城市郊区务农的外来人员共有5万多人，其中仅洪山区建设乡就有外来务农人员1200户3000多人，种植着上万亩菜地。上海市农业普查数据显示，2010年底上海市直接从事农业生产的外来人员约13万人，占全市农业从业人员的27.6%。其发展到今天，外来务农人员应当有成倍的增长。

关于北京外来务农人员占农业从业人数的比例，则参照2011年全市农业从业人数59.1万人的情况，估算其数值约为17%，即每百名农业从业人员中，有17名为外来务农人员。进一步从劳动时间看，外来务农人员一般全职务农，而本地农民兼业普遍，因此外来务农人员的实际作用要比其人数比例更大。

2. 外来务农人员人口结构

从年龄上看，外来务农人员主要是16~60周岁的男性和16~55周岁的女性劳动适龄人口，分别为6.9万人和4.2万人，共计11.1万人，占来京务农流动人口数量的92.6%；60周岁以上的男性和55周岁以上的女性人口分别为0.5万人和0.3万人，共计0.8万人，占6.7%；此外还有16周岁以下人员0.1万人，占0.8%。从我们两次调研的访谈对象看，老年人及未成年人均随劳动适龄家庭成员一起生活、劳动，形成两代甚至三代人家庭。

其中30~49岁的壮劳动力是外来务农人员的主体。如图1所示，土井村调研样本60户当中，有三分之二属于这个年龄段。

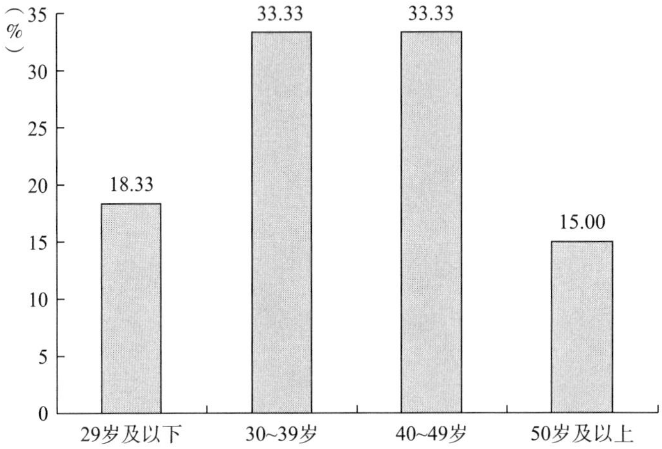

图1　土井村调研样本60户外来务农人员的年龄结构

从性别上看，外来务农人员有男性7.4万人，占来京务农流动人口数量的61.8%；女性4.6万人，占38.2%；男女比例近1.6∶1。

从婚姻情况看，已婚人员为8.8万人，占来京务农流动人口数量的73.4%；未婚人员为3.1万人，占25.8%。离异或丧偶人员0.1万人，占0.8%。

我们两次访谈的75名外来务农人员，大多数都是夫妇共同务农，有的还增加男性家庭成员及亲戚，其原因在于家庭农业特别是长年种植的蔬菜大棚需要较强的劳动力。

从受教育程度上看，小学及以下学历1.3万人，占来京务农流动人口数量的10.8%；初中学历8.7万人，占72.5%；高中学历1.4万人，占11.7%；大学及以上文化程度的有0.6万人，占5.0%，如图2所示。

3. 外来务农人员人口流动区域

外来务农人员来源地区前十位的省份分别是：河北省3.0万人、河南省2.5万人、山东省1.1万人、四川省0.8万人、安徽省0.6万人、黑龙江省0.5万人、湖北省0.4万人、内蒙古自治区0.4万人、山西省0.3万人、江苏省0.3万人。这十个省份在京务农流动人口合计9.9万人，占来京务农流动人口数量的82.5%，如图3所示。

外来务农人员在北京的区域分布情况为：首都功能核心区（东城、西城）共有来京务农流动人口0.1万人，占来京务农流动人口数量的0.8%；

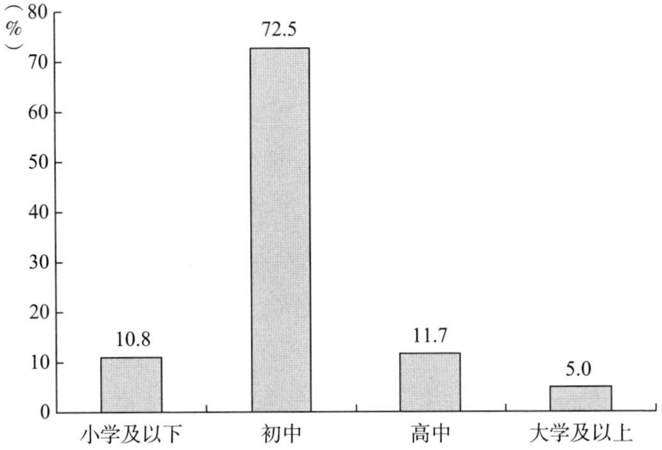

图 2　北京市外来务农人员受教育程度

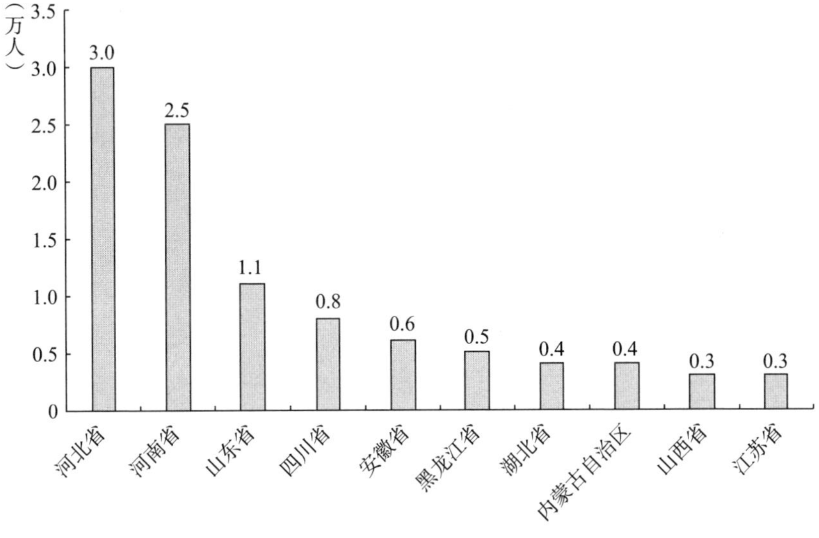

图 3　北京市外来务农人员主要来源地区

城市功能拓展区（朝阳、海淀、丰台、石景山）共有 4.1 万人，占 34.2%；城市发展新区（大兴、通州、顺义、昌平、房山）共有 6.7 万人，占 55.8%；生态涵养发展区（门头沟、怀柔、平谷、密云、延庆）共有 1.1 万人，占 9.2%。

从户籍性质看，外来务农人员存在从外地城镇向北京农村流动的现象。他们当中农业户口人数为 10 万人，占来京务农流动人口数量的 83.3%；非农业户口为2万人，占16.7%。这部分非农业户口的外来务农人员，来源于外地城镇，是值得关注的一个人群。

4. 外来务农人员来京时间

目前对外来务农人员的统计缺乏来京时间指标。从我们调研的个案看，来京时间长的有20多年。例如，来自河北43岁的霍志伟夫妇俩在延庆县张山营镇黄柏寺村种植药材22年。在海淀区西北旺镇土井村接受访谈的60名外来务农人员中，在京居住时间最少的也有4年，最多的有20多年，大部分在10年左右。

外来务农人员来京时间并不等于其务农时间，其中有的来京先从事其他职业，而后才转向务农。在海淀区西北旺镇土井村接受访谈的60名外来务农人员当中，78.3%是直接从老家来北京种地的；而其他有15%曾在京打工，6.7%在京做过小生意。

外来务农人员的来京时间与他们当前所在区域和村庄也不一致，他们会在各区县、各乡镇、各村之间流动。其中主要原因在于租地资源的变化，一些农地转为城市建设用地，外来务农人员就会转移到其他地方租地经营。例如，来自河南49岁的王改中，2002年与妻子来到北京，先后去顺义区和丰台区租地务农。后来由于丰台区的土地要收回，2009年夫妇俩又转移到房山青龙湖镇果各庄村。来自河南信阳的张先生1996年开始在海淀区唐家岭租地种菜，后来由于拆迁，2004年转移到海淀区西北旺镇土井村。其实，海淀区西北旺镇土井村的耕地也将转变用途进行建设，届时这些外来务农人员会再次流动到别的村。

二　外来务农人员的农业经营和生计方式

1. 土地流转方式和地租水平

外来务农人员与村集体签订租地合同，获得耕地使用权。海淀区西北旺镇土井村集体耕地的77%由本村村民承包，大约每人2亩，由个人支配使用。其余的土地大约450亩，仍由集体掌握，出租给外来务农人员。村委会在政府设施农业支持下，建设蔬菜大棚，每个大棚规格用地约为1.4亩，其种植面积约为0.9亩。设施条件包括接通供电和机井浇灌用水。外来务农人员视自己家庭经营能力，大多租用1～4个大棚不等，合同一年一签。每个大棚每年租金约8000元，年年租金都在涨。

另一种方式是与本地村民个人签订租地合同，有一年一签的，也有三年一签的。村民每家有几亩承包地，自己不愿耕种，或种不了那么多的，则出租给外来务农人员使用。

较为特殊的是租用二手地，这成为一种新趋势。一些本地或外地的大户或农业企业从村集体或村民个人手中流转较多的土地，并未完全用于自己的农业生产，而是进行简单的整治甚至不做整治，即转手出租给外来务农人员耕种。例如，来自河南42岁的潘建会夫妇来京13年，过去在丰台租村集体耕地6亩，一年前因村里收回土地，他们来到房山青龙湖镇果各庄村，与一次流转用地的私人老板签订合同，二次流转租地4亩，合同期是10年，每亩地租金大约2000元，一年一交。

2. 以家庭经营为主的多种务农方式

外来务农人员有三种不同的从业形式。一是租地自主经营，自主进行生产和销售，获得收入。其中绝大多数为家庭经营，少数为农业投资人和创业者。二是当农业雇工，给村里农业大户或专业合作社当雇工。三是当农业工人，受雇于农业企业。其中第一种形式当中的家庭经营是主要的，我们两次调研的个案，基本上为家庭经营，另有几例为合作社雇工。

外来务农人员的不同从业形式，可从他们的户籍特点管窥一斑。占来京务农人员16.7%的2万非农业户籍人员，应当主要为农业企业工作人员，其中包括农业投资者和创业者。

还可以从外来务农人员的居住方式管窥他们的从业方式。来京务农人员当中有3.3万人住在单位内部（占27.5%，详见表2），必定是农业企业工作人员；住在自购房屋的0.5万人，则多为农业投资人和创业者；住在工作场所、出租房屋以及借住或寄宿的8.2万人（占68.3%），则绝大多数从事家庭农业经营。

外来务农人员的从业方式从一个侧面反映了北京现代农业经营体系的发展。发展多元化经营主体，近年强调经营规模，发展资本、技术密集的集约化经营，农业企业得到较多的政策支持，但实际上其作用仍然不充分，外来务农人员参与的农业，仍然以家庭经营为主。其中原因之一，在于农业企业在劳动管理上不同于其他行业，因此有的企业采取应对策略，套取政策红利大规模流转土地之后，再转手租给外来务农人员进行家庭经营。

3. 外来务农人员家庭农业的产品销售

外来务农人员的家庭农业在农产品销售上仍然采取传统渠道。其蔬菜的销售方式主要有两种。

一种方式是自产自销，即自己出去卖。由于去菜市场卖菜需要收取昂贵的摊位费和管理费，所以这些自产自销的外来菜农只能走街串巷，个别家庭可以联系到饭店的，直接卖给饭店。这些菜农的交通工具一般都是脚蹬三轮车，也有极少数家庭使用摩托车或者小面包车。

另一种方式就是批发给菜贩子，被动地等待菜贩子来菜地收购。菜贩子有的是批发市场的中介，有的则是零售商。他们在菜市场有着自己的摊位，每天交市场管理费，有的交 10 多元，有的 20 多元。菜市场规模不一样，收取管理费金额也不一样。

这两种方式各有利弊，根据多位被访者的回答，整理归纳见表 1。

表 1　外来务农人员家庭农业产品销售方式及其利弊

销售方式	优　点	弊　端
自销	价格相对较高，利润高	时间成本大，自己卖菜耗时间
	节省销售成本（不用去市场交摊位费和管理费）	耗人力、物力和精力（交通工具差，家庭主要劳动力少，费体力）
	销售相对灵活	销售量较小
批发	时间成本，人力和物力成本小（省时间，省体力）	价格低，利润小（批发价比市场价少一倍多，批发商比菜农赚得多）
	销路有保障（不怕卖不出去或者卖不完）	批发商对蔬菜质量要求高
	省事（省去了销售环节）	批发商根据市场的需求收购蔬菜种类，有些蔬菜不收购

4. 外来务农人员家庭农业的收入

我们访谈的个案主要是种植蔬菜的家庭农户，总的感觉是，他们认为来京务农收入不高，但比在家乡务农收入高些。与打工相比，务农收入略低些，但租地较多的外来农户，农业收入与打工收入差不多。北京兴农天力农机专业合作社的农业雇工，工资水平与外来务工人员相当。这解释了他们来京务农的动力，也说明北京的农业经济潜力及比较优势，完全可以通过吸引外来人员来解决没人种地的问题。

在访谈中，收入是一个比较敏感的问题，我们从被访者的访谈资料中选取了15个能反映种菜收入整体水平的个案进行分析。他们种植大棚蔬菜的面积从0.7亩到2.4亩不等，多数为1.3亩，年纯收入从1万元到3万元不等，多数为2万元左右，平均每亩大棚蔬菜的年纯收入为15767元。这表明北京外来务农人员的家庭经营规模还很小，单位面积的收入水平较高。

这一调查结果可与上海的一项调查相互印证。研究显示，上海种植粮食的外来务农人员平均种植面积46亩，计算纯收入3.5万元左右，与外来务工的年工资水平相当。种菜的外来务农人员，大多认为最优规模是6亩多，实际上很少有超过7亩的菜农。调研的一家夫妻自营菜农，种6.6亩大棚蔬菜，夏季种丝瓜，接下来种葛笋、冬瓜与斑豆等，一年纯收入约为7.7万元，平均每亩收益为1.17万元。其收益与外来务工人员相当。

5. 外来务农人员的居住方式

外来务农人员的居住方式有五种，包括住在出租房屋、住在单位内部、借住或寄宿、住在工作场所、住在自购房屋，见表2。除极少数自购住房之外，其他居住方式的外来务农人员在住房支出上较低甚至为零。务农人员租住村民的房子，与市内及近郊租房相比，租金较低。住房与工作场所接近，节省了通勤交通成本。

表2　北京市外来务农人员的居住方式

住所类型	居住人数（万人）	占比（%）
住在出租房屋	4.9	40.8
住在单位内部	3.3	27.5
借住或寄宿	1.2	10.0
住在工作场所	2.1	17.5
住在自购房屋	0.5	4.2

其中有17.5%的外来务农人员住在工作场所，更是零成本的居住。种植大棚蔬菜的外来务农人口家庭，其房租都包含在地租里了。蔬菜大棚的特殊构造包括约10平方米的工具间，普遍被利用起来住人。一家人租种两个或三个大棚，有两个或三个工具间，虽然面积不是很大，但是在北京这样“寸土寸金”的地方，他们自己认为已经很满意了。

6. 外来务农人员的生计策略

与务工相比，务农有着一些附带利益，也是外来务农人员所重视的。除前述住房成本之外，受访者普遍重视家庭农业的工作自主性。他们当年在老家的务农经历，使其已适应这样的劳动，反而不适应企业的工作。

兼业是外来务农人员通常采取的生计策略。除农业收入外，外来务农人员往往还兼做一些零工。农业生产的自然过程会使劳动时间分布不均，农民的经营规模是按照农忙季节的经营能力决定的，因此出现农闲时间可打零工的现象。这比老家优越，因为接近城市，打零工的机会更多些。从事设施农业的农民，生产时间不完全受自然条件局限，打零工的时间相对较少。有的外来务农人员家庭表现为“一家两制”，除务农外，还有部分家庭成员专职务工。表3总结了外来人员选择务农而不是务工所关注的一些因素，其中优势因素比劣势因素更多，对他们更为重要。

受访谈的外来务农人员普遍认为他们可以避免务工存在的许多弊端，包括：务工不自由，受约束；存在拿不到工资的风险；有的工作比较危险；务工通常存在家庭分居；进厂打工的妇女无法照顾身边的孩子。

表3 外来人员选择务农生活所关注的主要因素

务农的优势	务农的劣势
灵活、自雇的生产方式	工作时间不固定，影响做其他兼业职业的长期性
与原来的生活方式相同，原本就是农民，不需要太高的技术门槛	收入受自然灾害、病虫害、市场等因素影响较大
大棚旁有住房，省去租房费用	蔬菜大棚内工作环境差，湿度高，对身体健康影响较大

续表

务农的优势	务农的劣势
农闲时可做临时工，有农业收入之外的收入	前期需要较大生产资料投入
城市消费高，种菜可减少部分生活开支	
大多经老乡介绍而来，老乡之间可交流种菜经验	
对于年龄偏大的农民工是个不错的选择	

三　外来务农人员存在的问题

1. 外来务农人员家庭农业的短期行为

租地合同对农民的经济行为影响很大，成为外来务农人员短期行为的根本原因。城市资本下乡流转土地，往往有较长的合同期。而外来务农人员从事家庭经营的流转合同，往往是一年一签。这种做法可以给村集体以及采取双层策略的农业企业主以更大的弹性，以便到期重新配置土地，甚至以便涨价。事实上，地租几乎每年都在上涨。这样的做法，使外来务农人员觉得经营具有极大的不确定性，很难有长期打算。

外来务农人员在城郊缺乏生活根基，也会影响到生产的短期行为。外来务农人员的生活基础不在城郊，他们当中有的还在不断找机会，甚至寻找打工的机会，说走就走，没有生活上的牵挂。他们的根仍然在老家，随时可以回去。而且，老家也有不少因素，会影响到他们，如家乡的老人不能种地了，甚至需要照顾了，他们就会回去。

从外来务农人员生命周期的生计安排看，他们目前也缺乏在北京生活的长期打算，这会影响到他们的经济行为。他们没有把这里的农业当成终身事业来做，而是为了适应某个阶段自己具体情况的安排，将其作为一种过渡。

短期行为对农业产生的不良影响是明显的。其一，外来务农人员家庭经营通常只从事一年生作物的种植，而多年生作物，如果树，由于合同的不确定，外来务农人员缺乏积极性，很少经营，这限制了外来务农人员的经营范围。其二，短期行为使他们不关心农业生产的可持续性，不关注涵养地力，容易产生掠夺性生产。其三，由于外来务农人员大都是短期行为者，缺乏长远打算，整体上农业经营就难上水平。

2. 外来务农人员的农产品质量意识薄弱

安全食品的源头在于农产品质量。上海九三学社在一次考察外来务农人员的调研活动中，就提出外来务农人员与城市安全食品的问题。城郊农民的产品基本上都被卖到城里，考察者担心其生产行为只追求产量和产品卖相，忽视内在质量，出现安全隐患。

外来务农人员缺乏产品质量意识，也没有感受到来自政府或社会化服务力量进行产品质量监管的压力。我国安全农产品的监督通常设在流动环节，在市场上进行抽查，成为事后监督，有问题再回溯生产者。然而按照当前外来务农人员产品销售方式，不能进行产品溯源，这会影响生产者的质量责任心。缺乏生产环节的监督，外来务农人员感觉不到压力，不利于形成安全食品意识。

品牌是产品的身份证，高品质的产品，需要有品牌来进行标识。外来务农人员的产品，普遍没有品牌。他们是小规模经营，自己做不了品牌，也没有能力做品牌，难以形成产品质量意识。

外来务农人员对生态农业不感兴趣。原因之一，在于品牌的缺失，消费者无法识别优质产品，内在质量好的生态产品卖不出好价钱。根本原因在于他们的短期行为，生态产品生产需要有植保技术的经验积累，需要得到消费者的认可，这都是一个较长时间的过程，需要有长期的努力。

3. 外来务农人员的农业技术不足

外来务农人员大多原来就有务农经验，有在老家形成的农业技术。其中有的在老家就是专业生产。例如，来自河北安国市43岁的霍志伟，在当地祖辈即做药材，来到平谷区峪口镇胡家营村种植中药，有现成的经验。但更多的外来务农人员缺乏专业种植经验，需要重新学习。

外来务农人员在专业合作社或农业企业工作，可以得到较充分的培训。例如，北京兴农天力农机专业合作社发展草莓种植，就雇用了懂技术的师傅，对其他雇工进行培训。雇主出于自己的经济利益，有较强的动力来加强对雇工进行技能培训。

进行家庭经营的外来务农人员，为了适应生产需要，创新生产项目，也需要不断学习。但他们大都缺乏必要的学习条件。从我们调查的外来农户情况看，普遍技术老化。他们学习技术的方式，主要是自己积累经验，也在小范围内相互交流经验，技术成长赶不上生产发展需求。例如，来自河南郸城县42岁的潘建会提到，自己想种些其他品种的蔬菜，但是由于不懂技术，周围人也不懂，所以一直都不敢种，怕赔本。他很希望在这方面能得到一些种植技术服务，这样他就可以种一些经济价值更高的蔬菜。

4. 外来务农人员家庭农业缺少社会化服务

在农业推广方面，外来务农人员处于边缘人群位置。政府的农技推广体系，有着按照行政渠道运作的逻辑。一些涉及农业推的项目，首先考虑的是本地农民，没有把外来务农人员纳入政策范围。有的惠农政策也向外来务农人员开放，但由于他们在当地社会资本的缺乏，争取项目的能力有限，所以获得项目支持的人数很少。

在供销服务方面，外来务农人员都是直接面对市场，完全没有社会化服务。他们的农资从零售商购买，没有组织起来开展团购。农产品销售仍然采取最传统的方式，在大市场面前十分被动。由于不了解市场，生产的品种选择有盲目性；缺乏自己的合作组织，在销售过程中没有规模优势，缺乏讨价还价能力。政府通过扶持合作社、支持农超对接等方式促进农产品销售，但这些措施很难惠及外来务农人员。

在信贷服务方面，外来务农人员面临的金融限制比本地农民更为严重，政策性小额信贷只面对本地农民；由于外地务农人员没有建立合作社，不能利用专业合作社办信用合作的政策。他们用于农业生产的原始投入主要靠过去的积蓄，包括曾经务工、经商形成的资金，将其转而投入农业，因此投入规模往往很小，需要向亲戚朋友借钱进行农业生产资金周转。

在农业保险方面，受访的外来务农人员反映较为强烈。特别是房山青龙湖镇果各庄的菜农，因为2012年7月21日北京遭遇特大暴雨，房山受灾尤为严重，他们对农业保险更为重视。调查发现几乎每户都遭受了或多或少的损失。政府支持的农业保险项目虽然面向外来务农人员开放，但他们均未参加，不了解甚至不知道有这样的政策。

5. 外来务农人员缺少公共服务

外来务农人员存在一般外来工所共同面临的公共服务缺失问题，而且表现得更为突出。家庭农业由于有较固定的居住和生产条件，很多外来务农人员拖家带口，有未成年子女的，大多数带在身边，放在老家的较少，这就使他们在子女教育等方面的公共服务需求更为强烈。

在子女入园方面，家长主要担心附近私立幼儿园的教学水平，但他们又没有办法将子女送入公立幼儿园或者条件较好的私立幼儿园，因此绝大多数父母最终只能无奈地将子女送入附近的私立幼儿园就读。

在子女入学方面，根据北京市教委发布的《关于2015年义务教育阶段入学工作的意见》，非京籍学生在京借读需具备“五证”。对于外来务农人员，由于没有具体的工作单位，在京务工就业证明的办理十分困难。很多家长迫于无奈只能选择让孩子在打工子弟学校就读。有的家长认为子女所接受的小学教育质量十分重要，当在城市拥有较好教育条件的学校无望时，便选择让子女回老家上学。

在高考升学方面，由于存在异地参考的限制，父母为了避免中学教育与高考的脱节，影响子女的考试成绩，他们会选择让子女回乡上学，部分家长因此选择回乡。

在医疗方面，外来务农人员在老家参加社会医疗保险，而他们的日常生产生活均在北京，一旦生病或其他需要就诊的情况，医疗费用的异地报销便成了重大的困难。医疗费用异地报销困难主要是针对大病报销而言，因此也就具有医药费用高的特点，一旦无法通过医疗保险报销，外来务农人员家庭将承受巨大的经济压力，甚至会出现“因病致贫”“因病返贫”的现象。

6. 外来务农人员的社会融入问题

外来务农人员生活在“二元社区”当中。在现有户籍制度下，在同一地域范围内（如一个村落和集镇），外来人与本地人生活在不同的资源配置和社会规则之下，以致形成了心理上的互不认同，构成所谓的“二元社区”。本地村民能够享受城市发展带来的成果，与外来务农人员形成比较优势，二者的差距逐渐拉开，使外来务农人员的社会融入问题更为严峻。

在居住方面，外来务农人员往往形成生活“孤岛”。海淀区西北旺镇土井村外来人口所承租的大棚是由村集体统一规划，每家每户都有一个独立的小院子，院子里就是大棚和一间6～15平方米的小房子。大量的外来人口聚居在这里，已经形成一个由外来务农人口组成的聚居区。村委会在聚集区的一些出入口处安装了大门，并安排有工作人员值班。本地村民的回迁楼与他们是完全分离开的，形成对比鲜明的相互隔离的居住区。这增加了外来务农人口居住的封闭性，拉开了他们与外界之间的距离，造成他们在交流和沟通上的障碍。这种隔离不仅仅是在空间和地理上的，而且更重要的是心理上的。

外来务农人员的社会参与程度低。在我们的调查中，他们从来没有参与过社区组织的活动，也大多不知道有关社区活动的相关信息。他们在社区决策过程中缺乏参与。外来务农人口的参与意识、维权意识薄弱。在社区管理中，外来务农人口往往是被动的管理对象。即使在自己的合法权益受到侵犯的时候，他们也缺乏有力的话语权，难以采取有效措施来维护自身的权益。

外来务农人员存在社会“内卷化”现象，在外部扩展和变化被限定和约束的情况下，转向内部的精细化发展过程。他们多是通过熟人、老乡带出来而形成自发的农民组织，并且以“滚雪球”的方式不断传递延续。这种同质性极强的群体在城市的生活、交往和工作上的社会资本状况，呈现出明显的“内卷化”的特征。

外来务农人口普遍存在“过客心理”。他们有的尽管来北京几年甚至10多年，但对这里并没有表现出较高的社区认同，他们自身以“过客”自居。租种土地的不稳定性造成了他们频繁的流动性，频繁的流动性导致了他们漂泊的心态，而这种心态又是影响他们积极融入当地社区的主要原因，突出表现为对本地社区事务不关心、对本地村民的不关注等。

四　加强外来务农人员服务管理的建议

1. 充分认识外来务农人员对都市型农业的意义

外来务农人员是城郊农业的新生力量。外来务农人员的到来，解决了发达地区特别是城市郊区农业劳动力产业转移引起的缺人种地问题。其人数不断增加，在城郊农业劳动力中所占比重不断上升，成为一种必然趋势。

外来务农人员是都市型农业的生力军，与本地农民相比，他们务农的动机更强，利益驱动更明显，壮劳力比例更大，对农业的态度更为主动。外来务农人员多为主动务农者，他们更重视农业，因而土地经营动力强，效率较高。

本地仍然有一些村民在种地，往往表现为“惯性”务农，即原来种着地，经济效益不高，同时一些年龄较大的村民，出于对土地的感情，也不存在外出打工的机会成本，继续种着原来的地。他们与外来务农人员的“主动”务农不同，不积极扩大耕种面积，也不积极追求农业收入，因此土地的产出率往往不高，也不强调种植高效的农作物品种。很多仍然种植着自身熟悉的作物，特别是粮食作物。而外来务农人员则追求效益高的品种，种粮食的很少，种植的多为经济作物。

2. 着手制定关于外来务农人员的系列政策

为改变当前对外来务农人员的自由放任状态，政府应着手制定政策，进行公共干预，把外来务农人员纳入北京农业公共服务体系的视野之内。

在这方面，各地已经有了一些探索，其中最为系统的是福建泰宁县。其规定包括以下十个方面。(1) 目标人群是外来务农大户且长期经营，经营土地面积在50亩甚至100亩以上，承包时间10年以上者，给予优惠政策。(2) 在贷款方面，确定异地房产证及土地经营权证的担保作用。(3) 粮补、农机补贴与本地农户同等待遇。(4) 优先列入政府土地整理、标准农田建设、农业综合开发等项目。(5) 因生产需要建造简易仓库等临时性用地，简化审批手续办理。(6) 农业部门免费为县外人员开展以新品种、新技术、新肥料、新农药、新机具为主要内容的“五新”技术培训；无偿为县外人员提供农业政策法规、市场需求、耕地供求以及农业新动态等信息咨询。(7) 就业、培训服务实行“四免二补”政策，即免费职业介绍、免费职业指导、免费政策咨询，补贴职业技能培训和职业技能鉴定服务。(8) 县外人员在农业企业（办理工商营业执照、具备法人资格的单位）从事农业生产的，可由企业为其办理社会养老保险；对单家独户经营流转土地的县外人员，可以灵活就业人员身份参加社会养老保险。(9) 外来务农人员其子女就学与常住户口适龄少年儿童接受义务教育一视同仁，就近接收入学。(10) 承包流转耕地合同3年以上的县外人员，如户主提出落户申请，公安部门应给予办理泰宁县常住户。这些经验值得研究和借鉴。

3. 逐步消除外来务农人员与本地村民的政策鸿沟

目前的农业政策是由人的户口性质和地籍决定的。外来务农人员的出现，与此产生了矛盾。各项惠农政策，针对的对象主要是本地范围内的农业户籍人员，外来务农人员未被纳入政策视野之内。这种做法已不适应北京外来务农人员迅速发展的趋势。

惠农政策的目标应当是农地经营者和生产者，而不是所有权或用益物权者。农业政策是为了激励农业生产，而农业生产则取决于土地的使用者。因此，农业政策应当突破户口性质和地籍，面向土地使用和生产者。其实，种粮补贴就反映了这种理念。外来务农人员是土地的实际使用和生产者，是决定农业产出的关键，应当被纳入农业政策的考虑范围之内。城市农业政策应率先开展这项工作，因为城郊外来务农人员比重较大，特别是发达地区的城郊。

4. 密切外来农务农人员与村组织的联系

外来务农人员与村组织的关系的根本在于土地流转。城郊的土地流转，应当有较为集中的服务和管理。承包经营农户主导的土地流转，规范化差、规模小、地块零散，适宜于向村民之间的亲朋进行流转，但不适于向外来务农人员流转。2014 年 9 月中央关于土地流转的文件，肯定土地股份合作社是一个重要的方向。村里可通过股份合作，把承包经营的土地集中起来，通过股权明确承包者的利益，然后由村里统一进行流转。

村组织可在多方面支持外来务农人员的经济活动，不仅是土地流转，而且还有农业基础设施的提供。村组织长期以来在农业基础设施方面负有责任。即使是合作社发展起来，其在这方面也不能替代村组织的作用。城郊农村的特点是村办经济较强，其中多为非农产业。村组织应当进行适当微调，以工补农，进一步做好当地的农业服务。

外来务农人员也应参与到村组织中去。2014 年修订的村民委员会组织法规定，非本地户口的村民，居住半年以上者，也有选举权和被选举权，参加本地的村民委员会选举。当地村民可能不容易接受这点，因为村委会的权力很大。按照土地法规定，村委会作为集体土地所有权代表行使权力。这与村民委员会组织法有矛盾。广东、浙江等地农村建立经济合作社或经济合作联合社，作为土地集体所有制的主体。在土地股份合作制下，股东代表大会成为集体经济最高权力机构。这样村民委员会就回归自治组织而不是集体经济组织，外来务农人员参与其中，与当地集体经济就不存在矛盾了。

5. 处理好家庭经营与合作社、农业企业的关系

农村经济体制改革以来，我国已明确以家庭经营为基础的农业经营体系。外来务农人员的出现，也适用于这样的农业经营体系。

外来务农人员主要应当从事家庭经营，通过土地流转获得农地经营权，直接从事生产劳动，进行独立自主的经营。农业自主劳动是农业生产力的首要源泉，农村经济体制改革，根本就在于改变劳动形态，用自主劳动激发人们的积极性，这是家庭经营合理性的根本机制所在，外来务农人员也不例外。

农业企业也可利用外来务农人员。城郊农业需要农业企业，其中有的是外来投资者和创业者办的。政府推进的农业现代化，也需要推动民间资本发展农业企业。农业企业的优点是有利于解决农业投资及技术、农产品流通问题；缺点则是农业工人缺乏家庭经营那样的工作动力，劳动效率受影响。通过有效管理提高劳动质量和效率，在工业领域较容易，在农业领域则很难。

农业企业可有两种经营模式。一是直接做农业生产，并基于生产做经营。这难以避免农业工人存在的劳动态度缺陷，此外，公司还要全部承担生产风险。二是不做生产，只做经营和社会化服务，生产环节由农户做，形成公司加农户的格局。这可发挥公司的优势，亦可避免其劣势。在调研中发现的一些只做二手土地转租而不做社会化服务的农业企业，应当调整角色，在租出土地的同时，积极开展社会化服务。

外来务农人员也可以成立农民合作社，组织起来开展社会化服务。上海崇明推出的允许外来人员申办农民专业合作社的新规定，拓宽合作社农民成员范畴，鼓励成员类型多元化。对拥有崇明县范围内土地承包（流转）合同的外来务农人员，允许其以农民身份申办农民专业合作社，并享受有关政策优惠。其经验值得我们思考和借鉴。

合作社加农户比公司加农户更具优势。它与农户的利益联结很紧密，更容易吸引农户参与，得到农户的支持。合作社与农户的利益一致，不像公司与农户那样的交易关系，相互缺乏信任。公司可以根据市场变动选择农户，而合作社则无论市场如何变动，都与社员在一起。农户可以不关心公司的品牌和发展，但关心合作社的品牌和发展。

应当促进外来务农人员融入本地的农民合作社，而不是另起炉灶独立办合作社。农民合作社需要有本土条件，包括带头人在地方的影响力，以及地方政府的支持，这是外来务农人员难以做到的。已有的农民合作社，应当把外来务农人员纳入服务范围。政府对合作社的扶持，应考虑如何推动外来务农人员的融入。

总之，外来务农人员是一个新现象、新趋势，将成为影响城郊农业发展重要因素，政策牵涉面大，应及早加以研究。这次初步调研涉及范围小，仍需扩大研究范围，并应进行定量研究，以摸清情况。建议开展一次较大规模的外来务农人员抽样调查，采取问卷方法，并从中选取解释力强的指标，建立外来务农人员发展指标体系，将来条件成熟时，启动经常性的外来务农人员统计工作。

北京昌平区海鶄落村集体产权改革调查报告*

伍振军　张英洪　李德想

进入21世纪后，随着昌平区农村城镇化的快速发展，农村集体财富迅速积累增加，由此也暴露了很多因集体产权权属不清带来的农民财产权益受侵害问题，如农村集体土地承包经营权、收益权没有充分落实，农村集体资产在使用、流转和变现的过程中农民权益难以保证，村干部侵占集体资产等。2002年，昌平区信访量最大的问题就是举报村干部侵害农民的权益，占信访总量的50%，其中又有70%～80%是关于村干部侵吞集体资产的。2003年，昌平区委、区政府率先在北七家镇白坊、狮子营两个城镇化进程较快的村开展集体经济产权制度改革试点，探索通过引进现代企业产权管理制度，把农村集体资产变成股权，让农民变成股东，把资产收益权利交给农民。此后，在两个试点村的基础上，昌平区继续扩大试点范围，在城南街道办事处凉水河村、山峡村、介山村、化庄村，百善镇泥洼村，回龙观镇南店村，小汤山镇大柳树村，东小口镇店上村，沙河镇小沙河村进行扩大改革试点。在试点基础上，全面推进农村集体产权制度改革。2010年6月，北七家镇海鶄落村依据北京市相关政策法规和昌平区相关政策文件，结合本村实际，制定了集体产权制度改革方案，开始推进农村集体产权制度改革。

---

* 原载北京市农村经济研究中心《调查研究报告》，2015年9月29日，第26期（总第183期）。本报告调研人员：张云华、张英洪、伍振军、高强、李德想、杨芹芹、刘雯、范晓婧。

一　海鶄落村农村集体产权制度改革主要举措

（一）清算资产、核查人口

海鶄落村自2010年3月7日开始，在区、镇农村集体经济产权制度改革工作队的指导下，经村民代表会议通过，成立了产权制度改革领导小组，领导小组下设宣传小组、清产核资小组和人口清查小组。

首先是清算资产。经资产清查小组对海鶄落村农村集体资产认真清理、核实，报北七家镇人民政府和昌平区农村合作经济经营管理站审核认定。截至基准日（2010年3月31日24时，下同），该村资产总额为26004.17万元，其中净资产14839.61万元，土地作价11164.56万元。

其次是核查人口。人口清查小组对该村自1956年合作化以来，截至基准日户口在本村并参加集体经济组织生产的劳动人员进行了细致清查、登记并张榜公布。截至2010年6月8日，清查登记结果公示，全村总人口为2209人，享受户籍股为1260人，享受劳龄股为2064人，享受独生子女父母奖励股为620人。

（二）量化配股

海鶄落村在资产清算和人口核查的基础上，将集体净资产总额26004.17万元，全部量化到村集体和个人。其中，把集体净资产的30%（7801.25万元）量化为集体股，集体股入股到股份合作社中，作为本村劳动群众集体共同共有资产。把集体净资产的70%（18202.92万元）量化为个人股。个人股为本村按规定享受量化配股资格的个人所得股份，归个人所有。主要按照户籍股、劳龄股和独生子女父母奖励股三种股份进行量化配股，其中户籍股占35%，劳龄股占60%，独生子女父母奖励股占5%。

1. 户籍股

海鶄落村户籍股量化资产总额为63710226.97元，占个人股总资产的35%，海鶄落村符合条件可以享受户籍股的人数为1260人，单位户籍股资产为50563.67元/人。根据改革方案，户籍股为以下七类人员享有。

第一类，本村在册的农业户口人员（因子女接班非转农人员除外、

1985年12月31日以后非政策性迁入本村的农业户口人员除外、空挂户除外）。

第二类，升学前是本村农业户口，后因升学（指考入中专、大专、大学）转为非农业户口的截至改革基准日仍在校的全日制学生。

第三类，入伍前是本村农业户口的，改革基准日前未提干的现役军人。

第四类，父母一方为本村农业户口，改革基准日前未满十八周岁、户口在本村的非农业户口的未成年人。

第五类，村民被强制劳动教养和被强制劳动改造期间为原本村农业户口人员。

第六类，改革基准日前出生，且父母一方为本村农业户口并符合相关政策的新生儿未办理户口登记的。

第七类，在产权制度改革过程中，对于非政策性迁入北七家镇的农业户口人员，在北七家镇履行了村民服兵役的义务，按照《北京市拥军优属工作若干规定》给予适当照顾。本人及其农业户口的直系亲属可以享受户籍股。

明确改革基准日前，已死亡未办理户口注销手续的人员，不享受户籍股。

2. 劳龄股

海鶄落村对1956年1月1日至改革基准日，享有配股人员在农业户籍期间劳龄（男年满16～60周岁；女年满16～55周岁）进行造册登记。劳龄以年为单位计算，不满一年的按一年计算。海鶄落村劳龄股资产总额为109217531.93元，占量化个人股总资产的60%，海鶄落村符合条件可以享受劳龄股的人数为2064人，全村总劳龄为36612年，单位劳龄股股权为2983.11元/年。并明确以下四类人享受劳龄股。

第一类，本村农业户口人员，其劳动力年限计为劳龄。（包括1985年12月31日以后非政策性迁入本村的农业户口人员，但空挂户除外）

第二类，农转非人员，转非前在本村的劳动力年限计为劳龄。

第三类，原是本村农业户口（含非政策性迁出本村人员），因升学（专指考入中专、大专、大学）农转非的人员，至改革基准日仍在校的，在校学习期间从年满16周岁开始计算劳龄至改革基准日。

第四类，农转非前曾以农业户口身份在区、镇（乡）集体企业（以下简称上述单位）工作的合同工、临时工、协议工、农民工。

并明确以下六种情况人员相关时间段不计劳龄。

第一类，因子女接班而非转农的人员，非转农后的时间不计算劳龄。

第二类，因婚姻关系户口迁出后又迁回本村的，迁出期间不计算劳龄。

第三类，村民被强制劳动教养和被强制劳动改造期间不计算劳龄。

第四类，改革基准日前死亡人员不计算劳龄。

第五类，现役军人提干以后不计算劳龄。

第六类，改革基准日前已毕业的，且现为本村非农业户口的人员（指曾经为中专、技校、大专、大学院校的学生），其在校学习期间，不享受劳龄股。

3. 独生子女父母奖励股

海鶄落村对有本村户籍，并符合独生子女条件的父母，一方或双方给予配股奖励。并规定，享受独生子女父母奖励股的父母一方或双方，在享受奖励后，违反计划生育政策超生的，其奖励股由集体收回，纳入集体共有资产中进行管理。海鶄落村独生子女父母奖励股资产总额为9101461元，占量化个人股总资产的5%，海鶄落村符合条件的独生子女父母共620人，独生子女父母奖励股共310个，单位独生子女奖励股股权为29359.55元/股，合股权14679.77元/人（单亲或父母有一方不符合条件）。（见表1）

表1　海鶄落村集体资产股权量化情况

指标	占比（%）	实际金额（元）	人数（人）	每人量化金额（元/年）
户籍股	35	63710227	1260	50563.67
劳龄股	60	109217532	2064	2983.11
独生子女奖励股	5	9101461	620	14679.78

（四）“三股合一”

为方便计算，海鶄落村采用了“三股合一”办法，具体来说，就是以劳龄为单位，单位劳龄股权为一股，即2983.11元/股。则每一个户籍股金额 50563. 67（元）÷2983. 11（元）= 16. 95（股）；每一个独生子女父母奖励股金额 14679. 78（元）÷2983. 11（元）= 4. 92（股）。

经折合计算，享受户籍股有 1260 人，合计 21357 股；享受独生子女奖励股有 620 人，合计 3050 股。加上劳龄 36612 股，全村共计 61019 股，按照全村人口 2209 人计算，海鶄落村人均 27. 62 股。

（五）成立股份合作社

海鶄落村对集体资产按份量化后，成立海鶄落村股份合作社，村集体股东和村民个人股东分别按照 30%、70% 出资，总股本金为 26004. 17 万元。按照有关法律法规和政策要求，股份合作社设有股东大会、股东代表会，完善了治理结构，建立了合作社依法自主经营的管理体制。通过集体产权制度改革，建立起产权清晰、权责明确、管理民主的新型农村集体经济组织。

按照出资确定收益分配比例。合作社全年总收益的 30% 归集体股所有，为本村集体共同共有资产，主要用于村级事务管理支出和本村公益性事业开支等，70% 归村民个人股所有。2014 年，海鶄落村集体经济组织成员分红能够达到 260 元/股，人均分红 7181. 95 元。以 1940 年出生本村户籍男性村民享受满股为例，从 1956 年年满 16 周岁开始计算劳龄，到 2010 年，该村民享有 44 股劳龄股，1 个户籍股（折合劳龄股为 16. 95 股），如果享受独生子女奖励股（折合劳龄股为 4. 92 股），其共持有 65. 87 股，按 2014 年分红 260 元/股计算，该村民年底可分红 17126. 2 元。

海鶄落村在集体产权制度改革基础上，大力发展农村集体经济。海鶄落村是北京市最早开展利用农村集体建设用地发展租赁房项目的村之一，项目一期已基本建成，共有 9 个楼栋，可提供租赁住房 1837 套，项目已投入资金约 57569 万元。二期项目目前已完成设计方案，设计总建筑面积为 143269. 54 平方米，其中地上建筑面积约 121269. 54 平方米，地下建筑面积约 22000 平方米。海鶄落村第一、第二期租赁住房建成之后，就能增加 4000 套租赁房。租赁房项目租金收益归海鶄落村股份合作社所有，其中 70% 收益将以股份分红的形式分给成员，农民收入大幅度提高。第一期公租房能为该村带来 3500 万元的年收入，农民人均收入至少翻一番。第二期租赁房建成之后，该村年收入将增加到 6000 万元，农民人均收入将再翻一番。

二　存在的问题

（一）土地资源作价偏低

海鶄落村在资产核算时，土地共有3721.52亩，并以3万元/亩价格进行计算，土地资源作价偏低。根据2004年《北京市建设征地补偿安置办法》（北京市人民政府148号令）第9条规定：征地补偿费最低保护标准要以乡镇为单位结合被征地农村村民的生活水平、农业产值、土地区位以及本办法规定的人员安置费用等综合因素确定。随后，北京市国土资源局印发《北京市征地补偿费最低保护标准》（昌平区部分）规定海鶄落村所在的北七家镇最低标准为8万元/亩。可见，该村在资产核算时土地价格计算偏低，在不考虑近年来经济发展土地升值的情况下，若按照8万元/亩计算，则多出集体资产18607.6万元，按照全村2209人计算，全村人均多出8.42万元。实际上，海鶄落村第一期租赁房项目附近商品房地价，2015年已经上涨到800万元/亩，农村集体土地价格更高。

（二）集体股占比过高

第一，在财政尚未完全覆盖农村的情况下，集体股收益用以支付村公共公益事业等，设置集体股确有必要。但从长远看，当地农村的常住居民不一定是农村集体经济组织成员，水电路、环境绿化保洁等方面的支出不应由农村集体经济组织成员承担，应减除集体股收益在这方面的投入。第二，海鶄落村第一、第二期租赁房建成之后，村年纯收益将增加6000万元，村集体的年收益将达到1800万元（集体股占30%）。如何规范使用、合理分配留给村集体的30%的巨额收益，将是海鶄落村面临的重要挑战。第三，上海、江苏等地集体股比例很低，或者已经不再设立集体股，随着集体经济壮大和股权结构的日趋复杂，可能会再次出现集体股权归属不清的问题，需要进行二次改革。

（三）政经不分

根据北京市昌平区农村集体经济产权制度改革办公室《关于农村集体经济产权制度改革有关问题的指导意见》（昌农改办发〔2009〕1号），海鹊落村采取股份经济合作社领导班子与村“两委”班子交叉、同步任职的办法组建合作社领导班子。村级“两委”班子主要领导兼任股份合作社董事长和监事长；“两委”班子成员兼任董事和监事。海鹊落村村支书就兼任股份经济合作社董事长。股东代表与村民代表交叉任职，具有股东身份的村民代表直接过渡为股东代表。这就容易造成村“两委”与集体经济组织职能不分。村“两委”往往代行了集体经济组织的权力和职能，但村民委员会是村民自治组织，村支部是党的基层组织，与农村集体经济组织分工不同，职能不同，交叉任职会带来农村“政经不分”的问题。

（四）成员股权权能受限

海鹊落村产权制度改革方案规定：“个人股份可以依法继承（独生子女父母奖励股除外），可以在股份合作社内部转让，但不得向社会法人和社会个人转让。”而从股份的继承权、转让权和赠与权三个重要处置权看，村民只获得了股份的有限处置权，股份难以转化为资本。实际上，根据2012年对昌平区320户农户的调查，在转让权方面，73.78%的农户表示他们并没有土地的转让权；赠与权方面，77.62%的农户表示不拥有土地的赠与权；在继承权方面，进行回答的99%的农户即285户认为拥有继承权。在转让权和赠与权尚未落实的情况下，村民手里的股份难以转化为资本。

三　对策建议

（一）合理核算土地价值

土地是农村最大的资产，北京昌平区农村集体土地有167.3万亩，占昌平区土地面积的83%，占昌平区农村集体资产70%以上，是农村集体的主要资产。叶兴庆、伍振军测算出我国农村总净资产达127万亿元，其中土地资产为88.81万亿元，占总资产的69.76%。北京市在农村集体股权改革过程中，存在股份价值普遍被低估的现象，关键就是农村集体土地价格被低估，部分村甚至没有将集体土地等资源性资产量化。北京市奥运村乡集体经济组织改制而成的北京世纪奥辰科工贸经济开发总公司，股东有959个，每股账面价值为8128元。2013年该公司的分红率为20%，一股可分红 1625.6 元，按照存款利率 5% 计算，每股实际价值 3.3 万元，也是账面价格的 4 倍。这些股份升值主要来自土地升值。应引入第三方评估机构，客观评估集体土地的增值前景和真实价值，避免集体经济组织成员在信息不对称的情形下进行股权流转交易，遭受不必要的损失。

（二）政经分开

从调研看，海鹊落村存在三类组织，即党组织、村民自治组织、集体经济组织。这三类组织职能和定位不同，应有明确分工。村支部是党的基层组织，主要负责农村党务工作。村民委员会是村民群众性自治组织，承担社区自治、公益事业、文教卫生、计生等职责，政府应该为村民委员会从事公共服务提供必要的支持。集体经济组织完全由农民群众自主管理，政府行政上不干预，但应提供指导和服务。农村集体经济组织与村支部、村民委员会的管理方式不同、组织机构不同，应当合理地分开，让农村集体经济组织转型成为独立核算、正式经营、按章纳税的经营实体，彻底以公司化运作的方式进行经营。

（三）村集体股份继续量化

包括海鹊落村在内的昌平区农村村集体拥有巨额的集体土地资产，按照村集体占 30% 的股份计算，村集体股份价值在 100 亿元以上。随着城镇化进程的加快，昌平区农村集体资产价值更高，而这些资产最终应归集体经济组织成员所有。从长远来看，一是当地农村的常住居民不一定是集体经济组织成员，水电路、环境绿化保洁等方面的支出不应由集体经济组织成员承担，可以减除集体股收益在这方面的投入。二是村干部岗位工资已经由财政覆盖，不需要集体股收益的支出，集体股存在没有必要。目前根据北京市的有关规定，农业户籍村书记的月工资为 2000 元（每年共 2.4 万元），如果是村书记、主任一肩挑，每年增加 2.4 万元，此外还有年终奖金 2 万元，以上 6.8 万元均由财政支付。另村书记每月 150 元的电话费由村集体承担。三是从其他地方的实践看，广东、江苏等地区集体股占比很低，甚至完全没有集体股，苏州村集体就只保留 8% 的股份。因此，应继续深化集体产权制度改革，对集体股份进行二次、三次量化，使其比重逐步减少，直至把股份和收益全部分配给集体经济组织成员，最终完善村集体经济组织、成员之间的股权和收益分配机制。

（四）赋予集体产权股份充分权能

集体产权制度改革实践反复证明，产权越明晰越好，产权主体越具体越好，产权处置权越落实越好。集体资产股份权能残缺，不仅影响农村集体经济发展，而且不利于社会主义市场经济总体发展。对农村集体资产赋权扩能，应该是新时期释放农村活力的重大改革举措。应赋予集体经济组织完整的资产所有权和充分的处置权，让集体资产和国有资产、私有资产一样拥有平等的市场地位，可以自由地参与各类市场活动。应赋予集体经济组织对其资产尤其是集体土地充分的、完整的、自由的、开放的、全面的所有者权利，只要符合国家法律法规政策、符合城镇建设和土地利用规划、符合土地用途管制、符合集体资产管理规章，集体经济组织就有权自主自由地参与市场交易和投资活动，有权经过集体内部决议后扩充或处置自身资产，有权直接从事土地交易和开发，有权从事集体资产抵押贷款等金融活动。也应赋予集体股份占有、使用、收益、处置等权能，特别是处置权中最为重要的转让、赠与权利。在风险可防可控的情况下，允许个人股权的自由流通，让股份在流通中升值，充分实现股份的市场价值，让股份转变为资本。

北京昌平区集体建设用地发展租赁房试点的调查*

伍振军　张英洪

2013年3月，我们课题组对北京市昌平海鶄落村利用集体建设用地发展公租房[①]案例进行实地调研，形成《集体建设用地发展公租房值得探索——北京市的调查与启示》调研报告，受到北京市委、市政府主要领导的重视和批示。北京市相关部门根据此报告提出的问题与建议，出台了一系列政策文件，对集体建设用地发展公租房进行规范和推进，取得一定成效。2015年8月，课题组对海鶄落村利用集体建设用地发展公租房的进展再次进行调研，发现北京市利用集体建设用地发展租赁房[②]的探索值得肯定和推广，但也仍然面临一些问题，现将情况汇报如下。

一　集体建设用地发展租赁房的前期探索及遇到的关键问题

北京市昌平区海鶄落村，集体建设用地长期闲置，村庄周边租房需求

* 原载北京市农村经济研究中心《调查研究报告》，2015年9月30日，第27期（总第184期）。本报告调研人员：张云华、张英洪、伍振军、高强、李德想、杨芹芹、刘雯、范晓婧。

① 2014年10月，《北京市利用农村集体土地建设租赁住房试点实施意见的通知》将"集体建设用地发展公租房"进一步规范为"集体建设用地发展租赁住房"，但在此之前，文章仍然延续"集体建设用地发展公租房"的说法。

② 这里根据《北京市利用农村集体土地建设租赁住房试点实施意见的通知》，将"集体建设用地发展公租房"改变为"集体建设用地发展租赁住房"。

巨大，村民迫切要求获得长期、稳定、可持续性收入。2010年海鶄落村民代表大会全票通过关于“利用部分集体建设用地发展公租房，获取土地收益”的决议，由村民自主入股筹集部分资金，加上征地拆迁款和集体资产积累，全力发展公租房项目。

从我们2013年的调研来看，集体建设用地发展公租房能有效解决地方政府建设公租房缺土地、缺资金问题，拓宽公租房供应渠道，大幅度提高农民收入，利国利民。当时计算两三年内，昌平区计划投入使用的公租房只有8000套左右，供需缺口很大。而海鶄落村第一、第二期公租房建成之后，就能增加4000套公租房。并且，集体建设用地发展公租房能够大幅度提高农民收入，第一期公租房建成运营之后，能为该村带来3500万元的年收入，农民人均收入至少翻一番。第二期公租房建成之后，村年收入将增加到6000万元，农民人均收入将再翻一番。

课题组调研后也发现，北京市集体建设用地发展公租房面临与法理不符和配套政策不完备两大难题。一方面，集体建设用地发展公租房于法理有两处不符。第一，按照以往的规定，公租房只能建在国有建设用地之上，在集体建设用地上建公租房于法理不符。第二，根据《土地管理法》，农村集体建设用地用途被严格限定在兴办乡镇企业、乡村公共设施、公益事业和建设农民住宅上，不能建设用于出租的住宅。另一方面是具体配套政策不完备。主要是控规整合难以批复，农村集体建设用地原来规划为乡村产业用地，而公租房实际上属于居住用途，应建在国有土地上，因此难以通过国土部门的审批。另外，无法在发改部门立项，北京市、区两级政府没有针对集体建设用地建公租房的立项指导意见，海鶄落村公租房项目无法在区发改部门办理立项手续。

二　北京市进一步推动集体建设用地发展租赁房的主要举措

北京市充分认识到集体建设用地发展公租房对完善农村集体建设用地利用机制、拓宽租赁住房建设渠道、发展农村集体经济、促进城乡统筹发展的重要意义，也认识到集体建设用地发展公租房所面临法理和配套政策两大难题。2013 年北京市相关部门组织各个部门广泛调研，积极推进集体建设用地发展公租房项目。2014 年 4 月，北京市国土资源局印发了《关于转发市政府〈关于加快完善保障性安居工程项目用地手续有关问题的请示〉批示的函》，将昌平区海鶄落村集体建设用地发展公租房项目列入《北京市 2011—2012 年保障性安居工程计划供地清单》（第一批），2014 年 10 月，北京市国土资源局、发改委、规划委等 7 个部门联合出台了《北京市利用农村集体土地建设租赁住房试点实施意见》等政策文件，对集体土地建设租赁住房试点做出了明确规定，力求解决法理和政策两大难题，推进农村集体建设用地入市。

（一）重新定义为租赁房，解决公租房不能建设在集体建设用地上的问题

按照以往规定，公租房建设土地应该是国有建设用地，若是集体建设用地，则必须通过征地程序才能建设“公租房”。那么昌平区海鶄落村在农村集体建设用地上建设用于出租租赁的住房，不能称之为“公租房”。为了解决这个矛盾，北京市 2014 年 10 月出台的《北京市利用农村集体土地建设租赁住房试点实施意见的通知》，将之前关于集体建设用地发展公租房的提法，比如北京市住保办《关于明确北七家镇海鶄落村试点建设租赁房项目的意见》（京住公租字〔2010〕149 号），北京市昌平区人民政府《关于将昌平区北七家镇海鶄落公租房项目纳入北京市利用集体土地建设公租房试点项目的函》（昌政函〔2012〕1 号），等等，统一修订为“集体建设用地发展租赁房”（此后文章将“集体建设用地发展公租房”提法修订为“集体建设用地发展租赁住房”）。此后，北京市将利用农村集体建设用地建设用于出租租赁的住宅，统一称之为租赁房。相应的，昌平区海鶄落村集体建设用地建设公租房项目，也改为集体建设用地建设租赁住房项目。

（二）明确土地及房屋所有权主体

北京市进一步明确农村集体经济组织为集体建设用地及租赁住房的所有权人。在项目建成之后，农民集体经济组织可以办理农村集体建设用地和租赁住房的登记手续，取得农村集体建设用地土地使用权证，以及房屋

所有权证。并规定土地使用权证按照项目整体核发，土地使用权证要注明：仅用于租赁住房建设，未经批准，不得出让、转让、抵押，不得转租，不得改变土地用途。房屋所有权证按幢核发，房屋所有权要注明：不得转让和抵押。

（三）由政府授权市场主体统一运营管理

北京市认为不管是国有建设用地建设公租房，还是集体建设用地建设租赁住房，最终是为了解决城镇化人口住房需求问题，都应被纳入租赁住房管理范畴。北京市授权农村集体经济组织利用集体建设用地建设租赁住房，待建设完成之后，就将这些租赁住房统一纳入北京市公共租赁住房房源范畴，由政府授权企业等主体，按照规定进行租赁和运营管理。农民集体经济组织作为租赁住房所有权人，按年从租赁住房运营机构领取租金，妥善解决了公租房来源及租赁物业运营管理问题。

（四）相关配套支持政策全部落实

2013 年之后，针对农村集体建设用地发展租赁房问题，北京市相继出台一系列新政策新文件，明确相关部门的管理权限和职责，促进支持政策落地。根据新政策，北京市国土部门将具体负责集体建设用地发展租赁住房用地管理、审核等工作，解决用地问题。北京市发改部门负责项目建设立项审批、投资计划办理等工作，解决关键立项问题。北京市规划委负责相关区域集体建设用地租赁住房规划工作，解决控规整合问题。北京市住房城乡建设部门对租赁住房的建设施工、房屋产权、房屋租赁、房屋建筑结构安全等方面进行监督管理。北京市农委负责指导农村集体经济组织对集体建设用地建设租赁住房产生的收益进行合理分配等。至此，相关配套支持政策全部落到实处。

三　北京市进一步推动集体建设用地发展租赁房还面临的问题

（一）仍然与现行《土地管理法》相关规定不符

尽管北京市已经把“集体建设用地发展公租房”，修订为“集体建设用地发展租赁住房”，解决了公租房必须建设在国有建设用地上，农村集体建设用地不能建设公租房的矛盾。但农村集体建设用地建设租赁住房用于出租，也与现行《土地管理法》规定不符。根据《土地管理法》，农村集体建设用地用途被严格限定在兴办乡镇企业、乡村公共设施、公益事业和建设农民住宅上。在《土地管理法》没有修订的情况下，无论是集体建设用地建设公租房，还是集体建设用地建设租赁住房，都缺乏合法性。

（二）集体土地及房屋权能有限

北京市允许农村集体建设用地建设租赁住房，允许集体经济组织通过租赁住房出租获得长期收益，已经在拓展农民土地及房屋权能上向前迈了一大步。尽管规定项目建成之后，农民集体经济组织可以取得农村集体建设用地土地使用权证，以及房屋所有权证，但土地使用权证只能按照项目整体核发，仅用于租赁住房建设，未经批准，不得出让、转让、抵押，不得转租，不得改变土地用途，土地权能极其有限。租赁房屋所有权证按幢核发，房屋所有权不得转让和抵押，权能也受到极大的限制。

（三）缺乏发展集体物业的必要资金

在集体建设用地上建设住宅或商业物业，需要大量的资金投入。但集体建设用地不能担保抵押，无法获得金融机构的支持，若缺乏长期资金积累，农民还是只能望地兴叹。海鶺落村租赁房两期项目总投资估算为109578万元，其中土地取得费用为814万元，工程费为97259万元，工程建设其他费为6326万元，基本预备费为5179万元。海鶺落村第一期公租房项目的5.5亿元建设投资，主要来自征地补偿以及欠款回收，这些资金成了海鶺落村关键的发展资金，尽管征地补偿款很高，但海鶺落村现在已经拖欠施工单位近1亿元，资金筹集仍然困难。没有长期资金积累，缺乏金融支持，农民及农民集体经济组织要在集体建设用地上发展物业产业，获得长期收入，几乎无可能。

（四）股份权能有待完善

海鶺落村产权制度改革方案规定：“个人股份可以依法继承（独生子女父母奖励股除外），可以在股份制合作社内部转让，但不得向社会法人和社会个人转让。”而从股份的继承权、转让权和赠与权三个重要处置权看，村民只获得了股份的有限处置权，股份难以转化为资本。长期来看，股权将成为农民手里最大“沉睡的资产”。第一、第二期租赁住房建好之后，海鹊落村农村集体经济组织股权价值将获得极大提升。海鹊落村两个项目的土地面积为150亩，价格约800万/亩（参考周边商业住宅价格），土地资产高达12亿元。两期租赁房建设投入高达11亿元，合计高达23亿元。按照海鹊落股东2100人，股份4万股计算，每股高达5.7万元。实际上，我国政策文件对非集体经济组织成员资格者受让集体经济组织股权做了严格限制。集体经济组织股权只能在集体经济组织内部流转，还不能在集体经济组织之外实现流转交易，集体经济组织股权价格难以反映其真实价值。随着时间推移，股东生老病死，变化很大，股东股份权益如何保障也是将要面临的问题。

四　建议和启示

（一）建设租赁住房是农村集体建设用地入市的较好途径

在符合规划和用途管制前提下，允许农民在集体建设用地上建设租赁住房，通过市场渠道进入房屋租赁市场。实际上，不仅是让农民房屋平等进入房屋市场，而且更重要的是让农村集体建设用地与国有土地平等进入市场；不仅有力保障农民土地财产权益，而且也有利于建立城乡统一的建设用地市场。建议在全国开展农村集体建设用地建设租赁住房试点工作，解决公租房建设缺钱、缺地问题。并积累经验，总结问题，为下一步土地制度改革和相关法律修订奠定基础。

（二）修订《土地管理法》，放宽对农民集体利用建设用地进行经营性开发的限制

《土地管理法》应把集体建设用地发展住宅和商业物业等纳入考虑范畴。多数学者认为，现行《土地管理法》对农村集体建设用地三种用途的限制，实际上是限制了农民集体土地财产权的实现。从长远来看，《土地管理法》还需放宽对农民集体利用建设用地进行住宅及商业物业经营性开发的限制。农村集体建设用地不仅可以用于租赁住房建设，而且经批准可以改变土地用途，可以出让、转让、担保、抵押。

（三）拓展集体建设用地使用权及地上物业的权能

第一，农民集体经济组织取得农村集体建设用地土地使用权证之后，土地使用权证可以按照项目整体核发，也可以根据农民集体经济组织意愿分地块核发，甚至可以根据农民集体经济组织成员意愿，参照经济适用房管理办法，按每套房屋所占面积分割核发土地使用权证。第二，租赁住房可以按幢核发，也可以根据农民集体经济组织和成员要求，按套分割核发，房屋所有权可以抵押担保。

（四）深化农村集体产权制度改革，完善股份权能

应明确集体经济组织股权的权利内涵和实现形式，进一步明确集体经济组织股权的使用权、收益权、处置权甚至是继承权、赠与权等，支持农民实现集体经济组织股权财产权。应逐步打破“集体经济组织股权可以在股份制合作社内部转让，但不得向社会法人和社会个人转让”的限制，有条件、有范围地放开农户流转，打破集体经济组织股权的村社边界，逐步实现成员对集体经济组织股权的完整用益物权。

北京海淀区加强农村“三资”监管调研报告*

伍振军　张英洪　杨芹芹

随着城镇化的推进，海淀区农村土地等资源性资产加速升值和变现，农村集体经济快速增长，规模迅速扩大。为了进一步加强农村“三资”（农村资金、资源、资产）管理，保障集体资产监管高效顺畅运转，2013年底海淀区借鉴国资委管理模式，成立全国首家农村集体资产监督管理委员会（以下简称农资委），以理顺制度、明确责任、加强监管，让农村集体资产在阳光下运营。

一　海淀区成立农资委加大“三资”监管的必要性

一是农村集体资产规模大、增速快。得益于合理的产业布局和城乡一体化的快速推进，海淀区农村集体资产规模逐渐壮大。截至2013年年底，海淀区农村集体资产总额高达891亿元，占北京市农村集体资产总额5049亿元的17.6%。近些年，海淀区农村集体资产保持着较高的增长率，近8年的年平均增长率为16%；并且，海淀区农村集体资产净资产总额达323亿元，居北京14个区县首位。海淀区农村集体资产规模日益扩大，且增速较快，给监管带来了巨大挑战。

* 原载北京市农村经济研究中心《调查研究报告》，2015年9月30日，第28期（总第185期）。本报告调研人员：张云华、张英洪、伍振军、高强、李德想、杨芹芹。

二是农村“三资”管理情况复杂，监管难度大。长期以来，海淀区各乡镇的发展阶段、核算体制、管理基础等存在极大的差异，加上征地拆迁、农转居、产业发展、产权改革和其他农村长期积累的历史遗留问题相互交织，农村“三资”管理日趋复杂。农村集体“三资”被蚕食鲸吞的现象屡见不鲜，腐败手段呈现多样化，由以前的直接贪污变为造假账骗钱，由直接受贿变为事后期权交易、利用项目工程套现后私分、利用重复支付工程款贪污、擅自出借农村集体资金给企业，形式更加隐蔽，滋生了大量的“村官巨贪”现象，如海淀区西北旺镇皇后店村村会计陈万寿挪用集体资金 1.19 亿元，影响极为恶劣。这些都加大了监管难度，使农村集体资产管理面临更大的挑战。

三是农村“三资”监管力度不足，暴露的问题较多。农村“三资”管理问题，涉及组织成员的切身利益，是农村广大干部群众普遍关心的热点、焦点问题。2012 年，海淀区引入社会审计机构，对所有村集体的财务收支管理情况进行了全面的审计。审计结果显示，由于制度不完善，运作不规范，监管不到位，部分村财务管理混乱、资产管理无序、资源处置不当。征地补偿费管理、工程项目管理、经济合同管理、投资管理、固定资产管理、内部控制管理等方面普遍存在问题，严重影响了农村集体经济的健康发展与社会稳定。

基于海淀区农村“三资”规模和监管中存在的问题，海淀区成立农村集体资产监督管理委员会，以强化农村集体资产的管理，保障农村集体资产高效透明运营。

二　农村“三资”监管制度创新

海淀区成立农资委的总体思路是整合资源、理顺关系、强化监督。目标是明确农经管理职责，强化农经管理权威，加强农经管理队伍建设，完善工作机制，提高运行效能，切实履行资产审计、合同清理、土地监管等职责，确保农村集体资产安全运行，保值增值。为此，海淀区积极探索，进行了相应的制度创新。2014 年，海淀区被农业部认定为第二批全国农村集体“三资”管理示范县，农村集体“三资”管理工作受到肯定。

（一）设立农资委，理顺管理体制

海淀区设立了区、镇两级“三资”监管组织机构。2013 年海淀区成立区级农资委，作为全区农村集体资产监管的协调议事机构，区农资委主任由主管副区长兼任，副主任由区农工委书记、农委主任、农经站站长兼任，各镇为农资委成员单位，农经站作为农资委办公室负责日常工作。2014 年海淀区东升镇成立镇级农资委，镇党政一把手兼任镇农资委主任，镇农资办设在镇经管站。区、镇两级农资委的成立，形成了协调统一、上下联动、齐抓共管的工作机制。

（二）明确农资委管理职能

农资委明确定位为农村集体资产监管的专门机构，主要负责全区农村集体资产的统筹监管。同时，区、镇两级农资委的分工明确，二者相对独立、相互配合。区农资委负责农村集体经济组织建设，监督指导农村集体资产管理，完善农村基本管理制度和政策；镇党政部门履行辖区内农村集体资产监管职责，与此同时，监督指导各村的农村资产管理。区农资委对镇农资委的农村集体资产管理和监管成效进行定期考评。

（三）强化农资委管理权威

海淀区充实和调整监管力量，配备了专业的监管人员，增设考核评价和审计两个科室，为农村集体资产的监管提供智力支持；同时，农资委结合地方农村经济发展的实际情况和农经监管目标，建立了完善的绩效考核机制、评价机制、报告机制等约束性管理机制，构建了科学合理的管理体系，不仅让农经监管工作的开展有据可依，而且有助于督促相关部门加大监管力度，树立农资委的农经管理权威。

三　海淀区农村“三资”监管工作进展及成效

（一）完善制度体系

海淀区农资委针对监管制度上的漏洞和缺失，近两年连续出台了《关于进一步加强海淀区农村集体资产管理工作的实施意见》《关于进一步加强全区农村集体资产管理工作的落实方案》《海淀区农村集体资产监督管理委员会工作细则》《关于开展农村集体财务审计的工作》等12项政策文件，涵盖了产权改革，土地、征地补偿款，资产、合同、财务和农村审计等方面，不断完善农村“三资”监管制度体系。

（二）创新顶层设计

在密集出台大量相关政策的同时，海淀区农资委立足农村“三资”监管，结合自身实际，探索顶层设计方案，力争实现农村集体资产监管的合理化、规范化和科学化。农资委联合高校，探讨“股份制法人治理机构”等农村集体组织的主体定位，研究“村股份社与村委会财务分离、加强集体财务信息分析”等农村经济组织财务管理问题，研究“集体资产行政监管的法理基础”等法律前沿问题，不断寻求农村“三资”监管问题的解决途径，努力使农村“三资”监管不断完善，有法可依，有章可循。

（三）加强土地使用管理

农村土地是农村资产的最为重要的组成部分，为了更清楚地了解农村集体土地的使用情况，海淀区农资委联合农委、农经、国土、规划等相关部门开展了海淀区近年来首次农村集体土地资源清查工作。利用国土部门信息资源、农经合同管理平台信息、现场实地勘察相结合的方式进行了全面的清查。摸清了镇村两级集体土地使用现状、确利确股土地流转收益兑现情况、农用地经营情况、经营性建设用地使用情况和农村宅基地使用情况等；并对部分过期合同、空头合同、改变农用地用途等无效合同进行了清理，进一步完善了海淀区土地利用和管理制度。

（四）规范资金管理使用

近年来海淀区发展速度较快，大量农村土地被征用，产生了可观的征地补偿收益。为了监督检查这部分资金管理使用情况，海淀区农资委聘请社会中介机构对辖区内各镇、村及玉渊潭农工商总公司2012～2013年集体征地补偿费的收支情况、专户管理、转账核算、三方监管等事项进行了重点检查。通过摸底检查，发现资金管理中存在的问题，完善相关监管制度，防范并化解风险，保障资金安全，提高资金使用效率，切实维护农村集体经济组织权益。

（五）促进集体财务规范化

农村集体财务规范化是农村“三资”监管的前提条件，为了全面了解农村财务的规范化程度，海淀区农资委对部委文件贯彻落实、农村财会基础工作、农村审计工作、农村财会队伍建设、村级财务民主监督落实等情况进行了重点检查。并且，海淀区农资委结合海淀区实际情况，对各镇财务人员、村账托管和村级民主理财财务公开等情况进行调查摸底，探索切实可行的财务管理模式。

四 农村“三资”监管面临的挑战

（一）监管机构性质与工作职能不匹配

海淀区农资委的主要职能是农村“三资”监管、新型集体经济组织规范化建设、经济合同监管、农村土地承包纠纷仲裁、农村统计、农村信息化管理、农民专业合作社服务体系建设等，涵盖了农村经济发展的方方面面。农资委工作性质也由最初的指导服务型向行政执法、行政管理和行政监督转变。但农资委办公室设在区农经站，农经站是事业单位，不具备行政职能，导致农资委的机构性质和工作职能不匹配。

（二）监管工作复杂烦琐，工作难度很大

海淀区农资委的工作定位是“监管”，而不是简单直接的“管理”。当前，农村集体资产监管工作已经与征地、拆迁、农转居、农业就业社保、产业发展、产权改革、基层治理、惠农政策等各种农业农村问题交叉缠绕在一起，错综复杂，不仅工作量很大，而且工作难度也不小，这对农资委提出了挑战。

（三）监管队伍建设有待加强

海淀区农资委办公室设在区农经站，其领导层多由区农委、区农经站领导兼任，具体的工作也由农委、农经站承担，而这两个部门也有本职工作需要完成。并且，农村“三资”监管工作政策性和专业性较强，对管理人员提出了较高的要求，目前的监管队伍的结构配置有待调整和优化，人员专业素质有待提升。

（四）监管方式过于单一

海淀区一般通过外聘社会审计机构对农村“三资”收支管理进行审

计，以发现农村集体资产管理方面存在的问题，然后逐一解决。通过社会审计的方式，虽然可以对农村集体经济运行状况进行较为全面的把握，但形式过于单一，且有时滞性，可能在问题发生很久后才能显现，难以及时高效解决问题，影响集体经济的健康发展。

五　对策建议

（一）将农资委转变为政府行政管理机构

从工作职能上来看，海淀区农资委是农村集体资产监管的专门机构，负责全区农村集体资产管理的统筹指导工作，若定位为事业单位，则影响其职能行使。2006 年国务院下发了《关于深化改革加强基层农业技术推广体系建设的意见》（国发〔2006〕30 号）明确指出：“农村土地承包管理、农民负担监督管理、农村集体资产财务管理等行政管理职能列入政府职责，确保履行好职能。”海淀区可以此为依据，积极探索将农资委核定为政府行政管理机构的可能性，保障监管工作顺利开展。

（二）完善农资委工作职能

考虑到海淀区农村资产管理工作的综合性、复杂性和特殊性，应进一步强化农资委的法律地位，对农资委的职能进行清晰的界定，明确农资委的行政权力界限，完善农资委的职责，避免部门之间产生矛盾。同时，在目前区、镇两级“三资”监管组织机构的基础上，设立区、镇、村三级“三资”监管组织，完善农资委三级管理机构，明确村支书、村主任、合作社董事长对农村集体资产管理的主要责任。

（三）加强监管工作队伍建设

鉴于农村“三资”监管的复杂性和专业性，海淀区应高度重视农村资产监管工作，加大对专业人才的引进和培养力度，保障农村集体资产监管中心人员的待遇，稳定工作队伍。在此基础上优化监管工作队伍的组成结构，提高工作人员的专业素质，保障农村“三资”监管工作的顺利进行。

（四）创新信息化监管模式

为了解决外聘审计监管的时滞性难题，海淀区应积极探索农村“三资”监管新模式，搭建信息化监管平台，构建区县、乡镇、村三级全方面网络监管体系，将全区农村财务收支管理资料公开透明化。鼓励和支持村民实时监督，随时举报，健全镇级村级财务制衡监督机制。及时组织审计人员对提出的问题进行审核，部分解决审计监管的时滞性问题，推动财务管理制度化、规范化、信息化。

北京平谷区农村产权流转交易调查报告*

伍振军　张英洪　李德想

北京市平谷区地处北京、天津、河北三个省市的交界处，总面积 1075 平方公里，东、南、北三面环山，山区、浅山区、平原各占 1/3，其中山区面积约占 59.7%。平谷区现有 17 个乡镇（街道），275 个村，农村资产 286.42 亿元（见表 2，不包括农民存款及乡镇企业资产等），113.2 万亩农用地，其中，耕地 18.01 万亩，山地 95.19 万亩。（见表 1、表 2）为了推进农村集体产权制度改革，避免土地等生产要素长期被低租金占用，实现农村生产要素价格发现、流转交易和资源高效配置目标，平谷区自 2010 年开始探索农村产权流转交易。

表 1　平谷区土地状况

单位：万亩

土地利用状况	面积
农用地*	113.2
其中耕地面积	18.01
建设用地	17.29
未利用地	11.74

注：* 农用地包括用于农业生产的土地，包括耕地、园地、林地、牧草地、其他农用地等。
资料来源：平谷区第二次全国土地调查数据。

* 原载北京市农村经济研究中心《调查研究报告》，2015 年 9 月 30 日，第 29 期（总第 86 期）。本报告调研人员：张云华、张英洪、伍振军、高强、李德想、杨芹芹。

表 2　平谷区农村净资产估算

集体资产	面积（万亩）	价格（元/亩）	价值（亿元）
耕地[a]	18.01	30186.13	54.36
山地[b]	95.19	5032.38	47.81
建设用地[c]	15.36	217796	33.45
农户房屋[d]	1.88	796844	149.8
集体净资产[e]	—	—	1.00
合计	—	—	286.42

注：a. 耕地面积按照 18.01 万亩计算，过去 4 年平谷区耕地平均成交价格为 15847.72 元/亩，按照离二轮承包到期年限 15 年计算，则每亩耕地年平均收益为 1056.51 元，按照中长期存款基准利率 3.5% 计算，则每亩耕地价值 30186.13 元；b. 农用地共有 113.2 万亩，除耕地 18.01 万亩外，其余园地、林地、牧草地均算作山地，共有 95.19 万亩，山地过去 4 年平均成交价格 2642 元/亩，按照与耕地相同的算法，每亩山地价值 5032.38 元；c. 平谷区共有 17.29 万亩建设用地，下辖 14 个镇、2 个乡、2 个街道办事处，依据乡镇数量占比 88.89%，认为其中 15.36 万亩建设用地属于乡镇所在地的集体建设用地，集体建设用地价格按照叶兴庆、伍振军对全国农村集体建设用地的估算价格 217796 元/亩计算；d. 由《北京统计年鉴 2014》可知平谷区乡镇及行政村常住户数 11.1 万，平均每户拥有住宅面积 113.11 平方米，则农村住房面积合计 1.88 万亩，由《中国统计年鉴 2014》可知，北京农村农户竣工住宅房屋造价 1194.67 元/$米^2$，折合 796844 元/亩；e. 朱长江认为平谷等区县均不足亿元，这里按照 1 亿元计算。

资料来源：作者调查所得。

一　平谷区农村产权流转交易市场建设状况

平谷区农村产权交易服务中心是由平谷区经管站与北京农交所合作成立，并成为北京农交所第一家分支机构。平谷区农村产权交易服务中心现有工作人员 3 人，全部为事业编制，年办公经费约 15 万元。另有乡镇经管科、300 余名村级信息员，形成了三级服务体系。交易品种主要包括农用地及未利用地、林权、涉农企业股权、实物资产、涉农知识产权等。

（一）建立农村产权流转交易有形市场

平谷区主要采取以下四项措施建立农村产权交易市场和规范农村产权交易行为。一是健全机构，配备人员。平谷区政府成立了规范农村产权交易工作领导小组，并按照科级建制组建区产权交易服务中心。二是加强培训，提高人员素质。聘请市农村产权交易所专家，对 300 名信息员和 270 名村支书进行系统培训，使他们熟练掌握规范农村产权交易工作的相关政策和操作规程。三是制定政策，规范管理。平谷区委、区政府于 2010 年 12 月制定下发《关于规范农村产权交易工作的意见》（京平发〔2010〕24 号），明确了全区农村产权交易的范围、交易原则和交易流程等。四是明确责任，实施奖惩制度。平谷区将规范农村产权交易工作量化，纳入基层党委政府考评范围。明确规定，凡是农村集体资产交易都必须通过农交所进行，对能够落实的予以适当奖励，对违规操作的酌情处罚。

（二）规范农村产权流转交易流程

平谷区农村产权流转交易主要包括四个步骤：第一步是村集体根据具体发包或出租项目召开村民代表大会，经 2/3 村民代表表决通过，将会议决议和对外发包或出租的请示提交乡镇政府。第二步是乡镇政府对具体项目的真实性和合法性进行初步审核。合格后，出具同意进行产权交易的批复，并连同全部材料提交区产权交易服务中心。第三步是区产权交易服务中心对项目进一步的审核并出具批复，后将所有材料与批复送北京产权交易所平谷办事处。第四步是北京产权交易所再与该村就交易项目进行进场程序和挂牌交易。具体流程如图 1 所示。

二　平谷区农村产权流转交易取得的成效

平谷区农村产权交易服务中心自 2010 年 12 月成立以来，截至 2014 年年底（产权流转交易一般集中在年底合同到期前，2015 年暂未统计），已成功受理 128 宗农村产权交易。涉及耕地 15919 亩、山场 7679.52 亩、实物资产 2578 万元等，共有 11 笔交易金额超过 1000 万元，总交易额达 34695.9 万元，溢价 5951.7 万元，溢价率达 20.71%。

从交易品种看，已包括耕地、山场、养殖水面、实物资产、承包经营权和重大经济事项。其中耕地交易额有 25228 万元，占总交易额的 72.71%。山场主要是四荒山、果园和林地，其交易额有 2029.5 万元，占总交易额的 5.84%。实物资产具体包括房屋厂房（主要是养鸡养鸭场、闲置校舍和工厂等）、换代农用机械设备等，成交额为 2578 万元，占总交易额的 7.43%。两笔承包经营权流转分别是“京东淘金谷”景区

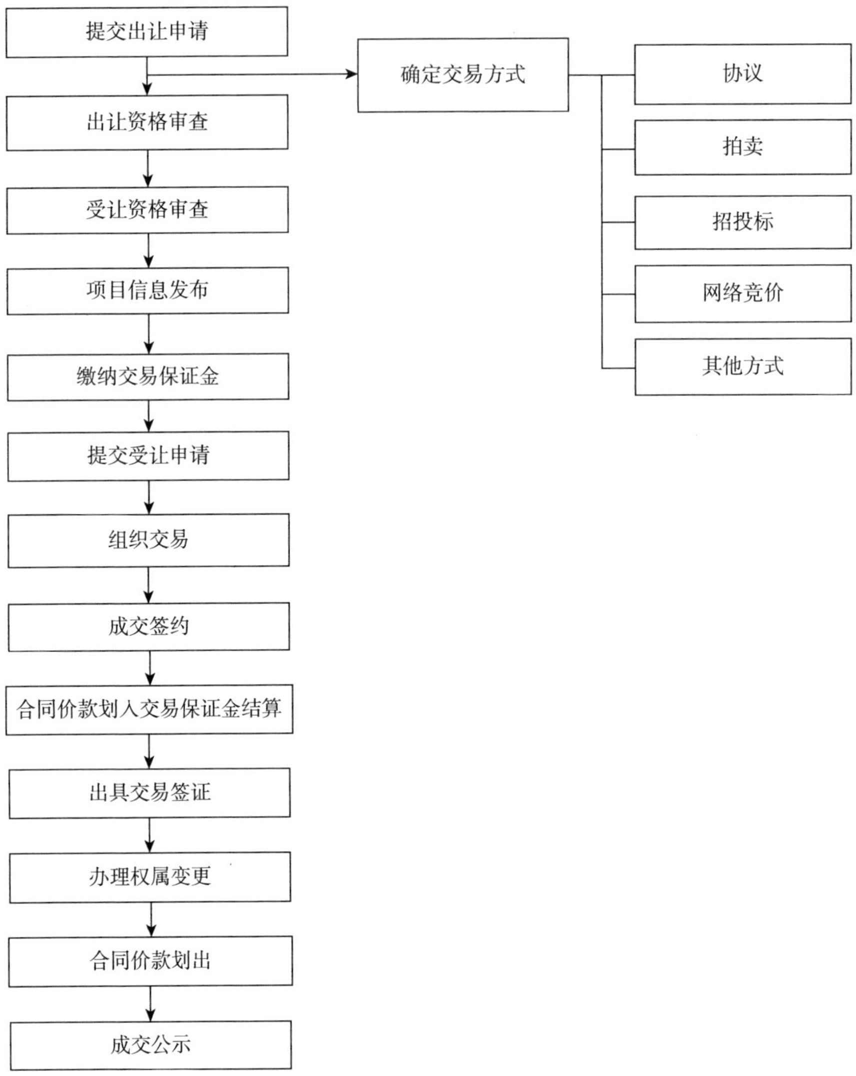

图 1　平谷区产权流转交易流程

经营权和大华山镇金鸡峪土地承包经营权，成交额共计 4600 万元，其中，“京东淘金谷”旅游风景区 70 年经营权成交金额达到单笔最大 4000 万元。重大经济事项主要是农村公共基建工程，2014 年两笔交易共 195 万元。（见表 3）

表 3　平谷区 2011 ~ 2014 年产权交易情况统计

项目	交易情况	2011 年	2012 年	2013 年	2014 年	总计
耕地	成交次数（次）	9	10	18	17	54
	面积（亩）	2734	3115	646	9424	15919
	成交金额（万元）	5859	5748	683	12938	25228
	占总耕地面积比例（%）	1.52	1.73	0.36	5.23	8.84
山场	成交次数（次）	5	2	20	1	28
	面积（亩）	3310	167	4202	0.52	7679.52
	成交金额（万元）	992	417	619	1.5	2029.5
	占总山场面积比例（%）	0.35	0.02	0.44	0	0.81
养殖水面	成交次数（次）	0	0	3	2	5
	面积（亩）	0	0	58.4	7	65.4
	成交金额（万元）	0	0	73.5	4.2	77.7
实物资产	成交次数（次）	0	0	29	6	35
	成交金额（万元）	0	0	1621	957	2578
承包经营权	成交次数（次）	0	1	0	1	2
	成交金额（万元）	0	4000	0	600	4600
重大经济事项	成交次数（次）	0	0	0	2	2
	成交金额（万元）	0	0	0	195	195

资料来源：作者调查所得。

三　面临的问题

（一）通过产权市场交易的产权比例较低

平谷区在促进农村产权流转交易方面做了大量的工作，也取得了较好的成绩。在激励制度方面，为充分调动各乡镇的积极性，加大农村产权交易工作的推动力度，平谷区将规范农村产权交易工作纳入 2011 年农村党的建设“三级联创、‘五个好’乡镇党委”考评范围。在政策扶持方面，为推动农村产权交易，专门出台了《平谷区促进农村土地承包经营权流转奖励政策》，对按照规定实现土地流转的农户，给予一定金额的奖励，4 年来平谷区农村产权总交易额达 34695.9 万元。但从数据看，相对于平谷区农村集体资产来说，平谷区通过农村产权流转交易市场流转的比例仍然较低，平谷区农村产权市场流转交易总金额为3.47亿元，但平谷现有农村净资产估算为286.42亿元，占比仅为1.21%。其中，平谷区耕地成交面积仅占总面积的8.84%，山场成交面积仅占总面积的0.81%。可见，平谷区绝大多数农村资源、资产仍未通过有形市场流转起来。

（二）纠纷处置法律之间存在冲突

平谷区黄光峪村，该村两农户因土地承包经营权问题，产生纠纷。根据《农村土地承包法》第五十一条，因土地承包经营发生纠纷，当事人不愿协商、调解或者协商、调解不成的，可以向农村土地承包仲裁机构申请仲裁，也可以直接向人民法院起诉。农户向农村土地承包仲裁委申请仲裁。根据《农村土地承包经营纠纷调解仲裁法》第二条，农村土地承包经营纠纷调解和仲裁，适用本法。农村土地使用经营权纠纷属于仲裁法范围内，仲裁委认为涉及土地承包经营权问题适用于《土地承包法》。平谷区农村土地承包仲裁委介入，如果农户对仲裁结果不满意，根据《农村土地承包法》第五十二条，当事人对农村土地承包仲裁机构的仲裁裁决不服的，可以在收到裁决书之日起三十日内向人民法院起诉。于是农户向人民法院起诉。农户上诉后，法院即根据《土地管理法》第十六条，土地所有权和使用权争议，由当事人协商解决；协商不成的，由人民政府处理。法院认为农户之间土地使用权的纠纷应由乡镇人民政府解决。2003年1月3日国土资源部令第17号《土地权属争议调查处理办法》第九条规定，当事人发生土地权属争议，经协商不能解决的，可以依法向县级以上人民政府或者乡级人民政府提出处理申请。但其第十四条第（四）项也明确规定，农村土地承包经营权争议案件不作为争议案件受理。可见，农村土地承包经营权纠纷案件不属于县级以上国土资源行政主管部门和乡级人民政府受理土地权属争议的案件范围。因此，农村土地承包经营权权属争议，乡级人民政府可以根据当事人的请求组织双方进行调解，如果调解不成，当事人应通过仲裁或民事诉讼途径解决争议。《农村土地承包法》及《土地管理法》等相关法律及规章并没有赋予行政机关对农村土地承包经营权争议进行裁决的职权。乡镇政府据此认为，涉及土地承包经营权问题不在政府管理范围内，超过政府职能权限，乡镇政府对法院判决拒绝执行。根据相关法律规定，法院立案后仲裁委不再介入，当地政府又拒绝执行法院判决，目前该案件处于法院、基层政府、仲裁委三方都不管，暂时搁置的状态。

（三）土地流转期限超过承包期的剩余期限

据调研，平谷区土地流转期限超过承包期的剩余期限的现象仍然存在。平谷区某村村干部将2028年到期的山场的经营权延长到了2063年，超过二轮承包期35年，以获取额外的租金，维系该村公共事业和日常运行。根据2005年农业部颁布的《农村土地承包经营权流转管理办法》第三条规定，农村土地承包经营权流转期限不得超过承包期的剩余期限。山场流转超过二轮承包期35年，是明显的违背行政法规的行为。

（四）合同到期后集体土地难以收回

土地流转给农户之后，农户利用土地发展农业产业，部分土地上建有设施大棚，种植了花卉、果树等，合同到期后，对地上物处置和补偿问题往往难以达成一致意见，造成集体和农户土地难以收回的问题。平谷区北寨村位于平谷区南独乐河镇最北端，地处深山区，海拔135～151米，地理位置、土壤条件和气候环境独特。北寨村在2000年前后曾有大片山场抛荒，于是将抛荒山场承包给80多个农户种植红杏。如今北寨红杏已是全国地理标识产品，其口感较好，市场价格高于同类产品3倍左右。15年租赁期结束，北寨村其余农户要求终止合同返还山场。但当年的大片抛荒山场也因为杏农土壤改造、种植杏树而大幅度升值。北寨村与80多个农户之间经济补偿标准难以达成一致，土地承包经营权难以收回。平谷区小北关村是山区村，1970年因干旱缺水整村搬到平原村，原有村集体土地和废弃房屋所有权都归平原村所有。之后，平原村将小北关村集体土地和废弃房屋承包给40个农户发展旅游经济。发展到目前，整个小北关村资产提升到5亿元左右。合同到期后，平原村若要收回小北关村村集体土地及地上物，需向承包户支付5亿元补偿资金，该村难以支付，集体资产也收不回来。

四　政策建议

（一）扩大产权交易比例和范围

平谷区通过产权服务中心进行流转交易的比例较低，总体比例只有

1.21%。耕地流转交易不足总面积的10%，山场流转交易不足总面积的1%。且占比超过一半的农村资产——农民房屋及宅基地资产没有流转起来。为了促进农村生产要素流动，需要进一步扩大产权交易比例和范围。一是充分利用北京近郊区的位置优势和生态环境优势，在生态涵养发展区产业定位的基础上，吸引更多的生态农业、生态旅游业乃至会展等更高端的产业落户平谷，使林地、山场、荒山等资源得到充分、高效利用。二是加大资金鼓励、政策支持力度，引导农村闲置资源通过产权交易中心充分流动起来，相关部门和机构应为农户要素流转提供必要的支持和帮助。三是在现有交易品种基础上继续扩大范围，平谷区农村产权品种较多，农村房屋所有权、农业生产性设施使用权、农业技术及科技成果、知名品牌的农产品交易等，包括农民房屋、宅基地使用权等，都应逐步被纳入农村产权流转交易范围。

（二）适时修改土地相关法律法规之间的冲突条款

应在现有法律体系基础上，对涉及农村土地承包经营权纠纷处置法律进行调整。第一，明确规定《土地管理法》和《土地权属争议调查处理办法》不作为农村土地承包经营权纠纷处置的法律依据。第二，将《土地管理法》第十六条，“土地所有权和使用权争议，由当事人协商解决；协商不成的，由人民政府处理”修订为“土地所有权和使用权争议，不包括农村土地承包经营权争议，由当事人协商解决；协商不成的，由人民政府处理”。如此修订之后，就与《土地权属争议调查处理办法》第十四条第（四）项规定“农村土地承包经营权争议案件不作为争议案件受理”相一致。第三，明确规定农村土地承包经营权纠纷处置依据为《农村土地承包法》和《农村土地承包经营纠纷调解仲裁法》。第四，明确赋予基层政府及县级农业行政机关对农村土地承包经营权争议进行裁决处理的职能。将《农村土地承包法》第五十一条，“因土地承包经营发生纠纷，当事人不愿协商、调解或者协商、调解不成的，可以向农村土地承包仲裁机构申请仲裁，也可以直接向人民法院起诉”，修订为“因土地承包经营发生纠纷，当事人不愿协商、调解或者协商、调解不成的，可以向农村土地承包仲裁机构申请仲裁，可以向县级以上人民政府农业部门或者乡级人民政府提出处理申请，也可以直接向人民法院起诉”。

（三）尽快完成确权登记，加强“三资”监管

土地流转期限超过承包期的剩余期限，主要原因在于山场林地属集体所有，没有承包到户。集体所有制导致权利主体不明显，为村干部违规操作留下空间。据介绍，目前平谷区仍有7万亩左右的山场没有确权登记，占山场总面积的7.35%。未被确权的山场处于“人人所有，人人没有”的尴尬境地。应尽快完成农村山场林地的确权、登记和颁证，做到产权明晰，避免共同共有，赋予农户占有、使用、收益、处置各项权能，处理好集体成员和集体经济组织之间存在的权责关系，构建一个归属清晰、权责明确、保护严格、流转顺畅的现代农村产权体系。同时，还需要加强农村“三资”监管，加强对村干部的法治教育，杜绝村干部利用职务之便，违规处理集体经济组织共有财产。

（四）完善农村产权流转交易配套制度

第一，完善农村产权流转交易审核制度。对于农村产权流转交易范畴、农村产权尤其是农村土地受让人、农村土地及农民房屋用途等要有相应的审核制度。尤其对于擅自改变土地用途的行为要严格处理。第二，管理部门还要进一步完善政策法律支撑、政策法律信息咨询、产权确权登记、资产评估、产权抵押质押、纠纷处理和仲裁等至关重要的制度，明确农村产权尤其是在土地流转交易中，农村产权交易市场要指导农户做好流转合同签订前的指导工作，对已签订合同进行登记备案，对合同到期后可能涉及土地地上物的问题需提前告知。第三，对于集体所有权和农户的承包权难收回问题，主管部门需研究制定相关返还补偿的指导意见，作为土地流转的配套规定，解决好承包合同的遗留问题。

向农民偿债：权利，还是权利*

——纪念杜润生先生

张英洪

享有“中国农村改革之父”盛誉的杜润生老先生以102岁的高龄去世，引起了社会各界自发而真诚的哀悼和纪念。杜老官阶并不高，却赢得了社会广泛的尊敬。毕生润泽苍生，公道自在人心。

杜润生的主张：“过三关”

对于从事农村问题研究的人来说，杜老最大的贡献就是以自己的实际行动和深邃思想为农民争权利。“我们欠农民太多”，这是杜润生给李昌平的《我向总理说实话》这本书写的序言的标题。“三农”问题的核心是农民问题，农民问题的实质是权利问题。20世纪50年代以来，我国照搬苏联模式建设社会主义，在农村建立了以土地为核心的集体所有制，在城乡之间建立了以户籍制度为基础的城乡二元体制。这两个传统体制，对亿万农民的权利构成了长期的制约和剥夺。农民生活在重重制度绳索的束缚之中不得自由。我在涉足“三农”问题研究之初，就发表过一篇题为《给农民自由》的文章，提出“只要给农民自由，农民就会创造出惊人的历史奇迹”。几年以后，我读到新出版的杜老自述著作时，立即被杜老书中的独

* 原载《南方周末》2015年10月15日。

到观点和深刻见解所吸引和折服。杜老在书中说："农民不怕累，就怕捆。中国农民有了一点自由，是能够做出许多创造的。"在国人普遍对自由还存在许多偏见和误识的情况下，杜老竟然深刻认识到自由的价值并将农民与自由联系起来思考，这让我肃然起敬。

事实上，在这之前杜老就明确提出"农民应为'自由人'"。20 世纪 80 年代末，杜老鲜明提出中国的改革要过"市场关"和"民主关"。后来杜老又加上要过"自由关"，认为"要给农民自由权，没有自由不行"。

作为中共党内最资深的农村问题专家，杜老的贡献是多方面的，我认为至少有两个大的方面值得回顾与珍惜。一是作为农村问题改革家，杜老的主要贡献体现在他 20 世纪 80 年代主持的五个"中央一号文件"上。从肯定包产到户到放活农村工商业，从发育市场机制宏观问题到取消统购统销，再到调整工农城乡关系，五个"中央一号文件"对于推动农村改革发挥了历史性的巨大作用。我认为五个"中央一号文件"的最大价值和意义，在于赋予和保障农民的生存权和发展权。

二是作为农村问题思想家，杜老的主要贡献体现在他出版的一系列作品之中。从推动包产到户合法化到提出恢复农民协会、从提出给农民以国民待遇到主张给弱势群体人文关怀、从主张给农民自由权到提出赋予农民完整的土地财产权、从崇尚民主法治到渴望公平正义等，杜老提出了一系列关怀民生、顺应民心、体现民意的前瞻性思想观点，其核心就是尊重、保障和实现农民的各项基本权利和自由尊严。杜老在为农民权利鼓与呼中，以其巨大的理论勇气和远见卓识，站在了时代发展的最前列，足以让人望其项背。

农村改革的过程，就是不断扩展农民基本权利和自由的过程。衡量农村改革成败的重要指标，就是看是否尊重农民意愿，是否扩展农民的基本权利。凡是尊重农民意愿、扩展农民权利的改革，就是真改革、实实在在的改革；凡是违背农民意愿、损害和剥夺农民权利的改革，就是反改革、假改革、扭曲变质的改革。

改革 30 多年来，中国农民的权利有了很大的发展。农民有了土地承包经营权，有了生产经营自主权，有了进城打工就业权，有了新农合、新农保等社会保障权，有了村民自治权，等等。但是，农民还面临权利被限制、被侵害等许多问题。杜老以自己无限的执着和有限的生命为农民权利的发展做出了自己的贡献，完成了自己的历史使命。但农民问题尚未解决，仍需后人继续努力。今天，我们对杜老的最好纪念，就是完成杜老未竟的事业，以扩展农民权利为主线全面深化农村改革。新一轮的农村改革，必须以扩展农民权利为依归。

进一步土地确权

改革集体所有制，保障和实现农民的财产权利。杜老曾指出："集体化使农民的各种权利受到剥夺，而且找不到一种可以激励农民积极性的适当的分配机制。"杜老指出，我国农村推行集体化，"实际上是无偿剥夺农民财产，历史证明，农民是不接受的，是不可取的"。

20世纪80年代，以杜老为代表的农村政策研究和制定者，以使包产到户合法化的方式将农民对集体所有制的改革实践，巧妙地转化为党和国家的农村公共政策，从而形成了集体所有制下的家庭承包责任制。

但集体所有制产权不清晰等问题，仍然制约着农民财产权利的实现。作为土地家庭承包制政策设计的主要奠基人之一，杜老在晚年则进一步提出要通过立法，赋予农民完整的土地财产权利。

最近，国务院发展中心农村经济研究部课题组首次对我国农村总资产进行了量化评估，得出我国农村总净资产高达127万亿元，其中所有权属于集体的为87.35万亿元，占农村总净资产的68.78%；土地资产共达88.81万亿元，占农村总净资产的69.93%。农民拥有如此巨额的集体资产，但其大多处于沉睡状态。推进集体产权制度改革，赋予和保障农村以土地为核心的财产权利，是新一轮改革的重中之重。应当在修订《土地管理法》的同时，加快制定"土地法"，明确和保障土地财产权利。

废止"户口登记条例"

城乡二元体制是我国特有的一种城乡关系的制度安排，其实质是构建城乡不平等的政策制度体系，限制乃至剥夺农民的平等权利和自由权利。

杜老呼吁要破除城乡二元结构，给农民以国民待遇，就是要消除对农民的一系列歧视性政策制度安排，使农民与市民都平等地享有受教育权、就业权、社会保障权等基本公共服务，实现城乡居民身份平等和权利平等。

杜老提出要给农民自由权，就是要废除束缚农民的城乡二元户籍制度，赋予农民自由迁徙权、自主择业权。现在，国家已经提出和制定有关改变城乡二元结构、推进城乡一体化、实现城乡基本公共服务均等化、实现城镇基本公共服务常住人口全覆盖的政策。但这些有利于农民权利扩展的公共政策，仍然面临一些地方实施积极性不高的困境，特别是大城市和特大城市，户籍制度改革迟迟难以有实质性推进，外来常住人口难以公平地享受基本公共服务，农业转移人口市民化任重道远。

国家应当结合“反四风”的积极成果，改革财政支出结构，降低行政成本，加大民生支出比重。应当修改宪法，恢复自由迁徙权的规定，废止“户口登记条例”，制定旨在保障自由迁徙权的“户口法”，尊重、保障和实现农民的居住和自由迁徙的权利。

从专业农协到综合农协

杜老晚年呼吁最多的就是重建农会组织。杜老在 20 世纪 80 年代就主张建立农会组织，他曾说：“农民占中国人口的绝大多数，其他少数群体如青少年、妇女、工人等都有自己相应的组织，只有农民没有自己的组织，没有自己的代言人。有了农会，就能够保护农民的权益，替农民发言，强化农民的谈判地位。农民有了谈判地位，就能取得平等的政治地位，与其他社会阶层共谋国事。”

2003 年 7 月，杜老在 90 岁高龄时说：“全世界的经验，最好建立农民协会。……现在我把这个愿望交给诸位，希望在 15 年内解决这个问题。”

社会学家提示，在社会分层结构中，拥有组织资源的多少是决定社会群体及其成员在社会体系中的地位层次结构和社会等级秩序的重要因素。农民虽然人口众多，但因缺乏组织资源，农民阶层仍处在社会分层结构的最底层。没有组织起来的农民，就是马克思所说的“马铃薯”。缺乏组织资源的农民，在公共生活中，不能与政府平等对话；在市场经济中，又不能与资本平等博弈。

换言之，分散的原子化的农民，面对组织强大的政府和实力雄厚的资本时，既不能抵制权力对其利益的侵害，也不能阻止资本对其利益的掠夺，只能沦落为自身利益受到双重损害的弱势阶层。

东亚地区的日本、韩国和中国台湾，都有健全的农民协会组织，其做法和经验值得我们借鉴。应当在现有的《农民专业合作社法》的基础上，借鉴台湾经验，恢复成立农民协会组织，并制定“农会法”，将农会活动纳入法治的轨道，使农民依法组织起来，并依法开展维护自身权益的正当活动。我们要在改革中让农民拥有更多的组织资源，合法行使结社的权利。

除上述基本权利以外，农民还有许多权利都需要立法予以保障，比如自主生育权、公共参与权、自治权等。在全面依法治国中，应当将国际人权公约有关人权保障的条款纳入国内法予以保障，全面修改宪法，完善公民权利保障法律体系，全面保障人权和公民权利，真心实意地建设法治中国。

杜老绝不是一位单纯的农业经济学家，杜老是一位少见的具有现代政治文明理念和素养的农村问题专家。杜老关注我国政府先后签署的《世界人权宣言》《公民权利与政治权利国际公约》《经济社会和文化权利国际公约》，主张保障人的权利，实行现代治理，这是杜老的最可贵之处。

著名的梁漱溟研究学者艾恺说过：“如果中国能有未来，那么为未来而奋斗的人们应该为建立起码的公民权而共同努力。”杜老就是一位致力于扩展农民权利、增进农民福祉的伟大人物。杜老千古！

重构集体产权是新一轮农村改革的重中之重*

——读《集体所有制下的产权重构》

张英洪

农民问题的实质是权利问题。农村改革的过程实质上就是不断扩展农民权利的过程。维护和发展农民权利，说到底，最根本的就是要维护和发展农民的人权和产权两大最基本的权利。制约农民权利实现的两个最基本的传统体制是城乡二元体制和集体所有制。改革开放以来，我国城乡二元体制和集体所有制的改革都在不断地推进。但相比之下，我国政策理论界对集体所有制改革的研究成果要远逊于对城乡二元体制改革的研究。最近，由国务院发展研究中心农村经济研究部部长叶兴庆研究员主持完成的《集体所有制下的产权重构》一书，将对集体所有制改革的研究推向一个新的高度。

20 世纪 80 年代末 90 年代初，农业部一批杰出的政策理论研究者开展了对二元社会结构的研究，出版了《失衡的中国》一书，开拓了我国城乡二元体制研究的新境界。城乡二元体制是一种城乡关系的制度安排，其实质是构建城乡不平等的政策制度体系，限制乃至剥夺农民的平等权利和自由权利。20 世纪 50 年代，国家通过建立城乡分离的户籍制度以及以此为基础的一系列社会政策，严格限制农民进入城镇就业和居住，并对城镇居

* 原载《农民日报》2015 年 10 月 17 日。

民提供基本公共服务保障，农民则被排除在国家提供的基本公共服务之外。在城乡二元体制中，农民丧失了与市民平等的基本公共服务权利，同时，农民也失去了进城自由择业、迁徙和定居的权利。经过 30 多年的改革，现在，党和国家已经明确将破除城乡二元结构、推进城乡一体化作为农村改革发展的基本公共政策。改革户籍制度，实现城乡基本公共服务均等化，推进城镇基本公共服务常住人口全覆盖，让公共财政的阳光照耀农村等公共政策已成为共识并正在深入推进。在破除城乡二元结构、推进城乡一体化进程中，农民的平等权利和自由权利逐步得到了维护和发展。

集体所有制是一种财产制度。周其仁教授对集体所有制的著名解释是：集体所有制既不是一种共有的、合作的私人产权，也不是一种纯粹的国家所有权，它是由国家控制但由集体来承受其控制结果的一种中国特有的制度安排。集体所有制也是 20 世纪 50 年代建立起来的。对集体所有制的改革要早于对城乡二元体制的改革。我国改革实质上是从改革农村集体所有制开始的。包干到户就是对农村集体所有制的第一次重大且取得明显成效的改革，这已经成为农村改革的标志性起点。对集体所有制的改革，主要不是政策理论研究的先行，而是中国农民求生存的伟大实践的先行。20 世纪 80 年代，以杜润生先生为代表的农村政策研究和制定者，将农民对集体所有制的最早改革实践巧妙地转化为党和国家的农村公共政策。20 世纪 80 年代 5 个“中央一号文件”是农村集体所有制改革与实践探索的重要结晶和体现。

在我国农村改革伟大实践中，对传统集体所有制的改革与突破远早于对城乡二元体制的改革与突破。但政策理论界对集体所有制改革的研究成果并不多，具有重要影响的研究成果更少。这可能是集体所有制具有比城乡二元体制更多的意识形态色彩所致，探讨集体所有制改革显得更加敏感。因为传统的经典社会主义经济理论认为，社会主义的本质特征就是公有制 + 按劳分配 + 计划经济。这种对社会主义的认识和理解，已经随着我国改革的不断推进而发生了重大变化。改革开放以来，市场经济已经取代了计划经济，按多种要素分配已经取代了单一的按劳分配，所有制结构也由公有制与非公有制共同发展、多种所有制并存取代了纯而又纯的单一公有制。这说明，固守传统集体所有制，既不是坚持社会主义，也无益于推动农村改革发展，更无助于增进广大农民的福祉。

农村改革虽然已历经30多年，但农业、农村和农民问题仍然十分突出，这其中的一个重要原因，就在于集体所有制没有得到应有的改革，集体所有制下的广大农民的财产权利没有得到应有的保障和实现。《集体所有制下的产权重构》一书对新时期农村集体所有制的有效形式进行了有益的总结探索，对集体所有制下的产权重构提出了创造性的思路，为新时期赋予农民更多财产权利奠定了重要的政策研究基石，是国家一流智库深化农村改革研究中的重要智力成果。

该书对集体所有制及其改革有着清醒而深刻的认识。在理论界，就如何对待集体所有制有两种相反的观点，一种认为集体所有制体现了社会主义优越性，只能坚持，不能削弱；另一种认为集体所有制是人类历史上的怪胎，只能抛弃，不能固守。虽然这两种观点具有理论探讨价值，但它们都缺乏现实意义。因为任何现实的选择都要遵循一定的路径依赖。《集体所有制下的产权重构》一书对集体所有制的前世今生进行了回顾总结，对集体所有制的本质特征和内在缺陷进行了分析，认为集体所有制是集体成员集体拥有土地等资产的所有权制度，是中国的一种特殊制度，不能以共同共有、按份共有、总有、合有等制度框架来套用。集体所有制最基本的特征是集体与成员的不可分割性。对集体制之下农民产权的再界定，是中国农村改革的基本问题。改革农村集体所有制，不是要改变农村集体所有制，而是选择一种更有效率的产权制度安排，把农村土地等集体资产的占有、使用、收益、处分等各项实际财产权利界定清楚。

对农村集体产权的重构进行深入细致的研究分析，是该书的又一鲜明特征。从事“三农”研究，就像挖井一样，所有人都可以对解决“三农”问题发表几句高见，就像所有人都可以抡起锄头在地上随意挖几锄刨出一个坑一样。但是要挖得深，特别是要挖进去几十米深、上百米深，直到挖出水就不容易了，没有相应的专业水准和技术设备，一般就做不到了。搞“三农”研究也是一样的道理，只有研究得深、研究得细、研究得出真知灼见，才能显示出研究人员的功夫之深。深入细致的研究可以将一大批粗枝大叶的研究者抛在后面。叶兴庆研究员曾对于一些“三农”问题研究得很深、很细，给我留下过难忘的印象。该书再一次展现了叶兴庆研究员及其研究团队在深入、细致研究上的真功夫。该书对集体所有制下的农用地、宅基地、集体经营性建设用地、集体非土地经营性集体资产的产权重构，分别做了细致入微的研究，提出了一系列既体现国际视野又符合农村实际的产权重构思路和具体建设。读后让人受益匪浅。

该书的另一个亮点是首次对我国农村总资产进行了量化评估，得出我国农村总净资产高达127万亿元，其中所有权属于集体的为87.35万亿元，占农村总净资产的68.77%；土地资产共达88.81万亿元，占农村总净资产的69.93%。在农村如此巨额的集体资产中，许多却尚处于“沉睡的”状态。秘鲁经济学家德·索托在《资本的秘密》一书中认为，发展中国家贫穷的重要原因是没能把资产转化成为资本，缺乏财产权的表达机制。缺乏财产权及其表达机制是我国“三农”问题的一个重要根源。对于我国农村巨额的集体资产，国家需要还权于民，以法律方式对集体资产进行充分赋权，切实维护和发展农民的财产权利。这是全面深化农村改革的重中之重，也是农村改革发展的希望所在。

如果说在改革初期，国家承认和保障农民生产经营自主权，一举解决了农民的温饱问题的话，那么在全面深化改革中国家赋予和保障农民的财产权，必将铺就亿万农民走上更加富裕的宽广大道。

城市化中的慢生活[*]

张英洪

中国自从被卷入以工业化、城市化等为突出标志的现代化浪潮以来，几千年的农业文明所具有的悠闲生活方式和文化被彻底冲刷。特别是市场化改革30多年来，中国人被全面挤进市场化快速列车，过上了慢不下来的快生活。快，似乎成了这个时代的显著标志和目标价值。

城市化不但加快了人口数量的聚集，也加快了人们的脚步和生活节奏。慢，似乎是一种落后与耻辱；快，才是这个时代的自豪与荣耀。中国几千年农业文明形成和塑造的慢生活，受到了持续不断的挖苦、嘲笑和批判。一个被喻为更高级文明的所谓工业文明在中国闪亮登场了。如果说农业文明的生活特征是慢的话，那么工业文明的生活特征就是快。急于摆脱农业文明而走向工业文明的中国，从此患上了“快的病”。

追求快速的经济发展，成为国家的施政目标。在计划经济时代，国家为加快实现从农业国向工业国的转变，在1958年就提出了“超英赶美”的响亮口号，多快好省地建设社会主义，并梦想跑步进入共产主义。

市场化改革以来，我们迈上了市场强劲驱动的发展快车道。20世纪80年代初，作为改革开放前沿阵地的深圳，提出了著名的“时间就是金钱、效率就是生命”的口号，创造了三天盖一层楼的深圳速度，把建设市场经济的高热情和快速度猛然推到了国人的面前。对于一个急于摆脱贫穷落后面貌的民族来说，能快发展当然要快发展。但一旦快被确立为一种政治正

---

* 原载《城市化》2015年第9~10期。

确的政绩目标时，与之相伴随的各种社会问题就会接踵而至了。近些年来，各级政府热衷于以“快”来打造政绩，快速打造政绩，打造快的政绩。一些地方在追求城市化的快速发展中，大搞强行征地、暴力拆迁、拆村并居，强逼农民上楼，严重侵害农民权利，破坏国家治理秩序。各地疯狂追求的是GDP，带来的却是“快的病”：公然牺牲公民的基本权利、损害公平正义、破坏生态环境、摧毁传统文化。

追求快速的个人发展，也成为国民的生活方式。在这个加速运转的快时代，有的人想一夜暴富缠万贯，有的人想一举成名天下知，有的人想一步登天傲群雄。追求名利，实现理想，是人之本性，无可厚非。所谓天下熙熙，皆为利来；天下攘攘，皆为利往。但今日之中国社会，人们为升官发财扬名而急功近利，有的人则不择手段，什么伤天害理的事都干得出来。为了不断满足贪婪的欲望，商人们给牛奶掺毒者有之，造假仿冒者有之，尔虞我诈者有之，谋财害命者有之。人们因嫌猪、鸡等动物长得太慢，就大量使用激素催促“猪快长”“鸡快下蛋”；因嫌植物长得不够快、产量不够多，就大量使用催熟剂、膨大剂。曾经作为笑话的拔苗助长已不再是一个成语，而是快时代现实生活的一种真实写照；饮鸩止渴也不再是一种极端警示，而是今天的人们深受不安全食品药品困扰的生活图景。

在快时代，城市中的普通市民也慢不下生活的脚步，他们要为自己的人生奔波，为子女的前途奔波，为家庭的生活奔波。据北京师范大学《2014中国劳动力市场发展报告》，“舟车劳顿”已经成为中国大城市人群每天都要经历的“苦难”，北京通勤时间最长，达到97分钟。此外，广州、上海、深圳等城市也是通勤时间较长的城市，平均每天上下班（往返）时间接近或超过90分钟。报告还指出，过度加班已经成为中国社会的一个焦点问题。

快速的工作、生活节奏，造成了许多可悲可叹的过劳死、猝死和自杀现象。以工业化、城市化、市场化为重要特征的工业文明，的确创造了比农业文明更多的物质财富。但是，工业文明也比农业文明更多地激活了人们贪婪的欲望，使人们更多地追求物质上的享乐与消费、更多地掠夺自然资源、更多地牺牲人类自身的健康和幸福。

快，不但是中国发展中的一种现象，也是人类发展中的一种普遍现象。据德国社会学家彼得博夏德在《为什么我们越来越快》一书中的研究，人类社会在1450年以前的发展比较平缓，以后开始变快，1950年以后进入越来越快的阶段。中国也就挤上了国际的特快列车。

针对现代化中的“快的病”，国际上出现了一种倡导慢生活的社会运动。今年上半年，我有机会去了江苏，实地参观了中国第一个国际慢城——南京市高淳县桠溪镇，对慢城和慢生活有了初步的了解和体悟。2010年11月27日，在苏格兰国际慢城会议上，高淳县桠溪镇被正式授予国际慢城称号。慢城是一种放慢生活节奏的城市形态，它起源于意大利，是从慢餐与慢生活中分立出来的一个强调生态、环保、品质与本土的世界性绿色城镇建设运动。世界慢城联盟规定了慢城的8条公约：人口不超过5万；深切地致力于保护与维持纯净的自然环境；大力倡导与推行符合可持续发展要求的技术；培育本地文化，保护当地风俗习惯与文化遗产；推行健康的饮食方式与生活方式；支持当地手工艺人与本地商业的发展；热情接待外来客人；鼓励积极参与公共活动。

国际慢城的出现，是对主流城市化带来的“快的病”的深刻反省和现实批判，它提示的一个真理是，人是目的而不是手段。人类应当追求幸福的生活，而不应被物质主义所左右和驱使。政府虽然号称公共利益的代表者，但政府也是经济人，有其自身的利益追求与价值偏好，政府常常着眼于追求政绩而忽视甚至损害民众的利益。因而我们需要建设一个民主的政府，才能对政府乐于追求的政绩行为进行有效监督和制约；同时只有让社会成长起来，让公民参与到公共生活中来，才有可能对政府的政绩冲动和过激进行为进行纠偏。总之，政府需要民主法治，社会需要批判反思，公民需要公共参与，人们需要幸福生活。

要真正实现“城市让生活更美好”，我们正在全力推进的新型城市化就应当反思城市化中的“快的病”，积极借鉴国际慢城的新理念。在快速城市化中，我们需要理解和认识慢的价值，并能够过上与大自然节拍相协调的慢生活。

探索推行农村政经分开改革*

张英洪

最近公布的《深化农村改革综合性实施方案》首次提出开展农村“政经分开”试验，这是完善乡村治理机制、推行乡村治理现代化的重要举措。

在我国农村，村党支部、村民委员会、农村集体经济组织是三类最重要的基层组织。根据《中国共产党农村基层组织工作条例》规定，村党支部领导和推进村级民主选举、民主决策、民主管理、民主监督，支持和保障村民依法开展自治活动，领导村民委员会、村集体经济组织和共青团、妇代会、民兵等群众组织，支持和保证这些组织依照国家法律法规及各自章程充分行使职权。需由村民委员会、村民会议或集体经济组织决定的事情，由村民委员会、村民会议或集体经济组织依照法律和有关规定做出决定。

根据《中华人民共和国村民委员会组织法》规定，村民委员会是村民自我管理、自我教育、自我服务的基层群众性自治组织，实行民主选举、民主决策、民主管理、民主监督。村民委员会办理本村的公共事务和公益事业，调解民间纠纷，协助维护社会治安，向人民政府反映村民的意见、要求和提出建议。

目前，农村集体经济组织还没有专门的国家立法，根据《宪法》和《农业法》等法律，农村集体经济组织是我国农村集体经济制度的主要组织形式，它的主要职能是做好集体资产的管理工作，使集体资产得到合理

---

* 原载《京郊日报》2015 年 11 月 16 日。

利用和有效保护，并确保集体资产的保值增值。

村党支部、村委会、村集体经济组织三者之间职能不同、性质各异。但长期以来特别是在人民公社时期形成的“政社合一”体制，至今未能得到应有改革，相反在某些方面还得到了强化。2000 年以来，北京市倡导农村党支部书记和村委会主任“一肩挑”。2013 年北京市村委会换届选举结果显示，北京市村党支部书记兼村主任的比例为 65.7%，顺义区农村“一肩挑”的比例高达 87%。北京农村还有许多村党支部书记兼任集体经济组织负责人。

在农村实行村党支部、村委会、集体经济组织负责人“一肩挑”，有其突出的正面效果，尤其是有利于“集中力量办大事”，提高上级政府交给村级各种事务的办事效率，但其负面影响同样不容忽视。2014 年 7 月，中央巡视组针对北京市巡视后反馈，发现北京“小官巨腐”问题严重。2014 年 5 月 12 日中央纪委监察部网站通报了 4 月 28 日至 5 月 9 日两周期间，各级纪检监察机关查处的 237 件违反中央八项规定精神典型案件，其中涉及北京 4 名书记、主任“一肩挑”的村干部因违规接受礼金、违规向亲属等人发放占地补偿款、冒领专项补贴等问题受到处罚。2014 年 10 月，北京市委关于巡视整改情况的通报中，公布了部分“小官巨腐”问题，比如海淀区西北旺镇皇后店村会计陈万寿挪用资金高达 1.19 亿元。2015 年 1 月至 9 月北京市立案 1399 件，其中查处“小官贪腐”329 人。绝对权力导致绝对腐败，这条政治学的黄金定律，在村庄政治中同样适应。

根据治理法治化和现代化的新要求，应抓紧完善村级治理体系，推行村庄政经分开试点，探索村党支部、村民委员会、集体经济组织职能和权限分开，理清三者的权责关系。

一是要推行职责分开。进一步明确村党支部、村委会、村集体经济组织的职责。村党支部作为执政党在农村的基层组织，具有贯彻执行党的方针政策、领导和推行村级民主自治、讨论决定村级经济社会重大问题、加强党员干部的教育和监管等职责，重点是要加强从权力型组织向服务型组织的转变，将为人民服务的根本宗旨转化为服务群众的实际行动，全体党员要成为农村社区的志愿者和义工。村党支部要以服务体现宗旨，以民主推动自治，以法治维护权益，以监督保障公正。村委会作为村民民主自治组织，重在尊重村民意愿，保障村民参与公共事务，为村民提供各项公共服务，维护村民各项合法权益，实现村民在村庄范围内当家做主。村集体经济组织重在发展村庄集体经济，加强集体资产经营管理，完善法人治理结构，保障集体经济组织成员所有权、参与权、监督权和收益分配权。

二是要推行人员分开。村党支部、村民委员会、集体经济组织负责人不宜简单提倡“一肩挑”，应当分开设立，民主选举，不得相互兼任。村党支部书记由全村党员直接民主选举产生，对全体党员负责，依照有关党组织规定开展工作，重在发挥先锋模范带头作用。村委会主任由全体村民直接民主选举产生，依照村民委员会有关法律法规行使职权，对全体村民负责，重在推行村民自治，加强村庄公共管理和公共服务，保障和体现村民当家做主。集体经济组织负责人由集体经济组织民主选举产生，对集体经济组织成员负责，依照有关法律和章程开展经营管理活动，维护集体资产权益。在村庄治理中，要处理好官治与自治的关系，纠正官治独大，强化自治功能。要破除有关体制机制障碍，消除城乡人才流动壁垒，培育有利于推动乡村治理民主化、法治化的新乡贤人才队伍。

三是要推行账务分开。对村党支部、村民委员会、村集体经济组织要分别建立财务制度，实行分账管理。村党支部财务收入主要来源于党员缴纳党费、上级党组织和财政适当补贴、社会捐赠等，村民委员会收入主要来源于政府财政拨款、村集体经济收入合理分配等，村集体经济组织收入主要来源于经营管理收入、政府扶持补贴收入等。村党支部、村民委员会、村集体经济组织的支出也须遵守财务会计制度。

在村级党组织、自治组织、群团组织和集体经济组织之外，还需大力培育和发展乡村社会组织，加强乡村社会建设，改变强官治—弱自治、强政府—弱社会的乡村治理格局，促进农村党群组织、自治组织、经济组织、社会组织的多元发展，实现从行政权力支配型村庄治理模式向社会自主服务型治理模式转变。

涉农腐败、政治生态与治理精细化*

张英洪

涉农腐败是农村社会治理结构问题的重要表征之一。预防和根治涉农腐败，必须深刻认识和把握农民问题。缺乏对农民问题的理解和把握，我们很难认清和解决涉农腐败。农民问题可以从以下两个基本层面去理解和把握。

一方面是从制度结构层面看，农民受制于两个基本的制度结构约束，一个是传统城乡二元体制的约束，另一个是传统集体所有制的约束。传统城乡二元体制是关于城乡关系的制度安排，传统集体所有制是关于农村财产的制度安排，解决制度结构问题，需要深化改革，推进制度现代化。

另一方面是从治理结构层面看，农民面临两个基本的治理怪圈，一个怪圈是委托代理异化怪圈，凡是对老百姓有利的政策往往在基层得不到及时有效的贯彻落实，比较普遍存在上有政策、下有对策的现象；而凡是对老百姓不利的政策往往在基层得到强有力的推行，比较普遍存在上面一针眼、下面斗大风的现象。另一个怪圈是官治自治失衡怪圈，越是乡村自治失效，就越是强化各级政府对乡村的官治，而越是强化官治，乡村的自治就越来越失灵。解决上述治理结构问题，同样需要深化改革，推进治理现代化。

当前比较突出的涉农腐败现象，从根本上说，暴露了国家和乡村治理结构存在的严重缺陷，折射了乡村政治生态笼罩的雾霾。我在农村调研中

* 原载《国家治理周刊》2015 年第 43 期（总第 67 期），本文发表时有删节，此为未删原文。

曾多次遇到农民向我倾诉，农民说现在中央惠农政策好是好，可是农民没有真正享受到，中央给农民的钱，很多被那帮乡村干部贪污了，建议国家干脆取消各种惠农政策，免得那帮乡村干部中饱私囊。农民这些比较激动的心声，让人深思，发人深省。

这些年来各地揭露出来的乡村“小官巨腐”问题，对于加快推进治理现代化提出了严峻的挑战。例如，2014 年 7 月，中央巡视组针对北京市巡视后指出“小官巨腐”问题严重。北京市由此加大查处“小官巨腐”问题力度。在被查处的“小官巨腐”案件中，北京海淀区西北旺镇皇后店村会计陈万寿挪用资金高达 1. 19 亿元，延庆县旧县镇农村经济经营管理中心原主任袁学勤挪用公款 2400 万元，朝阳区孙河乡原党委书记纪海义在征地拆迁等建设中利用职务之便受贿 9000 万元，等等。2015 年 1 ~9 月北京市立案 1399 件，其中查处“小官贪腐”329 人。全国各地农村也大都存在“小官巨腐”问题。

进入 21 世纪以来，为解决日益严重的“三农”问题，国家坚持“多予少取放活”的方针，明显加大了强农惠农富农政策力度。同时，随着城镇化的快速发展，农村集体土地快速增值，农村资金、资源、资产数额不断增大。但由于乡村治理体制机制建设既滞后于国家实行强农惠农富农政策的要求，又滞后于工业化、城镇化快速发展的形势，涉农腐败触目惊心，“小官巨腐”频繁发生。

“小官巨腐”现象说明，一方面，权力无论大小，只要不受监督和制约，必然产生腐败；另一方面，重塑政治生态、推进治理现代化刻不容缓。根治涉农腐败，关键是要重塑乡村政治生态，推进乡村治理精细化。

市场化改革以后，有些人的价值观念发生了错位，人性中贪财自私逐利的弱点得到了空前强化。习近平总书记曾在河北省阜平县龙泉关镇顾家台村调研时说：“我非常不满意，甚至愤怒的是扶贫款项被截流和挪作他用，和救灾款被挪用一样，那是犯罪行为。”2014 年 8 月，湖南湘西自治州吉首市一名村干部因贪污公款被查后理直气壮地反问：“我当村干部不就是为了捞两个吗？这怎么还违法了？”可见，“不义之财君莫取”的古训底线已经失守，不择手段谋取私利已公然大行其道。

要使国家好的公共政策得到及时有效的贯彻落实，避免“政令不出中南海”，的确需要推进治理体系和治理能力现代化。虽然地方基层政府都是国家的代理者，但地方基层政府都是自利型的“经济人”，有其自身的强烈利益诉求，面对中央的委托要求，他们往往在考量自身利益的基础上进行选择性执法或者徇私枉法。“上有政策、下有对策”，正是地方基层政府遵循自利型“经济人”的自我选择。代理人背离委托人意愿，甚至抛弃委托人自立为王、自行其是，正是传统官僚体制难以摆脱的治理陷阱。在这种治理陷阱中，百姓与国家之间被层层官僚所阻隔，最下层的百姓与最上层的国家之间缺乏制度化的直接联系，国家的治理目标和意愿往往被地方基层的官僚腐败所侵蚀和消解。官僚的背叛和腐败成为常态。这是传统国家治理所面临的无法治愈的官僚政治之癌。试看历史朝代兴衰，有多少王朝亡于官僚的背叛与腐败。

历史学家黄仁宇认为，传统中国社会结构就像一个庞大的“潜水艇夹心面包”，位于上面的一块长面包是大而无当的国家官僚阶层，位于下面的一块长面包则是没有有效组织的农民阶层，高层与低层之间缺乏使之成为一个现代国家的法律制度的联系。黄仁宇用“立”字来形象地表示中国现代国家构建的进程，即“立”字的上面的一点一横代表高层机构，下面的一长横代表低层机构，当中两点代表上下间法律制度的联系。

在黄仁宇看来，中国在现代国家构建中，国民党创造了一个高层结构，共产党翻转了中国的农村，创造了一个新的低层结构。但高层与低层之间的有机联系一直是中国现代国家构建的薄弱环节。换言之，中国在现代国家构建中，先后重塑了高层与低层结构，但缺乏现代国家高层与低层之间的制度性联系。为此，黄仁宇认为：“现在中国当前的任务，则是在高层机构和低层机构间敷设有制度性的联系，才能从上至下，能够以经济及法治的方法管理，脱离官僚政治的垄断。”这种制度性的联系，最核心的是建立现代国家赋予和保障的公民权。

黄仁宇认为，在中国现代国家构建中，“立”字上的一点一横和下面的一长横都已在位，目下的任务是加入当中的两点，即在法律面前厘定个人的权利与义务。只有在法律上确立公民的权利，才能形成永久的体制，即实现国家的长治久安。

其实，“立”字中间的两点就是公民权中的两个基本要素，即权利要素和义务要素。如果说左边的一点代表义务，右边的一点代表权利的话，那么在中国现代国家构建中并不是缺乏“立”字中的两点，问题的症结恐怕在于这两点的严重失衡，即国家对公民义务的建构远胜于对公民权利的构建。可以说这“立”字是一个左重右轻的“斜体字”。身处低层的农民与高层的国家之间的联系主要通过“立”字左边这一点即义务体系与国家建立联系，而右边的权利体系则明显虚弱甚至缺位。而综观当今之世界，现代国家的构建无不以公民权为基础。

现代国家以公民权为基础有三重意涵：一是现代国家通过政治革命普遍确立了人民主权原则，公民权为现代国家提供了不同于传统国家的合法性基础；二是现代各种类型的国家都以宪法的形式确立公民权，所不同的只是国家对公民权事实上保障程度的差异。三是凡是公民权未能得到有效保障甚至践踏公民权的国家，无论是大国、小国，抑或强国、弱国，都将面临国家整合与治理的深刻危机。

黄仁宇还认为，缺乏“数目字管理”是中国社会治理滞后于西方的重要因素。西方富国强兵和市场经济成功发展的一个重要秘诀就是实行“数目字上的管理”。黄仁宇指出：“中国社会不能在数目字上管理，由来已久，其以道德代替法律，更以息争的名义，责成里长甲长乡绅族长将大事化小，小事化无。”黄仁宇认为倘若能实现“数目字上的管理”，中国就有希望。

“数目字管理”实质上是现代国家精细化管理的重要内核。现代管理学认为，科学化管理有三个层次：第一个层次是规范化，第二层次是精细化，第三个层次是个性化。在20世纪50年代，日本企业最早提出了精细化管理的理念，之后推广到其他国家的企业乃至政府管理领域。实现社会治理现代化，必然要求推行社会治理的精细化。

我国涉农腐败现象，折射了我国在现代国家构建中的缺陷，最典型地暴露了社会治理结构的滞后和社会治理的粗放。粗放化的社会治理，难以取得良好的治理成效。治理涉农腐败问题，需要在加强民主政治建设中，以社会治理精细化的理念和方式代替以往粗放式和经验化的社会管理思维和方式。

社会治理精细化，要以党章和宪法为总依据，加强一系列具体的制度体系建设，以预防涉农腐败。一个城市的自来水公司要想使居民家庭使用到自来水，就必须铺设和安装自来水管、水龙头、水表等基础设施并按标准定期收取水费加强管理。同样道理，一个国家要想使公民享受到执政党提出的为人民服务的宗旨和宪法规定的公民权利，就必须建设能够落实和保障公民权利的一系列制度体系，并依法、公开、公正地执行制度。赋予和保障公民基本权利，是落实执政党为人民服务宗旨的最主要实现形式。在国家制度建设中，关键是要围绕两条主线展开，一条主线是紧紧围绕“把权力关进制度的笼子里”，加强规范、制约和监督公共权力方面的制度建设；另一条主线是紧紧围绕“保障人民当家做主和自由幸福”，加强规范、维护和实现公民权利方面的制度建设。最近，党制定了新的《中国共产党纪律处分条例》，其中明确规定了党组织和党员违反廉政纪律行为的处分、违反群众纪律行为的处分等具体内容，这是中国共产党从严约束党组织和党员的重要制度建设成果。在国家层面，还应当制定《反腐败法》，将涉农腐败行为纳入国家法律框架之中，依法惩治涉农腐败。在执政党和国家层面，要同步加强约束权力、保障权利的制度体系建设，扎紧权力的笼子，规范权力的运行，划定权力的边界，同时拓展权利的空间，畅通权利的行使，维护权利的尊严。

遵守制度、执行制度、按制度办事，是社会治理精细化的内在要求。在涉农腐败案件中，有很多情况并不是因缺乏相关党纪和国法规定，而是党纪国法没有得到真正的贯彻执行，在执纪执法上存在失之于宽、失之于松、失之于软的普遍问题。习近平总书记指出：“有了好的制度如果不抓落实，只是写在纸上、锁在抽屉里，制度就会成为稻草人、纸老虎。要强化制度执行，加强监督检查，确保出台一个就执行落实好一个。”一些涉农腐败现象之所以没有得到应有的查处，有的是上梁不正下梁歪，上级部门和领导带头腐败，比下级的腐败有过之而无不及；有的是相互勾结，官官相护，形成腐败利益共同体，串成一根腐败绳子上的蚂蚱；有的是贪赃枉法，选择性执法，颠倒是非、愚弄百姓。特别是在周永康曾经控制的政法部门，为了所谓的维稳政绩目标，公然背离正义，漠视权利，践踏法治，掩盖真相，人为制造冤假错案，将检举和控告腐败官员的上访群众打入监牢，却放纵腐败分子逍遥法外。古人语：“废一善则众善衰，赏一恶则众恶归。善者得其佑，恶者受其诛，则国安而众善。”如果国家对腐败分子不予以惩处，而将良善之人关入监牢，不是惩恶扬善，而是惩善扬恶，那么社会风气的败坏将一泻千里，不可收拾。政治生态如同自然生态一样，一旦受到严重污染破坏，必将祸害久远，非一时之功所能奏效。

让农民群众参与到监督涉农腐败案件中来，是推动社会治理精细化的强大动力。涉农腐败是发生在农民群众身边的腐败，对农民群众的切身利益损害最大。农民群众对涉农腐败现象感触最深，对涉农腐也最痛恨。根治涉农腐败，必须发挥农民的积极性，尊重农民的主体地位，保障农民当家做主的权利，形成农民群众监督腐败、检举腐败、参与治理腐败的良好制度环境。首先，要处理好权力组织、资本组织与农民组织的关系。现代社会是一个高度组织化的社会，一方面，公权力的组织高度发达，另一方面，资本的组织也高度发达，此外，其他各种社会组织也高度发达。而中国农民的组织化程度却相当低下。组织资源是一个群体最重要的资源。只有组织起来，才能产生人多力量大的效果。缺乏组织的农民，无法与强势的政府和强势的市场进行公平、对等的博弈，也不能与其他社会组织进行平等的博弈。要允许和规范农民在法律的框架内建立维护农村集体和农民自身正当利益的农民组织，提高农民的组织化程度。东亚综合性农协的基本经验值得借鉴。其次，要处理好官治与自治的关系，提高和保障农民群众对社区公共事务的自治权利和自治能力。重新划分官治与自治的边界，明确官治与自治的职责，推行农村政经分开、政社分开，强化村庄自治功能，保障和实现农民群众在社区公共事务中的知情权、参与权、表达权、监督权。最后，要处理好经济建设与社会建设、政治建设的关系。虽然经济基础决定上层建筑，但上层建筑也反作用于经济基础。过去，我们把主要精力用在经济建设上，而对社会建设、政治建设明显重视不够，造成农村整个社会结构的失衡。在一个社会结构严重失衡的社会里，不可能有善治。推进乡村治理精细化，必须把农村的社会建设、政治建设提上更加重要的日程。要在法治的轨道上，全面深化农村社会体制和政治体制改革，一点一滴地加强社会建设和政治建设，鼓励发展多元社会组织，重新激发社会活力，调动农民群众伸张正义、反对腐败的主动性和积极性。

特大城市不得减损公民权利*

张英洪

人口向城市聚集，是工业化、城市化发展的必然结果。随着城市规模的不断扩大，一批大城市、特大城市应运而生，这是经济社会发展的内在规律。从国际经验看，在城镇化进程中，劳动力一般优先向特大城市聚集，直到城镇化过程基本完成时，人口规模趋于稳定。

改革开放以来，我国城镇化进程开始明显加速，现在仍处于快速城镇化进程之中，一些大城市、特大城市人口规模在不断扩大。比如北京市的人口规模屡屡突破规划限制，这说明中国的城市化并没有跳出世界城市化发展的普遍规律，人为的城市人口规模控制不能阻挡人口城市化发展的时代潮流。这不是说我们在城市化发展面前无所作为而任由规律摆布，我们需要顺应城市化发展规律进行人口调控，引导人口的合理流动。但我们必须坚持的公共政策底线是不得以“城市病”为借口减损外来人口的基本公民权利。换言之，我们应当走尊重和保障公民基本权利的新型城市化之路，而不是走限制乃至剥夺公民基本权利的城市化老路。

20 世纪 80 年代，我国将市区非农业人口在 50 万以上、100 万以下的城市定为大城市，将拥有 100 万以上非农业人口的定为特大城市。在城市发展方针上，长期执行“严格控制大城市规模”的政策。2000 年我发表文章，认为这种城市划分标准太低了，应重新调整城市规模划分标准，并建

* 原载《城市化》2015 年第 11 期。

议将1000万以上人口的城市称为超级城市，500万~1000万人口为特大城市，100万~500万人口为大城市，50万~100万人口为中等城市，20万~50万人口为小城市，2万~20万人口为小城镇。2014年10月，国务院发布《关于调整城市规模划分标准的通知》，对原有城市规模划分标准进行了调整，与我十几年前的建议基本吻合。

中国的城市化最让我担心的既不是城市规模的大小，也不是“城市病”的轻重，既不是承载力的强弱，也不是GDP的多少，而是公民基本权利的维护和发展。作为在我国经济社会发展中具有举足轻重地位的特大城市（本文包括超大城市），最根本的发展是要从自以为是的特权城市转向包容式发展的民权城市。要实现“城市让生活更美好”的愿景，城市当政者的基本治理伦理就是坚守不得减损公民基本权利的底线。

长期以来，我国的城市建设倾向于建设排斥外来人口的特权城市。在古代，城市治理者用看得见的城墙将城市与乡村分开，保卫着城市里的特权。20世纪50年代以后，城市治理者用看不见的户籍制度将城市与乡村隔离，维护着城市里的特权。在计划经济体制下，特大城市始终严格控制外来人口特别是农业户籍人口的迁入。例如，1962年12月，公安部发布《关于加强户口管理工作的意见》规定：“对农村迁往城市的，必须严格控制……特别是迁入北京、上海、天津、武汉、广州等五大城市的，要适当控制。”1977年11月，国务院批转《公安部关于处理户口迁移的规定》，提出：“由农业人口转为非农业人口，从其他市迁入北京、上海、天津三市的，要严格控制。”在计划经济时代，城市治理者以计划思维控制农业户籍人口迁入城市的正当借口是城市缺少就业机会，农民不得进城与市民争饭吃。这貌似合理的理由，被改革开放以来的市场经济无情地击碎了。实行市场化改革以来的各大城市人口迅速增长，大量进城的农民不但没有抢走市民的饭碗，而且空前地增加了就业机会，创造了巨大的物质财富。这是传统计划思维者无法想象的经济现象。

在市场化改革中，城市的治理者虽然逐步允许农民进城务工，但长期歧视外来务工人员，拒绝给外来务工人员提供公平的就业环境和平等的公共服务。2003年以后，农民工的生存环境有了很大改善，但农民工的市民化进程缓慢。特别是特大城市至今难以摆脱特权城市的惯性，在推进农业转移人口市民化特别是外来人口市民化上行动迟缓，缺乏实质性的政策进步。近些年来，随着“城市病”的爆发，特大城市又找到了排斥外来人口的新借口。以城市承载力有限、“城市病”为名，歧视外来人口、驱赶外来人口、排斥外来人口，是特大城市的当政者传统城市特权思维的“旧病复发”。虽然特大城市在计划经济体制下排斥外来人口与在市场经济体制下排斥外来人口的借口不同，但其实质是一样的，就是长期形成的城市特权观念作怪，一旦遇到城市治理面临的新问题，就直接找外来人口出气，从而以减损外来人口基本公民权利的方式去谋求城市的治理。这是城市治理中一条至今没有摆脱的将城市问题归罪于外来人口的怪现象。

特大城市由于集中了更多的公共资源和投资产业，从而吸引了更多的外来人口就业和生活，这本是经济发展和城市化的正常现象。外来人口在城市就业并纳税，事实上成为城市发展的一部分甚至重要组成部分，理应享受平等的基本公共服务，并应当合法有序地融入城市成为新市民。但由于城乡二元体制的影响，农民工等外来人口享受不到城市的市民待遇，成为城市中的“二等公民”。这种不公平的现象理应尽快改变。特大城市为解决“城市病”，疏解过于膨胀的人口，确实需要调控人口规模。但调控人口的思维和方式需要极大地改变，我们不能在理论上假定“城市病”只是由外来人口这个群体带来的，在政策实践上不能以减损外来人口基本公民权利的方式加以推进。只有制定科学合理且具有前瞻性的城乡发展规则，通过疏解城市功能、产业、公共资源和公共投资，来调控人口，公平合理地引导人口流向，这才是城市治理的正道。在城市化中，基本公共服务要随着人口走，外来人口走到哪里就业和生活，政府就应当将基本公共服务供给到哪里。实现城乡基本公共服务均等化，推进城镇基本公共服务常住人口全覆盖，这是做好特大城市人口调控的基础和保障。

从传统漠视公民基本权利的治理模式，转向维护公民基本权利的治理模式，这对特大城市的治理者提出了全新的挑战。在城乡一体化发展中，特大城市的治理者需要实现两次大的自我跨越：一是将本市农业户籍人口纳入基本公共服务供给框架之中，确立农民也是市民的观念，各城市的市长不再只是本市城镇居民的市长，也是本市农村居民的市长，必须对全部城乡居民负责，为全部城乡居民服务；二是将农民工等外来人口纳入基本公共服务供给框架之中，树立农民工等外来人口是城市新市民的观念，各城市的市长不再只是本市户籍人口的市长，也是外来常住人口的市长，必须对全部常住人口负责，为全部常住人口服务。

积分落户要有利于常住人口市民化*

张英洪

最近，《北京市积分落户管理办法（征求意见稿）》和《北京市居住证管理办法（草案送审稿）》向社会公开征集意见。这犹如一石激起千重浪，引起社会广泛关注和讨论。总体上说，出台积分落户政策，这是北京市决心启动户籍制度改革的一个新起点。

半个多世纪以来，从严控制人口一直是北京市户籍管理的总基调。最近十几年来，全国很多大城市纷纷推行户籍制度改革，同为超大城市的上海，早在2013年7月1日就正式施行《上海市居住证管理办法》，实行积分落户政策。这次在国务院公布的《居住证暂行条例》于2016年1月1日施行之前，北京市终于就积分落户管理办法以及居住证管理办法公开向社会征求意见，在最后一刻也迈出了户籍改革的步伐，给近千万的常住外来人口以在京落户的希望。

由于城乡二元户籍制度的影响，我国形成了城乡二元结构。市场化改革以来，在城乡二元户籍制度没有得到切实改革的情况下，城市内部又产生了基于本市户籍人口与外来人口相分割的新二元结构。双重二元结构构成了我国特大城市基本的社会结构性特征。以北京市为例，受城乡二元结构影响的是240多万人的农业户籍人口，受城市内部二元结构影响的是800多万人的常住外来人口。

常住外来人口不能取得所在城市的户籍身份，不能公平享有所在城市

---

* 原载《农民日报》2015年12月16日。

的基本公共服务，这是传统城市化的制度性弊端。党的十八大以来，党和国家明确提出要走以人为核心的新型城镇化道路，把推进农业转移人口市民化、常住人口市民化作为新型城镇化的首要目标。2014 年 7 月，《国务院关于进一步推进户籍制度改革的意见》明确提出，要促进有能力在城镇稳定就业和生活的常住人口有序实现市民化，推进城镇基本公共服务常住人口全覆盖。积分落户作为特大城市户籍制度改革的过渡形式，在改革方向和价值定位上，应当体现以人为本的新型城镇化的总要求。

从公布的征求意见稿来看，北京市积分落户申请人必须同时符合以下五个条件：一是持有北京市居住证；二是年龄不超过 45 周岁；三是在京连续缴纳社会保险 7 年及以上；四是符合本市计划生育政策；五是无违法犯罪记录。来京人员办理居住证的，还须已办理暂住证满半年，且符合在京拥有稳定就业、稳定住所、连续就读条件之一。可见，北京的积分落户政策，要高于上海、广州、深圳等特大城市积分落户政策。目前尚不清楚北京市每年给予积分落户多少名额指标。从广州的积分落户实践来看，2014 年广州市常住外来人口通过积分落户的名额指标为 3000 人。照此积分落户速度，100 年也只能解决 30 万人的外来常住人口落户。这种积分落户，对于促进常住人口市民化，只是杯水车薪。

积分落户制度是特大城市促进常住人口市民化的政策创新。因此，北京市出台积分落户政策，需要处理好两方面的基本关系。一方面，要处理好严格控制人口规模与切实保障公民权利的关系。表面上看，北京的“大城市病”是人口太多带来的，实质上是城市规划滞后、经济发展方式粗放、产业布局和公共资源高度集中等深层次原因造成的。但传统的城市治理思维和方式就是简单地排斥外来人口，以限制外来人口权利来谋求城市的治理，而这恰恰是现代城市治理的陷阱。北京现有 800 多万人的常住外来人口，即使没有获得北京户口身份，他们依然一如既往地在北京就业和生活，只是因为没有落户而未能公平享受到基本公共服务。积分落户既可以作为控制外来人口的政策闸门，也可以作为促进外来人口市民化的政策通道。这取决于积分落户的定位，也将决定积分落户的价值所在。

另一方面，要处理好吸引高素质人才与尊重普通劳动者的关系。目前的积分落户条件明显倾向于选拔所谓高素质优秀人才，而排斥学历不高、年龄较大等普通劳动者。其实，城市不是科研院所等专业机构，只向具有高学历的专业人士开放。城市首先是人们居住和生活的地方。任何一座城市都是由各种各样的人群组成的，人群的多样性和包容性正是城市的自然特征，也是城市生活丰富多彩、有序运转的基础和保障。如果我们以科研机构选拔高素质人才的思维和方式去选拔一座城市的外来人口，将现代社会治理中的人口登记管理功能异化为人才择优选拔功能，这不是深化户籍制度改革，而是给传统户籍制度提供还魂的新土壤。

法律是治国之重器，良法是善治之前提。在全面依法治国的新形势下，制定积分落户政策，要体现法治建设的新要求，北京市在推进以人为核心的新型城镇化上迈出新步伐，有利于促进常住人口市民化，为法治中国、首善之区增添制度文明的新光彩。

新一轮改革的双重任务*

张英洪

城市化委员会关注农村问题是非常有意义的事。“城市化”这个概念把农村和城市联系在一起，它不仅可以立足于城市、关注城市的发展，而且可以着眼于农村、研究农村的问题。最近，中共中央、国务院公布了《深化农村改革综合性实施方案》，这个方案涉及了五个主要方面的改革，也吸收了很多实践经验和学者的研究成果。

我思考“三农”问题已很多年了。“三农”问题不只是一个简单的经济问题，而且涉及国家治理的深层次问题。20 世纪 80 年代改革开放的成效很明显。比如，包产到户就一举解决了农民的吃饭问题。我小时候基本上是吃红薯长大的，80% 的主食是红薯。父母将红薯切成丝条、晒干，叫薯米，然后与一点点大米掺和起来煮，这就是薯米饭。我家有 6 姐妹，我是唯一的男孩。父母对我还有所照顾，有时会在薯米饭中专门弄出一些纯米饭让我吃，我们就叫吃白米饭。但总是吃不饱，我的姐妹们就更难吃上白米饭了。记得 1980 年包产到户后，我们家分到几亩地自己种，当年就吃上白米饭了，从此告别了薯米饭，直到现在。我们村里的农民家庭也都能吃上白米饭。当时的改革成效确实是非常显著的。

从 2013 年中央提出全面深化改革至今，我感到改革的实际成效并不明

* 原载《城市化》2015 年第 12 期，刊发时标题改为《新一轮改革要解决双重任务》。本文根据作者于 2015 年 12 月 4 日在以“让农民分享改革成果”为主题的第十六期城市化茶话活动上的发言整理。

显。我认为，如今改革成效不明显有着深层次的原因。中国的“三农”问题是个综合性问题，体现了现代国家建构和转型问题。

今天是国家宪法日。2002 年我发表文章，建议将 12 月 4 日定为宪法日，而不是什么法制宣传日。因为在违宪审查制度没有建立起来的情况下，许多法律制度有违宪法精神，不但不值得宣传，而且应当废除。我们应当依宪治国，建设法治国家。我们要把解决中国的“三农”问题放在宪法的框架中、从建设法治中国的视角来观察和思考。

在解决农民问题上，我们面临两个制度遗产和一个制度缺失。所谓两个制度遗产，一个是城乡二元体制，另一个是集体有所制。城乡二元体制的实质是城乡制度的不平等、不开放，农民失去了与市民平等的公民权利，失去了向城市寻求就业和居住生活的选择权利。从农村到城市不自由，从城市到农村也不自由。传统集体有所制的实质是在迷信公有制的前提下，强制性地废除了农民的私有财产权利。所谓一个制度缺失，就是以维护公民权利为核心的国家制度建设严重缺失，这涉及现代国家的建构。比如，在土地问题上，我们至今没有土地法，只有土地管理法。新中国成立 60 多年来，我们对土地的产权都还不能从法律上加以明确。

过去我们通常认为实行土地私有制的美国等西方国家的土地百分之百地实行私有，其实这种观念是不正确的。美国的土地面积中，私人所有的土地占 58%，联邦政府所有的土地占 32%，州政府所有的土地占 10%。许多国家和地区的公有土地也是实行政府分级所有的。我国土地全部实行公有制，且公有制的土地所有权没有实行政府分级所有。这说明我们国家的制度建设还很滞后。中国台湾地区的很多经验值得我们借鉴，比如在土地立法上，台湾有“土地法”，还有一系列有关土地问题的立法，土地方面的法律很健全；再比如，在土地所有制上，实行各级政府分级所有。在农民组织上，台湾也有“农会法”、“合作社法”等。

现在，我们的新一轮改革面临着双重任务：一是要改革计划经济体制留下来的一系列老问题；二是要对市场化改革以来产生的新问题进行改革。新老问题交织在一起，构成了新一轮改革的重要特点和难点。计划经济体制下的老问题，主要是公共权力不受制约，国家以公共权力为开路先锋，先后任性地消灭了市场，政府成为包揽一切的万能政府，公共权力强大而任性，等等。市场经济改革以来的新问题，主要是在公共权力在没有得到有效制约的前提下，被消灭的市场得以恢复和生长，被消灭的资本被放出了牢笼，资本摇身一变，重新成为社会的强势力量，工人、农民则逐步沦落为社会的弱势阶层，社会两极分化加剧，劳资矛盾重现，生态环境破坏，农产品质量不安全——现在的粮食安全问题，突出的不是数量安全问题，而是质量安全问题等。任性的权力与任性的资本实现强强联合，社会发育不健全，民众的基本权利常常受到权力和资本的双重侵害。

新一轮改革要完成面临着的双重改革任务，核心是要围绕维护和发展公民权利这条主线进行改革创新和制度建设，既改革计划经济体制下的老问题，又解决市场化改革以来的新问题。首先要驯服权力，将权力关进制度的笼子里；其次要驾驭资本，将资本纳入法治的轨道中；最后，要加强基本公民权利建设，实现权利保护的精细化。

总之，新一轮改革的目标就是要推进国家治理体系和治理能力的现代化。我们要在民主法治的轨道上，加强制度建设，建设法治国家。要允许农民依法组织起来。人多并不必然力量大，只有经过组织，人多才能力量大。亿万农民只有组织起来，才能产生强大的力量，才能维护和发展自身的权利。以农民为主体并保障农民自主参与的改革，才能维护农民的利益，才能使农民在全面深化改革的过程中提高获得感。

2016 年

实现外来常住人口市民化*

张英洪

传统城镇化的最大弊病就是只允许外来人口来城市打工就业，却拒绝给予外来人口市民身份和为其提供基本公共服务。30 多年来，这种歧视外来人口的城市公共政策竟然一直没有得到根本性的改变，形成了 2 亿多人的外来流动人口，致使我国城乡经济社会结构严重扭曲，这也是我国城乡分别患上严重的“城市病”和严重的“农村病”的一个总病根。

2010 年，我们在有关城市化课题的研究中，明确提出要走以人为本的新型城镇化道路，并认为新型城镇化就是实现外来流动人口市民化的城镇化，要实现基本公共服务对外来流动人口的全覆盖。当时有的朋友对此还缺乏理解和认识，他们对外来流动人口在城镇奉献劳动和智慧却得不到市民身份、享受不到基本公共服务的现状感到心安理得。2014 年 7 月，国务院《关于进一步推进户籍制度改革的意见》明确提出，要促进有能力在城镇稳定就业和生活的常住人口有序实现市民化，推进城镇基本公共服务常住人口全覆盖。当前，我们推进新型城镇化的首要任务，就是要尽快实现包括农民工在内的外来常住人口市民化。

改革开放以来，我国突破城乡分割隔绝的制度樊篱，率先打开城门，允许农民进城务工经商，也允许其他职业的人群到城市就业和生活。但由于城乡二元体制的长期影响，大量外来常住人口没有真正融入城市成为新市民。新型城市化需要重新认识和公平对待外来常住人口。对待外来常住

---

* 原载《城市化》2016 年第 1 期。

人口，不能只局限于加强对外来常住人口的控制管理，更重要的是要维护外来人口的平等权利和自由尊严，构建公平正义的制度环境，使外来常住人口与当地城镇户籍人口一样“同城同权同尊严”，共享城市文明发展的成果。

一是要破除双重二元结构。我国各大城市都普遍存在静态与动态双重二元结构。静态二元结构就是基于农民与市民两种不同的户籍身份，以此建立市民与农民两种权利不平等的制度体系，实行“城乡分治、一国两策”，使农民处于“二等公民”的不平等地位。动态二元结构是基于本地户籍居民与外来人口两种不同的身份，以此建立本地户籍居民与外来常住人口两种权利不平等的制度体系，实行“城市分治、一市两策”，使外来常住人口处于“二等公民”的不平等地位。我国各大城市的双重二元结构交织在一起，共同构成了新型城镇化和城乡一体化发展面临的重大体制障碍。推进新型城镇化和城乡一体化，必须破除各大城市的双重二元结构，公平对待本地户籍农民和外来常住人口，促进农民与外来常住人口市民化。

二是要重新认识外来流动人口。对于现代城市来说，其居民只应有职业的差别，而不应有身份的歧视；移居城市的居民也只应有先后之分，不应有内外之别。在同一座城市中，每一个人都应当享有平等的权利。外来常住人口是各大城市总人口的重要组成部分，对所在城市的经济社会发展已经和正在做出重要贡献。外来常住人口是移居城市的新市民，是各个城市发展的重要力量，是拥有人力资本的新市民。在对待外来常住人口问题上，传统的思维和做法是重治安管理、轻公共服务。其实，限制外来常住人口基本权益的举措，既不利于常住人口个人的幸福尊严，也不利于经济社会的健康发展。新时期，各个城市的当政者，应当将外来常住人口视为城市的新市民，平等对待，对其加强服务。

三是切实改革户籍制度。户籍制度改革的目标是消除户籍歧视，实现身份平等，建立城乡统一的户口登记制度，保障公民的居住和迁徙自由权。现在全国各地的户籍制度改革明显加快。户籍制度改革的重点在特大城市，难点也在特大城市。如果各个特大城市在户籍制度改革上迈不出实质性的步伐，我国户籍制度改革的目标就很难实现。对于现代国家的治理来说，国家最基本的职责就是要保障每一个公民的基本权利和自由。在市场经济条件下，国家要保障每个公民在全国范围内就业、居住时享有基本的公民权利。一个公民不能因为从甲地流动到乙地就失去了公民权，农民也不能因为从农村流动到城市就失去了公民权利。保障公民在全国各地都平等享有基本公民权利，是现代国家构建的第一要务，也是实现治理现代化的必然要求。国务院公布的《居住证暂行条例》于 2016 年 1 月 1 日起施行。该条例实质上赋予了外来常住人口“准市民”的待遇。从“准市民”到落户成为“新市民”，我国特大城市创设了积分落户政策。积分落户政策可以成为特大城市控制人口的新手段，也可以成为特大城市促进常住人口市民化的新创造。积分落户政策能否起到深化户籍制度改革的历史性作用，关键要看各个特大城市如何对积分落户进行价值定位，要看积分落户政策的实施效果是有利于促进外来常住人口市民化，还是有利于加强对外来常住人口的严格控制。

四是提高户籍人口城镇化率。2011 年，我提出以市民化率为衡量城市化质量的主要指标。市民化率就是一个地区或城市中享受市民待遇的人口占全部常住人口的比重。其计算公式是：市民化率 = 享受市民待遇人口 ÷ 常住人口 ×100%。在城乡二元户籍制度还没有破除的情况下，一个地区或城市往往以非农业户籍为享受市民待遇的依据，因而一个简便的计算市民化率的公式是：市民化率 = 非农业人口 ÷ 常住人口 ×100%。2014 年发布的《国家新型城镇化规划（2014—2020）》首次提出常住人口城镇化率和户籍人口城镇化率两个新指标。户籍人口城镇化率与市民化率的内涵是完全一致的。我国特大城市的户籍人口城镇化率普遍偏低。以北京、上海为例，2014 年北京市常住人口为 2677.7 万人，其中城镇人口为 1859 万人，外来人口为 818.7 万人，常住人口城镇化率（城镇人口占常住人口比重）为 69.43%；北京市户籍总人口为 1333.4 万人，其中非农业户籍人口为 1089.8 万人，农业户籍人口为 243.6 万人，户籍人口城镇化率（非农业户籍人口占常住人口比重）只有 40.67%。同期上海市常住人口城镇化率为 89.6%，而户籍人口城镇化率只有 59.08%。提高特大城市户籍人口城镇化率，应当成为衡量新型城镇化发展水平及检测特大城市治理现代化的重要指标。

土地制度改革还需要继续解放思想*

张英洪

土地制度是一个国家的基础性制度。我国实行土地公有制，即国家所有制和集体所有制。城市的土地属于国家所有，农村和城市郊区的土地，除由法律规定属于国家所有的以外，属于集体所有；宅基地和自留地、自留山，也属于集体所有。现行土地制度与市场化、城市化和城乡一体化发展不相适应，需要全面深化改革。

党的十八届三中全会以来，土地制度改革明显加快，在改革取向和政策制定上也有许多新的突破，例如：提出发挥市场在资源配置中的决定性作用，实行农村承包地的“三权分置”，开展若干试点探索集体建设用地入市，建设城乡统一的建设用地市场，允许农民对承包经营权、住房财产权抵押、担保，赋予农民更多财产权利等。这些改革理念和改革举措，将推动土地制度不断完善和发展。不过从目前看，土地制度改革的实践操作似乎过于谨小慎微。全面深化农村土地制度改革，需要解放思想迈大步。

所有制是指人们对物质资料通常指对生产资料的占有形式。作为一种财产制度，所有制本身并不必然自动带来人们的幸福生活。对人类社会来说，最根本的制度安排在于是否增进人们的生活福祉，而不在于是否采取什么形式的所有制。国以民为本，民以食为天。所有制只是服务于人们生活的财产制度安排，它既非国之本，亦非民之天。改革开放以来，我国所有制结构发生了重大变化，即由改革开放前纯而又纯的公有制，转变为以

---

* 原载《中国经济时报》2016年2月19日。

公有制为主体、多种所有制经济共同发展的经济体制。我国土地制度一直坚持公有制不变，但土地的产权制度则发生了很多新的变化。

在我们视为私有制的国家和地区，并非实行纯而又纯的土地私有制，而是公有制、私有制等并存的土地所有制结构。例如，美国私人所有土地占 58%，联邦政府所有土地占 32%，州政府所有的土地占 10%；日本 65% 的土地为私有，35% 为国家所有和公共所有；加拿大联邦公有土地占 39%，省公有土地占 48%，私人所有土地占 13%；中国台湾公有土地占 61.8%，私有土地占 38.2%。

我国农村土地实行单一的集体所有制，作为我国两种公有制形式之一的集体所有制，并不同于国家所有制。根据《物权法》规定，农民集体所有的不动产和动产，属于本集体成员集体所有。就是说，作为本集体成员的农民，是集体所有权的主体。改革开放以来，农村土地集体所有制已有三种实现形式：一是集体共同共有，如未承包和未确权到户的山林、耕地以及公共用地等；二是农民按份共有，如农户按人头承包或确权到户的耕地；三是农户家庭占有，如宅基地。在三权分置中，坚持集体所有权，落实农户承包权，放活土地经营权。可见，农村土地的集体所有制虽然没有变化，但集体所有土地的占有形式、产权结构都发生了重大变化。在深化土地改革中，应当修改《物权法》，对土地承包经营权、宅基地使用权这两种农民的主要用益物权，应当明确赋予农民对其享有占有权、使用权、收益权、处分权四项完整的财产权能。

1982 年《宪法》规定城市土地属于国家所有、农村和城郊土地属于集体所有。改革开放以来，我国走上了城镇化快速发展轨道，城市的边界在不断扩大。按照现行的法律法规，城市化的发展过程变成了城市“吃掉”农村土地的过程，即通过不断的国家征地，将集体土地变性为国有土地，再在变性后的国有土地上建设城市，而不允许农村集体土地建设城市。现在我们提出建立城乡统一的建设用地市场，允许农村集体经营性建设用地入市。这种改革的方向是正确的，但改革试点的步伐迈得不快也不大。在市场化改革的大背景下，只要符合规划和用途管制，城市土地和农村土地都可以在不改变土地所有制性质的前提下平等进入市场进行开发建设。应当明确 1982 年《宪法》规定的城市土地属于国家所有、农村和城郊土地属于集体所有的时间节点，并进行土地所有权的登记。在此以后，随着城市边界扩大，不必非要采取征地模式将集体土地变为国有土地，而是集体土地同样可以成为城市土地进行开发建设。我们要相应地修改《宪法》，规定城市土地可以实行多种所有制。

农村土地的制度改革必须与国家税制改革相衔接。要适应土地制度改革的需要，加快土地税法改革。我国现行的土地税制严重滞后，极不适应土地改革的需要。在农村集体经营性建设用地入市试点中，有的试点地区在政府、集体、农民的收益分配中，简单照搬国有土地出让方式，由政府收取土地增值收益调节金，比例为交易总额的5%～30%。我们认为政府只能以税收的形式参与集体土地入市的收益分配，应当加快修改税法。

台湾“土地法”将土地税分为地价税、土地增值税两种，土地税为地方税种。地价税以其法定地价数额的1.5%为基本税率，超过累进起点地价时增收累进税。台湾“土地法”在有关土地税中，还规定征收空地税、荒地税。对于私有空地逾期未使用者征收空地税，空地税不少于应缴地价税的3倍，不超过应缴地价税的10倍；对于私有荒地，逾期未使用者，征收荒地税，荒地税不少于应征之地价税，不超过应缴地税的3倍。我们借鉴台湾地区开征空地税、荒地税的做法，可以有效防止投机者大量圈占耕地屯而不用的现象。

在土地制度改革中，应当将土地立法提上重要日程。在建设法治中国的进程中，全国人大及其常委会、国务院应当加快土地系列立法，切实将土地管理纳入现代法治轨道。我国台湾地区建立了“土地法”“平均地权条例”“土地征收条例”“区段征收实施办法”“住宅法”“市地重划实施办法”“农地重划条例”“都市更新条例”等完整的土地法律法规体系，值得我们借鉴。我们要改变以大量政策文件代替国家法律，重城市土地立法、轻农村土地立法等倾向，加快修改《宪法》有关条款，制定土地法等基本法律，修改《土地管理法》。我们一些城市在几十年的城中村改造中，缺乏立法规范，习惯于按个别领导人的意志或者政府文件行事，强征强拆，严重侵犯了农民或当地居民的住房等财产权利和人身权利，造成了大量的社会问题。一些城中村在地方执政者任性的权力强行推动下，虽然一栋栋高楼拔地而起，面子工程、政绩工程打造出来了，但以侵犯农民或其他居民基本权利、破坏社会公平正义为代价，同时也为地方当政者借机寻租提供了巨大空间，而唯独没有留下体现公平正义的城中村改造制度建设成果。

土地制度改革，既需要解放思想，转变观念，又需要加强制度建设，推进治理体系和治理能力的现代化。

正视农民荒*

张英洪

中国是一个农民大国，农民占人口的绝大多数。这是长期以来人们对我国国情的基本认识。时至今日，在一个农民大国里，难道还会出现农民荒？这看似不可能的事实，却正在成为我国农业和农村可持续发展的重大隐患。

早在2004年，我国珠三角地区开始出现民工荒。现在，我国农村地区已经和正在出现令人担忧的农民荒现象。所谓农民荒，就是从事农业生产的劳动力严重老龄化以及农业生产劳动力的后继无人现象。在中国农村，日益突出的人口老龄化现象正在考问我们这个时代：谁来种地、如何种地？谁来养老、如何养老？谁来治理、如何治理？

在几千年的农业文明长河中，人类社会并不存在人口老龄化现象，这是因为农业文明更体现和接近大自然的生命规律。人口老龄化是与工业文明相伴而产生的人口结构畸形现象。工业化、城市化的发展，人类提高了医疗卫生水平，发明和掌握了避孕等技术。因而工业文明在提升人均寿命的同时，又能够借助技术手段节制生育，从而使人口老龄化、少子化现象开始出现。在发达国家和地区，都出现了人口老龄化现象。

中国农村人口的老龄化现象，既有世界工业文明发展的共性，又有中国自身发展的特性。中国自身发展的特性主要体现在两个基本方面。

一方面是中国特殊的城镇化发展模式。改革开放以来，我国的城镇化

* 原载《城市化》2016年第2~3期。

是在城乡二元结构中启动和推进的。在城乡二元结构未能破除的前提下，城镇允许和吸纳农村青壮年劳动力进城打工谋生，但又限制农民工市民化，限制农民工家庭迁入城镇定居生活。这就造成了两大世界奇观，一个是城镇出现了2亿多的农民工人群，另一个是农村出现了1亿多的留守儿童、留守妇女、留守老人群体。这种将农村青壮年人口吸入城镇却将老年人留在农村的城镇化模式，使我国农村普遍出现了老年化、空心化。

另一方面是计划生育政策。自20世纪70年代以来，我国开始逐步实施计划生育政策。2010年第六次全国人口普查数据显示，我国育龄妇女总和生育率下降到1.18，低于2.1的世代更替水平。中国人口的正常再生产面临严重危机。人口老龄化危机正在与生态环境危机、食品安全危机一起，构成了当代中国最为突出的社会问题，正在严重危及中华民族的永续发展。

从2013年底开始，我就着手组织研究团队开展农村劳动力老龄化问题的调查研究。在历时两年的时间里，我们按照"谁来种地、如何种地？谁来养老、如何养老？谁来治理、如何治理？"的基本框架，对农村劳动力老龄化问题进行了系列调查和深入访谈，并以多学科的视野提出了应对农民荒的对策建议。

我们通过调查研究，得出一个最基本的启示是，凡是违背人们意愿、忽视乃至损害公民基本权利的发展模式，必将破坏社会正常机能，扭曲社会的健康发展。我国农村人口老龄化问题，主要是国家经济社会发展模式失误所致。当前，我国迫切需要将积极应对农民荒作为重大国家战略进行谋划与实施。

一是要让农民自愿流转承包土地。引导农村土地经营权有序流转，将老年农业劳动力从农业劳动中解放出来，是有效应对农民荒的重要举措。引导土地流转，不能将农村土地流转与地方政府政绩以及村干部工作业绩挂钩；要把土地流转的自主权交给农民，农村承包土地流不流转，关键看农民的意愿。

二是要加快培养新型职业农民。面对农民荒，加快培养新型职业农民是不二选择。首先要保护和提升一大批传统农民，实现传统农民在新时期的创造性转变。其次要培养和塑造一大批新型农民，要把农业作为一种现代产业向全体国民开放。农业不再是传统户籍农民才能从事的封闭性产业，而是所有人都可以选择的现代开放性产业。最后要吸纳和保护一大批外来农民，使外来农民与本地农民一样享有平等的权益。

三是要实现城乡基本公共服务均等化。破除城乡二元体制，推进城乡一体化，加快实现城乡基本公共服务均等化，是有效应对农民荒的重要制度保障。加快推进城乡发展一体化的核心，就是要改革城乡二元体制，废除城乡不平等的制度安排，建立城乡平等的公共政策，实现城乡居民基本权利平等、基本公共服务均等化，特别是要建立普惠型的农村老人福利制度和家庭福利制度，提高农村老年人福利水平和生活质量。

四是要传承和弘扬中华优秀传统文化。我国不正常的人口老龄化，在很大程度上就是因为背离了中华优秀传统文化。积极应对农民荒，必须从中华文明中吸取智慧与营养。要积极传承和弘扬中华民族的农本文化、孝道文化、生育文化、自治文化、乡贤文化。

五是继续调整计划生育政策。生育权是人的基本权利，尊重和保障生育权，既事关亿万家庭的生活幸福，又事关国家和民族的持续繁荣发展，必须摒弃长期的计划思维和计划方式，树立全新的法治思维和法治方式，尊重和保障公民的基本生育权利。在改革计划生育政策制度上，我们需要迈出新的一大步，即尊重和保障公民的生育自主权，将计划生育机构全面转型为家庭健康护理机构，鼓励和奖励家庭生育，将生育权还给公民，建立家庭健康制度和家庭福利制度，重建中华家庭文明，重塑中华家庭幸福，实现人口的正常繁衍和可持续发展。

农村集体建设用地改革实践已经探索出方向*

张英洪

农村土地包括农用地（耕地）、集体建设用地（包括宅基地）、未利用土地等。其中，农村集体建设用地与城市化的关系最为密切。2015 年 2 月 27 日发布的全国人大常委会《关于授权国务院在北京市大兴区等三十三个试点县（市、区）行政区域暂时调整实施有关法律规定的决定》便是探索将现有存量农村集体建设用地入市的试水文件。

根据现行法律，农村集体建设用地不能合法进入市场流转，必须经过征地审批转变成国有土地后才能入市流转；在农村集体建设用地上盖的“商品房”是没有产权的“小产权房”，建的酒店是违法的，农村的住宅只能自住，不得经营。而如今，在经济发达地区特别是大城市城乡接合部地区的农民加盖多层住房出租盈利、村庄自主开发建设搞经营等现象变得越来越普遍——因为它顺应了社会经济发展的需要。与此相伴的是，在城市建设用地指标相当紧缺的情形下，却有相当一部分现有存量农村集体建设用地没有得到充分利用。

农村现有存量建设用地主要包括以下两方面：第一，乡镇企业因经营不善而荒废，既无法开发也不能流转的土地，如一些地区的乡镇工业大院；第二，通过乡村建设、“农民上楼”置换出来的农民宅基地以及不少

* 原载《城市化》2016 年第 2 ~ 3 期。

闲置宅基地。在现有存量集体建设用地的利用中，“小产权房”是非常突出的现象：现有法律规定，在农村集体土地上建的房子只能自住，不能出售，一旦对外出卖进入市场就是不合法的“小产权房”。长期以来，我国农村集体建设用地不能流转、农村住宅不能买卖等现状，完全是计划经济体制的产物，是传统集体所有制的产物。目前农村土地问题的突出焦点在于没有建立与社会主义市场经济相适应的基本的土地市场。

计划经济就是行政命令经济，计划体制就是行政管理体制，它完全排斥市场。至今，我们在农村土地管理上还维持着很强的计划色彩，很多“计划”都是违背市场经济规律的。国有土地使用权可以进入市场交易、转让，农村集体建设用地则不能进入市场流转、转让；城市居民的住房有产权证，可进入市场交易，可以抵押、担保；农民住宅则没有产权证，不能入市交易，不能抵押、担保。《物权法》规定，农民对宅基地只有占用权、使用权，没有收益权。

国家通过行政手段强力控制农村土地，但在市场经济发展进程中，农房的出租、私下买卖或变相买卖等现象已经比较普遍，这成为农民财产性收入的一项重要内容，这说明相关法律法规和政策已严重滞后于时代发展，亟须深化改革。《宪法》规定，国家只能因公共利益需要征用土地。而相关法律没有规定公共利益的范围。事实上，不管是公共利益还是非公共利益，凡是建设需要用地的，一律启动国家征地权。经营性项目采取国家征地，这实际上是违宪的。这说明《宪法》相关的条款没有得到相应的法律的保障与实施，《宪法》被悬空了，下位法违背上位法的现象长期没有得到纠正。在全面推进依法治国中，需要公正立法的工作还很多，有许多法律需要全面修改。

此次试点改革的目的之一，就是使农村集体经营性建设用地拥有与国有土地同等的权利，不必通过征地手段便可直接进入市场——这一改革也将使农村现有存量集体建设用地得到更充分的利用。

第一，城市土地不一定非要全部实行国有，城市土地也可以是集体所有。就是说，城市土地可以也应当实行多元化。国有土地可以建设城市，集体土地同样可以建设城市。城市在扩张中不必非要将集体土地征为国有。

第二，农村集体建设用地入市应当建立相关税制。这次农村集体经营性建设用地入市试点改革，必然要求缩小征地规模，同时应当建立与农村集体经营性建设用地入市相适应的税制。国家与集体应当在集体土地的市场化中取得合法税收和其他合理收入。

第三，合理分配集体和农户收入。农村集体经营性建设用地入市改革，可以采取股份合作制的方式进行。比如，一个村有100户农民、100亩集体建设用地，按一户一亩入股，建立土地股份合作社，集体统一开发经营，如统一建设厂房，收取租金，村民则按股分红。这是比较公平的一种改革方式。实施过程中要明晰集体产权，严防村干部以权谋私。村民取得合理收入是基本要求，制度建设是关键。

第四，在坚持土地集体所有的前提下，农村宅基地使用权可以进入市场交易，就像国有土地上的商品房可以自由交易一样。按照现在政策制度，宅基地属于集体所有，住房属于农民所有，房地分离，一户一宅，一宅两制，宅基地不能对本集体经济组织成员以外的人出售。深化农村宅基地制度改革，应当扩大农村住房交易市场半径，允许农民房产进入市场自由交易。当然要建立一系列相关的制度规范。建立制度的根本目的不应是限制农民产权，而应当是规范和保护农民的产权。

第五，借鉴台湾经验，推行区段征收。特别是在城中村改造建设中，可以借鉴台湾地区的经验，实行区段征收政策，实现政府、集体与农民的多赢。比如城乡接合部某村有100户农民、500亩土地，可将其中的100亩用来集中建设农民的住房，农民自愿上楼；200亩交给村集体进行统一开发，农民按股参与共享；200亩用于建设绿地、公园等公共设施。政府在城市化进程中，应当回归公共利益机关的角色，不能与民争利。政府只要不与民争利，事情就好办。

农村集体建设用地不能进入市场的旧制度已经很落后了，必须加快改革。改革的方向就是在法治的框架中推进农村集体建设用地的市场化，维护和发展农民的财产权。在市场经济发展中，我国农民已经突破了传统旧制度的束缚，创造性地推进农村集体经营性建设用地进入市场，这是实践探索出来的发展方向和基本经验。政府要跟上时代发展的步伐，跟上农民群众的伟大创造，跟上依法治国的要求，加强制度建设，加强规范管理和有效服务。目前的试点改革显得比较慎重，迈的步伐不大，思想还不够解放。我国至今没有土地法，应尽快着手制定土地法，厘清土地产权关系，同时加快修改《土地管理法》，加强土地产权保护。必须明确，土地立法的基本目的在于厘清和保障各类土地产权，建立和规范土地市场，维护社会公平正义。

不喝酒能否做好农村工作？*

张英洪

长期以来，在农村调研过程中，我经常遇到一件让人困惑的问题，那就是喝酒！本人除爱好读书外，几乎没有其他更多的爱好，特别是既不喜欢抽烟，也不喜欢喝酒，更不喜欢打牌。不过，在工作中，我坚持不抽烟、不打牌倒还容易做到，但要始终坚持不喝酒，就让人犯愁了。多少年来，我在跟随领导到农村调研中，曾有过很多次因喝酒问题而产生的一些不愉快，使我记忆犹新，也让我不断反思。

一次，我随着领导下乡调研，用餐时，当地乡村干部非常热情，盛情款待，自然要喝酒。我坚持不喝，这使领导感到不太高兴，整个餐桌气氛也欠佳。领导批评我“不喝酒就做不好农村工作!”又一次，我随领导下乡调研，用餐时，我吸取教训没有固执坚持不喝，而是被动应付地喝，该喝的也喝了，但这次不高兴的是我自己。虽然餐桌上有了喝酒的气氛，我内心却在不断地质疑，难道“不喝酒就做不好农村工作吗?”后来的一次，我随领导下乡调研，用餐时，我为了照顾领导面子，也为了自己不被看成异类，就顺着领导爱喝酒的习性，积极与单位领导配合，主动与农村基层干部打成一片，全面融入喝酒热潮之中，整个酒席掀起了一个又一个兴奋的高潮。这次餐桌上的气氛热烈而友好，大家酒足饭饱之后，似乎什么工作都不在话下。

20 世纪 90 年代以来，社会上就流传这样的段子：“工作就是开会，管

---

* 原载《城市化》2016 年第 4 期。

理就是收费，下乡就要喝醉。”我曾经在湖南西部某县工作，也经常遇到下乡喝酒之事。下乡喝酒几乎成了党员领导干部一项必修的基本功。似乎谁的酒量大，谁的能力就强，谁就最适合做农村工作。长期以来我都在不断反问：难道下乡喝酒是做好农村工作的宿命？

下乡与喝酒，这事儿让我思考了很久很久。为什么说不喝酒就做不好农村工作？做好农村工作就要以酒开路？虽然我国农民有热情好客、以酒相待的优良传统，但当传统的酒文化遇上当代的公款大吃大喝之风，喝酒就严重变味了。我们下乡调研工作时，绝大多数情况是与区县、乡镇和村里的干部喝酒，很少有到农民家里与农民喝酒、喝农民的酒。同时，我们喝的酒又都是公款消费，大吃大喝，浪费惊人。下乡喝酒这种风气，我感到主要是20世纪90年代以来官场政治生态急剧变化的具体体现。

一是大吃大喝的官场风气。长期以来，官场上的大吃大喝屡禁不止。特别是20世纪90年代加快市场化改革以来，公款大吃大喝不正之风更是泛滥成灾。有一首顺口溜相当流行：“革命的小酒天天醉，喝坏了党风喝坏了胃，喝得老婆背靠背，老婆去找纪检会，纪委书记说，有酒不喝也不对，我们也是天天醉。”这首顺口溜非常生动形象地揭示了公款大吃大喝的恶性循环，似乎人人都身在官场、身不由已。

二是严重扭曲的工作作风。理论联系实际、密切联系群众、批评与自我批评是党的三大优良作风。但一段时间以来，党的三大优良作风被异化为理论联系实惠、密切联系领导、表扬与自我表扬。特别是有的地方和部门不是真心实意地去解决农民群众面临的实际问题，而是千方百计地迎合领导，诚心诚意地去满足领导干部的各种欲望。全心全意为人民服务的宗旨，变成了一心一意为领导服务的行动。走上层路线取代了走群众路线。下级政府在上级政府所在城市设立常驻机构，全国各级政府、各个部门都在首都设立驻京办，这种中国特色现象就是明证。一段时间以来，各级各部门就把能否接待好上级领导作为执政水平高不高、履职能力强不强、工作作风好不好的重要标准。公款吃喝就成为密切联系领导的有效方式。各级各部门利用公款吃喝方式，广泛编织错综复杂的腐败关系网络。

三是不受制约的权力任性。在人类文明进化的历史中，有三次跨越式的驯服，其一是人类社会实现了对动物的驯服，其二是人类社会实现了对老百姓的驯服，其三是人类社会实现了对统治者的驯服。当人类社会实现了前两次驯服后，人们发现当权者滥用权力是对社会公义和百姓权利的更大危害。为什么各级各部门热衷于公款大吃大喝、能够公款大吃大喝？因为各级领导干部手中都多多少少掌握着公共权力，具备大吃大喝的条件和资源。同时，由于掌握权力的领导干部既缺乏对权力的有效制约和监督，又缺乏基本的政治伦理和公私界限，因而能够带领甚至强制下属参与到大吃大喝的行列中来，将整个官场变成了一个同流合污的大染缸。长期以来，领导干部有权就任性，既无所顾忌地在公共领域颐指气使，又堂而皇之地在私人领域强人所难，从而造成了整个官场风气的败坏和社会道德的沦丧。

我认为做好农村工作与喝酒没有必然的联系。做好农村工作，关键在于深入调查研究，了解农村实情，关怀民生疾苦，解决实际问题，真心为民办实事。以前，我的这种看法似乎没有正当性，在潜规则盛行的地方行不通。党的十八大以来，通过强力“反四风”，官场大吃大喝的风气得到了根本性的改观。应该说，越来越多的人开始认识到，喝酒与做好农村工作没有必然的因果关系。

习近平总书记曾指出：“自然生态要山清水秀，政治生态也要山清水秀。”把做好农村工作与大吃大喝挂上钩，完全是权力任性的体现，是政治生态恶化的结果。做好农村工作，根本不在于干部是不是喝酒、能不能喝酒、能喝多少酒，而在于各级领导干部是否真正服务百姓，是否真正维护和发展农民权益，是否真正提供基本公共产品和公共服务。在全面深化改革中，我们这个国家和民族必须从根本上改变“权大于法”的人治思想，破除“官本位”观念，切实把权力关进制度的笼子里，以法治驯服公权力，根治“有权就任性”，推进国家治理现代化。

北京市乡村治理现状及问题研究*

——以怀柔区北沟村为例

张英洪　刘妮娜　刘　雯

摘要： 推进乡村治理现代化是全面深化农村改革的重要内容。北京怀柔区渤海镇北沟村通过树正气、定规矩、明责任、强服务、讲道德、兴产业等，探索了“以法治村、以文化人、以业兴村”的村庄治理之路，但也面临人口老龄化、外国人聚居生活、政经不分等对村庄治理的挑战。完善乡村治理机制，需要健全养老服务体系、推行村庄政经分开试点、加强村庄社会建设、加快老龄化社会法治建设等改革创新。

北京怀柔区渤海镇北沟村是怀柔区长城国际文化村所辖的四个行政村（田仙峪村、北沟村、慕田峪村和辛营村）之一，占地 3.22 平方公里，全村有 138 户，户籍人口有 350 人，该村有党员 32 名，村干部 5 名，居住有外国国籍人员 17 人。2004 年以前，北沟村是渤海镇远近闻名的贫困村，村集体外欠 80 余万元贷款，人均年纯收入不足 5000 元。2004 年北沟村成立新的领导班子，到 2014 年该村人均纯收入达到 19000 元。经过 10 年的建设和治理，该村探索出了“以法治村、以文化人、以业兴村”的村庄治理之路。

---

* 原载《北京农业职业学院学报》2016 年第 2 期。

一　北沟村治理的主要做法

2003 年冬，在外地经营琉璃厂的王全回到村里，于 2004 年 4 月经全村党员大会民主选举当选为北沟村党支部书记。2013 年王全当选为第十二届全国人大代表。在王全的带领下，北沟村探索出了一条村庄治理的新路子，比较合理有效地解决了农民增收难、农产品销售难、乡村环境整治难、乡村公共服务提供难、乡村矛盾调处难等问题，取得了较好的村庄治理绩效。从 2004 年到 2014 年 10 年间，北沟村已先后获得全国民主法治示范村（2009 年）、全国先进基层党组织（2011 年）、全国文明村镇（2011 年）、中国最有魅力休闲乡村（2012 年）等几十项国家级、北京市级荣誉称号。北沟村治理的主要做法和特点有以下几个方面。

一是树正气，重塑村庄精英政治生态。孔子说："政者，正也。子帅以正，孰敢不正？"立身以正，执政以正，言行以正，这是中国政治思想的黄金定律。唯有立身正、为政正，才能聚人心、合众力，开拓施政新局面。王全作为中国最基层的村庄政治精英，他明白正义、正气、正直对一个村庄政治生态和治理的价值和意义。首先，村书记带头放弃企业经营。一段时间以来，我国不少地方鼓励和倡导能人治村。一些善于经商投资的所谓能人纷纷当上了村干部。能人治村有一定的积极意义，但也不能忽视其严重的消极影响。善于经商投资的能人当上村干部后，一手掌握村庄公共权力，一手谋划个人经商发财，这种权钱不分、官商不分的体制极易造成村庄治理腐败问题，败坏村庄政治生态。王全担任北沟村党支部书记后，主动放弃自己经营多年的琉璃瓦厂，并规定北沟村两委干部的家属不能参与村内工程的施工。一个村庄的草根书记能有这种认识和境界，确实令我们调研人员感叹。其次，村党员干部带头做好服务。为民服务是执政党的宗旨，本应是党员干部的职责所系。但在实际工作中，一些党员干部宗旨观念淡薄，言行官僚化。老子说："天下大事，必作于细。"针对这些问题，该村在村党支部书记的带领下，坚持从小事做起，告别官僚习气，强化服务意识。该村党员干部每人认领了一片卫生区，32 名党员分成 6 个小组，每 1 名党员帮带 10 位村民，每月 5 日早晨村里党员带领本小组成员打扫村庄卫生。村党员干部用实际行动在村民心目中树立起“能干事、干实事”的形象，同时也激发了村民参与村庄公共事务的积极性。最后，村党员干部带头强化责任。2004年之前不少党员干部利用权力和地位在自家宅基地或村里闲置土地上乱堆乱建，或因侵犯其他村民利益而产生民事纠纷。为避免党员干部滥用职权谋取私利，北沟村“两委班子”讨论决定，凡党员干部提出的纠纷均不予解决。久而久之，党员干部的不当利益不再得到保护，同时身兼帮扶帮带的责任，权力在他们手里逐渐转变成帮助村民的工具，而非谋取私利的手段。

二是定规矩，培育村庄内生规则意识。无规矩不成方圆。不管是国家，还是村庄，要有好的治理，都必须定规矩，按规矩办事。国家层面按规矩办事，就是依法治国、依法执政、依法行政；村庄层面按规矩办事，一个重要方面就是要将国家法律法规与当地民情习俗实际结合起来，制定村规民约，遵守村规民约，执行村规民约。只有走依法依规治村的路子，让村干部和村民都具有规则意识，村干部和村民的文明素质才会逐步提高，村庄的文明秩序才能内生性地建立起来，村庄治理才能稳定有序地运行。我们在调研中发现，该村村规民约有四个鲜明特点。第一是决不照搬照抄外村经验，完全立足本村实际。与一些村照搬照抄外村的村规民约不同，北沟村村规民约完全是结合该村实际情况一条一条讨论研究制定出来的，充分体现了当地的实际情况，符合全体村民的基本诉求。第二是经过严格的民主讨论和通过程序。北沟村村规民约经过村支部提议、村“两委”商议、党员大会和村民代表会讨论，村民代表大会同意通过，村民代表签字，同时印制成册，每户一本。第三是村规民约涉及村干部和村民生产生活的各个方面，非常具体详细。现行的村规民约涵盖25个大的方面、260余项具体规定，内容非常详尽，切合实际，体现了该村治理上的精细化水平。第四是保持了村规民约的连续性、长期性。现行村规民约于2007年12月29日经全体村民代表会议讨论通过，2008年1月1日起实行。2009年7月15日，该村又制定和通过了补充条款。2010年8月16日，该村第8届村民代表会议通过决议，明确第8届村委会今后3年继续执行《北沟村村规民约》。

三是明责任，强化村庄干部责任担当。2012年习近平总书记在首都各界纪念现行宪法公布施行三十周年大会的讲话中指出：“有权必有责，用权受监督，失职要问责，违法要追究，保证人民赋予的权力始终用来为人民谋利益。”大到中央领导，小到村庄干部，拥有权力就意味着担当责任，就要为人民谋福利，就要接受群众监督。北沟村本着“村庄政务公平公正透明”的原则，实行村干部责任制，将村庄事务明确落实到了每名村干部身上。第一是实行工作目标管理，强化村干部责任。北沟村每年都将本村年度评星晋级争创措施落实到党支部和村委会班子的责任人，并贴在村委宣传栏里进行公示；村里各家各户的居家动态、村委会服务项目、负责村干部名单，都通过张贴、开会等形式让村民知晓，做到按制度办事，有据可依、有章可循、有人可问。第二是进行自我监督和群众监督。坚持每季度开展一次述职述廉，领导班子和“两委”干部及时向群众公开决策事项、资金使用、履职情况等。第三是扩大村民自治与多方参与。挑选村里老书记、老干部、党员代表以及能力突出、口碑较好的村民，组建村级事务顾问组，参与村里重大决策事项。村“两委”每年集中为村民解决 1 次纠纷，村级事务顾问组成员与村干部共同为纠纷做出裁断。

四是强服务，推动村庄权力转型。党的十八大报告明确提出，要“以服务群众、做群众工作为主要任务，加强基层服务型党组织建设”。这是党的基层组织执政方式和工作方法上的重大改变。2014 年 5 月中共中央办公厅发布《关于加强基层服务型党组织建设的意见》又进一步明确农村服务型党组织的服务内容，即要围绕推动科学发展、带领农民致富、密切联系群众、维护农村稳定搞好服务，引导农民进行合作经营、联户经营，开展逐户走访、包户帮扶，及时办理反馈群众诉求，帮助群众和困难党员解决生产生活、增收致富中的实际问题。近年来北沟村不断推动村庄权力转型，从村庄权力管治型转向服务型，加强服务型党组织建设，力求为村庄经济社会发展服务，为村民增收致富和安居乐业服务。该村从一件件惠及经济民生的实事、好事抓起，树立服务意识，推动服务兴村。2005 ~ 2015 年，北沟村竭力为外国人投资兴业服务，克服了许多困难，终于陆续将几块闲置宅基地租给外来居住和投资的外国人，这些外国人最多投资 2700 万元建设农家乐，提高了北沟村的知名度，还解决了村里 30 人左右的就业问题。这些投资在租赁到期后也将无偿赠予北沟村。为保护村民板栗销售价格、降低销售成本，解决农户与市场的对接难题，北沟村成立了村级板栗种植合作社，2015年以市场价收购社员板栗，再统一以5元/斤的价格卖给板栗大户，刨除开支后将剩余收益以分红的形式返还社员。为解决留守老人“无处娱乐、无人照料”的问题，2015年北沟村在上级有关部门的支持下，投入100多万元建设村老年活动站，2015年12月建成使用。该老年活动站将为村庄老年人提供免费洗澡、用餐、体检和日常娱乐活动等服务项目。

五是讲道德，夯实村庄价值认同。对于一个国家、一个民族、一个集体来说，最持久、最深层的力量是拥有共同认可的价值观。伴随农村经济市场化和工业化、城镇化的快速推进，北沟村也面临传统农耕文明消失、家庭组织形式和功能转变、乡村社会价值淡化等问题，邻里纠纷、婆媳矛盾等时有发生，人心不齐，凝聚力不强。为此，北沟村“两委”决定重拾中华优秀传统文化和传统美德，夯实乡村建设的基石，为乡村道德文化建设提供一套结构化和符号化的学习标准。首先，该村定期组织村民学习《弟子规》《三字经》《论语》《庄子》等传统经典，并不定期开展村民演讲、村干部宣讲、儿童表演等文化活动，形成了“周一听（村级广播）、周中看（宣传橱窗）、周末围着屏幕转（数字影院）”的立体式学习模式。其次，村集体以传统文化建设为主题修缮乡村基础设施，在村里主要街道两边安装了美德壁画60余块，建设以“二十四孝”“三字经”“弟子规”等传统文化经典故事为主题的千米浮雕文化长廊，设计文化雕塑4尊，在村务办公室、民俗餐厅、农家院悬挂字画200余幅，营造了浓厚的文化氛围。此外，北沟村还围绕文明创建的主题，坚持开展“十星级文明户”“好公婆”“好儿媳”评选活动，树典型、勤宣传，引领村民文明向善，尊老爱幼让家庭更和美，守望相助让邻里更和谐，天下归仁让乡风更文明。

六是兴产业，打造国际文化新村。发展产业是村庄兴盛的物质基础，也是村庄治理的重要环节。北沟村依托慕田峪长城这一自然地理优势，重点打造了以传统文化与国际文化相融合为特色的休闲旅游产业，成功探索出了一条产业兴村之路。2005年，美籍华人唐亮女士在北沟村投资建设了商务会所——“小庐面”，揭开了外国居民入住北沟村的历史。在唐亮女士的牵线搭桥下，陆续有12户来自美国、加拿大、荷兰等国家的外国朋友在北沟村安家置业。受外来元素的刺激和影响，一批展示京郊民俗、健康时尚的农家院也开始出现在北沟村。其中，由村集体出资建设、由扎根农村创业的大学生村官经营管理的“北旮旯乡情驿栈”尤为突出。这个集绿色蔬菜种植、虹鳟鱼养殖、民俗餐饮住宿以及土特产品销售于一体的农家院，开业一年半，已接待旅游观光者6万多人次，创旅游综合收入200万元，纯利润达到60余万元。目前，怀柔区渤海镇已基本形成了“吃在田仙峪、住在北沟村、游在慕田峪、购在西营村”的连片国际文化乡村旅游带。

二　北沟村治理面临的主要挑战

2004年以来，北沟村经过10多年的发展，已经旧貌换新颜，成为远近闻名的明星村。但是，在快速发展的同时，也面临许多深层次的矛盾和挑战。

一是人口老龄化对村庄治理的挑战。从北沟村实际情况来看，人口老龄化问题相当严重。2015年全村138户，户籍人口350人，其中50~60岁的有80人，60~70岁的有40人，70岁以上有42人。50岁以上户籍老年人口所占比例达到46.3%，60岁以上户籍老年人口所占比例达到23.4%，二者均高于北京市农村人口老龄化的平均水平。而如果不将外出打工的户籍人口包括在内，常住村里的人口的老龄化率会更高。由于村干部收入与待遇不高，村里中青年人更愿意选择外出打工挣钱。村干部全职少、兼职多，除王全书记与两名村干部以外，其余村干部均是兼业，或经营家里土地，或在附近工厂打工。村庄人口老龄化的直接挑战是，面对一帮老人，村庄精英如何推进治理？随着治理精英的老龄化，又如何保障村庄治理精英的正常更替与后继有人？当前，北沟村的治理绩效，是与村庄政治精英王全书记个人的工作作风、办事能力密不可分的。但在缺乏村庄治理年轻人才正常成长机制的情况下，该村如何长期保持和提升现有的乡村治理水平，面临很大挑战。

二是外国人聚居生活对村庄治理的挑战。我国以土地为基础的集体所有制村庄具有高度的封闭性。改革开放以来，村庄人口的封闭性开始打破，人口流动加快，既有本村人口流出，也有外地人口流入。而北沟村则具有国际性的特点，一些外国国籍的人进入该村投资生产和定居生活。2010 年 6 月，43 个国家的大使来到北沟村现场观摩了村委会换届选举。北沟村还被外交部列为展示我国新农村基层民主建设的“窗口”。如何在包容外国人参与的情况下完善村庄治理，是村庄开放时代的一个新课题，这对传统的以村庄封闭为特征的村民自治模式提出了新挑战。一方面，在该村投资创业生产生活的外国人，如何参加村庄公共治理？现行《村民委员会组织法》规定：“年满十八周岁的村民，不分民族、种族、性别、职业、家庭出身、宗教信仰、受教育程度、财产状况、居住期限，都有选举权和被选举权。”其中“户籍不在本村，在本村居住一年以上，本人申请参加选举，并且经村民会议或者村民代表会议同意参加选举的公民”也可以参加村委会选举。但这是针对拥有本国国籍的流动人口规定的。对于拥有外国国籍而定居本村的人，有关法律法规没有做出明确规定。另一方面，在该村投资创业生产生活的外国人，如何享受基本公共服务？基本公共服务既有国家层面的基本公共服务，又有村庄层面的公共服务。在该村投资创业生产生活的外国人，按规定缴纳税收，应当享有基本公共服务，但对如何向外国人提供基本公共服务，缺乏应有的规定。最后，在该村投资创业生产生活的外国人，如何融入村庄社会文化生活？这是不同文化的人的融合。在这方面，北沟村已经有所探索。该村外国居民享有“荣誉村民”称号，他们在每年春节和重阳节，会为村民提供一些财物捐赠，进行交流融合。村民对外国人具有较强的生活包容性，这也体现中华文化的博大宽广。但如何在制度上创新具有包容性的村庄治理模式，需要继续改革探索。

三是政经不分对村庄治理的挑战。在我国农村，村党支部、村民委员会、农村集体经济组织是三类最重要的基层组织。根据《中国共产党农村基层组织工作条例》规定，村党支部领导应推进村级民主选举、民主决策、民主管理、民主监督，支持和保障村民依法开展自治活动，领导村民委员会、村集体经济组织和共青团、妇代会、民兵等群众组织，支持和保证这些组织依照国家法律法规及各自章程充分行使职权。需由村民委员会、村民会议或集体经济组织决定的事情，由村民委员会、村民会议或集体经济组织依照法律和有关规定做出决定。根据《中华人民共和国村民委员会组织法》规定，村民委员会是村民自我管理、自我教育、自我服务的基层群众性自治组织，实行民主选举、民主决策、民主管理、民主监督。村民委员会办理本村的公共事务和公益事业，调解民间纠纷，协助维护社会治安，向人民政府反映村民的意见、要求和提出建议。目前，农村集体经济组织还没有专门的国家立法，根据《宪法》和《农业法》等法律，农村集体经济组织是我国农村集体经济制度的主要组织形式，它的主要职能是做好集体资产的管理工作，使集体资产得到合理利用和有效保护，并确保集体资产的保值增值。村党支部、村委会、村集体经济组织三者之间职能不同，性质各异。但长期以来特别是在人民公社时期形成的“政社合一”体制，至今未能得到改革，相反在某些方面还得到了强化。2000 年以来，北京市倡导农村党支部书记和村委会主任“一肩挑”。2013 年北京市村委会换届选举结果显示，北京市村党支部书记兼村主任的比例为 65.7%，顺义区农村“一肩挑”的比例高达 87%。北京农村还有许多村党支部书记兼任集体经济组织负责人的情况。在农村实行村党支部、村委会、集体经济组织负责人“一肩挑”，有其突出的正面效果，尤其是有利于“集中力量办大事”，提高上级政府交给村级各种事务的办事效率，但其负面影响同样巨大。2014 年 7 月，中央巡视组针对北京市巡视后反馈，发现北京“小官巨腐”问题严重。2014 年 5 月 12 日中央纪委监察部网站通报了 4 月 28 日至 5 月 9 日两周期间，各级纪检监察机关查处的 237 件违反中央八项规定精神的典型案件，其中涉及北京 4 名书记、主任“一肩挑”的村干部因违规接受礼金、违规向亲属等人发放占地补偿款、冒领专项补贴等问题受到处罚。2014 年 10 月，北京市委关于巡视整改情况的通报中，公布了部分“小官巨腐”问题，比如海淀区西北旺镇皇后店村会计陈万寿挪用资金高达 1.19 亿元。2015 年 1 ~ 9 月北京市立案 1399 件，其中查处“小官贪腐”329 人。绝对权力绝对腐败，这条政治学的黄金定律，在村庄政治中同样适用。

除了上述村庄治理的挑战外，还有许多问题在制约和影响村庄治理的法治化和现代化，比如农村集体产权制度改革、城乡一体化发展体制机制、农村社会组织的成长发育、乡村新乡贤的培育发展等。

三 完善乡村治理几点建议

乡村治理是一个涵盖经济、政治、社会、文化和生态等各方面的综合体，需要进行综合改革和创新完善。限于篇幅，我们仅从以下几方面提出几点对策建议。

一是健全养老服务体系。根据本次调研发现，北沟村人口老龄化日益严峻，同时农村老年人基于孝道伦理和家庭资源对子女的约束力和控制力也日益降低。那么在老年人的经济收入得到一定保障（如每月养老金350元）的情况下，如何解决那些高龄、失能、丧偶老人的“无人照料”难题，成为现代乡村治理的重要内容。应加快建立健全农村养老服务体系，通过增加社会照料服务补充家庭照料的不足。具体来讲，政府要增加对农村养老服务事业的财政转移支付，重点加强对高龄、丧偶、失能、留守等特殊困难老年人的托底保障作用。可通过减免税收、购买服务等优惠政策和扶持措施鼓励农村富余劳动力开办小型家政护理公司，村民自治组织可培育发展福利性或非营利性社会组织；政府则通过购买服务的方式，满足高龄、丧偶、失能的贫困留守老年群体的养老或照护难题。在进行托底养老、福利养老的同时，应充分发挥市场作用，促使不同层次、多样的养老服务企业在农村地区生根发芽，逐渐尝试提供有偿老年饭桌、上门做家务等服务，更好地满足不同层次农村老年人的养老服务需求，提高老年人的生活质量。在人口老龄化中，各级政府要把发展养老事业作为重中之重，纳入国民经济和社会发展规划，对养老事业要全方位给予政策引导和支持保障。

二是推行村庄政经分开试点。根据治理法治化和现代化的新要求，应抓紧完善村级治理体系，推行村庄政经分开试点，探索村党支部、村民委员会、集体经济组织职能和权限分开的方式，理清三者的权责关系。第一是要推行职责分开。进一步明确村党支部、村委会、村集体经济组织的职责。村党支部作为执政党在全农村的基层组织，具有贯彻执行党的方针政策、领导和推行村级民主自治、讨论决定村级经济社会重大问题、加强党员干部的教育和监管等职责，重点是要加强从权力型组织向服务型组织的转变，将为人民服务的根本宗旨转化为服务群众的实际行动，全体党员要成为农村社区的志愿者和义工。村党支部要以服务体现宗旨，以民主推动自治，以法治维护权益，以监督保障公正。村委会作为村民民主自治组织，重在尊重村民意愿，保障村民参与公共事务，为村民提供各项公共服务，维护村民各项合法权益，实现村民在村庄范围内当家做主。村集体经济组织重在发展村庄集体经济，加强集体资产经营管理，完善法人治理结构，保障集体经济组织成员所有权、参与权、监督权和收益分配权。第二是要推行人员分开。村党支部、村民委员会、集体经济组织负责人不宜简单提倡“一肩挑”，应当分开设立，民主选举，不得相互兼任。村党支部书记由全村党员直接民主选举产生，对全体党员负责，依照有关党组织规定开展工作，重在发挥先锋模范带头作用。村委会主任由全体村民直接民主选举产生，依照村民委员会有关法律法规行使职权，对全体村民负责，重在推行村民自治，加强村庄公共管理和公共服务，保障和体现村民当家做主。集体经济组织负责人由集体经济组织民主选举产生，对集体经济组织成员负责，依照有关法律和章程开展经营管理活动，维护集体资产权益。在村庄治理中，要处理好官治与自治的关系，纠正官治独大现象，强化自治功能。要破除有关体制机制障碍，打破城乡人才流动壁垒，培育和塑造有利于推动乡村治理民主化、法治化的新乡贤人才队伍。第三是要推行账务分开。对村党支部、村民委员会、村集体经济组织要分别建立财务制度，实行分账管理。村党支部财务收入主要来源于党员缴纳党费、上级党组织和财政适当补贴、社会捐赠等，村民委员会收入主要来源于政府财政拨款、村集体经济收入合理分配等，村集体经济组织收入主要来源于经营管理收入、政府扶持补贴收入等。村党支部、村民委员会、村集体经济组织的支出也须遵守财务会计制度。

三是加强村庄社会建设。在村级党组织、自治组织、群团组织和集体经济组织之外，还需大力培育和发展社会组织，加强社会建设，改变强官治一弱自治、强政府一弱社会的治理格局，促进党群组织、自治组织、经济组织、社会组织的多元发展，实现从行政权力支配型村庄治理模式向社会自主服务型治理模式转变。要重新认识传统民间组织如宗族组织、邻里组织、乡贤组织的积极功能，实现传统民间组织的创造性转化，使其与现代民主法治元素有机结合，成为有效维护村庄社会秩序、适应现代民主法治发展要求的现代社会组织。就现阶段来讲，应重点发展的社会组织主要有以下几个。第一是养老、敬老、助老的志愿服务组织。如成立尊老敬老服务社、爱心互助社、亲子活动站、老年人协会等，为老人提供社会化服务和帮助。可以在北沟村试点，建立农村社会工作站，通过政府购买服务等方式聘请社工团队进行运作，发挥其专业化、职业化优势，指导并参与各类社会服务组织建立和工作开展。第二是公益慈善组织。制定法律法规，鼓励和引导社会资本投资建立各种类型的社会公益慈善组织，维护和促进村庄公共利益，帮扶社会弱势阶层。第三是维护村庄公共利益和村民个人权益的维权组织。在农民专业合作社的基础上，发展多种形式的农民合作社，借鉴日本、韩国、中国台湾的经验，发展综合农协，允许和鼓励农民组织起来，共同抵御自然风险、市场风险和政治社会风险。上述各种社会组织，都应当建立包容性的民主机制，吸纳外来常住人口包括外国人有序参与村庄经济发展、公共治理、社会服务和生态文明建设。要在法治的框架中，通过大力培育和发展社会组织，加快构建村庄多元社会治理结构。

参考文献

[1] 张英洪等:《北京市外来农民工基本公共服务政策研究》,《北京农业职业学院党报》2014 年第 2 期。

[2] 俞可平:《论国家治理现代化（修订版）》，社会科学文献出版社，2015。

实现高水平的城乡发展一体化*

张英洪

实现高水平的城乡发展一体化，是“十三五”时期北京农村改革发展的一个新的目标定位。北京是最早开展城乡一体化研究的地区，也是最早提出以城乡一体化的思路指导开展郊区农村工作的地区。早在 1986 年，北京就提出把城乡一体化作为郊区工作的指导方针加以推进和探索。2008 年 12 月，北京市委十届五次全会明确提出率先形成城乡经济社会发展一体化新格局。“十二五”期末，北京市城乡发展一体化新格局已基本形成。在此基础上，实现高水平的城乡发展一体化，是“十三五”时期北京市贯彻落实五大新的发展理念、确保各项工作走在全国前列的必然要求。

“十三五”时期，北京要实现高水平的城乡发展一体化，必须对照城乡发展一体化的“五化”目标，即实现城乡居民基本权益平等化、城乡公共服务均等化、城乡居民收入均衡化、城乡要素配置合理化、城乡产业发展融合化，全面深化改革，重点在以下三个大的方面实现新突破。

一是在基本公共服务供给水平上实现新突破。公共产品和公共服务的差距是城乡二元体制安排的重要结果。“十二五”时期，在公共产品的硬件供给上，通过持续加大农村基础设施建设，京郊农村的面貌发生了根本性的重大变化；在公共产品的软件供给上，通过建立“新农保”、“新农合”和城乡低保政策并轨等一系列政策措施，已经实现了京郊农村社会保障的全覆盖，广大农民的生活有了根本性的兜底保障。“十三五”时期，

---

* 原载《城市化》2016 年第 5 期。

要在提高农村基本公共服务水平上迈出新步伐，特别是要落实共享发展理念，进一步提高农村居民各项社会保障待遇标准，加快缩小城乡社保待遇差距。尤其是要积极应对农村人口老龄化问题，提高农村老年居民社会保障水平，提升其生活质量。在疏解北京非首都核心功能中，要重新认识和规划郊区农村的战略定位和发展前景，提升郊区农村在疏解首都非核心功能上的承载能力。要加强城乡社区学校、幼儿园、医院、养老所等基本公共服务设施的配套规划建设，坚决改变在城乡社区规划建设中一味注重住房建设而缺乏公共设施配套建设的畸形格局。要围绕让广大农村居民公平享有可及的基本公共产品和公共服务、实现城乡基本公共服务均等化这个既定目标，深化财政体制改革，提高公共服务支出比重，补齐农村基本公共产品和公共服务的短板，加快实现城乡基本公共服务制度并轨、标准统一。

二是在农民财产权利方式上实现新突破。农民缺乏财产权及其表达机制是“三农”问题的一个重要根源。据国务院发展研究中心农村部课题组研究，2013 年北京市农村集体资产总额达 10.4 万亿元。参照国有土地价格，北京市农村集体经营性建设用地和农村宅基地价值合计高达 8.2 万亿元，农村集体建设用地均价高达 466.9 万元/亩。如何将农民拥有的巨额资产变成农民拥有的巨大财产以及财产性收入来源，是城乡发展一体化的重大任务。1992 年以来，北京市按照“资产变股权，农民当股东”的思路推进农村集体经济组织产权制度改革，取得了明显成效。2015 年已有 134 万股东享受分红，分红总额达到 45 亿元，人均分红 3368 元。“十三五”时期要按照赋予农民更多财产权利的要求，不断深化农村集体产权制度改革，重点是改革创新农民对土地承包经营权、宅基地使用权、集体收益分配权等财产权利的实现方式，使农民的巨额集体资产变成农民宝贵的财产和财产性收入来源。

三是在城乡要素双向自由流动上实现新突破。城乡要素的封闭循环以及不平等交换，是城乡二元结构的重要特征。实现高水平的城乡发展一体化，必须构建确保城乡要素平等交换和双向自由流动的体制机制。第一，在人的要素上，要深化户籍制度改革，着力实行居住证制度，加快推进农业转移人口市民化，提高户籍人口城镇化率。2014 年北京市常住人口城镇化率为86.40%，户籍人口城镇化率只有50.65%，比同期上海市常住人口城镇化率和户籍人口城镇化率分别低3.2个百分点和8.43个百分点。在允许农村人口进入城镇就业落户的同时，也要构建有利于城镇居民有序进入农村定居生活的制度体系。这不但是城市化发展到一定阶段必然出现中心城区人口向郊区扩散的新趋势，也是积极应对乡村人口老龄化、空心化的有效之策，更是城乡发展一体化的内在要求。实现城乡人口双向自由流动，需要对基本公共服务体制和农村集体产权制度进行同步配套改革。第二，在土地要素上，要加快建立城乡统一的建设用地市场，实现农村集体建设用地与国有建设用地同等入市、同地同权。要建立与完善保障不同土地所有权平等地位的政策制度体系，深化征地制度改革，大力推进农村集体建设用地入市试点，在土地资源配置中真正发挥市场的决定性作用和更好地发挥政府作用，建立健全城乡土地市场，赋予和保障农村集体土地发展权，合理提高农民在土地增值收益中的分配比例。第三，在资金要素上，要改变农村存款资金长期单向流向城市的局面，解决农民“贷款难”问题。要以农业农村享有平等的金融服务为目标，深化金融体制改革，确保金融机构从农村吸收的存款主要用于农业农村发展，着力推进农民合作金融发展，建立覆盖农村普惠型的金融服务供给体系，提升农村金融产品供给水平，为农民生产生活提供有效的金融支持。同时要鼓励和支持城市资本进入农业农村，为发展现代农业，建设美丽乡村，培育新型职业农民，推进农村第一、第二、第三产业融合发展提供有力的资金支持。

推进法治城市化*

张英洪

我们在城市化研究中，曾提出新型城市化应当是法治的城市化。为什么要提出新型城市化应当是法治城市化？因为传统城市化存在一系列乱象，背离了以人民为中心的发展目标，突出存在两个严重问题：一是在人口城市化上，进城农民工不能实现市民化，农民平等享有基本公共服务的权利得不到保障和实现；二是在土地城市化上，强征农民土地、强拆农民住房，农民的财产权利和人身权利得不到保障和实现。

在传统城市化中，地方政府出现了两种不同的行政模式。一是强征强拆，积极乱作为。二是在农民工市民化上，消极不作为，甚至设置种种政策制度障碍，阻止农民工市民化。我们看到许许多多强征强拆的地方明星官员，却鲜有实现包括农民工在内的外来常住人口公平享有市民待遇的地方典型官员。

传统城市化造成了两种“社会病”：一种是“城市病”，另一种是“农村病”。城市将农村中的青壮年劳动力吸入城市中打工，却不给予其市民待遇，在城市中出现了2亿多人的流动人口，形成了农民工阶层；在农村在出现了上亿的留守儿童、留守妇女、留守老人。

传统城市化是一种政府主导的掠夺式城市化，是缺乏对政府公权力以及对资本进行有效制约与问责的城市化，是损害农民财产权利、人身权利的城市化，是限制农民工等外来常住人口市民化的城市化，是非法治的城

---

* 原载《城市化》杂志2016年第6期。

市化。

由于缺乏法治的有效制约与规范，政府行为出现异化，突出表现为权力与资本结盟，掠夺农民利益。甚至出现了一种我称之为地方政府犯罪的现象。城市化中的地方政府犯罪，是最为严重的社会政治问题。

地方政府犯罪的基本含义是以地方政府为主体的犯罪行为，这种犯罪行为既侵犯公民的个人权利，又侵犯了国家和民族的公共利益。以人为核心的新型城市化道路，最根本的就是要尊重、保障和实现人的基本权利和自由尊严，全面依法治国，建设法治中国，推进法治城市化。

所谓法治城市化，就是将城市化纳入法治的轨道，以法治思维和法治方式推进城市化，在城市化进程中规范和约束公共权力，尊重和保障公民权利，维护和促进社会公平正义与文明进步。法治城市化是新型城市化的基本特征和重要内容，也是国家治理现代化的根本要求和重要体现。背离法治的城市化，既谈不上新型城市化，也谈不上国家治理现代化。

推进法治城市化，是一项系统的社会工程。当前必须把握好以下几个关键点。

一要尽快消除城市化中的地方政府犯罪现象。要正确处理好政府与市场、政府与社会、政府与公民的关系，转变政府职能，将政府工作全面纳入法治的轨道，法无授权不可为。对于公民个人，法无禁止皆可为。在建设法治中国进程中，核心任务是将权力关进制度的笼子里，实现对公共权力的驯服。人类文明发展史表明，人类首先是驯服野兽，其次是驯服百姓，最后是驯服当权者。现在，我国已进入了驯服当权者的历史新时期，要追究地方政府犯罪的刑事责任。地方政府犯罪不能没有任何的法律责任。对地方政府犯罪责任人，既要从反腐上追责，更要从刑法上追责。

二要加快改革城市化中的两个基本体制结构。城市化将农村与城市联系在一起。我国的城市化一方面面临城乡二元体制的制约，另一方面又受到集体所有制的制约。推进新型城市化，必须破除城乡二元体制，改革集体所有制。破除城乡二元结构的目的在于建立城乡平等开放的制度体系，维护和保障农民平等的公民权利；改革集体所有制的目的在于建立尊重农民意愿、允许农民自由选择、维护和保障农民完整的财产权利。

三要正确认识和对待权力与资本。权力与资本都是人类社会中客观存在的现实。但在如何认识和对待权力与资本上，我们存在许多认识上的误区。在如何对待权力上，有三种基本的认识和态度，第一是消灭权力的无政府主义的观点；第二是迷信权力的国家主义观点，法西斯主义和极权主义是20世纪国家主义的代表；第三是驯服权力。既然公共权力既不能消灭，也不能迷信，那么唯一现实和理性的选择，就是驯服权力，就是将权力关进制度的笼子，建设现代法治国家。在如何对待资本上，也有三种基本的认识和态度。第一是消灭资本，这就是传统共产主义的理论学说。客观地说，将资本消灭了，当然就不存在资本主义的种种弊端了。但问题是，没有资本的社会，虽然免除了资本的祸害，但陷入了极权主义的深渊，导致了社会的普遍贫困和对公权力的普遍迷信。第二是崇拜资本，放纵资本的横行。这就导致了原始资本主义的泛滥成灾。马克思的《资本论》对原始资本主义进行了最彻底的批判。改革开放以来，特别是20世纪90年代以来，我们从消灭资本的极端走向另一个崇拜资本的极端，各地不择手段招商引资，公权力与资本携手联合，致使权贵资本主义大行其道，民众则饱受资本横行和权力滥用之苦。第三是驯服资本。既然资本不能消灭，同时也不能崇拜和放纵它，那么现实的理性选择就是在法治的框架内，节制资本，发掘资本在经济社会发展中的积极作用，同时抑制资本的消极作用。一个成熟的现代社会，既不能消灭权力，也不能迷信权，权力不能任性；既不能消灭资本，也不能迷信资本，资本也不能任性。

国家治理现代化的根本目的在于保障人权，维护社会公义，增进人的福祉。应当将执政党为人民服务的根本宗旨，具体转化为保障每个人的基本权利和自由。政府的职能要实现向保障人权和维护社会公义的重大转变。新型城市化要朝向法治中国建设的基本目标，体现全面依法治国的基本要求。

深刻认识中国农业*

——评《读懂中国农业》

张英洪

国以民为本，民以食为天。农业是衣食之源，与我们每个人的生存生活息息相关。农业既遍布于广阔的田野之中，又存在于高雅的庙堂之上。但并不是每个人都能真正了解农业、关注农业、认识农业。对农业最为熟悉也最有情感的人可能有两类，一是以农业为自身职业的广大农民，二是以农业为研究对象的专家学者。但大多农业专家学者常常满足于在自己学术圈子内致力于高深的理论研究，而不屑于或不善于将高深的学术理论研究成果转化为社会普通大众都感兴趣且能读懂的通俗读物。这的确是“三农”研究领域中的一个短板。

令人欣慰的是，最近我通读了国务院发展研究中心农村经济研究部张云华研究员著的《读懂中国农业》一书，发现张云华研究员在推动“三农”学术理论研究成果大众化上迈出了可喜的一大步。读罢此书，我觉得张云华研究员不仅在“三农”学术理论研究上纵横驰骋，硕果累累，而且在“三农”通俗读物的写作上也轻车熟路，张弛有度。

《读懂中国农业》有三个明显的特点。一是体现了作者良好的学识素养。我读完这本书的第一感觉就是，这是一位具有深厚学术理论素养的“三农”研究学者撰写的一本通俗而专业的农业读物。在该书中，我们能

* 原载《文汇读书周报》2016 年 7 月 25 日。

够感受到作者开阔的学术视野、扎实的理论功底、真挚的农业情怀和对“三农”问题研究的洞见。二是图文并茂，引人入胜。全书将中国农业发展的历史、成就和存在的相关问题，以大众都能阅读的通俗语言，娓娓道来，旁征博引，的确引人入胜；全书还配备了不少漫画，给人以视觉上的轻松与愉悦之感。同时，书中还穿插了相当多的与农业这一主题密切相关的古代诗词以供欣赏，给人以耳目一新之感。三是坚持了问题导向。作为一部通俗而专业的农业读物，作者并不满足于一般性地称赞我国农业取得的巨大成就，而是直面我国农业现代化进程中存在的种种突出问题，特别是重点分析了粮食安全、食品安全、土地制度、农业风险、谁来种地与怎么种地等现实问题，提出了自己对解决这些问题的看法。这体现了一名“三农”学者所具有的独立品格、学术良知与责任担当。

农业是人类文明的源头，没有农业就没有人类文明。习近平总书记指出：中国要强，农业必须强；中国要美，农村必须美；中国有富，农民必须富。《读懂中国农业》一书给人的一个重要启迪是：要让农业强起来，我们需要深刻认识中国的农业。

一方面，要深刻认识农业的价值。所谓农业是第一产业，就是说农业是第一重要的产业。越是对人类最重要的东西，就越不值钱，越不能用金钱来衡量，就像空气、水、阳光一样。我们不能以工业社会发明出来的GDP视角来衡量和判断农业的价值。农业具有生产、生活、生态的多种功能，可以实现第一、第二、第三产业的融合发展。作为第一产业的农业，不仅生产人们赖以生存的粮食，而且也提供给人们须臾不可离的生态环境和文化传承。中国几千年的农耕文明，蕴含着尊重自然、敬畏自然、追求天人合一的生态文明，能够实现永续发展。农业是与生命打交道的产业，在农业中，人类自己的生命与动植物的生命共同成长，是生命与生命的交流、体验与哺育。农业能使人真正体验到生命来自自然又回归自然，能让人懂得敬畏生命、尊重生命、珍惜生命、保护生命。正如朱启臻教授所说的那样，农业具有突出的公益性，农业并不是追求利益最大化产业。这是政府承担起支持和保护农业的责任的重要依据。

另一方面，要深刻认识农业的危机。我国虽然是农业大国，具有从事农业生产的悠久历史，也创造了举世瞩目的农耕文明，改革开放以来在实现农业现代化中也取得了显著成效。但当前，我国农业面临的多重深刻危机则不容忽视。第一，粮食安全危机。我国粮食安全问题最重要的特征是已经从数量短缺上升到质量短缺，就是说由历史上的数量不安全上升到质量不安全，包括种子的不安全。第二是食品安全危机。几十年的化学农业发展模式，已经使人们由“吃不饱”转变为“吃不好”。长期大量使用农药、激素以及转基因生物技术的农产品和加工食品，已经严重危害人们的身心健康。第三是农民老龄化危机。由于传统城乡二元结构和城镇化发展模式的影响，农村的青壮年劳动力大量流入城镇，农村成为留守儿童、留守妇女和留守老人之地，老人农业已成为农业现代化的重大困惑。谁来种地已成为中国农业现代化面临的现实难题。而长期严格的计划生育政策，又使农村新生人口不足以及性别比例畸形化，也严重地危及农业的可持续发展。第四是乡村治理危机。在农业现代化进程中，城乡二元体制仍未被破除，农民的平等权利没有得到应有的实现，进城农民工不能实现市民化，城乡要素不能实现双向自由流动；传统的集体产权制度改革有待于突破与深化，农民的土地财产权利需要切实有效的保障和实现；乡村基层政府的黑恶化让人揪心，乡村治理的法治化进程缓慢，基层干部的权力没有被切实关进制度的笼子里，一些地方乡村干部贪腐、损害农民群众权益的现象比较严重；村民自治面临新的矛盾和问题，农民缺乏充分的组织资源来表达自身诉求、参与公共治理和维护正当权益等，与现代农业相适应的现代乡村治理体制机制尚未有效建立起来。

洪范八政，食为政首。习近平总书记强调：“中国人的饭碗任何时候都要牢牢端在自己手上。我们的饭碗应该主要装中国粮。”《读懂中国农业》该书对于我们认识中国农业、了解中国农业、保护中国农业、发展中国农业具有重要的启示作用。在新常态下如何以新发展理念推进农业供给侧结构性改革，保障粮食安全和食品安全，实现农业现代化，既事关每个人的身心健康，也事关中华民族的长治久安。我们期待张云华研究员继续推出更多、更好的“三农”研究成果。

维护农村妇女土地权益的思考与建议[*]

张英洪

农民与土地的关系是农村改革的一条主线。维护农村妇女土地权益，既是处理好农民与土地关系的重要内容，也是保障男女平等权利、建设法治中国的重要内容。关注农村妇女土地权益问题应当有两个视角：一是小视角，即以男女平等权利的视角关注妇女土地权益；二是大视角，就是除从男女平等权利视角上关注妇女土地权益的维护外，还必须树立财产权保护这个无涉性别歧视的法治视角。在我国法治建设进程中，我们关注农村妇女土地权益这个问题，应当在坚持男女平等权利保护的基础上，更加重视财产权的全面依法保护，既重视男女平等权利的维护，又重视财产权利的法律保障。离开财产权的法治保障这个的宏观制度环境和政治生态，农村妇女即使获得与男子平等的土地权利，也可能在不受制约的公权力面前丧失殆尽。

当前，农村妇女土地权益受到侵害或得不到保障与实现的主要因素有以下几大方面。

一是已有的法律制度得不到贯彻落实。改革开放以来，针对农村妇女在土地财产权益方面的突出问题，各级政府、妇联以及专家学者和媒体都做出了不懈努力，共同推动了男女平等事业，强化了财产权利的保护。2005 年修订的《妇女权益保障法》从立法上明确规定了农村妇女土地权益保障的内容。这是一部充分体现权利导向的立法。该法第 32、33 条对妇女

* 原载《中国经济时报》2016 年 9 月 9 日。

在土地方面享有与男子平等的权利做了明确规定。《农村土地承包法》第30条对农村妇女承包地权益也做了明确规定。但一些地方仍然存在侵害农村妇女土地权益的现象。这不是缺乏法律制度，而是缺乏健全的法律实施机制。

二是有的法律条款规定不合时宜，或存在立法空白。随着时代的发展和社会进步，有的法律规定已滞后于实践发展的需要，存在不利于保障包括农村妇女在内的农民土地权益的内容。例如，《农村土地承包法》第26条第2款规定承包方全家迁入设区的市、转为非农业户口的，应当将承包地交回发包方，承包方不交回的，发包方可以收回。这为一些地方收回包括妇女在内的承包土地提供了法律依据。《土地管理法》第43条规定任何单位和个人进行建设需要使用土地的，必须依法申请国有土地；第47条规定征地按土地原用途补偿等，不利于包括农村妇女在内的土地权益的保障与实现。《物权法》对土地承包经营权、宅基地使用权等赋权明显不充分，人为限制了包括妇女在内的土地权益。在立法方面，目前最缺的是有关农村集体经济组织的立法。长期以来，农村集体经济组织的法人地位不明确，农村集体经济组织成员资格的认定缺乏权威性的国家界定，各地在实践探索中的做法各异，有关权益纠纷不断。这是我国立法建设明显滞后改革发展实践的突出表现。

三是农村集体产权制度改革滞后。改革开放以前，我国建立了两个事关每个农民权益的重大制度结构，即城乡二元结构和农村集体所有制结构。城乡二元结构的特征是广大农民包括农村妇女与城镇居民权利的不平等，城乡要素严重分割。破除城乡二元结构的目标就是实现城乡一体化。传统的农村集体所有制的特征是产权的封闭性与产权的模糊性。改革的过程，实质上就是不断改革与突破这两个制度结构的过程，就是不断扩展农民基本权利、推动社会文明进步的过程。相对而言，农村集体产权制度的改革则明显滞后于市场化、城镇化和城乡一体化发展的需要。农村妇女的土地权益，与上述两个基本的制度结构密切相关。目前，除长三角、珠三角、京津等经济发达地区和城市化快速发展的地区已经积极探索推进农村集体产权制度改革外，从全国而言，农村集体产权制度改革至今仍缺乏国家层面的顶层设计与制度规范。广大农民包括妇女的集体财产权益的保障与实现面临传统体制的严重制约。

四是一些地方强征强拆现象突出。非法强征强拆是侵害包括农村妇女在内的农民土地财产权利最严重的现象。农村妇女通过男女平等获得的土地权益，在不受制约的地方政府强征强拆中随时都有可能毁于一旦。最近10多年来全国各地爆发的强征强拆事件，严重侵害了包括农村妇女在内的农民的土地权益。侵害财产权利往往又与侵害人身权利交织在一起。在非法强征强拆中，任性的地方权力不但严重侵害农村妇女的土地权益，而且危及农村妇女的人身安全，甚至剥夺农村妇女的生命权。

五是财产权利救济渠道不畅。农村妇女土地权益一旦受到侵害，最大的困惑往往是权利救济失灵。在信访渠道上，有的地方对因土地权益受到侵害的上访人进行截访，在劳教废止以前，一些地方以劳教的方式对待上访人。在过去的维稳体制中，有的地方和部门不是着力解决信访人反映的权益受损问题，而是逆天行事，着力解决反映问题的人，非法限制信访人的人身自由，或对之进行打击报复。在司法渠道上，有的地方法院要么对农村妇女土地维权案件不予立案，要么因法律规定不明确难以公正判决，要么因司法腐败而徇私枉法，要么判决了却不执行，等等。司法不能成为维护社会公平正义的最后一道防线，这是国家治理扭曲和失败的重要表征。

总的来说，农村妇女土地权益受到侵害或保护不力，暴露了国家治理体系和治理能力存在的严重问题。维护农村妇女土地权益，是推进国家治理现代化的迫切需要。

男女平等是基本国策，保护财产权是法治的基本要义。在全面依法治国、加快建设法治国家进程中，维护农村妇女土地权益，关键是要树立财产权全面保护的法治思维，要在立法、执法、司法等各个领域体现法治理念和公平正义原则。具体建议有以下几方面。

一是要明确村民自治的权力边界和法律责任。村民自治作为我国农村治理的重要形式，是一项空前的农村民主政治实验，在启发民智、聚集民力、凝聚民心、表达民意等方面发挥了重要的作用。但在实践中，村民自治也存在许多认识偏差和行动问题，其中一条就是以少数服从多数的名义侵害村民个人的基本权利，产生了一种“多数的暴政”的现象。为此，我们需要进一步明确村民自治的权力边界，将自治权纳入法治的轨道，将村干部的权力关进制度的笼子里。村民自治必须在宪法和法律的框架内行事，自治权不得与宪法法律相抵触，不得侵犯村民的基本权利和个人自由。应当修改《村民委员会组织法》，明确村委会的权力边界及侵权责任，强化村民权利的保护。建议制定《村民自治法》，按照法治中国建设的新要求，对村民自治进行全面规范和提升，促进乡村治理法治化。

二是修改和制定相关法律，健全法律实施机制。与农村妇女土地权益相关的法律，有的需要修改，以进一步明确相关规定；有的需要重新制定，以弥补有关保障农村妇女土地权益上的法律缺失。关于《农村土地承包法》，应当取消《农村土地承包法》有关承包方全家迁入设区的市、转为非农业户口的应当将承包的耕地和草地交回发包方的规定，明确保障进城落户农民的土地权益。耕地承包期应由30年修改为长久不变。要做好土地承包经营权确权登记颁证工作。凡确权到户到地的，可由农户家庭成员共同享有土地权益，内部协商解决有关问题。凡确权确股不确地的，必须明确农户每名成员的股份份额。关于《物权法》的修改，重点是要对土地承包经营权、集体建设用地使用权、宅基地使用权实行更充分的赋权与保护，使上述“三权”具备占有、使用、收益和处分的完整权能。现行《土地管理法》的计划经济色彩非常浓重，城乡二元土地制度分割明显，不利于市场化、城市化、城乡一体化的发展需要，不利于城乡统一的土地市场的形成，不利于土地财产权利的维护与实现，需要做重大修改。《土地管理法》的基本修改方向是，要凸显公民土地财产权的保障，建立城乡统一的土地市场，保障国有土地和集体所有土地两种所有制的平等地位，因公共利益需要征收土地并给予公正补偿等。建议在修改《土地管理法》的基础上，制定土地方面的母法——土地法。应当制定农村集体经济组织法、农村住宅法等，全面加强涉农法制建设，尽快把农村财产权保护的法制建设提高到一个新水平。要拿出健全宪法、法律实施机制的实招，使宪法、法律真正得到良好的实施，公民的基本权利得到良好的保护与有效救济。

三是探索农村土地集体所有制的有效实现形式，深化农村集体产权制度改革。推进农村土地集体所有制的改革完善，要与市场化取向的改革、新型城镇化建设的要求、城乡一体化发展的方向相协调，与赋予和保障农民更多更充分的财产权利的要求相适应，探索实行集体所有权、农户承包权、土地经营权三权分置方式，按照股份合作制的方向全面深化农村集体产权制度改革，将农村土地农民集体所有体现在人人拥有集体产权股份上来。土地承包权是农民在集体经济组织内的身份性财产权利，所有集体经济组织的成员，不分男女老少，都平等享有。关键是要确立集体经济组织的成员身份资格，由此保障和实现成员身份权与享有的集体财产权相统一。在确定集体经济组织成员身份资格上，应当区分原始取得成员资格即初始成员资格与新增成员资格。同时要推进农村政经分离改革，区分农村社区成员权与集体经济组织成员权。

四是加快法治政府建设，推进司法改革。各级政府在维护妇女土地权益上发挥着主导作用，但如果政府的公权力不受监督与制约，则又可能严重侵害妇女的土地权益。一些地方政府非法强征强拆就是严重侵害妇女土地权益的典型案例。习总书记提出要将权力关进制度的笼子里，就是要建设法治政府，将政府的全部工作纳入法治轨道。要像全面从严治党那样，全面推进依法治国；像强力反腐败那样，强力反侵权。对各级政府来说，法定职责必须为，法无授权不可为，有权就有责，侵权要追究。面对一些地方暴力强征强拆严重侵害农村妇女土地权益的现象，迫切需要追究侵权组织和侵权个人相应的行政责任、党纪责任、民事责任和刑事责任。法律的权威在于实施，法律的生命也在于实施。暴力强征强拆实质上就是一些地方政府或有关部门、基层组织严重侵害公民财产权利的犯罪行为，应当追究侵权单位和侵权个人的刑事责任。要强化《刑法》中有关单位犯罪规定的实施，依法追究侵害包括农村妇女在内的公民财产权利和人身权利的有关单位的刑事责任。建议修改《刑法》，明确将暴力强征强拆列为侵害公民财产罪。司法改革要着眼于司法公正，筑牢社会正义的最后一道防线，真正实践习总书记提出的那样，要让人民群众在每一个司法案件中都感受到公平正义。

五是加强妇女组织建设，创新妇女组织维权方式。要适应财产权利保护的新要求，进一步加强妇女组织建设，构建以各级妇联为主体、以其他妇女组织为补充的多元妇女组织维权体系。第一，建议国务院及地方各级政府将作为议事协调机构的妇女儿童工作委员会改为各级政府的直属机构，其办公室不应设在各级妇联，而应当作为政府的工作部门单独设立。要充分发挥政府部门序列中的妇女儿童工作机构在促进男女平等、维护妇女各项基本权利、实现妇女自由而全面发展上发挥主导作用。第二，根据形势发展的新要求，进一步改革各级妇联组织，核心是要切实解决妇联组织和工作中存在的机关化、行政化等脱离妇女群众的问题。要将妇联组织从异化了的行政官僚组织还原为社会组织。第三，积极培育和发展各种妇女组织，实现妇女组织发展的多元化。建议制定妇女组织法，在法治的轨道上大力发展和规范多元化的妇女组织，实现我国妇女组织由妇联的一枝独秀到各种妇女自我组织百花齐放的繁荣局面。

乡村的巨变与新忧*

张英洪

2016年8月，我参加工作以来第一次休年假，从京城回到湘西农村，在那块熟悉的土地上，陪伴着父母，与家人一起“同吃、同住、同劳动”，品味着远离大都市、融入新农村的日常生活。10来天的时间虽然短暂，但我还是明显感受到了家乡的巨变，也发现了乡村面临的新忧。站在乡村熟悉的山头上，可谓四面青山归眼底，万家忧乐到心头。

生态环境恢复快，食品安全问题多。改革开放以来，生态环境遭到了明显破坏，一座座山头被砍光了，一条条河水被污染了。村前的三都河竟然露出了河床，甚至出现了季节性断流。近些年来，随着大量中青年农村人口进城打工，家乡的生态环境开始快速恢复，山上重新长出了树木，披上了绿色。山间小路因行人稀少，杂草丛生。我在试图重走以前走过的一些山路时，发现繁茂的灌木杂草挡住了去路。鲁迅说过，世上本没有路，走的人多了，也就成了路。现在似乎也可以说，世上本有的路，因走的人少了，也便没有了路。人类活动的退缩，给大自然的万物生长留出了广阔的空间。由于敝村属于纯农区，尚无工业，空气质量比北京要好得多，基本上都是蓝天白云。沿家乡的三都河边走，发现有不少白色的野天鹅在自由地飞翔和降落。当我在呼吸优良空气的时候，却发现家乡的食品安全已成了大问题。在家务农的二姐告诉我说，现在都是懒人农业，没人像过去那样除草，村民普遍使用除草剂。至于使用农药、化肥、农膜等则更是稀

---

* 原载《城市化》杂志2016年第9期。

松平常。村民养猪、养鸡、养鸭，普遍使用激素饲料。当地政府对300头以上的规模养殖户给予补贴支持，而不管其是激素饲料养殖还是生态养殖。在中央提出推进农业供给侧结构性改革后，地方政府仍然局限于支持数量上的规模养殖，而对质量上的生态养殖缺乏应有的认识和重视。二姐说，每年镇里发放水稻种子和油菜种子，村民到村干部那里免费领取，但不知是不是转基因种子，反正农民已经不能自己留种。由于平时我给二姐介绍过一些生态有机农业方面的知识和信息，二姐坚持自己家里吃的辣椒等蔬菜不打农药，并坚持不使用除草剂。我在与一些村民的交流中，发现村民对什么是生态农业几乎没有什么概念，至于什么是转基因和非转基因，则更是不清楚了。这次回到故乡休假，我最大的欣慰是鼻子能呼吸到新鲜安全的空气，但难以保障嘴巴能吃到安全放心的食品。舌尖上的安全已经是农村最大的问题之一。因食品不安全造成村民患上各种疾病去世的例子越来越多。建设健康乡村已刻不容缓。

放眼旧居换新颜，乡里难见少年郎。在农村，村民最大的理想似乎就是建新房。敝村以前的住房主要是木房子和土砖房。20世纪80年代，在改革开放中率先富裕起来的村民开始建起了砖房子。当时建的砖房子全部为裸砖结构，墙体内外均不粉刷装饰。现在仍然可以见到几栋80年代的房子。近十几年来，村民普遍建起了新的楼房，一般是两层的楼房，也有三层的。在村里，如果没有新房，那么就感到很没有面子。男子要娶媳妇，没建新房几乎是没有媒人找上门的。我到村里走一圈时，发现改革开放前的木房子和80年代的砖房子已经很少了，村民绝大多数都建起了新楼房。一个普遍的现象是，村里很洋气的新楼房，几乎是村民外出打工挣钱回家修建的。而单纯依靠种阳春的农民，根本建不起新房子。我们常说农业是国民经济的基础，是第一产业。但从事这个基础性产业的农民，却无法通过辛勤劳动富裕起来，这是我国农业现代化中的重大问题。要让农业成为有希望的产业，让从事农业的农民成为有尊严、体面的职业，就必须要有重大的改革。我在家人的陪伴下在村庄里溜达时，很少见到中青年村民，许多新楼房门上一把锁，人去楼在，偶尔遇到一些老人，便随便聊上几句话。村里的中青年人基本上都外出打工去了，他们出钱出力新建的楼房也顾不上住几天。他们将新屋建成后，要么将它交给家里的老人看守，要么交给一把门锁看护。村民外出打工，挣了钱就是为了建房，而建了房，却不能正常居住生活，又匆匆地外出打工了。有人说“乡”的繁体字是有“郎”的，现在好了，简体字的“乡”里无“郎”了。这种不能实现农民市民化的城镇化，既造成了严重的“城市病”，又造成了严重的“农村病”。

公路修到家门口，遍地垃圾无人管。经过10年的新农村建设，村里的公路交通有了明显的改观。村前三都河上修建了一座桥，桥头的石碑上，雕刻有捐款人的姓名和金额。本人捐款的1000元也铭刻在上面。村里的水泥路通到了各个自然村，以前最偏远的小砣、半山上这两个自然村，也修通了水泥路。这给村民生活带来了极大的便利。我沿着村里的水泥路步行，先后到过小砣、半山上、太栗坳、蔡家、清河坪等自然村，遇到村民便随便交流村里的一些情况。村民家门口基本都通了水泥路，这样生产生活都比较方便。村里还建起了一些太阳能路灯，通了自来水，洗衣机和冰箱能够正常使用。但糟糕的是，农村的垃圾没有安排收集和处理，村民对于各种垃圾，要么随手扔，要么擅自丢在一堆，也没有人专门处理，任其臭气熏天。我小时候，农村是没有垃圾概念的。所谓的垃圾，就是动物饲料和农家肥，可以循环利用。现在造成的农村垃圾，主要有三大类。一是厨房生活垃圾。以前厨房生活垃圾都成了动物的饲料，本质上没有什么垃圾可言。现在饲养动物普遍使用购买的饲料，厨余垃圾产生了。二是农作物垃圾。以前农作物垃圾要么成为动物的食材，要么成为村民的燃料，要么成为有机肥回归自然。现在这些东西则无用武之地，便成了垃圾。三是工业品垃圾。城市各种工业产品输入农村后，也将各种垃圾带入了农村。药瓶、塑料制品等散布在乡村各地。前两种垃圾可以经很好地处理后回归自然，唯有工业品垃圾的处理，是个棘手的大问题。目前，村里尚无垃圾处理的意识和应对之策，各种垃圾处于自生自灭状态。

老人农业老人爱，精准扶贫精准难。网上有种说法，“80后”不愿种地，“90后”不会种地，“00后”不提种地。现在家乡的种地主力军，都是些五六十岁、七八十岁的中老年农民。在村里，我见到一些老年村民仍然对农业充满深厚情谊，他们一天到晚都要干些农活才舒服。在敝村，至今既没有搞过任何集体产权制度改革，也没有成立任何农民专业合作社。年轻人都外出打工了，也不靠农业收成。留在农村的中老年村民，只有担负起种地的责任。对他们来说，除了种阳春，他们不会干别的什么。他们只有每天干些农活，才感到满足和心安理得。以前村里大都种植早稻和晚稻，现在则已经全部改种中稻了。家乡从种植双季稻到单季稻，这是城镇化和农村人口老龄化倒逼的结果。不光是敝村，我一路走过，附近见到的村庄都只种植单季稻了。应该说，改革开放这么多年来，村里的物质生活条件有了明显改善，以前吃不饱饭的情况不复存在了。但因劳动力缺乏、年纪偏大、疾病等因素，村里不同程度地存在一些生活困难的人，贫困仍然是村庄的组成部分。一位我称呼为三伯娘的老人，70 多岁了，老伴已去世几年，两个儿子都已分家，在外打工，她大儿子因病已经瘫痪，二儿子在怀化打工。她一个人居住在一栋破旧的木屋子里，没有电灯，也不用煤油灯，不用自来水，天黑就睡觉，用水就到井里去挑。她看到我回村后就来问我，她住的房子快要倒塌了，政府能否帮她维修维修？我对她说，现在中央正在实施精准扶贫，你可以跟村干部反映情况。她说已经跟一位村干部说了，村干部回答她说："你房子还没有倒，等倒了后再说。"这位三伯娘感叹说："如果等房子倒塌了，我可能就被压死了。"

撤乡并村热情高，创新治理机制少。这次全县进行了大规模的撤乡并村，我老家所在的观音阁镇，已将隔壁的木溪乡并入其中；所在的山脚下村，已与对河的湖青村合并为莲花台村。一位村干部介绍说，原本将合并后的村叫莲花村，后来发现全县还有一个莲花村，就加了一个台字，改成莲花台村了。这次大规模的撤乡并村，是湖南省的统一行动计划。记得 1995 年全省进行乡镇机构改革时，溆浦县当时撤了 8 个区公所，但相应地改名为 8 个办事处，照常运行；同时将 50 个乡镇撤并为 43 个乡镇。当时尚在县里工作时的我认为改革不到位。后来我利用怀化地区撤地设市的机会专门写了一篇文章，发表在 2000 年第 1 期《怀化经济》上。我在文章中建议溆浦县撤销 8 个办事处，将 43 个乡镇合并为 25 个为宜。2009 年 11 月，溆浦县撤销了 8 个办事处；2015 年，溆浦县将 43 个乡镇刚好合并为 25 个。这与我的设想和建议完全吻合。我在休假中翻出当年发表的文章，补写了一个"作者按"后发布在网上。我在"作者按"中提出，今后溆浦至少应在如下三个重点方面发力：一是立足农业大县优势，推进农业供给侧结构性改革，走生态农业之路；二是把握地理区位特点，推进新型城镇化和新农村建设，走城乡一体化之路；三是适应时代发展要求，推进治理体系和治理能力现代化，走民主法治之路。撤乡并村，只是机构的物理结构发生了变化，但基层政府的职能没有相应转变，乡村治理机制也缺乏改革创新。可以说，转变政府职能、创新乡村治理机制，远比大规模撤乡并村更具有社会进步意义。但问题是，我们更热衷于乡镇机构的撤并，而不是专注于体制机制的创新。在法治中国建设中，如何建设风清气正的乡村政治生态，是我们面临的重大考验。

户籍制度改革后农民的识别与权利保障*

张英洪

2016年9月19日，《北京市人民政府关于进一步推进户籍制度改革的实施意见》正式对外发布，这是继2014年7月《国务院关于进一步推进户籍制度改革的意见》后，全国第31个发布户籍制度改革的省份。新的户籍制度改革意见均明确指出要取消农业户口与非农业户口的性质区分，统一登记为“居民户口”。随着城乡统一的居民户口制度的建立，我国自1958年开始建立的城乡二元户籍制度，从此将成为历史。这是我国城乡发展一体化的重要里程碑，是社会文明进步的重要成果。

城乡统一的户籍制度改革后，最现实的问题是，我们将怎样识别农民？如何维护和发展农民权利？这是一个需要进一步理清和回答的现实问题。

一要区分身份和职业。20世纪50年代，我国在户口上将全体人员划分为农业户口和非农业户口。从此中国农民有了农业户口这个户籍身份，并且这个户籍身份还能固化和世袭。其一，只要你是农业户口，不管你以后是否从事农业这个行业，你都永远是“农民”。改革开放以来出现的“农民企业家”“农民工”等现象，就是这种农业户籍身份固化的产物。其二，如果你的父母是农业户口，那么你就自然继承了农业户籍身份，除非通过高考、招工招干等极少数途径实现“农转非”。所以在我国，当说到农民时，指的就是拥有农业户籍身份、从事或不从事农业产业的社会阶

* 原载《中国经济时报》2016年10月21日。

层。现在推进户籍制度改革，取消农业户口和非农业户口的划分，指的是取消了农民的户籍身份，而不是取消了农民这种职业。只要存在农业这种产业，就会有从事农业这种产业的农民。在现代社会，由于分工越来越细，社会可以有千差万别的各种不同的职业，但每个人都拥有一个共同的身份，那就是中华人民共和国的公民。户籍制度改革后，我国不是没有农民了，而是不再有农业户口了。作为职业的农民，与其他所有社会阶层一样，都应当享有宪法和法律赋予的平等的公民权利和自由尊严。

二是要弄清三种不同形态的农民。由于我国特殊的历史发展进程，户籍制度改革后，我国事实上存在三种不同形态的农民。一是作为集体经济组织的成员，拥有土地承包经营权的农民，可以称之为土地承包型农民，这是取得农村土地承包经营权资格的原初农民。土地承包型的原初农民都是拥有农业户口身份的农民。二是随着承包权与经营权的分离，通过流转承包土地而从事农业生产经营的农民，这可称之为土地流转型农民。土地流转型农民主要从土地承包型农民手中流转土地进行农业生产经营活动。近些年来，一些非农业户口的人通过土地流转加入了农业生产大军，成为新农人。三是为农业生产的产前、产中、产后各环节提供社会化服务的人员，这些人员有的是传统农业户口农民，也有的是非传统农业户口人员，但他们都属于农业这个大产业的从业人员，暂且称之为社会服务型农民。据有的专家研究，美国农业人口占全国人口的2%，而为农业服务的服务业人口占全国人口的比重高达17%～20%，平均一个农民有8～10人为其服务。随着我国农业现代化的推进和第一、第二、第三产业的融合发展，为农业提供各种社会化服务的从业人员将不断增加。这三种从事农业生产和服务的人员，就是我国农业现代化进程中不同形态的新型职业农民群体。

三是要加快实现城乡基本公共服务均等化。城乡二元户籍制度的实质是城乡居民享受不同的基本公共服务，换言之，就是农民享受不到与城镇居民平等的基本公共服务。取消农业户口与非农业户口的区分，统一登记为“居民户口”，不能只在农民的户口登记簿上做些文字上的更改就万事大吉，而是要补齐农民社会保障等基本公共服务的短板，实现城乡基本公共服务的一体化和均等化。党的十六大以来，我国农村基本公共服务体系逐步建立起来，农民告别了没有社会保障的历史。但与城镇居民相比，农民享有的基本公共服务水平还比较低，城乡基本公共服务的差距还比较大。2015年北京市城乡居民低保标准实现了并轨，这是朝着城乡基本公共服务均等化方向上迈出的重要一步。为与建立城乡统一的居民户口制度相适应，各级政府需要加快建立城乡统一的社会保障等基本公共服务制度，尽快实现城乡居民公平享有均等的基本公共服务。当前，重点是要完善公共财政制度和社会保障制度，要将提高农村居民享有社会保障等基本公共服务水平作为优化财政支出结构的重要内容。特别是要结合中央“反四风”的积极成果，将各级各部门节省下来的“三公”经费更多地用于农村民生支出，大幅度提高农村居民享有医疗保障、养老保障、社会福利等基本公共服务的水平。要大力加强基本公共服务方面的立法建设，将城乡居民平等享有基本公共服务纳入法治的轨道。

四是要全面深化农村集体产权制度改革。《国务院关于进一步推进户籍制度改革的意见》明确指出，土地承包经营权和宅基地使用权是法律赋予农户的用益物权，集体收益分配权是农民作为集体经济组织成员应当享有的合法财产权利。现阶段，不得将退出土地承包经营权、宅基地使用权、集体收益分配权作为农民进城落户的条件。《北京市人民政府关于进一步推进户籍制度改革的实施意见》提出要完善农村产权制度，加快推进农村土地确权、登记、颁证，依法保障农民的土地承包经营权、宅基地使用权。推进农村集体经济产权制度改革，加强农村集体资产监督管理，维护集体经济组织和成员的合法权益。建立城乡统一的居民户口制度，只是在户籍身份上实现了城乡居民的平等，至于农民原享有的农村集体财产权利如土地承包经营权、宅基地使用权、集体收益分配权、林权等，应不因户籍制度改革而受影响。一句话，户籍制度改革只是取消了农民的户籍身份，并不取消农民的财产权利。但各级政府要适应城乡统一居民户口制度建立的新形势，全面推进和深化农村集体产权制度改革。农村集体产权制度改革的核心要义是，确定农村集体经济组织的成员身份，明确集体经济组织的成员权利，保障集体经济组织成员的财产权利。在户籍改革中，既要防止一些地方借统一城乡户口之名，剥夺农民应当享有的土地承包经营权、宅基地使用权、集体收益分配权等财产权利，也要预防非集体经济组织成员借机掠夺或参与瓜分集体财产权利。应当借鉴长三角、珠三角、京津等经济发达地区探索开展农村集体产权制度改革的基本经验，从国家层面加强对全国深化农村集体产权制度改革的指导、部署和安排。当前和今后一个时期，土地承包权、宅基地使用权、集体收益分配权等财产权利，只有集体经济组织成员才能享有。建立城乡统一的居民户口制度，不应影响作为集体经济组织成员的农民所享有的各项集体财产权利，但户籍制度改革将倒逼农村集体产权制度改革全面推进。

五是要建立新的人口统计制度和强农惠农富农政策。建立城乡统一的居民户口制度后，原来以农业户口和非农业户口为指标类别的统计制度已失去意义，应当废止。新的人口统计制度应当有三方面的重点内容。其一是坚持以常住人口的居住生活为基本依据，进行城镇人口和农村人口的统计，住在农村的人口并不一定都是农民。其二是加强对农业从业人口的统计，将农业从业人员作为支持现代农业发展的重要指标，同时要加强对从事农业服务人员的统计工作。其三是创新集体经济组织成员或股东的统计工作。统计农村集体经济组织成员或股东，与统计农业从业人员同样重要。特别是随着农村集体产权制度改革的推进，广大农民作为集体经济组织的成员身份将被进一步明确和界定下来，他们作为集体经济组织的成员或股东的权利义务将日益凸显。与此同时，强农惠农富农政策需要做相应调整与完善。以前以农业户口为依据实施强农惠农富农政策已经不合时宜，在城乡统一居民户口制度后，应当以土地承包型农民、土地流转型农民、社会服务型农民为依据，完善相关强农惠农富农政策，实施对“三农”的精准扶持。

全国人大及其常委会，要按照法治中国建设的总要求，切实转变思想观念和工作方式，特别是要改变过去那种以政府工作方式开展人大工作的做法，全面实施宪法赋予的立法权、重大事项决定权、人事任免权、监督权等职权，坚持法定职责必须为，大力加强有利于维护和发展公民权利、实现城乡发展一体化方面的法制建设。在全国31个省份全部取消农业户口和非农业户口后，1958年1月9日全国人民代表大会常务委员会第九十一次会议通过的《中华人民共和国户口登记条例》已名存实亡，全国人大常委会应当尽快予以废止，同时制定新的体现现代法治精神的户口条例或户籍法，保障公民的居住自由和迁徙自由权。

北京农村劳动力老龄化现状亟须重视*

李成刚

1990年，北京市60岁以上老年人口数量已经超过109万，老年人口比例超过10.1%，进入人口老龄化社会。近年来北京市户籍老年人口数量及其在户籍人口中所占比例都呈现快速增长的趋势，2013年北京市户籍老年人口所占比例已达到21.2%。北京市作为国家首都、北方最发达的城市以及主要人口流入地，农村劳动力老龄化问题和特点兼具全国的普遍性和自身的特殊性，也代表了很多大城市未来的发展方向。

北京市农村经济研究中心张英洪、刘妮娜对北京市农村和农业劳动力老龄化的现状及引发的问题，以及目前北京市在应对农村和农业劳动力老龄化方面所进行的探索性实践进行了系统梳理后认为，从45岁及以上农村劳动力占农村劳动力的比例、60岁及以上农村劳动力占农村整体劳动力的比例、劳动力中位年龄比例三个指标看，北京市农村地区老龄化程度在全国各省市中虽然不是最严重的，但仍处于中等偏上水平，作为极具示范和指导作用的特大城市，北京市农村劳动力老龄化现状亟须重视。

北京市农村人口老龄化现状

从北京市农村人口老龄化程度的指标看，根据2000年北京市人口普查数据、2010年北京市人口普查数据，2010年北京市60岁以上农村老年人

* 原载《中国经济时报》2016年10月21日。

口数量达到40.4万，比2000年增加3.6万，在农村常住人口中所占比例为14.7%，比2000年增加2.6个百分点。与2010年全国农村人口老龄化水平（15.0%）相比，北京市农村老年人口在农村常住人口中所占比例比全国农村老年人口在农村常住人口中所占比例低0.3个百分点，在全国农村人口老龄化程度中的排名为第11位。

而从北京市农村劳动力老龄化的基本情况看，其水平不断提高。根据统计数据，对比2000~2010年北京市农村劳动力的年龄构成状况，16~44岁的各组除20~24岁组外，其余组的农村劳动力所占比例均有下降，而45岁以上各组所占比例均有上升。

加速北京市农村劳动力老龄化的主要因素

张英洪、刘妮娜认为，除出生、死亡之外，迁移也是导致农村人口老龄化的重要因素之一，而我国传统的城镇化发展模式又加剧了农村人口老龄化过程。传统的城镇化发展模式是建立在城乡二元结构基础上的“化地不化人”的发展模式，也即将大量的农村集体土地征收后变性为城市国有土地，但大量流入城市的农村人口不能正常市民化，没有享受到与城市户籍人口相同的资源、利益和公共服务，他们在城市融不进、留不下，只是奉献青春和血汗，年老后还要回归农村。这种城镇化发展模式对农村劳动力老龄化的影响主要体现在三个方面。

一是青壮年劳动力大量进城打工。在我国现代化和工业化的发展进程中，由于城镇发展的需要以及中青年劳动力选择的双向作用机制，越来越多的青中年劳动力进入城镇务工或者接受教育。但是相对于城市青中年劳动年龄人口来讲，农村的劳动年龄人口的文化程度较低，劳动技能质素不高，再加上城市对户籍居民的就业保护等，所以从事体力劳动的人口中农村人口多于城市人口。面对这样的就业局势，老年农村人口的体能状况不具备天然优势，因此，在工业化的发展过程中农村的迁移人口以青壮年劳动力为主，而留在农村中的多是老年人口。

二是老年劳动力返乡或退守农业的，这部分人曾经实现过转移就业，但由于在城市就业市场的劣势地位、难以融入城市生活和实现家庭团聚等原因而重返农村，出于家庭理性和经济利益考虑继续从事农业生产或农村其他产业，维持生计。北京市农村受地理位置、经济发展水平等影响，情况较为特殊，农村劳动力中仅有28.6%从事农业生产，其余在当地从事第二、第三产业。也就是说，这部分老年劳动力虽然返乡退守农村，但仍然脱离了农业生产。

三是难以实现家庭式的迁移。由于在城镇中的生存成本高，并且流动人口的子女入学资格受到城镇相关政策或户籍壁垒的制约，因此流入城镇打工的农村青壮年劳动人口中多以男性为主，父母子女则被留在农村家中，而妇女作为一家老小的主要照料者很多也不得不留在农村，流动人口举家迁移所占比例虽然日渐增大但仍面临很多问题。

北京市应对农村劳动力老龄化的实践探索

面对农村人口老龄化带来的谁来种地、如何种地，谁来养老，如何养老，谁来治理、如何治理等一系列问题，北京市不断探索解决办法。有些办法是在政府主导下推动的，有些办法是在市场选择上产生的，有些办法是在社会参与中形成的。

（一）在谁来种地、如何种地上的探索

农业劳动力数量减少、老龄化程度加深已成为不可逆转的客观现实，北京市也在不断从土地制度改革、农业规模化和机械化经营、培养新型职业农民、吸纳外来人口务农等方面寻找突破口，以促进农业的可持续发展。

第一，推进土地流转，发展农业适度规模经营。

建立切实惠及农民的生产和经营体制，保护农民的财产权利是推进农业生产规模化经营的根本动力。一方面农民可以获得与从事农业劳动大体相当的土地流转收入，另一方面他们可以自由选择继续从事农业劳动或离开土地到第二、第三产业就业以获得工资收入。北京市密云县慕田峪镇碱厂村的谢彤华表示："我是很乐意把土地租给集体的，省事呀，自己不用想着买种、施肥等，也不管买卖，一切都归集体管了，我们还可以拿补贴，一亩地大概几百块钱吧，很合适。而且那两年我还在养鸭子，种地的

事基本忙不过来。给集体对我来说还是很合适的。我们还可以去葡萄地里出工，赚取工资。”

土地流转涉及两类群体，一类是上述将土地流转出去的人或组织，还有一类就是获得流转土地的人或组织。只有这两类群体均有流转意愿并进行交换，土地流转才能真正实现。

北京市顺义区兴农天力农机服务专业合作社就是获得土地流转的组织之一。兴农天力农机服务专业合作社成立于2008年，截至2015年已从十几个村的1500余户农民手中获得流转土地12000余亩，是目前北京市获得流转土地最多的一家专业合作社。

第二，重视培养新型职业农民。

2012年中央一号文件正式提出要培养“新型职业农民”。顺义区北务镇北务村香逸葡萄园技术员董志军就是这类群体中的一员，他有着20多年的葡萄种植经验，目前在葡萄园从事的主要是技术和部分管理工作。“虽然一年到头没有闲的时候，但是技术和管理工作不需要费很多体力，收入相对来说不算低（夫妇俩每个月的收入加起来1万多元），去年还获得国家农业项目补贴、技术培训补贴共5万元。”但谈及未来的打算，董志军还是觉得在北京留不下，“我和爱人现在还没到五十岁，对葡萄种植也已经有几十年经验了，再干个十年八年的不成问题，但你要说什么实现当农场主的梦想什么的我觉得不现实，现在不年轻了，没有时间做年轻时候的美梦，还是多挣点钱吧。因为想在北京留下几乎不可能，我们不属于单位，算是自已缴五险一金的农民工或者个体户吧，当农民这辈子不可能拿到北京户口”。

第三，吸纳外来人口务农。

据北京市流动人口管理信息平台统计，截至2012年7月，全市共登记来京务农流动人口12万。这一数值与上海市的情况近似。北京市农村经济收益分配统计年报显示，2014年北京郊区农村经济6个经营层次外雇本单位以外农民工为130048人。据北京市统计局数据，2013年北京乡村居住半年以上常住外来人口有226.8万，其中从事第一产业者为5.7万人。

（二）在谁来养老、如何养老上的探索

针对子女外出务工后，农村老年人面临的“无人照看、无人做饭、无

人关心”的难题，北京市根据“农村要依托行政村、较大自然村，充分利用农家大院等，建设日间照料中心、托老所、老年活动站等互助性养老服务设施”的要求，进行了诸多有益探索，具有代表性且较为成熟的包括福利型村级居家养老服务模式和镇级居家养老服务体系模式。

福利型村级居家养老服务模式指村集体为本村老年人提供免费午餐、晚餐，休闲娱乐场所和设施，并根据老年人需要提供简单的日间照料的养老服务模式。镇级居家养老服务体系是建设由镇级养老服务中心、片级社区卫生服务站和村级农村幸福院组成的“三位一体、医养结合、分级服务”式的网格化居家养老服务体系。

（三）在谁来治理、如何治理上的探索

北京市一些村庄在“谁来治理、如何治理”上进行了积极探索。怀柔区渤海镇北沟村是怀柔区长城国际文化村所辖的四个行政村之一。2004 年以前，北沟村是渤海镇远近闻名的贫困村，村集体外欠 80 余万元贷款，人均年纯收入不足 5000 元。2004 年北沟村成立新的领导班子，到 2014 年该村人均纯收入达到 1.9 万元。经过 10 年的建设和治理，该村探索出了“以法治村、以文化人、以业兴村”的村庄治理之路。

张英洪、刘妮娜总结了北沟村治理的主要做法和特点。一是树正气，重塑村庄精英政治生态。二是定规矩，培育村庄内生规则意识。三是明责任，强化村庄干部责任担当。四是强服务，推动村庄权力转型。五是讲道德，夯实村庄价值认同。六是兴产业，打造国际文化新村。

如何应对农村劳动力老龄化问题？张英洪、刘妮娜认为，应围绕谁来种地、如何种地，谁来养老、如何养老，谁来治理、如何治理这三个主要方面，来解决农村劳动力老龄化问题，具体包括加快引导农村土地经营权有序流转、加快培养新型职业农民、加快实现城乡基本公共服务均等化、加快提高农村老年人生活质量、加快传承和弘扬中华优秀传统文化、加快调整计划生育政策、加快老龄化社会法治建设等诸多方面。

学者的疑问：谁来种地、如何种地*

李成刚

最近读北京市农村经济研究中心研究员张英洪、刘妮娜的论文《北京市农村劳动力老龄化问题研究》，他们通过对北京市农业劳动力人力资源的数据分析，再次发出对“谁来种地、如何种地”的忧虑。

张英洪、刘妮娜列举的数据表明，北京市农业劳动力老龄化程度不断加深的情况不容乐观：45岁以下年轻劳动力锐减，45～60岁老年劳动力成了北京市农业生产的主力；2000～2010年，北京市45岁以下农业劳动力减幅超过50%，同时，25岁以下青年人代表着新进入农业行业的劳动力群体所占比例也从2000年的8.6%下降到2010年的4.3%；截至2010年，北京市45岁以上农业老年劳动力所占比例达到60.1%，比2000年提高13.5个百分点。张英洪、刘妮娜认为，依此态势，北京市农业劳动力老龄化程度将进一步加深，速度可能更快。

事实上，不只是北京，全国其他地区农业劳动力老龄化速度加快的现象同样严峻。到2010年，45岁及以上老年农业劳动力所占比例，浙江是71.8%、江苏是69.5%、上海是65.2%、重庆是60.9%、湖北是53.5%、福建是51.4%。

中国科学院农业政策研究中心研究员黄季焜2015年在一篇论文中也提出，当前，农户两代劳动力就业选择的代际差异极其显著。例如，父母务农和兼业的比例分别为69.8%和21.4%，而子女的务农和兼业的比例则分

---

* 原载《中国经济时报》2016年11月2日。

别为5.1%和6.2%。未来5年务农人口比例将继续下降。而在未来农户劳动力务农比例下降的同时，农业劳动力平均年龄年均提高将超过1.1岁，呈现老龄化的趋势。

英国古典政治经济学创始人威廉·配第曾说："劳动是财富之父，土地是财富之母。"农业稳，天下安。然而，伴随着我国工业化、城市化与城乡一体化进程的推进，大量农村剩余青壮年劳动力不断向城镇转移，空心村、土地闲置或撂荒、农村常住人口"老幼妇"等问题日益严峻，"谁来种地"一直是农业经济研究者们关注的问题。

农村劳动力老龄化的主要原因是城镇化的快速发展，由于城镇发展的需要以及中青年劳动力选择的双向作用机制，越来越多的青中年劳动力进入城镇务工或者接受教育，因此，在工业化的发展过程中，农村的迁移人口以青壮年劳动力为主，而留在农村中的多是老年人口。

年轻劳动力越来越少，"谁来种地"的忧虑就越来越重。不过，从学者的研究看，目前学术界在农村劳动力转移对农业影响的问题上还存在很大分歧。学者李旻、徐娜等认为，农业劳动力的流失和老龄化与妇女化将使农业生产和农业现代化面临挑战。农业劳动力的大量流失，导致农业劳动力缺乏以及整体素质下降，不利于先进生产技术的采用及生产经营。王跃梅、李澜等认为农村劳动力的外流还可能会改变农户精耕细作和生产决策行为，出现粗放经营甚至撂荒现象。但也有不同意见认为，农村劳动力外流增加了家庭收入，促进了生产性投资，同时有效缓解了人地矛盾，提高了生产资源的配置效率，对农业规模化和产业化生产经营提供了有利条件。他们认为，劳动力转移并未对农业生产造成显著影响，不必过于担心由此带来农业危机。

就世界范围来看，农业劳动力比例下降是必然趋势，老龄化现象是全球性的问题。美国农业劳动力的平均年龄为58岁，日本更高达67岁，而在欧洲有三分之一的农民年龄也在65岁以上，而35岁以下的青壮年农业劳动力的比例不到5%。有研究数据显示，2010~2012年全球农业就业的平均比例为30.5%，相比过去10年下降了7.4%。对中国来说，根据联合国《世界人口展望2012》预测，如果按照中等生育力计算，中国到2020年劳动年龄人口（16~60岁）总数将比2011年下降约1.6%，农业就业人口将占全国就业人数的24%左右，有近2亿农业劳动力。在职业农民不断发展的未来，有这样的农民劳动力数量应不需要担忧。

农村廉价劳动力源源不断地流向城市，是中国资源配置效率提高的现实表现。中国经济快速增长得益于城镇化，随着城镇化的不断加深、现代农业产业链的不断完善、农业科学技术的不断进步，现代农业经济中技术与资本对农业产出的贡献将远远超出土地与劳动的贡献。“二战”后土地基本没有增加，农业劳动力更是大幅度减少，而世界农业总产出增长数倍就说明，促进现代农业经济增长的主要贡献因素已转为技术与资本。我国粮食产量10多年连续增长也说明了这个问题：种地的人在减少，但得益于技术与资本，单个劳动力管理的土地面积大幅增长，生产力不断提高，谁来种地的问题也将随之得到化解。

北京市农村劳动力老龄化问题研究*

张英洪　刘妮娜

我国人口老龄化速度不断加快，老年人口数量日益增加，进入人口老龄化社会后可能出现的多种经济社会问题引发广泛讨论。根据国家统计局发布的《2014 年国民经济和社会发展统计公报》数据，2014 年年末中国 60 岁以上老年人口数量达到 2.12 亿，占总人口比重为 15.5%。预计到 2053 年中国老年人口将继续增长到 4.87 亿，在总人口中所占比重达到 35%。而伴随农村青壮年人口向城镇转移，农村人口老龄化速度和老年人口数量又要高于城镇。根据 2010 年第六次全国人口普查数据，中国农村 60 岁以上老年人口数量为 9928 万，是城镇 60 岁以上老年人口数量的 1.3 倍，在农村人口中所占比重为 15.0%，比城镇高出 3.3 个百分点。据预测，在 2050 年以前，农村人口老龄化程度将始终高于城镇。因此也有学者提出“从现在到 21 世纪中叶，中国人口老龄化的中心在农村”的观点。

与人口老龄化相伴随的劳动力老龄化问题也是社会的关注焦点之一。农村劳动力老龄化关系着新农村建设和解决“三农”问题的战略全局。根据全国第一次农业普查结果，1996 年底，我国农村住户从业人员一共有 56147 万人，其中年龄在 51 ~ 60 周岁的有 5873 万人，占农村劳动力的 10.15%，年龄在 61 岁及以上的有 3916 万人，占农村劳动力的 6.97%；而

---

* 原载《中国经济时报》2016 年 11 月 18 日。

根据全国第二次农业普查结果汇总，2006 年年底，我国农村劳动力资源总量为 53100 万人，其中 51～60 周岁的占农村劳动力的 20.7%，年龄在 60 岁及以上的所占比例为 25.0%。对比两者数据，我们不难发现，10 年间我国农村老年劳动力增长迅速，这充分说明我国农村劳动力人口不仅进入了老龄化阶段，同时也进入了高龄化阶段。

北京市作为国家首都、北方最发达的城市以及主要人口流入地，农村劳动力老龄化问题和特点兼具全国的普遍性和自身的特殊性，也代表了很多大城市未来的发展方向，深具研究之必要。本报告将系统地梳理北京市农村和农业劳动力老龄化的现状及引发的问题，以及目前北京市在应对农村和农业劳动力老龄化方面所进行的探索性实践，并针对面临的现实问题提出相应的对策建议。

一 北京市农村劳动力老龄化基本情况

（一）北京市人口老龄化基本情况

1. 北京市户籍人口老龄化趋势明显

1990 年，北京市 60 岁以上老年人口数量已经超过 109 万人，老年人口比例超过 10.1%，进入人口老龄化社会。近年来北京市户籍老年人口数量及其在户籍人口中所占比例都呈现快速增长的趋势。如表 1 所示，2006 年，北京市户籍老年人口为 202.4 万人，户籍人口为 1197.6 万人，户籍老年人口在户籍人口中所占比例为 16.9%；到 2013 年，北京市户籍老年人口为 279.3 万人，户籍人口为 1316.3 万人，户籍老年人口在户籍人口中所占比例达到 21.2%。2006～2013 年的 7 年，北京市户籍老年人口数量增加了 76.9 万人，在户籍人口中所占比例增加了 4.3 个百分点。

虽然北京市户籍人口老龄化趋势明显，但受外省市大量青壮年人口流入的影响，北京市常住人口老龄化程度变化不大。60 岁以上老年人口所占比例从 2006 年的 12.6% 增长到 2013 年的 13.2%，仅增加了 0.6 个百分点。（见表 1）

表1 2006~2013年北京市人口老龄化发展情况

单位：万人，%

年份	户籍老年人口	户籍人口	常住人口	户籍老年人口占户籍人口比例	户籍老年人口占常住人口比例
2006	202.4	1197.6	1601.0	16.9	12.6
2007	210.2	1213.3	1676.0	17.3	12.5
2008	218.0	1229.9	1771.0	17.7	12.3
2009	226.6	1245.8	1860.0	18.2	12.2
2010	235.0	1257.8	1961.9	18.7	12.0
2011	247.9	1277.9	2018.6	19.4	12.3
2012	262.9	1297.5	2069.3	20.3	12.7
2013	279.3	1316.3	2114.8	21.2	13.2

资料来源：《北京统计年鉴2014》《北京市2013年老年人口信息和老龄事业发展状况报告》。

2. 北京市农村人口老龄化程度不断增加

根据2000年北京市人口普查、2010年北京市人口普查数据，2010年北京市60岁以上农村老年人口数量达到40.4万人，比2000年增加3.6万人，在农村常住人口中所占比例为14.7%，比2000年增加2.6个百分点。与2010年全国农村人口老龄化水平（15.0%）相比，北京市农村老年人口在农村常住人口中所占比例比全国农村老年人口在农村常住人口中所占比例低0.3个百分点，在全国农村人口老龄化程度中排名第11位。2000~2010年的10年的增长幅度比全国平均水平低3.8个百分点，增长幅度排名第22位。2013年北京市各区县人口老龄化情况见表2。

表2 2013年北京市各区县人口老龄化情况

单位：万人，%

区域	户籍老年人口	户籍人口	常住人口	户籍老年人口占户籍人口比例	户籍老年人口占常住人口比例
北京市	279.3	1316.3	2114.8	21.2	13.2
首都功能核心区	57.3	238.2	221.2	24.1	25.9
东城区	23.6	97.4	90.9	24.2	26.0
西城区	33.7	140.8	130.3	23.9	25.9
城市功能拓展区	127.7	585.4	1032.2	21.8	12.4

续表

区域	户籍老年人口	户籍人口	常住人口	户籍老年人口占户籍人口比例	户籍老年人口占常住人口比例
朝阳区	48.3	201.2	384.1	24.0	12.6
丰台区	27.8	111.4	226.1	25.0	12.3
石景山区	9.1	37.6	64.4	24.2	14.1
海淀区	42.5	235.3	357.6	18.1	11.9
城市发展新区	62.7	328.8	671.5	19.1	9.3
房山区	14.9	78.6	101.0	19.0	14.8
通州区	14.3	69.3	132.6	20.6	10.8
顺义区	11.6	60.1	98.3	19.3	11.8
昌平区	10.4	57.3	188.9	18.2	5.5
大兴区	11.5	63.6	150.7	18.1	7.6
生态涵养发展区	31.6	163.9	189.9	19.3	16.6
门头沟区	5.6	24.9	30.3	22.5	18.5
怀柔区	5.1	27.9	38.2	18.3	13.4
平谷区	7.8	39.9	42.2	19.5	18.5
密云县	7.9	43.1	47.6	18.3	16.6
延庆县	5.2	28.1	31.6	18.5	16.5

资料来源：《北京统计年鉴2014》《北京市2013年老年人口信息和老龄事业发展状况报告》。

（二）北京市农村劳动力老龄化基本情况

1. 北京市农村劳动力老龄化水平不断提高

2000年北京市农村劳动力主要集中在30～34岁、35～39岁以及40～44岁三个年龄组，所占比例分别为12%、12.7%和10.7%，而65岁及以上劳动力占全体农村劳动人口的10.4%，超过16～19岁、20～24岁以及25～29岁组占全体农村劳动力人口的比例。到2010年，北京市农村劳动力主要集中在20～24岁、45～49岁以及65岁及以上三个年龄组，其占比分别为13.4%、10.7%和10.7%。对比2000～2010年北京市农村劳动力的年龄构成状况可以看出，16～44岁的各组除20～24岁组外，其余组的农村劳动力所占比例均有下降，而45岁以上各组所占比例均有上升。

从全国来看，2000年全国农村各年龄组劳动力占总体劳动力比例最大的是30～34岁组（13.3%），其次是25～29岁组（11.8%）、35～39岁组

(11.1%)，与北京市农村地区劳动力年龄分布状况略有不同，其中，65 岁及以上劳动力人口占全体劳动力的 10.1%。到 2010 年，全国农村劳动力所占比例排名前三的分别是 65 岁以上组（12.4%）、40 ~ 44 岁组（11.4%）以及 20 ~ 24 岁组（10.5%）。

2. 2010 年北京市农村劳动力老龄化水平接近全国平均水平

北京市 45 岁及以上农村劳动力占农村劳动力的比例（44%）在全国排名第 12 位（如表 3 所示），高于全国平均水平（43.8%）0.2 个百分点，而 60 岁及以上农村劳动力占农村整体劳动力的比例（16.1%），低于全国平均水平（18.5%）2.4 个百分点。从全国劳动力中位年龄看，岁数较大的三个省市地区是重庆（46.4 岁）、江苏和浙江（45.1 岁），其中北京市农村地区劳动力中位年龄为 41.7 岁，略低于全国农村地区平均水平（41.8 岁）。根据这三个指标，我们可以看到北京市农村地区老龄化程度在全国各省市中虽然不是最严重的，但仍处于中等偏上水平，作为极具示范和指导作用的特大城市，北京市农村劳动力老龄化现状亟须重视。2000 ~ 2010 年全国农村人口老龄化情况见表 3。

表 3　2000 ~ 2010 年全国农村人口老龄化情况①

单位：万人，%

排序	2010 年				2000 年		
	地区	农村老年人口数量	农村人口数量	农村老年人口占比	农村老年人口数量	农村人口数量	农村老年人口占比
	全国	9930.3	66280.5	15	8556.8	78384.1	10.9
1	重庆	290.7	1355	21.5	248.7	2041.7	12.2
2	江苏	615.9	3128.9	19.7	584.7	4218.1	13.9
3	浙江	394.3	2087.7	18.9	341.6	2357.4	14.5
4	四川	874.3	4807.3	18.2	705.3	6003.8	11.7
5	上海	43.2	246.4	17.5	32.5	191.8	17
6	山东	824	4817.2	17.1	705.8	5564.6	12.7
7	安徽	572.2	3392.3	16.9	492.7	4323.4	11.4
8	辽宁	268.5	1655.8	16.2	211.7	1885.8	11.2

① 按照 2010 年全国各省份农村人口老龄化水平高低排序。

续表

排序	2010年				2000年		
	地区	农村老年人口数量	农村人口数量	农村老年人口占比	农村老年人口数量	农村人口数量	农村老年人口占比
9	湖南	602.6	3724.8	16.2	542.9	4587.6	11.8
10	湖北	453.4	2879.3	15.7	358.6	3542	10.1
11	北京	40.4	275.4	14.7	36.8	304.7	12.1
12	广西	401	2760.6	14.5	354.2	3150.4	11.2
13	天津	38.1	266.1	14.3	31	275.9	11.2
14	陕西	286.6	2026.8	14.1	233.3	2399.7	9.7
15	福建	223.6	1583.2	14.1	202.5	1979.1	10.2
16	贵州	321.9	2301.1	14.0	256.1	2680.2	9.6
17	河北	561.1	4027.9	13.9	524.9	4912.4	10.7
18	河南	801.9	5781	13.9	735.8	6985.1	10.5
19	甘肃	217.5	1638.4	13.3	165.9	1910.6	8.7
20	山西	245	1855.2	13.2	210.3	2103.9	10
21	广东	452.6	3529	12.8	404.1	3779.3	10.7
22	吉林	163.8	1280.5	12.8	121.3	1349.2	9
23	内蒙古	140.5	1098.6	12.8	123	1336.5	9.2
24	海南	55.7	436.3	12.8	48.6	448.4	10.8
25	江西	304.8	2506.8	12.2	280.9	2921.3	9.6
26	黑龙江	205.2	1699	12.1	141.1	1756.6	8
27	云南	340.6	3000.8	11.4	303.2	3245.7	9.3
28	宁夏	32.4	327.9	9.9	25.9	370.6	7
29	青海	28.8	311	9.3	23.6	326.3	7.2
30	新疆	110.6	1248	8.9	93.2	1221.2	7.6
31	西藏	19.3	232.2	8.3	16.9	210.8	8

资料来源：全国31个省（自治区、直辖市）2000年和2010年人口普查资料。

二　北京市农村劳动力老龄化的后果与挑战

北京市农村劳动力老龄化问题加剧，造成了严重的社会问题，集中体现在谁来种地、如何种地，谁来养老、如何养老，谁来治理、如何治理这三个主要方面。

（一）谁来种地、如何种地

农业劳动力减少和老龄化与农村劳动力老龄化相伴而生，直接引发了“谁来种地、如何种地”的问题。2012 年，中央农村工作领导小组办公室、中央政策研究室、全国人大农业与农村委员会等 6 部门专题研究“谁来种地”的战略问题，2013 年中央一号文件以及中央农村工作会议均提出应如何解决“谁来种地”的问题。北京市农业虽然在三次产业中所占比例很低，但农业是根本、是基础，特别是发展都市农业，具有生产、生活、生态等多种功能，具有不可替代的重要作用。

从北京市农业劳动力这一重要的人力资源来看，情况不容乐观。北京市农业劳动力老龄化程度不断加深，45 岁以下年轻劳动力锐减，45～60 岁老年劳动力成了北京市农业生产的主力。2000～2010 年，北京市除 55～59 岁年龄组的农业劳动力增加外，其他年龄组的农业劳动力均有不同程度的减少，其中 45 岁以下农业劳动力减幅均超过 50%。同时，25 岁以下青年人代表着新进入农业行业的劳动力群体，这部分人在农业劳动力中所占比例也从 2000 年的 8.6% 下降到 2010 年的 4.3%。具体到农业劳动力老龄化指标上，2010 年北京市 45 岁以上农业老年劳动力所占比例达到 60.1%，比 2000 年提高 13.5 个百分点；60 岁以上农业老年劳动力所占比例为 11.1%，比 2000 年提高 3.9 个百分点；中位年龄为 47.6 岁，比 2000 年增加了 7 岁。依此态势，北京市农业劳动力老龄化程度将进一步加深，速度可能更快。

与全国其他地区相比，北京市农业劳动力老龄化程度较高，且速度较快。2010 年全国有 7 个省份的 45 岁及以上老年农业劳动力所占比例超过 50%，分别是浙江（71.8%）、江苏（69.5%）、上海（65.2%）、重庆（60.9%）、北京（60.1%）、湖北（53.5%）、福建（51.4%），农业劳动力中 45 岁及以上人口所占比例最大的浙江省（71.8%）比占比最小的西藏（25.2%）高出了 46.6 个百分点，其中，北京市 45 岁及以上农业劳动力占总体农业劳动力人口的比例居于全国第 5 位，高于全国平均水平 13 个百分点。除去 1990 年数据缺失的 5 个省份，1990～2010 年，45 岁及以上老年农业劳动力所占比例增长排名后三位的是青海、海南、云南，分别增长了9.2个百分点、11.8个百分点以及12.9个百分点，比例增长排名前三的是浙江、北京、福建，分别增长了45.3个百分点、35.7个百分点和32.2个百分点。

（二）谁来养老、如何养老

伴随农村人口老龄化和高龄化，以及青壮年人口外出务工，全国60%以上的偏远农村出现了“空心村”现象，这是指大量的农村青壮年都涌入城市打工，农民工除去回乡过年短短十几天的时间外，其他的时间均在城镇地区生活、工作，农村的常住人口大都是老弱妇孺。这一现象导致农村传统的家庭养老模式受到了严重冲击，主要表现为传统的家庭代际养老日趋弱化。原因包括农村劳动力人口外流导致的代际间居住距离增加，传统大家庭制度解体引发老年父母资源控制力丧失，传统“孝”文化约束力下降等。农村老年人可能面临家庭经济保障和照料保障的双重弱化。因此，“谁来养老、如何养老”的问题成为“十三五”及以后“人的新农村”建设需要解决的重大社会问题之一。

1. 农村老年人经济收入低且内部差异大

根据2010年北京市第六次人口普查数据，家庭其他成员供养、劳动收入和离退休金收入是目前北京市农村老年人的主要收入来源。其中，有52.7%的老年人收入主要来自家庭其他成员供养，17.0%的老年人收入主要来自劳动收入，14.9%的老年人收入主要来自离退休金收入。中国健康与养老追踪调查2011年数据则显示，北京市农村老年人的平均收入为19481.0元。同年北京市农村居民家庭年平均收入已达到4.5万元，是北京市农村老年人平均收入的2.3倍。

虽然北京市农村老年人平均收入相对农村居民家庭平均收入较低，但老年人内部也存在极大的异质性。北京市农村高收入老年人平均年收入达到60844.7元，而低收入老年人的平均年收入仅为2055.3元，二者相差58789.4元。从收入类型来看，高收入组老年人的财产性收入数量极为可观，高达48862.2元，养老金收入（5419.4元）也远高于其他组老年人。

2. 部分农村老年人面临丧偶、空巢、无人照料的局面

从生活照料方面来看，当农村老年人在完成日常生活自理能力（ADL）和器具性日常生活自理能力（IADL）方面面临困难、需要帮助时，

主要生活照料者依次是配偶（44.9%）、子女及其配偶（31.1%）、其他亲属（7.1%）、其他非亲属（1.8%），其中无人帮助的占到了15.1%。在被调查的北京市农村老年人中，配偶是农村老年人生活上最重要的陪伴者和照料者。这与不少研究的结论一致，即朋友、邻居等非亲属很少可以充当日常家务料理者和生病时的照料者。有研究认为这是老年人基于互惠原则，在自己可能没有机会偿还帮助时，不愿给邻居和朋友增加负担。从婚姻状况来看，有配偶的北京市农村老年人比例（70.6%）远高于无配偶（29.4%）的老年人。随着老年人年龄的增加，有配偶的老年人所占比例不断减少，而没有配偶的老年人所占比例不断提高。

在年龄差异方面，60~69岁和70~79岁的两个中低年龄组农村老年人的配偶是其主要生活照料者，尤其60~69岁的农村老年人的配偶照料占到56.4%，这在一定程度上体现了伴随农村传统文化和家庭结构变迁，农村老年人对基于孝道伦理的子女照料要求的降低，对基于爱情语义的配偶照料依赖性的增强。这也可能是在子女外出务工的情况下，农村老年人“被动地自我照料”的表现。但80岁以上高龄组农村老年人的主要生活照料者由配偶转向了子女，其中90岁以上农村老年人的子女照料达到63.6%，这主要与高龄老年人丧偶率高有关。在没有配偶照料的情况下，子女充当了补充照料者的角色。

（三）谁来治理、如何治理

乡村治理是指通过对村落布局、生态环境、基础设施、公共服务等资源进行合理配置和管理，促进当地经济、政治、社会发展以及生态环境状况改善。我国目前已有的乡村治理模式在推动农村进步、农业发展、农民富裕方面取得了一定成效。然而伴随经济社会发展和城镇化的快速推进，农村青壮年人口外出打工，农村人口老龄化程度加深，很多农村变成了空心村、老人村，这就给村庄的村民自治、治安环境、公共服务供给等方面带来了严重影响。“谁来治理、如何治理”成了我国农村进一步深化改革、激发发展活力的重要课题。农村人口老龄化对乡村治理的影响主要体现在以下三个方面。

第一，制约农村村民自治的有效运行。目前，农民主要以村民自治的方式参与村级公共事务管理，村民自治在保障农民民主权利、组织乡村经济社会建设等方面都发挥了积极作用。但城镇化、工业化进程导致农村的青年人口大量外流，使得村民自治的效果大打折扣。

第二，影响村庄的社会治安和道德水准。农村青壮年劳动力的大量外流，导致农村人口年龄结构和性别结构严重失衡，其社会治安环境也面临着新的挑战。

第三，妨碍基本公共服务的有效供给。随着青壮年劳动力外流，农村留守儿童、妇女、老人占据大多数，基本公共服务的供求面临严重失衡的难题。

三　应对农村劳动力老龄化的对策建议

农村劳动力老龄化是影响农村改革发展和社会可持续发展的重大战略问题，需要引起高度重视并制定相应的公共政策加以积极应对。我们主要围绕谁来种地、如何种地，谁来养老、如何养老，谁来治理、如何治理这三个主要方面，提出如下对策建议。

（一）加快引导农村土地经营权有序流转

引导农村土地经营权有序流转，可以将分散的土地集中起来，开展适度规模经营，这有利于农业从劳动密集型向资金技术密集型转变，将老年农业劳动力从农业劳动中分离出来，是有效应对农村人口老龄化的重要举措。从本研究调查结果可以看出，北京市农村居民在已完成流转土地效果的示范和带动效应下，具有较强的土地流转意愿。2014 年 11 月中共中央办公厅、国务院办公厅印发的《关于引导农村土地经营权有序流转发展农业适度规模经营的意见》对农村土地经营权流转做了一系列非常具体的规定。农业部长韩长赋认为该意见是今后 10～20 年农村土地制度和农业经营制度改革创新的指南。在此，我们特别强调以下几点。一是不能将农村土地流转与地方政府政绩以及村干部工作业绩挂钩。历史经验表明，再好的公共政策一旦与干部的政绩挂上钩，一切都可能被扭曲，最后常常带来事与愿违的结果。各级干部一旦有了某种工作的政绩压力，就会利用手中不受制约的权力压迫农民就范，最后变成权力主导下的土地流转运动。这样的教训非常多，不可不加以防范。二是要把土地流转的自主权交给农民。

农村承包土地流不流转，关键看农民的意愿。农民可以流转土地，也可以不流转土地，这完全是农民的基本权利。任何强迫农民流转或强制农民不流转的行为，都是对农民权利的剥夺，必须受到法律制裁。政府的主要职责是建立农村土地流转的政策制度体系，农民在这土地制度体系中，可以做出自己的独立判断和自由选择。政府可以制定优惠政策引导和鼓励农村承包土地经营权流转。在农村承包土地的承包农民和经营农民上，政府应当保持中立，并且公平维护承包方和经营方的各自权利，不得因为强调推动土地流转就压制承包方而偏袒经营方。在农村承包土地的承包权与经营权分离的情况下，承包方与经营方都是中国的农民，都需要得到公平的法律保护。三是要培育和规范土地流转市场，健全农业社会化服务体系。政府重在制定农村土地流转政策制度，为土地流转的流出方和流入方提供制度平台，充分发挥市场的决定性作用。同时，要突出加强农业社会化服务体系建设，拓展农业社会化服务领域，提高农业社会化服务水平，加快实现农业社会化服务的规模化、精细化和现代化。

（二）加快培养新型职业农民

促进农业科技创新、培育新型职业农民，是转变传统农民与农业形象、吸引新兴劳动力参与到农业生产中来的重要途径。北京市作为我国首都和人口超过2000万人的超级大城市，培养新型职业农民的着力点主要有以下几个方面。一是要保护和提升一大批传统农民。对于已经长期从事农业生产的传统农民，既要保护他们的农业生产积极性，又要与时俱进地提升传统农民的综合素质。二是要培养和造成一大批新型农民。鼓励和引导城镇年轻人返乡从事现代农业生产，着力吸引一批拥有农业学科背景、立志发展农村经济的青年农业接班人加入北京农业行业中来，大力培育“现代农业创客”，为他们加快成长为京郊现代农业的“新农人”创造条件、提供服务，推动新时期“互联网+农业”的发展。三是吸纳和保护一大批外来农民。非京籍外来务农人员已逐渐成为北京市农业劳动力的重要组成部分，是应对北京农业劳动力老龄化最直接的重要力量源泉。各级各部门要从现代农业发展的战略高度，妥善解决外来务农人员的农地经营权和基本公共服务等诸多现实问题，切实维护外来务农人员的基本权益，使外来农民与本地农民一样享有平等的权益。四是切实加大农业从业者的培训力度。要把农业从事者的全面培训作为重中之重，切实加大农业人力资本投入，特别是加大对专业大户、家庭农场经营者、农民合作社带头人、农业企业经营管理人员、农业社会化服务人员、返乡农民工的培训力度，不断提高农业从业者的思想文化水平、专业技术水准、市场竞争与合作能力。五是要推动农业科技创新，加快农业科技成果转化，减少农业劳动强度，提高农业生产率。六是要大力促进第一、第二、第三产业融合发展，延长农业产业链条，大力发展休闲农业和乡村旅游业这一郊区农村经济新的增长点，鼓励和帮扶农业劳动力开展多种形式的休闲旅游观光采摘营销模式，切实提高农业从业者的实际收入，全面开放农业全产业链的就业空间，让更多的人从事农业全产业链服务。

（三）加快实现城乡基本公共服务均等化

破除城乡二元体制，推进城乡一体化，加快实现城乡基本公共服务均等化，是有效应对农村和农业劳动力老龄化的重要制度保障。加快推进城乡发展一体化的核心，就是要改革城乡二元体制，废除城乡不平等的制度安排，建立城乡平等的公共政策，实现城乡居民权利平等。一是要通过城乡一体化改革，废除农业户籍制度，建立农民职业制度，从体制机制上保障农业成为体面的职业。一方面使农民不再是一种不平等的户籍身份，而是一种平等的职业身份；另一方面使农业这种职业与其他所有职业一样，平等地向全体人员开放，农业不再是传统户籍农民才能从事的封闭性产业，而是所有人都可以选择的现代开放性产业。通过改革，使农业成为有希望的体面产业，使农民成为有尊严的现代劳动者，使农村成为休闲宜居的乐园。二是要按照以人为核心的新型城镇化的要求，加快推进农民工市民化，鼓励和帮助农村居民带着财产和家庭进城定居生活，特别是要重点保护家庭的价值，使农民家庭不被城镇化所分割，切实让城乡居民在城乡之间自主选择职业和居所，自由追求幸福生活。三是要健全农村公共服务体系建设，实现城乡基本公共服务均等化，不断提高农村劳动力的社会保障水平，使职业农民与其他行业就业人员一样享受均等的医疗、养老、救助等社会保障待遇，特别是要建立普惠型的农村老人福利制度和家庭福利制度，不断提高老人福利和家庭福利保障水平。

（四）加快提高农村老年人生活质量

随着农村老年人口的迅速增加，农村养老已成为最现实、最迫切的经济社会问题。保障老年农民安度晚年，过上幸福的晚年生活，提高农村老年人生活质量，实现老有所养、老有所医、老有所为、老有所学、老有所依、老有所乐，是时代赋予我们的重大使命。一是要在尊重农民意愿的前提下，有序推进承包土地流转，培养农业接班人，将老年农民特别是高龄农民从繁重的农业劳动中解放出来，使他们过上农业退休后的生活。二是要着重解决农村留守老人的孤独和缺乏照料的问题，尤其是失能、高龄、丧偶的留守老人群体。政府应明确和强化对农村老人生活照料和精神慰藉的职责，重点加强对高龄、丧偶、失能、留守等特殊困难老年人的生活托底保障作用。在政策支持上，应通过减免税收、购买服务等优惠政策和扶持措施鼓励农村富余劳动力开办小型家政护理公司，培育发展农村老年人自治组织（老年协会）、非营利性老年服务组织和志愿服务组织；同时政府应从保障、救济的目标出发，通过政府购买服务的方式，缓解农村高龄、丧偶、失能的留守老年群体的无人照料难题。在财政投入上，应加大对农村养老照料服务中心的财政转移支付力度，尽快建立市、区（县）、乡（镇）三级财政养老服务补贴专项拨款的长效财政保障机制。三是要加快建立覆盖城乡的老年人长期照护保险制度试点。在建立和完善农村老人医疗、养老保障的基础上，积极推进与农村当地相适应的养老服务体系建设，加快建立老人长期照护保险制度，建成全面覆盖城乡的养老服务体系。四是针对农村老年人内部分层明显的特点，要充分发挥市场和社会在养老服务上的积极作用，促使不同层次、多样化的社会养老服务业发展，更好地满足不同层次农村老年人的养老服务需求。

（五）加快传承和弘扬中华优秀传统文化

习近平总书记多次强调要传承和弘扬中华优秀传统文化。中华民族之所以几千年屹立于世界民族之林，原因就在于“中华文明源远流长，孕育了中华民族的宝贵精神品格，培育了中国人民的崇高价值追求。自强不息、厚德载物的思想，支撑着中华民族生生不息、薪火相传”。我国不正常的人口老龄化，在很大程度上就是因为背离了中华优秀传统文化。积极应对农村人口老龄化问题，必须从中华文明中吸取智慧与营养。一是要传承和弘扬中华民族的农本文化。中国是著名的农业大国，从“农为天下之本”，到后来的“农业是国民经济的基础”，再到近些年来中央强调要把解决“三农”问题作为全党工作的“重中之重”，可以看出当政者头脑中始终存在的重农理念。但在市场化、工业化、城镇化进程中，农业被削弱、农村被掠夺、农民被歧视的问题相当突出。我们亟须从中华传统农本文化中吸取经验，重新认识现代化进程中的农业、农村和农民的巨大价值。二是要传承和弘扬中华民族的孝道文化。儒家强调“百善孝为先”“罪莫大于不孝”。所谓孝，就是子女赡养父母的责任和担当。孟子所说的“老吾老以及人之老”，就是将子女对父母的感恩之情与赡养之责推而广之，由家庭延及全社会。我们正在面对的老龄化社会，迫切需要传承和弘扬中华民族的孝道文化，倡导尊老爱幼的优良传统，让每一个老人都能过上安度晚年的幸福生活。三是要传承和弘扬中华民族的乡村自治文化。中国历史上有“皇权不下县，县下靠自治”的传统。20 世纪以来，连续不断的革命，完全摧毁了乡村自治传统，国家权力全面深入和控制乡村。特别是在城乡二元体制下，乡村的精英单向地向城镇流动，造成乡村治理人才的严重欠缺。我们要将中华传统自治文化与现代民主文化有机结合起来，形成适应乡村需要、体现时代特征的现代乡村民主自治。

（六）加快调整计划生育政策

长期以来，北京是执行计划生育政策最严格的地区之一。现在，北京也是人口老龄化最严重的城市之一。任何一项公共政策经过长期的严格执行后，都可能产生新的问题，需要与时俱进地进行改革与完善。实行 30 多年的计划生育政策，加速了人口老龄化，已经使人口结构发生了历史性的重大变化。我们需要实事求是地正视农村人口老龄化严重的问题，加快调整计划生育政策。

（七）加快老龄化社会法治建设

我国人口老龄化加速发展，但有关老龄化方面的法治建设明显滞后。在全面推进依法治国、建设法治中国进程中，要加快有关人口老龄化方面的法治建设。特别是有关立法部门，要承担起应有的立法责任，不能“为官不为”。一是要加快建立敬老、养老、助老法律法规体系。新修订的《中华人民共和国老年人权益保障法》于 2013 年 7 月 1 日起正式施行，这是我国最重要的老年人权益保障专项法律，但相关法律体系建设明显不足。要参照国际经验，加快敬老方面的系列立法，建立系统的敬老、养老法律体系。建议专门制定老年人福利法，全面建立和保障老年人的社会福利体系。二是要修订或制定与《老年人权益保障法》相配套的养老、敬老行政法规和地方规章。比如该法第 18 条规定："与老年人分开居住的家庭成员，应当经常看望或者问候老年人。用人单位应当按照国家有关规定保障赡养人探亲休假的权利。"但现行《国务院关于职工探亲待遇的规定》规定："已婚职工探望父母的，每四年给假一次，假期为 20 天。"建议重新制定有关探亲待遇条例，不管未婚或已婚，均规定一年一次探亲假，并报销往返路费，以鼓励子女经常看望不在一起居住的老年人。同时，建议每年农历九月初九敬老日放假一天，国家领导人应在敬老日发表敬老、养老、助老讲话，有关部门要开展相关敬老、养老、助老活动，举办敬老、养老、助老相关仪式，表彰敬老、养老、助老优秀人物。三是要改革住房和税收制度。要鼓励家庭成员与老年人共同居住生活，全面改革相关住房制度、税收制度、社会福利制度，凡是与老人共同居住生活的家庭，在住房面积、住房贷款等方面给予全面的政策优惠与支持，个人所得税等方面给予减免，在家庭福利保障上给予实质性生活补贴等，切实为家庭的团聚、和睦、幸福提供政策法律保障。此外，要解决其他涉及老年人权益和生活水准的问题，都要建立健全体现中华传统的敬老、养老美德与现代福利国家精神的法律制度。

北京市应对农村劳动力老龄化的实践探索*

李成刚

针对农村人口老龄化带来的谁来种地、如何种地，谁来养老、如何养老，谁来治理、如何治理等一系列问题，记者随北京市农村经济研究中心调研组调查了部分北京城郊乡镇。北京农村经济研究中心研究员张英洪向记者总结说："当前，农业劳动力数量减少、老龄化程度加深已成为不可逆转的客观现实，应对农村劳动力老龄化，北京市在土地制度改革、农业规模化和机械化经营、培养新型职业农民、吸纳外来人口务农等多方面寻找突破口，这些实践探索，有些办法是在政府主导下推动的，有些办法是市场选择上产生的，有些办法是在社会参与中形成的，对促进农业的可持续发展都发挥了积极作用。"

一　探索谁来种地、如何种地

破解谁来种地、如何种地的问题，北京市的举措，首先是推进土地流转，发展农业适度规模经营。

北京市密云县慕田峪镇碱厂村的谢彤华向调查组表示："我是很乐意把土地租给集体的，省事呀，自己不用想着买种、施肥等，也不管买卖，

---

* 原载《中国经济时报》2016 年 12 月 16 日。

一切都归集体管了，我们还可以拿补贴，一亩地大概几百块钱吧，很合适。而且那两年我还在养鸭子，种地的事基本忙不过来。给集体对我来说还是很合适的。我们还可以去葡萄地里出工，赚取工资。”

土地流转涉及两类群体，一类是上述将土地流转出去的人或组织，还有一类就是获得流转土地的人或组织。只有这两类群体均有流转意愿并进行交换，土地流转才能真正实现。北京市顺义区兴农天力农机服务专业合作社就是获得土地流转的组织之一。兴农天力农机服务专业合作社成立于2008年，截至2015年已从十几个村的1500余户农民手中获得流转土地1.2万余亩，是目前北京市获得流转土地最多的一家专业合作社。流转的土地分为两个部分，一是集中经营的土地，约有1万亩，流转合同期为10年，流转价格为每亩每年1200元，每4年递增5%。土地集中后，合作社依照“统一良种、统一播种、统一管理、统一防控、统一收获、统一销售、统一品牌”的原则，种植高产新品种并实施大规模机械化作业，充分发挥了大型农机装备的先进作用。一方面降低了种植成本，提高了亩效益，2014年通过引进小麦节水抗旱抗倒伏品种、农机农艺融合进行播种等科学化管理措施，冬小麦亩产量达到480公斤、玉米亩产量达到620公斤，亩效益达到1400元。另一方面降低了劳动力需求，节约了劳动力成本，原本经营这些土地需要1500个农户兼营，流转给该合作社后仅需60个社员负责。而解放出来的劳动力既可以转移到第二、第三产业就业，也可以到合作社工作。如2013年和2014年合作社就为100多位农民安排了就业岗位，人均工资3000元，并按照国家规定缴纳五项社会保险。二是以入股形式加入合作社的土地，这部分土地仍是农户自己耕种，但合作社为他们提供农机作业服务和其他技术服务。合作社的有机肥深松施肥机和太阳能自动追光装置等获得六项国家专利，以及自行研制的玉米谷穗剥皮机、宽窄行播种机、小麦翻晒机、粮食装载机等多种实用性农机具，都大大降低了农户的劳动强度，提高了农业劳动效率。

其次是重视培养新型职业农民。

掌握现代农业生产技能是新型职业农民的核心特征，顺义区北务镇北务村香逸葡萄园技术员董志军就是这类群体中的一员，他有着20多年的葡萄种植经验，目前在葡萄园从事的主要是技术和部分管理工作。“虽然一年到头没有闲的时候，但是技术和管理工作不需要费很多体力，收入相对来说不算低（夫妇俩每个月的收入加起来 1 万多元），去年还获得国家农业项目补贴、技术培训补贴共 5 万元。”

除像董志军这样超过 40 岁的为生计努力的职业农民外，北京市的新型职业农民还包括一部分具有“新跨界、新思维、新技术、新流通”的“80 后”农民，他们称自己为“新农人”。这些人大多具有本科以上学历，专业各不相同，来自五湖四海，因为对农业的兴趣、对食品安全的关注或者有当农场主的梦想而选择了这个行业。北京分享收获 CSA 农场里的 20 余位“80 后”农民就是这样的一群“新农人”，他们中 90% 以上是本科以上学历，本科专业包括机械、建筑、土木工程等，家乡有河北、福建、江苏、宁夏、陕西等。而该农场的创办者石嫣是中国人民大学农业与农村发展学院博士，清华大学人文与社会科学学院博士后。其创办该农场的目的在于研究和推广社区食品安全的项目，他们理念的特殊性在于：一是不单纯以营利为目的，二是推动学术实践，三是输出理念和孵化人才，四是重建消费者与生产者之间的信任。从 2012 年创办至今，已经拥有通州（西集镇马坊村 45 亩）和顺义（龙湾屯镇柳庄户村 40 亩）两个基地农场，发展了 510 户会员家庭，会员可以通过微信、客服电话、淘宝、农夫市场等形式进行订货。

这 20 余位“新农人”主要负责生产环节的种植技术指导和培训、产品销售环节和售后服务环节，具体的种植、除草、饲养等生产环节则主要由当地被雇用的农民来做。另外，北京分享收获 CSA 农场的“新农人”们还创新性地开辟了公平贸易平台，帮助可信任的本地农户销售农产品；公开基地地址，让市民来基地包一块地，周末或闲时体验“半农半 X”的生活；到中小学校给 4 ~ 12 岁的中小学生进行农业科普知识讲座，给他们讲解植物的生长和种类等。总之，他们运用自己崭新的理想理念、思维方式和产销方式，为我国农业生产开拓了更广阔的天地，也为农民群体注入了新的生命力。

最后是吸纳外来人口务农。

据北京市流动人口管理信息平台统计，截至 2012 年 7 月，全市共登记来京务农流动人口 12 万。外来人员在京务农，成为北京农业发展的重要现象，也是北京应对农业人口老龄化的重要渠道。当然，这个渠道是自发产生和形成的，是市场化选择的结果。

二　探索谁来养老、如何养老

针对子女外出务工后，农村老年人面临的“无人照看、无人做饭、无人关心”的难题，北京市根据“农村要依托行政村、较大自然村，充分利用农家大院等，建设日间照料中心、托老所、老年活动站等互助性养老服务设施”的要求，进行了诸多有益探索，具有代表性且较为成熟的包括福利型村级居家养老服务模式和镇级居家养老服务体系模式。

福利型村级居家养老服务模式指村集体为本村老年人提供免费午餐、晚餐、休闲娱乐场所和设施，并根据老年人需要提供简单的日间照料的养老服务模式。村级养老服务中心的运营经费主要来自各级政府补贴、专项老年经费补贴以及村集体自筹等。

张英洪评价说，这种纯福利型村级集中养老模式具有一定的创新性和示范性，可以在情况相似的地区加以推广。但此类村级居家养老服务模式对村社区具有一定的要求，只有经济条件好、村集体经济收入高且村社区人口少、居民团结、凝聚力强的村社区，才有资金支持，这种模式才被广泛接受认可。村级居家养老服务也要求市县、乡镇等各级政府和村社区重视养老服务业的发展，并给予政策和资金方面的支持。

王仲营村位于延庆县城东南 8 公里处，辖域面积 1.58 平方公里，共有 79 户、176 人，姓氏以王、霍、张、闻为主。据史料记载，王仲营村为清朝摄政王多尔衮率领清兵入关时旗人跑马圈地时所形成的村落。村中大部分满族人口为清朝时满族正黄旗后裔，村中王姓满族村民大部分为努尔哈赤的奶娘的后人，努尔哈赤创立八旗制度时将其编入正黄旗，享受特殊待遇。

自 2008 年，王仲营村开始发展五味子等中草药特色种植业和肉鸡养殖业。到 2014 年经济总收入达到 500 万元，人均劳动所得超过 1.6 万元。

据王仲营村养老服务中心负责人介绍，村里的年轻人一般都在外打工，留守在村里的老年人白天没人提供照料，饥一顿、饱一顿，在家待着无聊，而且有个磕磕碰碰也没人知道。根据这一现实情况，在井庄镇政府的引导下，王仲营村建立了村级养老服务中心，并于2013年10月运营使用，为全村32名60岁以上的老年人提供免费午、晚餐、休闲娱乐场所和设施，以及简单的日间照料（根据老年人的需要）。目前共有2名工作人员，兼顾做饭和保洁工作，均为享受“4050”待遇的人员，每月工资1400元。

养老服务中心的建设和运营经费主要由村里承担，除此以外，北京市老龄委为养老服务中心建设补贴了9万元，北京市民政局每年发放养老餐桌奖励2万元。根据养老服务中心负责人介绍，仅为老年人提供午晚餐一项，每年花费在15万元以上，除去自给自足的蔬菜部分，仍需要10万元左右。

调研时正是中午饭点，村里好几位老人早早就在养老服务中心门口转悠了，还有几位坐在门口凳子上聊天。饭和菜刚做好，养老服务中心的负责人王秀平就张罗他们快进来吃饭了。老人们陆续跟着进了餐厅，井然有序地从柜子里取出餐盒，排队打完饭后就各自找位置吃饭了。调研这天的三菜分别是土豆红烧肉、西红柿鸡蛋和豆角炒肉，主食是米饭和馒头。老人们吃得津津有味，对于村里提供的这些养老服务，老年人也是赞不绝口。霍恩富老人就说：“有了这个食堂，我们吃饭方便多了，拿个筷子就行，没想到好时候被我们这拨人赶上了。”

除福利型村级居家养老服务模式外，北京市另一个较典型的养老模式是建设镇级居家养老服务体系。北京市目前有多个乡镇在积极建设镇级居家养老服务体系，其中大兴区魏善庄镇已经基本建设完成。

魏善庄镇位于大兴区黄村卫星城南8公里，距市区有25公里，总面积为81.5平方公里，总人口有3.25万，下辖39个行政村，全镇绿化面积占耕地面积的50%，镇域内的“半壁店森林公园”是北京市唯一的人造森林公园，园内建有北京星明湖度假村、绿茵花园别墅，占地3000余亩。全镇共有60岁以上老年人6857人，其中90岁以上老年人39人，60岁以上老年人在全镇总人口中所占比例为21.1%。

魏善庄镇目前已初步建成由镇级养老服务中心、片级社区卫生服务站和村级农村幸福院组成的“三位一体、医养结合、分级服务”式的网格化居家养老服务体系。

2009 年，魏善庄镇就成立了以镇内民营的颐乐养老院为培训和管理平台的镇级居家养老服务中心。最具特色的是居家养老服务中心为全镇 75 岁以上老年人及 60 岁以上生活部分或全部不能自理老年人安装和开通的“一键通”智能呼叫系统，利用高科技的数字平台保证了老年人及时准确地获得相应的服务和救助。该呼叫系统有工作人员 24 小时在线，老年人在遇到问题或有服务需要时按动呼叫按钮，他们的信息就会出现在服务中心的平台上，服务中心的工作人员则会第一时间回拨电话联系老人、了解情况和需求，若联系不上，则通知所在村养老服务人员上门查看，同时通知家属。根据居家养老服务中心徐主任介绍，“一键通”呼叫系统自开通以来已经为 50 余位老人提供便利帮助，具体服务以紧急就医为主，其他还包括家庭保洁、餐饮配送等。

为达到老年人居家养老、互助养老的目的，目前魏善庄镇已经有 16 个行政村建立了农村幸福院。就现有实施情况来看，主要满足的是老年人有地吃饭、守望相助的生活照料和精神慰藉需求。从老年人有地吃饭角度来看，魏善庄村以行政村为单位成立了便民早餐（目前有 6 个开始正常运营），由经过筛选的有资质企业或可信赖的本村居民经营，区商委给予成立补贴、村集体给予一定的运营补贴，保证早餐价格公道、质量过关。另外，每位户籍老年人有一张就餐卡，可以将等面值的养老券充入就餐卡中，村集体同时给予每位户籍老年人每天 5 元补贴。从老年人守望相助角度来看，一般农村幸福院与老年活动站、文化大院共用一个大场地，村里的老年人基本都在这个场地里活动，有村干部形象地将这些老人称为“等死队”。“他们在家里闲着没事做，大家都是几十年的老邻居了，只要能动基本每天都会到活动站去，一起聊聊天、活动活动，彼此之间仿佛形成了一种无声的默契，如果有天哪位老人没来，大家就会互相问看他去哪儿了，如果不知道就派个住得近的去家里看看。”这种互助养老的方式实际上无形中也给老年人传递着一种集体、归属、温暖、安全的力量。

三　探索谁来治理、如何治理

在农村青壮年劳动力外出务工、农村人口年龄结构不断老龄化的现实情况下，北京市一些村庄在“谁来治理、如何治理”的问题上进行了积极探索。

怀柔区渤海镇北沟村是怀柔区长城国际文化村所辖的四个行政村（田仙峪村、北沟村、慕田峪村和辛营村）之一，占地3.22平方公里，全村有138户、户籍人口350人，该村有党员32名、村干部5名，居住有外国国籍人员17人。2004年以前，北沟村是渤海镇远近闻名的贫困村，村集体外欠80余万元贷款，人均年纯收入不足5000元。2004年北沟村成立新的领导班子，到2014年该村人均纯收入达到1.9万元。经过10年的建设和治理，该村探索出了“以法治村、以文化人、以业兴村”的村庄治理之路。

2003年冬，在外地经营琉璃厂的王全回到村里，于2004年4月经全村党员大会民主选举当选为北沟村党支部书记。2013年王全当选为第十二届全国人大代表。在王全的带领下，北沟村探索出了一条村庄治理的新路子，比较合理有效地解决了农民增收难、农产品销售难、乡村环境整治难、乡村公共服务提供难、乡村矛盾调处难等问题，取得了较好的村庄治理绩效。从2004年到2014年的10年间，北沟村已先后获得全国民主法治示范村（2009年）、全国先进基层党组织（2011年）、全国文明村镇（2011年）、中国最有魅力休闲乡村（2012年）等几十项国家级、北京市级荣誉称号。

北沟村治理的主要做法和特点有以下几个方面。一是树正气，重塑村庄精英政治生态。首先，村书记带头放弃企业经营。王全担任北沟村党支部书记后，主动放弃自己经营多年的琉璃瓦厂，并规定北沟村两委干部的家属不能参与村内工程的施工。其次，村党员干部带头做好服务。村党员干部用实际行动在村民心目中树立起“能干事、干实事”的形象，同时也激发了村民参与村庄公共事务的积极性。最后，村党员干部带头强化责任。2004年之前不少党员干部利用权力和地位在自家宅基地或村里闲置土地上乱堆乱建，或因侵犯其他村民利益而产生民事纠纷。为避免党员干部滥用职权谋取私利，北沟村“两委班子”讨论决定，凡党员干部提出的纠纷均不予解决。久而久之，党员干部的不当利益不再得到保护，同时身兼帮扶帮带的责任，权力在他们手里逐渐转变成帮助村民的工具，而非谋取私利的手段。

二是定规矩，培育村庄内生规则意识。调研中发现，该村村规民约有四个鲜明特点。第一，决不照搬照抄外村经验，完全立足本村实际。第二，经过严格的民主讨论和通过程序。第三，村规民约涉及村干部和村民生产生活的各个方面，非常具体详细。第四，保持了村规民约的连续性、长期性。

三是明责任，强化村庄干部责任担当。首先，实行工作目标管理，强化村干部责任。北沟村每年都将本村年度评星晋级争创措施落实到党支部和村委会班子的责任人，并贴在村委宣传栏里进行公示；村里各家各户的居家动态、村委会服务项目、负责村干部名单，都通过张贴、开会等形式让村民知晓，做到按制度办事，有据可依、有章可循、有人可问。其次，进行自我监督和群众监督。坚持每季度开展一次述职述廉，领导班子和“两委”干部及时向群众公开决策事项、资金使用、履职情况等。最后，扩大村民自治与多方参与。挑选村里老书记、老干部、党员代表，及能力突出、口碑较好的村民，组建村级事务顾问组，参与村里重大决策事项。村“两委”每年为村民解决1次纠纷，村级事务顾问组成员与村干部共同为纠纷做出裁断。

四是强服务，推动村庄权力转型。近年来北沟村不断推动村庄权力转型，从村庄权力管治型转向服务型，加强服务型党组织建设，力求为村庄经济社会发展服务，为村民增收致富和安居乐业服务。该村从一件件惠及经济民生的实事、好事抓起，树立服务意识，推动服务兴村。2005～2015年，北沟村竭力为外国人投资兴业服务，克服许多困难，终于陆续将几块闲置宅基地租给外来居住和投资的外国人，这些外国人最多投资2700万元建设农家乐，提高了北沟村的知名度，还解决了村里30人的就业问题。

五是讲道德，夯实村庄价值认同。首先，该村定期组织村民学习《弟子规》《三字经》《论语》《庄子》等传统经典，并不定期开展村民演讲、村干部宣讲、儿童表演等文化活动，形成了“周一听（村级广播）、周中看（宣传橱窗）、周末围着屏幕转（数字影院）”的立体式学习模式。其次，村集体以传统文化建设为主题修缮乡村基础设施，在村里主要街道两边安装了美德壁画60余块，建设以“二十四孝”“三字经”“弟子规”等传统文化经典故事为主题的千米浮雕文化长廊，设计文化雕塑4尊，在村务办公室、民俗餐厅、农家院悬挂字画200余幅，营造了浓厚的文化氛围。此外，北沟村还围绕文明创建的主题，坚持开展“十星级文明户”“好公婆”“好儿媳”评选活动，树典型、勤宣传，引领村民文明向善，尊老爱幼让家庭更和美，守望相助让邻里更和谐，天下归仁让乡风更文明。

六是兴产业，打造国际文化新村。2005年，美籍华人唐亮女士在北沟村投资建设了商务会所——“小庐面”，揭开了外国居民入住北沟村的历史。在唐亮女士的牵线搭桥下，陆续有12户来自美国、加拿大、荷兰等国家的外国朋友在北沟村安家置业。受外来元素的刺激和影响，一批展示京郊民俗、健康时尚的农家院也开始出现在北沟村。其中，由村集体出资建设、由扎根农村创业的大学生村干部经营管理的“北旮旯乡情驿栈”尤为突出。这个集绿色蔬菜种植、虹鳟鱼养殖、民俗餐饮住宿以及土特产品销售于一体的农家院，开业一年半，已接待旅游观光者6万多人次，创旅游综合收入200万元，纯利润达到60万元。目前，怀柔区渤海镇已基本形成了“吃在田仙峪、住在北沟村、游在慕田峪、购在西营村”的连片国际文化乡村旅游带。

走出“自杀式发展陷阱”*

张英洪

改革开放以来，中国经济社会发生了天翻地覆的巨大变化，中国已成为世界第二大经济体，进入了中华民族历史上新的繁荣发展时期。实现中华民族伟大复兴的光明前景已经展现在世人面前。习近平总书记在庆祝中国共产党成立 95 周年大会上的讲话中就指出：“今天，我们比历史上任何时期都更接近中华民族伟大复兴的目标，比历史上任何时期都更有信心、有能力实现这个目标。我们完全可以说，中华民族伟大复兴的中国梦一定要实现，也一定能够实现。”

但是，在中国的繁荣发展中，不是没有任何风险和挑战，不是没有任何困难和险阻，也不是没有任何危机和陷阱。正视繁荣中的危机，避免发展中的陷阱，解决社会中的矛盾和问题，是新的时代课题。人无远虑，必有近忧。对于中国人来说，面临着两大历史性课题：一是如何摆脱贫困落后，实现民族复兴、国家富强、人民幸福的中国梦；二是如何确保国家的持续繁荣与永续发展，实现中华民族永远屹立于世界民族之林的天下太平梦。这两个梦同样重要，因为没有第一个民族复兴梦，就没有第二个天下太平梦；但如果没有第二个天下太平梦，第一个民族复兴梦就可能得而复失。

1000 多年前，唐太宗李世民曾与房玄龄、魏征讨论创业与守成孰难的问题。房玄龄认为：“草昧之初，与群雄并起角力而后臣之，创业难矣。”

---

* 本文原载于爱思想网，http://www.aisixiang.com/data/102278.html，2016 年 11 月 25 日。

魏征认为："自古帝王，莫不得之于艰难，失之于安逸，守成难矣。"生于忧患，死于安乐。创业难，守成亦难，甚至更难。实现中华民族伟大复兴难，确保中华民族永远繁荣昌盛亦难甚至更难。我们既要关注大国如何崛起，也要关注崛起后的大国如何永保太平。

现在，经济学家热衷于谈论"中等收入陷阱"。其实，"中等收入陷阱"只是一个偏重于经济发展的概念，在民族复兴进程中更危险的不是"中等收入陷阱"，而是"自杀式发展陷阱"。"中等收入陷阱"可能拖延或阻挡经济的繁荣发展与民族复兴梦的顺利实现，但"自杀式发展陷阱"将可能断送民族复兴与永续发展的未来。提出"自杀式发展陷阱"，是中华民族在追求繁荣发展中必须正视的盛世危言。

当前，"自杀式发展陷阱"的种种迹象已经日益显现。

破坏自然生态环境，是最根本的自杀。人类是大自然的产物，大自然孕育和滋养了人类本身。破坏大自然生态环境，就是破坏人类安身立命的家园。工业文明在创造巨大物质财富的同时，也以惊人的力量破坏了自然生态环境。改革开放才三十多年，这块生养我们的东方神州，就已遭到了致命的破坏与污染。天人合一，人类时刻在与大自然进行呼吸交融，但现在，空气污染已十分严重，污霾（雾霾似乎应改称为污霾，因雾并没有毒，有毒的是霾，不要将致癌的霾与正常的雾捆绑在一起而败坏了雾的名声）袭来，无人能幸免于毒空气的危害。据世界卫生组织发布的全球空气污染地图，中国与印度、西非等地是空气污染最严重的地区。2014 年，世界上有 92% 的人生活在空气质量没有达标的环境中。中国人口密集的大城市 PM2.5 均严重超标，只有青藏高原的部分地区空气达到世界卫生组织的空气质量标准。中国人生活在十面"霾"伏之中。首都北京更是空气污染的重灾区之一。北京市肿瘤防治办公室副主任王宁指出，北京市肺癌发病率由 2000 年的 39.56/10 万人上升到 2011 年的 63.09/10 万人，10 年间，北京市肺癌发病率增长了约 43%。据中国首个 PM2.5 对公众健康影响的评估报告，大气 PM2.5 污染导致 31 座省会城市或直辖市中 25.7 万人超额死亡。相关数据表明，中国每年因大气污染过早死亡人数达 50 万人。在今天，人们要想呼吸新鲜空气，都已经成了奢望。除空气污染以外，我国的水污染、土壤污染等都相当严重，生我养我的家园受到了普遍的染污与毒害。绿水青山不仅是金山银山，而且是生命之水、生命之山。我们和我们的子孙后代要想健康生活下去、生生不息永续发展下去，就必须超越工业文明，遏制对大自然的疯狂掠夺、贪婪索取和恣意污染，真正敬畏自然、顺应自然、保护自然，走生态文明之路。

生产、销售和消费不安全的有毒食品，是最愚蠢的自杀。改革开放以前，我们吃不饱，粮食供应不足，造成饥荒和饥饿。改革开放以来，粮食大丰收，中国人已经解决了温饱问题，正在朝着全面建成小康社会迈进。但是，在今天，人们面临的主要问题不是吃不饱，而是吃不好。有利于健康的安全食品的产生和供给成了大问题。现在说到中国的粮食安全，最突出的不是数量安全，而是质量安全。据农业部统计资料，我国每年使用农药140多万吨，其中主要是化学农药，占世界总施用量的1/3，我国是世界第一大农药消费国，平均每亩使用农药约1公斤，比发达国家高出一倍以上。农药施用后，50%～60%残留在土壤中，且不易降解，农药残留成为农产品不安全的重要因素。在种植业中大量使用农药的同时，在养殖业中则普遍使用激素类饲料添加剂，猪、牛、羊、鸡、鸭、鱼等产品中的激素残留，严重危及人们的身心健康。农药残留加上激素残留，是人们的生命不能承受之重。2004年3月，著名科学家钟南山指出：“食品安全问题已经是一个很严重的问题，如果不采取相应的解决办法，再过50年，很多人将生不了孩子。”葛洪在《抱朴子·嘉遁》中说：“咀漏脯以充饥，酣鸩酒以止渴。”在历史上，饮鸩止渴只是一种比喻，并不是人们的生活方式。但时代发展到今天，生产、销售和消费不安全的有毒食品竟然成了一种生产方式和生活方式，真让人唏嘘不已。明知有毒食品不利于身心健康甚至将置人于死地，但在工业文明发展的今天，有的人、有的企业争相生产、销售不安全的有毒食品，消费者则不知不觉或无奈地消费不安全的有毒食品，这岂不是咄咄怪事！号称万物之灵的人类，在地球上聪明得无以复加，但公然做出饮鸩止渴式的蠢事而又难以自我禁止和杜绝，真是叫上帝——如果存在上帝的话——也要连叹三声。民以食为天，食以安为首。保障舌尖上的安全，不仅事关我们这一代人的身心健康，而且事关子孙后代的健康繁衍。

转基因技术的滥用，是最聪明的自杀。中国有句古话，叫作“聪明反被聪明误”。聪明的人类发明了转基因技术，而转基因技术的滥用，将可能导致聪明的人类走向穷途末路。关于转基因，大多数人对此并没有深入的了解，以为其纯属于科学技术之类的东西，离自己的生活还很遥远。笔者前些年也是持这种心态看待转基因。但是，转基因并不是一项简单的科学技术，也不是与我们无关。相反，转基因已经渗透到我们所有人的日常生活之中，与我们每个人的生活都息息相关。美国经济学家和地缘政治学家威廉·恩道尔早就直接指出，转基因是最强势的西方精英制造出来的旨在控制全球食物供给、大规模减少全球人口的生物武器。对中国来说，转基因生物工程是“一场新鸦片战争”，他告诫道：“把转基因作物引入中国农业，带来的是一个巨大的威胁，它对人类健康、食品安全的威胁太大了，无论怎样强调都不过分。如果中国农业被转基因的种子掌控，被农业化学品主导，最多再过 20 年，中国将不会作为一个有独立和完整经济主权的国家而生存下去了。”国际转基因公司研制和控制的不育种子的“终结者”技术，会使广大农民甚至一个国家完全丧失生产农作物种子的权利。基辛格说过：“如果你控制了石油，你就控制了所有国家；如果你控制了粮食，你就控制了所有人。”将粮食种子作为武器，中国 2000 多年前的吴越争霸就已经创造出了典型的案例，越国将煮熟的种子献给吴国，导致吴国当年绝收，越国则借机一举灭掉吴国。在当今之世，打败中国的可能不是一个国家，而可能是一家企业。转基因作物及转基因食品的泛滥，不仅关乎人们的身心健康，而且关乎国家粮食安全和民族未来，不可不慎。2013 年 12 月，在中央农村工作会议上习近平总书记就转基因问题提出：“一是要确保安全，二是要自主创新。也就是说，在研究上要大胆，在推广上要慎重。”但现实问题是转基因食品的泛滥已相当严重。中国农业科学院作物研究所佟屏亚研究员指出中国是全球转基因泛滥最严重的国家。2015 年我国进口 8169 万吨转基因大豆，主要加工成食用油。最近，我随机查看了一些超市，发现转基因油充斥超市货架，转基因油因比非转基因油的价格要便宜一些而吸引消费者。转基因油的标识字体很小，消费者一般不太留意，非转基因油的标识字体则明显大得多。我也随意查看了十几家餐馆，发现使用的食油全部是转基因油。在北京，我发现和合谷连锁餐馆公开宣示不使用转基因油。当消费者对转基因油的安全性尚不清楚的情势下，转基因油已经不知不觉地进入了消费者的厨房和餐桌。在转基因问题上，当前虽然还存在着相当对立的观点和看法，但我凭常识和悟性觉得，作为人造病毒的转基因，对人们的身心健康和人类的生存发展构成了巨大的潜在危险。著名科学家霍金的话足以让人深思和警醒：“包括转基因智慧在内科学技术的进步，可能导致人类的自我毁灭。”科学技术既是第一生产力，也是第一破坏力。2016 年 7 月 4 日，俄罗斯总统普京签署法令，禁止在俄境内种植转基因作物、养殖转基因动物、生产转基因食品，并禁止俄罗斯进口转基因食品。俄罗斯在转基因问题上的果断做法值得中国警觉与借鉴。道法自然，国家应当超越转基因利益集团的种种羁绊，从人民健康、国家安全、民族未来的战略高度，严格控制转基因技术的推广应用，特别是严格控制转基因食品的泛滥，为健康中国建设提供可靠保障。

农民产权：赋权与护权须并重*

张英洪

在经济上保障农民的物质利益，在政治上尊重农民的民主权利，是十一届三中全会以来我们党领导亿万农民建设社会主义新农村的一条重要经验。最近召开的中央经济工作会议明确提出，深化农村产权制度改革，明确农村集体产权归属，赋予农民更加充分的财产权利。2016 年 11 月 27 日，中共中央、国务院发布《关于完善产权保护制度依法保护产权的意见》。这是我国首次以中央名义出台产权保护的顶层设计政策，文件对完善产权保护制度、推进产权保护法治化进行了全面部署，这是推进国家治理体系和治理能力现代化的重要举措。赋予农民更加充分的财产权利，保护农民正当合法的财产权利，是新时期全面深化农村改革的重要主题。

赋权：最基本的着力点

改革开放以来，我国“三农”问题之所以突出以及未能得到有效解决，一个重要原因就是我国建立计划经济体制留下的两个最基本的制度结构遗产，与社会主义市场经济发展极不相适应，且至今没有得到根本性的改革。一是农村集体所有制，二是城乡二元体制。农村集体所有制最大的问题是农民的财产权利归属不清晰，城乡二元体制最大的问题是农民的基本权利不平等。

* 本文写于 2016 年 12 月 24 日。

解决“三农”问题有两个最基本的着力点，一是要改革农村集体所有制，深化农村集体产权制度改革，赋予农民更加充分的财产权利；二是要破除城乡二元结构，推进城乡发展一体化，赋予农民平等的公民权利。

完整的财产权具有占有、使用、收益和处分四大权能。改革开放以来，农民的产权得到了很大的发展，但国家对农民产权的赋权还很不充分，这严重制约了农民的财产性收入和社会经济的健康发展。

由于我国建立集体所有制的特殊国情，赋予农民更加充分的财产权利，就是要适应社会主义市场经济发展的需要，探索集体所有制的有效实现形式，不断深化农村产权制度改革，使农民对全部集体产权享有占有、使用、收益和处分的更充分的权能。我国农村集体资产包括集体土地等资源性资产、参与市场交易的经营性资产、用于社区公共服务的公益性资产三大类。对不同类型的资产，赋权的内容和重点也不一样。必须针对实际情况，有针对性地赋权。

承包地的赋权

相对于宅基地、集体建设用地等其他资源性资产来说，目前国家对承包地的赋权是最多的。现行法律已赋予农民对承包地享有占有权、使用权、收益权以及流转权等部分处分权。《土地承包法》还规定农民进城转为非农业户口要交回承包地。党的十八届三中全会提出赋予农民对承包地占有、使用、收益、流转及承包经营权抵押、担保权能，允许农民以承包经营权入股发展农业产业化经营。这项赋权政策正处在试点之中。国家对农民承包地的处分权的赋权内容已越来越多。当前在承包地赋权上，重点有三个方面。

一是要在法律上明确规定农民对承包地享有占有、使用、收益和处分的完整权能。赋权的着力点在于不断扩展处分权能的具体内容，使农民享有对承包地的有偿退出权和继承权。要通过比较充分的赋权，使承包权具备比较完整的财产权利，具有准所有权的性质。

二是正确理解现有土地承包关系要保持稳定并长久不变的真实含义。目前一些人在如何理解“长久不变”上有不同的观点。从中央一直强调要稳定土地承包关系、承包期，到期后要无条件延长的基本精神来看，实行土地承包期限长久不变，其政策含义应当是农户在第二轮承包期到期后，其承包地无条件延期为“长久”，或者明确一个为期 70 年、99 年等更长、更具体的期限。如果第二轮承包期到期后重新收回承包地再进行长久不变式的发包，这实质上破坏了稳定土地承包关系的基本原则。

三是在“三权分置”中谨防对承包权的损害。“三权分置”是继家庭联产承包责任制后农村改革的又一重大制度创新，具有重要的意义。但在政策实践中，承包权可能面临两方面的压力与夹击，一方面是村干部借口坚持集体所有权而侵害农户承包权，比如在第二轮承包期到期后收回承包地再重新进行发包；另一方面是地方政府与社会资本借口放活土地经营权而联合损害农户承包权。

宅基地的赋权

目前国家对宅基地的赋权明显不足，对宅基地的认识明显欠缺，对宅基地的立法明显滞后。我们首先需要重新认识农村宅基地的多重功能和价值。乡村是传承和弘扬中华优秀传统文化的主要载体，乡村文明是中华文明的核心内容和主要标识。我国传统的农村宅基地制度为支撑和繁荣乡村文明起到了不可替代的特殊作用。现行的土地分类将宅基地简单地划归为建设用地，这存在严重认识偏差和实践问题。

在长期历史发展进程中形成的农村宅基地，既具有建设用地的性质，也具有农用地的性质。农民在宅院内放置农具，堆放、储藏粮食，这是延续农用地的基本功能；农民在宅院内种植蔬菜果树，饲养鸡、鸭、鹅，猪、牛、羊，这是发挥农用地生产养殖功能的生动体现。有的农户还在宅院内从事农产品加工和传统手工艺制作，有的发展农家乐，实现了第一、第二、第三产业的融合发展。从现实情况来看，农村宅基地具有农业生产、居住生活、休闲服务、文化传承、公共活动等多重功能，并不只是简单的建设用地，也不只是具有单一的居住功能。

自古以来，住宅都是农民最重要的财产。但现行的《物权法》只赋予农民对宅基地享有占有、使用两项权利，这既严重脱离实际，又严重违背传统，并从根本上限制了农民财产权利的实现。当城市的房价累涨不跌时，农村的住宅却大量闲置不值钱，这是农村宅基地和住房财产制度严重扭曲和滞后的结果。在宅基地赋权上，必须进一步解放思想，改变计划经济体制中形成的严格控制农民产权的思想观念，要从让农民有更多的获得感和幸福感出发，迈开改革大步伐。

一是修改《物权法》，赋予农民对宅基地占有、使用、收益和处分的完整权能，使农民对宅基地享有准所有权的充分权能，实现农村中房地产权分离到房地产权的一体化。

二是允许和鼓励农民通过出租和经营住宅获得合法收益。城郊地区的农民主要通过出租住房获得租金收入，纯农区农民可以通过发展民宿产业获得经营性收入。国家可以制定相关税法从农民经营住宅收益中获得税收，但也可减免税收。

三是建立健全和规范农村房地产市场，农民的住宅可以通过市场转让交易，应当扩大农民住宅交易的市场半径，建立城乡统一的住宅市场，将农村住宅市场作为农村产权流转交易市场的重要组成部分，促进城乡要素平等交换。坚持房子是用来住的、不是用来炒的定位。农民转让住宅时，住房和宅基地一同转让，宅基地仍然保留集体所有制不变。国家要给农民住宅发放产权证书。当农民拥有合法的住宅产权时，其抵押、担保权能就会自然顺利地体现出来。

四是区别对待“一户多宅”和有偿使用宅基地。对于历史上形成的“一户多宅”要区别对待。在福利分配宅基地制度安排中，必须坚持一户只能申请一处宅基地原则，除此之外，应当实行宅基地有偿申请使用制度。随着人口的变化，原来的一户产生了多户，新分户的仍然可以申请一处宅基地。在没有宅基地福利分配的情况下，一方面可以实行宅基地的有偿使用，另一方面应当建立保障性住房制度，确保无房户或家庭经济困难户住有所居。

集体经营性资产的赋权

十八届三中全会提出，保障农民集体经济组织成员权利，积极发展农民股份合作，赋予农民对集体资产股份占有、收益、有偿退出及抵押、担保、继承权。对集体资产股份的赋权，必须通过推进和深化农村集体产权制度改革才能实现。2015 年 5 月，经中央深改组、国务院同意，全国确定 29 个县（市、区）开展农村集体资产股份权能改革试点。

推进和深化农村集体产权制度改革，首先，要明确界定集体经济组织成员权。只有集体经济组织的成员，才有资格享有集体资产的股份。其次，要通过清产核资，将集体资产折股量化到人，明确股民的股权份额。再次，要明确收益分配方案，处理好积累与分配的关系，逐年分配股权收益，保障股民的收益分配权。

最后，要制定股权管理办法。一般不设集体股，但因实际情况设有集体股的，其收益应当公开并接受股东的监督管理。股权可以在本集体经济组织内部有偿转让，也可以自愿无偿赠予。经集体经济组织同意批准，股权也可以转让给集体经济组织以外的单位和个人。股权转让时，集体经济组织有优先收购权。应当修改《继承法》，在合法继承的个人财产内容中增加股权继承的条款。股权可以根据《继承法》的法定继承顺序实行继承。集体资产股份的抵押、担保，要以股份的配股价值及其收益预期为依据。实现集体资产股份的抵押、担保，还需要探索建立相应的配套机制，尽量降低抵押、担保风险。

推进农村集体产权制度改革，要以建立农民股份合作制为基本方式，在改革进程中以及改革完成后，要组建新型集体经济组织，建立法人治理结构，保障全体股东的民主选举、民主决策、民主管理、民主监督的权利。民法典的编纂要赋予集体经济组织以明确的法人地位。与集体产权制度改革相适应，应当配套推进村级政经分开试点探索，增强政府提供农村社区公共服务的责任与能力，相应减轻农村集体经济组织承担的社区公共服务负担。

集体经营性建设用地不像承包地、宅基地那样便于农民进行物理分割，因而只适应由集体经济组织进行统筹利用，其入市利用的收益，应纳入集体经营资产的收益账户进行统一管理与分配，让农民公平享有集体建设用地入市后的收益分配权。十八届三中全会明确在符合规划和用途管制前提下，允许农村集体经营性建设用地出让、租赁、入股，实行与国有土地同等入市、同权同价。

在集体经营性建设用地赋权上，关键是国家要赋予农民集体的土地发展权。一方面，要加快改革征地制度，缩小征地范围。根据宪法规定，只有因公共利益的需要才能实行征地。同时，公益性征地也要给予公平合理的补偿。其他经营性用地，一律不得使用国家征地权，用地单位只能通过与农民集体的市场谈判，达成租赁集体土地的合约，国家从土地租赁市场中获得税收。

另一方面，农民集体在符合规划和用途管制的前提下，可以根据市场发展的需要，自主实现集体经营性建设用地入市利用，发展壮大集体经济，增加集体经济收入。同时，农民通过股权分配，获得股权收益。

护权与赋权同等重要

在对农民充分赋权的基础上，必须依法保护农民正当合法的财产权利，护权与赋权同等重要。一段时间以来，有的地方非法实施暴力强征强拆，严重侵害农民的承包地、宅基地、住房等财产权利，激化了社会矛盾，破坏了党群干群关系，损害了党和政府的公信力。《中共中央国务院关于完善产权保护制度依法保护产权的意见》提出，产权制度是社会主义市场经济的基石，保护产权是社会主义基本经济制度的必然要求。孟子说："有恒产者有恒心，无恒产者无恒心。"财产权的有效保护和实现是经济社会持续健康发展的基础。加强产权保护，根本之策是全面推进依法治国。

在保护农民产权上，我们有许多工作要做。当前，要突出抓好以下几项重点工作。

一是要坚决制止和消除一些地方的非法暴力强征强拆现象。一些地方发生的非法暴力强征强拆，实质上是严重侵犯农民财产权利的违法犯罪行为，不符合为人民服务的根本宗旨，违背了执政为民的根本要求，与全面依法治国相背离，应当严格追求责任人的法律责任。

二是要把保护农民产权作为解决"三农"问题的重要突破口和重要抓手。改革开放以来，我国农村和农民面貌都发生了历史性的巨大变化，但

“三农”问题仍然尖锐地存在，一个重要原因就是农民的产权保护严重滞后。各级党委和政府应当把保护农民产权作为“三农”工作的重要内容，作为推进农业供给侧结构性改革的重要任务，进行统筹部署安排。

三是大力加强农民产权保护的法治建设。《中共中央国务院关于完善产权保护制度依法保护产权的意见》对产权保护提出了重要意见，具有里程碑式的意义。但该意见主要侧重于对民营企业的产权保护。建议制定加强对农民产权保护的政策文件，加快编纂民法典，修改《物权法》《刑法》等法律，进一步明确对农民产权的法律保护，加大对侵犯农民产权违法犯罪现象的打击力度，加快形成全社会重视农民产权保护的良好法治环境。

2015年中国城市化贡献力人物揭晓*

中国国际城市化发展战略研究委员会　顾　晴

2015年中国城市化贡献力人物榜单于2016年8月19～20日在北京举行的第九届中国国际城市化国际峰会上揭晓。中国社会科学院城市发展与环境研究所所长潘家华，中国矿业大学（北京）教授、中国工程院院士武强，中国城郊经济研究会副秘书长、北京市城郊经济研究会秘书长张英洪，北京公众健康饮用水研究所所长李复兴，郑州宇通重工有限公司董事长、党委书记李勇，深圳市雅克兰德设计有限公司总经理吴文媛，国际新城镇研究所（INTI）项目总监琳达·弗拉森罗德，国瑞地产副总裁兼北京公司董事长李斌等，经过峰会组委会专家评审委员会的严格评选，凭借在中国城市化发展中的智力贡献、技术贡献、就业贡献、环境保护、文化发展等多项指标，在综合评审中脱颖而出，获此殊荣。

据悉，中国城市化贡献力人物评选是在住房和城乡建设部科学技术委员会、国土资源部科技专家咨询委员会指导下，由中国国际城市化发展战略研究委员会、中国（深圳）综合开发研究院主办的年度公益性评选活动，并在每年一届的中国国际峰会上予以表彰。

* 本文原载《城市化》2016年第12期。

潘家华

中国社会科学院城市发展与环境研究所所长、研究员

除了担任中国社会科学院城市发展与环境研究所所长、研究员，潘家华同时兼任中国城市经济学会副会长、中国能源学会副会长、国家外交政策咨询委员会委员、国家环境咨询委员会和环境保护部科学技术委员会委员、中国社会科学院生态文明研究智库常务副理事长、《城市与环境研究》主编等职。身兼数职的他，研究领域包括可持续发展经济学、可持续城市化、世界经济、新型城镇化、生态文明等。

多年来，秉持立场坚定、治学严谨、心系天下的学者态度，潘家华将生态文明理论与城市化进程研究紧密结合，在新型城镇化建设、城市群协调发展、城市可持续治理、低碳城市指标体系构建、城市生态文明建设等研究领域做出了深厚积累和重要贡献。

梳理潘家华在中国城市化进程中做出的贡献，可以归纳为以下几点。

一是扎实推进城市化理论研究。充分利用自身环境经济学与城市经济学交叉学科背景的优势，潘家华将环境研究与城市化研究紧密结合，丰富了国内城市化研究的内涵，开拓了崭新的城市化研究领域，如城市低碳发展理论、城市可持续发展理论、城市生态文明建设理论，相关专著、理论文章在为我国城市化建设提供理论和方法支撑的同时，通过国家社会科学基金重点项目“城市生态文明的科学内涵与实践路径研究”、国家自然科学基金重点项目“长三角城市密集区气候变化适应性及管理对策研究”、中国社会科学院国情调研重大项目“关于京津冀协同治理雾霾问题调研”等，助力我国新型城镇化发展实践。

二是服务国家和地方城市化进程。第一，承担国家部委城市化方向对策应用性研究课题，如“中国低碳城镇化问题研究”“加强生态文明建设的重大问题和制度机制研究”“地球工程的综合影响评价和国际治理研究”。第二，承担国家生态文明体制机制改革评估任务，向党中央国务院上报城市化建设对策建议20余篇，多篇建议得到了李克强总理、张高丽副总理等国家领导的批示或被国家有关部门采用，获得中国社会科学院优秀

对策信息一等奖 1 项、二等奖 2 项、三等奖若干项。第三，开展地方城市发展咨询，支持地方城市化进程和经济、社会、生态、文化的发展。第四，组织编撰系列城市化发展报告，如《中国城市发展报告》（至今已出版 8 本）、《中国房地产发展报告》（至今已出版 13 本）、《中国应对气候变化报告》（至今已出版 6 本）等。

三是广泛开展城市化学术交流。在积极参加国内各种学术交流活动的同时，潘家华利用自己熟悉西方话语体系的优势，注重开展国际学术交流，通过各种国际交流平台，宣传中国新型城镇化伟大实践的理论成果和实践经验，讲中国城市化进程故事，传播中国城市生态文明建设智慧，在国际上产生了广泛影响，形成了具有中国特色、中国气质、中国品格、中国智慧的独特的话语体系。

武强

中国矿业大学（北京）教授、中国工程院院士

在中国工程院 2015 年院士增选结果中，工程院院士群体新添 70 名“新人”，更多来自企业和基层一线的工程科技专家当选。这其中，武强的名字赫然在列。

武强是中国矿业大学（北京）教授，也是国际矿山水协会（IMWA）执委、国际矿山水协会（IMWA）中国国家委员会主席、国际 SCI 检索期刊 *Mine Water and the Environment* 副主编、国家安全生产监督管理总局技术委员会委员、国家煤矿安全监察局“水文地质专家组”组长。这些职务也是他多年来长期扎根基层一线、立足本职岗位，从事矿井水防治与利用、矿山城市环境保护与治理方面的教学和科研工作，为我国能源工业科技进步和人才培养做出突出贡献的见证。

武强先后出版专著 10 余部，发表论文 200 余篇，SCI 检索 50 余篇，EI 检索 130 余篇。获得国家科技进步二等奖 2 项，省部级科技进步一等奖 10 项，获得中国香港和国家授权发明专利 30 余项，国家软件著作权近 30 项，主编国家技术标准和手册工具书多项。他还是国家煤矿水害防治工程技术研究中心（北京）主任，作为专家组组长，参加过六次煤矿透水事故现场抢险救援和事故调查工作。作为主编，修订了《煤矿防治水规定》和《煤矿安全规程》防治水部分。他取得的理论和技术成果在我国30多个煤业集团、100余个水害严重矿山得到成功应用，产生了显著的经济社会环境效益。

作为教师，他教书育人，培养的毕业博士和出站博士后40余名，硕士48名，先后荣获李四光地质科学奖、教育部“长江学者和创新团队发展计划”带头人、首届十位“中国优秀博士后奖”、“全国优秀教师”、首届“新世纪百千万人才工程”国家级人选和国务院政府特殊津贴享受者等称号。他负责带领的科研团队曾获得教育部优秀创新团队和中国科协矿山安全团队称号。

武强认识到，随着政府新一轮全面深化改革，城市化进程不断推进，对能源的需求不断加大，城市化快速发展引发了资源环境与城市管理之间的矛盾，特别是矿业城市持续发展问题。如何克服这些矛盾，解决城市化进程与矿业资源、水资源之间可持续发展的问题，建设海绵城市，是摆在我们面前亟待解决的难题。为此，他通过利用自己的所学专长，提出了矿业城市在煤炭资源开采中综合利用矿井水技术，实现了矿井水控制、利用、生态环保三位一体的优化组合，并创建了地下水三维可视化平台，借助这一平台分析区域水文地质条件，从三维角度真正实现了地下水资源的综合利用目的。

张英洪

中国城郊经济研究会副秘书长、北京市城郊经济研究会秘书长

他来自农村，对农村、农民有着深厚的感情，加之多年深入的理论研究和一线基层调研实践，让他对“三农”问题形成了独到的见解，也在自己的岗位上为中国的城市化做出了有目共睹的贡献。

张英洪认为，“三农”问题的核心是农民问题，为此，他出版了首部农民公民权著作，先后提出了一系列具有前瞻性的理论观点和政策建议。例如，2002年他最早在学术界提出“给农民以宪法关怀”，2002年最早建议将12月4日设立为宪法日。

在城市化研究中，他重点以农民权利为视角研究城市化，倡导法治城市化。在他看来，只有以法治思维和法治方式推进城市化，在城市化进程中规范和约束公共权力，尊重和保障公民权利，才能维护和促进社会公平正义与文明进步。张英洪还较早地对新型城市化的内涵进行了界定，认为新型城市化是空间布局合理的城市化，是维护农民权益的城市化，是善待外来人口的城市化，是产业结构优化的城市化，是生态环境友好的城市化，是民主法治的城市化。他提出把加强制度供给作为新型城市化的基础工程，把依法改革创新作为新型城市化的基本方式，把深化土地制度改革作为新型城市化的关键环节，把推进农村产权改革作为新型城市化的重大任务，把实现农民市民化作为新型城市化的战略目标。

张英洪主持过多项国家社会科学基金项目和省市社会科学基金项目，发表文章数百篇，出版著作十多部，主要著作有农民权利研究系列作品：《给农民以宪法关怀》《农民权利论》《农民、公民权与国家》《认真对待农民权利》。新型城市化和城乡一体化系列作品：《新市民——北京市农民工市民化研究》《北京市城乡基本公共服务问题研究》《北京市新型城市化研究》《北京市城乡发展一体化进程研究》《农民荒——北京市农村劳动力老龄化问题研究》《北京市法治城市化研究》等。这些作品在获得业内外广泛认可和普遍好评的同时，引发了各界的持久关注。

李复兴

北京公众健康饮用水研究所所长

李复兴是著名水营养学家，我国水生理学科开拓者。从20世纪90年代初至今，李复兴主要聚焦于水营养生理及健康饮用水的研究、倡导与普及宣传，建立健康水科学理论体系。他与妻子共同创办的北京公众健康饮用水研究所，前身为北京爱迪曼生物技术研究所，是一家非营利、开放性的民间研究所。研究所定位为基础研究与商业应用之间的桥梁，致力于饮用水理论研究、科学实验、产品开发、宣传教育、社会服务五个方面的工作，多年的扎实工作让研究所取得了累累硕果，也使其成为我国水研究领域对接国际的交流平台。

李复兴关注公众饮水问题，视教导大众正确的饮水习惯为己任，将自己的研究成果与科学经验总结汇集于《水，是药还是毒?》《水，生命之源——水与营养》《中国居民饮水指南》《健康七成靠好水》等著作中，将其作为馈赠公众健康饮水的礼物！他还经常通过电视、报纸、杂志等媒体向公众宣传健康饮水。

为了寻找到优质水源地，已经78岁高龄的李复兴，依然常年奔波于大江南北。在空气质量看PM2.5，饮水质量没有衡量指标、分不清楚的当下，他提出“饮用水指数N1”（饮用水中硝酸盐氮和亚硝酸氮含量的综合指数）这一评价饮用水质量的重要指数，解决了困扰公众的难题。国务院资深参事王秉忱教授这样评价：“饮用水指数N1的发布意义不亚于PM2.5。”据此，2015年，他带领团队绘制并发布了中国优水地图。

在国际上，李复兴教授首先提出“水退化”的科学创新理论及健康水的系统科学概念，并得到国内外学者及联合国的重视。其研究指出，当今不但水污染严重，而且水的功能，包括水的自身功能和水对人体的生理功能也逐渐退化，水的退化对水的生态系统及人体健康同样存在潜在危害。其“水退化”的理论对于从事水产业的企业具有指导意义，在“水退化”理论指导下展开了“健康饮用水”及“IDM激活系统”研究项目，从理论到工艺、设备及产品标准形成了较为完整的技术体系，处于国际先进水平。此项目获国家发明专利，并在联合国专家评议基础上作为“联合国示范技术”向全世界推广，该研究成果受到联合国如此重视在国内外均为罕见。

李勇

郑州宇通重工有限公司董事长、党委书记

三十多年来，无数民营企业家伴随着市场经济大潮发展壮大，并以自己的事业融入其中，成为东方市场再次腾飞的助力。这其中就有宇通重工有限公司董事长、党委书记李勇。

作为宇通重工的领头人，李勇是名副其实的专家型企业家。他主持研发和实施的科技创新产品、科研项目，获得多项国家专利，先后获得市级、军队级、国家级科学技术进步奖，为企业产品转型和持续快速发展打下了良好的基础，也让他当之无愧地获得郑州科技领军人物称号。正是在这样的创新氛围下，宇通重工在多项核心技术方面始终保持行业领先地位，作为首批河南省“高新技术企业”认证企业之一，在这里诞生了三十多个“中国第一”，被誉为“中国工程机械设计、制造的摇篮”。

面对快速城市化带来的环境污染问题，李勇认为，城镇化的建设必须与美丽中国结合起来，形成美丽城镇。美丽城镇首先环境要美，才能真正实现以人为本的新型城镇化。基于这样一种理念和社会责任意识，宇通重工新工业园的工厂和办公楼全部采用地源热泵，公司对于工业废水处理的全系列解决方案更是让每一位来到宇通的人大开眼界。李勇说：“新型理念需要坚持去推广，每个企业作为一个独立的单元，更是需要从自身做起。”与此同时，李勇带领宇通重工致力于发展环保事业，这也让宇通重工由传统设备制造商向环境产业服务商转型升级，业务领域拓展到“餐厨垃圾收集处置与处理”、“污泥处理”、“水处理”及“环保设备”等方面，包括环境综合治理一揽子解决方案、智能环卫技术、新能源环卫产品的开发等。在推动一系列业务转型、大力发展环境产业的过程中，宇通重工不仅为打造“美丽中国”“美丽家园”贡献了自己力量、践行了企业的社会责任，而且也通过为客户提供环境治理综合解决方案，取得了良好的经济效益和社会效益。2015年，李勇也因为在中国快速城镇化进程中为城乡市容环卫工作做出的贡献，被聘为中国国际城市化发展战略研究委员会城乡市容环卫专业委员会常务副主任。

吴文媛

深圳市雅克兰德设计有限公司总经理

作为一名规划师，吴文媛在招商局蛇口工业区建筑规划室将近十年的工作中，先后主持完成大小近40项工程的建筑设计、环境施工、招标管理、国际咨询等工作。自创办深圳市雅克兰德设计有限公司以来，主持完成若干景观设计、旅游综合体规划设计、城市规划设计、施工监理项目，积累了对景观、规划项目全过程管理的丰富经验。“过去几十年内，中国经济的飞速发展得益于城市化率的提高；中国今后的发展，还将仰赖城市总规模的扩张。但是，当我们的城市化率达到较高程度以后，我们的城市会不会是高品质、有魅力的城市？这是一个值得探究的问题。”基于这样的思考，她主持完成的各种规划设计中，倡导“存在优先”的规划原则，强调从现状出发，对现有自然本体和社会本体产生最小扰动。因为她的规划设计，改变了一些地方政府的发展策略，在大约12万人保住了家园不被拆迁的同时也保护了地方文化、部分原始海岸线和一些城市低成本生活社区；在广东乐从地区规划中，她的团队探索用低冲击发展模式规划新的建设区，以减少大约90%雨水径流管道建设的方案，达成更安全和易于维护的排放功能。

基于我国城市规划编制过程中，行政精英和技术精英居于主导地位，“公众参与”因缺乏有效的方法指导，未能广泛并充分开展，吴文媛在乐从镇北围片区空间概念规划中探索公众参与城市规划，通过综合运用实地访谈、调查问卷、参与式工作坊、方案研讨会等多种公众参与的方式，在深入了解民众真实意愿的同时，一步步引导和激励他们积极行动，以主人翁的角色共同参与到城市规划的过程之中，最终共同达成真正代表民意并能兼顾各方利益的可持续发展规划方案。

吴文媛认为，要打破城市化在公众视野内一直是各种指标数字、图表系数，以及宽马路、大广场的印象，就要认真关注生活在其中的人，只有当他们的故事和城市建设年鉴的对照暴露我们在建设目标上的心口不一，让城市的面貌有了依据和时间坐标时，城市化才能回归它的本义。在她的建议下，2012年第10期《城市化》杂志诞生了“我的城市化”栏目。至今，该栏目通过讲述不同年龄、不同职业、不同地域人们的城市化故事，生动鲜活地展现了中国城市化快速发展带给人们的真实生活场景。

琳达·弗拉森罗德（Linda Vlassenrood）

国际新城镇研究所（INTI）项目总监

琳达·弗拉森罗德，是一位建筑历史学家。她在担任荷兰建筑学院院长期间，为了2006年在荷兰建筑学院成功举办中国当代建筑展览，于

2005 年开始研究中国城市化进程。2006 年中国当代建筑展览成功举办，人们在这次展览中看到了中国建筑师在珍视文化传统，希望在中国当前正在经历的快速城市化进程中为保留“人类尺度”所做的努力。

2011 年，琳达·弗拉森罗德担任国际新城镇研究所（INTI）所长，并成立了国际性的多学科研究和交换项目——新概念之新城镇，旨在改善若干新城镇的城区质量，并提高其社会效应。她以深圳在城市化进程中出现的污染、土地和水资源短缺、生态系统恶化以及社会不平等问题为切入点，通过与深圳的多个创新团队（光明新城镇管理委员会、大朗邻里文化部、深圳设计中心、中国发展研究院、香港大学、深圳大学、北京大学深圳研究生院、乌尔巴努斯和 NODE 建筑事务所〔Urbanus and NODE〕）合作，让中国和荷兰的学生、科学家以及设计师共同协作，对深圳的正式和非正式社会经济以及空间条件进行研究，并为城市规划和城市再生提出了若干可选择（协作）的模式。该项目还关注这一移民城市迅速变化的社会动态，特别是对蓝领农民工的认可，对高科技产业和服务经纪业中外来白领人数的提升以及不断成长的中产阶级的关注。

为了让学生、科学家和设计师根据之前的研究，构建一种不断拓展的当地网络，并能够推出具有现实意义的建议，琳达·弗拉森罗德将项目的关注重点从深圳市拓展到毗邻经济特区的光明新城和大朗镇。在光明新城，琳达·弗拉森罗德设置了一个多学科荷兰顾问团队，通过若干工作室，就新城的综合规划，每年定期向光明新城城市规划局提供建议。在大朗镇，她试图在不同的利益相关者（政府、非政府组织、志愿者和企业）中构建一种协同机制，希望营造年轻外来务工人员社会的活力。2013 年和 2015 年，国际新城镇研究所在深圳建筑双年展上展示了“火热大朗”以及“火热大朗 2.0”，展现了大朗镇外来务工人员自我管理社会的潜力，展现了外来务工人员自下而上活动的授权性质。2015 年，她引入了由“运作城市”（Play the City）和大朗文化部共同开发的“重要城市对策”工具，旨在通过妥协和协商解决城市问题。当前，“运作大朗”已经成为一项宝贵的工具，其落脚点为教育，主要目标是提高外来务工人员关于城市创建的认知。

琳达·弗拉森罗德还定期举办讲座并发表文章，她编辑出版的文集

《深圳：从世界工厂到世界城市》，以“新概念之新城镇”项目结果为基础，探索了深圳再开发过程中的新利益相关者、新社会和经济价值、可选择的战略和未来可能遭遇的挑战，受到各方关注。

李斌

国瑞地产副总裁兼北京公司董事长

李斌，现任北京国瑞兴业地产股份有限公司副总裁兼北京公司董事长。2002 年以来，李斌先后担任东城区地方税务学会第一届理事会理事、北京市国土资源局东城分局政风行风社会监督员、北京市东城区青联委员常委、东城区工商联前门分会副主席、北京潮商会理事、北京潮商会副会长等职务。

作为国瑞地产最年轻的高级管理人员，他以坚强的意志、踏实肯干的精神，刻苦钻研专业知识，运用良好的沟通技巧，十几年来为公司发展出谋划策，为领导工作排忧解难。踏实肯干，大胆创新、心系社会、积极推进旧城改造。国瑞地产于 1999 年进入北京房地产市场至今已发展为较大规模的集团企业。

李斌认为，一个城市的发展大多围绕中心城区展开，城市中心承载着城市功能与发展的主要责任，而拆迁改造是推进城市化建设的重要组成部分。北京市东花市三期项目及祈年大街路西危改一级开发项目，分别处于长安街延长线和天坛风景区，均位于北京市核心区及繁华地段。由于诸多的历史原因，该地区在基础设施、环境卫生、消防安全、治安等方面的问题突出，道路狭窄，污水横流，垃圾成堆，供水供电、通信等基础设施严重落后，极大地降低了居民的生活质量，影响了城市的整体面貌，成为城市综合管理的难点。

2003 年至今，李斌坚持以人为本，带领团队推动并完成了崇文门商圈的旧城改造工作，使 6000 余户居民告别了危旧房，改善了生活环境。同时，通过科学规划、合理布局，提升了城市形象和品位，打造了文明、和谐、生态、宜居的城市环境。

2011 年完成了北京市东城区东花市三期北侧遗留地块危改项目的全部

搬迁工作，将 400 余户危旧房居民采取异地安置的方式，既改善了居民住房条件，又为中心城区的人口疏解做出了贡献！与此同时，李斌同志十分关注文物保护工作，在旧城改造过程中，不惜成本进行原址修复，保护了 3 处文物院落。

截至 2016 年年底，他与政府共同推动解决了祈年大街路西危改项目 3000 余户居民的搬迁工作，改变了居民原居住环境差、供暖靠烧煤、污染大气环境等现状，为首都的蓝天计划贡献了一分力量，受到东城区领导高度评价和表扬。

近三年来国瑞地产向光彩事业和社会各界捐献善款近 1 亿元，多次荣获民政部、红十字会等慈善部门的荣誉奖励。李斌个人也多次向受灾地区以及身患重病职工无私捐献，积极参与青联夏日送清凉活动和前门地区节日送温暖活动，多次被东城区青年联合会授予“东城青联夏日送清凉”突出贡献奖。2012 年 4 月 10 日李斌代表国瑞地产参加了中华慈善总会在中南海举办的第七届“中华慈善奖”的颁奖活动，受到李克强总理的亲切接见。

图书在版编目(CIP)数据

赋权富民：张英洪自选集：2012－2016：全2册／张英洪著. -- 北京：社会科学文献出版社，2017.9
ISBN 978－7－5201－0983－3

Ⅰ.①赋… Ⅱ.①张… Ⅲ.①三农问题－中国－文集
Ⅳ.①F32－53

中国版本图书馆CIP数据核字(2017)第142403号

赋权富民
——张英洪自选集(2012～2016)(上、下卷)

著　　者／张英洪

出 版 人／谢寿光
项目统筹／周　琼
责任编辑／周　琼　王小倩

出　　版／社会科学文献出版社·社会政法分社(010)59367156
地址：北京市北三环中路甲29号院华龙大厦　邮编：100029
网址：www.ssap.com.cn
发　　行／市场营销中心(010)59367081　59367018
印　　装／三河市尚艺印装有限公司

规　　格／开　本：787mm×1092mm　1/16
印　张：37.75　字　数：592千字
版　　次／2017年9月第1版　2017年9月第1次印刷
书　　号／ISBN 978－7－5201－0983－3
定　　价／148.00元(上、下卷)